칼 폴라니-
왼편의 삶
Karl
Polanyi-
A life
on the left

Karl Polanyi: A Life on the Left by Gareth Dale

Copyright © 2016 Columbia University Press
This Korean edition is a complete translation of the U.S. edition, specially authorized by the original publisher, Columbia University Press.

Korean translation copyright © 2019 Karl Polanyi Institute Asia
This Korean edition is published by arrangement with Columbia University Press through KOLEEN AGENCY, Korea.
All rights reserved.

이 책의 한국어판 저작권은 콜린 에이전시를 통해 저작권사와 독점 계약한 칼폴라니사회경제연구소와 마농지에 있습니다. 신저작권법에 의해 한국 내에서 보호를 받는 저작물이므로 무단 전재와 무단 복제를 금합니다.

칼 폴라니- 왼편의 삶

Karl Polanyi- A life on the left

개러스 데일 지음 | 황성원 옮김 | 홍기빈 감수, 해제

마농지

차례

일러두기

1. 후주는 지은이의 주이며, 각주는 옮긴이의 주이다. 그리고 본문의 [ ] 안의 내용은 옮긴이가 독자의 이해를 돕기 위해 덧붙인 것이다.
2. 원서에서 이탤릭체로 강조한 부분은 고딕체로 표기했다.
3. 원서에서 영어식으로 표기한 인명은 확인이 가능한 한 원 국적을 밝혀 적었다. 단 칼 폴라니와 마이클 폴라니 형제처럼 망명 후 활동한 나라에서 사용한 이름이 굳어진 경우에는 그것을 따랐다. 인명의 원어는 '찾아보기'에서 병기했다.
4. 단행본과 정기간행물은 《 》, 논문·단편·에세이는 〈 〉로 표시했다.

서론

칼 폴라니와 마이클 폴라니 형제, 그리고 이들의 친구인 죄르지 루카치와 카를 만하임. '헝가리 망명자 4인조'라 불리는 이들은 양차 대전 사이에 당대의 정치, 경제, 정신의 위기를 진단하는 데 심혈을 기울였다. 이 작업은 이들에게 특히 걸맞은 일처럼 보였다. 이들은 독일이 프로이센 중심으로 통일된 후 오스트리아와 헝가리 귀족의 타협으로 수립되었지만 얼마 안 가 군대의 반란으로 무너져버린 오스트리아-헝가리 제국, 이 나라의 한쪽 수도인 부다페스트에서 유년기와 청년기를 보냈다. 이들은 역사의 격변과 갈등 한가운데 있었다. 헝가리 자본주의의 급속한 확산, 유럽 전역에서 제국 체제가 엄청나게 빠른 속도로 민족국가 체제로 전환하는 과정, 1차대전과 이 전쟁을 끝장낸 혁명들, 경제민족주의와 파시즘과 스탈린주의의 발흥, 대공황으로 숨가쁘게 이어진 역사를 관통했다.

19세기 중반 당시 성년이던 이들의 부모는 제국의 내부 파열이나 파시즘의 박해는 짐작도 하지 못했다. 자유주의 부르주아지들에게는 호시절이었다. 당시의 정서는 페렌츠 쾨르멘디의 역사소설 《행복한 세대》에 등장하는 러슬로 헤게뒤시라는 인물을 통해 잘 드러난다.

헤게뒤시는 이렇게 환호한다. "행복하지 아니한가? 행복하지 않을 이유가 하나도 없으니. 오, 이 행복한 세대여! 과학은 문명이 성큼성큼 앞으로 나아가도록 재촉하고, 지식은 나날이 확장되어 인간의 행복이라는 궁전과 개인과 민족의 평화라는 건물에 새로이 벽돌을 쌓아 올린다."[1] 이 찬란한 건축 과정이 속도를 내면서 헝가리는 이례적인 경제성장을 구가하고 있었다. 연평균 경제성장률은 칼 폴라니가 태어나기 전만 해도 2퍼센트 정도였으나 그의 유년기에 7퍼센트를 기록했고 십대 시절에는 9퍼센트까지 뛰어올랐다. 성장의 중심지는 부다페스트였다. 부다페스트를 구성하는 부다, 페스트, 오부다가 1873년에 통합되면서 이 도시의 인구는 30만 명을 돌파했다. 1900년이 되자 인구가 두 배 넘게 늘어나 무명이던 부다페스트는 유럽에서 여섯째로 큰 메트로폴리스로 등극하게 되었다.

부다페스트는 상반된 요소들이 공존하는 도시였다. 칼 폴라니는 자기 집이 있는 거리에 자리 잡은 공연장에서 연극이나 오페라를 보았고, 나중에 유명 음악가가 된 벨러 버르토크를 비롯한 학생들이 음악아카데미에서 연습하는 소리를 들었다. 유럽 최초로 건설된 지하철의 반짝이는 선로가 땅속으로 사라져가는 모습도 볼 수 있었다. 지평선에서는 키스페스트의 빈민가와 공장들 위로 연기가 피어올랐고 그 너머에는 대초원 푸스타가 펼쳐져 있었다. 원칙적으로 농노제는 폐지되었지만 현실에서 토지를 둘러싼 노동관계는 봉건시대 이후로 거의 변하지 않았다. 일부 지역에서는 영양 섭취가 너무 부실해서 스무 살이 되도록 변성기를 겪지 않는 남자들도 있었다.[2] 코즈모폴리턴 문명의 요새처럼 우뚝 선 부다페스트와 대비되는 미개한 야만 상태가 그려지는 듯하다. 혹은 돈이라면 사족을 못 쓰는 배금주의와 카지노 경제와 함께, 메트로폴리스를 부끄럽게 만드는 적나라한 민낯의 세계일 것이다. 도로나 철도를 따라 반대 방향으로 두어 시간만 가면 빈이 있었다. 이 제국의 수도는 문화 실험이 한창이었고, 시장의 기회와 새로운 개인주의의 맥박이 고동치고 있었다. 바로 이때 여기에서 방법론적 개인주의가 처음으로 경제이론에 도입되었다. 삶의 지표를 제시해주던 성직자들은 경제학자라는 새로운 치료사에게 밀려났다.

합스부르크 제국의 극명하게 대비되는 정신 지형에서, 자본주의가 비약적으로 발전할 때 나타나는 전망들이 맞부딪쳐 대충돌을 일으켰다. 전통적으로 이 갈등은 계몽주의적 자유주의가 낭만주의적 반동과 겨루는 양상을 보인다. 한켠에는 개인주의와 인권, 시장의 자유와 코즈모폴리턴주의를 예찬하는 게젤샤프트가 있다. 다른 한켠에는 공동체 특유의 유대감과 문화적 특성을 예찬하고 사회를 유기적인 총체성으로 인식하는 게마인샤프트가 있다.[3] 전자는 원자적, 보편적 성격을 띠고 후자는 보수적, 공동체적 성격을 띤다. 폴라니가 속했던 부다페스트 지식인 집단인 소위 '위대한 세대'(여기에는 루카치, 만하임, 폴라니 형제뿐만 아니라 오스카르 야시, 에르빈 서보, 예술비평가 아르놀트 하우저와 벨러 벌라스, 시인 엔드레 어디, 작곡가 버르토크와 졸탄 코다이, 수학자 요한 폰 노이만, 물리학자 레오 실라르드와 에드워드 텔레르가 이름을 올렸다)는 이 "합스부르크 딜레마"에 동요하며 곤혹스러워했다.

이들은 조국의 낙후성을 뼈아프게 통감했지만 유럽 다른 나라에서 진행되던 혁신적인 정치운동과 지적인 흐름에 아주 잘 적응했다. 메리 글럭이 보기에 이들은 서유럽에 있는 동류의 인물들에 비해 "현재에 더욱더 철저히 환멸을 느꼈고 미래에 더 많은 열정을 쏟았다". 이들은 동유럽인으로서 항상 "발전하는 서유럽의 약간 바깥에" 있다고 느꼈고, 유대인으로서 "폐쇄성이 강하고 갈수록 반유대주의 색채가 짙어지는 공동체"에서 배제되는 경우가 많았다. 글럭은 이들이 "세기 전환기 헝가리의 척박한 토양에서 진정한 뿌리를 찾을 수" 없었기 때문에 이 나라에서 영구히 벗어나게 해줄 것처럼 보이는 게마인샤프트의 가능성에 대한 향수가 더 강해졌다고 보았다.[4]

때로 폴라니를 게마인샤프트의 사상가로 보는 사람들도 있지만 그보다는 공동체의 가능성을 탐색한 자유사상 휴머니스트이자 통합의 사상가로 보아야 할 것이다. 그는 정치철학에서 창의적인 긴장을 빚어낸(그리고 지금도 빚어내고 있는) 자유주의와 공동체주의(그리고 사회주의) 사상 간의 모순—개인에 대한 책임과 공동체에 대한 책임 간의 대립처럼 보이는 인력引力들과, 개인의 완결성이라는 교리와 공동체의 삶을 유지 발전시킬 의무에서 비롯되는 상반되는 요구들—을 심도 있게 파헤치고 여기에 엮여 들어갈 운명이었다. 그는 독자적 도덕성을 갖추고 스스로 성찰하는 행위자의 부상을 반겼고, 자신이 속한 집단의 미래에 대한 개인의 책임을 부정하는 세계관에 단호하게 반대했다. 그가 보여준 위엄과 덕망 있는 삶의 밑바탕에는 개인의 책임 혹은 의무를 수용하는 태도가 있었음이 틀림없다. (폴라니는 시민의 의무를 준수하는 인물의 전형이었다. "시민은 세금을 낼 책임"이 있다는 입장이 확고해서 "세금을 내지 않으려고 머리를 굴리는 사람들의 꼼수"를 참지 못했다.[5] 개인의 자유는 각자 의무를 다하는 시민들의 열성이라는 자양분을 공급받지 않으면 고사할 수밖에 없다고 보았다.) 그는 또 정부는 전체 시민이 좋은 삶을 사는 데 필요한 것을 제공할 도덕적 의무를 진다는 원칙을 지지했다.

폴라니가 가담했던 정치운동은 이런 사고방식을 잘 보여준다. 처음에 그는 "자유주의적 사회주의"를 지지했다. 또 잠시 재미 삼아 아나키즘에 가담하기도 했다. 슈티르너식의 개인주의 아나키즘이 아니라 톨스토이가 수장이었던 기독교 아나키즘이었다. 다시 사회주의 전통으로 돌아가 지지한 운동은 "길드 사회주의"의 화신, 즉 "오래된 잉글랜드식 개인주의"를 옹호하고 국가에 맞서 노동자의 권리를 방어하는 한편[6] 자유와 의무를 한 묶음으로 사고하고 결사의 권리와 의무를 사회에서 수행하는 기능에 따라 판단해야 한다고 보는 운동이었다. 나중에 폴라니가 가담했던 기독교 사회주의에서는 의무의 정신이 널리 통용되었다. 여기서 의무는 기존 제도와 사회의 상층부에 자리 잡은 자들에 대한 복종이 아니라 무엇보다 공동체에 대한 봉사를 의미했다.[7]

'위대한 세대'의 상당수가 이런저런 형태의 사회주의를 신봉했고, 1914년에 시작된 전쟁과 혁명으로 점철된 10년간 사회주의의 분열이 심화되었을 때 이들은 서로 다른 깃발 아래로 흩어졌다. 폴라니는 전쟁터에 나가서 싸웠지만 루카치는 그렇게 하지 않았다. 전쟁이 끝난 후 두 사람은 정치 투쟁 현장으로 들어갔다. 폴라니는 당대가 극심한 정신적 위기에 처했다고 진단하고 사회조직을 구축하기 위한 윤리적 기초를 다져야 한다는 이상주의적인 주장을 펼쳤다. 반면, 루카치는 사회 위기의 시대에 도래할 혁명에 대비하는 실천 철학으로서 마르크스주의를 지지했다. 이들의 논쟁은 소란스러운 혁명의 격변 한복판에서 진행되었다. 이 혁명은 꼬박 열 달간 지속되다가 패배로 막을 내렸고 뒤이어 백색테러가 일어나 폴라니와 루카치를 포함한 수많은 사람들이 헝가리에서 몸을 피해야만 했다. 칼 폴라니와 루카치의 목적지는 오스트리아였고, 마이클 폴라니와 만하임은 독일을 택했다.

10여 년이 지나 파시즘이 진군해 들어오자 네 사람 모두 다시 한 번 망명길에 오르게 된다. 이번에 루카치는 모스크바를, 나머지 세 사람은 영국을 택했다. 네 사람은 자신들의 삶을, 유럽을, 전 세계를 파멸로 몰아가고 있는 정치 격변의 의미를 파악하는 데 골몰했고, 방식은 달랐지만 모두 사회의 파편화에 초점을 맞췄다. 루카치에게 문제의 핵심은, 인간의 행위를 원자화된 개인들이 빚어내는 추상적 힘에 대한 자기중심적 내응으로 축소시키는 사본주의사회가 만들어낸 사회적 균열이었다. 이 자본주의에서 지배적인 의식은 경험적 존재의 특수성을 "총체성의 측면들, 즉 역사 변화 속에 포착된 총체적인 사회 상황의 측면들"로 파악할 능력을 갖추지 못하고 있었다.[8] 사회 과정을 총체성으로 파악하는 능력을 갖추고 물신화라는 철창을 부수려는 사람은 의식화된 정치적 존재이자 대상화된 상품으로서 변증법적으로 존재하는 노동자들이었다.

만하임이 보기에 사회는 자유주의적 근대성의 영향으로 별개의 영역들—"호모 이코노미쿠스, 호모 릴리지오수스, 호모 폴리티쿠스"—로 쪼개졌다.[9] 자유주의적 개인주의와 시장 체제는 사회를 원자화하고 사회적 가치들을 경제학에 체계적으로 종속시켰다. 마이클 폴라니의 시각으로는 한쪽에는 과학을, 다른 한쪽에는 윤리와 종교를 놓고, 끊긴 다리를 다시 연결해야 했다.[10] 그는 에드먼드 버크식으로 자유주의적 자본주의를 옹호했다. 이데올로기적 사유의 교조들은 자만심에 차 있고 만사 만물을 다 합리적으로 설명하는 모습을 띠는 반면, 전통은 언어로 표현될 수 있는 게 아니라는 이유를 들었다.[11] 그는 자유주의적 자본주의가 자연스럽게 진화하고 믿을 만한 방식으로 작동하는 사회 전통임이, 현대의 인간이 번성할 안식처를 제공할 뿐 아니라 법률과 규제, 케인스주의적 개입으로 적절히 교정할 수 있는 사회임이 입증되었다고 보았다. 이러한 자유주의가 이상향을 보여주진 않았다. 만하임과 칼 폴라니가 어린 시절 호흡했던 "순결한" 자유주의 이상은 전쟁과 파시즘, 대공황의 트라우마 이후로 회복할 수 없었기 때문이다.[12] 이제 자유주의를 튼튼한 기초 위에, 현대의 회의론을 견뎌낼 수 있도록 재구성하는 일이 과제로 남았다.

한편 칼 폴라니는 동생 마이클에게 강한 일격을 날릴 수 있는 논문의 개요를 짜고 있었다. 그가 보기에 게마인샤프트에서 게젤샤프트로 넘어가는 과정에서 기존의 사회경제적 관행들은 모조리 산산조각이 났다. 시장 자본주의가 사회에서 경제를 "뿌리째 뽑아버렸기" 때문이다. 게마인샤프트에서 게젤샤프트로 전환하는 과정은 과거의 전통들과 위험할 정도로 난폭한 결별을 의미했다. 그가 보기에 경제와 사회 사이에 찢어져서 벌어진 역사적 상처를 치료해야만 했고 이렇게 해야만 개인의 책임과 공동체의 번영이 가능할 터였다. 그는《거대한 전환》에서 영국 시장 체제의 제도화는 오직 경제에 몰두하게 함으로써 개인의 책임이라는 자유주의 윤리의 타락으로 이어졌고, 자유주의 정치경제는 "부유한 사람들이 동료들의 상태에 대한 책임을 부정"해도 된다고 승인함으로써 "기독교 사회의 전통적인 통일성"을 허물어뜨렸다고 주장했다.[13] 여기서 폴라니는 1834년 구빈법 보고서에서 분명히 드러나는 우파 자유주의의 책임 윤리와 정반대되는 해석을 제시했다. 구빈법 보고서에 따르면 빈민들은 무고한 운명의 피해자가 아니라 자신의 곤경에 책임이 있었다. 폴라니는 이런 인식이 노동시장을 만든 물질적인 힘, 즉 노동자를 시장으로 내몬 "궁핍에 대한 공포"를 불러일으킨 윤리적 공범으로 기능한다고 주장했다.[14]

폴라니는 《거대한 전환》에서 시장사회의 현상학과 경제사를 펼쳐 보였다. 여기에 길잡이가 된 것은 '도덕적 습관은 사회적, 정치적 제도에 의해 어떻게 형성되는가'라는 장 자크 루소식 질문이었다.[15] 인간을 오로지 비용편익계산에 따라 움직이는 일차원적이고 자기중심적인 존재로 취급한다면 실제로 그런 존재가 되어버린다 해도 별로 놀랍지 않을 것이다.[16] 폴라니는 시장사회의 역사를 서술할 때는 경제가 사회에 묻어들어 있는embedded 과거 사회와, 경제가 사회로부터 뿌리 뽑힌disembedded 19세기 영국의 시장사회 간의 극명한 분리를 강조했다. 이 책은 얼핏 전근대 문명과 근대성을 가르는 "거대한 도랑"을 설명하려는 역사사회학 분야의 글로 보인다.[17] 하지만 내용은 전혀 다르다. 이 도랑에 대한 설명은 크게 세 갈래 흐름이 있다. 먼저 사회적 생산관계라는 범주를 특히 중시하고 이 도랑의 현대적인 측면을 자본주의로 규정해 이론화하는 사람들이 있다. 둘째, 교환관계와 분업을 특히 중시하는 사람들이 있다. 이들은 상업적인 사회(혹은 시장사회)로 점차 이행하는 과정에 초점을 맞춘다. 셋째 집단은 기술 변화, 특히 산업사회를 낳은 산업혁명을 중시한다.

폴라니의 《거대한 전환》은 이중 어느 흐름에 속할까? 상업 패러다임 혹은 산업 패러다임과 유사해 보이지만 어느 쪽에도 속하지 않는다. 《거대한 전환》의 이분법은 시장이 주변적 위치에 있거나 사회적, 종교적 제도 안에 얽혀 있는, 묻어들어 있는 사회와, 경제 관계가 계약을 통해 이행되고 공리주의와 물질주의 정신이 지배하며 시장경제와 다른 제도적 영역들이 첨예하게 구분되는 시장사회를 가르는 식으로 나타난다. 폴라니가 평가하기에 시장사회는 20세기 중반에 그것이 양산한 사회경제적 혼란이 결코 해소할 수 없는 모순을 빚어냄에 따라 불가피하게 파국에 이른 일시적인 자유주의적 유토피아이다. 그는 뒤이은 위기 국면에서 경제를 다시 사회 속에 묻어들게 만들 "거대한 전환"이 일어나리라고 보았다. 그러므로 폴라니의 이론에 거대한 도랑이 있다면, 전근대사회를 근대성과 분리하는 도랑이 아니라, 19세기와 20세기 초의 자유주의적 유로-아메리카를 과거와 현재, 미래의 모든 사회구성체들과 구분하는 도랑이 있다고 해야 할 것이다. 하지만 2차대전 이후 폴라니는 거대한 전환이 맥을 못 추는 광경을 다소 어리둥절해하며 관망했다. 예측대로 경제에 대한 국가 개입은 강고하게 유지되었지만 상품의 보편화 경향 역시 진화하고 있었고 이는 폴라니가 예측하지 못한 흐름이었다. 그는 점점 주류가 되어가는 거대한 도랑의 선을 따라 자신의 이론을 재정립하게 되었다. 이번에는 도랑이 산업혁명에 의해 구분되었고 따라서 자유시장이든 국가사회주의 체제든 모든 산업 경제가 기계 시대라는 주요 범주에 들어갔다.

이 같은 도랑의 혼란은 폴라니 사회 이론의 핵심에 자리 잡은 긴장을 보여준다. 이는 그의 연구에서 해소되지 않은 모순 중 하나이며, 조각 그림을 맞췄을 때 몇 개의 조각이 들어맞지 않는 듯한 사례들 중 하나다. 이런 퍼즐과 역설이 이 전기를 쓰는 데 자극이 되었다. 이를 이해하려면 폴라니의 생애와 시대를 충분히 살펴보아야 하고, 이러한 긴장과 모순이야말로 그의 헌신과 연구에 매력을 부여한다는 사실을 알아야 한다. 가령 폴라니는 볼셰비즘을 경멸하면서도 볼셰비키와 사랑에 빠졌다. 그는 사회민주주의의 통설을 거부하는 사회민주주의자였고, 고전적 자유주의는 자신의 꿈이 무너진 데 전적으로 책임을 져야 한다고 비난한 자유주의자였다. 그는 인간의 품위를 해치는 것은 무엇이든 이론적으로 비판하고 실제로 제거해야 한다고 주장했다는 점에서 휴머니스트였지만, 러시아의 스탈린 체제를 변함없이 옹호했다. 폴라니의 서신을 보면 그는 예의범절을 따진다고까지는 할 수 없어도 도덕적인 사람처럼 보일지 모른다. 하지만 《채털리 부인의 사랑》을 탐독했고 가장 아끼는 셰익스피어의 시 한 편은 욕정을 거리낌 없이 표현하는 소네트 129였다.[18] 그는 예배를 거의 드리지 않는 기독교도였고, 고대 세계 연구에 몰두한 근대인이었으며, 마구잡이로 뻗어나가는 대도시권에서만 살았으면서 소작농 조직을 열렬히 지지했다.

전기의 특성상 주인공이 수십 년 동안 발전시킨 서로 다른 속성들을 늘어놓다 보면 이런 모순들이 두드러져 보일 수도 있다. 하지만 폴라니는 이와 다르지 않은 방식으로 자신의 성격을 설명한다. 가령 마이클 폴라니에게 보내는 편지에서 반쯤 사과하는 어조로 자기 성격의 결함을 심사숙고하는 모습을 보인다. 칼 폴라니의 "지극한 사랑"은 또 다른 폴라니의 "변덕스럽고 무덤덤한 반응 앞에서 좌절"되곤 했으며, "아량과 침잠"의 균형이 심하게 무너지는 경우가 많았다. 그는 "깊지 않은 상처에도 지나칠 정도로 예민"했고, 자신에게 과하게 엄격했으며 "뒤에서 따라갈 때는 참을 수가 없고, 앞장설 때는 너무 많은 도움을 베풀려고 하며", "너무 이기적인" 데다 다른 이들의 존재를 잘 망각하고, 필요할 때마저 감정을 잘 표현하지 못한다. 또 아주 고마운 선물을 받고도 "고마워요"라는 말을 하지 못한다. 이 목록에 "나 자신을 방어하는 능력의 완벽한 결여, 해명에 대한 혐오까지 더해지면 도저히 존재할 수가 없는 나라는 인간이 완성된다".[19]

정치적 입장, 변화무쌍하고 모순된 성격 덕분에 칼 폴라니는 탐정의 노력과 재주가 필요할 정도로 복잡하고 매력적인 전기 주인공이다. 그는 다정하고 호감이 가는 남자였다고 한다. 그의 친구 도널드 그랜트의 아들은 폴라니에 대해 "반짝이는 눈"과 "따스함과 인간미, 무한한 호기심의 아우라"라는 표현을 썼고,[20] 또 다른 친구의 아들인 로버트 헐러스는 "살짝 부처 같은 동양풍 외모에 걸맞은 자비로운 태도를 보이는 친절한 사람"이라고 회상한다. 또 그의 육촌의 말을 빌리면 폴라니는 "아름답게" 웃었고,[21] 친구인 피터 드러커에게는 "아이디어가 넘치고 따뜻하고 관대하며, 겨울밤도 밝힐 수 있는 미소를 짓는" 사람이었다.[22] 폴라니의 지성은 번뜩였고, 문체에는 불가사의한 매력이 넘쳤으며, 질문은 신선했고, 대답은 독창적이었다. 그의 아이디어는 1,000년간 면면히 이어진 예술과 과학을 비롯한 여러 분야에서 영향을 받아 생명력을 얻었다. 폴라니는 정치기획자, 편집자, 언론인, 교사, 학자로서 탁월한 지식과 재능을 뽐냈다. 이 사람의 개성과 재능에서 눈을 돌려 가족과 친구들을 살펴보면 아주 흥미로운 사실들이 겹겹이 쌓여 있음을 알게 된다. 매혹적이고 재능 있는 어머니, 열정적인 관심을 주고받은 형제들로 이루어진 경이로운 가족, 운동가 성향의 지적인 아내, 기라성 같은 친구들. 친구들 중에는 이 놀라운 시대를 연구하고 나아갈 방향을 정하는 데 영향을 미치고 싶어 하는 이들이 많았다.

이 전기는 변화하는 사회적, 지정학적 환경과 상호작용하던 폴라니의 지성이 형성된 과정에 초점을 맞추고, 그의 흥미를 불러일으킨 전통들을 소개하며, 그의 사상에서 일관되고 영구적인 요소들을 다루고, 스테판 콜리니가 말한 "논박의 맥락"—즉 그가 도전했던 주장들과 비판적으로 적용했던 이론들—을 살펴봄으로써 폴라니의 정치적, 지적 발전 과정을 복원하려 한다.[23] 또 이와 유사한 수수께끼와 도전들이 동일한 (혹은 동종의) 이론과 해법을 찾는 이들을 어떻게 일깨웠는지 주목하면서, 그가 속했던 환경 안팎의 독창적인 사상가들과 폴라니 사상의 유사성을 탐구한다. 폴라니의 삶의 궤적을 따라가다 보면 그가 살았던 영토와 시대를 더 풍부하게 조망할 수 있다. 그는 헝가리에서 새로운 "급진 부르주아" 정당을 지휘했고, 세기를 정의하는 전쟁에 참가했으며, 혁명의 시대를 살았다. 또 막 지방자치 사회주의municipal-socialist의 여정을 시작한 빈에 도착하여 이를 열렬히 지지했고 개혁적 사회주의자라는 정체성을 형성하게 된다. 이쯤에서 나는 의회가 일련의 변화를 주도하여 자본주의를 사회주의로 바꾸려 했던 국제 운동을 살펴보는데, 이 운동의 흥망은 폴라니 삶의 여정과 궤를 같이한다. 그는 제2인터내셔널이 만들어지기 3년 전인 1886년에 태어났고 독일사회민주당이 "최대한 많은 경쟁"[24]과 함께 시장경제를 도입하고 이로써 유럽에서 적기赤旗를 휘날리던 사회민주주의의 종말을 알리게 된 바트고데스베르크 전당대회 5년 후인 1964년에 세상을 떠났다. 이 운동이 한창 물이 오른 시대를 살았던 개혁적 사회주의자인 폴라니의 삶을 들여다보면 오늘날 주변으로 밀려났을 뿐 아니라 아예 사라진 것처럼 보이는 이 세상의 희망과 환상들을 곱씹는 데 도움이 될 것이다.

폴라니는 일생 동안 직접 경험하거나 세심하게 관찰한 중대한 사건들을 깊이 생각하고 기록했다. 조직된 노동자들의 승리와 패배, 1919년 헝가리 좌파들과 유대인들의 망명, 이후 미국과 영국으로 대거 탈출한 동유럽 지식인들, 소련 공산주의의 약속과 좌절, 대공황의 원인과 결과, 홀로코스트, 그가 미국 해안에 막 도착했을 때 절정에 이른 초강대국 미국의 위세, 매카시즘으로 인한 적색 공포, 그리고 1956년 헝가리의 실패한 혁명까지. 폴라니는 삶의 막바지에 이르러

"나의 삶은 '세계'사"라고 썼다.[25] 어떤 면에서 정말 옳은 말이다. 하지만 현재의 관점에서 폴라니의 삶은 무엇보다 20세기 역사처럼 보인다. 이 20세기의 서사는 오늘날 우리가 발 딛고 서 있는 토양과 잔해들, 사건과 과정들을 극적으로 부각하고 함께 나란히 나아가며 개입하고 때로 압축하는 듯하다.

1장

동서 살롱에서

"부모님은 자유로운 정신을 소유한 상류층 유대인이었다. 두 분 사이에서 태어난 나는 모호하면서도 강렬한 종교적 분위기에서 자랐다." 칼 폴라니가 1930년대에 파시즘에서 탈출한 난민들을 돕는 기독교 조직에 보낸 자전적인 글은 이렇게 시작한다. "어머니는 러시아인이었고 아버지는 헝가리인이었지만 나는 독일 문화를 배우고 서구식 교육을 받았다. 열정적 이상주의의 발로에서 우리에게 윤리의식을 심어주려고 애쓴 아버지에게 깊이 감사한다. 헝가리를 완전히 떠나게 된 1919년까지 나는 헝가리인이 아니라는 생각은 단 한 번도 해본 적이 없다."[1] 굉장히 의미심장한 글이다. 이 장에서는 그의 회고에 함축된 몇 가지 문제를 다루려고 한다. 폴라니의 가족, 부모의 사회적 지위와 종교, 유대인 문제, 종교와 국가의 관계를 차례로 살펴볼 것이다.

칼 폴라니의 아버지 미하이 폴러체크*는 카파르티아 산맥 구릉지대에서 상업에 종사하던 지주 가문 출신이었다.[2] 미하이는 한동안

* 미하이는 당시 빈에서 대두한 신흥 졸부들의 속물적 문화에 대한 반감으로 자식들을 칼뱅주의로 개종시키고 성을 마자르식인 '폴라니'로 바꾸지만 자신은 '폴러체크'라는 유대인식 이름과 유대교의 정체성을 유지했다.

빈에 살았고 여기서 세 자녀 아돌프, 러우러, 칼을 낳았다. 그는 도급업자이자 엔지니어로 유럽 중동부의 갈리시아와 오스트리아-헝가리 제국 여러 곳에서 "터널을 비롯한 철도 시설물을 짓는" 계약에 입찰했다.[3] 이때는 벌이가 좋아서 1890년대 초에 가족들이 부다페스트 언드라시 거리에 있는 넓은 아파트로 이사한 뒤에도 빈에 아파트 한 채를 유지할 수 있었다. 오늘날에도 부다페스트에서 가장 비싼 주거지인 언드라시는 멋진 아케이드와 카페, 백화점이 늘어선 파리의 대로를 모델로 조성한 넓은 거리였다. 1880년대에 처음 자리 잡은 사람들은 주로 중산층 장인들이었고 소수의 상류층 부르주아와 인텔리겐치아들이 살았는데, 1890년대가 되자 이름이 나면서 귀족들과 부호들이 이주해 들어왔다.[4] 가까운 이웃 중에는 대자본가, 의사, 공장주, 후사르*의 은퇴한 지휘관이 있었다.[5] 루카치(아버지가 은행가)와 아서 케스틀러(아버지가 기업인) 같은 친구들도 언드라시의 주민이었다.[6]

야만적인 빈곤이 만연한 땅에서 폴라니 집안 아이들—러우러, 아돌프, 칼, 소피에, 마이클—은 유복하게 자랐다. 칼 폴라니가 일생 동안 사회주의의 대의에 헌신한 이유는 부당하기 짝이 없는 사회적 차별을 어릴 때부터 의식했기 때문이라고 볼 수 있을 것이다. 문해율이 40~50퍼센트밖에 안 되는 나라에서 폴라니 집안 아이들은 존 스튜어트 밀의 교육을 모델로 한, 돈으로 살 수 있는 최고의 교육을 받았다.[7] 이들은 열한 살 때까지 언어 교육과 고전과 세계문학을 강조하는 개인 교습을 받았다. 칼을 끔찍이 사랑하고 아들의 풍부한 감성과 학문 재능에 깊은 인상을 받은 미하이는 열한 살 된 칼에 대해 "비범

* 15세기부터 20세기까지 존재했던 기병대.

한, 사실상 초자연적인 재능을 타고나서" "가장 어려운 철학 문제도 수월하게 풀어낼" 수 있는 아이라고 말했다.[8]

열한 살에 칼 폴라니는 민터 김나지움에 입학하는데 이는 유대인 공동체의 장학금을 받은 덕이기도 했다.[9] 민터 김나지움은 부다페스트에서 가장 좋은 고등학교 중 하나였다. 에드워드 텔레르, 니컬러스 칼도르, 토머스 사스 같은 이들이 동문이었고, 저명한 지식인들이 교사로 일했다. 런던《옵서버》의 한 기고가는 이 학교를 두고 (보수적인 하원의원들의 자식을 위한) 이튼과 (전임 군주와 사교계 인사들의 자식을 위한) 르 로제에 필적할 만한 "엘리트의 산실"이라고 말했다.[10] 하지만 민터는 민주적이고 진보적인 교육기관이었다. 테오도레 본 카르만의 회상에 따르면 학교 복도에서 "교사들은 학생들 사이를 바삐 오가며 지도"했다. 학생과 교사는 수업 시간이 아닐 때면 공부가 아닌 다른 문제를 두고 대화할 수 있었으며, 이 학교의 헌장은 "헝가리 최초로 교사가 교실 밖에서 학생을 만났을 때는 악수를 해도 된다"고까지 선언했다.[11]

폴라니는 성실히 공부했고 두각을 나타냈다. 운동도 잘했던 모양이다. 어머니에게 보내는 편지에서 그는 반에서 "체력 점수"가 가장 높다고 자랑하는 한편 근육통이 생겼다며 불평하고 있다.[12] 그는 춤, 조정, 펜싱, 체스뿐만 아니라 사회주의 학생 모임 같은 다양한 활동에 열심이었다(특히 체스에 중독되다시피 해서 나중에 체스를 끊어야겠다고 생각하기도 했다).[13] 아버지의 사업이 부도가 난 후에는 집안 살림을 도우려고 개인 교습도 했다. 돈을 벌면서 학교 공부와 과외 활동까지 하느라 십대 시절에도 분주했고, 자정이 지나서야 잠자리에 드는 일이 많았다.[14]

미하이의 회사가 파산하자 가족들은 이사를 해야 했다. 이들은 가까운 페렌치엑테레에서 4층짜리 아파트를 찾았다. 전에 살던 집보다 덜 호화롭고 덜 널찍하고 사회 피라미드에서 한 계단 아래 자리 잡았지만 여전히 고급 주거지였다. 클로틸드 궁전과 왕립 헝가리 대학교 도서관을 비롯한 인상적인 건물들이 많은 광장에 위치한 곳이었다.[15] 5년 후인 1905년 1월 미하이가 숨을 거두었다. "내 불쌍한, 불쌍한 아이들"이라는 마지막 말을 남기고.[16] 아버지의 죽음은 당시 칼 폴라니의 삶에서 가장 큰 변화를 몰고 온 사건이었다. 그는 동생 마이클에게 보내는 편지에서, 17년 뒤 자신이 결혼할 때까지 아버지에 대한 기억은 "내 인생에서 가장 강렬한 힘"이었다고 밝혔다.[17] "누구도 아버지만큼 사랑해본 적이 없었고" 특히 그의 "따스하고 강건하며 고매한" 성품과 도덕적 정직성, "서양 특유의 순수하고 완전한 이상주의"를 존경했다.[18] 폴라니는 일생 동안 미하이가 다시 살아 돌아오는 꿈을 꾸었고, 아버지의 기일이면 형제자매에게(나중에는 자신의 딸에게) 기념 편지나 카드를 보냈다.[19] 자신의 죽음을 앞두고는 "내 안의 얼마 안 되는 좋은 점은 아버지가 주신 선물이었다"고 털어놓기도 했다.[20]

폴라니의 어머니인 체칠레 울은 당시 유대식 교육의 중심지였던 빌뉴스(오늘날 리투아니아 수도) 출신이었다. 그녀의 아버지는 탈무드를 러시아어로 번역한 랍비 학자였지만 유대교와 기독교 신앙의 유사성을 연구하기도 했다. 그가 몸담은 보수적인 분파에서는 이를 탐탁지 않아 했다. 체칠레가 어릴 때부터 자유사상을 흠모하는 경향을 드러내자 딸이 나로드니크 학생들과 어울린다고 의심한 아버지는 체칠레를 빈으로 보내서 안나 르보바와 그녀의 남편 사무엘 클라치코와 함께 지내게 했다.[21] 어린 체칠레에게 반항아 기질이 있었는지는 확실하지 않다.[22] 하지만 이게 사실이라면 아버지는 기름에 불을 붙인 셈이었다. 클라치코는 포퓰리즘 성향의 사회주의자로, 오스트리아에 머무는 러시아 혁명가들은 그의 집에 들러 하룻밤씩 묵어가곤 했기 때문이다. 폴라니 역시 이 제국의 수도를 방문할 때마다 클라치코의 집에서 지냈고, 니더외스터라이히주에 있는 휴양지에서 두 가족이 함께 여름휴가를 보내기도 했다.

클라치코 집안 사람들은 폴라니가 러시아에, 특히 나로디즘*과 문학에 매료되도록 이끌었다. 게오르기 데를루기안에 따르면, 러시아 인텔리겐치아들은 자신들이 "획기적 혁신을 이끄는 핵심 세력"이라고 자부했다. 이들은 자선 활동을 하든 백작과 황제에게 폭탄을 던지든 인간의 의지를 앞세우는 경향이 있었고, "격정으로 가득한 세계 수준의 문학"을 배출하려고 이 세상에 나온 것 같았다.[23] 러시아는 거역할 수 없는 힘으로 폴라니의 상상력을 자극했다. 러시아는 "심오한 독창성"이 살아 숨쉬는 땅이었고 "타의 추종을 불허하는 힘과 깊이가 있는 시인, 소설가, 철학자" 들이 크고 넓은 뜻을 펼쳐 보였다.[24] 폴라니가 페이비언 사회주의**에 온전히 빠져들지 못했다면 이는 러시아의 영향을 받았기 때문이다. 페이비언 사회주의 지도자였던 비어트리스 웨브와 폴라니를 비교해보는 것도 흥미롭다. 폴라니의 부친처럼 그녀의 아버지도 철도 건설 분야의 사업가였다. 또 폴라니처럼 웨브도 고전적인 자유사상(특히 허버트 스펜서의 실증주의 사회학)에 푹 빠졌다가 주

* 1860년대와 1870년대에 전제군주제에 맞서 인민들 속으로 들어가야 한다고 주장한 러시아 중간계급 중심의 정치운동.

** 페이비어니즘. 페이비언협회를 중심으로 영국 지식인들이 주도한 사회주의 운동. 의회정치와 개혁 입법으로 사회주의를 실현하려 했다. 영국노동당의 기초가 되었다.

류 자유주의에 갑자기 등을 돌리고 복지 개혁을 열렬히 지지했으며 스탈린 체제를 옹호하게 되었다. 웨브는 톨스토이와 도스토옙스키를 고전 작가로 보았지만 폴라니는 "러시아혁명에 영향을 미친 요인" 중 하나로 보았다.[25]

폴라니는 어머니를 "무한한 매력과 대단히 강렬한 개성"을 지닌 분으로 묘사한다.[26] 그녀는 색채가 화려한 여성이었다. 외모 이야기가 아니라(옷을 간소하게 입는 편이었고 "패션 모델과는 정반대"였다[27]) 진보적인 정신과 대중들에게 보이는 모습이 그랬다는 말이다. 그녀는 스위스의 음악가이자 음악교육가인 에밀 자크-달크로즈를 숭배했으며 부다페스트에 몸의 움직임을 통해 음악의 리듬을 표현하는 법을 가르치는 유리드믹스 아카데미("덜츠로제 포이슈콜러여Dalcroze Foiskolaja")를 설립했다.[28] 선구적인 페미니스트로서 1912년 여자 대학을 설립했고 이 대학이 헝가리 여성들을 위한 열린 교육기관이 되리라 생각했다.[29] (아마 회의적인 입장을 보인 듯한 폴라니가 바로 이 문제를 두고 "어린 남자들이 어린 여성들을 가르치면 안 된다"고 조언한 것 같다.[30]) 체칠레는 현대의 문화생활과 학문을 열렬히 찬양했고 시대정신을 감지하는 능력이 있었으며 살롱을 관리하여 큰 성공을 거두었다. 이런 측면에서 훌륭한 문화를 누리고 시대와 함께 호흡하는 것을 동화同化로 여기는 중산층 유대인의 전형이었다. 친구인 오스카르 야시의 기억에 따르면, 이 살롱에서는 "생기 넘치고 위트 있는 여주인"이 "다양한 이데올로기 사이에서 공중제비"를 넘었고, 새 인재를 발굴하고 선보이는 데 탁월했을 뿐 아니라 그들을 "자신의 취향에 맞게 길들이곤" 했다.[31]

그녀는 부다페스트와 베를린에서 진보적인 독일 간행물에 글을 실었고[32] 필적학에서 보석, 교육학, 잠옷과 로맨스, 그리고 러시아혁명에 이르기까지 잡다한 문화적, 정치적 주제들에 대한 글을 썼다(발표되진 않았다).[33] 또 편지에 시인(실러, 번스, 하이네 등), 예술가, 미학 운동(세잔, 피카소, 브라크, 레제, [독일 풍자지]《짐플리치스무스》), 사회과학자(프리드리히 엥겔스)를 즐겨 언급하고,[34] 니체와 스펜서를 읽을 때 자신이 경험한 "황홀경"을 묘사하는 데서 그녀의 성격이 잘 드러난다.[35] 체칠레는 정신분석학, 특히 예술작품을 읽어내는 정신분석학의 잠재력에도 관심이 있었다. 샨도르 페렌치는 프로이트에게 보내는 편지에서 그녀를 "정신분석의 의미를 뛰어나게 파악하고 있는 아주 잘 교육받은 여성"이라고 소개했다.[36] 그녀는 정신분석학의 세 아버지 중에서 정치적으로 가장 진보적인 알프레트 아들러의 친구이자 환자이기도 했다.[37]

폴라니는 어머니 체칠레처럼 정신분석학에 열정을 품지는 않았지만—그가 보기에 정신분석학은 판단을 흐릴 뿐 아니라 심지어 도덕적으로 의심스러웠다[38]—만일 아들러의 소파에 누웠다면 오이디푸스적 감정을 크게 드러내지는 않았을 것이다. 그는 어머니를 진심으로 사랑했고, 어머니의 위트와 정치적 활동성, 지적 호기심을 높이 평가했다. 하지만 어머니의 고급스러우면서도 자유분방한 기질과는 거리가 멀었다. 그는 횃불을 부여잡는 대신 불빛 주위에서 펄럭이는 부나방처럼 부르주아 살롱 생활에 끌리는 취향을 불신했다.[39] 아버지는 어머니에 비해 더 차분하고 소박한 편이었고—폴라니의 표현에 따르면 "상당히 냉철하고 회의적"이었다[40]—아버지에 대한 그의 감정은 모호한 구석이 조금도 없었다.

폴라니의 부모는 자유주의, 급진주의, 포퓰리즘이 한데 뒤섞인 가치관을 제공했고 이러한 모순이 그의 세계관을 규정했다. 당시 대륙의 자유주의자들이 그렇듯 미하이는 친영파였다. 폴라니는 아버지를 "뼛속 깊이 서구화되어" 자식들을 "영국식 교육"으로 이끈 사람으로 묘사했다.[41] 그는 아버지에게 영국적이라는 말에는 "신사"라는 의미가 함축되어 있다고 배웠다. 그래서 나중에 루카치에게 "당신 아버지는 진짜 영국인이군!"이라고 말했을 때 여기에는 신사라는 의미가 담겨 있었다.[42] (영국 신사에 대한 폴라니의 이미지는 상당히 고풍스럽다. "그는 체크무늬 정장을 입었다. 사람들은 그를 '나리My Lord'라고 불렀다. 그는 마테호른에 올랐고 항상 망원경과 우산을 가지고 다녔다. 그는 전함을 정박시켜놓았다고 허풍을 떨며 일급 호텔에서 묵었다."[43]) 게다가 영국은 러디어드 키플링과 H.G. 웰스처럼 어린 폴라니에게 영감을 제공한 유명인들의 고장이었고, 가장 이상주의에 가까운 진보주의로 전 세계에 축복을 베풀었다. 젊은 시절 언론인으로 일하던 폴라니는 "가망 없어 보이던 헝가리 독립투쟁의 배후에서 영국의 진보적인 부르주아지와 노동계급을 움직인" 것은 1848년의 "영국의 자유무역주의자들"이었다고 주장하기도 했다. 1848년 혁명가들은 프리드리히 리스트의 입장에 서서 자유무역에 반대했는데도 말이다. 이는 폴라니의 가슴에 자유무역은 경제 선언일 뿐만 아니라 "평화주의 정신과 인민의 권리 가운데 빛난다"는 생각을 깊이 새겨 넣었다. 폴라니는 특히 두 명의 자유무역주의자, "영웅적이고 굳센 퀘이커교도" 리처드 코브던과 존 브라이트를 일반적인 의미의 "사회주의의 조상"이자 특히 영국노동당의 조상으로 보고 숭배했다.[44]

폴라니는 동생에게 보내는 글에서 사회 발전을 "예언적인" 방식으로("우리 문명의 운명"으로) 바라보는 자신의 성격은 "정신성Geistigkeit이라는 게르만적 사색의 촉매제가 기능하던 초기 삶에 100퍼센트 순수한 러시아와 앵글로-색슨의 성격이 혼합"되어 빚어진 결과라고 밝혔다.[45] 다른 글에서도 자신은 관용의 가치를 존중한다고 말하며 이와 동일한 방식으로 설명한다. "괴테에게, 하지만 도스토옙스키와 존 스튜어트 밀에게"도 관용을 존중하는 정신을 배웠다는 것이다.[46] 이와 똑같은 삼각 구도가 폴라니가 이후에 발전시킨 경제 통합의 재분배-시장-호혜 메커니즘이라는 개념 도식으로 나타나는데, 이는 과연 우연일까? 이중 첫째 재분배는 독일어 Verwaltungswirtschaft(관리경제)[47]와 동의어이고, 둘째 시장은 영국식 진보주의와 동일시되며, 셋째 호혜는 러시아의 소작농 공동체를 연상시킨다. 한 친구는 폴라니가 이분법 대립 구도를 설정해 상황을 분석하는 경향이 있다고 지적했는데, 만일 누군가 독일 쪽의 꼭짓점을 누락한다면 우리는 어머니 같은 러시아/아버지 같은 영국이라는 이분법을 발견할 수 있을 것이다.[48] 오늘날의 "시장 지향" 경제와 이외의 "전통 지향" 체제를 확실히 구분하는 경향이 좋은 예다.[49]

폴라니는 자신의 이론 틀에서 양극단을 대비시키는 경향을 보였고 당대의 어떤 이들에게는—"중도급진주의자인" 동생 마이클과는 달리—"급진주의자 중에서도 가장 급진주의자"처럼 보였다.[50] 하지만 실생활에서는 대립하는 이들의 화해를 종용하거나 둘 사이의 중간 노선을 선호하는 편이었다. 1914년에 그가 공동으로 설립한 정치조직의 이름이 '급진부르주아당'이라는 사실에서 이런 성향을 읽을 수 있다. 시간이 더 지나서 1920년대에는 제도라는 틀 속에 있는 "순수한" 시장경제는 정치 영역의 의회민주주의와 경제 영역의 산업민주주의를 결합한다고 보고 길드 사회주의의 사회 변화 개념을 자유시장에 대한 자유주의적 관점과 결합하고자 했다. 1920년대에 폴라니는 소련식 계획과 루트비히 폰 미제스의 시장자유주의에 반대하며 제3의 길을 지지했고, 제네바의 자유주의 인터내셔널과 모스크바의 코민테른에 반대하며 제2인터내셔널*을 지지했다.[51] 1930년대에는 공산주의에 경도되었지만, 당시는 [극좌와 중도를 아우르는] 인민전선 시기였고, 죽기 직전에는 서구와 소련의 화합을 주창하는《공존》이라는 잡지를 만들었다. 폴라니의 정신 깊은 곳에는 아버지 서양과 어머니 러시아가 융합하여 뿌리박고 있음을 감안하면 매우 적절한 모험이라고 볼 수 있다.

"마자르인-유대인 잡종"

부모에게서 모순적인 성향이 교차하는 영향을 받은 덕에 가족이라는 미시 차원과 지리문화라는 거시 차원이 결합해 창의적인 긴장이 형성되었다면, 중간 차원을 점하는 정체성(마자르인**과 유대인이라는 인종적 정체성)과 맺은 관계는 좀 더 혼란스럽고 불안정했다. 폴라니가 "태생적으로" 유대인인지를 묻는 루이 뒤몽의 질문에 그의 딸 캐리 폴라니-레빗은 이렇게 답했다. "나치의 '혈액' 정의에 의하면 아버지는 유대인일 테지만 아버지는 틀림없이 자신이 헝가리계 유대인으로 분류되지 않기를 바랐을 것입니다."[52] 동화의 두 가지 중요한 지표는 폴라

* 1889년 마르크스주의를 근간으로 파리에서 결성된 국제 사회주의 운동 기구. 1차대전을 거치며 전쟁에 대한 공동 투쟁보다는 개별 민족국가의 역할을 강조하는 입장이 우세해지면서 힘을 잃게 된다.

** 헝가리인을 구성하는 다수 인종.

니라는 마자르식 성으로 바꾼 일(칼 폴라니의 경우는 1907년경에)과 개종이었다.[53] 그는 1920년대 초에 기독교도로 등록했지만 실제로는 부다페스트의 유대인들, 특히 마이클 폴라니와 친구 레오 실라르드를 비롯한 상류층이 기독교로 개종하는 "집단 이동"을 목격한 1919년에 개종했을 것이다.[54]

캐리의 편지는 이렇게 이어진다. 폴라니가 성장한 부다페스트의 환경은 "분명 유대식이 아니었습니다. 사실 할아버지와 아버지는 어떤 형태로든 유대 공동체와 접촉하는 것을 혐오했어요. 개화한 사람이라면 유대 공동체를 헝가리 주류 사회에 진입하기 위해 벗어나야 할 게토로 보았기 때문이지요".[55] 이런 설명이 대체로 정확하다 해도 몇 가지 세부 사항은 논란의 여지가 있다. 특히 폴라니가 성장한 환경이 유대식이 아니었다는 대목이 그렇다. 그가 성장기를 보낸 갈릴레오 서클(이에 대해서는 뒤에서 다룰 것이다)과 언드라시 거리에는 상당수의 유대인들이 있었다. 언드라시에서는 계급과 억압의 상관관계가 드러났다. 신분이 상승한 유대인들은 [언드라시 거리가 위치한] 페스트에 몰리는 경향이 있었다. 페스트를 이질적이고, 더럽고, 유대인과 독일인이 많고, 돈에 환장하고, 고리대금업자들이 주름잡는 곳이라고 여기는 부다의 마자르 젠트리들에게 밀려났기 때문이다.[56] 폴라니의 친구인 루카치(원래 성은 뢰빈게르), 만하임, 벌라스(원래 성은 헤르베르트 바우어) 등 루카치가 이끌던 유명한 선데이 서클의 구성원 대부분이 동화된 유대인 중상 계급 출신이었다. 갈릴레오 서클도 유대인 비율이 높다는 사실을 폴라니는 잘 알고 있었다. 자기 입으로 갈릴레오 서클은 헝가리에서 "유일하게 러시아혁명과 유사한 유대인 해방의 생기가 모여 있다"고 말했다.[57]

폴라니는 1959년 동생에게 보내는 편지에서 헝가리의 전형을 논하면서 유대인-마자르인의 혼합을 강조했다. 자신을 "헝가리의 영국 친구"라고 부르면서 "한 번도 헝가리에 속해본 적이 없었"지만 헝가리 사람들에게 애착을 느낀다고 말한다.

> 나는 그들이 얼마나 깊은 수렁에서 올라왔는지를 기억한다. 마자르인-유대인 잡종은 도덕적으로 개화된 존재로 받아들여지지 못했고, 윤리적 결함이 있는 존재라는 "낙인"이 찍혔다. 자신들의 심장을 다른 데 두고 있는 교회와 귀족들은 이들에게 미개한 기준을 들이댔다. 자존감은 없으면서 그릇된 자존심만 가득한 귀족 집단은 반쯤 동화된 유대인들에 의해 서구와 연결되었지만 진정한 서양인은 아니었고, 마자르인들 속에 온전히 녹아들지도 못했다……. 그리고 헝가리인들에게 꼭 필요한 서구의 경험을 소화가 잘 되도록 요리한, 온실 속 화초 같은 해외의 2등급 인텔리겐치아 무리들은 마자르인들의 본성을 바꿔놓았다.[58]

이 단락에서 눈에 띄는 것은, 대니얼 포의 "진정한 영국인"을 연상시키는 마자르인-유대인 잡종에 대한 설명뿐만이 아니다. 경멸 어린 어조에도 불구하고 폴라니는 자신이 어째서 헝가리인들에게 애정을 품고 있는지를 설명하고, 교회와 귀족을 간접 비판하면서 자신이 속한 환경인 온실 속 화초 같은 존재에게 가시 돋친 말을 던진다.

마자르인-유대인 잡종은 독특한 시대와 장소, 즉 19세기 오스트리아-헝가리 제국의 산물이었다. 헝가리의 자유주의자들은 행정과 헌법이 통일돼 있던 시기에 자신들의 제국을 영국과 비교하기를 좋아했다. 폴라니의 멘토이자 평생의 친구였던 야시는 헝가리의 "국민적 응집력과 애국심은 영국만큼 유구하고 자연스러우며 논리적인 진화의 결과"라고 주장했다.[59] 하지만 이는 영국의 역사에 대한 장밋빛 해석일 수는 있어도 헝가리 역사와는 아무런 관련이 없는 말이다. [비스마르크의] 철혈의 문자로 기록된 역사에는 근대화로 향하는 고속도로는 서로 다른 계급과 인종을 동질적인 민족국가에 동화시켜 뻗어 나간다는 메시지가 휘갈겨져 있다. 무수한 소수자들로 구성된 구세계는 누구는 국민으로 인정받고, (관습, 언어, 혹은 외모가 "걸맞지" 않아 보이는) 누구는 소수자 지위로 밀려나는 새로운 체제로 대체되고 있었다. 서유럽에서 이 과정은 다양한 언어권과 문화권에 속한 사람들을 개별 국가로 결집시키는 경향을 보인 반면, 중부유럽과 동유럽에서는 잇따른 내부 이동과 정복 때문에 더 복잡한 인종 집단의 층위가 생겨났다.[60]

헝가리의 경우 이 나라의 언어 중심지는 시골이었다. 라틴어를 읽는 성직자, 프랑스어로 말하는 귀족, 독일어와 이디시어로 말하는 상인과 교사들 모두 소작농의 언어인 마자르어로 동화되었다. 하지만 헝가리의 정치적 중추는 반동 귀족들이었다. 이들은 자유주의적인 부르주아지들을 마지못해, 가끔은 상냥하게 포용했고, 자기들보다 지위가 높은 빈의 오만한 인사들을 미심쩍어했으며, 소수자들(루마니아인과 세르비아인, 슬로바키아인들과 우크라이나인, 집시와 유대인)을 소외시키고 박해하는 데 목숨을 걸었다. 그러므로 헝가리라는 나라는 독특한 균열을 유지하며 한 덩어리가 되었고 제국과 왕실 체제가 해체되면서 격렬한 소용돌이에 휘말렸다.

무엇이 문제였을까? 이는 레온 트로츠키가 말한 '불균등 결합 발전'과 많은 관련이 있었다. 서유럽에서 자본주의는 상대적으로 점진적으로 진화했고, 거의 나란히 생산양식과 계급 관계, 민족국가가 형성되고 "통합된" 국가가 등장했다. 하지만 서구의 기업들이 지배하는 세계시장과, 서구 국가들이 통제하는 세계 정치 질서의 형성은 뒤따르는 혹은 종속당할 위험에 처한 동유럽 국가의 이질적인 정치체제들에는 중대한 도전이었다. 군주와 귀족들이 정치권력의 고삐를 잡고 있던 순간, 동유럽 시민사회는 엘베강 서쪽에서 진행 중이던 과정에 점점 더 많은 영향을 받고 있었다. 군주와 귀족들은 군대와 관료의 힘을 강화하고, 계급 특권과 무역에 대한 봉건적 제약을 줄이는 개혁을 마지못해 주도했다. 하지만 이 과정에는 문제가 많았다. 서유럽에서 민족국가의 형성을 촉진했던 상업 통합과 문화적 준비가 동유럽에는 부재했던 것이다.

프랑스와 영국을 중심으로 18세기의 마지막 몇십 년간 진행된 두 혁명—정치혁명과 경제혁명—은 중부유럽과 동유럽 유대인들의 지위를 승격시켰지만 동시에 도전 과제를 안겼다. 전자인 프랑스의 정치혁명은 종교와 직업의 제약을 폐지했고 프랑스 국경 너머의 유대인에게 완전한 민주적 권리를 부여하라는 압력을 가하는 한편, 개혁 성향의 유대인들이 정통 랍비의 권위에 도전하도록 격려했다. 이 같은 해방 투쟁은 빌둥bildung*(특히 정신적인 능력의 합리적 발전과 정화)이라는 계몽주의 이상이 절정에 달했을 때 일어났고, 많은 유대인들은 이런 근대성의 이미지를 심장에 새겼다.[61] 후자인 산업혁명을 통해

* 독일어로 '교양, 교육'을 뜻한다. 18, 19세기 독일 휴머니즘에서는 '모든 인간 능력의 조화로운 형성'을 교양으로 보았다.

유대인 금융업자들과 상인들은 사회적 유동성이 증가하는 가운데 빠르게 확대되던 도시 부르주아로 통합될 수 있었다. 중부유럽의 유대인 공동체는 이 같은 변화의 맥박에 독특하게 공명했다. 서유럽의 곡물 수요가 급등하자 이 거래에 종사하던 유대인들은 톡톡히 재미를 봤다. 오스트리아-헝가리 제국의 북동부 외곽에서 밀가루 장사를 하던 폴라니의 조부모도 마찬가지였다. 어떤 사람들은 경제 번영의 물결에 안전하게 올라탔지만 어떤 사람들은 수입 공산품이 밀려오는 바람에 전통 경제에서 밀려나고 있었다.

민족주의와 근대화라는 새로운 개념들이 독일어와 다양한 이디시어 방언을 통해 게르만 문화권으로 흘러 들어오자 유대인들은 이를 재빨리 습득했다. 이러한 민족주의 물결은 중부유럽 유대인들에게 역설을 불러왔다. 유대인들의 민족 정체성에는 상업 분야의 협력과 후원 네트워크뿐만 아니라 공통의 종교, 관습, 언어 등이 필요했다. 이런 요소들은 민족의식의 발달에 반드시 필요한 응집력을 제공했던 것이다. 이 시기까지 서유럽의 상인 네트워크는 이제 싹이 튼 민족의식을 결집할 수 있는 중요한 요소를 제공한 바 있다. 다른 한편으로 유대인들에게는 민족 형성에 필수인 요소가 부재했으니, 문화를 공유하는 공동체들이 자신들의 영토에 집결하지 못한 것이다. 이런 상황에서 유대인들의 민족주의는 말 그대로 유토피아였다.

아브람 레온은《유대인 문제》에서 자본주의 발달이 유럽의 유대인들에게 미친 모순된 영향을 예민하게 포착했다. 한 가지 경향은 "유대인들의 경제적 동화와 이로 인한 문화적 동화"를 이롭게 하는 것이었다. 자본주의가 발달하면서 수백만 명의 유대인들이 살던 곳을 떠나야 했다. 전통적인 환경에서 끌려 나와 도시에 모이게 되었는데, 자신들의 종교적 정체성을 감싸주던 지역 공동체가 전무한 도시에서 주류 문화에 섞이려고 노력했다. 하지만 경제적 지위 변화, 이주, 도시화로 인해 특히 반유대주의가 무르익은 곳에서는 유대인들의 민족의식이 높아질 수도 있었다. 레온은 "유대 민족의 르네상스", 현대적인 유대 문화의 형성, 시오니즘이 모두 "유대인 대중의 이주 과정과 도시 집중"과 함께 나타났고 현대의 반유대주의의 등장과 나란히 진행되었다고 주장한다.[62]

이 두 가지 경향은 장소와 시기에 따라 사뭇 다르게 나타났다. 서유럽에서는 동화에 방점이 찍혔기에 이후 서유럽은 "서구"(게젤샤프트, 경제적 근대화, 정치적 평등)를 함축하게 되었다. 프랑스어로 말하는 귀족, 독일어로 말하는 상인 등 모든 집단이 동화를 요구받고 민족주의가 득세하는 시대를 살고 있는 경우, 피억압 집단인 유대인들에게 동화는 단지 새로운 문화적 경관에 부드럽게 녹아드는 일 이상을 의미했다. 전통적인 유대 문화와 민족이라는 의지처에서 "목적의식을 품고, 심지어 계획적으로 떨어져 나오는 것"이어야 했다.[63] 이를 완수하여 서구에 동화된 유대인은 근대성의 화신, 즉 합리적 인간일 뿐만 아니라 뿌리내리고 살던 데서 떨어져 나온 냉정한 코즈모폴리턴, 유기적인 문화와 관습을 결여한 "진짜가 아닌" 부자연스러운 사람들의 전형이 되었다. 동유럽의 유대인들은 서유럽보다 수가 더 많았고, 장인, 행상, 부링자 같은 사회의 중하층에서 더 우세했으며, 동화된 유대인들이 거부한 차이의 증표—이디시어, 카프탄*, 탈무드 중심의 교육—를 보존하고 있을 가능성이 더 높았다.[64] 19세기를 지나는 동안 동유

* caftan. 유대인들의 정통 복장인 검은색 긴 외투.

럽 유대인의 전형이 만들어졌다. 시골에 살고, 가난하고, 지저분하고, 목소리가 크며, 전통에 집착하고, 신비주의에 빠지기 쉬운 사람들이라는. 한마디로 완전히 뒤떨어진 사람들이다.[65] "동쪽"은 문화적 민족주의(게마인샤프트, 종교, 전통)를, 그리고 19세기 말에 이르러서는 많은 유대인들이 어쩔 수 없이 살고 있는 구역, 미신과 경직된 부족주의가 뿌리내린 슬럼 경관을 함축하는 게토를 상징하게 되었다.[66]

서유럽과 동유럽 유대인들이 합류하는 도시가 바로 부다페스트였다. 중부유럽과 동유럽 어디에도 폴라니가 유년기를 보낸 페스트만큼 유대인들이 많이 동화되고 세속화된 곳은 없었다. 페스트 인구의 거의 4분의 1이 유대인이었고 전문직과 경영계, 금융계의 경우 유대인 비중은 이보다 훨씬 높았다.[67] 19세기 중반 자유주의적인 기득권층은 유대인이 헝가리 시민사회와 정치 공동체에 진입하는 것을 차츰 허용하겠다는 메시지를 보냈다. 이 시기 유대인 문제에 대한 논의는 정치적 해방과 사회 통합의 가능성을 중심으로 진행되었고 언론에서 묘사하는 유대인은 넝마를 주우러 다니는 사람이거나 부유한 상점 주인이었다. 혐오스럽다기보다는 평판이 별로 좋지 않고, 영리하고, 기민한 사람들로 그려졌다. 이런 분위기를 반갑게 여긴 유대인들은 새로운 민족을 만들어내기 위해 제 역할을 했다. 이들은 헝가리의 경제적, 문화적 르네상스에서 없어서는 안 되는 요소였다. (비유대인) 시인 엔드레 어디의 표현에 따르면 부다페스트는 "우리를 위해 유대인들이 만들어낸" 도시였다.[68] 1890년대 중반이 되자 유대인들의 신앙은 기독교와 동등한 특권을 부여받았고, 유대인 대표들은 상원에서 의석을 얻었다. 자유당은 해방을 위해 싸웠고 보상을 받았다. 부다페스트 유권자의 절반이 유대인으로 자유당은 의회에서 넉넉히 다수를 유지할 수 있었다.

중부유럽의 유대인들은 상대적으로 문해율이 높고 정치 안정을 도모해야 했기에 이른바 역사적으로 중요하지 않은 소작농 민족(체코인, 슬로바키아인, 루마니아인)보다는 지배력이 있는 민족(폴란드인, 마자르인, 무엇보다 독일인)과 관계를 맺고 이들에게 동화되었다.[69] 합스부르크 제국에서 자본가 계급은 이 제국의 힘을 모으는 데 중요한 역할을 했는데, 여기서 헝가리의 유대인들이 두각을 나타냈다. 이 같은 제휴는 헝가리인들을 피지배 민족의 지위에서 "다양한 민족의 감옥" 같은 합스부르크의 공동 통치자로 승격시킨 1867년 타협에 의해 더욱 공고해졌다. 이는 폴라니의 말을 빌리면 "오스트리아 내에서 독일 부르주아지의 헤게모니가 확립되고" 이와 함께 "군주제 치하의 동쪽 절반에서 마자르인이 슬로바키아인, 세르비아인, 크로아티아인, 루테니아인, 루마니아인을 지배"하게 됐음을 상징했다.[70]

이 협약 이후 다수의 헝가리 유대인들은 헝가리인들의 이익을 위해 게르만 정체성을 버렸고, 집에서 사용하는 언어를 독일어나 이디시어에서 마자르어로 바꿨다. 이는 소작농들의 방언이 고급문화의 전달 수단으로 교체되는 데 기여했고, 특히 부다페스트의 마자르화를 가속화했다. 50년 전만 해도 마자르어로 말하는 부다페스트 주민은 46퍼센트였지만 1920년대에는 90퍼센트에 육박했다.[71] 페터 풀처에 따르면 헝가리의 유대인들은 이런 식으로 독일인이라는 "낙인"을 벗어던졌다. "그렇다고 해서 마자르인들이 억압하는 인종들을 유대인들이 크게 도울 수 있게 된 것은 아니지만" 말이다.[72] 사실 "역사적으로 중요한 민족"에게 호의를 보이는 유대인들의 경향을 고려했을 때 보수적인 헝가리인들조차 유대인 동화의 혜택을 누릴 수 있었다. 헝가리인들은 유대인이 동화되지 않았다면 자기 민족이 영토 내의 소수로 전락했으리라는 점을 알았던 것이다.

폴라니 집안 아이들은 무엇보다 합스부르크 제국의 공용어인 독일어로 말하는 부르주아 환경에서 문화에 적응했다. 이들의 모국어는 헝가리어가 아니었다. 어머니 체칠레도 헝가리어에 능통하지 못했다. 하지만 이들은 헝가리 정체성을 받아들였다.[73] 이는 무엇보다 역사적으로 중요한 특정 민족이 역사적으로 중요하지 않은 자신의 상대를 향해 표출하는 맹목성을 띤 것이었다. 폴라니는 이렇게 회상한다. "학창 시절 우리는 마자르인이 아닌 인구의 49퍼센트가 어떤 우여곡절을 겪으며 살아가는지에 전혀 관심을 기울이지 않았다. 많은 사람들은 그들이 존재한다는 이야기조차 들어보지 못했다. 실제로 그들 다수는 중간계급 남자아이들이 거의 접촉해본 적이 없는 소외 계층에 속했다." 폴라니는 이렇게 덧붙인다. "우리가 헝가리는 마자르 국가가 아니라는 주장을 모욕으로 여기고 분개한 이유는 광신적 애국주의 세계관 때문이었다."[74]

헝가리어를 배우려고 최선을 다했고 일부는 기독교로 개종하기도 했지만 유대인 혐오가 확산되면서 폴라니와 동료들은 완전한 민족 구성원으로 인정받지 못하고 점점 배제되었다. 당시 헝가리의 정치문화를 지배하는 이들은 귀족들이었다. 이들 전근대 농업 엘리트들은 상업을 멸시했고 상인들을 사기꾼으로 여겼으며 모든 상거래는 속임수가 필수라고 생각했다. 이들은 자신들이 정직과 토지에 대한 사랑이라는 진정한 헝가리적 가치를 보전하고 관리한다는 생각에 젖어 있었다. 이들의 지위와 가치는 점점 잠식해 들어오는 자본주의와, 이로부터 촉발된 저항 운동에 위협받고 있었다. 자본주의 근대성과 동일시되는 속성들과 이에 대한 불만이 모두 유대인들에게 투사되었다. 동화된 유대인도 게토의 유대인도 폭리를 취하고, 이기적이고, 물질주의에 젖어 있고, 비윤리적이고, 코즈모폴리턴적이고, 도시적이고, 자유주의적이고, 사회주의적인 인간으로 정형화되었다.[75] 완전 비호감형으로 악마 같은 미소를 짓는—투기를 하고, 돈밖에 모르고, 이질적인[76]—유대인이라는 이미지가 등장했고 유대인 문제는 관련 논의를 암암리에 근대화의 고통과 뒤섞어버리는 상투적인 개념으로 재구성되었다.[77] 반유대주의자들은 이처럼 중립성을 띠는 용어를 사용해서 유대인들이 경제, 교육, 전문직, 심지어는 농업까지 장악했다며 몰아세웠고 시골에 살던 유대인 이민자들이 인근 국가는 물론이고 동유럽까지 넘쳐나고 있다는 이미지를 부각했다.[78] 유대인들에게 일부 개방된 전문직과 경제 부문에서 이들이 성공을 거둘수록 암적인 침입자라는 비난의 목소리는 더욱 거세졌다.

유대인의 정체성 문제는 고질적인 반유대주의 때문에 동화를 하려 하건 아니건 꾸준히 집중 조명을 받았다. 유대인들이 아무리 목청을 높여가며 "셈족"의 유산에 무관심하다고 단언해도 반유대주의는 극성을 부려댔다. 반유대주의는 양날의 고정관념이라는 무기를 가지고 있어서 정반대 방향에서 목표물을 공격할 수 있었다. 한쪽 방향에서 가하는 공격은 근대 초기에 더 일반적이었는데 나중에는 동유럽의 유대인들을 배타주의자라는 고정관념에 가둬버렸다. 즉 유대인들이 전통적 생활방식을 고수하고 뿌리에 집착한 나머지 근대의 세속적 시민권이라는 따뜻한 대양에 자신들의 정체성을 녹여내지 않으려 한다는 것이다. 하지만 유대인 해방과 함께 둘째 이미지가 더 강세를 보이게 되었다. 해방과 산업화로 인해 이민자들이 도시를 휩쓸자 토머스

칼라일과 오스발트 슈펭글러 같은 문화적 보수주의자들은 인종이 뒤섞이면서 문화가 불순해지고 전통 가치들이 유실되었다며 애통해했다. 이제 유대인들은 지식인, 예술가 혹은 프리메이슨 단원처럼 자유주의나 급진주의에 무분별하게 관심을 보이는 무리들과 수상쩍게 어울리며 민족을 타락시킬 우려가 있는 뿌리 없는 코즈모폴리턴이자 영원한 부랑자로 지목되었다.[79] (대표적인 예로 보수 성향의 "사회적이고 과학적인" 어느 정기간행물에서는 마침 폴라니가 속해 있던 다른 두 집단인 부르주아 급진주의와 프리메이슨을 유대인과 동일시하고, 이 삼인조를 "민족의 신체를 약화하는 기생충 같은 세력"이라고 묘사했다.[80]) "진정한" 조국은 없지만 여러 나라에 흩어져 있는 동포들과 문화와 상업 분야에서 관계를 맺고 있던 유대인들은 의혹의 눈초리에 시달렸기 때문에, 자신들의 유산을 공개적으로 포기하는 행동을 해야 했고, 상상의 민족 공동체에 충성을 맹세해야만 했다.

제도화된 반유대주의로 인해 해방 투쟁은 꺾이고 유대인들은 동화의 의무에 굴복하게 되었다. 평등을 얻기 위해 자신들의 정체성과 절연하는 대가를 치른 것이다. 엔초 트라베르소의 표현에 따르면 "유대인들이 한번 시민이 되고 나면 더 이상 유대인의 색채를 지닐 수 없었다".[81] 하지만 이들이 동화에 성공할수록 코즈모폴리턴의 위협이라는 주장이 옳았음이 더 확실해져버렸다. 19세기의 마지막 몇십 년 동안, 즉 외국인 혐오증이 팽배하던 제국주의의 시대에 유대인들은 "특정한 제한이 있는 인종 공동체의 정체성을 무너뜨릴 우려가 있는 '추방당한' 존재의 화신으로, 코즈모폴리턴"으로 인식되었다.[82]

유대인들은 이런 식으로 이중의 곤경에 처해 있었다. 코즈모폴리턴 정체성은 첫째 고정관념이 비난하는 배타적 인종 정체성을 부정하는 수단을 제공했다. 하지만 둘째 고정관념은 코즈모폴리터니즘을 유대인의 속성과 동일시함으로써 유대인의 정체성을 약화하기 위한 수단을 유대인의 상징으로 바꿔버렸다. 결국 유대 정체성을 포기한 유대인만이 받아들여질 수 있었는데, 이렇게 하려고 하면 원래 부정하려고 했던 유대인 정체성이 다시 부각되는 결과가 빚어졌다. 유대인이 전통적인 관습과 외모를 유지하면 판에 박힌 게토 유대인이었고, 동화하려고 노력하면 "위장한 사기 행각으로 이해될" 수 있었다.[83] 기독교로 개종할 수도 있었지만 이렇게 종교를 바꾸는 것은 변덕과 기회주의 혹은 자기혐오의 표시로 간주되었다. 이는 진실성과 진정성, 자기 존중이 부재함을 증명하는 행위였다. 아니면 무신론으로 돌아서서 원시적인 믿음들과 함께 모든 종교 공동체를 해체하겠다고 약속하는 세속주의 근대성을 온전히 포용할 수도 있었다. 하지만 이는 기독교에 의지하는 헝가리 민족을 상대로 한 반역이었고, 신앙이 없음을 밝히면 자신의 뿌리 없는 코즈모폴리터니즘, 즉 유대인성이 다시 확인될 뿐이었다.

비유대적 유대인의 모순

폴라니가 살았던 부다페스트는 동화의 온상일 뿐만 아니라, 합스부르크 내륙 지방에서 밀려나거나 1881년부터 시작된 제정러시아의 학살에서 도망친 유대인 이민자들의 종착지였다. 이제 막 동쪽에서 도착한 사람들은 표준 형태의, 심지어 "동종의 사람들"이 드러내는 인종주의에 맞닥뜨렸다. 가난하고 교육받지 못했으며 작은 소읍이나 시골 출신인 이민자들은 부정한 방법을 통해서만 도시의 노동시장에 들어갈 수 있었고 어떤 형태로든 차별을 받았다. 토착민들은 이들을 사회적으로 열등한 존재로 여겼고 이를 인종주의 시각으로 바라보았다. 이민자들의 상황에 따른 "열등함"을 태생적으로 열등한 인종 혹은 문화의 징후로 해석함으로써 그들의 본질로 받아들인 것이다. 인종차별은 사회경제적 맥락에 따라 자행되었지만 정치적으로 조종되기도 했다. 19세기 마지막 몇십 년간 인간성을 말살하는 지옥 같은 굴레에서 부다페스트 당국은 동쪽에서 온 유대인 난민들을 인간 이하의 존재로 취급했다. 가령 이들을 물이나 음식도 없이 밀폐된 화물열차로 수송했고, 이 때문에 현기증이 날 정도로 지독한 편견이 들러붙을 수 있는, 더러움과 질병이 만연한 환경이 만들어졌다.[84]

어떤 의미에서 동유럽 유대인들은 반유대주의에 물든 헝가리인들이 입양하기를 꺼리는 서유럽 유대인들의 "못생긴 여동생" 역할을 맡게 되었다. 동화된 유대인들은 여러 가지 방식으로 대응할 수 있었다. 동정심을 불러일으키고, 동유럽에서 온 유대인들을 교화하는 것도 한 방법이었다. 아르놀트 츠바이크의 《동쪽 유대인의 얼굴》이 제시하는 패러다임이 이런 것이었다. 이 책에서는 실제로 "자세히 보라! 그녀는 아름답다"라고 말한다. 보편주의 관점에 따라 동화에 우호적이되 인종주의에는 한 치의 타협도 허용하지 않는 혁명적 사회주의자는 소수에 불과했다.[85] ("못생긴 것은 그녀가 아니라 반유대주의다!") 하지만 이 두 가지 경향보다는 "넥타이"를 매고 다니는 동화된 유대인들이 카프탄을 입은 동포들에게 경멸을 드러내고 이들이 서구의 근대성과 거리가 멀다며 당혹스러움을 표출하거나 심지어는 "아시아인"이라며 폄하하는 것이 훨씬 더 일반적인 현상이었다.[86] 이는 오만함뿐만 아니라 자기부정과 인종주의의 한 가지 요소를 내면화했음을, 만연한 반유대주의라는 괴상망측한 거울에 투영된 자신의 이미지를 부분적으로 수용했음을 입증하는 증거였다.[87] ("그녀 안의 유대인이 못생기지 않았다면 내 안의 유대인 역시 그렇게 못생기지는 않았을 텐데.")

폴라니가 속한 성공적으로 동화한 사회에서는 많은 급진 지식인들이 이 같은 경멸 어린 태도를 취했다. 폴라니의 멘토이자 일생의 친구였던 오스카르 야시도 마찬가지였다. 칼뱅교로 개종한 야시는 전통 유대인을 가리켜 "노란 천 쪼가리를 달고 다니는 겁쟁이"라고 말했다. 그는 "수세기 동안 게토 생활을 하면서 새겨진 유대인의 성격 결함"을 한탄했고, 특히 자신이 경멸했던 정치 사조인 볼셰비즘을 유대인과 동일시했다. 그는 유대인과 공산주의자 모두 "본능적이고 자연스러운 자극이 결핍돼 있고, 전통이 부재하고, 오만한 배타심과 메시아의 메시지를 전해야 한다는 사명감을 품고 있으며, 다른 사고방식을 참지 못하고, 물질적 쾌락주의를 지나치게 발달시켰는가 하면 전적으로 동양적이고 삶을 무시하는 신비주의에 빠진 사람도 있다"며 독설을 퍼부었다.[88] 커티 뵈로시가 보여주었듯이 야시는 유대인 문제는 반드시 해결해야 하는 심각한 사안이라는 반유대적 환상을 전파하는 데 중요한 역할을 했다. 뵈로시는 야시가 "'유대인 문제'를 사회학적 문제라는 틀로 재설정함으로써 반유대적인 시각을 표출할 통로를 확보했다"고 말한다.[89]

본질적인 부분에서 폴라니는 야시의 관점을 공유했다. 가령 나중에 유대인 해방 문제를 논할 때 "유대인들의 보수주의, 즉 진보 사상과 거리를 두는 특정한 전통에 대한 애착"을 강조했고, 유대인들 자체의 인정투쟁을 깎아내렸다. 그가 보기에 해방을 위한 움직임은 당사자인 유대인들이 아니라 "북유럽 기독교 사회"에서 비롯되었다. 이는 미국에서 평등권에 대한 요구가 당사자인 흑인들이 아니라 "평등권을 국가의 통일성 문제로 여기게 된 북부의 양키들"이 제기했다는 (설득력이 떨어지는) 그의 주장과 맥을 같이한다.[90] "마자르인들에게 유대인 문제는 중요한 민족문제"로 인식되었지만 "유대인들에게는 이른바 유대인 문제가 거의 존재하지 않았다"는 이야기가 된다.[91] 무신론자였던 더 젊은 시절(1917년경까지)의 폴라니에게는 유대교에 대한 부정이 계몽주의에서 영감을 얻은 전면적인 종교 부정의 한 요소였다.[92] 그는 모든 종교는 미신과 맹신을 "도덕의 원천인 믿음과 신뢰라는 장엄한 특성"에 주입함으로써 "인간 번영의 근원에 독을 타는 반역을 저질렀다"고 으르렁댔다.[93] 당시에도 유대교에 대한 폴라니의 비판은 특히 날이 서 있었다. 유대인들의 분열된 충성심(인종 집단과 민족국가에 대한)을 애석하게 여겼고, 게토의 유대인들을 낮잡아보았다. 그의 딸의 표현에 따르면 "본받아야 할 모델은 그가 근대성과 동일시하는 영국적인 모든 것"이었다.[94]

영국은 "근대적"일지는 모르지만 상인의 나라로도 유명했는데, 폴라니는 영국인들이 골몰한 이윤 추구와 거래를 혐오했다. 사실 폴라니에게 일생의 과업은 상업 윤리를 도덕적으로 비판하고, 시장경제를 과학적으로 비평하는 것이었다. 그런데 이윤을 추구한다는 이유로 불쾌감을 토로한 대상은 영국인이 아니라 자신이 속한, 추방당한 족속들이었다. 딸의 말에 따르면 폴라니와 가족들은 "흥정을 유독 싫어했다". 이들은 "상업에 대해, 무엇보다 가격에 대해 말하는 것에 엄청난 편견을 품었고 대단한 불쾌감"을 표출했다. "이들이 가치를 둔 것은 교육, 과학, 학습이었다. 이들은 돈을 다루고 금전 이익을 추구하는

행위를 비웃었다." 이는 귀족과 상업에 종사하는 유대인 부르주아지들이 보인 태도이기도 했다.[95]

이런 측면에서 폴라니의 상업 윤리에 대한 비평이 유대계 부르주아지라는 그의 뿌리에서 영향을 받았는가라는 질문을 제기할 수 있다. 인류학자 조너선 패리는 시장 거래와 긴밀한 관계가 있는 유대인과 자이나인 같은 집단에서는 "순수한 선물" 이데올로기가 이와 대립하는 "순수한 시장"과 함께 특히 두드러진다고 주장한다.[96] 전통적인 선물 교환은 사람과 사물의 어우러짐, 이해관계와 무욕無慾의 어우러짐을 수반하지만, 근대 시장사회는 이런 범주들을 철저히 분해해 "선물을 교환과, 사람을 사물과, 이해관계를 무욕과" 대립하게 한다.[97] "공짜 선물"이라는 용어는 시장사회에서만 자리 잡고, 선물 교환은 시장 거래와 대비되는, 이타적이고 도덕적이며 감정이 부여된 행동으로 규정된다.[98]

패리의 주장은 "순수한 선물"을 맨 먼저 개념화한 사람이 비유대인(하지만 오스트리아-헝가리인) 인류학자 브로니슬라브 말리노프스키이고, 이를 반박한 사람은 프랑스계 유대인 마르셀 모스라는 사실과는 잘 맞아떨어지지 않지만 시사하는 바가 크다.[99] 다르게 추측해보자면, 시장 체제가 문화적 외피와 대립 관계에 놓여 있음을 강조하는 사고 양식에 자양분을 제공한 것은 자유주의 경제학이 농업 중심 사회와 충돌하던 세기말 오스트리아-헝가리 제국의 불균등하면서도 이질적인 요소가 서로 결합된 경험이었을 수도 있다. 어느 쪽이 옳든 간에 폴라니는 인류학적 글에서 말리노프스키가 분류한 멜라네시아의 쿨라* 거래 같은 경제체제(이것의 발판은 호혜성이고 동력은 "명망, 지위, 연대감" 같은 비경제적 동기들이다)와, 경제 메커니즘을 주도하는 요인은 경제적 동기라는, 애덤 스미스와 허버트 스펜서가 이론화한 가정을 수반하는 근대 시장사회를 날카롭게 대비시켰다.[100]

이런 주장에서 폴라니 자신의 사회적, 개인적 경험을 감지할 수 있을까? 폴라니는 효성이 지극하긴 했지만 건설이든 상업이든 아버지의 직업을 물려받지는 않기로 선택했다. 이런 면에서 루카치와 케스틀러처럼 비슷한 환경에 있던 사람들과 같은 길을 걸었다. 당시 많은 유대 지식인들의 회고록에는 "문화, 정신, 종교와 예술에 관심을 쏟은 반부르주아 성향 청년들"과 "상인이거나 은행가이며, 온건한 자유주의자에 애국자이고, 종교 문제에는 무관심한 그들의 기업가 부모" 사이가 단절되었다고 기록되어 있다.[101] 폴라니도 서로 다른 3세대의 유대인 학생들을 가로지르는 이 균열을 따랐다. 즉 19세기 중반의 학생들은 종교 유산을 유지했고, 1880년~1900년의 학생들은 "부르주아 이상을 실행하기"만을 원했지만, 폴라니가 속했던 셋째 집단은 자신들의 상대적으로 빈곤한 처지를 받아들였고 사회운동에 불을 지피려는 열망을 품었다는 점에서 두드러졌다. 그의 세대는 "부모 세대와는 정반대 방식으로 미래를 창조"하려 했다. 어느 정도는 갈릴레오 서클 덕분에 이들의 발언과 유머 감각은 앞 세대와 대비되었다. 이들은 시오니즘도 서구의 상대주의도 아닌 "러시아식 도덕(톨스토이, 도스토옙스키)"을 길잡이로 삼고 있다는 점에서도 두드러졌다.[102]

어떤 면에서 폴라니의 무리는 기꺼이 쫓겨난 유대인들이었다. 다시 말해 만하임이 사회학적으로 이론화한 "사회적으로 자유롭게 부유

* 멜라네시아 남동부 트로브리안드 제도의 주민들이 행하는 선물 교환 제도로 '갑'에게 선물을 받으면 갑이 아닌 또 다른 이웃인 '을'에게 선물을 하고, '을'은 다시 '병'에게 선물을 주는 방식이다. 결국 '갑'에게도 선물이 돌아간다.

하는 인텔리겐치아"에 가까웠다. 이들은 지적 영역에서 자신의 길을 찾으려 했지만 [지식사회라고 해서] 부모들이 속한 사업계보다 결코 차별이 덜하지는 않았다. 많은 이들이 "프리랜서 언론인, 독립 예술인이나 연구자, 민간 교육자 같은 주류에서 밀려난 지적 직업에" 종사하고 있었다. 가령 폴라니의 사촌인 에르빈 서보는 공무원 자리를 얻기 위해 기독교로 개종해야 했다. 서보의 친구였던 로베르트 미헬스에 따르면 중부유럽의 유내 지식인들은 이런 차별과 소외를 경험했기 때문에 혁명적인 정치운동에 가담하게 되었다. 인텔리겐치아로 공식 편입될 길이 막힌 곳에서 사회의 근간을 전면 비판하는 목소리가 호소력을 발휘하게 된 것이다.[103]

반유대주의가 전문 영역에서 제도화된 상황은 "지식 시장에 '정상적으로' 편입되려면 경기장 규칙이 완전히 바뀌어야 한다는 배제된 자들의 확신"을 강화할 뿐이었다.[104] 마이클 로이는 이러한 모순을 압축해 설명한다. "유대 지식인들은 깊이 동화되었지만 소외당했고, 뿌리 뽑혔지만 (자신들의 태생인) 사업계 및 부르주아 환경과 불화했으며, 전통적인 시골 귀족들에게 거부당했지만 자신들이 정상적으로 수용될 수 있는 영역(대학)에서도 배제되었다."[105]

유대계 헝가리인이었던 폴라니, 루카치 등은 서유럽에서 반쯤 떨어져 있었고, 자신이 속한 땅에서는 이방인 취급을 받았다. 이들의 경험은 근대 사상사에서 유대인 급진주의자와 혁명가—스피노자, 마르크스, 아인슈타인, 프로이트, 트로츠키, 카프카 등—가 믿기 어려울 정도로 많았던 이유에 대해 소스타인 베블런, 아이작 도이처 등이 제시한 설명과 부합한다.[106] 사회적, 정치적으로 억압당했지만 경제적, 문화적 자원이 있었던 이들은 탁월함을 발휘할 역량이 있었고 동기도 있었다. 또한 전통이나 인습에 충성하지 않았던 이들에게는 "안전하고 분별력 있는 수용주의자들의 생득권"이라 할 수 있는 마음의 평화와 안정이 결여돼 있었다.[107] 유럽의 유대인들은 소수자들 내에서도 주변부에 존재했고, 사회 주류와 위태로울 정도로 동떨어져 있었으며, 배제의 경험에 익숙했기 때문에 19세기 말 서구 문화의 위기에 유달리 예민했다.[108] 종교와 민족문화의 경계에 자리 잡은 이들은 (도이처가 강조한 것처럼) 사회 변화와 모순에 맞서기에,[109] 그리고 (글룩이 강조한 것처럼) 공동체를 동경하기에 특별히 적합한 상황이었다. 폴라니 주위의 급진주의자들은 얼마간은 일부러 떠돌이 입장을 취하면서 보수적인 동료 유대인들의 사대주의를 일축하고 귀족적인 헝가리의 국수주의뿐만 아니라 시오니즘 분리주의를 거부했으며 보편적 기준을 발판으로 한 정치 공동체를 지지했다. 이들은 동화라는 문제 자체가 무의미한 사회질서를 염원했다.

다뉴브의 블룸즈버리: 급진적인 반문화

세기말 헝가리에서 고전적 자유주의는 더 이상 폴라니의 부모가 성인이었을 때만큼 기세등등한 신념이 아니었다. 1870년에는 대부분의 부다페스트 시민들이 경제적 자유화를 환영했지만 1900년에 이르자 자본주의와 자유무역을, 다수의 희생 위에서 소수가 부유해지는 메커니즘으로 보는 사람들이 훨씬 많아졌다.[110] 상품화와 시장화는 온갖 종류의 유쾌하지 못한 현상—농촌 공동체의 파괴, 착취, 도덕적 퇴행, 속물근성—을 양산하는 듯했고, 자본주의가 발달하면 사회가 진보한다는 자유주의적 신념은 증발하고 있었다. 우파 세력 내에서는 소작농들 사이에서 형성된 반자유주의 정서가 귀족과 소부르주아 사이에서 형성된 반민주적, 반사회주의적 흐름과 결합하여 보수적인 반유대주의 동맹이 형성되었고, 1895년부터 가톨릭민중당이 이런 흐름의 선봉에 섰다. 가톨릭민중당은 오스트리아에서 반유대주의자 카를 뤼거의 주도로 결성된 기독사회당 운동만큼 성공을 거두진 못했지만 광신적 애국주의 정서를 결집시켰다. 그리고 반유대주의를 동화되지 않은 유대인들을 설득하는 데 주력하는 종교 운동에서 동화된 유대인까지 겨냥한 사회 정치 운동으로 개조하는 데 힘을 실었다. 좌파 세력 내에서는 이런 병폐에 대한 저항이 노동운동과 급진적인 반문화 운동을 중심으로 형성되었다.

폴라니의 십대 시절에는 헝가리사회민주당과 그 동맹군인 노동조합의 힘과 영향력이 급등했다. 1901년에 1만 명에 못 미쳤던 노동조합원 수는 불과 4년 뒤 7만 명이 넘을 정도로 급증했다.[111] 폴라니는 사회민주당을 조금 회의적으로 바라보았지만—"구식"이고 "지식 계급에게 특별히 매력적이지 않았다"—사회민주당은 정치적 민주주의 캠페인을 진두지휘했고 이는 폴라니가 일생 동안 노동계급에 동질감을 느끼는 데 기여했다.[112] 부다페스트에서 일어난 최대 규모의 시위에서 20만 명이나 되는 사람들이 선거권 확대를 요구하며 의회를 지나 행진할 때—루카치에게 보낸 글에 따르면—"미래를 향해 행진하는 무수히 많은 붉은군대 병사들"을 목격하는 폴라니의 "볼이 불타올랐다".[113]

급진적 반문화 운동은 노동운동과 나란히, 그리고 어느 정도는 노동운동과 함께 나아갔다. 이 분야의 걸출한 인물은 시인 어디였다.

폴라니는 사람들의 의식을 "깨우고" 타고난 리더십을 발휘하는 능력이라는 면에서 이 메시아 같은 인물을 예수에 비유했다. 어디의 정치적 헌신과 술에 대한 사랑에 비추어 아르튀르 랭보나 딜런 토머스 같은 부류로 보아야 할 테지만 말이다.[114] 메시아건 아니건 어디는 비민주적이고 후진적인 헝가리의 현실에 고통스러워하는 급진주의자들의 인식을 통렬하게 표현했다. 이 자칭 "외로운 혁명가"는 "우리는 사회적으로 유사 이전의 시대에 살고 있다"고 한탄했다. "이 나라에서는 귀족과 성직자, 당나귀만이 존재할 수 있다. 그리고 이들의 비위를 맞추는 사람들도."[115] 사막 같은 생활에 대한 어디의 대응 중 하나는 좀 더 나은 기후를 물색하는 것이었다. 한번은 "내 존재 전체가 집에 있는 쓰레기 같은 것들에서 도망쳐 파리로 향하고 싶어 병적일 정도의 갈망에 불타오른다"고 쓰기도 했다.[116] 탈출을 염원했던 어디는, 고독과 죄, 죽음에 대한 집착을 통해 타락한 정치인과 교조적인 성직자들, 속물적인 "당나귀들"로 가득한 기성 사회에 대한 이질감을 표현한 젊은 예술가들과 지식인들로 이루어진 보헤미안 무리의 전형이었다. 탈출의 다른 수단으로는 유미주의라는 내부 망명과 알코올의존증이 있었지만, 예술은 항상 소비자가 있어야 했고, 사회에서 완전히 탈출하기란 불가능한 일이다. 버르토크의 오페라《푸른 수염 영주의 성》이 "루마니아 민속음악을 이상하게 편애"한다는 이유로 속물적인 청중들과 문화 당국의 적대에 맞닥뜨렸던 것처럼 말이다.[117] (이 작곡가는 "당나귀는 그냥 당나귀로 존재하게 내버려두라"며 우둔한 헝가리 대중들에게 씩씩거렸다. "우리는 진실하고 창의적인 작품을 모두 외국으로 가져갈 것이다."[118]) 퇴행에 대한 또 다른 대응은 저항을 조직하는 것인데, 어디는 여기에도 가담했다. 기존 현실과의 타협을 당당히 거부하는 그의 시는 반란에 영감을 제공했다. 폴라니는 어디에게 보내는 편지에서 파리에서 살기로 한 어디의 결심은 이렇게 "지체된 장소"에서 탈출하는 것을 뜻한다면서 공감을 표했지만, 운동가다운 대응을 고무하기도 했다.[119] 어디는 폴라니의 요청에 따라 헝가리의 1848년 혁명을 기리는 갈릴레오 서클의 연례행사에 시를 지어 보냈고, 폴라니는 그에게 "헝가리 청년들"을 상대로 연설을 해달라고 부탁하기도 했다.[120]

당대의 도덕적 위선에 대한 급진주의자들의 윤리적 반란은 '다뉴브의 블룸즈버리'라는 명칭에 잘 표현되어 있다.[121] 하지만 빅토리아시대의 도덕적 위선에 저항했던 블룸즈버리 그룹이 이를 야기한 사회적, 정치적 질서에 저항했던 페이비언들과 중첩되듯, 어디와 버르토크의 미학적 급진주의 역시 절대주의, 마자르 국수주의, 정치 세력화한 성직자들에게 저항하던 부르주아 급진주의 운동과 교차했다.[122] 부르주아 급진주의의 지휘부는 야시가 폴라니가 공부했던 대학의 두 교수(펠릭스 숌로와 스펜서주의 사회학자 줄러 피클레르)와 함께 설립한 사회과학협회였다. 이 협회는 《20세기》라는 저널을 만들었는데 폴라니는 편집위원회 회의에 정기적으로 참석했다.[123] 야시가 페이비언협회에 비유했던 사회과학협회는, 민주주의에 반대하고 농업노동자들을 상대로 한 비이성적인 탄압 조치를 지지하며, "자유무역주의"—자유무역을 자유주의적 패권국이 세계시장에서 차지하는 지위를 공고히 하는 수단으로 보는 입장—와 결탁하여 신망을 잃어버린 헝가리 자유주의에 새 숨결을 불어넣는 데 전념했다.[124]

이 협회는 귀족들의 반동과 평민들의 사회적 민주주의라는 모래톱 사이를 잘 헤치고 헝가리 민주화의 길을 이성적으로 탐지할 수 있는 최신 사회과학 지식을 갖춘 개혁 성향의 지식인 전위에 초점을 맞추었다. 이들이 생각하기에 대중들은 지식인들이 선택한 길을 지지하고 정당화하겠지만 노동계급을 교육해야만 실효성이 있을 터였다. 존 스튜어트 밀 같은 자유주의적인 사회주의자 선조들도 "다수의 폭압"을 두려워한 나머지 민주주의를 완전히 포용하지 못하지 않았던가. 이를 자신만만하게 헤쳐 나가려면 교육을 통해 노동계급 수준을 향상시켜야 했다.[125] 사회과학협회에 따르면 "사회주의의 전제조건은 교육받은 노동계급의 존재"였다.[126]

사회과학협회는 자유주의로 기우는 경향이 있었고, 사회민주당은 이론 면에서 완강한 사회주의를, 심지어는 마르크스주의를 고집했지만 이 둘 사이에는 상당한 공통분모가 있었다. 사회민주당은 실제로는 독일의 역사학파 정치경제학자들이 개척하고 나중에는 에두아르트 베른슈타인을 수장으로 하는 독일의 수정주의 사민주의자 진영이 채택한 코퍼러티즘적 개혁주의인 "사회정책Sozialpolitik에 집중"했다.[127] 베른슈타인은 혁명을 선동하는 대신 선거권 확대를 주장했다. 그는 사회주의 조직의 핵심은 "자유주의, 즉 민주적 구성"이기 때문에, 사회주의는 "자유주의를 체계화하는 것"이라고 해도 상관없다고 주장했다.[128] 사회민주당의 이데올로기는 당대의 실증주의와 진화론에 푹 젖어 있었다. 사회민주당은 베른슈타인의 개혁주의로 기울었고, 국회의원 선거를 당 프로그램의 핵심에 배치했다.[129] 여기서 우리는 앞서 언급한 공통분모를 확인할 수 있다. 베른슈타인은 사회민주주의자인 동시에 야시의 동맹이었던 것이다. 그는 나중에 다룰 카를 레너와 오토 바우어 같은 오스트리아 사회민주주의자들처럼 《20세기》의 유명 기고자였다. 십대 이후 삼십대 중반에 이르기까지 폴라니에게도 베른슈타인의 자유주의적 사회주의는 매우 매력적이었다. 뿐만 아니라 포퓰리즘에 의해 변형된 서보의 마르크스주의도 강력한 영향력을 발휘했다.

클라치코의 친구였던 서보는 니체를 숭배했다(니체를 따라서 콧수염을 기르기도 했다). 그는 헝가리에서 가장 저명한 마르크스주의 학자였고 수년간 사회민주당의 기관지 공동 편집자였다.[130] 하지만 점점 정통 마르크스주의를 참아내지 못하게 되었다. 정통 마르크스주의는 역사유물론을 역사를 창조하는 인간의 주체성과 사상의 역할을 부정하는 결정론적 "실증사회학"으로 재해석한 상황이었다.[131] 서보에게는 연이은 파업 물결의 결과, 그리고 제2인터내셔널 사회민주주의의 경직된 점진주의에 대한 반발로 전 세계적으로 영향력이 커지고 있던 생디칼리슴*이 대안으로 여겨졌다. 사회민주당이 점점 보편적인 참정권 요구에 집착하는 동안 서보는 의회민주주의는 직업 정치인들과 정당 관료들의 손에 권력을 집중시킨다는 이유로 "노동자들에게는 거의 가치가 없다"며 일축했다.[132] 그는 사회민주당의 "소심한 의회주의"[133]를 맹비난하면서 직접행동 전략을 포용했고, "실제로 움직이는 한 걸음이 100개의 프로그램만큼 가치 있다"고 주장했다.[134] 그는 사회주의 조직은 의회 정복이 아니라 급진적인 문화적 전환, 즉 자치 의회로 직접민주주의를 확립함으로써 정치를 궁극적으로 변화시키기 위해 "장기적인 정신적 준비"에 우선순위를 두어야 한다고 날을 세웠다.[135]

폴라니는 서보만큼 의회주의를 비판하지는 않았고 전반적으로는 '프로그램'에 더 열정을 쏟았다. 하지만 생디칼리슴에 공감해 이에 대

* 19세기 말~20세기 초의 무정부주의적인 노동조합 지상주의. 노동조합을 유일한 노동자 조직으로 간주하고, 의회의 역할이나 프롤레타리아 독재를 부정했다.

한 분석을 제시하기도 했다. 그는 자본주의사회가 노동시장 규제와 국가 개입을 통해 사회주의적 색채를 띠면, 사회 고위층이 노동 대중에게 사회주의를 빼앗아 오고, 사회적 지위가 바뀌지 않은 노동자들은 어쩔 수 없이 투쟁을 위해 새 이데올로기를 찾아 나서게 된다는 모험적인 주장을 펼쳤다.[136] 폴라니는 노동자들의 투쟁을 지지했고, 서보의 윤리적 이상주의에 공감했다. 또 서보와 마찬가지로 인간의 주체성을 고양하고 "혁명의 기백"[137]이 살아 있는 러시아 포퓰리즘에 감탄했고, 노동운동에 중요한 과제는 교육이라는 인식을 공유했다. 그는 노동운동 조직을 "보편교육의 요새"로 보았다.[138] 또한 폴라니는 사회민주주의에 대한 서보의 비판 가운데 경직된 이론적 기초(경제결정론적 철학과 기계적 숙명론), 현실적인 결함들(도시에 집중돼 있고 소작농들의 곤경을 무시함), 새롭게 발전한 자연과학과 사회과학 지식에 대한 관심의 결여에 대해서도 의견을 같이했다.

지적인 영역에서 이 시기는 역동적인 변화와 폭발할 듯한 긴장감이 넘쳐흘렀다. 폴라니가 1907년 한 학기 동안 공부한 빈에서는 원자이론과 열역학 분야에서 활동한 루트비히 볼츠만의 발견이 물리학을 혁명적으로 바꿔놓고 있었다. 경제이론에서는 훗날 오스트리아 경제학파로 알려지게 되는 사람들이 독일 역사학파의 전체론적 귀납주의에 맞서 연역적인 방법과 원자론적 개인주의를 옹호하며 싸우고 있었다. 철학과 사회학에서는 실증주의와 이를 해석학과 신칸트적인 관점에서 비판하는 사람들 간의 논쟁이 격화되었다. 이 사회과학 방법론 문제는 급진적 반문화 운동 진영을 심각하게 갈라놓았다. 루카치는 실증주의를 사회적 원자화와 자본주의의 이데올로기로 보고 격렬하게 반대했다.[139] 그는 영적인 경험과 심미적인 형태의 관계를 연구했다. 이는 자신이 문화적 위기라고 인식한 현상을 이해하기 위한 수단이었는데, 루카치에 따르면 이 위기를 해소하려면 문화적 혁명과 영적 갱생이 따라야 했다. 루카치와 만하임 같은 동료 사상가들은 자연과학 방법론과 사회과학 방법론을, 그리고 과학이 연구하는 객관적 세계와 개인의 의식과 사회적 존재라는 주관적 현실을 날카롭게 구분하는 독일 관념철학의 영향을 많이 받았다.

루카치의 낭만주의와는 내조적으로, 야시, 피클레르, 숌로는 인간의 행위는 자연법칙에 따라 합리적으로 이해하고 예측할 수 있다는 생각에서 영감을 얻었다. 이는 사회 조건을 다시 설계하여 인간이 이성에 따라 마음껏 행동할 수 있게 하려고 했던 계몽주의 개혁가들을 고무한 생각이기도 했다. 야시 등은 계몽주의 개혁가들을 매료시킨 사상의 현대판인 실증주의를 정치 세력화한 성직자들에게 맞설 수 있는 날카로운 무기로 간주했고 스펜서를 수호성인으로 떠받들었다. 야시는 스펜서가 "놀라운 선견지명"[140]을 가지고 있다며 그에게 "우리의 어려운 개척 운동을 도와달라"고 간청했다.[141] 《20세기》 첫 호는 표지에 이 위대한 남자의 사진을 자랑스럽게 내세웠고, 그의 격려사로 문을 열었다.

스펜서는 좌파-자유주의 반문화 운동이 영웅으로 선택하기에는 기묘한 사람으로 보일 수 있다. 사회적 다원주의자이자 자유방임을 지지했던 스펜서의 연구에 돈을 댄 이들은 앤드루 카네기와 존 록펠러 같은 부호들이었다. 그의 연구는 사회주의와 복지-자유주의 입장과 대립했기 때문이다.[142] 또 스펜서는 20세기의 보수적인 사회과학에서 몇 가지 중요한 테제—"비자유주의적 민주주의", "노예의 길", "과두제의 철칙"—를 제시한 인물이었다.[143] 하지만 무지몽매한 헝가리

자유주의자들에게 그의 이론은 역사가 자신들의 편이라는 자신감을 심어주었다. 이 영국 사회학자는 인간 문명은 "행복"과 "궁극의 완성"을 향해 진화한다고 보았다. 그리고 투박하고 "호전적인" 과거와 현재의 농업 사회는, 사회 유기체의 개별 부분들이 서로 기능적으로 결합하고 개인과 개인의 자발적인 협력이 규범이 되는 우월하고 복잡한 "산업" 사회로 넘어갈 수밖에 없다고 확신했다.[144]

야시와 급진주의자들에게 이런 주장은 성직자들의 낡은 질서 속에서 부패하고 있는 종교적, 형이상학적 윤리를, 합리적인 과학과 인간의 연대를 발판으로 한 새로운 도덕으로 대체하려는 자신들의 이상주의적 투쟁을 승인해주는 것과 같았다.[145] 헝가리의 기성 집단은 사회현상에 대한 전통적 관점을 개인의 행동이나 형이상학의 힘으로 설명할 수 있다며 지지하면서도[146] 사회과정을 객관적인 진화 법칙의 결과로 인식한다는 측면에서 스펜서를 따랐다. 또 진화 법칙을 실증주의적으로 이해하는 사회과학자는 자신들의 지식을 사회, 정치 질서의 개선에, 이로써 인간 영혼의 개선에 적용해야 하는 위치에 있다고 믿었다. 야시는 훗날 "우리는 진보 이론의 무한한 낙관론을 믿었다"고 회상했다. 그들은 "공리주의적 진실이라는 창"으로 무장하고 "봉건제와 정치 세력화한 성직자라는 천년의 요새"에 맞서 게릴라전을 치르는 "부패에 반대하는 합리주의 기사"였다.[147] 합리주의적 사회과학은 보수성의 근간인 종교와 민족을 해체하는 데 기여했다. 종교와 민족은 신의 창조물이 아니라 제도였다. 이와 같이 제도에는 인간사에서 특정 시대의 긴박함이 반영돼 있다. 피클레르의 구성주의적 관점에 따르면 민족은 타고난 본능의 표현이 아니라 동호회나 조합처럼 사람들이 의식적으로 만들어낸 것이다. 이 테제는 코즈모폴리턴적 미래에 대한 진보적인 믿음이 옳다는 사실을 보증했으며 민족 감성이 변치 않는 강점임을 인정한 것이기도 했다. 궁극의 목표가 국제주의라면 먼저 민족국가 단계를 거쳐야 했다.[148]

코즈모폴리턴의 논리, 기독교적 결론

칼 폴라니는 생활양식에서나 정치 전망에서나 코즈모폴리턴, 즉 세계시민이었다. 먼저 나는 존재 양식으로서의 코즈모폴리턴—지식인, 중간계급 여행자, 엘리트 기업가 같은 이동성이 높은 삶을 영위하는 사람들의 문화—에 대해 이야기할 것이다. 초국적 네트워크에 연결된 이들은 외국에서도 편안함을 느낄 준비가 되어 있다. 식민주의 학자 헨리 메인 경이 한때 표현했던 대로 이들은 "동시에 두 경도의 시간에 따라 움직일" 수 있다.[149] 식민주의 체제는 행정관들에게 이런 종류의 세계관을 요구했는데 19세기의 유럽 자유주의 역시 이를 고무했다. 철도 건설업자의 아들이었던 마이클 폴라니는 "우리는 철도 네트워크를 건설했다"고 회상한다. "우리는 여권 없이도 여행하고 허가증 없이도 어디든 정착할 수 있었다. 오늘날에는 상상할 수 없는 수준의 문명사회였다."[150] 문명에는 이동의 능력과 자유가, 폴라니 집안 사람들이 헝가리, 오스트리아, 독일을 비롯한 여러 나라에서 정기적으로 가족 휴가를 보내며 만끽했던 자유가 필요하다고 생각되었다. 미하이는 사업 때문에 종종 부다페스트를 비웠고, 칼 폴라니는 아버지와 함께 종종 빈으로, 그리고 강렬한 인상을 남긴 드레스덴 역이 있는 독일로 따라가곤 했다. (폴라니는 연필로 그림을 그려가면서 드레스덴 역이 정말 굉장했다고 흥분해서 글을 썼고, 아버지의 전언에 따르면 채링크로스 역도, 세인트판크라스 역도 비교가 안 된다고 덧붙였다.[151]) 어떤 면에서 폴라니와 형제자매들은 전형적인 코즈모폴리턴이었다. 이들은 이미 어린 시절에 여러 언어를 사용했다. 집에서는 주로 독일어를 쓰고 가끔 헝가리어도 썼다. 영어는 아주 어릴 때 배웠는데, 체칠레의 아버지는 조숙한 폴라니에게 프랑스어로 편지를 써보라고 격려했다. 프랑스어 역시 이들이 식탁에서 쓰는 언어였다.[152] 라틴어와 그리스어가 재빨리 뒤따랐다. 폴라니는 말년에 언어가 "가난의 시기"에 자신에게 "학습의 세계를 꾸준히 열어주었다"고 회상했다. 다양한 언어를 알았던 덕에 "더 넓은 지평에 접근"할 수 있었기 때문이다.[153]

코즈모폴리터니즘의 둘째 갈래인 정치적 전망은 세상을 보는 방식, 여기서는 공통의 인간성을 특히 중시하고, 특수한 정체성을 본질로 몰고 가기를 거부하며, 정치적 통일성과 자유를 국가 규모에서 세계 규모로 확대하는 입장을 옹호하는 정치관을 일컫는다. 폴라니의 좌우명 중 하나는 "나는 모든 존재의 자유를 옹호하는 코즈모폴리턴이다"이다.[154] 또 다른 좌우명은 "나는 도서관만 있으면 어디든 편안함을 느낀다"이다.[155] 하지만 그는 보편성이 특수성을 지워버리는 더 급진적인 코즈모폴리턴 전망과는 확실히 거리를 두었다. 폴라니는 자신을 "국제주의자"라고 여기는데 이를 "조국에 대한 불성실, 혹은 조국이 없기 때문에 어디서든 똑같이 편안함을 느끼는 무미건조한 존재와 혼동해서는 안 된다"고 단언했다.[156] 계몽철학이 등장한 이래 이는 위험한 경로임이 입증되었다. 데이비드 하비가 보여주었듯 칸트의 사례에서 윤리의 보편성은 "지리학의 불편하고 다루기 힘든 특수성"—특정한 사람들을 나태하다, 냄새가 난다, 혹은 아주 못생겼다고 여기는 기준이 되는 민족의 특성과 소속 등을 포함하는—과 대조를 이룬다.[157] 어떤 집단을 열등하다고 여기는 경우 코즈모폴리턴 원칙이 보편주의로 가장한 차별의 규범으로 기능하게 된다.

폴라니를 비롯한 헝가리의 동화된 유대인 지식인들은 이런 조건에 상당히 취약했다. 억압의 대상임에도 시민사회에 급속히, 때로 성공적으로 통합된 데 들떠 있었고, 자신들과 다른 민족들의 열망 사이에 존재하는 불일치를 이해할 준비가 되어 있지 않았다. 이들은 왜 슬로바키아인들과 루마니아인들이 헝가리 문화에 통합되는 것을 반기지 않는지 의아해했다.[158] 폴라니는 헝가리 국수주의자가 아니었지만, 중부유럽과 동유럽의 여러 민족들이 "잉글랜드"와 프랑스의 모범을 따라 다원적인 인종 구성을 통합된 민족 전통으로 동화해야 한다고 믿어 의심치 않았다. 그는 대大헝가리*에서 억압받는 소수 인종들의 분리 독립 운동을 지지하지 않았고 게토의 유대인들에게는 동정심을 거의 느끼지 못했다. 폴라니가 보기에 유대인들이 거주하던 게토는 폐쇄 사회였고, 유익한 진보의 흐름과 근대성, 애국심, 자유주의의 합리적인 요구를 고집스럽게 거부했다. 폴라니의 자유주의적 코즈모폴리터니즘은 보편 가치를 위해 유대인 정체성을 없애는 일에는 부합했지만, 그의 민족주의 가치들은 관용이라는 규범에 한계를 설정했다.

민족주의뿐만 아니라 삼십대 초반부터 관심을 두고 있던 준종교적인 공동체주의 역시 폴라니의 코즈모폴리터니즘을 복잡하게 만들었다. 처음에 폴라니의 공동체주의에 영향을 미친 것은 인간사에 대한 휘그주의적 개념이었다. 이에 따르면 인간은 "부족으로 존재하

* 1920년 이전, 즉 트리아농 조약에 의해 독립을 인정받는 대신 체코슬로바키아, 유고슬라비아, 루마니아에 영토를 양도하기 이전의 헝가리를 말한다.

며…… 생활이 시공간적 거리감 없이 즉각 이루어지고" 권력도 가치도 제도의 형태로 결정체를 이루지 않는 "보르네오의 미개인들"[159]의 문화에서 현대 서양 문명이라는 고상한 단계로 이르는 길을 따라 꾸준히 진보해왔다.[160] 이 서사에서 중간쯤에 끼어드는 중요한 사건이 세계종교의 발명이다. 모두가 단일한 도덕 질서에 포함되는 하나의 공동체를 최초로 개념화한 것이 바로 세계종교이기 때문이다.

폴라니의 표현에 따르면 세계종교는 "인간 공동의 운명", 즉 "살아 있는 개인의 자기의식을 발판으로 한 만인의 공통 질서"라는 개념을 낳았다.[161] 이런 믿음은 무엇보다 기독교로 인해 가능한데, "백인종의 역사에서 나사렛 예수보다 더 위대한 인물이 결코 존재하지 않은" 것은 이 때문이다. "예수의 삶과 가르침, 그리고 죽음"은 우리에게 "우리가 어떤 식으로 구원받을 수 있을지를" 보여주었다.[162] 예수와 기독교는 게마인샤프트, 즉 공동체주의 의식이 가장 자유주의적인 게젤샤프트—그것의 보편주의와, 개인의 도덕적 책임의 윤리—와 어떻게 융합될 수 있는지를 보여주었다. 폴라니는 이를 기독교의 승리로, 그리고 반유대주의의 본질을 규정하는 원천으로 간주했다. 1950년대에 왜 유대인들이 이전 10년간 "끔찍한 사건의 목표물"이 되었느냐는 질문을 받고 그는 자신의 방식으로 약간 변형하긴 했지만 기독교식 표준 악마론을 되풀이했다. "이 세상에 기독교를 잉태한 이들은 유대인인데, 이는 끔찍한 짐이었다. 이와 함께 두려움의 의식이 존재하게 되었기 때문이다. 유대인들은 이 짐을 세상에 부려놓고는 거기서 도망쳐버렸다!" 또 이렇게 덧붙였다. "그들의 죄는 예수를 죽음으로 몰고 간 데 있는 게 아니라, 그보다 더 중요한 예수의 가르침을 거부한 데 있다."[163]

하지만 기독교 자체는 세상을 구하지 못했다. 기독교는 도덕적으로 자율적인 개인들을 낳았고, 이는 인류가 "보편적인 공동체"로 전환하는 데 필요한 전제조건이었다.[164] 하지만 기독교의 성취는, 이를 크게 초월한 인간 진보의 사슬과 연결돼 있었던 데서 찾을 수 있다. 폴라니는 1920년대에 "중세 기독교의 문화적 업적은 종교개혁, 프랑스 혁명, 현대의 사회주의와 관련된 진보와 함께 훨씬 더 많은 사람들이 인간 공동의 운명을 의식하게 되었음을 보여준 것"이라고 주장했다.[165] 1930년대에는 더욱 다급하게 "인간이 생존하려면 공동체를 향한 새로운 움직임이 반드시 필요한데" 그런 때가 왔다고 덧붙였다.[166] 기독교는 코즈모폴리턴 글로벌 공동체의 기반을 제공했지만, 혼자만의 힘으로는 이 과업을 이룰 수 없었다. "이제는 그것을 지양aufgehoben해야 한다"(그는 독일어 표현을 쓰곤 한다).[167] 이 지양에는 급진적이고 사회주의적인 정치가 중요할 것이다.

2장

전쟁의 십자가를 지고

칼 폴라니는 1904년 부다페스트 대학교에 입학하여 철학, 정치학, 근대사와 함께 법학을 전공했고, 부전공은 경제학과 통계학이었다.[1] 그는 월등히 두각을 나타냈다. 피클레르는 그가 나중에 유명해지리라고 예상했지만, 정치적 반동은 학업에 큰 지장을 주었다.[2] 부다페스트 대학교는 반유대주의의 요새였다. 1890년대 말 학생들은 카를 뤼거*에게 찬동을 표하는 전보를 보냈고, "기독교 각성" 운동은 특히 상당수의 법학과 학생들을 사로잡았다. 피클레르와 숌로의 자유주의적/윤리적 상대주의 사상에 질색한 헝가리의 보수적인 교육기관은 이들을 찍어 누르고 우익 학생들의 활동을 독려했다. 폴라니가 재학 중이던 시절에는 보수적인 학생들과 좌파 성향(주로 유대인) 학생들 간의 반목이 극에 달했고, 폴라니는 더욱더 급진주의에 기울었다. 동료 학생 팔 이그노투시는 폴라니의 전투 정신을 이렇게 증언한다. "대학 내 소동에 열이 올라 양측에서 그에게 도전했을 때 [폴라니는] 이렇게 답했

* Karl Lueger, 1844~1910. 오스트리아 기독사회당 설립자로, 빈 시장을 지냈다. 반유대주의 정책으로 유명하며, 히틀러에게 영향을 준 것으로 알려져 있다.

다. '나는 지적인 무기로 당신들과 겨루는 것이 항상 즐겁다.'"[3] 사실 그는 더 나아갈 준비가 되어 있었다. 폴라니가 속했던 사회주의학생연합이 조직한 피클레르의 강연을 보수적인 학생들이 방해하자 그와 동지들은 이들을 강연장에서 내쫓았고 피클레르의 마차를 앞세워 코슈트 러요시 거리에서 승리의 행진 대오를 꾸렸다.[4] 이 일로 폴라니는 부다페스트 대학교에서 쫓겨났다. 클루지나포카 대학교에서 다시 공부를 시작한 폴라니는 1908년에 자격시험을 치르고 최종 구두시험을 통과해 법학박사 학위를 취득했다.[5]

폴라니는 클루지나포카에서 공부하면서 부다페스트 학생운동의 정신이 스러지지 않도록 중요한 역할을 했다. 1908년 헝가리자유사상가협회를 산파 삼아 갈릴레오 서클이 탄생했다. 이 명칭을 제안한 사람은 피클레르였다. 1633년 갈릴레오가 종교의 압력 때문에 지구가 태양 주위를 돈다는 주장을 철회하긴 했지만 그래도 지구는 돌았던 것처럼, 1908년 급진적인 학자와 학생들의 주장은 탄압에도 불구하고 힘을 잃지 않았다. 갈릴레오 서클 회원 256명이 초대 회장으로 선출한 칼 폴라니는 지적인 기획자이자 정치 지도자로서 인생의 중요한 국면을 맞이하게 되었다.

갈릴레오 서클이 만들어지고 1차대전이 일어나기 전 폴라니는 직업에 불만을 품고 개인사로 힘들어하긴 했지만 지적인 면과 정치적인 면에서 약진했다. 1910년 그는 갈릴레오 서클 회장직을 사임하고 노동자교육위원회 지도부에 들어갔다.[6] 프리메이슨의 한 오두막으로 인도되었고(그곳에서 자신이 "인기가 있다"는 것을 알게 되었다) 급진부르주아당 지도부에 합류했다.[7] 20년 뒤 폴라니는 다채로운 지적 활동과 교육 활동을 펼쳤던 이 시절이 "내 인생과 사상의 진정한 배경"이 되

었다고 회상했다.[8]

"황무지" 되살리기

이십대 초의 폴라니는 지적으로 급성장했지만 아버지의 죽음으로 인한 정서적, 재정적 그늘에서 벗어나지 못하고 있었다. 체칠레가 오랫동안 침울해하고 흉막염을 비롯한 여러 병에 시달렸다면 폴라니는 "참담"해했고 "분노"에 가득 차 있었다.[9] 1907년 여름—"늘 있기 마련인 골칫거리에서 벗어난" 즐거운 여름[10]—에야 평정을 찾았지만 오래 지속되지 못했다. 1909년 말에 폴라니는 여러 병을 앓았다. 학업(통계학)을 지속할 수는 있었지만 "만성 변비에 시달렸고, 얼굴이 녹회색"이었다. 몇 달 뒤에는 "몸이 아주 안 좋아져서 최소한의 일만 겨우 할" 수 있었다.[11] 그러나 1910년에는 절친한 예술비평가 레오 포퍼와 티롤에 머물 수 있을 정도로 회복되었고, 빈과 갈릴레오 서클에서 한 연설 역시 호평을 받았다. (루카치는 포퍼에게 "그는 위대한 선동가처럼 말했다"고 전했다. "만일 그가 군중을 상대로 연설한다면 사람들은 보편참정권의 이름으로 의회를 공격하고 부다페스트 헐랩[신문]의 창문을 깨부술 것이다."[12]) 건강이 좋아져서 운동도 다시 했는데 친구들이 프로 스포츠맨이 될 운명이라고 농담을 할 정도였다.[13] 하지만 이런 상승세에도 불구하고 기분은 좋지 못했다. 1911년 사촌(이자 루카치의 뮤즈) 이르머 셰이들레르가 자살했고 포퍼가 결핵으로 사망해 "지독한 불안"과 우울증이 몰려왔다.[14] 폴라니만큼이나 우울감에 빠져있던 루카치가 포퍼의 약혼자였던 베아트리스(베) 더바르트라는 네덜란드 예술가에게 급료를 주기로 약속해놓고 이를 지키지 않자 성가신 언쟁이 벌어졌는데 이 일 역시 폴라니를 심란하게 했다.[15]

로맨스가 폴라니의 회복에 도움이 되었을까? 이 시기의 기록은 상세하지 않다. 1910년 한 친구가 "그를 짝지어주려고" 시도했지만 폴라니는 미끼를 물지 않았다.[16] 2년쯤 뒤 밀애가 진전되었던 것으로 보인다. 베 더바르트는 이른 청년기 폴라니의 사랑으로 그려졌고[17] 그녀가 폴라니에게 적어 보낸 글은 분명 연인의 발투를 닮았다. 때로 버림받은 사람의 말처럼 보이기도 하지만 말이다. ("내 사랑, 어째서 당신은 나를 버렸나요? …… 나는 당신이 계속 걱정돼요. 당신이 엽서 한 통도 보내지 않았으니까요."[18]) 1914년 겨울 폴라니는 마이클에게—썰매 사고로 쇄골에 금이 가 힘들게 쓴 편지에서—"베와 마지막으로 만났을 때 이별을 선언했어……. (그녀는 아니지만) 내 입장에서는 이것이 긍정적인 진전이라고 확신해. 베는 이별을 아주 잘 견뎠고, 덕분에 나도 진정되었다"고 고백했다.[19]

그동안 폴라니는 어떤 직업을 선택할지를 두고 골머리를 앓았고 (선택지는 변호사, 사회학자, 혹은 정치인이었다) 가족을 부양해야 한다는 압력 때문에 발버둥치고 있었다.[20] 만형 아돌프가 일본으로 이민을 간 터라 가족을 돌보는 짐이 러우러와 칼의 어깨를 누르고 있었던 것이다. 유복한 변호사 삼촌이 기본 생활비를 대주었지만 폴라니는 자신이 가장이라고 생각했으며 어린 동생들을 돌보고 돈을 벌어 가계를 꾸려나가야 한다고 생각했다. 그는 공부를 하면서 부잣집 학생들을 대상으로 개인 교습을 했고 여름방학이면 아이들을 돌보았지만 이걸로는 충분하지 않았다. 그리고 학계나 정치권에서 직업을 찾으려 하자 어머니가 반대했다.[21] 체칠레는 루카치에게 아들이 "'학자'가 되려

한다. 불쌍한 늙은 여자들을 도우러 다니기만 하고 성장을 거부한다"고 불평했다.[22] 어머니는 폴라니가 "돈 걱정을 하지 않아도 되는" 직업을 구해야 한다는 입장을 굽히지 않았고[23] 그의 삼촌이 자신의 변호사 사무실에서 일하라고 하자 기쁨을 감추지 못했다. 1912년 폴라니는 부다페스트 변호사 자격시험을 통과했지만 법은 천직이 아니었다. 변호사 일에서 큰 만족을 느끼지 못한 폴라니는 직업을 바꾸기로 결심했는데, 어머니에 대한 반발심도 이유의 하나라고 생각하는 사람도 있다.[24]

아버지가 세상을 떠난 후에 겪은 어려움 때문에 어머니에 대한 감정이 복잡해졌다면 십대 동생이었던 마이클과의 유대는 더 깊어졌다. 칼은 마이클을 마치 부모 같은 책임감을 가지고 대했다. 마이클에게 보내는 편지에 따르면 "어린 성자여, 내가—내 혼란스러운 자아가—너를 내 옆에서 생활하게 하던" 시절이 있었다. 칼 폴라니의 내면에는 "이타심"이 저장되어 있었고, 이는 집안의 천재 꼬마에 대한 "위대한 사랑"에, 그의 왕성한 성장에 대한 헌신에 불을 지폈다. 이 헌신은 "수년간 지배적인 열정"이 되었고[25] 동생의 성취는 고요하고 꾸준한 만족을 안겨주었다.[26] 이런 형제애는 이들의 일생 동안 눈부시게 타올라, 마이클의 지적, 정치적 경로가 형과 분명히 갈라진 1930년대에 칼이 실망과 고통에 휩싸이고 두 사람이 서로 불편해졌을 때마저 큰 흔들림이 없었다. 이들 형제는 생각과 우상(도스토옙스키, 톨스토이, 웰스)을 공유하고 갈릴레오 서클에서 함께 활동하던 십대와 이십대 시절에 가장 우애가 두터웠다.[27]

폴라니는 갈릴레오 서클 시절을 회고하며 마이클에게 이렇게 적어 보냈다.

봉사에 대한 나의 열정은 대의를 따르는 러시아의 혁명적 열정이 깃든 희미한 메아리를 헝가리에 소개한 학생운동의 한 요소가 되었다. 주로 유대인인 지적 프롤레타리아트들은 황무지에서 벌어진 운동의 정신에 사심 없이 전념하게 되었다……. 나는 이제야 참된 성격을 알아차리게 된 일에 가담하고 있었다. 그것은 바로 도덕적으로 궁핍한 사람들을 개조하는 일이었다. 이는 애국심의 발로가 아니었다. 나를 움직인 것은 휴머니즘이었다.[28]

이 글은 갈릴레오 서클의 교육학적 개혁주의와 도덕적 열정, 그리고 칼 폴라니가 운동에 참여한 동기를 알려준다. 갈릴레오 서클의 전형적인 회원은 젊은 지식인 혹은 중하층계급 학생이었다. ('더 나은' 프티부르주아들은 이 서클을 피했다고 그는 회상한다.[29]) 서클 회원은 "유대인 지식 프롤레타리아트가 압도적"이었다. 하지만 이들은 만연한 반유대주의를 인식하면서도 "유대인 문제"라는 렌즈로 정치를 보지는 않았다.[30] 폴라니의 이력서에는 회원 수가 2,000명이 넘고 1년간 2,000개가 넘는 강의와 수업을 조직했다고 기록되어 있다.[31] 서클의 핵심 활동은 도시의 젊은 지식인들이 농촌 생활을 익히도록 독려하는 "촌락 연구" 경연대회와 세미나, 성인을 대상으로 한 수업들이었다.[32] 무엇보다 중요한 사명은 도덕심을 높이고 과학 지식을 확산시켜 헝가리라는 "황무지"를 개조하는 것이었다. 폴라니의 표현에 따르면 그것은 "결코 종교적이지 않았다. 서클은 정치 세력화한 성직자들에게 격렬히 반대했고 세계관은 불가지론이었다". 갈릴레오 서클은 종교보다는 "문화와 도덕 영역에" 중점을 두고 활동했다. 소크라테스 이후 여러 도덕 개혁 프로그램이 그랬듯 정치는 부차적인 활동으로 치부되었다. 서클 회원들은 "근대 헝가리의 공적 영역에서 최초로 정치의 범위와 내용을 윤리의 관점에서 정의할 것을 요구"했다. 하지만 서클이 설정한 목표들은 넓은 의미에서 분명히 정치색을 띠고 있었다. 서클은 "보편참정권 도입, 토지개혁, 소수 인종에 대한 자유주의적 정책"을 지지했고[33] 서클의 도덕성 회복 운동은 경쟁하던 학생운동 조직들, 특히 음주 클럽과 교회 모임과 충돌하곤 했다.[34]

회원 다수가 사회민주주의자였음에도 갈릴레오 서클은 노동운동과는 거리를 유지했다. 정당정치 문제는 토론에서 금지되었고 사회민주당도 같은 식으로 대응했다. 사회민주당 지도자들은 "이 지식 노동자들을 기꺼이 받아들이지는" 않았다.[35] 나중에 폴라니는 정치 참여를 경시했던 것이 약점이었다고 평가했다. 갈릴레오 서클이 도덕 영역에서는 "학생 대중이 도덕적 사명을 받아들이고 수행하게 만듦"으로써 성공했을지 몰라도 정치적으로는 그렇지 않았다. 갈릴레오 서클은 "1880년대의 러시아 학생운동"과 유사한 무언가를 태동시켰을 수도 있었지만 "리더십과 정치적인 경험이 없었기 때문에" 그러지 못했다. 폴라니는 어느 누구도 "혁명적 가능성"을 알아차리지 못했고 이는 "10월"—헝가리의 1918년 "국화혁명"—이 실패한 "숨은 이유 중 하나"였다고 결론을 내렸다.[36]

운동을 "반정치적인 방향으로" 이끄는 우를 범하긴 했지만 폴라니는 갈릴레오 서클에서 날개를 달았다.[37] 이그노투시는 폴라니가 "세련되고 위트가 있으며 연설을 잘하는 매력적인 젊은 사회학자"였다고 회상한다.[38] 그의 번뜩이는 지성과 걸출한 웅변 능력은 활동 무대를 찾아냈고, 그는 《20세기》와 《자유사상》에 자신의 생각을 발표하기 시작했다. 《자유사상》은 갈릴레오 서클의 정기간행물로 폴라니는 1913

년에 편집위원을 지냈다. 이때 잉글랜드-러시아라는 양극의 모델을 놓고 격론이 벌어졌는데 이는 폴라니 자신의 사상뿐만 아니라 갈릴레오 서클의 특징에도 영향을 미쳤다. 그는 서클의 특징인 "근원적인 윤리적 충동"과 "과학적 실증주의라는 신념" 사이의 "날카로운 대립"에 형체를 부여했고 이를 내면화했다.[39]

폴라니가 처음에 실증주의를 환영한 이유는 과학적인 방법을 지지하고 종교와 형이상학을 거부하는 점 때문이었다. 그는 콩트, 마르크스, 스펜서, 에른스트 헤켈을 실증주의 전통을 대표하는 인물들로 생각했다.[40] 하지만 피클레르와 야시를 따라 "객관주의적인" 척하는 태도에는 회의적이었다.[41] 이는 폴라니가 빠져 있던 도덕적 갱생과 의지주의적 나로디즘과 양립하기 어려웠다. "객관적 실증주의"에 대한 최초의 대응은 1907~14년에 다른 종류의 실증주의에 대한 열정으로 고개를 들었다. 바로 빌헬름 오스트발트와 에른스트 마흐의 경험일원론이었다.

자연과학자였던 오스트발트는 헤켈과 함께 일원론 운동을 일으켰다. 정치적 시각은 반동적이었지만—사회적 다윈주의자, 낭만적 민족주의자, 제국주의 광신자—그의 폭넓은 철학은 폴라니의 관심을 끌었다. 그는 과학에 대한 시각을 사회현상으로 승격시켰다. 이는 학문의 모든 세계를 포괄했고, 나아가 원자화된 삶에 머물러 있던 인류에게 사회적 통일감을 형성할 수 있는 수단을 제공한다는 점에서 대단히 중요한 윤리적 진보의 원천이었다.[42] 오스트발트의 사상적 동지 마흐는 콩트를 따라서 인류는 완전히 성장해서 이제 종교와 형이상학에 머물 시기가 지났고 실증적인 과학의 시대를 향해 나아가고 있다고 주장했다. 우주 앞에서 느끼는 수동적인 경이로움은 과학 정신을 갖춘 개인들에게 쫓겨나 이제 계몽주의의 요청에 길을 내주고 있었다.[43] 일원론자인 마흐는 "물질적인 세계와 영적인 세계" 사이, 혹은 자연과학 연구와 사회과학 연구 사이에는 어떤 "거대한 심연"도 존재하지 않는다고 주장했다.[44] 폴라니가 보기에 형이상학에 대한 그의 공격은 두껍게 층이 져서 굳어진 전통 앞에서 이성을 옹호하는 혁명적 합리주의가 한층 심화된 단계를 상징하는 듯했다. 그는 마흐의 글을 헝가리어로 번역했고, 마흐와 오스트발트에게 갈릴레오 서클에서 연설해달라고 요청했다. 실제로 마흐의 연구는 갈릴레오 서클의 첫 번째 공개 토론의 주제였다.[45]

지금 와서 폴라니의 행보를 돌이켜보면 마흐에 대한 열병은 당혹스러운 데가 있다. 이 모라비아 출신의 철학자이자 물리학자는 종교와 형이상학에 적대적이었고, 방법론적 개인주의의 대중화에 크게 기여했기 때문이다. 하지만 젊은 폴라니에게 마흐의 연구는 매우 유용했고, 그는 일련의 논문을 통해 이를 평가하고 전파했다. 폴라니는 마흐의 무신론에서 신선함을 느꼈고 그의 주관적인 실증주의를 높이 평가했다. 결정론을 거부하는 동시에 인간 주체성의 창의적인 역할을 긍정하는(특히 도덕적 책임감을 발휘하는 데 있어서) 수단을 제공하는 듯했고, 다른 한편으로는 전통적인 보수주의에 맞서고 합리적인 사회공학을 정당화할 정도로 강력한 과학적 태도를 견지하는 것처럼 보였기 때문이다. 폴라니는 마흐의 연구가 "모든 종류의 형이상학에서 분명히 분리"할 수 있을 만큼 과학을 재정의했다며 칭송했다. 그는 사회진보를 가로막는 위협이라는 점에서는 형이상학이 종교보다 더 강력하다고 주장했다. 과학과 종교의 차이는 쉽게 식별할 수 있지만, "형이상학은 이 둘 사이의 이행을 상징하는데 이는 위험하고 오해를 불러일으키기" 때문이다. 또 형이상학은 "정수", "진리", "목적인"처럼 과학적 관점에서는 멍청하기 짝이 없는 단어들에 합리성을 부여한다. 중요한 점은 과학의 주장들은 참과 거짓을 확인할 수 있지만 형이상학의 주장들은 논리적으로 규정할 수 없고 따라서 논박의 여지가 없다는 사실이다.[46] 마흐는 형이상학의 안개에서 과학을 구해냄으로써 역사에서 인간이 의식적으로 간여할 수 있는 영역을 개척했다.

갈릴레오 시클 시대에 마흐가 폴라니의 철학에 지배적인 영향을 미치긴 했지만 다른 별들도 밝게 빛났다. 주목할 만한 인물로는 G.K. 체스터턴, 도스토옙스키, 톨스토이가 있다. 이들의 관점과 마흐의 관점은 마치 성유와 증류수처럼 뒤섞였고, 기록은 없지만 폴라니는 분명 어떤 긴장을 의식하고 있었다. 양쪽 모두 기독교인이었다. 나중에 폴라니는 톨스토이를 "신약의 의미를 발견한" 최초의 사상가라고 칭송했고, 체스터턴은—폴라니가 헝가리어로 번역한—《이단자들》 첫 장에서 자신의 세대가 형이상학과 종교를 폄하한다며 개탄하고 "우주 철학"과 "인간의 본성"을 비롯한 "궁극의 이론"으로 회귀할 것을 호소한 사람이었다.[47] 폴라니는 점점 이쪽으로 방향을 튼다. 그는 이십대 초에는 종교와 형이상학에 반대하고 과학적 이성을 숭배했다. 종교와 형이상학은 자신의 행동에 대한 책임감을 희석시켜 도덕성을 침해한다고 생각했기 때문이다.[48] 하지만 폴라니는 나중에 사회 이론 내의 결정론을 점점 더 강하게 비판하면서 실증주의 과학보다는 윤리의 영역에서 자신의 이상주의를 정당화하게 되었다.

전환점은 〈우리 이데올로기의 위기〉와 함께 도래했다. 1910년에 발표한 이 에세이에서 폴라니는 베른슈타인과 그의 논적들 사이에서 격화된 "조직화된 자본주의"의 궤적을 둘러싼 10년 묵은 논쟁에 개입했다. 독일의 수정주의자였던 베른슈타인은 국가가 규제를 강화하면 경기 순환이 안정될 것이라고 보았다. 반대로 정통 마르크스주의자들은 조직화된 자본주의라고 해서 위기에서 자유롭다 할 수 없고 오히려 계급투쟁과 지정학적 경쟁이 심화될 뿐이라고 주장했다. 폴라니는 베른슈타인의 편에 섰다. 그의 사회학적 관점은 지식의 발달과 활발한 상업 활동으로 국제 갈등이 줄어든다는 칸트적인(혹은 스펜서적인) 낙관론으로 물들어 있었기 때문에 "다음 시기의 자본주의는 대체로 안정된 물질적 조건을 만들어낼 것"이며 "안정화의 경향이 주요 특징"이라고 결론 내렸다.[49] 하지만 이 글의 잉크가 채 마르기도 전에 거대한 불안Great Unrest이 일어났고—헝가리에서는 일흔다섯 건이 넘는 정치 파업을 비롯한 노동쟁의가 일어났다—이후 30년간 전쟁과 경제적 혼란이 이어졌다.[50]

폴라니가 나중에 《거대한 전환》을 저술한 이유는 불가능해 보였던 변화, 청년기의 사회개량론을 산산이 박살 낸 "자유주의 문명의 붕괴"를 설명하기 위해서였다. 한편 폴라니는 자신의 에세이에 드러난 특이한 모순에 사로잡혔다. 그는 경제를 근거로 들며 어떤 사회경제적 흐름이 나타날 수밖에 없다고 보았다. 또 한편 윤리를 근거로 이런 흐름에 저항해야 한다고 주장했다. 그는 나중에 이런 모순이 "나를 당대의 유물론과 실증주의에 맞서 윤리적 실천주의라는 생각"으로 돌아서게 했다고 요약했다.[51] 그는 "개인들의 신중한 도덕적 실천에 찬성하는 입장에서 사회 이론 내의 자연주의를 폐기"했고, "과학적 결정론에 입각한 주장들이 정치적인 옳고 그름의 문제를 결정하게 내버려두기를" 거부했다.[52] 이상주의로 나아가는 이러한 변화들은 나중에 보겠지만 기독교 개종으로 완성되었다. 이는 양차 세계대전 사이, 적들이

"사회적 복음과 산업사회 내의 인간의 조건"을 화해시키는 쪽으로 돌아서던 시기에 폴라니에게 해결해야 할 난제들을 선사했다.[53]

부르주아 급진주의: 헤게모니 프로젝트

폴라니는 결정론과 실증주의를 거부하는 과정에서 마르크스주의에 "점점 비판적"인 입장을 취하게 되었다. 마르크스주의는 "어떤 면에서 그를 길러낸" 학파였고, "사실상 당시 중부유럽 국가에서 알려진 유일한 형태의 사회주의"였다.[54] 물론 이는 과장된 표현이다. 가령 강단사회주의 같은 사회주의 흐름들이 잘 알려져 있었고 사실 베른슈타인의 자유주의적 사회주의는 폴라니 자신이 지지하기도 했다. 자유주의적 사회주의 운동은 민주화를 지지하고 자본주의 체제에서 피할 수 없는 착취의 문제를 극복하기 위해 노력했는데, 이는 봉건 지주들에게 토지를 몰수하여 모든 이에게 토지 소유의 기회를 열어줌으로써 완성할 수 있는 과제라고 보았다. 베른슈타인과 함께, 독일의 경제학자 프란츠 오펜하이머와 그의 헝가리인 친구 야시가 이런 주장을 펼쳤다.[55] 폴라니가 보기에 자유주의적 사회주의는 중농주의자들이 열어젖힌 전통의 정점을 상징했다. 스미스, 헨리 찰스 케리, 푸르동, 스펜서, 오이겐 뒤링, 헨리 조지, 표트르 크로포트킨, 테오도어 헤르츠카가 이 전통에 속하는 인물들이다.[56] 자유주의적 사회주의자들은 스미스와 케리에게서는 시장 경쟁의 영역을 확대해야 하고 노동자와 부르주아지의 이해관계가 일치한다는 믿음을, 푸르동과 스펜서, 크로포트킨에게서는 국가의 활동 영역을 좁혀야 한다는 주장을 취했다. 폴라니는 조지와 케리를 지목하여 칭찬했다. 두 사람 모두 "훌륭한 기독교 사회주의자들"이고 조지의 《사회문제의 경제학》은 "진정한 경제적 복음서"라고 말이다.[57] 또한 자본가와 노동자의 이해관계는 서로 조화를 이룬다는 주장과 폭력 소유권 이론, 즉 모든 착취는 지주들이 독점적 토지 소유권을 강제로 취한 데서 비롯된다는 생각으로 잘 알려진 애덤 스미스 계열의 사회주의자 뒤링의 연구에도 깊은 인상을 받았다. 마르크스와 엥겔스가 자본주의에서 노동자의 착취를 뒷받침하는 경제 "법칙들"을 규명한 데 반해 폴라니는 뒤링의 방식을 따라 착취의 근원에는 "정복과 노예화"가 있다고 보았고, 자본가 계급이 지배적인 위치를 점하게 된 것은 토지 독점 때문이라고 주장했다.[58]

폴라니는 자유주의적 사회주의라는 용어를 개혁주의, 급진주의, 그리고 "토지개혁가들"의 동의어로 사용한다. 자유주의적 사회주의에는 고통받는 노동자들에 대한 공감, 협동조합형 소유권, 더욱 평등한 소득 분배 외에 특별히 사회주의적이라고 할 만한 내용은 거의 없다. 자유주의적 사회주의 프로젝트는 "자유시장에 대한 모든 개입뿐만 아니라 가격과 임금, 세금에 대한 규제를 완벽하게 철폐할 것"을 요구하고 무역과 경쟁의 자유화와 토지개혁을 통해 경제활동의 자유를 달성하려 했다.[59] 일부 민주주의자들에게 이는 불편한 제안이었다. 19세기 후반에는 더 민주적인 국가들은 보호주의를 선호하는 경향을 보였기 때문이다.[60] 이에 반해 자유주의적 사회주의자들은 (스미스, 코브던, 브라이트, 그리고 영국노동당의 전통 속에서) 자유무역을 통해 폭넓은 대중이 이익을 얻는다고 주장했다.[61] 자유무역은 투기적인 부당 이득과 토지 독점을 가로막아 착취를 제거할 것이기 때문이다. 그들은 무역과 시장이 완전히 자유로워지면 사회주의 버전의 세이의 법칙, 즉 평등주의가 저변에 깔린 위기 없는 법칙이 경제를 지배할 것이라고 보았다. 폴라니가 열망했던 사회주의 이행에는 시장 체제가 포함된다. "그렇지 않으면 경제 자체가 멈춰버릴 것이기 때문이다."[62] (이 단계에서, 거의 틀림없이 1930년대에도,[63] 그는 "경제주의적 오류"를 범했고 나중에야 이를 소리 높여 비판하게 되었다. 이는 모든 사회가 시장 교환을 지향하는 개인의 행위를 근간으로 하고 있으며, 이에 맞춰서 조직되어야 한다는 가정이다.)

베른슈타인에게 자극을 받은 야시는 1914년 중반에 급진부르주아당을 창립했고 폴라니는 그의 오른팔이 되었다. 폴라니는 조직 능력과 수사적인 재능 덕에 지도부 역할이 잘 맞았다. (폴라니는 법학도를 대상으로 연설하면서 훗날 헝가리 대통령이 되는 무소속의 미하이 카로이 백작이 "만족의 뜻을 표하기 위해 나를 여러 번 찾아" 왔다고 이야기했다. "누군가 나를 포옹하더니 이렇게 말했지요. '드디어 연설가를 만나는군요.' 여기에는 무언가가 있었습니다."[64]) 당의 프로그램에는 토지 재분배를 중심으로 선거권, 국제 자유무역, 교육 개혁, 그리고 교회와 국가의 분리가 포함돼 있었다.[65] 당은 젠더 평등을 근거로 결혼법 개정을 추진하는 여성위원회—두드러진 인물은 러우러였다—를 만들었다.[66] 계급 갈등에 반감을 보이고, 토지개혁과 경제의 분권화를 옹호했는데, 이는 헝가리 사회민주당과 다른 점이었다.[67] 야시에 따르면 이 당의 프로그램과 이상은 "좀 더 급진적인" 요소들이 있지만 "잉글랜드의 노동당"과 닮았다.[68]

폴라니에 따르면 급진주의는 전통적인 자유주의의 무기력이나 정통 마르크스주의의 숙명론과는 대조적으로 개인의 해방적 주체성을 믿었다. 이런 운동은 각각 상층 부르주아지와 육체노동자 계급을 대표한 반면, 급진주의는 둘 사이에 있는 화이트칼라 노동자와 민간과 공공의 사무직 노동자, 기업가, 지식인 등의 "신중간계급"의 지지를 받았다.[69] 야시와 폴라니의 당은 "봉건제도라는 요새를 포위한 부르주아 무리" 속에서 이들을 이끌기 시작했다. 부르주아지를 다시 올바른 해방 의제로 유인하는 동시에 망연자실해 있는 노동자들을 각성시키려는 운동이었던 것이다. 이렇게 해석할 때 급진주의는 인텔리겐치아, 부르주아지, 소작농, "국민" 등 귀족과 성직자가 아닌 모든 사회계층의 이익을 대변했다.[70]

폴라니와 야시는 논문과 연설을 통해 사회민주주의에 동맹을 제안했다. 사회민주주의는 "자본주의를 상대로 투쟁"하는 반면 "급진주의자들은 봉건제에 반대하는 투쟁과 부르주아 정치를 수행할 것"이다.[71] 하지만 이 동맹은 동등한 관계가 아니었다. 오직 급진주의자들만이 "노동하는 소작농과 노동자 대중"의 총체적 이해관계를 대변할 수 있었다. 야시의 이상적인 주장에 따르면 이 과업을 달성하려면 "진실하고 진정으로 창의적인 지식인들…… 완벽한 이론적 지식과 완벽한 도덕적 순수함을 갖춘 철학자들의 리더십"이 필요하기 때문이다.[72] 중간계급에 대해, 노동계급에 대한 안토니오 그람시의 시각과 유사한 입장을 채택한 폴라니는 폭넓은 민주적 블록 내에서 "민주주의를 토대로 지식인 집단을 이끄는" 중간계급의 헤게모니를 옹호하는 주장을 펼쳤다.[73] 그의 옹호론은 두 가지 주장에 의지했다. 첫째, 중간계급은 경제 영역에서 상위를 점하고 있기 때문에 "정치 영역에서 후위를 맡으리라고" 생각할 수 없다. "이들은 리더가 되지 못하면 아무것도 아니다."[74] 둘째, 이들은 "인간 지성의 축적된 가치"의 수호자라는 역할 때문에 가장 발전한 정치적, 윤리적 의식을 소유하고 있다. 육체노동자들과는 반대로 민주주의를 지지하는 경향이 있다.[75] 그리고 민주주의는 "프롤레타리아트의 관점에서 반드시 필요한 최소한의" 정치적 목표이기 때문에 민주주의의 실현은 두 계급 모두에게 우선순위에 있다. 그러므로 두 계급은 모든 것을 포괄하는 이해관계에 엮여 단결하긴 했지만 애초에 본성이 서로 달라— 육체노동자는 "어쩔 수 없이 유물론자"이고 지식노동자는 "어쩔 수 없이 관념론자"이다— 급진부르주아당과 사회주의당이라는 별개의 조직을 요구했다.[76]

급진주의-사회민주주의의 동맹에 대한 폴라니의 처방은 헝가리 진보 세력의 위기를 설명하는 데도 채택할 수 있다. 1913년 폴라니는 (나중에 자신이 기능주의적 이론으로 전환할 것을 예상하고) 사회민주주의자들이 부르주아 급진주의자들에게 적합한 기능을 수행했기 때문에 위기가 찾아왔다고 보았는데, 이는 부르주아 급진주의자들이 정치적으로 의탁할 만한 당이 없었던 탓이라고 주장했다. 폴라니는 민주주의 투쟁을 펼치기 위해, 그리고 "진보적인 여론에 급진 부르주아 사상을 심기 위해" 사회민주주의를 환영했지만, 이를 위해 사회민주주의는 부르주아 급진주의의 옷을 훔쳤다.[77] 많은 "부르주아 극좌파"가 민주주의를 위해 사회민주주의 운동을 지원했지만 이런 지지는 "시간이 흐르면서 공허"해졌다.[78] 간단히 말해서 인텔리겐치아도, 산업 프롤레타리아트도 자신의 소명을 다할 수 있음을 보여주지 못했다. 조직은 별개지만 민주화라는 핵심 문제를 둘러싸고 함께 행동하는, 육체노동과 정신노동의 연합체만이 헝가리를—그리고 사실상 폴라니가 생각하기에는 인간 사회를—위태로운 상황에서 구할 수 있을 터였다.

야시와 폴라니는 인텔리겐치아만이 아니라 마자르 민족을 위한 헤게모니 전략도 제안했다. 이들은 민주주의 문제가 헝가리의 민족

문제에 암암리에 얽혀 있음을 알았을지도 모른다. 당시 비마자르인들은 게리맨더링 제도 때문에 의회에 거의 진출하지 못했다. 하층계급 마자르인들 사이에서 비마자르인들의 의회 진출이 확산되면 "마자르의 우월성"을 위협할 거라는 주장이 퍼지면서 투표에서 비마자르인들을 배제하려는 분위기가 생겨났다. 민족이라는 특권이 사회적 특권을 보호하는 데 이용된 것이다.[79] 이에 반해 급진당은 소수민족에게 동등한 정치적 권리를 부여하는 연방 민주주의 체제를 지지했다. 이들은 소수민족과 거래하여 절대주의 체제를 보존하려던 헝가리의 주류 자유주의를 비판했지만, 합스부르크 제국이라는 감옥에서 억압당하는 소수민족의 고통을 충분히 헤아리지는 못했다. 폴라니가 보기에 "마자르인들의 문화적 헤게모니"는 이들의 "고도로 발달된 산업과 상업, 문학과 과학, 정치제도와 정치사상"에서 드러났는데, 흠잡을 데 없이 민주적인 수단을 동원해서라도 이를 방어해야 했다. 1914년 초에 폴라니는 "힘의 헤게모니 대신" 민주주의를 통해 마자르 민족의 문화적 헤게모니가 진보성을 띠게 될 거라고 주장했다.[80] 하지만 머지않아 유럽 무대에서 벌어진 헤게모니 투쟁이 이 논쟁을 잔인할 정도로 갑자기 중단시키고 말았다.

고통스러운 정신과 끔찍한 기계

급진당이 만들어진 지 불과 몇 주 뒤 합스부르크 제국이 세르비아에 선전포고를 한다. 총체적 재난의 시작이었다.* 폴라니의 정치사상을 형성시킨 주요 기반인 사회주의 운동과 자유주의 인텔리겐치아는 인류가 이성과 논쟁, 다수결이라는 수단을 통해 사회 환경을 완벽하게 만들 능력이 있음을 보여주었다는 믿음, 따라서 전쟁은 야만적인 구시대 유물이라는 계몽주의의 믿음에 큰 영향을 받았다.[81] 하지만 두 집단 모두 개전을 찬성했다. 많은 자유주의 지식인들은 자기네 민족의 참전이 정당한 자기방어라고 주장하며 이를 지지했다. 대다수 합스부르크 제국의 유대인들은 비극적이게도 반유대주의 러시아가 적이고 승전 후에 시민사회가 자신들을 "최종적으로 완전히 받아들일 것"이라고 주장하며 "자신들의" 제국을 지원했다.[82] 이런 애국심에도 불구하고 이들은 병역을 회피하고 전쟁으로 폭리를 취하며 민족의 대의에 함께하지 않는다는 비난을 받았다.[83] 오스트리아-헝가리 제국에 대한 이들의 열정은 결국 헝가리 보수 엘리트—전쟁 전에 이들을 탄압하고 못살게 굴었으며, 1919~20년에는 굴욕감과 공포를 안기고, 호르티가 독재를 하는 동안 이들을 박해하다가, 1944년 대학살에 공모자 노릇을 한 집단—의 이익에만 도움이 되었다.

나중에 포성이 잠잠해진 후에 폴라니는 사회주의 운동과 관련하여, 전쟁이 발발하던 날 이 세상에 "인터내셔널가가 울려퍼지리라"고 기대했다고 밝혔다.[84] 하지만 유럽의 노동운동은 오스트리아와 헝가리 사민주의 정당을 비롯한 대다수 진보 정당이 해외의 동지들과는 반대편에 서면서 분열되었다. 오스트리아 사민당 지도자 오토 바우어가 전형적인 사례이다. 그는 민족문제를 다룬 최신 저서에서 노동자들은 필연적으로 민족주의 정서를 품을 테고 따라서 사회주의자들은

* 1914년 6월 보스니아 사라예보에서 오스트리아 황태자 부부가 세르비아인 자객의 총에 맞아 피살되자 오스트리아는 세르비아에 선전포고를 했고 이는 1차대전으로 이어진다.

민족 개념을 포용해야 한다고 주장했다. 바우어는 이 논리에 따라 1914년 8월 오스트리아-헝가리 제국 노동자들에게 자신이 "전쟁의 낭만"을 즐기며 당당히 장교로 복무하는, 심지어 전투에서 보인 용맹을 인정받아 3등급 전공십자훈장을 받은 전선으로 따라 나설 것을 호소했다.[85] 이에 저항한 이들은 소수—제임스 코널리와 레닌 같은—뿐이었다. 헝가리에서 이런 흐름을 대변한 사람은 어디와 서보였다. 서보는 반전 진영, 즉 갈릴레오 서클에서 생겨난 "혁명적 사회주의자" 집단뿐만 아니라 평화를 옹호하는 자유주의자를 아우르는 운동의 지도자가 되었다. 루카치 역시 함께했다. 그는 절대 선동가형 인물이 아니었음에도 전쟁에 반대했고 징병을 일종의 노예제로 간주했다. 그리고 아버지의 인맥을 이용하여 징집을 면제받을 수 있었다.

폴라니의 급진당 동지들 중 많은 이들이 전쟁터에 나가 싸우거나 아니면 후방에서 갈채를 보냈다. 카로이는 평화주의에 공감했지만 자원입대했다. 자신의 귀족적 특권을 감안했을 때 참전하지 않으면 참호의 "불쌍한 녀석들"이 자신을 결코 용서하지 않으리라고 보았던 것이다.[86] 카로이는 회고록에서 "혜택을 누리지 못하는 자들의 고난을 공유하지 않으면 미래에 민주적인 헝가리에서 떳떳하게 살아갈 수 없을 거라는 생각이 들었다"고 회상했다. 또 "반쯤 의식적인, 별로 존경할 만하지 않은 고려 사항, 즉 겁쟁이라는 낙인이 찍히는 것이 두려웠다"는 점도 인정했다.[87] 야시는 "민족주의적 코즈모폴리터니즘"이라고 할 만한 입장을 대변했고, 에밀 뒤르켐과 아널드 토인비 주니어가 이에 동조했다. 이들은 민족 간의 적대가 고매하고 평화로운 질서로 승화되는 날이 오리라는 희망을 품고 있으면서도, 자기 민족이 상징한다고 보는 코즈모폴리턴적 가치들이 자민족의 승리가 전체 인류의 승리에 상응한다는 것을 보장한다며, 지금 이곳에서 "자기 민족"(혹은 군사 동맹)을 열렬히 지지하는 자유주의자들이었다.[88]

야시는 전쟁의 목표를 "예수와 칸트의 목표"에 비유했다.[89] 전쟁은 참혹하지만 유럽의 작은 민족들을 정리한 자리에 더 큰 단위의 정체가 등장할 수 있다는 점에서 진보적이었다.[90] 이런 논지로 본다면 야시는 교전 중인 제국들에 의한 합병에 환호해야 하는데 여기에 동맹국은 진보 정당을 대변한다는 믿음이 추가되었다. 독일의 자유주의를 신뢰했던 야시는 독일이 주도하여 전후의 질서를 바로잡아야 한다고 열변을 토했다.[91] 카로이의 회상에 따르면 야시는 독일인의 정서를 공유했고 "중부유럽Mitteleuropa 개념"을 지지했다. 이는 자유주의적 제국주의자 프리드리히 나우만이 제안한 것으로, 아드리아해에서 핀란드만에 이르는 광대한 영토를 독일의 지배하에 두자는 생각이었다.[92] 야시와 급진당의 기관지인 《세계》는 중부유럽 열강들이 승리하면 봉건제가 더 빨리 종식되고 독재 국가 러시아에 맞서는 견고한 방어물이 생기며 독일이 주도하는 지역 동맹에 속할, 다뉴브강 연안 국가들의 연합을 구성하는 데 도움이 된다고 강조했다.[93] 야시가 예수를 언급했을 때 이는 "하느님은 우리 편"이라는 보수 성직자들의 외침을 끌고 들어온 것이었다. 반면 야시가 러시아의 사악한 본성을 강조한 것은 주류 자유주의자들 사이에서 압도적인 견해, 즉 이 전쟁은 1848년 헝가리 혁명을 박살 냈던 러시아를 단죄하는 기회를 제공한다는 주장과 특히 유대 공동체 내에서 헤게모니를 잡은 주장과 연결되어 있었다.

폴라니는 어느 집단에 속했을까? 자칭 코즈모폴리턴이었고 어린 시절 영국과 러시아에 애착을 품었기 때문에 이런 주장에 반대했거나, 마지못해 동조했을지도 모른다. 그의 딸이 생각하기에 폴라니는 이런 대의에 "아마 열정적이지는 않았을" 테지만 "헝가리의 애국자로서 참전을 시민의 의무로" 여겼다.[94] 폴라니 자신의 표현에 따르면 징집에 응한 직후 "군대에 합류하는 날을 목 빠지게 기다렸다".[95] 그는 국가를 민족 공동체의 적법한 대리자로 간주했고 당연히 시민들은 지도자들의 참전 요청에 부응할 의무가 있다고 보았다. 게다가 많은 자원자들과 마찬가지로 그는 억압적인 환경에서 벗어나기를 바랐다. 캐리 폴라니-레빗의 말에 따르면 폴라니는 우울에 빠져 있었기에 "아마 부다페스트를 벗어나 전선으로 가면서 크게 안도했을" 것이다.[96] 하지만 여기에는 더 깊은 생각과 정치적 의도가 담겨 있는지도 모른다. 이렇게 추측하는 한 가지 이유는 폴라니가 거대한 민족과 지역 단위를 선호했던 멘토 야시의 신념을 공유했다는 점이다. 그는 훗날에도 정확히 이를 근거로 오스트리아-헝가리 제국의 세르비아 침략을 (공감하진 않더라도) 이해하는 듯한 태도를 보였다. 예를 들어 미국 청중들을 위해 작성한 글에서 이 전쟁을 남북전쟁과 비교했다. 남북전쟁은 도덕심에 근거한 게 아니라 연방을 유지한다는 "지리적이고 지형학적인" 성격을 띠고 있었기 때문이다. 그는 세르비아 침공이 본질적으로 이와 유사하지 않느냐고 물었다. 오스트리아-헝가리 제국의 보존은 "그러므로—아무리 틀렸다 하더라도—지배자들에게는 자기 경계 안에 있는 작은 민족들의 다툼과 관련된 문제들보다 더 높은 가치가 있는 것으로 보였을지 모른다".[97]

둘째 이유는 민족문제에 대한 접근법이었다. 폴라니의 해석에 따르면 전통적인 사회주의자들의 주장은 이런 식이었다. "물질적인 이해관계가 충돌하지 않는 곳에는 적대가 없다. 그러므로 서로 다른 나라 출신의 프롤레타리아트 사이에는 물질적인 이해관계가 충돌하지 않기 때문에 적대가 없다." 하지만 폴라니는 이 주장이 1914년 8월에 틀렸음이 입증되었다고 주장했다. 바우어와 마찬가지로 노동자들이 자신과 무관한 이해관계를 따르는 잘못된 길로 접어들었다고 추론한 게 아니라, 자기 민족과 연관된 물질적 이해관계가 없다는 것은 "민족에 대한 이들의 이해가 순수하게 정신적이고 도덕적이라는 사실"을 의미한다고 추론했다. 사회주의 이론가들이 이런 착오를 좀 더 빨리 깨달았더라면 국제주의에 감정적, 정신적 요소를 주입할 필요성이 있음을 깨닫고 노동자들을 교육시켰으리라는 것이다.[98] 그날이 오기 전까지 민족주의는 확실한 타당성을, 더불어 폴라니의 적극적인 동의를 얻었다. 요컨대 1914년 8월은 자신을 코즈모폴리턴과 동일시하고, 인간의 신념 체계의 윤리적 기초를 확보하려는 사람이라면, 아무리 폴라니처럼 예민한 사람이라 해도 주전론자들이 벌이는 엄청난 유혈 사태를 무리 없이 지지할 수 있음을 보여주었다.

폴라니는 판결까지 따라가야 했던 소송 사건 때문에 전쟁이 발발했을 때 입대하지는 못했지만 1915년 1월에 자원입대 장교 훈련을 받기 시작했다. 훈련은 "16일 아침에, 매우 서둘러" 시작되었고 매일 아침 6시 45분부터 저녁 6시까지 이어졌다. 여기에는 이론 교육(그는 동생에게 서른아홉 명으로 구성된 자기 반에서 일등을 했다고 자랑했다)뿐만 아니라 승마(사소한 부상을 당했다)도 포함되어 있었다.[99] 훈련을 마친 그는 중위로 임관돼 갈리시아 전선에서 복무했다.[100] 이후 1~2년 동안은 운이 좋기도 하고 안 좋기도 했지만 참을 수 없을 정도는 아니었다. 전시 주소를 보면 그는 말을 이용해 들판의 철로를 건설하는 기술자 무리와 함께 주둔한 것으로 보인다. 아버지의 직업을 생각하면 적절한 부대 배치로 보였음이 틀림없다. 그는 "한결같이 같은 영역"에 있었고, "실제 전투"에는 한 번도 참여하지 않았지만 때로 불안할 정도로 전투와 가까워지기도 했다.[101] 1915년 가을 어머니에게 보낸 편지에서 "하루 종일 망할 총질이 지속되었다"고 불평했다.[102] 또 다른 편지에서는 전선에 간 일을 설명하기도 했다. 전선에 가까이 가던 폴라니는 전선이 "하느님과 인간에게 버림받은…… 목가적인 참호들"로 구성되어 있음을 발견하고 놀라움을 금치 못했다. 하지만 이런 평온함은 나중에 들이닥친 충격을 가중시켰을 뿐이다. "우리의 방어용 은폐물 바로 옆에 원을 그리며" 날아온 "수류탄과 파편들이 기괴한 충격"을 안겼다.[103]

끔찍한 전쟁이었고, 폴라니는 어쩔 수 없이 절망적인 순간들에 맞닥뜨렸다. 오스트리아-헝가리 제국 군대가 꾸준히 영토를 넓히고 있던 1915년에도 이들은 경악할 만큼 빠르게 병력을 상실했다. 제국은 첫 16개월 동안에만 40만 명을 잃었고, 100만 명이 실종되거나 전쟁 포로가 되었으며, 100만 명이 부상을 당했다. 또 비슷한 수의 사람들이 종종 쥐나 이가 옮기는 티푸스 때문에 병에 걸렸다.[104] 같은 해에 신병 충원은 점점 더 어려워졌다. 폴라니는 어머니에게 이렇게 토로했다. "건강한 사람은 누구도 전선에서 도망치지 않습니다. 건강한 몸으로는 전선에서 이탈하지 못해요. 전쟁 피로감이 지독합니다."[105] 상황이 얼마나 열악했는지 알 수 있다. 1915년 초의 어조는 신랄한 구석이 있긴 했지만 종종 쾌활할 때도 있었다. "이제 내가 군인이 된 지 한 달이 되었다. 나는 아직 살아 있다. …… 군대 생활은 건강에 대단히 좋다. 죽지만 않는다면 말이다. …… 나는 여전히 여단에서 가장 뛰어난 군인이다."[106] 그러다 늦여름이 되자 말투에 불안 혹은 극기심이 묻어난다. 동생에게 보낸 편지는 "춥고 비가 온다", 그리고 "작은 천

막"이 바람에 날리고 있다는 말로 시작한다. "지난 엿새 동안 우리는 다른 네 곳에 캠프를 차렸다. 우리는 굶주리고 있고 마실 것이 거의 바닥났어. 나흘 동안 빵 없이 지냈지. 제일 혹독한 때였다. 이제는 다시 음식이 공급되고 있어. 커피, 차, 와인이 있다. …… 모든 장병이 소화기에 문제가 있고 콜레라가 산발적으로 발병하고 있어. 예방이 가능한데도 말이야."[107] 두 달 뒤에는 형에게 이렇게 전한다. "지금 내가 있는 곳은 전쟁의 독특한 산물이야. 이 전쟁 같은 설사약은 절대 없어. …… 어디에도 사람 한 명 없고, 창문이나 문이 달린 집 한 채도 없어."[108] 또 "현기증 나는 안개" 속에서 어머니에게 보낸 편지에서는 부대가 캠프를 차린 지역—아마 양측이 사망, 부상, 탈영으로 약 11만 5,000명을 잃은 싸움터였던 프셰미실 인근으로 보인다—은 흔한 전원과는 거리가 멀다고 불평한다. 이 "소굴"에는 "소, 닭, 그리고 초가지붕을 인 예순세 채의 농가"밖에 없다. "그리고 비가 쏟아집니다. 습지에 물이 점점 차올라요."[109] 그런데도 사기는 양호하고 "끄떡없이 쾌활"하다.[110]

폴라니가 고분고분하게 군 복무를 했다고 짐작할 수도 있다. 그가 군율을 어긴 적은 딱 한 번인데, 이 이야기는 폴라니 가족에게는 전설이 되었다. 국가가 연주되는 동안 차렷 자세를 취하지 않았다는 이유로 처벌을 받았던 것이다. 하지만 규정을 위반한 이유는 애국심이 충분치 않아서가 아니라 음감이 없어서 곡조를 제대로 파악하지 못했기 때문이었다.[111] 그는 부다페스트에서 짧지 않은 휴가를 즐겼고 전선에 있을 때는 적절한 보급을 받아서 건강을 유지했으며 정신건강도 좋은 편이었다. 최소한 그렇다고 어머니를 안심시켰다.[112] 다만 돌아가는 상황을 알 수 없어 힘들어했고 동생에게 "몇 줄만, 특히 뉴스를 적어 보내"달라고 애원했다. "사람들은 모두 루머나 옮길 뿐이어서 여기 있는 모든 사람이 귀머거리 같기" 때문이었다.[113] 폴라니는 고독이 무엇인지 알게 되었고, 가족과 친구들(베를 포함해서. 그녀로 인해 또 다시 "우정의 필요성을 느꼈다")[114]과의 연락을 소중하게 여겼으며 뒤에 남은 사람들의 외로움을 걱정했다. 그는 어머니에게 보내는 편지에서 어떤 의미에서 "전쟁은 '딸린 식구들' 역시 전장으로 보내버렸습니다"라고 적었다.[115] 하지만 매일매일 이런 정서가 무색할 만큼 과중한 업무에 시달렸다. 그는 "엄청난 양"의 일을 짊어졌다. "밤낮으로…… 업무, 업무, 업무입니다."[116] 일이 전보다 "덜 힘들고 참을 만할" 때도 있었다. 이런 때는 휴식을 취하고 독서에 대한 열정을 불태울 수도 있었다.[117] 전선에서 보낸 것으로 보이는 어떤 편지에는 셰익스피어 비극에 대한 기나긴 논고가 담겨 있다.[118] 다른 편지를 통해서는 친지들에게 책(《자본론》 2, 3권과 플로베르, 로크의 저서)을 보내달라고 간청했고, 여동생 소피에와 이르머 숙모가 보내준 "훌륭한 보물 상자"에 감사를 표하는데, 상자 안에는 틀림없이 반짝반짝 빛나는 책들이 있었을 것이다.[119]

우리는 이르머에게 보내는 편지에서 폴라니가 전후에 천착했던, 그리고 《거대한 전환》에서 몰두한 문제를 처음으로 일별할 수 있다. 편지에서 폴라니는 대학살을 자행하도록 설계된 사회공학 체제를 구축할 수 있는 인간의 능력에 경악하고, 전쟁을 숭고함과는 반대되는, 다시 말해 형언할 수 없을 정도로 극악무도한 행위라고 말한다. "내가 보기에 전쟁밖에 생각하지 못하는 사람은 얼간이입니다"라며 맹렬한 비판을 쏟아낸다. "그리고 최고의 얼간이는 전쟁을 이해하는 사람입니다."[120] 전쟁의 공포는 이 세상에서 모든 의미를 지워버렸고, 이는

"가장 무거운 고통"의 한 가지 원인이었다. 공허 속에는 지루함, "의미 없는 세계의 지루함"이 남을 뿐이고, 의미의 진공 상태에서 적막과 공포를 말로 옮기기 힘들어졌기 때문이다. "우리는 의미 없는 세상에서 살지 못할 뿐 아니라 이를 표현하지도 못한다."[121] 전쟁의 심각함을 표현할 때도 비유에 의지하고 문학적이고 신화적으로 이야기할 필요가 있다. "인간은 얼어붙은 가면을 공포에 휩싸여 응시하는 골렘, 끔찍한 기계 속의 고통스러운 영혼"이라고 폴라니는 이르머에게 적었다.[122] 또 "황무지"에서 누나에게 보내는 편지에는 "여기서는 글을 쓸 수 있어서는 안 돼. 오직 개처럼 짖을 뿐"이라고 적고는 이렇게 덧붙였다. "만일 단테가 잉글랜드제 알루미늄 펜으로 일곱 개의 지옥에서 군용 엽서에 편지를 썼다면 이처럼 기괴하고 쫓겨난 듯한 모습이었을 거야."[123]

"거무스름한 스텝 지대"에 둘러싸인 갈리시아에 겨울이 다가왔다. 우울증에 사로잡혀 기력을 잃은 폴라니가 의지한 것은 단테가 아니라 셰익스피어였다. "내 동반자로는 셰익스피어의 작품집 한 권밖에 없었다. 적막감에 휩싸일 때면 '덴마크 왕자, 햄릿의 비극'을 읽고 또 읽었다."[124] 폴라니는 햄릿에 대한 에세이에 전선에서 맞은 최악의 상황을 기록했다. "추위가 너무 심해서 내 말이 발을 헛디뎌 넘어졌을 때 나는 아무런 관심 없이 안장에 그대로 있었다. 다행히도—그때는 그렇게 생각하지 않았지만—수척하고 뻣뻣한 피조물은 긴 다리를 재빨리 움직였고, 나는 목숨을 구할 수 있었다. 말이 넘어지면서 내 위로 굴렀다면 나는 몸이 으스러져 죽었을 터였다."[125] 햄릿이 겪은 "잔혹한 고통"은 폴라니라는 존재의 일부가 되었고, 몇 달 동안 겪은 일들은 이후에도 잊지 못할 기억이 된다.

우울증은 여러 달 동안 폴라니를 괴롭혔는데, 1917년 어느 시점에는 목숨을 앗아갈 수도 있을 정도였다.[126] 정신 건강뿐 아니라 몸 건강도 위협을 받았다. 그해 12월 폴라니는 자신이 티푸스라고 진단한 증상을 경험했다. 사실 건강 염려증에 가깝긴 했지만 이번 경우는 경고신호가 너무나도 현실적이었다. 고열로 기진맥진해서 친구이기도 한 전우가 돌봐주어야만 했다.[127] 폴라니는 티푸스 확진 판정을 받고 부다페스트의 가족에게 돌아갔다. 티푸스 때문에 끔찍하게 아프고, 탈장에 시달리고, 비관적인 세계관에 사로잡힌, 고통스러운 영혼을 이끌고. 몇 달간 자리보전을 하면서 "강요된 고요" 속에 있다가 "신약성서를 읽으며 기독교에 의지하게" 되었고 결국 개종했다.[128] 아버지가 돌아가시자마자 유대 공동체를 떠났다가 죽음의 문턱까지 갔다 오는 경험을 한 뒤에 개신교에서 새로운 공동체를 찾게 된 것이다.[129]

폴라니는 전통적인 의미의 신자는 아니었다. "신학은 잊어버리고 인류의 발전에 헌신"하기만 한다면 모든 종교를 존중했다.[130] 그는 삶의 의미를 기도나 명상으로 창조주와 교감하는 데서 찾는 게 아니라 이 세상을 변화시키는 행위에서 찾는 모더니스트였다. 존 스튜어트 밀처럼 실용주의적이고 사회학적인 관점에서, 즉 사회적 행동에 어떻게 영향을 미치는가라는 관점에서 종교를 바라보았다.[131] 그는 인간이 이 세상을 의미 있게 만드는 수단이 바로 종교라고 생각했고, 종말론과 운명론에 기대기 위해서가 아니라 세상을 바꾸는 프로젝트에 요구되는 윤리적 공동체를 구축하는 규범을 세우고 실천하기 위해 기독교에 관심을 기울였다.[132] 그의 개종이 "어느 정도의 신비주의"를 입증하긴 했지만 그에게 어느 정도의 신비주의란 복음에 대한 세속적인 해석이었다.[133] 그는 예수에게서 인류가 "자기 힘으로, 이 세상에 하늘의 왕국"을 세울 수 있는 능력을 가졌음을 보여준 "혁명가"를 보았다.[134]

일부 좌파 사상가들은 로마에 저항하면서 위계질서를 뒤흔들고 버림받은 사람들에게 공감하는 등 반골의 기백을 보여준 초기 기독교 공동체에서 영감을 얻는다.[135] 하지만 폴라니에게 중요한 것은 예수가 영적인 토대를, 자유와 평등과 공동체의 보편타당성을, 축소 불가능한 기반인 개별 인간의 절대적 가치와 도덕적 자율성과 자의식을 보여주었다는 데 있었다.

폴라니는 개인의 양심 자체는 "신약의 유산"이라고 믿었다.[136] 그는 기도를 하지도, 다른 사람들과 함께 종교단체에서 신에게 예배를 드리지도 않았고 기독교가 영혼을 치유한다고 믿지도 않았다. 교회는 친숙한 영역이 아니었다. 다만 빈에서 맞는 부활절 일요일에 가족과 함께 도로테아 교회에 가서 자신의 결혼식 미사를 집전한 성직자에게 존경을 표하곤 했다.[137] 요컨대 신학자 그레고리 바움의 표현을 빌리면 폴라니는 "몇 가지 중요한 교리에 대해서는 불가지론의 입장을 취하지만 예수의 가르침과 휴머니즘을 고취하는 기독교를 깊이 존경하는 온건한" 기독교인이었다.[138] 어떤 사람들은 더 나아가 그가 "종교와는 거리가 먼 성격이거나 영적인 세계에 관심이 없었다"고 주장하기도 한다. 그저 "우주에 더 높은 질서가 존재할 수도 있지만 인간이 이것을 이해하지는 못한다"는 다소 모호한 믿음을 품었다는 것이다.[139] 하지만 이는 폴라니의 불가지론을 과장하는 것이다. 그는 기독교 복음의 진가를 잘 알고 있었다. 기독교는 "개인의 이익 너머에 있는 더 높은 삶의 방식"을 보여주고 개인들에게 "타협하지 않는 급진주의, 등골이 서늘해지는 예수의 급진주의와 함께 실천하는" 용기를 북돋기 때문이다.[140]

덧없이 스러진 국화

병상에 누워 성경을 끼고 살던 폴라니는 자신이 전선을 떠나던 순간에 나라 안에서 새로운 갈등이 일어나고 있음을 거의 알지 못했다. 헝가리의 노동운동은 전쟁 첫해에 잠시 주춤했다가 다시 살아나기 시작했다. 1914년 10만 명에 못 미치던 노동조합원 수는 1917년 21만 5,000명, 이듬해에는 72만 1,000명으로 폭증했다.[141] 1917년 말에 노동자평의회가 공장에 만들어졌고, 1918년 전반기에는 총파업과 숱한 비공식 파업이 벌어졌다. 군대 막사에서도 봉기가 일어났다. 사회 환경이 끔찍해지고 전쟁의 패색이 짙어지자 공화주의, 사회민주주의, 공산주의가 급격히 세를 얻기 시작했다. 최근까지 정부를 이끌던 저명한 국회의원 이슈트반 티서 백작은 1918년 10월 중순 패배가 불기피함을 공개적으로 인정했다. 의기소침해하던 병사들은 귀를 쫑긋 세웠고, 반항적인 군인들은 줄줄이 집으로 돌아오기 시작했다.

초가을, 사민당은 카로이를 중심으로 한 집단, 그리고 급진당—건강을 부분적으로 회복한 폴라니가 총서기로 임명된 상태였다—과 힘을 합쳐 헝가리민족의회를 결성했다.[142] 자유민주주의 체제로 평화롭고 질서 있게 이행하려 했던 카로이는 부다페스트 의회와 빈의 황제에게 의회가 주도하는 정부와 볼셰비즘 사이에서 선택의 기로에 서 있다며 경고했다. 이 위협에 국회의원들도 군주도 아무런 반응을 보이지 않자 사민당은 노동자와 군인들에게 행동을 촉구했다. 이는 협상력을 높이기 위한 전략이었지만 기대를 훨씬 뛰어넘은 반응에 이들마저 충격을 받고 말았다. 파업과 반란의 물결, 그리고 흰색 국화를 내세운 거리 시위가 이들에게 권력을 쥐여주었다.[143]

카로이는 절대 과격한 인물이 아니었으며 협상을 통해 의회민주주의로 나아가는 것을 선호했다. 하지만 이후 폴라니의 회상에 따르면 카로이가 점한 자리에서는 당연히 혁명적인 파열을 강조할 수밖에 없었다. 헝가리의 대다수 소수민족이 "슬라브 혈통"인 조건에서, 마자르 귀족과 젠트리는 "주로 유대인인 자신들의 금융계 후원자들"과 함께 "빈과 베를린의 비슬라브 권력" 편으로 기울었다.[144] 이런 상황에서 카로이 백작이 헝가리의 독립을 주장하려면 폭넓은 사회정치적 변화가 필요했는데, 여기서 핵심은 "정치적 민주주의를 위한 투쟁", 친독일 외교 정책의 포기, 그리고 프랑스-러시아 쪽으로 돌아서는 것이었다. 안정된 자유주의 질서를 안착시키려면 "마자르 민주주의자들"과 슬라브족을 비롯한 소수민족들이 국내에서 평화롭게 공존해야 했지만, 합스부르크의 "병적으로 완고한 외교정책"이 "국경 너머의 모든 슬라브인들을 적으로 간주하고 국경 안쪽에 있는 동족들을 잠재 반역자로" 취급하는 한 이는 불가능한 일이었다. 카로이는 "보통 사람들이 경제적, 사회적, 인종적 굴레에서 해방되어야만 헝가리의 독립을 달성할 수 있다"는 결론을 내렸다. 그는 "급진적인 소작농 지지자였고 동시에 급진적인 평등을 지지하게" 된 것이다.[145]

국화혁명이 초반에 만개했을 때는 노동계급과 중간계급이 독재에 맞서 들고 일어난 반란의 첫 단계가 그렇듯이 일체감이 두드러졌다. 하지만 신혼의 단꿈은 오래가지 못했다. 새로 선출된 정부는 먼저 독자적으로 러-불동맹과 휴전협정을 체결하려 했다. 이는 전쟁을 종식하고 빈과의 관계를 단절함으로써 인기를 얻긴 했지만 대신 러-불동맹 열강에게 헝가리의 어느 지역이든 점령할 수 있는 권한을 내줌으로써 정부 위신은 큰 타격을 입었다.[146] 헝가리민족의회 정부의 골칫

거리는 여기서 끝나지 않았다. 카로이의 정부가 휴전협정을 체결하고 선거권을 확대함으로써 호의를 얻었지만 유권자들은 자신들의 불만이 해결되고 있다고 느끼지 못했다. 새 정부는 자유주의 틀 내에서 점진적인 개혁에 몰두했다. 그러나 이들에게 권력을 쥐여준 대중운동은 신속하고 대대적인 변화, 즉 토지 재분배, 임금과 노동조건의 개선, 사회주의 경제정책 수립을 요구하고 있었다. 필연적으로 사회 양극화가 뒤따랐다. 부다페스트에서는 군인들과 노동자평의회가 제휴해 경쟁 상대로 떠올랐고, 카로이는 이 협의체들의 지지를 얻기 위해 사회민주당—연립정부에서 가장 인기 높은 잘 조직된 정당—에 크게 의지할 수밖에 없었다.[147] 농촌에서는 소작농들이 토지 재분배를 요구하고 나섰다. 야시에 따르면 1918년 말과 1919년 초에는 일반 사병들을 포함한 "대중이 볼셰비즘으로 완벽하게 개종"했다.[148] 어떤 의미에서 이는 "토호pasha가 농촌 정부에 자행한 행패" 그리고 "반세기 동안 유지된, 헝가리의 민주주의 구조와 개혁을 봉쇄해버린 탐욕스럽고 부도덕한 계급 정책", "유혈이 낭자한 야만적 전쟁으로 보낸 4년, 국내에서 판을 친 낭소적 사치, 경제 자원의 체계적 탕진"에 대한 심판이었다. 여기에 헝가리 경제를 계속 궁지로 몰아넣은 "무분별하고 무자비한 러-불동맹의 정책"이 기름을 부었다.[149]

보수 세력들도 새 정부에 맞서기 위해 움직이고 있었다. "기득권, 교조적 편견, 도시의 무관심"[150]—각각 지주, 교회, 사회민주주의를 가리킨다—으로 인해 카로이는 토지개혁을 질질 끌었다. 그는 회고록의 가슴 뭉클한 대목에서 자기 소유의 토지를 분배하면서 느낀 즐거움과 정의감을 전하고 있지만 이런 자선 행위는 예외에 해당했다.[151] 그의 정부는 많은 사유지가 소작농 대표단에 의해 "아래로부터" 재분배되는 순간에도 토지개혁을 거의 이행하지 않았다. 헝가리민족의회 정부는 소수민족들의 요구도 충족시키지 못했다. 신임 민족장관이었던 야시는 언어 자율화 조치와 연방 국가를 인정할 준비는 되어 있었지만 민족자결권에 대해서는 그러지 못했다. 다른 각료들보다는 덜 국수주의적이었음에도 갈리시아에서 아드리아해에 이르는 대大헝가리를 유지해야 한다고 단호히 주장했다. 민주주의 시대에 개별 민족의 권리를 인정할 경우 이 엄청난 영토는 오직 부다페스트에 의해서만 안전하게 지탱될 수 있다고 본 것이다.[152] 하지만 그는 오랫동안 마자르 헤게모니를 지지했기 때문에 이런 계획은 슬라브 세계의 지지를 받지 못할 터였다. 야시는 헝가리민족의회가 구성한 동맹에 보인 러-불동맹의 태도에 실망한 데다 당의 무기력과 뿌리 깊은 분열에 격분했고 자신의 표현에 따르면 "혁명의 진전에 대한 정부의 무관심"(최소한 토지개혁의 지연)에 불만을 품고 1919년 1월 사임했다.[153]

헝가리에서 그리고 유럽 전역에서 전쟁과 혁명은 급진 좌파와 개혁 좌파의 분열을 촉발했다. 군사 동원에 찬성할 것인가 반대할 것인가? 성공에 이르는 길은 소비에트 민주주의인가 아니면 경쟁 관계에 있는 의회주의인가? 후자를 대표하는 이들은 에베르트, 노스케, 바우어 등이었다.* 이러한 분열은 칼 폴라니가 속했던 갈릴레오 서클과 급진당뿐만 아니라, 특히 1918년 11월 헝가리 공산당이 등장한 이후 사민당에 깊은 영향을 미쳤다. 1918년 말 급진당은 양분되어 한쪽은

* 세 사람 모두 사회민주주의자로서 현실 정치에 참여한 정치가들이다. 프리드리히 에르베르트와 구스타프 노스케는 독일 바이마르공화국에서 각각 초대 대통령과 국방부장관을 지냈으며, 오토 바우어는 오스트리아 마르크스주의의 이론적 지도자이자 오스트리아공화국 외교부장관을 지냈다.

우경화되고 한쪽은 공산주의에 기울었다. 폴라니는 이런 상황에서 중도좌파의 입장을 개척했던 것으로 보인다.[154] 그는 갈릴레오 서클이 국화혁명에서 도덕적인 역할을 수행했다며 자랑스러워했지만 힘 있는 지도부를 꾸려내지 못하는 무능을 드러냈다며 비판했다. 또 이 무능력은 3월 헝가리민족의회 정부가 실각하는 데 적잖이 기여했다고 덧붙였다. 나중에 폴라니는 헝가리민족의회 정부에는 "분명하고 실행 가능한 정치 프로그램"이 없었지만, 있었다 해도 "프로그램을 제시하고, 캠페인과 행정 역량을 통해 이행할 수 있는 정치 교육을 받은 세대가 전무했다"고 회상했다.[155] 갈릴레오 서클의 결함 때문에 "1918년에는 지난하고 엄중한 전투에서 소작농 및 소수민족들과 밀착할 수 있는 세대가 없었고" 폴라니는 이에 대한 책임을 질 준비가 되어 있었다. "나는 갈릴레오 서클을 반정치적인 방향으로 이끌었다. 나는 노동계급과도, 소작농들과도, 소수민족들과도 실천을 발판으로 단결하려는 노력을 하지 않았다."[156]

갈릴레오 서클의 한 분파가 노동운동의 분파들과 "실천을 발판으로 단결"하는 데 성공했을 때 폴라니는 부재 중이었다. 전쟁이 진행되는 동안 갈릴레오 서클 내의 "짐머발티안" 혁명가 집단은 공장 노동자들과 힘을 모아 반군국주의 시위를 비롯한 저항운동을 일으켰다. 이 집단의 구성원 중 한 명이 일로나 두친스카였다. 그녀는 갈릴레오 서클 소속이었지만 서클의 "비정치적인" 성격과, "공장 노동조합 대표들과 어떤 정치적 연계"도 형성하지 못하는 구성원들을 맹렬히 비판했다.[157] 야시는 회고록에서 1917년 말 "갈릴레오 서클의 젊은 남성들이 대놓고 반군국주의 프로파간다를 추구"했고 두친스카를 비롯한 일부 회원이 투옥되었지만 이는 "혁명에 대한 열정을 더욱 드높이기만 했다"고 회상한다.[158] 두친스카 주위의 젊은 갈릴레오 서클 회원들 중에는 새로 결성된 공산당에 가입하는 경우가 많았는데, 이는 서클의 창립자를 비롯한 창립 멤버들의 격한 반응을 끌어냈다.[159]

폴라니는 자신이 편집장으로 있는 갈릴레오 서클의 격주간지 《자유사상》을 "공산주의 교리에 맞서는…… 전투 기관"[160]으로 전환했고 "맹렬한 기세로 싹트고 있던 볼셰비키 사상에 맞서 펜을 들고 정열적으로 싸웠다".[161] 가장 중요한 것은 폴라니가 《자유사상》에서 공산주의자 에우겐 버르거와, 그리고 막 볼셰비즘으로 넘어가려던 루카치와 함께 시작한 논쟁에 관련된 기고문이었다.[162] 양측 모두 전쟁이 일어나기 전 엉망이었던 외교에 집중하여 일반적인 방식으로 전쟁을 설명할 수는 없다고 보았다.[163] 1914년 이전의 세계 질서는 이미 붕괴했다고 보았고, "세계혁명"—소비에트 민주주의(버르거)나 "자유주의적 사회주의"(폴라니)[164]가 들어서게 할—의 도래를 예언했다. 폴라니와는 달리 이 공산주의자들은 자본주의 경쟁과 제국주의의 모순이 문명의 위기를 불러왔다고 보았고, 전쟁을 반대하겠다는 약속을 저버리고 계급 이익을 배반한 노동운동 지도자들의 지지를 받는, 민족의 지배계급이 책임을 져야 한다고 보았다. 반면 1914년 이전에는 안정이 찾아오리라 예측했던 폴라니는 전쟁을 날벼락 같은 일로, 즉 사회과학이 아닌 정신의 측면에서 "종교적 사건" 혹은 슈펭글러식으로 서구 "문명의 거대한 자살 시도"로 볼 때 가장 잘 이해할 수 있다고 설명했다.[165] 전쟁이 드러낸 "의미의 공허"는 과학으로 이해할 수 없으며 상상력의 도약을 요구했다. 그는 유혈 사태를 지지한 사회주의 계열 정당들에 대한 버르거와 루카치의 비판에 동의하지 않았다. 폴라니가 보기에 과실의 책임은 심리적이고 정신적인 영역, 즉 전쟁이 보여준 인류의 도덕적 파산, "우리 모두"가 공유하는 수치와 죄책감, 그리고 "우리 세대의 부패한 양심" 속에서 찾아야 했다.[166]

루카치와 폴라니 모두 실증주의와 결정론 철학, 숙명론적 정치 전략을 비판했지만 두 사람의 사고는 서로 다른 노선을 따라 펼쳐졌다. 전쟁의 도가니 속에서 이들의 사고방식은 급진적인 변화를 겪었다. 폴라니의 경우 자유주의적 민족주의에서 평화주의로, 그리고 실증주의에서 철학적 관념론으로 바뀌었다. 그는 전쟁의 폐허 속에서 자신을 그토록 괴롭혔던 의미의 공허를, 전쟁 이전의 사회과학을 지배했던 실증주의와 연결하려고 했다. 이제는 사회가 "인간의 운명은 사회 현실에 축적되어 있다"는, 과학적 사회학이 제기한 신화의 피해자로 전락했다고 믿었다.[167] 과학적 사회학의 한 종류인 마르크스주의는 이 세상을 "바깥에서" 바라보고 자본주의의 붕괴를 필연으로 본다.[168] 이런 진화론적이고 결정론적인 사고는 능동성을 누그러뜨리고 수용주의적 세계관에 빠져들게 한다. 이 세계관에 따르면 개인의 윤리적 입장은 아무런 의미가 없을뿐더러, 최악의 경우 "인간 존재 자체는 중요하지 않다"는 허무주의에 이른다.[169] 폴라니는 도처에 존재하는 이런 숙명론에 맞서 도덕적 관점을 사회과학에, 그리고 새로운 "사회상의 설계에 적용"해야 한다고 주장하면서 이렇게 하지 않으면 윤리적 실천이 불가능하다고 밝혔다. 폴라니에 따르면 과학적 사회학은 폐기하고 사회현상의 원인을 인간에게서 찾는 윤리 지향적 이해의 사회학을 지향해야 한다. 최고의 인간성은 개인들 속에서 발견해야 한다.[170] 그래야만 이 세상에 다시 참된 윤리가 뿌리내리게 된다.

반면 루카치는 관념론을 떠나 반실증주의적 마르크스주의 형태의 유물론으로 방향을 바꾸었다. 그는 마르크스주의가 이 세상을 바깥에서 바라보고 [인간의] 의식을 제대로 평가하지 않았다는 친구의 비난에 대응하면서 인간의 주체성과 계급의식을 마르크스주의의 핵심으로—철학적으로, 정치적으로, 전략적으로—복원하려고 노력했다. 두친스카처럼 자신들의 자유를 박탈당하는 대가를 치르며 전쟁에 맞섰던 공산주의자들은 자신들이 역사주의적 각본의 소극적인 집행자가 아니라, 어떤 결과도 정해지지 않은 상태에서 전쟁을 혁명으로 전환하기 위해 윤리적, 정치적으로 행동하는 의식 있는 주체라고 생각했다. 루카치는 《역사와 계급의식》에서 계몽주의 철학자들의 실증주의와 결정론을 비판했다. 이들의 이론에서 인간은 소극적 존재로 보인다. 루카치는 베른슈타인과 바우어, 폴라니가 지지한 윤리적 사회주의는 이와 유사한 관조적 자가당착을 보여준다고 주장했다. 3장에서 보겠지만 이는 날카로운 관찰이었다.[171]

노예 반란과 카바레

폴라니는 카로이의 정부에 절대 아첨하지 않았다. 그는 정부에 "모든 반혁명 책동에 맞서는 강력한 투지"를 보여달라고 요구했다. 또 사회주의 경제 건설에 더욱더 박차를 가하고 "민족문제, 특히 남슬라브족 문제에 대한 국수주의적 입장"을 폐기할 것을 촉구했다.[172] 하지만 급진당은 카로이의 동맹 세력으로 남아 있었고, 그에게 카로이 정부는 "우리 정부"였다. 폴라니는 카로이가 집권하는 동안 병원과 집 침상에 갇혀서 긴 시간을 보내야 했지만[173] "무정부"의 포자를 가진 "좌파 혁명과 우파 혁명"을 경고하면서 정치적이고 지정학적인 양극화 위험을 경고하며 통렬히 비난했다.[174] 또 부다페스트 대학교의 공개 강연에서는 "밀려오는 공산주의의 물결"에 맞서야 한다고 주장했다.[175]

1919년 이 물결이 홍수를 이루었다. 로이드 조지는 대륙의 한쪽 끝에서 반대편 끝에 이르기까지 대중들은 "기존 질서의 정치, 사회, 경제적 측면"에 총체적인 문제 제기를 하고 있었다고 말했다.[176] 헝가리에서는 정부가 공산당 지도자들의 투옥을 명령하고, 이들이 발행하는 신문을 금지하고, 이들이 사용하던 장소를 폐쇄한 2월에 예기치 않은 사건이 일어났다. 공산당 지도자 벨러 쿤이 감옥에서 구타당하는 장면을 목격한 한 저널리스트의 보도에 "수도 전역에서 볼셰비키에 대한 공감의 물결"이 일어났다.[177] 이는 전환점이었다. 노동 대중뿐만 아니라 베른슈타인의 표현에 따르면 "인텔리겐치아를 포함한 많은 부르주아 분파들"이 공산주의자들에게 공감하게 된 것이다. 나중에 많은 사람들이 이 사실을 부정했지만 말이다.[178] 쿤과 관련한 사건 이후 폴라니는 정부의 행동, 특히 주축인 사민당에 대한 좌절감을 토로했다. 사민당은 사회주의 정당으로서 "사회주의는 정신 개조를 통해서만 이루어질 수 있고" 억압을 자행해서는 안 된다는 금언을 따라야 했다.[179] 자신보다 왼쪽에 있는 반대 세력을 진압하려고 폭력을 동원한 정부의 행동은 자신의 이름을 심각하게 더럽히고 만 것이다.

나라 밖 사건들 역시 공산주의자들의 인기를 높이는 데 기여했다. 3월 헝가리는 체코슬로바키아, 세르비아, 루마니아 군대의 공격을 받았다.* 루마니아인들이 헝가리로 밀고 들어왔을 때, 프랑스 점령군

* 평화주의를 앞세운 카로이는 1918년 헝가리에서 집권한 뒤 완전한 군축을 선언했는데 공산주의 쿠데타로 어수선해진 틈을 타 인근 국가들이 헝가리 영토를 잠식했다.

사령관 빅스 대령은 부다페스트에 군대를 물리라고 명령했다. 자신들의 영토 획득을 인정하라는 것이다. 러-불동맹은 전쟁 이후의 "평화"를 정의하는 일뿐만 아니라 러시아에서 전쟁을 수행하는 데도 골몰했다. "빅스 증서"는 동맹국 루마니아가 1차대전에서 수행한 역할에 대해, 그리고 볼셰비키 러시아를 공격할 때 지원한 데 보상하려고 쥐여준 것이었다.[180] 의도하진 않았겠지만, 이는 헝가리민족의회 정부의 기반을 취약하게 만들었고, 공산주의자들에 대한 지지를 끌어올렸다. 야시는 민족주의자들이 러-불동맹에 의해 헝가리가 쪼개지는 사태를 막으려면 "헝가리는 제국주의 세력을 물리친 러시아의 사례를 따라야 한다"고 여기게 되었다고 말했다.[181]

이제까지 카로이 정부는 토지를 장악한 소작농들과, 투옥된 공산주의자들을 지지하며 노동쟁의를 벌이는 노동자들, 그리고 프랑스의 지원을 받는 반혁명 운동의 압력을 받았다. 카로이는 자신의 권위가 허물어지자 사임했고 사민주의자들에게 통제권을 넘겨주었다. 내각에는 오직 그들만이 "질서를 유지할 수 있다"고 말했다. 권력이 "몇 달간 조직된 노동자들의 손에만 있었다"는 점을 감안하면 사민주의 정부만이 공산주의자들에게 맞설 수 있다는 것이다.[182] 하지만 사민주의자들의 상태 역시 엉망이었다. 쿤의 구타 사건에 이어 반혁명에 대한 공포와 러-불동맹에 대한 짜증으로 들끓고 공산주의에 대한 지지가 급증하자 좌익 사민주의자들은 공산주의자들과 화해 가능성을 모색했다. 여기에는 중요한 고려 사항이 있었으니 머지않아 러시아의 붉은군대가 루마니아 군대의 저지선을 뚫고 헝가리에 당도하리라는 예상이었다. 공산주의자들은 모스크바의 조언을 거스르고 사민주의자들과 손잡고 정부에 진입했다. 이들은 소수의 고위직밖에 맡지 못했지만 이 새 정부의 우두머리는 쿤이었다.[183] 폴라니는 이런 권력 이양에 양가감정을 느꼈다. 그는 사민주의자들이 볼셰비키와 동맹하기 위해 카로이를 저버린 일이나, 새 정부가 《자유사상》을 탄압한 것은 비판했지만 다른 대안이 없다고 믿었고 이 정부의 사회, 문화 개혁을 인정했다.[184] 루카치의 요청에 그는 사회적 생산 인민위원회에서 일하기로 했다.[185]

쿤이 수반으로 있는 평의회공화국(혹은 "코뮨")은 진기한 현상이었다. 헝가리 공산주의자들은 러시아 소비에트공화국을 모델로 삼은 것 같았지만, 노동자와 군인의 평의회에서 다수를 획득한 게 아니라 사민주의자들과 손잡고 집권했다. 초반에 평의회공화국은 폭넓게 인정받았다. 보통 때는 이를 맹렬하게 비난하던 야시는 "헝가리의 지식인 다수"뿐만 아니라 엄청나게 많은 도시와 농촌의 노동자들이 이를 지지한다고 밝히고, 그들이 "정신적인 문제를 다루는" 진지함과 열정에는 "어떤 위대함"이 있다고 인정했다.[186] 야시는 평의회공화국이 "질서와 조직화의 수단"을 유지하면서 헝가리에 있는 "반쯤 야수화된 노예들"의 심장에 해방의 사상을 주입한 공적을 인정했다. 또 국제주의 윤리와 "선진민주주의와 자치라는 이상을 실현하려는 선구적 노력"을 칭송했다.[187] 게다가 평의회공화국은 헝가리의 영토를 줄이려는 러-불 동맹에 맞선 공적이 있었다. 정치 성향을 막론하고 모든 민족주의자들은 이 새로운 체제가 열강의 침탈을 저지할 때 소비에트 러시아의 정신에서 무언가를 배우기를 바랐다.

러시아에 있는 쿤의 동맹은 소비에트 내에서 다수를 점한 볼셰비키를 통해 권력을 잡았지만, 쿤의 정부는 대중의 지지를 얻으려는 시도를 거의 하지 않았다. 하지만 상트페테르부르크에 있는 자매 정당보다 훨씬 야심만만한 정책을 도입하려 했다. 특히 노동 입법, 문화, 교육 분야의 정책들은 혁신적이었다. 사생아라는 낙인을 제거하는 법과 이혼의 자유화, 그리고 노동권이 도입된 것이다.[188] 노동계급 자녀들에게 대중탕이 개방되었고 많은 이들이 극장 공연을 즐길 수 있었으며(부분적으로는 노동자들에게 할인표가 배포되었기 때문에) 부다페스트에서 가장 경치가 좋은 머르게레트섬 입장료가 폐지되었다.[189] 예술작품들은 루카치의 교육인민위원회의 지원 아래 개인 밀실에서 빠져나와 노동조합원들이 무료로 관람하는 '대중을 위한 예술' 전시회에 모습을 드러냈다.[190] 학교와 유치원의 교육과정은 라틴어와 그리스어, 그리고 전쟁을 예찬하는 시의 비중을 줄이고 헝가리어와 세계문학을 중시하는 방향으로 개편되었다.[191] 또한 아이들을 위해 교원을 추가로 선발하고 무료 건강검진을 실시했으며 학교에서 아침식사를 제공했다. 당시 십대였던 케스틀러는 학교에서 "이상하고 신나는 사건들이 벌어지고 있었다"고 회상한다. "우리에게 새로운 목소리로 말하는 선생님들이 나타나 진심과 우정을 담아 진지하게 어른 대접을 해주었다."[192] "마치 지구가 축에서 들어 올려진" 듯한 봄날이 100여 일 동안 이어졌다. 사람들은 어려움 속에서도 유머 감각을 발휘했고, 부다페스트는 "카페와 유명 카바레의 무대에서 들려오는 재미난 이야기들"로 떠들썩했다.[193]

카바레 밖에서, 학교와 미술관 벽 너머에서는 위협적인 사태가 벌어지고 있었다. 미국식품구호사절단이 정치적 이유로 물자 공급을 취소하면서 식품 부족 사태가 악화되었고, 쿤 정부는 현명하지 못한 정책 결정들로 곤경을 더 심화했다. 정부는 헝가리 귀족들의 사유지를 몰수해놓고 소작농들에게 재분배하지 않았다. 폴라니와 야시는 이 결정을 러시아 볼셰비키의 자유주의적 접근법과 대비시키기도 했다.[194] 권력을 잡은 지 몇 주 만에 2만 개가 넘는 사업체의 국유화를 밀어붙이기로 한 결정도 문제가 있었다. 폴라니는 이를 날카롭게 비난했다. 뒤늦게라도 깨닫고 이보다는 온건한 경제정책을 실시했더라면 평의회공화국은 살아남을 수도 있었다고 주장했다.[195]

주로 이런 경제정책들과 농업 집단화 때문에 평의회공화국에 대한 불만이 고조되었다. 하지만 이를 쓰러뜨린 주먹은 나라 밖에서 날아왔다. 평의회공화국은 집권 한 달을 축하하기도 전에 프랑스의 지원을 받는 군대와 보수적인 관리들이 수수방관하는 가운데 루마니아군의 침공에 맞닥뜨렸다. 4월 말에 이르자 헝가리 붉은군대는 거의 부다페스트까지 밀렸다.[196] 5월 2일 붉은군대는 부다페스트 노동계급 주거지에서 인력과 물자를 공급받아 다시 밀어붙이기 시작했다. 이 주목할 만한 공세로 헝가리 평야에 있는 주요 도시를 다시 점령하고 슬로바키아 깊숙이 밀고 들어가 6월 중순 그곳에서 소비에트공화국을 선포했다.[197] 폴라니는 행복감에 사로잡혔던 것으로 보인다. 병원에서 루카치에게 "나는 [공산주의] 당에 가입할 것"이라는 편지를 쓴 날이 5월 2일이었다.[198] 이를 정말로 실행에 옮길 생각이었든 아니든 간에 폴라니는 우선 신병을 치료해야 했다. 6월 중순 야시가 신생 오스트리아공화국의 외교부장관이 된 오토 바우어에게 요청해 폴라니는 오스트리아 입국 허가를 받았다.[199]

폴라니가 떠난 이후 재난이 일어났다. 러-불동맹이 중개한 거래에서 부다페스트는 루마니아 군대가 헝가리를 떠나는 조건으로 슬로바키아 영토에서 철수하는 데 합의했다. 헝가리 붉은군대는 이 합의를 이행했지만 루마니아군은 그렇지 않았고, 열강들은 합의 사항을 이행하기 위해 적극 나서지 않았다.[200] 헝가리 붉은군대는 철수를 시작했고, 8월 1일 쿤의 정부는 물러났다. 폴라니의 표현에 따르면 "코뮨의 필사적인, 하지만 수치스럽지 않은 에피소드"가 막을 내렸다.[201] 권력은 처음에는 루마니아군이, 이후에는 프랑스를 등에 업은 해군 사령관 미클로시 호르티가 찬탈했다. 케스틀러에 따르면 "조직적인 집단학살을 자행하고, 유대 교회당에 폭탄을 던지고, 고문실을 갖추고 사람 사냥에 나섰던" 호르티 정권은 "앞으로 닥칠 고약한 일들을 맛보기"로 보여주었다.[202]

3장

붉은 빈의 승리와 비극

칼 폴라니는 1919년 여름 내내 빈의 교외 지역인 힌터브륄에 있는 유제니 슈바르츠발트의 요양소에서 건강을 회복해갔다.[1] 폴라니에게 슈바르츠발트는 자신의 어머니를 빼다 박은 오스트리아 여성으로 보였을 것이다. 교육자이자 사회개혁가이자 페미니스트였던 그녀는 자신의 별장을 헝가리 좌익 난민들이 마음대로 쓸 수 있게 하면서—마치 체칠레처럼—살롱을 운영했는데, 여기에 정기적으로 드나드는 손님 중에는 법학자 한스 켈젠, 과학철학자 칼 포퍼뿐만 아니라 나중에 폴라니의 정적이 되는 초보수주의 성향의 사회학자 오트마어 슈판도 있었다. 하지만 아무리 극진한 보살핌이나 사교 활동도 폴라니의 불안감을 누그러뜨리지 못했다. 그는 여러 질병으로 괴로워했고[2] 슈바르츠발트의 요양소에서 제 발로 나온 뒤에도 부실한 건강이 "하루를 제한"하곤 했다. "나는 주위를 돌아다니고, 어딘가로 가고, 서 있거나 기다리기가 힘들다."[3] 빈은 사회 갈등과 정치 혁신으로 뜨겁게 달아올랐지만 영혼의 음울한 벽 너머로 눈길을 던질 수 있게 되기까지는 폴라니는 무엇에도 흥미를 느끼지 못했다. 그는 체칠레에게 "삶은 광기로 가득합니다. 돈이 많이 들고(!!!)[4] 저질이고(!!!), 뜨겁고(!!!) 지루하고, 황

량해요"라고 적어 보냈다.[5]

매일 폴라니는 열 시간 정도 잔 뒤에 하루 일과를 시작했다. 일과는 도서관에서 점심시간 전까지 공부하고, 저녁 5시부터 8시까지 또 공부하고, 오후에는 오락과 잡다한 일을 하는 식으로 구성돼 있었다. 오후 시간에 주로 하는 일들은 쇼핑하기, 편지 쓰기, "헌책방 뒤지고 다니기"[6] 그리고 아나키스트 시인 아널드 갤버그[7]처럼 가끔 찾아오는 손님 맞이하기 등이었다. 갤버그를 제외하면 폴라니는 빈의 정치적, 지적 풍경에 실망했다. 이 도시는 공격적이고 황량한 "소금사막"이었다.[8] 마르크스주의자들은 자신들의 정당 일에 매달렸고, 카를 크라우스와 라이너 마리아 릴케 같은 문인들은—"자신의 지평을 간단히 넘어선" 야시 같은 사람에 비하면—소인족이었다.[9] 1920년 봄 폴라니는 빈의 "영적인 풍경"이 황량하기 짝이 없다며 불평했다. 이는 "영혼이 소득의 원천이어야 한다고 생각하는 사람들만이 경험"할 법한 감정이었을 것이다.[10]

1920~21년에 폴라니의 삶은 밝아지기 시작했지만 회복세는 더뎠다. 그는 계속해서 "은둔자처럼" 살았다. "오랫동안 싸움터에, 의무실과 병상에 익숙해져서 이것들이 둘째 본성이 되어버렸습니다."[11] 가족들에게 보내는 편지에는 악화된 건강을 언급한 대목이 많다. "오늘 나는 아프고, 풀이 죽고, 힘이 없다. 밤새 몸을 뒤척였고 지금은 열이 있다. 왜 그런지는 말하지 않겠다. 어쩌면 내가 미쳐버렸는지도."[12] 미국 방문에 동행해달라는 야시의 요청을 순전히 건강 때문에 거절해야 했다.[13] 베와의 관계를 복원하려고 했지만, 이들이 실제로 만났는지는 알 수 없다.[14] 폴라니와 가족들의 재정 상황도 탄탄하지 못했다. 여동생 소피에가 벌어들이는 돈은 최저임금 수준이었고 폴라니 자신의 상

황은 들쭉날쭉했으며, 어머니 역시 도움이 필요했다.[15] 그는 부에노스 아이레스에 있는 일간지《언론》의 일자리를 제안받고 잠시 들떴지만 결국 자리를 얻지 못했다.[16] 또 매일 하숙집의 다른 거주자들에게 시달려야 했다. ("너무 지독했다. 내 작은 방에서조차 그들의 외침과 소란에서 도망칠 수 없다.") 그럼에도 불구하고, 폴라니의 펜에서 나온 단어로 보기에는 상당히 놀랍게도 그는 자신의 생활이 "고요하고, 심지어는 목가적"이라고 설명했다.[17] "과학적인 정책에 반대한다"라는 자신의 원고가 곧 책으로 출간되리라 믿었고,[18] 몇 달간 알프스 동부 제머링에 있는 휴양지와, 독일 남부 보덴 호수에 있는 라이헤나우섬에서 요양했으며, 빈에 있는 숙소들은 "아주 편안했다".[19] (그는 자신의 숙소를 "경이로울 정도로 정갈하게" 유지했고 찾아오는 사람들에게 자신의 "질서에 대한 세심한 사랑"을 논평해달라고 요청했다.[20]) 하숙집은 폴라니와 뗄 수 없이 엮여 있던 야시의 집, 그리고 도서관에서 멀지 않았다. 두 사람은 러시아의 상황과 국제 정치경제, 혹은 야시의 "반마르크스주의" 서적의 출간에 대해 토론하면서 다른 친구들—턱수염을 말쑥하게 다듬은 헝가리 망명자 아우렐 콜나이 같은—과 함께 카페에서 몇 시간 동안 앉아 있곤 했다.[21]

1921년 야시는《빈 헝가리 신문》의 편집장을 맡게 되었다. 야시로서는 당황스럽게도 체코의 자유주의 지도자 에드바르트 베네시가 자금을 대는 이 신문은 헝가리 망명자들에게 가장 중요한 출판 기관이었다.[22] 이 신문은 전 세계의 소식을 전했지만 가장 중요한 임무는 "마자르 파시즘",[23] 즉 수천 명의 목숨을 앗아간 호르티의 공포정치를 보도하는 것이었다.[24] 정치 지향은 폭넓게 좌파-자유주의 색채를 띠었지만 칼럼니스트들 중에는 공산주의자 벨러 벌라스, 그리고 정치적 관점이 (야시에게는 몹시 짜증스럽게도) 왼편으로 기울어지고 있던 카로이도 있었다.[25] 신문에 작게 실리는 교훈적인 문구는 주로 자유주의자들(몽테스키외, 스미스, 밀, L.T. 홉하우스)이 한 말이었지만 보수주의자(허버트 스펜서)와 잡다한 급진주의자들(마르크스, 막스 슈티르너, 구스타프 란다우어, 웰스, 체스터턴)의 말도 섞여 있었다.

1921년 야시는 폴라니를 개인 비서로 고용했고 다음 해에는 그를 편집팀으로 올려 보냈다.[26] 1922년 가을에 이르면 폴라니의 이름이 표지 면 머리기사의 필자로 규칙적으로 등장한다. 그는 투탕카멘 이야기나 초기 기독교에서 간디와 나치즘에 이르기까지 다양한 주제를 다뤘고, 숱한 유럽 국가, 특히 영국, 독일, 헝가리, 러시아의 정치사에 대한 글을 쓰기도 했다. 폭넓은 지식을 활용하고 국제적인 사건에 대한 분방한 호기심을 자극할 뿐만 아니라, 도덕적이고 시급한 대의에도 기여하는 일에 몰입하면서 폴라니는 평정심을 되찾았다. 1921년 여름에 이미 러우러는 폴라니가 일을 열심히 하고 있을 뿐만 아니라 "진단 결과로 보아 멀리 있는 사람이 상상하기 어려울 정도로 건강"을 유지하고 있다며 어머니를 안심시킬 수 있게 되었다. "그는 사랑스럽고, 생기 있고, 건강해 보여요."[27]

폴라니는 야시의 충고를 거스르고[28] 1920년 힌터브륄에서 젊은 공산주의자 소개로 알게 된 귀족 출신의 헝가리-슬로바키아 혁명가와 우정을 나누었는데 이는 그의 정신을 크게 고양시켰다. 마리아 두친스카—친구들은 그녀를 일로나 혹은 일코라고 불렀다—는 얼핏 보면 폴라니와는 정반대였다. 일로나는 공학자였고, 폴라니는 언론인이었다. 일로나는 무신론자였고, 폴라니는 기독교도였다. 일로나는 용감한 공산주의자였고 전투적인 정치행동을 고대하고 있었지만, 폴라니는 걱정 많고 내성적인 자유주의자였고 당의 프로그램에 더 관심이 많았으며 철학적인 사색에 물들어 있었다. 하지만 이들에게는 공통점도 많았다. 일단 개인적인 관계가 그랬다. 일로나는 1915년부터 서보를 알고 지냈고[29] 폴라니의 숙모 이르머는 그보다 훨씬 더 오래전부터 알았다.[30] 두 사람 모두 갈릴레오 서클 출신이었고—폴라니가 갈리시아에서 군 복무를 하고 있는 동안 일로나는 서클의 "두드러진 인물"이 되었다[31]—두 사람 모두 서클의 실증주의적이고 과학적인 문화에 젖어 있었다.[32]

폴라니의 아버지가 그랬듯이 일로나의 아버지 알프레드 두친스키 역시 딸의 삶에 중요한 영향을 미쳤다. 오스트리아계 폴란드인이었던 아버지는 작위 외에는 잃을 게 없는 젠트리 계층에 속했다. 사실 이 작위는 황제가 내린 군 복무에 대한 포상으로 가문의 자랑거리였다. 철도 회사 사무원 겸 엔지니어로 생계를 유지했지만 두친스키는 실로 이채로운 인물이었다. 무신론자였고, 독학을 한 지식인이었으며, 동종요법 의사에, 하늘을 나는 기계를 만들고 싶어 하는 아마추어 발명가였다. 일로나는 아버지의 역설로 가득한 인생관을 "보수적인 아나키즘"과 "가부장적인 사회주의"라는 모순어법으로 요약한다.[33] 1904년 일로나의 아버지는 가족들을 두고 미국으로 건너갔다가 3년 뒤 때 이른 죽음을 맞았다.[34] 일로나는 외가인 베카시 집안이 지주 젠트리 가문으로서 더 안정감 있고 전통적이며 "번영과 특권, 보수주의"를 상징한 반면, 아버지는 "진보적인 노동 윤리를 품고 관행을 따르지 않았으며 위험을 감수하고 지적이고 예술적인 노력"을 경주한 사람이라고 밝혔다. 아버지가 세상을 떴을 때 일로나는 겨우 일곱 살이었다. 일로나와 어머니는 헝가리에 있는 베카시 가문의 친척들에게 생계를 의탁했고, 그녀는 자신들이 "손님 이상의 존재가 결코 될 수 없는 시골집에서 혼자 공부하며" 몇 년을 보냈다. 일로나의 전기를 쓴 케네스 맥로비는 두 집안, 두 사회계급, 두 가지 지적인 분위기에 푹 젖어본 경험은 일로나가 혁명 정치에 매료된 이유를 설명하는 데 도움이 된다고 말한다.[35] 맥로비에 따르면 일로나는 이타적이고, 고도로 정제된 문학적 감수성의 소유자였으며, 무서울 정도로 똑똑하고 독창적인 학자였다. 또 타인들과 협력하며 "강요된 권력과 권위를 거부하고 극복하며 얼마나 오래 걸리든 자유와 사회적 책임이 만개한 세상을 일구는 개인의 능력"을 변함없이 믿었다.[36]

폴라니를 만났을 때 일로나는 지독할 정도로 이상주의적이고 공산주의 혁명의 확산에 매진하는 추방당한 직업 혁명가였다. "우리에겐 무엇도, 단연코 그 무엇도 불가능해 보이지 않았다." 일로나는 당시 자신의 상태를 이렇게 회상한다.[37] 몇 년 앞서 그녀는 헝가리 수상 이슈트반 티서를 암살할 계획을 세웠다.[38] 그 후에는 안나 노보트니라는 가명으로 쿤의 코뮨에 설치된 외교 인민위원회를 위해 일했고, 모스크바 코민테른에서 카를 라데크의 비서로 잠시 일하기도 했다.[39] 확연히 다름에도 불구하고, 두 사람은 이후 수십 년에 걸쳐 정치적 입장이 서로 수렴해가는 과정을 막 시작했다. 일로나는 헝가리공산당에 점점 비판의 날을 세웠다. 1922년 초 당 내부의 문화를 통렬하게 비판했는데, 그녀가 겨냥한 중심인물은 쿤과 루카치임이 확연해졌다. 당은 이들의 지도에 따라 경직되고 "군사적인" 조직이 되었고 당원들을 낮잡아 보았으며 강제된 낙관주의에 눌러앉아 있었다. 당은 변질되었고 대중들과의 유기적인 관계는 시들어버렸다.[40] 그녀는 로자 룩셈부르크의 동료였던 파울 레비가 편집하는 주간지 《우리의 길》에 기고하여 당 지도부를 비판했다. 레비는 쿤의 무모한 모험주의—세계의 공산주의 정당이 모방하고 있는 전략—를 비판하는 글을 발표한 이후 독일공산당에서 제명된 인물이었다. 일로나 역시 비판 글을 발표하자마자 제명되었고 나중에 오스트리아 마르크스주의 사회민주노동자당에 가입했는데, 폴라니 역시 같은 당에 가입했다.[41]

1922년경이 되자 동지애는 사랑의 감정으로 꽃을 피웠다.[42] 폴라니는 친구의 슬로바키아적인 아름다움과 목소리에,[43] "단정함과 진실됨"에[44] 완전히 빠져버렸고, 자신의 햄릿과 같은 우유부단함과 대비되는 상대의 정치적 열정에 넋을 잃었다. 나중에 스스로 밝힌 바에 따르면 폴라니는 오랫동안 "러시아 소녀라는 이상에 빠져 있었기에" 폴란드인이자 혁명가인 일로나는 그에게 "딱 들어맞았다".[45] 1922년, 남편과 오랫동안 별거 중이던 일로나는 이혼을 했다. 그해 11월 폴라니는 동생에게 자신과 일로나의 관계를 이렇게 전했다. "곧 열매가 맺힐 거야. 나는 골렘 상태에서 벗어나 한 남자가 될 때가 되었다."[46] 1923년 2월 프로테스탄트 도로테아 교회에서 이들의 결혼식이 열렸다. 더없이 행복한 넉 달이 이어졌다. 그의 수입이 기대보다 "훨씬 적어서" 화를 내기도 했지만 폴라니는 적어도 얼마간 벌이가 있었고 빚을 갚을 수 있었으며, 부부는 발트해의 뤼겐섬으로 신혼여행을 떠날 수 있었다.[47]

폴라니의 연구 생활에 있어서도 일로나는 하늘이 내린 존재였다. 그가 구술한 내용을 받아 적고 미궁 같은 신문 더미에서 자료를 찾고 글을 편집했다. 폴라니는 어머니에게 그녀의 도움이 없었다면 "결코 앞으로 나아갈 수 없었을" 것이라고 밝혔다. 이 모든 일을 하면서도 일로나는 "뜨개질을 하고 해진 데를 기우고", 몸 안에서 자라면서 한 시간에 몇 번씩 존재감을 알리는 "작은 것을 위한 옷을 힘겹게 마련할" 시간이 있었다. 그녀는 상당히 약했고 얼굴은 수척했지만 건강하고 행복한 상태였다. 임신 상태는 문제없었다.[48] 폴라니는 어머니에게 "배가 얼마가 커질 수 있나요?" 하고 물었다. "나는 정확하게 확신이 안 서서 말이죠. 사실 일로나의 배는 엄청납니다. 정상 범주에 드는 너무 크지 않은 아이이기를 바랄 뿐입니다. 우리에겐 쌍둥이를 키울 수 있는 큰 방이 없거든요."[49] 몇 주 동안 집을 고르던 부부는 결국 아파트 한 채를 찾아냈다. 다뉴브강 근처의 포어가르텐스트라세에 있는 집으로 작은 가족이 "정상적인 프롤레타리아의 삶을 영위할" 수 있는 곳이었다.[50]

이제는 우울감에 젖어 지내던 시절이 멀게만 느껴졌으리라. 그의 정신은 고양돼 있었고, 6월 초 어머니에게 "매일매일 즐겁게 노래하며 행복하게 보낼 수 있을 것 같습니다!"라고 말할 수 있게 되었다.[51] 그로부터 일주일 뒤 아이가 세상에 나왔고 일로나의 어머니의 이름을 따라 카롤리네 헬레네(캐리)라는 이름을 얻었다. 출산은 너무 힘들어서 트라우마를 남겼다. 일로나가 회복이 가능할지 알 수 없는 고비가 있었고, 캐리는 처음 몇 달을 병원에서 보냈다.[52] 이 두려운 경험은 부모의 뇌리를 떠나지 않았고 이들은 결국 더는 아이를 갖지 않기로 결심한다. 두 사람 모두 되풀이되는 병으로 고통받았다. 일로나는 약한 폐와 폐렴 때문에[53], 폴라니는 신경쇠약과 알레르기, 경련, 두통, 그리고 종종 침대에서 꼼짝 못하게 하는 통증 때문에 힘들어했다. 폴라니는 고통이 찾아올 때면 몸을 뒤척이며 열에 들떠 원인을 생각하곤 했다.[54] 이런 고난을 제외하면, 야시는 폴라니의 "정신 상태가 통탄할 지경"이라고 말한 적도 있지만, 이 시기는 전체적으로 만족스러웠다. 마흔 살이 되었을 때 폴라니는 흡족해하며 인생을 돌아볼 수 있었다. 그는 언론계 일과 자신의 세미나(이에 대해서는 뒤에서 다룰 것이다), 그리고 남편과 아버지 역할을 아주 좋아했다. "바비, 일로나와 나는 아주 잘 지내고 있어." 그는 마이클에게 이렇게 알리면서 냉소적인 비애를 담아 이제는 "더 편하게 죽을" 수 있을 것 같다고 덧붙였다.[55]

폴라니의 아파트는 빈에서도 대체로 유대인과 노동계급이 자리 잡은 레오폴트슈타트에 있었다.[56] 일로나, 폴라니, 딸 캐리가 사는 구역은 앞쪽에 위치해 곧장 정원으로 이어졌다. 폴라니가 1920년대 중반부터 넉넉한 월급을 받은 덕에 생활은 풍족한 편이었다. 폴라니의 기질이 "금욕적이고 청교도적"이었고 그가 즐긴 사치라고 해봐야 "전화, 그리고 여행" 정도에 불과하긴 했지만 말이다.[57] 서재를 겸한 거실의 한쪽 벽에는 제복을 입은 일로나의 귀족 친척들이 그려진 초상화가 있었다. 반대편 벽에는 마르크스, 뵘바베르크, 피클레르 등이 쓴 책들이 꽂힌 서가가 있었다. 옆에는 폴라니 아버지의 초상화가 걸려 있었다.[58] 마당이 내다보이는 뒤편에는 "상냥하게 미소 짓는 가정부"[59] 에르즈지가 지내는 작은 방과, 일로나의 어머니 헬레네가 지내는 방이 있었다.[60] 헬레네의 방은 어두웠고, 그림과 초상화들로 장식되어 있었으며, 베카시 가문의 문장이 새겨진 은수저 같은 값나가는 물건들이 진열된 화려한 장식장이 분위기를 지배하고 있었다.[61] 그녀의 수입은 상당한 수준이었다. 폴라니에 따르면 "한 달 수입이 100만이라서 헬레네는 클럽 활동, 여행, 선물 구입 같은 사치를 부리는 데 20~25만을 쓸" 수 있었다.[62] 에르즈지와 헬레네는 헝가리어로 대화하곤 했지만 "아이를 하나 이상의 언어에 노출시켜 혼란을 주면 안 된다는 당시 유행하던 멍청한 이론"을 신봉해 캐리와는 헝가리어로 대화하지

않았다.[63]

젖먹이 캐리("작은 사람", "꼬마 군인")는 끝없는 기쁨의 원천이었다.[64] 폴라니는 체칠레에게 보내는 편지에 캐리가 성격이 해맑고 "축복받은 미소"를 지으며 "평균 수준의 재능"이 있지만 아주 "똑똑하고 개방적이고 사교적"이라고, "자신에게 닥친 모든 상황을 잘 처리하고, 자신의 역량을 정확하게 판단하며, 신중하고, 어려움을 눈치 있게 피하며, 용감하게 전진하는" 아이라고 적어 보냈다.[65] 캐리는 운 좋게도 평화로운 분위기에서 성장했다. 가족들은 싸움이라고는 거의 모르고 지냈고 목소리를 높이는 일도 없었다.[66] 캐리는 차분하고 아량 있는 성격이었고, 금지된 일은 거의 없었다.[67] (캐리의 마음에 박힌 단 두 가지 금지령은 "거짓말을 하지 말지어다!"와 "기름으로 종이를 얼룩지게 하지 말지어다!"뿐이었다.) 단 한 가지 예외를 제외하고—일로나와 폴라니는 식사는 둘이서만 했다. 캐리와는 절대 함께 하지 않았다[68]—두 사람은 딸을 어릴 때부터 동등하고 독립적인 인간으로(캐리의 말을 빌리면 "어른처럼") 대했다.

캐리는 아버지와 비슷하게 "친밀감을 잘 내비치지 않는" 성격으로 이 점은 이들의 관계에 영향을 미쳤지만[69] 그렇다고 해서 캐리가 내성적인 아이였던 것은 아니다. 아이는 종종 부모를 찾아오는 방문객들과 어울리라는 권유를 받았다. 노동절마다 거실 창문에 붉은 기가 펄럭이는 집에서 정치 토론과 일로나의 혁명가를 들으며 자란 캐리는 어린 나이에 정치의식을 발달시켰다. 아주 어린 시절 기억 중에는 어머니가 인쇄 중인 전단지에 잉크 바르는 일을 도운 것도 있다. 몇 년 뒤 캐리는 매년 노동절 행진에 참석했고, 노동자체육협회에서 개최하는 여름 캠프에 다녔다. 여름은 가족 휴가철이기도 했는데, 달

마티아 해안에 가거나[70] 빈 남부의 라이헤나우에서 소피에와 마이클의 가족들과 시간을 보내기도 하고[71]—캐리의 표현에 따르면 "저렴하고 완전 소박하게"—카린시아에 있는 호숫가에서 지내기도 했다.[72]

폴라니 부부는 딸을 과잉보호하지 않으려 했기 때문에 캐리에게 옷을 따뜻하게 챙겨 입으라거나 조심해서 걸어 다니라는 식의 충고를 거의 하지 않았다. 하지만 폴라니는 외동딸이 버릇없어질까 봐 걱정을 했다. 그래서 캐리를 위해 파울라라는 이름의 여동생을 "지어내기"까지 했는데 캐리는 이를 다소 "충격적인 사건"으로 경험했다("난 어떻게 반응해야 할지 알 수 없었다"). 폴라니는 천성적으로 장난기가 있었지만 캐리와 아이들 놀이를 하지는 않았다. 대신 캐리가 자신의 일을 도와 전화를 받게 하거나 거실 테이블 아래 있는 캐리의 "영토"에 편안하게 자리를 잡고서 폴라니가 《프랑크푸르터 알게이마네 차이퉁》, 《르 탕》, 《더 타임스》, 《아르바이터 차이퉁》 같은 신문에 빨간색과 파란색 연필로 커다랗게 표시한 기사를 오려내게 했다.[73] 폴라니는 타고난 이야기꾼이었고 일로나에게 큰 소리로 책을 읽어주곤 했지만 캐리에게는 한 번도 그렇게 하지 않았다. 이 일은 거의 장모가 했다. 캐리는 헬레네의 이야기를, 가령 헬레네가 젊었을 때 참석했던 무도회와 축제 이야기를 아주 좋아했다. 귀족 패션과 사치품의 세계는 어머니가 절대 받아들이지 않으리라는 사실을 뼈아프게 알고 있긴 했지만 말이다.[74]

빈 신문은 "항상 위기"에 몰렸기 때문에 폴라니의 처지는 늘 불안정했다.[75] 하지만 1924년 더 나은 직장을 얻게 되었다. 친구의 주선으로 명망 있는 잡지 《오스트리아 경제학자》에 일단 2개월 계약직으로 고용되었다. 그는 감격에 젖어 "난 이 이상 더 좋은 자리를 요구할 수 없었다"고 마이클에게 전했다. "나는 주로 서평과 세계경제에 대한 기사를 쓸 거야. 이 일을 위해 책을 읽고 글을 쓰는 거지."[76] 봉급은 가족이 생존하기에 충분했다. 이중 많은 돈이 "잡지 구독료와 커피집, 도서관 등을 방문"하는 데 들어가긴 했지만 말이다.[77] 구스타프 슈톨퍼와 발터 페데른이 편집장을 맡고 있던 《오스트리아 경제학자》는 오스트리아에서 "유일하게 진지한 경제 저널"이었다. 이 잡지는 마르크스주의에 대한 적대감이 적고 사회민주주의에 크게 공감하긴 했지만 자유주의 성향과 표지 등은 런던의 《이코노미스트》와 닮았다.[78] 기고자들로는 켈젠, 드러커, 그리고 자유주의 경제학자 조지프 슘페터, 프리드리히 폰 하이에크, 고트프리트 하벌러 등이 있었다. 1925년 슈톨퍼가 자매지인 《독일 경제학자》를 만들기 위해 베를린으로 옮겨 가자 폴라니가 편집팀으로 올라가 자리를 메웠다.[79] 폴라니가 외교사 담당 편집자로 지명된 후 페데른이 자리를 비우면 폴라니는 가까운 카페 바우에른펠트에서 열리는 비공식 편집팀 모임뿐만 아니라 사무실 회의를 주재하곤 했다.[80]

《오스트리아 경제학자》 사무실에서 지내는 화요일을 제외하면 폴라니는 보통 집에서 일했다.[81] 그는 금테 안경을 쓰고 책상에 앉아서 페데른과 길고 긴 전화 통화를 하고, 글을 쓰고, 담배를 피웠다[82](그는 거의 한평생 골초였다[83]). 잡지 일 외에 빈 인민대학에서 경제사 강의도 했는데[84] 이를 통해 경제의 진화, 특히 카를 뷔허와 독일 역사학파의 연구를 이론화하는 작업에 관심을 쏟게 되었다.[85] 1924년 1월에는 길드 사회주의에 대한 저녁 세미나를 열었다. 여기에 참석한 사람으로는 《오스트리아 경제학자》의 동료인 드러커와 나중에 조카사위가 되는 한스 제이셀, 그의 친구인 콜나이, 포퍼, 펠릭스 샤퍼가 있었다.[86] 처음에 이들은 사회주의학생연합 본부에서 모임을 열었다. 연료가 없어서 방이 매섭게 추운 날도 있었다.[87] 참석 인원이 줄어들면서 세미나는 폴라니의 아파트에서 열렸고, 사회주의 경제이론과 정책을 학습하는 서클로 바뀌었다.[88]

길드 사회주의와 "기능의 왜곡"

빈에서 보낸 초기 몇 년은 지적 발달이라는 면에서 전환기가 되었다. 폴라니는 몇 년간 혼란스러운 상황에 놓여 있었고, 전쟁과 혁명이라는 "거대한 죄악"으로 세계관이 교란된 상태였다.[89] 1차대전 이후 중부 유럽에는 혼란과 변화의 기운이 만연해 있었다. 인문학과 사회과학 분야의 지식인들에게는 이 시대의 정치적, 사회적, 정신적 위기를 진단하는 일이 무엇보다 시급했다. 자유주의 문명의 위기인가? 서구의 위기인가, 아니면 인류의 정신적 위기인가?[90] 원인은 무엇인가? 경제체제 때문인가, 아니면 전체 사회질서 때문인가? 전쟁은 이성의 우월함에 대한 신념, 혹은 과학기술에 대해 인류에게 무엇을 알려주었나? 문명은 기계의 미로 속에서 길을 잃었나? 폴라니는 이런 토론에 깊이 빠졌고, 생각은 빠르게 진전되었다. 한동안 그를 사로잡았던 톨스토이의 윤리적 개인주의를 점점 견딜 수 없게 되었다. 개인과 사회의 상호 의존성을, 폴라니식으로 표현하면 "사회 현실"을 제대로 파악하지 못했기 때문이다.[91] 그는 서구의 몰락이 임박했다는 슈펭글러의 관점에 강하게 끌렸지만 사회 통합과 도덕의 부활을 주장하는 사상가들, 특히 영국 소설가이자 페이비언 사상가 웰스에게 더 지속적으로 관심을 기울였다. 폴라니는 오랫동안 웰스의 열렬한 독자였고 특히 자신이 1922년에 서평을 쓴 《문명의 구원》에 사로잡혔다.[92] 이 책의 논지는 만하임과 베블런 같은 당대 지식인들의 생각과 유사하게, 기술 진보가 도덕 능력과 통치 지식의 진보를 능가하고 있다는 것이었다. 웰스는 현대 문명은 풍요로운 과학 지식을 빚어냈고, 이는 "인간 활동의 물리적 범위"를 측정할 수 없을 정도로 확장시켰지만 "정치사상이 새로운 조건에 맞추어 조정"되는 일은 일어나지 않았다고 주장했다.[93] 결국 "조직적인 연대"가 부재하고 문명은 "충격과 긴장"을 견딜 수 없게 되었다.[94] 폴라니는 웰스의 관점에서 지혜를 발견했고, 자기 세대를 집어삼킨 문명의 위기와 다가올 위험에 대한 고뇌를 공유했다. 또 웰스와 더불어 "지구를 황폐화하는" 공중 폭격과 신무기들을 통해 과학이 "파괴에 복무"하게 되었다며 개탄했다. 폴라니는 이 소설가의 예언을 다른 말로 바꾸어 이렇게 표현했다. "미래에 갈등이 일어날 경우 유일한 피난처는 적들이 잘 파 묻어둔, 조심스럽게 잘 감추어놓은 사령부뿐일 것이다. 인간은 의미도 이해하지 못한 채 엄청난 파괴를 자행할 것이다. 인류의 물리적 힘은 엄청나게 증대되었지만, 사회구조는 그만큼 발달하지 못했다. 오늘날 인류의 상황은 젖먹이 어린아이에게 산성물질과 독이 있는 면도기를, 혹은 폭탄을 공급한 꼴과 비슷하다."[95]

폴라니는 이 위기의 근본 원인을 설명하면서 시장사회의 도래를 웰스보다 더 많이 강조했고, 이 주제에 점점 더 집중하게 되었다. 그는 시장 가격이 "모든 것을 지배"하게 되었지만 "어느 누구도 시장 가격을 지배하지 못한다"고 단언했다.[96] 이처럼 시장이 독립적으로 제도화되어 사회가 해체되고 독립된 사회적 기능들(경제와 정치조직)이 점점 갈등하는 사회계층(자본가와 노동자)의 지배를 받으면서 사태는 더욱 악화되었다.

이 시기부터 폴라니의 인류학, 가치론, 내세론을 규정하는 핵심 관심사는 사회 통합이 되었다. 이는 그의 출신을 반영한다고 할 수 있다. 그의 주변에 있던 부다페스트 유대인들은 배제, 소외, 공동체 문제에 극도로 민감했기 때문이다. 루카치가 좋은 예다. 그의 저서《역사와 계급의식》은 억압받는, 하지만 "보편" 계급인 프롤레타리아트가 운명으로 타고난 계급 분열을 극복하고 사회를 통합하는 역할을 한다고 보고 이를 이론화했다. 또 만하임은《이데올로기와 유토피아》에서 한데 섞이지 않고 초연하며 자유롭게 부유하는 지식인들이 다른 사회계층의 이데올로기를 종합할 때 할 수 있는 역할을 규명했다. 나중에 그는《재건 시대의 인간과 사회》에서 자유주의 정책과 이데올로기가 현대사회를 분열된 부품으로 쪼개놓았다고 주장하고 해결책으로 경제계획과 정치적 교육을 통한 사회 재통합을 제시했다.[97]

폴라니는 빈 시절에 사회 통합의 자연적인 혹은 종교적인 당위를 강조하는 연구들, 특히 사회학자 페르디난트 퇴니스의 연구에 사로잡혔다. 퇴니스의《게마인샤프트와 게젤샤프트》는 사회 통합과 분화에 대한 논쟁에서 시금석이 되었다. 이 책은 스펜서의《사회유기체》를 비판했는데, 다시《사회분업론》을 통해 뒤르켐에게 비판받았다. 사회학자들이 다윈의 진화론이 인간 사회에 어떤 의미를 갖는가에 골몰하며 논쟁을 벌일 때 퇴니스는 발전 문제를 직접 건드리며 정곡을 찔렀다. 퇴니스는 교육과 문화가 근본적으로 변화하던 시점에 독일의 교육 부르주아Bildungsbürgertum에 속했기 때문이다. "통합, 즉 통합된 지식과 통합된 감성"은 교육받은 시민들이 19세기 초 낭만주의에서 물려받은 문화적인 개념이었다. 하지만 19세기 말에 이르자 "지식이 점점 전문화되면서 김나지움과 대학이 보편적인 역사적, 철학적 전망을 제시하기가 힘들어졌다".[98] 퇴니스는 홉스 이후로 부르주아적인 자기이익을 보편적이고 필수적인 법칙으로 간주한 자유주의 사회 이론에 맞서, 소유욕이 강한 개인주의와 이를 기반으로 수립된 제도들을 당연시하는 편파적이고 근시안적인 가정들을 폭로했다. 그의 이론에 따르면 자본주의적 게젤샤프트는 주로 "합리적 의지"를 발판으로 한 사회로 사회 분화와 분열이라는 강박적인 논리를 따른다. 게마인샤프트(면 대 면의 관계에 기초한 유기적인 통일체)의 시대가 자본주의사회에 앞서 존재했다면, 자본주의사회는 역사적으로 상대화되며 홉스적인 규범의 뼈대는 인간 역사의 한 단계를 반영할 뿐이다. 퇴니스는 향수나 애정은 전혀 드러내지 않은 채 게젤샤프트의 "인공적"이고 "부자연스러운" 질서와, 유대감을 느끼며 살고 싶어 하는 인류의 "자연스러운 의지"를 대비시켰다. 그는 사회 통합을 이루고 유대감을 얻는 방법으로 공동체주의-사회주의를 지향하는, 보편적-종교적 성격의 경로를 제안했다.[99]

20세기 전반기에는 기라성 같은 학자들이 등장하고 정치운동이 일어나 사회주의로 향하든 코퍼러티즘으로 향하든 과도한 사회 분화에 맞서고 사회 통합을 위해 힘썼다. 오스트리아에서는 사회민주주의자 오토 바우어와 사회개혁자(이자 유리드믹스의 개척자) 루돌프 슈타이너가 이 대열에 합류했다. 슈타이너는 "삼중 상태three-fold state"에 대한 글에서 경제, 정치, 문화의 관계가 제 기능을 하지 않게 되었다고 주장했다. 이들이 조화롭게 통합되려면 충분한 독립성을 누려야 한다. 폴라니의 평가에 따르면 "한 가지 예외"만 빼면 슈타이너의 사회적 삼중화threefolding는 "정상적으로 기능하는 사회의 경제학에 가장 중요한 기여를 한다".[100] 그는 슈타이너가 사회가 화합하려면 사회 전체가 경제, 정치, 문화에서 상당한 제도적 자율성을 동반한 "종교 수준의 통합"을 이루어야 한다는 점을 인식했다는 데 갈채를 보냈다.[101] "한 가지 예외"는 영국의 G.D.H. 콜과 빈의 바우어(와 폴라니)가 발전시킨 길드 사회주의 이론이었다.

헝가리 시절에 폴라니는 길드 사회주의를 자유주의적 사회주의의 재미난 별종으로 간주했지만, 빈에서는 "막다른 골목"에 도달한 자유주의적 사회주의에서 길드 사회주의 쪽으로 단호하게 방향을 틀었다.[102] 그는 길드 사회주의가 "오늘날 잉글랜드에서 현실이 되고 있다"고 환호했다.[103] 그러나 사실 길드 사회주의는 모국보다 빈에서 더 큰 영향력을 떨쳤다.[104] 콜은 중부유럽 전역에서 사회주의 지도자들과 가까운 관계를 유지했고, 바우어와 루돌프 힐퍼딩(그는 독일 경제의회 첫 모임에서 "내셔널 길드에 대한 잉글랜드 저자들의 수고에" 찬사를 보냈다)은 특히 그를 환영했다.[105] 바우어는 길드 사회주의가 "영국 노동운동 내에서 지적으로 가장 강력하다"고 생각했다.[106] "노동당의 개혁주의적 국가사회주의"와 "노동조합의 혁명적 요소들"을 종합했다는 점이 특히 매력적이었다. 또한 국가에 맞서 개별 노동자들의 권리를 옹호하는 "오래된 잉글랜드의 개인주의"를 고수하는 점 역시 높이 평가했다.[107] 1919년 그는 일련의 논문에서 콜의 이론을 대중들에게 알렸고, 뒤이어 1920년에는 《볼셰비즘인가, 사회민주주의인가》라는 책에서 사회민주노동자당의 목표인 "비혁명 사회주의화"에 적합한 전략으로 길드 사회주의를 제시했다. 바우어는 사회주의는 "자유에 대한 개인의 욕구"에 뿌리를 두고 있으며 "이 자유의 근원은 모든 노동자들의

자치를 목표로 하는 대중들 자신의 활동"이라고 주장했는데, 폴라니도 분명 여기에 동의했을 것이다.[108]

콜은 1921년에 만난 폴라니에게 중요한 영향을 미쳤다. 폴라니는 이 어린 친구가 좋은 생각을 철학적 통찰력으로 전환하는 능력이 뛰어나지 않다고 지적했다. 하지만 콜의 "사고방식이 나와 유사하다"는 점을 인정했고 사고의 정교함—특히 "기계적인" 공법public law의 영역이라 할 수 있는 분야에서—을 칭찬했다.[109] 사실 폴라니는 콜을 "환생한 로버트 오언"으로 간주했는데, 그의 우주에서 이보다 더 좋은 칭찬은 없었다.[110] 콜은 일정한 간격을 두고 정치적 관점을 바꿨기 때문에 그것을 요약하기는 상당히 힘들다. 그의 동지인 모리스 레킷은 콜의 정치적 본질이라는 난제를 8행시에 녹여낸 것으로 유명하다. "G.D.H. 콜 씨는/ 한 조각 수수께끼/ 특이한 역할/ G.D.H. 콜 씨는,/ 볼셰비키의 영혼에/ 페이비언의 주둥이를 하고 있는/ G.D.H. 콜 씨는/ 한 조각 수수께끼."[111] 여기서 "볼셰비키"는 이상주의와 생디칼리슴, 그리고 (어쩌면) 낭만주의까지도 함축한다. 이는 루소와 윌리엄 모리스, 그리고 모리스가 "도덕적, 지적 혁명"의 예언자이자 분권화된 길드 사회주의의 창시자로 이해한 오언에 대한 콜의 열정을 시사한다.[112] 더 넓게 보면 콜 자신처럼 페이비어니즘의 온정주의와 국가주의 요소를 거부했고, 거대한 불안Great Unrest 시기에 급진화되었으며, 길드 사회주의를 지지했고 "영혼의 혁명"을 호소한 잡지 《뉴에이지》를 지지한 일까지 아우를 수도 있다.[113] "페이비언"은 콜과 노동당의 관계 회복, 교육과 국가 주도의 사회 변화 청사진 강조, 그리고 행정에 대한 강박을 상기시킨다. (콜의 아내는 그가 길드 조직화에 대한 두터운 책을 여러 권 썼으며, "광역 단위로 잉글랜드 정부를 조직하기 위해 세부 계획을 세웠고 지도 작업까지 다 끝냈다"고 전한다.)[114] 1920년대 중반부터 콜은 더욱더 단호해지고 감정을 드러내지 않게 되었는데 이런 태도는 1930년대에 페이비언협회 의장직을 수락하는 시점에 절정에 이른다. 콜은 자신을 "자유주의적인 사회주의자"이자 "분별 있는 사회주의"의 목소리라고 다시 한번 강조했지만,[115] 개인주의와 이로 인한 치명적인 결과, 다시 말해 사회가 정치 영역과 경제 영역으로 제도적으로 분리된 현상을 비판하는 등 꾸준히 폴라니의 관심을 끌었다.[116]

폴라니는 길드 사회주의의 어떤 점에 매력을 느꼈을까? 가장 일반적인 수준에서 길드 사회주의는 페이비어니즘과 생디칼리슴 전통과 깔끔하게 결합했다. (이는 때로 "잉글랜드 생디칼리슴"으로 불렸는데, 여기서 "잉글랜드"는 급격한 변화를 반기지 않고 자유주의 문화에 흠뻑 빠져든 상태를 의미했다.) 길드 사회주의 프로그램은 경제 관리에 있어서 노동조합 혹은 노동위원회가 두드러진 역할을 수행하는 것을 옹호했다. 코퍼러티즘 시대에 이런 생각은 별로 이례적이지 않았지만, 길드 사회주의는 더 나아가서 노동자들의 생산 통제를 지지했고 노동력을 사고파는 행위에 도덕적 혐오감을 드러냈다. 폴라니는 제도에 대한 콜의 다원론적 (혹은 "기능적") 이론 역시 수용했는데 여기서는 사회가 개인들의 결사로 구성되어 있고, 사회제도는 개인이 일상생활에서 참여하고 수행하는 다양한 "기능"에 발판을 두고 있다고 보았다. 폴라니의 해석에 따르면 이 기능이란 "생산, 소비, 우호적인 관계, 지식 생활, 그리고 이런 움직임의 활성화"이다. 개인들은 일상생활의 이런 필요 혹은 "기능"을 바탕으로 노동조합, 협동조합, 교회, 공동체, 조직, 지방의회, 국가 같은 결사를 구성하고 "이들은 개인 삶의 기능을 표현한다".[117] 그러므로 경제적 결사는 개인들의 물질적 필요와, 길드는 개인들의 협동 기능과, 국가는 정의와 평등에 대한 개인들의 요구와 서로 관련돼 있다.[118] 각자는 "다른 사람들과 함께, 하지만 다른 사람들의 권위에 짓눌리지 않고 일함으로써" 자신들의 목표를 최고로 달성할 수 있다.[119]

폴라니는 기능 이론을 설명하면서 "사회는 본질적으로 개별 기관들이 서로 통일성 있게 제 기능을 수행하는 하나의 유기체"라고 말한다.[120] 유기체 은유는 생리학적인 육체에서 유추하여 사회구조를 설명하는 방식으로 사용되지 않는다. 그보다는 경제가 별개의 메커니즘이 아니라 "사회에서 자연스럽게 나타나는 과정"이고, 정치와 경제의 제도적 분리는 사회의 기능적인 필요와 갈등을 빚는다는 믿음, 경제 위기와 계급 갈등은 근본적이고 통일적인 도덕적 합의의 붕괴를 보여주는 징후라는 폴라니의 견해와 관련이 있다.[121] 그는 "기본적인 조화는 개별 삶의 기능들 사이에 존재한다"는 전제는, 제도는 개인으로 구성되어 있으므로 이와 유사하게 조화는 제도 수준에서 우세해야 한다는 결론을 정당화한다고 주장한다. 하지만 개별 제도는 최근 들어 서로 다른 영역을 침범하기 시작했고 이 경우 본질과 모순을 일으킨다고 설명한다. 가령 국가는 원칙적으로 노동조합("길드")과 산업 결사의 영역에 존재하는 경제 기능들에 개입해왔다. 노동조합과 엘리트 기업인들은 국가에 영향력을 행사하고 균형을 바로잡으려고 하지만, 이 과정에서 경제와 정치의 경계를 침범하며 자신들의 기능을 남용했다. 폴라니는 "이와 같은 기능의 이중 왜곡 때문에 만일 국가와 길드가 제 기능을 지킨다면 일어나지 않을 심각한 혼란이 공동체의 삶에서 발생한다"고 결론을 내렸다.[122]

길드 사회주의 이론은 폴라니에게 당면한 실용적 논쟁과 이론적 논쟁에 개입할 수단을 제공했다. 그는 길드 사회주의 이론의 유용성은 1922~23년 사민주의자들이 장악한 빈 의회를 뒤흔든 일련의 노자 갈등에 적용할 때 명백해진다고 생각했다. 당시는 국제연맹 체제 아래서 러-불동맹이 파견한 고등판무관이 오스트리아의 경제를 통치하던 초인플레이션 시대였다.[123] 노동조합은 긴축 조치에 대한 저항을 이끌었는데, 이중 가장 강력한 금속노조 노동자들은 물가지수를 임금과 연동하는 합의를 쟁취한 바 있었다. 다른 산별노조가 이와 유사한 합의를 얻어내려고 하자 의회와 고용주들이 이를 거부했다. 가스와 전기, 소방대, 대중교통, 시행정부 등 지자체의 여러 부문에서 파업이 일어났다. 사민당 지도부는 늘 하던 대로 고압적인 방식으로 대응했다. 당장은 노동자들이 고통받더라도, 장기적으로는 모든 이들에게 이익이 되리라는 사실을 잘 알았던 것이다.[124]

폴라니는 파업을 계급투쟁의 렌즈로 바라보는 좌파들을 경멸했다. 그는 순진하게도 사민당이 집권한 상황에서는 노동계급이 지자체에 대한 집합적인 통제권을 거머쥘 테고, 따라서 노동쟁의를 벌이는 공공부문 노동자들은 개별 생산자 입장에서는 자기 이익을 위해 행동하는 것이지만 시민이자 소비자 입장에서는 자기 이익에 반하여 행동하는 것이라고 믿었다.[125] 길드 사회주의는 이런 이해관계의 충돌을 눈에 보이게 드러내 원만하게 해결하는 메커니즘을 제안했다. 여기서 전체로서의 공동체는 상품과 서비스를 더 많이 소비하기 위해 더 오래 노동할지, 아니면 적게 소비하고 더 많은 여가 시간을 즐길지를 결정한다.[126] 생산자와 소비자(그리고 시민)를 대변하는 두 가지(혹은 세 가지) 제도를 대변하는 이들이 협상을 해서 결론을 낸다.[127] 협상은 생산자협회가 제안한 경제계획을 가지고 시작한다. 이들은 노동시간 단

축을 요구하는 반면, 소비자들은 더 좋은 품질과 더 저렴한 상품, 그리고 공공 인프라에 대한 투자를 요구할 것이다. 결국 사회적 노동시간과 생산물을 두고 논의하여 합의를 도출할 것이다. 협상은 개인들의 이해관계를 대변하는 제도들과 관련이 있기 때문에 화기애애하게 진행될 것이다.[128] 상반되는 이익집단 간의 갈등이 뿌리 깊은 계급 사회와는 반대로, 길드 사회주의 사회는 "경제와 사회를 살아 있게 하는 동일한 개인들이 다양하게 구성된 측면들" 사이의 갈등을 제도화할 것이다.[129] 기능적인 길드 체제에서는 이런 식으로 시민들이 자신의 경제적 실천의 "내적 윤곽"을 살펴볼 수 있어 시장 체제와 국가권력이 소외되지 않는다.

초기 신자유주의와 계산논쟁

폴라니가 길드 사회주의의 주장을 끌어들이려 했던 주목할 만한 논쟁이 있으니 바로 "사회주의 계산"과 관련한 것이다. 오토 노이라트와 루트비히 폰 미제스가 불을 지핀 이 주제는 사회주의의 실현 가능성이었다. 이는 연기 자욱한 밀실에서 벌인 논쟁이었지만 나중에는 대중들과 엘리트들을 사로잡게 되었다. 러시아에는, 그리고 잠시나마 헝가리와 뮌헨에는 평의회공화국이 들어섰고, 노이라트는 뮌헨의 중앙경제계획청 청장으로 임명되었다.[130] 오스트리아에서는 사민주의 정당의 당원들이 미제스의 고향인 빈에 있는 정부로 진입했고, 슘페터 같은 일부 자유주의 경제학자들은 어떤 산업 분파를 위해 국가 계획을 지지했으며, 보헤미안 강단 사회주의자이자 폴라니의 인척인 에밀 레더러는 사회화 각료로 임명되었다.[131] 폴라니는 1922년 "우리의 경제체제가 사회주의로 이행 중"이라고 본다고 발표했다.[132] 그렇다면 이는 어떤 종류의 경제 변화를 수반했을까?

논쟁을 촉발한 것은 노이라트가 뮌헨 노동자 군인 평의회 자문위원으로 일할 때 집필한 〈전쟁경제를 통해 현물경제로〉라는 논문이었다. 노이라트는 전쟁경제 속에서 중앙계획의 가능성을 보았다. 전쟁경제는 가격 체제와 이윤 추구 활동을 억제함으로써 생산을 극대화하고 완전고용을 유지할 수 있었다. 이와 비슷한 방법을 전후 질서에도 적용할 수 있지 않을까? 전쟁의 포화 속에서 사회주의의 불사조가 날아오를 수도 있으리라. 노이라트는 "유토피아를 사회적으로 수용할 수 있게 되었다"고 흥분해서 말했다.[133]

노이라트는 붉은 빈red wien에서 상징적인 인물이었다. 자칭 사회공학자이자 박학한 사회주의자로, 주말농장을 위해 도시 공간을 설계하는 실용적인 일뿐만 아니라 철학이나 경제이론 같은 난해한 주제에도 익숙했다. 또 아방가르드한 모더니스트이자 도시 설계, 주택, 교육 개혁의 열렬한 지지자로서 사회 변화의 개념을 지역 공동체와 풀뿌리 운동에 적용하려 한 인물이었다. 그는 미제스와 하이에크 같은 신자유주의자들과 슘페터 같은 자유주의적 코퍼러티스트, 그리고 자신의 동지인 바우어, 힐퍼딩과 함께 뵘바베르크의 유명한 경제학 세미나에 참석했다. 1920년대 초에는 길드 사회주의의 열렬한 지지자가 되어 빌딩길드Building Guild를 설립했지만 이는 영국에 있는 조직과 비슷하게 짧은 성공을 구가하다가 몰락했다. 이후 노이라트는 교육받지 못한 대중들이 엄청나게 복잡한 사회, 경제 관계를 이해할 수 있도록 도와주는 사회경제박물관 건설에 투신했다.

노이라트는 독일 역사학파에 속하는 구스타프 슈몰러와 역사학자 에두아르트 마이어의 도움을 받으며 박사학위를 받기 위해 베를린에서 공부했고 퇴니스와 오펜하이머가 멘토였다. 하지만 그의 경제이론은 여러 측면에서 오스트리아 색채가 드러났다. 노이라트는 현대 시장경제(화폐경제)를 경제 행위가 교환 과정에만 영향을 받는 경제로 협소하게 정의했다.[134] 반면 관리경제는 이윤과 손실 계산을 비롯한 다양한 요인들의 지배를 받았다. 그의 사상에서는 자원을 여러 용도에 할당하는 경제적 의사결정이 핵심이었다. 이는 미제스와 하이에크와 유사했지만 이들과는 달리 노이라트는 모든 의사결정을 다차원 과정으로 간주했고 중요한 경제적 결정은 결사체의 협상과 숙의를 통해 내려져야 한다고 보았다.[135] 미제스와 하이에크는 경제에서 합리적으로 의사결정을 하려면 가치를 극대화해야 하고, 이를 위해서는 가치를 비교할 수 있는 제도—화폐—가 필요하다고 보았다. 반면 노이라트는 인간 삶의 질을 좌우하는 요인들은 이질적일 수밖에 없기에 통일된 수단으로 비교할 수 없다고 주장했다.[136] 토머스 위벨의 지적처럼 노이라트가 제안한 "현물경제"는 교환경제를 위한 청사진일 뿐만 아니라, 화폐 가치의 극대화를 지향하지 않는 경제적 의사결정은 합리성이 결여되어 있다는 가정에 저항하는 개념이었다.[137]

노이라트는 화폐경제를 관리경제로 대체하고, 적절한 투입과 산출에 대한 계산이 "자연스러운" 물리적 수량의 측면에서 수행된다는 점을 제외하면, 이를 다양한 부서가 있는 기업체처럼 운영하기 위해 면밀한 주장을 펼쳤다. 여러 형식이 혼재될 가능성이 있음을 인정했지만 대신 화폐가 오직 회계 단위로만 존재하고, 소유 형태가 다양하며, 계획이 어쩌면 (하지만 필연적이지는 않게) 국가에 의해 통제되는 중앙계획경제를 옹호했다.[138] 수요 현황과 원료의 이용 가능성, 생산수단(자본 설비와 노동력)을 두루 살펴보기 위해 통계를 수집하고[139], 이로써 이질적인 여러 품목의 가치를 평가한다는 점을 감안하면, 여러 대안 중에서 하나를 선택할 때 반드시 정치적이고 윤리적인 판단을 거칠 것이다.[140] 이런 경제는 이행기적 성격을 띨 것이라고 노이라트는 주장했다. 이를 넘어서면, 화폐는 흔적조차 찾아볼 수 없는, 완전히 집단화된 영역이 들어설 터였다.[141]

"사회주의 계산논쟁"은 노이라트의 주장에 대한 미제스의 대응으로 촉발되었다. 미제스는 (노동력을 포함한) 사유재산의 소유자들이 자유경쟁에 참여하는 환경에서 가격 메커니즘이 존재할 때만 경제적 계산을 할 수 있기 때문에, 합리적이고 중앙계획적인 관리경제는 실현 불가능하다고 주장했다. 가격은 수요와 공급의 관계가 끊임없이 변동할 때 재산 소유자들이 가장 많은 이윤을 남길 수 있는 자원 배치 방법을 판단하는 데 필요한 정보를 제공한다. 대단히 복잡하고 꾸준히 변하는 최종 수요 패턴은 시장 행위자들에게 계산에 필요한 정보를 제공하고 이 계산을 조율하는, 시장의 보이지 않는 손에 의해 조직된다. 사유재산, 자유시장, 화폐의 발판 위에 서 있는 체제만이 인간의 마음이 "갈피를 잡을 수 없는 다수의 중간생산물과 생산의 잠재력"을 중심으로 하여 "적절히 쏠리게" 할 수 있다.[142] 공통의 척도인 화폐가 확립됨으로써 이질적인 상품들을 비교할 수 있고, 이로써 다양한 선택지들 사이에서 선택하는 일을 관리 가능한 수준의 가격 계산 업무로 축소시킨다.[143] 반면 사회주의 국가에서는 진정한 가격이 형성되지 못하기 때문에, 어떤 계획 당국도 가격 메커니즘을 대신하지 못한다. 현대 경제는 워낙 거대해서 하나의 단일한 중심이 관리할 수가 없다는 것이다.

나중에 미제스의 주장을 채택한 하이에크는 지식의 문제에 초점을 맞췄다. 하이에크에게 있어서 계산은 기본적으로 인지적인 문제이고, 지식의 분업은 "사회과학의 영역인 경제의 중요한 문제"이다.[144] 이런 경제 지식은 "조직되지 않고" 파편화돼 있으며 "사실상 모든 개인"에게는 경쟁 행위자보다 나은 나름의 장점이 있다. 가령 모든 사람은 기계를 좀 더 효율적으로 사용하거나, 자신이 알고 있는 "잉여 비축물"을 효율적으로 이용할 수 있다. 그러므로 "일시적인 기회에 대한 지식을 가질 뿐인 부동산 중개인이나 지역 간 상품 가격의 차이에서 이익을 얻는 중개상"은 다른 사람들에게 알려지지 않은 "특수한 지식 환경을 바탕으로 특별히 유용한 기능"을 수행하고 있는 것이다. 이렇게 사적이고 국지적인 정보는 합리적인 경제 행위자가 의존하는 지식이다. 지식 문제—개인이 경제 전반을 개괄하는 것이 아니라 각자의 업무에 관련된 지식을 가지고 있다는 점—는 흩어져 있는 숱한 정보의 경제적으로 유용한 측면들을 비교할 수 있게 해주는 가격 체제의 보이지 않는 손에 의해 해결된다. 이 과정은 가진 지식이라고는 통계 수치밖에 없는 중앙의 계획과는 비교가 안 될 정도로 우수하다.[145] 지식을 계획가들에게 전달하는 데 필요한 메커니즘이 부재한 상태에서 자본주의의 가격 메커니즘을 대체할 사회주의적 수단을 찾으려고 해봐야 실패할 수밖에 없다.[146]

미제스의 논문은 1920년 《사회과학과 사회정책 아카이브》에 발표되었다. 얼마 후 이 아카이브의 편집장직을 사회주의 경제 계산 문제에 매혹되어 있던 레더러가 맡게 되었다.[147] 아카이브는 레더러의 책임 아래 노이라트와 미제스에 대한 길드 사회주의의 대응을 담은 세

편의 글을 발표했는데 이중 두 편이 폴라니가 쓴 글이었다.[148] 폴라니는 이외에도 오스트리아 사민주의 이론 저널인《투쟁》에 실은 뛰어난 에세이에서 자신의 주장을 더 정교하게 밝혔다.[149]

폴라니는 이 세 편의 에세이를 정치적 개입으로, 즉 미제스의 "신자유주의적" 주장을 논박하는 한편, 좌파를 위해 수준 높은 경제 전략을 제시하는 행위로 생각했다.[150] 사회민주주의 지도자들은 사회민주주의 노선을 따라 자본주의를 개혁하려는 "점진주의적" 시도나 통제경제를 구축하려는 혁명적 시도가 가능한 선택지라고 믿는 듯했다. 폴라니가 보기에 이는 그릇된 이원론으로, 마비를 일으키고 있었다. 그는 길드 사회주의의 제3의 길이 가능하다고 주장한다. 즉 여러 가지 생필품을 거래하는 규제된 시장을 위한 공간을 남겨둔 상태에서 생산자와 소비자 결사의 협상을 통해 굵직한 경제적 의사결정들을 내릴 수 있다는 것이다. 이런 경제에서는 계산 문제가 해소될 수 있다. "진정한 노동계급 편대가 자유로운 실천과 기능적인 결합을 통해 사회주의 경제가 요구하는 임금과 노동시간, 가격을 창출할 것이다."[151] 사회민주주의가 이 프로그램을 채택할 경우 배가된 정력과 기백으로 정치 프로그램을 추구할 수 있을 것이다.[152]

노이라트를 비판하는 폴라니의 주장에는 결점과 왜곡이 없지 않았다. 그는 노이라트를 일체화된 중앙화와 하향식 경제계획을 옹호하는 "독단론자"로 잘못 표현했고,[153] 논쟁을 벌이는 동안에 양측은 자기 입장을 바꿨다. 노이라트는 마르크스주의에서 길드 사회주의 쪽으로 움직인 반면, 폴라니는 길드 사회주의 틀에 마르크스주의적인 장치들을 포함한 것이다.[154] 하지만 노이라트가 지향하는 바가 화폐 없는 경제라는 폴라니의 해석은 정확했다. 이 지점에서 그는 미제스와 마찬가지로 화폐는 경제적 가치의 비교뿐만 아니라 이를 통해 합리적인 계산을 하는 데 대단히 중요하고, 가격 메커니즘이 없으면 중앙의 계획가들은 노동생산성이나 소비자 수요의 지속적인 변화를 정확히 평가할 수 없을 거라고 주장했다.[155] 하지만 폴라니는 화폐와 시장의 역할을 옹호하면 필연적으로 자유시장 자본주의를 방어하게 된다는 미제스의 가정을 거부했다. 하향식 중앙계획이 개인을 하나의 원자로서 통계의 대상으로 이해한다면 자유시장 자본주의는 이와 다를 바 없이 음험한 방식으로 개인을 원자화한다. 즉 자유시장 자본주의는 사회적 기준들을 도외시한 채 모든 경제적 의사결정을 이윤의 문제로 몰고 간다. 이런 점에서 폴라니는 계산과 정보에 대한 주장을 윤리적 입장과 결합한다. 자유시장 체제에서는 경제 행위자들이 개별 단위로서 사적 거래에 참여하기 때문에, 시장은 이런 거래의 사회적 영향에 대한 의미 있는 정보를 제공하지 못한다. 시장자본주의는 자기 이익만을 추구하는 반사회적 윤리를 조장할 뿐만 아니라, 경제생활을 전반적으로 조망하지 못하게 하여 개인의 윤리적 실천에 필요한 의식을 활성화하기 어렵다. 폴라니에게는 이 지점이 핵심이다. 덕망 있는 사회는 바로 인간이 "자신의 책임을 실현"할 수 있는 사회이기 때문이다. 자신의 행동이 다른 사람에게 어떤 영향을 미칠지를 알면 긍정적인 영향을 극대화하고 해로운 영향을 최소화하기 위해 힘쓸 수 있다.[156]

이는 초기에 폴라니가 자유주의적 사회주의자 입장에서 천박한 자유무역을 극찬하던 태도와 급격히 단절하게 되었음을 뜻한다. 폴라니는 경제이론에서는 자신을 "오스트리아 학파의 개인주의적 방법"을 견고하게 지지하는 사람으로 보았다.[157] 그는 중앙계획경제보다 시장경제에서 개인이 "자신의 경제적 이익이 달린 일을 더 많이 챙기고"

경제활동에 참여할 자유를 더 많이 누린다고 주장했다. 그는 이제 사회가 경제생활보다 더 중요한 영역들로 구성되고, 개인의 행동은 물질적인 동기를 넘어선 가치에 따라 움직이며, 경제는 전체를 보고 판단해야 한다고 강조했다. 또 사회조직의 "도덕적 가치는 개인의 책무가 사회적 영역에서 실현될 수 있게 도와주는 정도에 좌우된다"고 단언했다. 그러므로 계획경제는 "시장경제보다 도덕적으로 더 우월하지 않다". 또 모든 것이 "민주적으로 조직된 전체 사회구조가 얼마나 대표권을 가질 수 있느냐, 또 개인이 얼마나 책임성을 가지느냐"에 달려 있다.[158]

폴라니의 개인 책임의 윤리는 언뜻 보아 하이에크와 유사하다. 하이에크는 개인은 자신의 결정이 야기하는 "모든 물리적 영향을 감안"해야 하고, 이를 위해서는 "'책임의 영역'을 통제함으로써 다른 사람들이 얻을 수 있는 만족에 직접 영향을 미치는 것까지 모두 포함하는 방식으로 설정할 필요가 있다"는 전제에서 출발했다. 이는 사유재산을 통해 실현할 수 있다. 자기 재산을 사용하는 방식을 결정할 수 있는 소유자의 배타적 권리는 지식과 소유물을 자신과 더 넓은 공동체의 이익에 부합하도록—스미스의 보이지 않는 손이 사적인 자기 이익의 실타래에서 공적인 이익을 직조하는 마법을 발휘하듯—활용하게 하여 개인의 책임을 독려한다.[159] 하지만 폴라니는 이와 유사한 윤리적 전제를 완전히 다른 인식론에 결합하여 정반대 결론을 도출한다. 하이에크는 경제적으로 유의미한 지식은 사적인 성격을 띠고, 가격으로 표현할 수 있으며, 개별 이익의 극대화를 위해 생산성 향상으로 기울 수밖에 없다고 본다. 자유시장을 옹호하는 하이에크의 주장에는 이런 가정이 깔려 있다. 시장에서 가장 잘 소통되는 종류의 정보는 사적인 경제 행위자인 개인이 이용 가능한 경제적 대안에 관련한 정보들이기 때문이다. 반면 폴라니에게 있어서 생산성의 극대화는 경제적 의사결정에 요구되는 한 가지 기준일 뿐이다. 또 다른 기준은 사회 안녕이다.[160] 사회 안녕에 필요한 지식은 맥락에 따른 사회적 지식이다. 이런 지식은 "개별적이지 않고" 집단적으로 실천하는 개인이 창출하며 이를 통해 실제 상호관계를 구체적으로 이해할 수 있다. 개별적 지식과는 반대로 "사회적 지식은 서로 영향을 주고받는 인간의 삶이 실제로 변모함에 따라 더 효과적으로 쓰일 수 있다".[161] 시장사회에서 개별 소비자들의 필요가 중요하다면, 사회주의사회에서 이는 "사회의식을 가진 구성원으로서" 개인의 사뭇 다른 필요에 의해 보완될 것이다.[162]

이 목표는 어떻게 실현할 수 있을까? 폴라니는 "개관overview"으로 번역할 수 있는 Übersicht라는 개념에 초점을 맞춘다. "투명성"이라는 말로 대체할 수도 있지만 폴라니의 Übersicht는 신자유주의 전통의 투명성과는 정반대 개념이다. 신자유주의의 투명성은 정책 결정자의 책임을 시장에 더 많이 넘기는 것이 목표이기 때문이다.[163] 폴라니에게 개관은 완전경쟁을 목표로 가격 정보를 더 많이 드러내는 것이 아니라 산업민주주의를 목표로 가격의 형성 과정을 보여주는 것을 의미한다. 개관은 정치 영역뿐만 아니라 경제 영역의 민주적 책임성 완수에도 중요하다. 이 점에서 우리는 시장사회에 대한 폴라니의 비판을 대부분 파악할 수 있다. 시장경제는 도덕적 의지를 만연한 자기중심주의에 복속시킬 뿐만 아니라 개관을 가로막는다. 또 대인관계를 비인격적이고 객관적인 시장의 힘에 대한, 눈에 보이지 않고 이해하기 힘든 반응으로 만들어버림으로써 자유와 민주주의의 실현을 방해한다.

시장사회에서는 노동의 목표를 인간의 의지가 아니라 이윤율이라는 보이지 않는 손과 가격 메커니즘이 결정한다. 하지만 시장의 힘에 따라 인간의 살림살이가 눈에 보이지 않게 조직된다면 자신의 책임은 어떻게 수행할 수 있을까?[164] 현대사회에서는 자본의 집중과 중앙화로 이 문제를 어느 정도 해결할 수도 있지만 이런 흐름은 갈수록 복잡해지는 분업에 의해 저지된다. 복잡한 분업으로 "개인이 어디에 자리 잡았는지 개관할 수 없기" 때문이다. 폴라니는 개관을 상실함으로써 "민주주의와 경제 사이에 깊은 골이 생겼다"고 결론지었다.[165]

개관은 어떻게 복원할 수 있을까? "안에서" 경제 관계를 봄으로써 자기 행위의 결과를 파악하고, 이로써 마땅한 책임을 완수하려면 경제 관계를 어떻게 가시화해야 할까? 폴라니는 노동자들이 "사회구조 전반의 민주적 조직화"를 통해 당국과 개인에게 책임성을 부여하고, 이로써 경제 과정을 책임감 있게 통제해야 한다고 답한다.[166] 이를 위해서 노이라트가 생각했던 대로 반드시 화폐와 시장을 폐지할 필요는 없지만 "기능을 지배"해야 한다. 즉 가격을 "철폐"해서는 안 되지만 정치 개입을 통해 "부분적으로 결정"할 필요는 있으며[167] 이를 위해서는 경제생활을 포괄적으로 개관할 필요가 있다. 다시 이를 위해서는 노이라트가 신뢰했던 통계 데이터가 반드시 필요한데 이는 외부 개관만을 활성화할 뿐이다. 내부 개관을 하려면 인간의 필요와 노동의 비효율(혹은 불편) 전반을 평가해야 한다. 이는 "노동조합과 산업조합, 협동조합, 사회주의 지자체"가 예시하듯 "이해관계를 민주적으로 조율"하고 "스스로 조직"함으로써 실행할 수 있다.[168] 개인은 이러한 결사체 속에서 "자신을 다른 사람의 위치에 놓고, 타인의 필요와 불편에 공감하는 법"을 배우게 된다.[169] 노동조합이나 민주노동자당의 구성원은 소속 공동체의 욕구, 필요, 고통—공급 병목현상 등등에 관련하여—에 민감하고 자기 조직을 통해 이런 지식을 퍼뜨릴 수 있다. 이런 식으로 내부 개관을 함으로써 사회주의 경제에서 포괄적인 계산을 할 수 있다.[170]

폴라니의 사상은 "개인적"이고 투명한 경제 관계 창출의 열쇠로 개관을 강조한다는 점에서 리처드 토니 같은 좌파 사민주의자들과 유사하지만, 마르크스와 그 추종자들과도 비슷한 데가 있다. 폴라니는 세미나에서 소외와 상품 물신 이론, 즉 인간 활동이 교환가치 혹은 시장가격이라는 구체적 외양을 띠는 방식을 분석한 마르크스의 이론을 강조하며 이를 상세히 설명했다.[171] 《자본론》에 나오는 "상품의 물신성"에 대한 구절을 지목하며 관심을 기울인 것이다. 여기서 마르크스는 투명한 사회를 다음과 같이 그려 보인다. "공동의 생산수단을 통해 자신의 노동을 수행하고 하나의 사회적 노동력으로서 완전한 자기의식을 가지고 서로 다른 형태의 노동력을 투여하는 자유로운 개인들의 공동체."[172] 이런 사회에서는, 생산과 분배의 영역에서 공히 노동자들의 관계가 "자신의 노동과 생산물 양자의 측면에서 간소하고 투명하다".[173] 폴라니는 개관에 대한 자신의 논문이 바로 이 점을 가리킨다고 주장했다. 그는 추상적인 경제력의 지배를 받는 사회질서를 비판한다는 점에서는 마르크스와 같은 편이었다. 이런 사회질서에서는 사유재산 관계에 의해 과거의 노동이 자본이라는 형태로 살아 있는 노동을 지배하고[174] 사회경제적 관계가 워낙 혼란스러워서 우리의 경제적 실천이 미치는 영향을 파악하기가 거의 불가능하며 도덕적인 성찰과 판단에 악영향을 끼친다. 그는 마르크스의 노선을 따라 "인간적인" 동기에 따라 행동할 수 있는 경제민주화를 옹호했다. 여기서는 경제 관계가 사람들 사이의 투명하고 매개되지 않은 관계로 나타나고, 목표 선택이 가시화되어 개인의 책임에 대한 명령이 수행될 수 있다.[175] 이런 사회는 노동자들을 자본의 지배에서 해방시켜 행위와 생산물 간의 살아 있는 통일성이 복원되고 "더 친밀한 인간 공동체"와 "통일된 인격"이 바로 구현될 수 있다.[176]

이는 일종의 방향 전환을 상징했다. 빈에 도착했을 무렵 폴라니는 마르크스주의가 개인을 무력화하고 집단의 의지에 복속시키려 하는 끔찍한 학문이라고 신랄하게 비판했다. 폴라니의 규정에 따르면 마르크스주의는 역사의 톱니바퀴가 사정없이 돌아간다고 상정한다는 점에서 "객관주의적" 사회학의 한 종류였다(이 용어는 에드문트 후설이 현대 과학의 위기를 설명할 때 대중화했고, 이어 마이클 폴라니도 《개인적 지식》에서 마찬가지 역할을 했다).[177] 객관주의, 그리고 사촌 격인 역사주의(포퍼가 부여하는 의미에서)는 개인에게서 선택의 자유를 앗아가고 우리가 사회의 진화에 자유롭게 기여해야 한다는 의미의 민주적 책임성을 부정한다. 그리하여 부주의와 무관심, 장 폴 사르트르가 말한 부적절한 믿음이 나타난다. 폴라니는 사회주의가 필연이라는 마르크스주의자의 믿음은 도덕적 자유를 부정한다는 점에서 도덕성을 좀먹고, 개인은 사회 경제 법칙을 푸는 열쇠일 뿐이라는 그들의 가정은 자신이 몸소 겪었던 "전쟁, 혁명, 고난, 갈등"을 심각하게 악화했다고 생각해왔다.[178] 폴라니는 빈에서 보낸 첫 두 해 동안 17세기 의학 연구와 엉터리 치료 행위, 마르크스주의 같은 현대의 "사회 구원의 교리들"을 비교하는 책의 초안을 작성하기 시작했다. 이들은 모두 고매한 목표를 추구했지만 엄청난 인명을 앗아가고 말았기 때문이다. 이 책은 "마르크스주의적 사회주의의 근본 오류"는 "'과학적 정치'라는 개념, 즉 정치 행위가 과학에 기반할 수 있고", "종교적인 삶의 개념"이 모든 면에서 "과학적인 삶의 개념보다 우위에 있다는 잘못된 신념"에 있다는 주장을 옹호한 것이다.[179] 이 원고는 수정을 거쳐 일부 출간되긴 했지만(가령 사회주의적인 회계 업무에 대한 1922년의 논문들) 전체 프로젝트는 폐기되었다. 마르크스주의에 대한 적개심이 누그러지고 있었던 것이 하나의 이유였던 것으로 보인다.[180]

원인이 무엇일까? 새로운 기독교적 신념을 통해 사고한 결과일까? 분명 폴라니는 마르크스가 사회주의를 안정된 종교 기반이 아니라 "불가지론적이고 그저 과학적인 기초"에 세우려는 오류를 범했다고 줄기차게 주장했지만, 이제는 마르크스를 현대의 예언가—탐욕과 부패, 위선을 저주하고, 지배 질서의 뒤틀린 논리를 간파하고, 지배 체제의 기둥을 박살내지 않으면 우리에게는 아무런 미래가 없다고 경고한 성자—로 보았고 마르크스의 연구를 무의식적인 기독교 이단[181]으로 파악하게 되었다. 하지만 분명히 다른 요인들도 작동했다. 어쩌면 폴라니는 사회운동을 포용한 게 아닐까? 그럴 수도 있지만 그는 저항운동에 참여한 적이 없었다. (부분적으로는 건강상의 이유로. 하지만 다른 이유가 없는 것은 아니었다.)

공산주의자와 결혼한 일이 중요한 역할을 했을까? 폴라니의 딸은 그렇지 않다고 생각한다. "부모님은 서로에게 영향을 받지 않았습니다. 일로나는 이론에 관심이 없었어요. 어머니는 운동가였습니다." 만일 일로나가 남편을 무언가에 끌어들였다면 마르크스주의가 아니라 "정치 참여" 쪽이었을 것이다. "군인 집안 출신인 어머니는 군사전략에 매혹되었습니다. 클라우제비츠의 글을 읽고 밑줄을 그어두었지만 마르크스의 저작은 손도 대지 않았어요. 나는 어머니가 마르크스주의에 대해 이야기하는 것은 한 번도 들어본 적이 없어요. 레닌이나 공산당에 대해서는 이야기한 적이 있어요. 노동자들이 스페인에서 싸우도록 훈련시켜야 한다는 이야기도 한 적이 있지요. 하지만 마르크스주의는 아니었습니다."[182] 이 이야기는 과장된 면이 있다. 일로나는 마르크스주의 지형에 대한 날카롭고 이론적인 글을 쓴 바 있고, 일로나가 마르크스주의 조직에 몸담았다는 점이 폴라니가 마르크스주의를 재평가하는 데 영향을 미쳤으리라고 추론할 수 있다. 어쨌든 주된 이유는 공산주의자 배우자보다는 붉은 빈을 에워싼 정치 문화 쪽에 있다는 점은 의심의 여지가 없을 듯하다.

붉은 휘장이 드리운 도시

공식적으로 폴라니는 빈에서 망명자 신세였다. 하지만 험난했던 처음 몇 년 이후로 빈을 아주 편안하게 느꼈다. 이유 중 하나는 빈이 유럽 대도시 중 유일하게 노동당이 운영하는 곳이었기 때문이다. 빈의 노동당에도 문제가 없지는 않았다. 노동당은 노동계급 유권자의 "당면한 물질적 이해"에 복무한다는 데 초점을 맞추었기 때문에 "전체 지역사회의 필요를 충족시켜 장기 집권을 이루고 노동계급의 이익을 지킬 수 있는 유연한" 정책을 세워야 한다는 점을 보지 못했다.[183] 하지만 폴라니는 전반적으로 붉은 빈을 민주주의의 밝은 빛으로, 제도 개혁—보편선거권과 대표성을 가진 시정부—을 통해 사회정치적 변화를 일구어 노동계급이 권력을 잡고 시의 구조에 영향력을 행사하고 있는 도시로 여겼다. 그는 당대 유럽 사회의 흐름을 고찰하면서 가장 놀라운 변모는 정치 영역이 아니라 대중의 일상생활에서 나타났다고 주장했다. 특히 젊은 사람들 사이에서는 "과잉 산업화된 도시 생활"에 대한 반발과, 스포츠, 민속춤, 그리고 "자연의 리듬과 미학"을 고양하려는 움직임이 일었다. 그는 친구인 에리히 프롬보다 한발 앞서 이런 흐름을 "소유하기가 아니라 존재하기"라는 모토로 요약했는데, 빈에서는 이런 흐름이 특히 두드러졌다. 빈은 대중적인 르네상스가 한창이었다. 사회민주주의 세력이 지자체 권력을 장악한 덕에 현저한 변화가 일어났던 것이다. 유치원, 도서관, 성인교육 프로그램이 확대되었고, 무수한 문화협회가 설립되었다. 지정된 날에 남편이 사회주의 체스 클럽이나 정원 관리 모임에 참여하는 동안 아내는 사회주의 신문을 읽거나 단체 유연체조에 참여하는가 하면 상대성이론의 사회주의적 의미를 설명하는 강좌를 들을 수 있었다.[184] 알코올 소비량이 줄어들었고, 금주 모임이 매우 많아졌다. 민속춤과 스포츠가 인기를 끌면서 윤리의 기본 목표가 개인의 성취에서 공동체 정신 구현으로 바뀌었다.

폴라니는 특히 문화와 교육 개혁에서 붉은 빈이 세운 계획에 큰 감명을 받았다. 부다페스트에서 활동하던 시절에 노동자 교육에 관여했기에 이런 점에서 오스트리아 마르크스주의자들과 통하는 데가 있었다.[185] "교육의 정치를 통해 노동계급을 사회주의적 인간"으로 탈바꿈시키는 이러한 프로젝트에는 교육이 깊숙이 자리를 잡고 있었다.[186] 오스트리아 사회주의 운동은 교육협회라는 문화 단체에서 발달했다. 이 협회는 교육Bildung을 통한 깨달음을 확산시키는 데 주력했고, 교육을 노동자의 이익을 증진하는 주요 수단으로 인식했다. 사회민주노동자당 지도자들은 사회의 문화 수준을 부르주아 문명에 만연한 물질적이고 상업적인 윤리보다 더 높이 끌어올리는 것을 당의 사명으로 인식했기에 노동자 교육에 엄청나게 공을 들였다.[187]

폴라니는 특히 1919~20년의 빈 학교 개혁을 높이 평가했다. 여기에 이론적 토대를 놓은 사람이 프로이트와 함께 정신분석학을 이끈(그리고 폴라니 집안의 의사이자 친구였던) 알프레트 아들러였다.[188] 사실 폴라니는 이 개혁이 지나치게 신중하다는 점을 인정했다. 기존의 제국학교법을 학교 수업과 학교생활 체제의 기초로 삼았고, 소비에트 러시아의 사회주의 교육 개념을 발전시키지 않았으며, 내용보다는 교육 방법 문제에 더 천착했던 것이다. 그럼에도 불구하고 이 개혁에는 상당한 진보의 가능성이 있었다. 학교와 학부모의 규칙적인 접촉을 장려했고, 생생한 현실, 무엇보다 학생의 경험과 주변 상황에 걸맞은 교육, 이들이 사는 지역과 광역 환경(항만, 발전소, 전시장이나 숲)에서 실시하는 수업을 권장했으며, 특히 역사 수업에서는 "평범한 사람들"의 성취를 올바로 평가하도록 했다. 폴라니는 "범위가 좁긴 하지만 이는 빈의 사회주의적 변화에서 가장 중요한 요인 중 하나임이, 즉 새로운 빈이 세계 사회주의 운동에서 가장 생기 넘치는 근거지 중 하나가 되게 한 생활양식과 보편적인 노동계급 문화의 확립임이 입증되었다"고 결론 내렸다.[189]

그럼에도 폴라니는 사실관계를 분명히 하기 위해 빈의 변화는 교육학적인 대응이나 사회주의 연단에서 흘러나오는 연설에 대한 대응이 아니라 사회조직에 있어서 물질적인 변화에 대한 대응이었다고 덧붙였다. 사회주의 노동자 세력이 정치권력을 거머쥐면서 기독교적 가치가 번성했고 노동자들은 사회적 의미와 도덕적 목적을 의식하고 "책임성과 지도성을 마음속에" 품게 되었다.[190] 그는 제국의 수도가 "거의 하룻밤 사이에 고급 노동자 문화로 세계적인 명성을 떨치는 대도시"로 탈바꿈했다며 전율했다.[191] 폴라니의 딸은 "노동조합과 노동계급이 실제로 정치적 의사결정에 참여한다는 감각"이 살아 있었으며 이는 "부르주아 출신"인 아버지는 한 번도 상상해보지 못한 현상이었다고 회상했다. "전위 노동계급" 이론은 가령 수십만 노동자와 가족들이 현수막과 깃발을 들고 머리띠를 두르고 여기저기서 쏟아져 나와 링스트라세로 행진하던 노동절 퍼레이드에서 갑자기 실현 가능한 것처럼 보였다.[192] 요컨대 폴라니는 10년 뒤 조지 오웰이 바르셀로나 거리에서 얻은 통찰을 경험했던 것이다. 갑자기 노동자들이 "당신과 얼굴이 비슷해 보였고 당신을 동등한 사람으로 대우했다". 중간계급 급진주의자들을 위한 별도 조직을 건설하려 했던 과거의 정치 프로젝트는 추상적이고 자유주의적인 민주주의 개념과 함께 확실히 뒤로 밀려났다. 이제는 이전에 자신이 생각했던 민주주의는 계급 계층화라는 현실을 "오만하게" 얼버무렸다고 생각하게 되었다.[193]

오스트리아 사민주의자들은 헝가리의 자매당과는 달리 급진적인 인텔리겐치아들을 대중운동에 유기적으로 연결하는 데 성공했다. 지적으로 개방적이고 역동적이었던 이들 가운데는 자본의 유기적 구성이 고도화되고 계급 적대가 조절되면 사회주의로 평화롭게 이행할 가능성이 높아진다는—폴라니 역시 공감했던—주장을 정교하게 다듬은 힐퍼딩과 레너 같은 재능 있고 창의성 있는 사상가들이 있었다. 폴라니는 오스트리아 사회민주주의의 가장 재능 있는 철학자인 막스 아들러를 존경했고, 샤퍼에 따르면 아들러 역시 폴라니를 존경했다. 폴라니는 역사 과정에서 인간의 자유의지가 수행하는 역할에 대한 아들러의 사상과, "선험적으로 사회화된 개인"[194]이라는 개념, 그리고 칸트의 윤리적 보편주의를 마르크스주의와 결합하려는 시도(자본주의 물신화와 소외의 경향이 다른 인간들을 목적을 위한 수단으로 전락시키고 있으며, 집단의 지상명령은 이에 맞서 저항하는 것이라는 해석과 함께)에 매혹되었다.[195] 이렇게 저항하는 가운데 "새 인류"를 창조하는 과정이 시작된다. 문화혁명(바우어의 표현에 따르면 "영혼의 혁명")은 자본주의 국가체제를 전복할 때까지 기다릴 필요가 없다.[196]

사회민주주의의 주요 인물 중에서 폴라니가 가장 존경한 사람은 바우어였다. 둘은 친구가 되었고 폴라니가 빈을 떠난 이후에도 꾸준히 연락을 주고받았다.[197] 바우어는 마르크스주의자였다. 하지만 마르크스가 자본주의 국가를 지배계급에 장악된 소외된 제도들의 집합으로 바라보고, 이 지배계급이 국가가 시민사회 및 다른 국가들과 맺는 관계 역시 통제한다고 여긴 반면, 바우어는 다양한 사회계급 간에 권력이 분배되는 제도라고 생각했다.[198] 또 마르크스가 의회민주주의를 부르주아 지배의 정치적 외피로 여긴 반면 바우어는 노동자 정당과 다른 정당의 득표율로 측정되는 계급의 세력 균형에 의해 내용이 결정되는 정치적으로 중립적인 양식으로 바라보았다.[199] 폴라니는 민주주의, 국가, 사회주의에 대한 바우어의 개념이 고전 마르크스주의의 개념보다 더 마음에 들었고, 퇴니스의 이론과 길드 사회주의에도 열정을 쏟았다.[200] 바우어는 정치혁명의 전략을 거부했지만, 독일 사민당과 달리 오스트리아 사회민주노동자당은 개혁주의가 지배적 흐름이라는 이유로, 개혁주의와 혁명적 흐름이 공존해야 한다고 주장했다.[201] 폴라니는 이러한 제3의 길에, 특히 콜에게 영감을 받은 바우어의 기능적 (혹은 "산업적") 민주주의 이론에 사로잡혔다.[202] 이들은 사회주의를 민주주의가 경제 영역으로 확장된 것으로 이해했고, 민주주의의 프롤레타리아트적 내용은 의회보다는 노동조합과 노동자, 소작농협동조합을 통해 표현된다고 보았다. 정치적 민주주의는 시민을 원자화하는 반면 기능적 민주주의는 노동자를 생산자와 소비자처럼 경제체제 내부의 기능에 따라 조직한다.[203] 이로써 기능적 민주주의는 정부와 시민들을 연결하고 시민들에게 자기교육의 수단을 제공한다.

바우어와 폴라니가 이해한 바에 따르면, 합스부르크 왕조가 전복된 직후 몇 년간 오스트리아는 정치적 민주주의와 기능적 민주주의가 뒤섞인 상태였고, 후자는 프롤레타리아트 헤게모니의 대안 역할을 했다. 1918년 혁명의 핵심이었던 군인과 노동자 평의회는 언제든 소비에트공화국을 선포할 수 있었고, 이러한 가능성 때문에 바우어는 간담이 서늘해졌다. 사회민주주의는 운동의 전투적 분파들 사이에서 누리고 있던 신뢰를 이용하여, 바우어의 표현에 따르면, 혁명의 동학에 "제동"을 걸고 공장 규율을 재정립하며 새로운 공화국에 대한 충성심을 심어주려 했다.[204] 기능적 민주주의는 노동조합과 사회민주노동자당의 기구라는 형태로 승리를 거머쥐었다. 즉 평의회 내의 혁명적인 요소들을 노련하게 밀어냈고 평의회를 주변화했으며 평의회가 구현했던 노동계급 정체성과 정치적 영향력이라는 전투성은 희석시켰다.

1920년대 초 폴라니는 1차대전 직후 몇 년은 보편참정권이 곧 노동자 권력으로 이어진다는 사회민주주의의 가설을 시험하는 시기였다고 믿었다. 이는 타당해 보였고 자유주의와 민주주의의 해묵은 관계가 완전히 단절되는 것처럼 보였다. 과거 한 침대를 쓰는 관계였던 자본주의와 민주주의가 해소될 수 없는 갈등을 빚게 되자 자유주의는 민주주의의 불길을 제치고 자본주의를 구하기 위해 달려들었다. 한때 민주주의와 경쟁을 수호하던 자유주의는 1870년 이후로 "불모"

의 상태가 되었다.[205] 이제는 독점자본에 굽실대고, 현실을 창백하고 왜곡되게 반영하는 "신-민주주의" 아니면 권위주의에 기반한 반동을 지지했던 것이다.[206] 후자의 적절한 사례가 폴라니의 오랜 적 미제스였다. 그는 엥겔베르트 돌푸스의 오스트리아 파시스트 정부의 경제자문관으로 일했고, 폴라니가 1920년대 말에 면밀하게 공부했던 미제스의 《자유주의》에는 파시즘에 열광하는 표현들이 들어 있다.[207] 하지만 자유주의자들에게 배신을 당하긴 했어도 빈 시정부가 사민주의적 돌파구를 열었듯이 민주주의의 횃불은 여전히 드높았고, "승리의 길을 걷고 있는 민주주의는 무엇도 막지 못할" 터였다.[208]

이런 투쟁의 단어들을 새긴 잉크가 채 마르기도 전에 오스트리아 사회민주주의는 기나긴 퇴보의 길에 접어들고 있었다. 이 새로운 공화국에서 사회민주노동자당은 수도와 수도가 속한 주밖에 통치하지 못했다. 한동안 이 당은 승승장구하여 당원 수가 1920년대 내내 꾸준히 늘었다. 하지만 다른 주에서는 기독사회당과 범독일주의자들이 우세했다. 이들은 국가를 쥐락펴락했고 기득권층이 여전히 산업체의 소유권을 손에 쥐고 있었다. 국가는 바우어와 폴라니가 생각했던 중립기관이 아니라, 나중에 바우어가 인정했듯 "우리를 끊임없이 밀쳐내는, 부르주아지의 갈수록 단호해지는 계급 통치" 기구임을 드러냈다.[209] 사회민주노동자당은 이런 장애물 앞에서 뒤로 물러섰다. 말로는 계속해서 "노동계급"이 전국의 정치권력을 장악할 거라고 주장했지만, 현실에서는 당원 모집과 교육, 지자체 문화 활동에 초점을 두었다.[210] 폴라니는 이에 동의했지만 자신들의 당이 일반 대중의 참여를 제한하는 선거기계로 변질되고 있다는 사실에 분개한 좌익 사민주의자들은 반발했다.[211] 이것이 주로 중간계급 지식인들로 구성된 안정된 과두제가 노동조합과 사민주의 조직들을 지배하고, 이들의 패권에 도전하는 풀뿌리 계획을 저지하는 귀족적인 접근법이라며 비판한 것이다.[212]

다른 지역, 특히 영국에서 벌어지는 사건들은 비관적인 예상이 사실임을 확인해주는 듯했다. 폴라니는《오스트리아 경제학자》의 많은 원고를 이 나라에서 발송했을 뿐 아니라, 기독교 사회주의에 뿌리를 두고 페이비언과 길드 사회주의 철학을 가진, 주요 산업의 사회화를 수창하며 자유무역을 위한 "전투를 벌일" 의지를 품은 영국노동당을 오랫동안 존중했다.[213] 1차대전 이후 몇 년간은 영국에서도 노동운동이 급속도로 상승세를 타다가 사그라들었다. 1920년대 중반에는 노동조합 가입자 수가 하락했고 1924년 노동당 정부는 급진적인 정책을 수립하겠노라는 약속을 이행하지 못했다. 1926년 총파업은 정치, 산업 분야에서 노동운동의 영향력이 실추되는 결과로 이어졌다. 폴라니는 크게 경악했다.

유럽의 사민주의는 난관에 봉착했고 이론가들은 고심하지 않을 수 없었다. 바우어는 초기의 개혁주의적 사회주의의 내용을 수정했는데, 노동계급이 부르주아 의회라는 틀 속에서 점진적으로 "사회주의적인 내용을 채워"가면서 효과적으로 권력을 확대할 수 있다는 믿음에 오류가 있었음을 인정했다. 최근의 사건들은 "이런 환상이 잘못되었음을 밝혀주었다". 노동자 당이 정치권력을 획득할 경우 노동자들은 이런저런 권리를 손에 넣을 수 있지만, 부르주아지들은 사적 소유권이 심각한 위험에 처했다 싶으면 민주주의를 거부하고 파시스트 운동에 힘을 실어줄 것이기 때문이다.[214] 바우어는 민주주의와 자본주의의 갈등으로 사회주의적 변화가 나타나겠지만 이 경로는 복잡한 갈지자를 그릴 거라고 주장했다. 다시 말해 유럽 노동계급의 영향력이 지속되면 경제성장이 저해되고 이는 경제적, 사회적 위기를 촉발하여 경제 엘리트들의 무력 대응을 초래한다. 정치는 다시 양극화되어 결국 사회민주주의가 발전할 수 있는 길을 열어줄 것이다. 바우어는 1930년대에 파시즘을 진단하는 데 이런 논리를 제시했다. 파시즘은 민주주의가 계급 간의 교착 상태를 유발했기 때문에 등장했다는 것이다. 민주주의는 노동계급에게 새로운 자신감을 불어넣어 임금을 높이고 자본의 이윤을 낮췄으며, 수세에 몰린 자본주의 엘리트들은 필사적으로 파시즘을 후원할 태세를 갖춘 것이다. 역으로 승리에 도취한 파시즘은 계급투쟁을 격화시킴으로써 새로운 혁명의 불을 댕길 뿐이었다.[215]

폴라니는 바우어와 같은 시기에 유사하지만 사회학적으로 더 정제된 주장을 내놓았다. 그가 보기에 서구 사회는 "경제와 민주주의라는 개인의 자유와 관련된 두 영역의 상호작용이라는 토대 위에서 등장"했다.[216] 문제의 근원은 인간의 자유가 이 별개의 영역을 통해 제도적으로 표현된 데 있었다. 이런 식으로 시장사회를 집중 비판한 폴라니는 국가와 시민사회라는 헤겔의 이분법에 기반해 비판의 틀을 짠 마르크스와는 달리 자신을 오언과 시몽드 드 시스몽디의 추종자로 규정했다.[217] 이 주장은 1930년대 초에 정교해졌고, 나중에 《거대한 전환》의 골자가 된다. 그는 바우어와 동일하게 노동계급이 참정권을 갖게 되면서 현대의 민주 정부는 자본 지배와 화해할 수 없는 긴장 국면에 접어들게 되었다고 주장했다. 자본가들이 경제권력을 손에 쥐고 있는 동안 민주주의가 노동계급에 자리 잡으면서 계급 갈등이 정치와 경제의 분리와 교차했고 이는 전체 사회를 혼란에 빠뜨렸다. 정치적 민주주의 영역에서 "경제에 개입하여 경제를 혼란에 빠뜨리고 약화하는 세력이 등장"하게 된 것이다. 자본주의 경제는 "무책임하고 편향된 반경제주의의 화신이 되어 민주주의에 대한 공습으로 대응한다".[218] 그러므로 좌익 정부가 경제적 목적으로 민주적 명령을 내리려 할 경우 실패할 수밖에 없다. 자본주의적 이익집단들이 민주주의를 깎아내리는 장광설—민주주의가 인플레이션과 보호주의, 통화 관리 태만이라는 죄를 지었다고 비난하면서—과 함께 생산량을 줄여 시장 메커니즘 개입에 대응할 것이기 때문이다. 이런 모순 때문에 좌익은 딜레마에 직면하게 되었다. 좌익은 "경제를 재구성하지 못한 채 정치 영역을 지배"하거나 "우익에 정치권력을 넘겨주거나" 둘 중 하나를 선택해야 한다.[219]

상황은 지속 가능하지 않았다. 자본주의는 전 지구적인 경제체제로 공고화되고 있었지만, 정치적 민주주의는 국가별로 참호를 파고 자리를 잡았다. 자본주의와 민주주의 간의 모순이 1차대전에서 무너진 자유주의 문명과 이후 몇십 년간 이어진 경제적, 정치적 위기 이면에 자리 잡고 있었다. 이제 두 영역을 재결합해야 했다. 두 가지 "전체주의적" 해법이 모습을 드러냈다. 하나는 경제에 대한 정치의 승리를 의미하는 공산주의였고, 다른 하나는 경제에 의한 정치의 폐지를 상징하는 파시즘이었다.[220] 공산주의와 파시즘 모두 두 영역 간의 분열을 철폐하려는 의지를 드러냈지만 공산주의가 민주 정치의 전체주의적 화신이라면, 파시즘은 자유와 민주주의를 짓밟으려는 의지가 확고했다.[221] 폴라니는 두 영역 사이에 다리를 놓을 수 있는 제3의 길에 희망을 품었다. 이는 세 영역에서 경제적, 정치적 교육과 조직화를 수반할 터였다.[222] 첫째로 "이론경제학" 분야에서는 모든 사회에 공통된 일반적인 경제법칙Zwangsläufigkeiten을 조명할 것이다. 둘째는 앞에서 언급했듯이 경제의 개관 메커니즘을 자세히 설명할 것이다. 선동의 성격을 띤 셋째는 기본 경제 정보를 일반 대중에게 전파할 것이다.[223] 사회과학 분야에서 대중 교육을 통해 인민 대중은 자본주의의 작동 방식, 자본주의가 민주주의와 모순 관계에 놓이게 되는 이유, 그리고 사회주의로 이행하는 흐름이 어떻게 민주주의의 이익에 복무하는지를 이해할 것이다.

폴라니가 지지한 전략은 기본적으로 교육학 성격을 띠었고, 정치 영역에 대한 폴라니의 개입은 사회주의 경제학 세미나를 조직하는 것처럼 학술적인 느낌을 풍겼다. 반면 그의 아내 일로나는 활동가였다. 아내의 지갑에는 레닌과 오스트리아공화수호동맹 노동자의용대의 지도자 사진이 들어 있었다.[224] 그녀는 난관을 전략의 문제로 이해했다. 일로나는 사회민주노동자당 당원이었지만 당 지도부나 남편과는 아주 다른 방식으로 붉은 빈을 분석했다. 빈 노동계급의 자신감이 상승하는 모습에 남편과 함께 놀랐고 사민주의에 기반한 개혁에 남편만큼이나 열광했다. 하지만 다른 면도 있었다. 폴라니는 1918~19년 사민주의가 혁명적 격변을 질식시킨 사건을 반혁명을 미연에 방지한 조치로 보고 정당화했지만, 일로나는 오스트리아가 바이에른과 헝가리 평의회공화국 사이의 가교가 될 수 있는 역사적으로 중요한 기회를 놓쳤을 뿐만 아니라 1920년대와 1930년대 초에 나타난, 사기를 떨어뜨리는 후퇴를 향해 길을 열어둔 비겁한 행동으로 이해했다. 근본 원인은 사민주의의 "결정론—자동기계설까지는 아니더라도"—철학, 다시 말해 "'역사적 필연성'이라는 마법의 덮개로 자신의 행위뿐만 아니라 적의 행위"까지 덮어버리는 역사 진보에 대한 숙명론이라고 주장했다.[225] 결정적으로 이 숙명론에 빠진 사민주의는 동지들을 동원해 무기를 들고 우파 정당들—기독사회당, 범독일주의, 나치, 보국단—에 맞서 붉은 빈을 지키게 하지 못했다.[226]

1927년 7월의 사건들은 일로나의 비판이 옳았음을 입증했다. 그해 초반 파시스트 세 명이 행진하는 사회주의자들을 향해 발포하여 상이군인 한 명과 여덟 살 된 남자아이가 죽었다.[227] 놀랍게도 파시스트들이 무죄를 선고받자 소식을 접한 빈 전역의 노동자들이 작업을 멈추고 의회를 향해 행진했다.[228] 칼을 뽑아 든 기미경찰은 경고도 없이 군중을 향해 발포했고 여든다섯 명이 목숨을 잃었다.[229] 피털루, 크로크파크, 샤프빌의 비극에 필적할 만한 끔찍한 학살이었다.

폴라니 집안 사람들은 클로스터노이부르크에 있는 다뉴브강 유역의 리조트에 아파트를 빌려 여름을 보내고 있었지만 일로나는 빈으로 황급히 돌아왔고, 기자증을 가지고 경찰의 차단선을 넘어 들어갔다.[230] 그녀는 "사회민주노동자당 지도부와 그들의 정치가 현실과는 동떨어져 있음"을 똑똑히 목격했다.[231] 당원들의 말에 귀 기울이지도, 이들에게 조언을 해주지도 못했던 지도부는 도시 전역에서 발발한 시위와 파업이 폭넓은 지지를 받자 어리둥절해했다. 지도부는 공화수호동맹(사민당이 조직한 준군사조직)을 동원해야 한다는 요구를 그날 늦게까지 거부했고, 무기를 달라는 다급한 호소를 거절했다.[232] 지도부와 평당원 간의 간격이 점점 벌어지자 지도부는 총파업을 부르짖음으로써 주도권을 되찾으려 했지만, 이는 통제력을 다시 장악하려는 상징적인 행동일 뿐이었다. 그나마도 불과 몇 시간 뒤에 취소해버렸다. 이런 망설임은 보국단이 파업에 항의하여 들고 일어날 빌미를 제공했다. 이 중요한 순간에 사회민주노동자당은 파시즘에 대적하기를 주저했다. 총파업이라는 가장 센 패를 던지는 위험을 무릅썼지만 워낙 자신감이 없어 보이는 바람에 보국단이 과감하게 나서서 이를 제압했다. 뒤이은 대치에서 사회민주노동자당은 먼저 굽히고 들어갔다.

지도부가 파시즘의 위협에 대한 물리적 저항을 거부하자 일로나와 동지들은 사회민주노동자당 좌파의 입장에서 저항의 흐름을 만들었다. 이 좌파 진영이 지도부와 상의하지 않고 무저항 방침을 거스르며 보국단에 맞서 적극적으로 당원과 지지자들을 동원해야 한다고 주장했다는 이유로 일로나는 당원 자격이 정지되었다가 1929년에 축출되었다.[233] 나중에 일로나는 이 시기에 얻은 교훈을《무장한 노동자들》이라는 책에 기록했다. 특히 공화수호동맹을 중심으로 양차대전 사이 오스트리아 노동운동을 연구한 이 책은 사민주의의 비겁한 태도가 공화수호동맹뿐만 아니라 노동계급의 사기 저하로 이어진 과정을 설명하고 있다. 1927년의 대실패는 이후 몇 년간 수없이 반복되는 선례로 남았다. 일로나는 "오스트리아 노동운동의 강력한 잠재력은 한 번 두 번 자기 이익을 양보하는 지난한 과정 속에서 모두 소진되고 말았다"고 주장했다.[234] 이 때문에 사민주의자들이 1934년 2월 마침내 무장 저항에 들어갔을 때 판세는 명백하게 더 악화되었다.

침몰하는 배의 선장

빈에서 보낸 마지막 몇 년은 폴라니의 사적인 삶의 영역에서는 전혀 불행하지 않았다. 조카 에바는 편지에서 폴라니가 "행복하고 쾌활하고 차분해" 보였고, 숙모는 "사랑스럽고 착하고 친절한 사람, 아이에게는 축복과도 같은 존재"이며, 아이는 건강하고, 이들이 사는 아파트는 "정갈하고 훌륭하고 정감" 있다고 썼다.[235] 폴라니의 아저씨인 커를과 숙모 이르머, 그의 누이 소피에("생기와 현실성으로 충만한 놀라운 여성"[236])와 남편 에곤 세치—몇 년 전 폴라니의 사회주의 학생 집단 소속이었던 "상냥한" 친구—등 다른 가족들도 빈에 살았다.[237] 폴라니는 헝가리 망명자 집단, 《오스트리아 경제학자》 편집진과 언론인들, 그리고 1926년에 조직이 만들어지자마자 가입한 사회민주노동자당 내의 '신앙이 있는 사회주의자 동맹'의 동지 등 다양한 사람들과 어울렸다.[238] 그는 연구와 가끔 들어오는 강의 요청(주목할 만한 것은 1930년 에른스트마흐협회에서 한 "경제적 통계"에 대한 강의다), 그리고—가령 그가 기독교 사회주의에 대해 강연했던 스위스와 네덜란드로 떠나는—여행을 좋아했다.[239]

하지만 폴라니가 빈에 도착하자마자 상황이 뒤집혀서 햇살이 내리쬐는 개인 풍경은 저 너머 어두운 하늘과 대조를 이루었다. 세계 경제 위기가 오스트리아를 강타하면서 1920년대 후반의 정치적, 경제적 안정은 사라져버렸다. 1929년부터 1933년까지 취업률과 평균임금은 곤두박질쳤고, 1927년 7월에 나타난 권위주의적 흐름은 탄력을 받았다. 공적인 생활 사이 사이에 반유대주의의 발작이 끼어들었다. 1930년 보국단은 파시즘 프로그램을 폭넓게 확산시키겠다고 호언했고 이듬해에는 빈에서 행진을 시도했다. 1932년 초췌한 소작농들, 개신교도들과 보조를 맞추어 숱한 "무직 인텔리겐치아들"이 오스트리아 나치당 깃발 아래 몰려들면서 나치당은 선거에서 일대 승리를 거뒀다.[240] 1933년 봄 의회는 무기한 정회에 들어갔고 정부는 법령에 따라 운영되었다. 언론의 자유는 사라졌고 지방자치단체 선거뿐만 아니라 파업과 시위, 그리고 공화수호동맹이 모두 불법화되었다. 기독사회당 출신의 총리 돌푸스는 보국단과 동맹을 맺었고, 저명한 파시스트를 국내 치안을 책임지는 장관직에 지명했으며, 로마로 날아가 협력자이자 후원자인 무솔리니에게 존경을 표했다.

돌진하는 파시스트 앞에서 더 두드러진 사회민주노동자당의 수동성은 지식인 지지자들 사이에서 상이한 반응을 끌어냈다. 어떤 사람들은 이 전략을 옹호했지만 환멸을 느낀 사람들도 있었다. 이중 어떤 이들은—주목할 만한 예로는 사회학자인 폴 라자스펠드가 있다—학문 연구 등 내적 망명에 몰두한 반면, 마리 야호다 같은 사람들은 당의 노선에 적극적으로 반기를 들었다.[241] 폴라니와 아내는 1933년 쿠데타를 서로 다른 방식으로 해석했다. 일로나가 보기에 사회민주노동자당이 합법적인 저항을 고집하고 당원(빈에서는 성인 다섯 명 중 한 명이 당원이었다)을 동원하기를 거부하는 것은 비겁한 행위이고, 이는 노동운동의 절멸 가능성을 높일 뿐이었다. 폴라니는 사회민주노동자당의 전략에 아내와 비슷하게 좌절했고, 당이 주저하고 물러서면 지지자들 내에 환멸과 사기 저하가 확산되어 극우 세력에게 자신감을 심어줄 뿐임을 인정했다. 하지만 폴라니는 사회민주노동자당이 1933년 쿠데타를 "아주 강하게 반대"한 데는 갈채를 보냈다. 특히 패배할지도 모르는 갈등 속으로 끌려 들어가기를 거부한 지혜—무엇보다 정치 총파업을 호소해 1927년 7월의 오류를 반복하지 않은 점—에는 칭찬을 아끼지 않았다. 이런 행동은 "내전"과 다르지 않아서 보국단에 권력을 장악할 구실을 주거나, 나치가 더욱더 존재감을 키울 수 있게 할 터였다.[242]

사회민주주의자들이 돌푸스의 쿠데타에 "강력하게 반대"했든, 아니면 온순하게 굴복하여 상당한 지지 기반을 잃고 말았든 간에 빈이 이제 더 이상 붉지 않다는 사실은 변하지 않았다. 폴라니는 자신이 소중히 여기던 사회민주주의 실험이 공중분해되고 사회주의자들이 반역자 취급을 받게 되자 일로나와 이민 가능성을 고민하기 시작했다. 오스트리아가 경찰국가가 될 경우 폴라니는 표적이 될 수 있었다. 거짓말을 잘 하지 못하는 사회주의자로서 곤란한 상황을 쉽게 빠져나오지 못할 터였다.[243] 1932년이 끝나갈 무렵 폴라니는 동생에게 편지를 보내《오스트리아 경제학자》의 여러 문제를 털어놓았다. 잡지의 미래는 불투명했고, 여기서 월급을 받는 저명한 사회주의자들의 미래는 더더욱 말할 것도 없었다. 파시트스 검열관들의 부릅뜬 눈 아래서 이들은 단어를 훨씬 주의 깊게 골라야 했다. "봉급이 10퍼센트 줄어들었는데도" 잡지는 "재정난을 겪고 정치적 압력이 날로 거세지고" 있었다. 편집자가 체포되었고, "오스트리아 은행의 은행장이 지금의 지도체제 아래서는 이 저널이 살아남지 못할 거라고 선언"했다. 페데른은 "더 이상 업무를 수행할 수 없어서 그만두겠다"라는 말을 거듭했고 폴라니가 직장을 잃는 것은 "시간문제"였다.《오스트리아 경제학자》는 폴라니가 "영국으로 떠나는 것"을 허락해주었다.[244]

이민은 결코 쉬운 선택이 아니었다. 폴라니는 자신의 일에 전념하면서 페데른의 대리인이 되었다. 이들은 뿌리를 내렸고 지속적으로 헌신했다. 이 도시에는 숱한 친구와 동지들이 있었고 딸 캐리는 학교에 다니고 있었다. 일로나의 어머니 역시 여기에 자리를 잡고 있었고 일로나는 빈 대학교에서 공부하는 중이었다. 마지막 시험이 12월에 있었다.[245] 하지만 "이곳에 남아 있으면 점점 더 위험해질 것"이기에 도박을 해야 했다.[246] 이민을 갈 경우 최소한 목적지 선정은 별로 어렵지 않았다. 폴라니는 1931년 영국을 방문한 적이 있었고, 친구와 지인들이 그곳에서 살았다. 또 영어가 유창했고, 콜처럼 좋은 지위에 있는 인사들과 안면이 있어 분명 일자리를 구하는 데 도움이 될 터였다. 폴라니는《오스트리아 경제학자》를 위해 기삿거리를 모으고 글을 쓰면서 영국의 정치와 사회에 대한 관심이 깊어졌다. 이 나라에 대한 동경은 여전히 색이 바래지 않았다. (그는 "대체로 영국적인 정신세계"[247] 속에서 살았고 자신의 표현에 따르면 종교적 관용과 정치적 민주주의 "그리고 보편적인 인도주의적 전망" 같은 "앵글로색슨" 전통을 깊이 존경했으며, 이를 "보편적인 평화와 진보라는 공동의 기금"에서 "한없이 값진" 자산으로 평가했다.[248]) 1933년 4월, 폴라니는 당시 나치 치하의 베를린에서 살고 있던 동생 마이클에게 함께 영국으로 가자고 제안했다. "노동자대학 같은 적당한 기관에서 경제학 강사" 자리를 구할 수 있으리라고 본 것이다.[249] 6월에 그는 다시 런던을 방문했고, 콜과 토니와 함께 또 다른 노동당의 유명인사인 해럴드 래스키의 집에서 저녁식사를 하면서 우정을 새롭게 다졌다.[250] 여름이 되자 결심이 섰다. 폴라니 부부는—폴라니가 우드브룩 퀘이커 학습센터에서 강의를 했던—버밍엄을 후보지로 정하게 되었다.[251]

9월 폴라니는《오스트리아 경제학자》의 편집장으로 승진해 (이제는 친구로 여기게 된) 페데른과 공동으로 편집장을 맡게 되었다.[252] 이는 침몰하는 배의 선장으로 승진하는 것과 다를 바 없었다. 빈 사회민주주의 조직들의 다양한 반문화 운동은 해체되거나, 공화수호동맹과 함께 지하로 들어가고 있었다. 한 주 한 주 시간이 지날 때마다 오스트리아를 탈출해야 한다는 압력이 심해졌다. 그는 샤퍼에게 자신의 사회주의적 관점에서 더는 이 나라에 "소속"되어 있다는 느낌을 받지 못한다고 털어놓았다.[253] 11월 한 달간 폴라니는 빈을 떠나 런던에서 시간을 보냈다. 한 발은 빈에, 다른 한 발은 망명지에 걸친 애매한 상태였다.[254] 이때 비로소 영국의 수도가 최종 목적지로 선택되었다. 그는 일자리를 찾을 때까지 가족들을 빈에 남겨두고 자신은 런던에서 지내기로 결심했다. 마이클은 그에게 좀 더 여유를 가지고 성급한 판단을 삼가라고 조언했다. 영국 저널에 논문을 발표해 새로운 경력을 쌓을 준비를 세심하게 해야 한다는 것이었다. 하지만 폴라니는 런던의 친구들에게 자신의 동생은 지금 오스트리아에서 "사태가 어떻게 돌아가는지를 모른다"고 설명했다.[255] 정치적 분위기가 급격하게 악화되어 "의미 있는 일을 하기가 불가능해졌다".[256] 《오스트리아 경제학자》는 두 번째로 당국에 압수수색을 당했고, 폐간 가능성이 커졌다. 12월 폴라니는 사직 의사를 밝혔고, 맨체스터에서 교수로 일하고 있던 마이클에게 영국에 도착하면 당장의 생계를 꾸려나갈 수 있도록 50파운드를 마련해달라고 부탁했다.[257] 다음 날 폴라니는 친구들과 동료들에게, 아내와 딸에게, 그리고 지방자치 사회주의의 빛나던, 이제는 서글픈 기억에 작별을 고했다.

4장 도전과 응전

런던으로 간 칼 폴라니는 쓰라린 경제적 어려움을 견디며 하숙방에서 생활하고 일자리를 구하면서 다시 한 번 망명 생활에 들어갔다. 많은 난민들, 특히 사랑하는 이들을 뒤에 두고 온 이들은 항상 주눅 들어 지냈고 1934년의 영국은 영국 예찬론자에게도 지상낙원은 절대 아니었다. 일로나의 부재가 강하게 체감되었다. 일로나는 폴라니가 영국에 체류한 지 6개월쯤 지났을 때 딱 한 번 찾아올 수 있었다.[1] 3월이 되어 캐리를 다시 만났을 때 폴라니의 영혼은 얼마간 고양되었지만 생활은 여전히 "지옥" 같았고, "짐을 나눠 지기에" 캐리는 너무 어렸다. 때로 폴라니는 너무 외로워서 가장 친한 친구인 그랜트 부부와 맥머리 부부에게서도 위안을 얻지 못했다.[2] 도널드와 아이린 그랜트는 1차 대전 이후 빈으로 이주하여 퀘이커교도가 운영하는 학생 복지 프로그램을 관리하다가 1933년 런던으로 이주했다. 이들은 도널드가 영국과 미국에 있는 학교와 대학에서 강의하면서 생계를 꾸려갔다. 폴라니와 그랜트 부부는 1920년부터 가깝게 지냈고, 폴라니는 이들을 통해 1932년 빈을 찾은 존과 베티 맥머리를 만났다.[3] 이들은 런던에서 학생 기독교운동의 상급 조직인 '보조자운동' 내에서 결속력이 강한 사회주의 서클을 조직했다.[4] 조직은 수도에 본거지를 두긴 했지만 셰익스피어 연구자인 케네스 뮤어 같은, 훨씬 먼 곳에 있는 이들 역시 끌어들였다.

폴라니는 그랜트 부부의 집에서 가까운 동네이자 보조자운동 모임이 열리는 골더스그린에서 한동안 맥머리 부부와 함께 지내다가 이후 1년간 그랜트 부부와 지냈다.[5] 부드럽게 상황을 관리하는 성격인 아이린이 보조자운동의 한 부문에 반드시 필요한 사람이라면 조용하고 가식이 없는 존 맥머리는—폴라니와 함께—보조자운동을 선도하는 지식인이었다. 두 남성은 "서로에게 엄청난 존경과 깊은 애정을" 품고 있었다.[6] 두 사람은 왼쪽으로 선회하는 자유주의라는 환경에서 정치에 참여하게 되었지만 전쟁을 거치면서(두 사람 모두 참전했다) 휘그주의적인 진보 개념이 자신들에게 이롭지 않고, 사회학적 기반뿐만 아니라 정신적 기반 위에 확실히 자리 잡으려면 더 급진적인 의제를 제출해야 한다고 확신하게 되었다. 맥머리는 지적인 관심사를 나누는 동안 마르크스의 소외이론에 대한 지식을 얻었고, 반대로 폴라니에게는 "개인성"[7]의 관점에서 영성을 생각하고 《뉴 브리튼 무브먼트》라는 주간지에서 루돌프 슈타이너의 연구를 살펴보라고 주문했다.[8]

폴라니와 맥머리는 각자, 때로 공동으로 당대의 위기에 대한 몇 가지 논지를 개괄하기도 했다. 즉 자본주의는 민주주의와는 더이상 양립할 수 없을 정도로 발전했고, 파시즘은 정치의 부정이자, "경제의 부산물로만 존재하는" 상태를 만들도록 설계된 움직임으로 인식해야 하며, 공산주의와 파시즘의 가장 중요한 차이는, 공산주의의 경우 독재가 공산주의 자체와는 본질적으로 양립할 수 없는 일시적인 현상이라고 주장했다.[9] 두 동지는 전망을 두고는 긴밀히 소통했지만 스타일은 확연히 달랐다. 폴라니는 "종말론을 믿는 녀석"이었던 반면 맥머리의 혁명적인 예언은 더 부드럽고 절제된 어조로 전달되었다.[10]

그랜트 부부와 맥머리 부부는 쉴 곳과 우정을 제공했을 뿐만 아니라 직업도 소개했다. 이 다섯 사람의 대화에서 출발한《기독교와 사회혁명》이라는 책의 출간 프로젝트에서 폴라니는 편집을 맡았고 여기서 37파운드(요즘 가치로 약 2,500달러)를 벌었다. 존과 도널드의 추천으로 폴라니는 얼마 안 가 옥스퍼드 대학과 런던 대학의 공개강좌 강사직을 얻었지만, 1936년 이 일자리를 꾸준히 확보하기 전까지 수입은 너무나 빠듯해서 고통스러울 정도였다.[11] 그는 프리랜서로 강의하고《오스트리아 경제학자》를 위해 주 이틀 일하면서 생계를 꾸려갔다.[12] 가끔 휴가를 떠날 정도의 여력은 있었지만—가령 와이트섬으로—대서양을 건널 때는 증기선 삼등석을 이용했고, 맥머리의 집에서 나와 구한 아파트는 호화로움과는 거리가 멀었다.[13] 그는 영국에서 보낸 첫 2년간 재정 지원 프로그램과 대학교 일자리에 계속 지원했지만 대부분은 거절당했다. 한번은 리버풀 대학 부총장이 연구직 일자리를 줄 뜻을 내비쳤는데 자금이 마련되어야 한다는 단서가 붙었고 결국 무산되었다.[14] 독일 유대인을 위한 센트럴 브리티시 기금에 지원을 신청했을 때는 그가 "독일에 있는 유대 공동체의 일원"이 아니고 학계의 일자리를 잃어본 적이 없다는 이유로 거절당했다. 기금은 불합격 통지서를 보내면서 학자지원협회에 지원해보라고 추천했다.[15]

학자지원협회는 난민 학자들이 일자리를 찾을 때까지 일종의 생계비를 지급하는 곳이었다. 창립 멤버로는 제이코브 마르샤크, 핵물리학자 레오 실라르드, 그리고 런던 정경대학의 윌리엄 베버리지, 아일린 파워, 만하임 등이 있었다. 폴라니는 이들 대부분을 알고 있었고,

이 기관의 총무인 에스더 심슨(한동안 그랜트 부부와 빈에서 지낸 적이 있었다), 집행위원인 리처드 토니와 절친한 친구 사이가 되었다.[16] 보조자운동의 회원들, 특히 총서기인 퀘이커교도 페미니스트 조이 페어필드 역시 학자지원협회에 폴라니를 도우라고 촉구하는 등 지원을 해주었다. 그녀는 '교회를 통해 국제적 우정을 나누는 세계 동맹'과 접촉했고, 이 동맹은 학자지원협회가 같은 금액을 지원했으면 하는 바람을 드러내면서 폴라니에게 50파운드를 송금하기로 했다.[17] 학자지원협회는 검토 결과—당시 폴라니는 어쩌면 스완지 대학교에서 연구직을 얻을 수도 있었다—그에게 도움을 줄 수 없다는 결론에 도달했다.[18] (베버리지는 폴라니가 "학자가 아니며, 따라서 학자지원협회의 지원 대상에 적합하지 않다"고 판정했다. "폴라니가 강의했던 빈의 인민대학은 성인 교육기관이다. 게다가 폴라니는 언론인이다."[19]) 이에 항의 움직임이 조직되었고, 콜, 하벌러, 래스키, 만하임, 마르샤크, 토니, 그리고 경제학자 J.B. 컨들리프 같은 인사들이 작성한 추천서가 밀려들었다. 하지만 아무런 효과가 없었다. 학자지원협회의 총무인 월터 애덤스가 폴라니를 위해 작성한 핼리 스튜어트 재단 지원서 역시 성과가 없었다.

하지만 학자지원협회는 미국 순회강연 초청장을 얻는 데 도움을 주었다.[20] 여기서 폴라니는 지인인 발터 코치니히의 도움을 받았다. 오스트리아 퀘이커교도인 코치니히는 제네바에서 학생운동과 난민 복지 활동에 적극 가담했고, 뉴욕 자유주의 인텔리겐치아의 떠오르는 별 에드워드 머로와 가까운 사이기도 했다. 퀘이커교도 집안 출신인 머로는 루스벨트의 뉴딜 정책을 지지했고, 래스키의 오랜 친구였으며, 소련과 우애를 쌓기 위한 조직인 미국러시아협회 회원이었다.[21] 1930년대에 머로는 미국에서 학자지원협회와 같은 역할을 하는 독일 난민학자원조긴급위원회의 서기보로 지명되었다. 이 조직은 토마스 만과 허버트 마르쿠제 같은 독일 망명자들을 위해 순회강연과 지원금을 마련해주었다. 하지만 머로의 직장은 자신이 의장을 맡은 국제교육협회였다. 카네기국제평화재단의 지원을 받아 1919년에 설립된 이 조직은 해외 학생을 유치하고 학문 교류를 활성화하는 곳이었다.[22] 폴라니는 동생에게 국제교육협회가 "강사를, 가급적이면 유럽 사람으로, 새 한 마리 보기 힘든 지방의 10~20군데 대학으로 보내 학생들의 정치교육을 향상시키고" 싶어 한다고 전했다. 코치니히는 머로에게 폴라니를 추천했고, 머로는 이를 승인했다. 폴라니는 전율했다. "세상을 위해 정치교육을 하는 일은 내 천직이고 순회강연은 이에 완벽하게 어울릴 일이다. 나는 마치 이런 일을 하려고 태어난 사람 같다."[23]

미국 순회강연 사례비는 1,750달러 정도였다. 상당한 금액이었지만 폴라니를 경제적 고난에서 해방시킬 정도는 아니었다. 순회강연이 시작되기 직전인 1934년 12월 폴라니는 옥스퍼드에 있는 오리엘 대학을 방문했고 일자리를 얻을 수 있다는 "희망에 가득 차서" 집에 돌아왔지만 옥스퍼드의 속물근성을 참작하지 못했다. 오리엘의 학장은 "몇몇 동료들이 사실상 학계에서 지위를 가져본 적이 없다는 이유로 그를 교수 휴게실의 일원"으로 받아들이는 데 반대했다고 밝혀왔다.[24] 엎친 데 덮친 격으로 학자지원협회가 교회동맹이 보내준 기금 50파운드를 다른 신학자를 지원하는 데 써버렸다는 소식이 날아들었다. 오토 파이퍼라는 이 신학자는 스완지 대학교에서 자리를 얻은 상태였다.[25] 페어필드를 비롯한 여러 사람이 개입하자 학자지원협회는 자신들의 실수를 인정하고 50파운드를 송금했다.[26] 그동안 폴라니는 마이클이 보내주는 지원금과, 《오스트리아 경제학자》의 편집자 자리에서 물러나면서 받은 얼마 안 되는 퇴직금, 나치 독일이 오스트리아를 병합할 때까지 겨우 목숨을 부지하던 이 잡지 통신원으로 일하면서 규칙적으로 받은 얼마 안 되는 봉급에 의지해야 했다.[27] 보조자운동의 회원들이 폴라니가 이들의 대의를 위해 쏟은 노력에 감사하며 크리스마스 선물로 12파운드를 전달했을 때 폴라니는 "깊은 감명"을 받았다. 폴라니는 마이클에게 그 일은 "외로움이 내 운명처럼 보이던 순간에 일어났기 때문에 나는 이들의 따뜻한 인간성과 온정에 몇 배나 감사하게 되었다"[28]라고 밝혔다.

파시즘에서 달아나다

폴라니의 곤경은 유럽이 처한 곤경의 축약판과도 같았다. 그는 마이클에게 보내는 편지에서 "어쩌면 세상의 끝이 다가온 것 같다"며 고뇌했다. "유럽 대륙의 인간 사회는 죽음을 암시하는 방식으로 겨우 연명하고 있다."[29] 폴라니 자신의 삶은 1919년 머리를 쳐들던 파시즘에 고통받고 위험에 처했다. 얼마 지나지 않아 무솔리니가 이탈리아에서 집권했고, 무정부주의적 생디칼리스트였던 폴라니의 사촌 외덴 포르는 파시스트 수령을 위한 선전원으로 두각을 나타낸다. 10년 뒤 독일은 폴라니가 보기에 수세기 동안 볼 수 없었던 "가장 전면적이고 완벽한 사회체제의 붕괴"—러시아의 1917년 혁명보다 훨씬 더 심한[30]—를 경험했다. 그의 동생은 베를린을 떠날 수밖에 없었다.

오스트리아 역시 비슷한 병폐에 굴복하고 있었다. 오스트리아공화국이 명맥을 이어가던 마지막 몇 년간 경찰이 사민주의 세력의 근거지를 연이어 급습했다. 한번은 1932년 빈에서 경찰이 열흘간 사회민주노동자당 지역본부를 점령해 파괴의 흔적을 남겨놓았다. 결국 린츠의 당원들은 1932년 2월 12일 무장 저항을 결정했다.[31] 당 지도부는 파시즘에 대한 단호한 저항을 호소하는 일로나 같은 이들을 "공산주의자"라고 일축하며 반대했지만 오스트리아 전역에서 기층 민중의 반발이 확산되었다.[32] 일로나는 아파트와 어머니를 캐리에게 맡겨놓고, 오랫동안 관계를 맺고 있던 공화수호동맹과 함께 지하로 잠입했다. 2월 24일 공화수호동맹 부대들이 은신해 있던 괴테호프가 집중포화를 받는 동안 캐리는 무장 군인들이 가까운 막사에서 줄지어 나가는 모습을 보았고 밤새 포격 소리를 들었다.[33] 나흘에 걸친 내전이 끝난 뒤 오스트리아 노동자들은 모두 진압당했지만, "투쟁하지 않고 굴복하기보다는 끝까지 싸우는 것이 낫다"는 모토에 축약된 이들의 영웅적인 저항은 유럽을 비롯한 세계 곳곳의 반파시트스 투쟁을 고무했다.

오스트리아는 이제 "교권-파시스트" 체제의 구축에 들어갔다. 2월에 내전이 일어나자 폴라니는 "돌푸스 놈"이 나치 체제로 대체되고 이 때문에 아내와 딸이 달아나야 하는 것은 아닌가 하여 조바심을 냈다.[34] 예측은 결국 들어맞았다. 이런 결과를 낳는 데 4년이 걸리긴 했지만 말이다. 돌푸스는 1934년 중반까지 자리를 지켰다. 그는 남아 있던 민주주의의 흔적을 모두 지워버리고 파시스트-코퍼러티즘 노선으로 체제를 개조했는데 이는 후임자인 쿠르트 슈슈니그 치하에서 더 공고해졌다. 폴라니 부부에게 가장 중요한 관심사는 캐리였다. 원래 재정 문제를 감안해 폴라니와 함께 캐리도 런던으로 향할 생각이었지만 캐리의 교육에 지장이 없도록 여름까지 이사를 미룬 상태였다.[35] 하지만 2월에 교전이 일어나자 서두르지 않을 수 없었다. 사태가 진정된 뒤 다시 학교를 찾은 캐리는 자신이 좋아하는 몇몇 교사와 교장이 실종되었고, "조국 오스트리아" 핀이 학생들에게 배부되고 있음을 알게 되었다.[36] 이미 정치의식이 남달랐던 열 살 난 캐리는 공화수호동맹과 함께 전투를 치른 아버지를 둔 친구와 함께 화장실로 가서 애국심을 담은 어이없는 장식품을 변기에 넣고 물을 내렸다. 그 후 2주도 안 돼서 일로나는 캐리를 런던으로 보냈다.[37] 일로나 자신은 건강이 좋지 않았음에도 불구하고 빈에 남아서 공화수호동맹을 위한 선전 활동과 교육 프로그램을 조직하는 한편, 공식적으로는 기술대학에서 전기화학 수업을 듣고 엑스선 방사를 연구했다.[38] 일로나는 불법화된 공산당에 다시 합류했다. 공산당은 사민주의를 파시즘의 동류로 낙인찍기를 거부함으로써 비상식적인 코민테른 자매당들과는 거리를 두었다. 일로나는 용감하게 활동했지만 남편은 "교도소가 워낙 만원이라 체포된 사람들을 금방 풀어주기 때문에 이제는 전보다 덜 위험하다"고 풍자적으로 논평했다.[39]

1930년대를 거치는 동안 파시즘은 중앙유럽과 남부유럽을 장악해 들어갔고, 폴라니 부부는 가족과 친구, 동료들의 도피를 돕는 데 많은 에너지를 쏟게 되었다. 1938년 독일이 오스트리아를 합병하자 폴라니는 자신의 처지를 걱정하게 되었다. 1924년 이후로 오스트리아인이 되어 시민권을 얻었지만 향후 자신은 독일인으로 바뀔 테고 이렇게 되면 영국에서 거주 허가와 귀화 신청을 하기가 아주 힘들어질 것이기 때문이다.[40] 더 우려스러운 것은, 이탈리아에 있는 형 아돌프뿐만 아니라 두 누이 소피에와 러우러 역시 파시스트 치하에서 살게 된다는 점이었다. 그동안 부다페스트에 남아 있던 체칠레는 고립감과 악화되는 건강, 부족한 수입에 시달렸다.[41] 칼과 마이클 형제는 반유대주의 법률 때문에 어머니와 다른 친척들을 돕는 데 한계가 있었다. 1933년 베를린에서 살고 있던 마이클은 순진하게도 "문명화된 독일인들이라면 난폭한 일이 벌어지는 사태를 보고만 있지는 않을 것"이라고 생각했고[42] 이런 기대가 무산된 후에는 1차대전에서 동맹국을 위해 싸운 자신은 반유대주의 법률을 피할 수 있으리라고 생각했다.[43] 하지만 이런 희망은 모두 물거품이 되었다. 마이클은 재산을 몰수당했고 친척들에게 재정적 도움을 주기도 어려워졌다.[44] 그동안 헝가리 정부는 독일, 이탈리아와 동맹을 체결했고, 1938년에는 뉘른베르크 법을 모델로 일련의 반유대주의 조치를 도입했다. 이듬해 체칠레가 세상을 떠났을 때 어머니가 마지막 가는 길을 보려고 집으로 돌아올 수 있는 자식은 아무도 없었다.[45]

그동안 러우러와 자식들은 빈에서 안전하게 탈출할 수 있는 방법을 물색했고, 오스트리아가 병합되기 며칠 전인 1938년 3월 초에 미국으로 떠날 준비를 마쳤다. 미국 비자를 받기 위해서는 선서 진술서와 돈 많은 보증인의 후원이 필요했다. 폴라니 가족은 야시, 라자스펠드, 레더러, 그리고 실라르드의 형을 비롯해 미국에서 영향력 있는 친구들과 친척들을 동원할 수 있었다. 한데 미국의 이민 정책 때문에 문제가 복잡해졌다. 미국에 이민을 가려면 예비 이민자가 출생지를 근거로 각국에 할당된 인원수에 맞춰 지원을 해야 했다. 그러므로 빈에서 태어난 러우러는 오스트리아가 독일제국의 일부가 되었으므로 독일에 할당된 인원에 맞추어 지원해야 했다. 러우러의 아들 마이클은 4월에 겨우 미국 입국 허가를 받았고—구조받은 사람이 구조자가 되는 당시의 관행에 따라—미국에 도착하자마자 어머니뿐만 아니라 누이인 에바와 그녀의 예비 신랑인 한스 제이셀을 위해 선서 진술서를 확보하기 시작했다. 6월에 이들 가족의 한 친구가 러우러가 몇 주 내에 비자를 받을 수 있다고 알려왔지만, 두 달 뒤 러우러는 체포되어 구금되었다.[46] 폴라니 집안 사람들은 이 충격적인 소식을 접하자마자 구조에 총력을 기울였다. "공식, 준공식 방안을 찾으려고" 최고의 변호사들을 빈으로 급파하는 한편, 에바는 (칼 혹은 마이클의 중재로) 퀘이커교도들의 도움을 얻으려 했고 칼 폴라니는 러우러의 이동 경로를 예상해 파리-런던 구간의 기차표를 사서 보냈다(소피에와 에곤에게도 똑같이 했을 것이다).[47] 러우러의 전기 작가 유디트 서포르에 따르면 변호사들과 퀘이커교도들의 노력, 그리고 쇠약해 있던 러우러의 건강 상태를 증명하는 의료 증명서와 사건을 맡은 오스트리아 경찰의 관용(혹은 부패)에 힘입어 러우러는 신문이 예정돼 있던 날에 석방되었다. 그녀는 바로 런던으로 떠났다.[48]

러우러가 런던에서 지내는 동안 칼 폴라니는 누이를 자주 방문했다. 그녀는 런던에서 1년간 머물렀다. 생각보다 오래 병원 치료를 받고, 끊임없이 지연되는 미국 비자를 기다리는 동안 러우러의 정신은 쇠약해졌다.[49] 폴라니는 종종 편지를 보내 고생하는 가족들 문제를 의논하거나, 일상적인 이야기로 그녀를 즐겁게 해주었다. (한 편지에는 1939년 초에 자신이 반파시스트들을 대상으로 했던 강연에 대해 적었다. 청중은 열 몇 명이었는데 모두 아주 즐거워 보였다. 열한 명은 매혹적인 웅변에 빠져든 반면, "나치 스파이"로 추정되는 열두 번째 사람은 모임의 규모가 작아서 고소해하는 것 같았다고 한다.[50]) 1939년 3월, 러우러, 칼, 마이클은 제2의 조국인 이탈리아에서 쫓겨난 아돌프와 영국에서 재회했다.[51] 네 형제자매는 다시 만나 즐거운 시간을 보냈지만 함께하지 못한 다섯째 때문에 마음이 무거웠다. 소피에는 아직 나치 치하의 오스트리아에 남아 있었던 것이다.

바이러스 진단하기

파시즘은 두려움과 투쟁의 대상이었지만 이해와 설명의 대상이기도 했다. 그러니까 사회운동 혹은 정치체제라는 면뿐만 아니라 무엇보다 "본질", 즉 파시즘이 인간의 역사, 그리고 신의 창조와 어떤 관계에 있는가라는 면에서 이해하고 설명할 필요가 있었다. 폴라니는 이 주제에 대해 1934년에 처음으로 〈파시즘의 본질〉이라는 중요한 에세이를 썼다. 이 에세이의 골자는 파시즘이 사회주의, 민주주의, 기독교라는 세 적을 동시에 공격하는 운동이라는 것이다. 사회주의가 민주주의의 현대적 계승자라는 폴라니의 주장은 오스트리아 파시즘 이론가 오트마어 슈판의 견해와 일치했지만, 폴라니는 사회주의와 민주주의 모두 기독교 전통에 뿌리를 두고 있다고 주장했다. 즉 영혼의 교리는 개인의 자율성 원칙으로 번역될 수 있고, 개인의 자율성 원칙은 사회 평등과 민주주의("개인들 간의 형제애"), "인종 간의 관용과 평화주의에 기반한 국제주의"로 도약하게 된다.[52] 폴라니는 아이오와의 학생들에게 이 주장을 다시 펼치면서 "개인주의는 자유주의로, 자유주의는 민주주의로, 민주주의는 사회주의로 귀결된다"고 밝혔다.[53] 당시 유럽 대륙이 보여주듯 민주주의는 "사회주의로 향하는 경향"이 있기 때문에,[54] 또 파시즘의 존재 이유는 사회주의의 도래를 막는 것이기 때문에[55] 민주주의 역시 제거해야 했던 것이다.

〈파시즘의 본질〉에서 폴라니는 사회주의 정당, 노동조합, 기독교 평화주의자, 종교사회주의자들에 대한 파시즘의 박해를 설명하고 나치즘이 "기독교에 대항하는 종교"로 자리매김하려 한다고 주장하는데, 놀랍게도 유대인이나 유대교는 전혀 언급하지 않는다. 한 논평가는 어째서 폴라니가 파시즘을 총평한 중요한 논문에서 "유대인을 나치가 가장 증오하는 대상으로" 언급하지 않았는지 당혹스러워했다.[56] 이 에세이가 "기독교와 사회혁명"을 주제로 다룬 책에 수록되었기 때문일까? 만일 그렇다면 반유대주의는 파시즘에 대한 다른 텍스트에서 눈에 띄어야 하는데 그렇지가 않다. 여기에는 유대인 문제에 대한 폴라니의 고민스러운 태도가 일정한 역할을 했을 가능성이 있다. 분명 그는 나치즘에서 반유대주의의 중요성을 과소평가했고, 1933년에는 독일 유대인들의 고난을 과장한다는 이유로 "유대인 언론"을 향해 짜증스러운 반응을 보이기도 했다.[57] 달리 해석하면 그의 에세이는 주로 슈판을 공격 대상으로 삼았고 더 넓게는 나치라는 변종이 아니라 파시즘 일반에 비판의 초점을 맞추었기 때문이라고 볼 수도 있다.[58] 슈판의 경우 보국단 지지자로서 반유대주의보다는 인Inn강 전역에서 위세를 떨치던 나치 돌격대에 더 가까웠다. 분명 폴라니는 "대의민주주의와 노동계급 조직화"에 반대해 호전적인 태도로 뭉친 상당히 큰 규모의 운동 집단, 가령 아일랜드의 블랙앤드탠*, 마자르각성협회, 이탈리아의 전투자동맹 그리고 핀란드, 오스트리아 같은 나라에서 꾸린 독일 의용군 스타일의 장교 파견대를 두루 다뤘다.[59]

〈파시즘의 본질〉에서 슈판이 지목된 이유 중 하나는 그가 탁월한 극우 이론가였기 때문이다. 오늘날에는 거의 알려지지 않은 인물이지

* Black and Tans. 1921년 아일랜드 반란 진압에 파견된 영국 정부군.

만 당대에는 파시스트 유명인사였고, 체코슬로바키아 파시스트 조직의 지도자였으며, 프리츠 티센 같은 독일 경영주들에게 존경받고 독일 나치당의 총애를 받았다. 보국단원들과 기독사회당 당원들, 기독사회당의 지도자이자 연방 수상을 두 차례 역임한 이그나츠 자이펠도 슈판을 숭배했다.[60] 자이펠의 후임자 돌푸스는 슈판의 가톨릭 코퍼러티즘과, 중세에서 영감을 얻은 오스트리아 연방국에 대한 전망을 사고와 행위의 준거틀로 채택했다. 이는 돌푸스가 민주주의의 흔적을 완전히 지워버린 뒤 1934년 5월 1일에 도입한 정치체제를 통해 명백하게 드러났다. 폴라니가 슈판에게 초점을 맞춘 또 다른 이유는 그가 마르크스주의를 비롯한 사회주의는 "철저히 개인주의적"이고, 따라서 대의민주주의는 사회주의로 가는 길을 열어준다는 관점을 분명히 표현했기 때문이다.[61] 이는 폴라니의 관점과 유사하다.

더욱 흥미롭게도 슈판은 길드 사회주의자들에게도 도전장을 내밀었다. 경제적 개인주의를 지탄하고 중세 질서로의 복귀를 주장하는 복고적인 낭만파 경제학자 아담 뮐러의 연구를 발판으로 길드를 부활시켜 오스트리아 연방국가의 주축으로 삼자고 제안했다. 이에 대응하여 폴라니는 파시즘적 길드 질서와 사회주의적 길드 질서의 차이를 극명히 보여주고자 했다. 그는 길드 체제가 "두 적대 집단의 슬로건"이 되었다고 경고했다. "한쪽 집단은 길드를 개인 자유를 가장 극명하게 표현한 체제로 이해한 반면, 다른 한쪽은 개인 자유의 부정이라는 사회적 이상의 구현체로 삼고 있다."[62] 이들이 힌터브륄에서 서로 다른 의견을 표출했을 때 슈판은 이미 반동적인 형태의 길드 체제를 만들고 있었다. 폴라니는 "이탈리아 파시스트 정치에서 코퍼러티즘 원칙이 등장했다고 말할 수 있기" 약 5년 전에 슈판이 이를 "새로운 국가 이론의 초석"으로 만들어놓았다고 지적했다.[63] 하지만 이탈리아에서는 파시즘과 길드 사회주의 간의 경계가 아주 흐릿해져 있었는데 이렇게 만든 장본인은 폴라니의 사촌인 외덴 포르였다. 포르는《파시즘》을 출간한 해에 무솔리니의 노동정책을 예찬한 (그리고 다른 사람도 아닌 콜이 쓴 부록이 포함된) 두 번째 책《이탈리아 길드와 협동조합》을 발표했다.[64] 포르는 폭정을 옹호하는 자신의 입장을 좌파에게 친숙한 방식으로 정당화했다. 무솔리니의 운동이 "기능적 민주주의"를 구축하고 사회를 통합하기 위해 설계된 "혁명적" 프로젝트라는 것이다. 또 이탈리아는 파시즘 기반의 노동조합이 이탈리아의 "중세 길드와 길드 공화국"에서 영감을 얻어 한층 중요한 역할을 수행할 혁명을 통해, 코퍼러티즘으로 뭉친 단일한 실체로 재조직될 것이라고 주장했다.[65]

폴라니는 1930년대 중반 수많은 에세이에서 사회 통합(혹은 "총체성"), "기능", 길드 조직에 대한 좌파의 원칙과 우파의 원칙을 끊임없이 차별화하면서 슈판을 비판했다. 추상적이고 학문적인 의미에서 "기능적이고 협동조합 성격을 띤 조직"이 혼란스럽고 원자적이며 원심력이 작용하는 자유주의적 자본주의 구조보다 사회의 "본질적인 성격"에 더 적합하다는 슈판의 주장은 옳았다. 하지만 그의 총체성 개념은 사회의 유기적 질서에 대한 합리적이고 과학적인 정의를 훌쩍 넘어섰고 "낭만주의에 대한 편애는 그를 중세로" 이끌었다. 다시 말해 평등을 위계로 대체하고, 자유를 미리 정한 규칙에 따른 행동으로 엄격히 정의하는 사회질서 개념으로 이끌었다.[66] 슈판은 경제적, 정치적 "공간"에 권력이 부여된 현대사회에 기능 이론을 적용함으로써 자본주의의 제도적 대안을 제시하려 했지만 폴라니는 그것은 불가능하다고 주장한다. 사회주의 질서에서는 "보편적 인간의 평등과 정의라는 개념"을 구현하고 표현하는 "정치 공간"에 우선권이 주어질 것이다. 이런 영향력 아래서 사유재산은 "'사회주의적' 재산, 다시 말해 공공재산으로 전환되기 쉬울" 것이다. 반면 슈판의 모델에서는 "지배적인 것은 단연 정치 공간이 아니라 경제 공간이다. 이는 슈판이 좋아하든 싫어하든 자본주의에 우호적인 방향으로 문제를 해결하게 된다".[67] 사실상 슈판의 "기능적으로 조직된" 파시즘에서 사유재산은 자유주의적 자본주의 체제보다 "훨씬 노골적이고 빈틈없는" 방식으로 지배력을 행사한다. 이는 1934년 코퍼러티즘이 자리 잡은 오스트리아에서 누가 봐도 명백했다. 진정한 기능적 국가라면 "평범한 사람"에게 더 많은 발언권을 주고 정치 영역을 민주적으로 드높이겠지만 오스트리아에서 권력을 쥔 자들은 기업가 계급이었고, 이들은 민주주의 폐지를 위장하려고 "기능적인 복면"을 썼을 뿐이었다.[68]

폴라니는 이런 식으로 파시즘의 본질에 도달했다. 이는 슈판이 제시한 유토피아가 아니라 감추려 했던 것, 다시 말해 노동자를 상품생산 로봇으로 전락시키는 초자본주의적 체제 구축에서 찾을 수 있으며, 이를 위해서는 무엇보다 노동자들을 정치 영역에서 배제해야 한다.[69] 파시즘이라는 체제는 계획경제 도입 같은 혁명적인 수단으로 "자본가 계급이 비호하는" 자본주의를 구출하려 하고, 파시즘이라는 운동은 "노동자에게 가장 적대적인 계급이 책임진다".[70] 노동자들은 파시즘 정서의 확산에 매우 둔감하고 인텔리겐치아는 파시즘의 온상이다. 이는 "교육이 사회적 미신을 막아주는 안전장치가 절대 아님"을 상기시킨다.[71] 하지만 파시즘이 승승장구한 비결은 이를 지지하는 자들이 수적으로 우세했기 때문이 아니라 첫째, 자본가, 사법부, 군대와 경찰의 전략적 지원을 받았고, 둘째, 노동계급이 약화되었기 때문이다.[72] 하지만 어째서 파시즘이 그렇게도 신속히 승리를 거머쥘 수 있었을까? 폴라니는 파시즘이 자본가와 다른 엘리트에게 받은 지원이나 노동운동의 전략이 아니라, 19세기 후반에 나타나기 시작해서 1914년부터 전 세계에 촉발된 근본적인 정치경제적 위기에서 원인을 찾았다. 만일 이 거대한 위기에 단일한 뿌리가 있다면 바로 "민주정치에 대한 자본주의의 깊은 적대"였다. 이처럼 파시즘은 산업자본주의가 시작될 때부터 잠복하고 있던 "반민주적인 바이러스"가 최근에, 가장 지독한 방식으로 발병한 것일 뿐이었다.[73]

1930년대 말 폴라니는 〈파시스트 바이러스〉라는 에세이에서 이 주장을 정교하게 다듬었다. 그는 영국에서 입수한 자료를 가지고 노동계급에게 선거권을 주면 자본주의가 끝장날 거라는 19세기 엘리트들의 두려움을 살펴보았다. 이들은 토머스 맬서스와 데이비드 리카도가 확립한 경제 "법칙"을 근거로 "빈민들은 자신들의 운명을 인내하는 경우에만 굶주림을 면할 것이고, 비참함에 복종할 경우에만 어떤 식으로든 생존할 수 있다. 그러므로 이들은 정부에 영향력을 행사할 생각을 접고 물러나 있어야 한다. 그렇지 않으면 이들은 정부에 영향력을 행사해 이들을 부양하는 데 공동체가 의지하는 사유재산 시스템을 망가뜨릴 것"이라고 주장했다.[74]

민주주의와 자본주의가 양립할 수 없다는 주장은 보수주의자(에드먼드 버크, 로버트 필), 자유주의자(토머스 배빙턴 매콜리), 사회주의자(로버트 오언) 들이 다양한 방식으로 옹호한 바 있다. 필은 "국가의 본질에 의문을 제기"할 거라는 이유로 차티스트의 보편참정권 요구에 반대했다. 로마사 연구자이자 하원의원이었던 매콜리는 "순수하게 민주적인 제도는 머지않아 자유나 문명, 혹은 둘 다를 파괴할 것"이라고 경고했다. 그가 보기에 이런 위험은 미국에서도 분명하게 드러나고 있었다. "미국에서는 다수당이 정부를 구성해 부자들을 거느린다. 언제나 소수인 부자들은 절대적으로 정부의 처분에 맡겨진다." 매콜리는 1857년 이 불행한 나라는 나선형을 그리며 추락하고 있고 자유 혹은 문명의 파괴로 막을 내릴 것이라는 의견을 피력했다. 심지어 "카이사르나 나폴레옹 같은 사람이 강력한 권력을 휘둘러 정부를 장악하지 않으면 미국은 로마제국이 5세기에 그랬듯 20세기에 야만인들에 의해 끔찍하게 약탈당하고 황폐해질 것"이라고 엄포를 놓았다.[75]

폴라니가 보기에 매콜리는 파시즘을 예고하고 있었다. 시장 메커니즘의 해악에 노출된 노동자들은 정치, 산업의 민주주의를 요구해 자신을 보호하려 한다. 이는 어쩔 수 없이 노동자에게 유리하고 자본주의 문명에 불리하기에 자본주의를 구해내려면 제왕적인 정치 기법(요즘 식으로 파시즘)을 동원해야 할 것이다. 매콜리가 현대판 훈족과 반달족에 대한 두려움을 피력하던 시기에 문학작품은 파시즘의 등장을 예감하기도 했다. 도스토옙스키의 작품에서 우리는 정신적 폭정에 휘둘려 영구 종속 상태, 대중들이 기꺼이 받아들이는 종속 상태에 빠진 사람들의 "실현 불가능한 자유"에 대한 요구를 확인할 수 있다. 더 시간이 흘러 등장한 문학작품으로는 노동인구가 인간 이하의 상태로 추락하는 웰스의 디스토피아 소설, 거대 산업의 강철 군화에 짓뭉개진 사람들을 그린 잭 런던의 작품이 있다. 이들의 예감은 자본주의 엘리트들이 봉기하는 노동계급의 열망에 맞서려면 극단적인 조치 말고는 선택지가 없다는 직관을 근거로 하고 있었다. 이런 전조에도 불구하고 폴라니가 보기에 도스토옙스키와 잭 런던 시대의 자유주의자들은 보편참정권이 융성하는 시장경제와 조화를 이루리라고 낙관할 수 있었다. 이들은 몇몇 나라들에서 야단법석을 떠는 일 없이도 참정권이 확대되었다는 사실을 지적할 수 있었다. 이것이 민주주의와 자본주의의 갈등이 약화되고 있다는 강력한 증거일까? 폴라니는 그렇지 않다고 주장한다. 이들은 환영幻影을 보고 안심했던 것이다. 이는 세계시장의 확대와 "미국의 번영이 빚어낸 잘못된 인상" 같은 일시적 현상들에 의해 촉발된 것이었다.[76] 1차대전 이후 일어난 두 가지 변화는 이런 환상을 일시에 꺼뜨렸다. 자유방임 자본주의가 조직되고 규제되는 양상을 띠면서 정치권력이 경제를 효과적으로 조종할 수 있게 되었고, 참정권이 확대된 것이다.

보편참정권이 도입되면 분명 노동계급이 "국가에 결정적인 영향력을" 행사하겠지만 이는 시장을 공황 상태로 몰고 가서 "생산기구의 기능이 완전히 중단되는 위험"을 야기할 것이다. 의회가 시장의 자기조정 메커니즘에 간여함으로써 시장자본주의를 "약화하고, 신용에 먹칠을 하고, 혼란에 빠지게" 하기 때문이다.[77] 이리하여 민주주의는 제 기능을 못하게 되었다. 이는 수익성을 떨어뜨렸기에 경제체제는 서서히 멈추기 시작했다.[78] 노동자들이 자신을 보호하기 위해 선거 권력을 효율적으로 사용할 방법을 모색하는 동안 경제 엘리트들은 민주주의자들을 매수하고 좌파 정부에 압력을 행사하고, 그것이 실패하면 민주주의를 무력으로 억압함으로써 노동계급의 영향력을 위축시키려고 노력했다. 이런 관점에서 보면 "파시즘 시대"는 궁지에 몰린 자본주의 엘리트들이 파시즘을 마지막 카드로 인식하고 있는, "시장 조직이 중심인 산업사회의 총체적 위기"(혹은 나중에 폴라니가 표현하듯 러시아 등지에서 일어난 노동자의 반란에 대한 "중간계급의 반동")가 임박했음을 알렸다.[79] 간단히 말해 파시즘은 히틀러가 1932년 뒤셀도르프 연설에서 밝혔듯 경제적 불평등과 정치적 평등이 양립할 수 없음을 보여주는 병리 증상이었다.[80] 폴라니는 이 주장을 민주주의와 자본주의는 "이해관계가 서로 충돌하는 두 계급의 수단이 되어버렸기 때문에 교착 상태에 빠졌다"는 새로운 틀로 설명했고, 이는 당시 사회적 봉기가 어째서 "대격변"을 일으켰는지를 보여주는 단서이다.[81]

교착 상태에서 빠져나오는 길은 두 가지뿐이었다. 근본 원인은 자기조정 시장이라는 자유주의적 유토피아였다. 이는 파국에 다다를 만큼 변화를 가속화했고, 경제를 사회구조에서 "뿌리 뽑아"버렸으며, 마침내 문명의 붕괴를 초래할 수밖에 없었다.[82] 만일 사회를 다시 통합하고 정치와 경제의 분열을 봉합하려 할 경우 방법을 찾을 수 있다. 파시즘은 불평등하고 비민주적인 토대 위에 사회를 재통합하려 했고, 사회주의는 민주주의 원칙을 사회 전반에 확장하고 평등이라는 이상을 발판으로 사회를 재통합하려 했다. 폴라니는 현대 산업사회는 길게 보아 파시즘 아니면 민주주의와 사회주의를 향할 거라는 결론을 내렸다. 역사는 새로운 국면에 진입했다. 세계 질서는 더 이상 제국과 민족국가의 갈등으로 틀이 잡히지 않을 것이다. 전투는 파시즘과 사회주의-민주주의 간의 사회정치적 투쟁이었고, 전선은 국가 내부는 물론이고 국가 사이에도 그어질 수 있었다.[83]

보조자운동

파시즘은 공포와 설명의 대상이기도 했지만 투쟁의 대상이기도 했다. 폴라니가 1930년대 중반에 운동 전선으로 돌아간 이유 중 하나는 파시즘의 등장임이 분명하다. "기독교 좌파"의 핵심이었던 폴라니-그랜트-맥머리 서클은 실효성 있는 사회 변화는 협소하게 규정된 정치 생활의 "비인격의 영역", 입법을 통해 영향을 미치는 제도 변화의 영역뿐만 아니라, 교육, 문화, 지자체 활동 같은 "인격의 영역", 종교가 특권적으로 접근할 수 있는 일상의 영역 역시 목표로 삼아야 한다고 믿었다.[84] 반대로 기독교 사회주의자들은 "사회주의의 본성에 대해 모호한 입장"을 취했다. 때문에 지적이고 급진적인 강경파가 구성되면 반파시즘 진영 내의 사회주의 운동에 도움이 될 터였다.[85] 폴라니의 서클은 기존 보조자운동 회원 가운데서 지지자를 모아 제도 기반을 마련하는 일에 착수했다. 이들은 유명 회원인 토니에게 중심인물이 되어달라고 청하는 편지를 보냈다. 그리고 만나서 확인한 결과 노동당의 숨은 실력자인 토니가 사회주의 기독교 집단을 만들려는 노력을 지지한다 하더라도 이 모임은 보조자운동에서 벗어나 자율성을 가져야 한다는 점이 분명해졌다. 이들은 이 조언을 달가워하지 않았지만 보조자운동의 일반 회원들은 토니와 생각이 같았다.[86]

폴라니는 캠핑을 싫어했지만 꾹 참고 뉴포레스트 샌디볼스에서 열리는 보조자운동 여름 캠프에 참석했고[87] 기독교 좌파의 공고와 정관의 초안을 작성하고 편집하는 일을 도왔으며 숱한 모임에서—특히 근래에 독일어로 출간되어 폴라니가 "아직 세상을 구할 기회가 있을지 모른다"고 열광하게 한 마르크스의 초기 저작들에 대해—강연을 했다.[88] 폴라니는 영어권 청중들에게 강연을 하면서 마르크스의 초기 저작은 마르크스의 사명을 이해하는 열쇠이자 자본주의 체제에서 나타나는 소외 문제에 대한 심오한 통찰력의 보고라고 찬사를 보냈다.[89] 혹자는 폴라니가 운동의 급진적인 주변부 인사였다고 생각했지만 자신은 그렇게 생각하지 않았다.[90] 맥머리와 페어필드, 맬컴 스펜서(《경제학과 신》의 저자)와 J.H. 올드햄(《기독교와 인종 문제》의 저자)과 함께 참석한 회의에서 폴라니는 자신이 "이 서클에서 가장 보수적인 사람"이라고 말하며 너스레를 떨었다.[91] 그렇긴 해도 폴라니의 집단이 보조자운동에 개입하게 된 취지는 "보수주의의 요새"라는 기존 입장을 "사회주의" 쪽으로 밀고 가기 위해서였고, 이들은 1935년에 이 싸움에서 승리했다.[92]

기독교 사회주의자로 실천에 나선 폴라니가 거둔 결실—"이곳 영국에서 거둔 가장 위대한 승리"—은 《기독교와 사회혁명》이었다.[93] 이 책은 (제목과는 관계없이) 대공황과 뒤따른 재난을 현실에 안주하는 케케묵은 입장에서 다룬, 저명한 기독교 성직자들이 쓴 에세이 모음집 《기독교와 위기》에 강력히 항의하기 위해 쓰였다. 《기독교와 위기》는 "기독교는 100년 전 윌리엄 윌버포스 등이 위대한 해방법으로 흑인 노예와 백인 노예를 해방시켰을 때 그랬듯이 현재의 사회 위기를 견뎌낼 수단을 가지고 있다"는 전제를 중심으로 구성되었다. 게다가 이 책은 공산주의라는 현상을 거의 인정하지 않았고, 파시즘에 대해서는 전혀 언급하지 않았다. 폴라니와 동지들은 이 주제를 끄집어내 공산주의자들이 발언할 수 있는 책을 출간하는 방식으로 대응하기로 했다.[94] 이들은 조지 오웰의 《파리와 런던의 따라지 인생》 같은 현대의 고전을 연이어 출간하여 급속히 명성을 쌓고 있던 빅터골란츠 출판사에서 적당한 편집자를 찾아냈다.[95] 폴라니가 편집팀을 이끌었고 이상에 가까운 균형점을 도출하기 위해 맥머리, 조지프 니덤, 위스턴 오든 등 기고자들과 긴밀하게 협력했다.[96] 폴라니는 "마르크스주의 무신론"을 대변하는 루카치나 (그가 거절할 경우) 프란츠 보르케나우의 글을 신자고 주장했지만 이는 성사되지 않았다.[97] 폴라니의 노력과, 토니가 《뉴스테이츠먼 앤드 네이션》에 실은 우호적인 서평에 힘입어 책은 1만 1,000부가 팔렸다. 토니는 리뷰에서 특히 폴라니가 쓴 장을 읽어볼 것을 권유했다.[98]

일련의 팸플릿과 편지, 그리고 유대기독교도협회 같은 단체에서 한 연설에서 폴라니는 자신의 종교철학과 세계 정치 상황을 설명했다. 그의 종교철학의 핵심은 기독교가 "인간의 영적 본성"(혹은 "진정한 본성")은 개인의 자유임을 인류에게 드러내 보였다는 것이다. 폴라니에 따르면 "하느님이 존재하기 때문에 인간에게는 무한한 가치가 있다".[99] 이 표현을 통해 우리는 자유, 공동체, 평등, 보편주의—폴라니의 해석에 따르면 이는 기독교 교리의 핵심이다—간의 뗄 수 없는 관계를 확인할 수 있다. "기독교의 개인 발견은 모든 인간에게는 구원해야 할 영혼이 있다는 진리의 발견"이기 때문이다.[100] 모든 인간은 도덕적으로 동등하고, 다른 사람들과 공존하는 삶을 무시하면 윤리적으로 행동할 수 없으며, 각자 동시대인들 속에서, 그들을 통해 존재하며 공동체를 만들 운명을 짊어지고 있다. 이는 기독교 이전의 문명이 무지했던 도덕적 인식을 상징했고, 역사에서 지배적인 힘이 될 운명이었다.[101] 이런 설명은 기독교 휘그주의의 오만함과는 거리가 멀다. "인류가 생존하려면 공동체를 향한 더 힘찬 움직임이 불가피한"[102] 새로운 국면이 이미 도래했고, 기독교 전통에는 다가올 변화의 시대에 필요한 "의식 개혁"을 이끌 수단이 없었다. 사실 기독교는 의도와 무관하게 이런 변화를 가로막는 장애물을 만들어버렸다. 즉 유대기독교가 상정하는 "개인의 자유, 또 사회의 제약을 벗은 자유의 절대성"이 "기계가 초래하는 복잡한 사회를 차츰차츰" 불러들였던 것이다.[103]

이 주장을 분석해보면 서로 연결된 두 가지 요소가 들어 있다. 하나는 개인주의의 잘못된 방향 전환이고 다른 하나는 산업사회의 복잡함이다. 폴라니가 보기에 도덕적 개인주의는 일단 기독교 안에서 만개했지만, 칼뱅과 관련된 종교 혁명과 자본과 관련된 사회경제 혁명과 맞물린 뒤에야 진정으로 전면화되었다. 종교 혁명과 사회경제 혁명에 대해서는 각각 베버와 토니가 연대기순으로 기록해놓았다. 초기 자본주의와 반자본주의 운동이 이어지던 3세기 동안 "도덕적 개인주의와 자유주의적 기독교는 사회 분위기와 맞아떨어졌다". 하지만 사회경제적 복잡성과 시장화가 진전되면서 인간의 필요와는 점점 멀어지게 되었다.[104] 하느님과의 순수하게 개인적인 관계 맺기나, "절제"에 대한 톨스토이의 입장을 취하면 억압을 피할 수 있지만, 복잡한 산업사회에서는 인간이 다른 인간을 억압하지 않을 도리가 없다.[105] 예수는 사회를 "인간의 자유와 공동체를 실현하기 위해 필요한 틀"이라고 생각하지 않았다. 예수의 시대에는 복잡한 사회에서 나타나는 자유의 문제가 대두되지 않았기 때문이다.[106]

1500년이 지났음에도 "단순한" 사회의 필요에 맞춰진 예수의 접근법이 여전히 자유주의적 기독교의 이상을 뒷받침하고 있었다. 이는 "사회 현실", 제도나 역사의 현실을 전혀 인식하지 못함을 의미하고 "모든 권력 행사를 악으로" 바라보았다.[107] 그 결과 갈수록 해로운 현상이 나타나게 되었는데, 이중에는 "효율성에 대한 광신적" 숭배, "과학과 기술의 권위라는 우상숭배" 등이 있었다.[108] 폴라니는 나아가 자유주의적 기독교의 이상은 기술 숭배를 부추긴 책임이 있다고 주장했다. 그는 뒤에서 자세히 다룰 샌디 린지를 따라 자유주의의 두 가지 형태를 상정했다. 하나는 "하느님을 버리고 개별 자아의 열정"을 예찬하는 "무신론적" 자유주의이고, 다른 하나는 "개인에게 영혼이 있다는 이유로" 개인을 중시하는 "종교적 개인주의"이다.[109] 무신론적 자유주의는 시장과 기계의 등장과 결합하면 특히 치명적이다. 이런 상황에 놓인 무신론적 자유주의는 "해롭기 짝이 없고 이기적이며 경쟁을 부추기는 개인주의"[110]를 양산했고, 이는 다시 시장사회의 등장을 촉진했다.

폴라니의 분석에 따르면 자유주의적 기독교로는 충분하지 않았다. 도덕적 개인주의를 도덕적 공동체와 화해시키는 능력이 없는 것으로 판명났던 것이다. 예수 이후, 인간은 다른 인간과 교감하지 않으면 진정한 본성을 구현할 수 없다는 진리가 알려졌고, 자유주의적 개인주의와 시장사회가 이 진리를 부인하면서 양차대전 사이에 위기가 촉발되었다.[111] 1930년대에 종교적 열정이 고조되었을 때 폴라니는 기독교가 "유일하게 이 문제를 해결할 능력을 가졌다"고 주장했다.[112] 하지만 기존 교회를 가리켜서 한 말은 아니었다. 교회는 비참함을 구원의 증표라며 격찬하고, 대중들에게 "삶의 고통을 즐겁게까지는 아니더라도 체념하며 받아들이는 한편, 혁명적인 사상에는 단호히 등을 돌리라고" 고무한 책임이 있기 때문이다.[113] 하나의 교리로서의 기독교 역시 충분하지 않았다. 그는 "어느 때보다 존재에 대한 기독교의 해석을" 신뢰했지만, "신약으로는 충분하지 않고 기독교 이후의" 시대가 동트고 있다고 확신하게 되었다.[114] 기독교 개인주의는 현대 산업사회의 현실에 맞는 형태로 재해석되어야 했다. 이런 관점에서 사회주의는 기독교 개인주의의 진정한 계승자이자, 원래 약속한 바를 완수할 수 있는 유일한 운동이었다.

밸리얼 칼리지

1930년대 중반 폴라니의 정치적-지적 환경의 핵심이 기독교 좌파 집단이었다면, 이와 교차하는 둘째 집단은 콜과 토니 같은 노동당 지식인들이었다. 폴라니는 마이클에게 영국 이주를 상의할 때 콜과의 친분을 다시 이어가고 토니와 존 메이너드 케인스를 만날 수 있게 되어 즐겁다고 말하기도 했다.[115] 폴라니는 기독교 좌파와 노동당과 교류하면서 지적인 기득권 집단에 진입하게 되었다. 그리고 얼마 되지 않아 경제사협회의 행사에 참여하고, 채텀하우스에서 유럽의 권력 균형에 대한 강의를 하고, 콜, 토니, R.W. 시턴 왓슨과 차를 마시며 대화하는 사이가 되었다.[116]

양차대전 사이 영국에서 콜과 토니는 래스키와 함께 좌익 정치사상을 지배하는 삼인조를 구성하고 있었다. 세 사람 모두, 폴라니도 비슷하게, 야당의 역할에 대한 노동당의 생각이 정치 현장을 바꿔놓았고, 이제 두 주요 정당은 원두당圓頭黨*과 왕당파 시절 이후 전혀 알려지지 않은 방식으로, 사회체제의 근본에 대한 시각 차이를 드러내게 되었다고 생각했다.[117] 세 사람 모두 페이비언협회에 가입했지만 그들의 공리적, 기술관료적 성향, 도덕적 이상주의의 결핍을 못 견뎌 했다. 특히 콜과 토니는 윤리와 지식의 측면에서 19세기 말 자유주의의 영향을 받았다. 19세기 말 자유주의는 고전적 자유주의 이론의 결함과 빈곤 계급의 고통을 감안하여 공동체의 새로운 기초를 물색하다가 창조에 따르기 마련인 소란 상태를 경험하고 있었다.[118] 이 프로젝트에서

* 1642~49년에 영국에서 내란이 일어났을 때 의회파에 속하던 사람들.

중요한 두 인물이 밸리얼 칼리지의 학자 토머스 그린과 아널드 토인비 경이었다.

폴라니가 1930년대에 감탄하며 읽었던 연구물에서, 그린은 개인과 사회의 관계에 대한 고전적 자유주의 개념을 비판했다.[119] 그는 사회적 기독교와 낭만주의 사상을 받아들였고, 사회를 유기적인 완전체로 보는 헤겔의 입장을 끌어왔다. 헤겔이 바라본 사회는 시민과 정부가 반드시 있어야 하고 국가는 도덕적 목적을 가진 민족공동체가 되어야 했다. 하지만 그린은 국가가 개인, 사회, 보편정신을 잇는 필수적인 관계를 제공한다는 통속적인 헤겔의 생각까지 포용하지는 않았다.[120] 그린이 보기에 사회는 개인으로 이루어진 단순한 모래산이 아니라 정치적이고 사회적인 존재들로 구성되는 것이다. 자유주의의 주인공 격인 자율적 단독자인 개인은 신화일 뿐 아니라 해롭기까지 하다. 이기적 필요를 추구하는 고립된 원자들은 공적인 정신이 깃든 윤리도, 시민사회도 만들어내지 못하기 때문이다. 자아는 공동체 생활에서만 실현될 수 있기에 정부는 전체 시민의 좋은 삶에 관여할 도덕적 의무를 지닌다.

그린이 자유주의적 정치이론을 급진화했다면 토인비는 경제이론을 급진화했다. 그는 인간의 비참함은 엄연한 자연법칙의 결과라고 주장한 스미스, 맬서스, 리카도를 비판했다. 사실 산업혁명기 영국이 경험한 빈곤과 경제적 혼란은 충분히 예방할 수 있는, 부정의와 이기심의 결과였다. 토인비는 "실용적인 과학인 경제학에 도덕률을 결합"함으로써 자유주의적인 정치-경제 사상을 공동체의 응집력과 복지권, 국가개입주의를 강조하는 방식으로 수정하자고 주장했다.[121] 그는 전반적으로 자유무역을 지지했지만 "노동의 자유로운 교환" 원칙은

공격했다. 폴라니는 토인비의 밸리얼 칼리지 강연을 열심히 경청하다가 이 부분에 진심으로 동의했다.[122]

19세기의 마지막 25년, 그리고 20세기의 첫 25년 동안 옥스퍼드 대학은 좌선회하는 자유주의적 이상주의자들로 활기를 띠었다. 이들은 대체로 자유당 지지자들이었고, 대다수가 사회주의의 어떤 측면에 공감했으며 사회주의와 기독교는 자연스럽게 연결된다고 생각했다.[123] 옥스퍼드의 밸리얼 칼리지는 자유주의 신학과 사회주의 사상이 만나는 중요한 접점이었다. 이곳의 문은 폴라니의 친구이자 멘토인 네 사람, 즉 옥스퍼드 대학 부총장이자 공개학부(폴라니는 여기서 일자리를 얻게 된다) 책임자인 샌디 린지, 폴라니가 영국 생활 초기에 자주 만났던 밸리얼 칼리지의 전임 연구원 토니,[124] 1924년에 린지가 밸리얼 칼리지의 학장으로 돌아올 수 있도록 힘을 썼던 칼리지 동문인 맥머리, 그리고 맥머리처럼 린지의 학생이었던 콜에게 열려 있었다. 연장자였던 린지와 토니는 영국에 거주하는 폴라니의 신원보증인이었고(만하임과 콜 역시 신원보증인이었다), 그가 영국에 도착했을 때 가르치는 일을 할 수 있도록 도와주었다.[125] 폴라니는 자신보다 몇 살 어린 맥머리와 콜을 대할 때보다 이들에게 더 공손했고 거리를 유지했다.[126] 토니와 인척 관계였던 윌리엄 베버리지뿐만 아니라 린지와 토니 역시 1907년부터 밸리얼 칼리지의 학장이었던 관념론 철학자 에드워드 케어드의 제자였다.[127]

이제 린지의 이름은 잊히다시피 했다. 이 도덕적인 철학자의 전반적인 주장에 배어 있는 "공허한 기독교적 고양의 어조"는 포스트모던 시대 사람들의 귀에 거슬리고, 영국식 헤겔주의는 전문 철학자들 사이에서 별로 인정받지 못한다.[128] 하지만 1930년대에 린지는 아주 뛰어난 지식인이었다. 그린의 철학과 칼뱅주의 경향의 기독교, 그리고 루소의 정치이론(특히 국가는 민족공동체를 위해 복무하려고 존재한다는 일반의지 개념)에 입각해 시장사회를 비판하고 사회주의에 대한 공동체주의적 시각을 발전시켰다. 그는 《기독교와 경제학》(1933)에서 경제 관계가 인간의 주인이 되어 개인의 책임에 대한 감각을 약화하는 과정에서 시장사회가 유발한 "수단이 목적으로 변질된 세태"를 비판했다.[129] 그에 따르면 "도덕적 평등을 발판으로, 공동체 개념으로 표현된 기독교의 '중요한 이상'이 민주사회의 기저에 깔려" 있으며, 사회주의는 이와 동일한 원칙들의 연장일 뿐이다.[130] 기독교는 민주주의, 평등, 박애뿐만 아니라 개인주의의 두 가지 형태 중 하나를 보완하는데, 린지는 이 두 개인주의의 격돌이 근대성을 규정하는 중요한 성격이라고 생각했다. 하나는 관념론적인 혹은 "기독교적인" 개인주의, "자유라는 이상에 뿌리를 두고…… 모든 인간의 존엄과 가치에 관심을 기울이는 개인주의"이다. 다른 하나는 물질주의적인 혹은 "과학적인" 개인주의로, "항상 어디서든 자기이익에 따라 움직이고 권력과 물질적인 만족을 얻기 위해 사물이나 인간을 냉담하게 조작하는 세속적이고 원자적인 개인주의"이다. 린지는 산업혁명 이래 후자가 전자를 밀어내면서 기술 진보가 정치 사회질서를 앞지르게 되었다고 믿었다. 그는 물질적 혁명이 "거기에 걸맞은 도덕 혁명, 정신 혁명도 없이"[131] 일어나버렸다는 주장을 폴라니보다 먼저 했고, 양차대전 사이에 점점 증대되고 있던 위기를 설명했다.

토니의 기독교 사회주의 역시 과학성보다는 영성을 우선시하고, 공익에 대한 믿음으로 통합된 유기적인 사회를 지지하며, 국가의 역할은 개인이 책임을 이행하게 하는 것이라고 확신한다는 점에서 그린

(그리고 제자인 케어드와 찰스 고어)의 전통 속에 자리 잡고 있었다.[132] 로스 테릴은 사회를 통합하는 방법이라는 문제에서 그린에서 토니로 이어지는 일련의 과정에 관심을 기울였다. 그린은 공동체를 위한 사회 서비스에 중점을 두면서 윤리적이고 온정주의적인 면을 단호히 강조했다. 토니 역시 사회 서비스에 관심을 기울이긴 했지만 이보다는 사회를 통합하려면 사회주의적 변화가 반드시 일어나야 한다는 점을 더 강조했다.[133] 그는 사회는 "권리의 유지가 아니라 의무의 이행을" 중심으로 조직되어야 하고, "사회적 의무를 이행하는 데 필요한 권리들을 보호해야 한다"고 보았다.[134] 그는《평등》에서 "민족 생활의 통합이 더 이상 낡은 재산권과 무의미한 법률 구문에 의해 갈가리 찢겨서는 안 된다"고 조언했는데, 폴라니는 이 문장에 밑줄을 그어놓았다.[135]

토니는 길드 사회주의와 매우 유사하게, 각자의 기능을 수행하는 개인들이 공익을 충족시킬 때 이 기능이 개인의 성취를 위해서가 아니라 사회적 목적을 위해 수행하는 개별 활동으로 정의되는 기능적인 사회의 상을 제시했다.[136] 자본주의가 사회적인 목적을 중심으로 구축된 기능적 체제가 아니라, 개인의 권리를 중심으로 조직된 기계론적 체제라는 점에서 이를 비판한 것이다. 폴라니가 감탄했던《종교와 자본주의의 등장》에서 토니는 개인의 성취라는 동기와 시장경제의 자기조절 메커니즘이 중세 유럽에서 우세했던 상호 의무의 규범들을 밀어내버린 과정을 추적한다. 중세에는 사회적인 것과 정신적인 것이 분리할 수 없을 정도로 서로 얽혀 있다고 보았다. 경제적 이해관계는 "구원이라는 삶의 현실적 과업에 종속"되었으며, 따라서 경제활동은 "개인의 다른 행위와 마찬가지로 도덕성의 규칙들이 구속력을 가지는 개인 행위의 한 가지 측면"에 불과하다고 이해했다.[137] 나아가 토니는 자본주의 초창기에는 사회적 의무(혹은 "목적")가 "메커니즘"에 밀려났지만, 자본주의가 쇠퇴의 길을 걷는 동안 테이블은 뒤집힐 거라고 주장했다.[138] 그는 폴라니가 《거대한 전환》을 내놓기에 앞서, 자본주의 종말에 결정적인 요인은 복지 혜택의 확대라고 주장했다. 이것이 노동자들의 자신감과 안정감을 높여 경제 부문의 생산량을 감소시키는 경향이 있기 때문이다. 그러므로 "산업 체제가 효율성을 확보하기 위해 수세대에 길쳐 의지했던" 공포라는 동기는 "더 이상 산업 체제를 지켜주지 못하게 된다".[139]

토니는 역시 밸리얼 칼리지에서 가르쳤던 아널드 토인비의 연구, 특히 여러 권으로 구성된 《역사의 연구》에 감탄하며 이를 따랐다. 여기서 언급하는 밸리얼 칼리지의 다른 급진주의자들, 그리고 (폴라니와 마찬가지로) 토인비는 실증주의-휘그주의적 진보라는 약속에 둘러싸여 성장했지만, 서양 문명의 취약성과 붕괴의 가능성을 드러낸 1차대전을 경험하면서 정신을 차렸다. 토인비는 과거에 품었던 낙관적인 사회개량론을 포괄적으로 재검토했다. 이 작업은 세계사에 대한 장구한 서사에서 절정에 달했는데, 이중 첫 여섯 권이 1930년대에 출간되었다.[140] 토인비는 이 책에서 문명의 역학을 도전과 응전, 그리고 후퇴와 복귀라는 연쇄(혹은 법칙)의 지배를 받는 진보와 순환의 움직임으로 이론화하면서 문명의 등장과 쇠락의 역사를 제시했다. 후퇴와 복귀 개념은 사회에서 생산적인 역할을 하는 소수와 놀고 있는 그의 친구들이라는 이분법을 상정한다. 소수는 사회 일반의 기대에 몸을 사리거나 후퇴하지 않고 상대적으로 고립된 상황에서 창의적인 활동에 관여하다가 주류로 복귀한다.[141]

폴라니의 관심을 자극했던 도전과 응전 개념은 이보다는 더 풍부하다. 이 개념은 모든 역사 과정에서 설명에 도움이 되는 중요한 사건들은, 개인과 사회에 들이닥쳐 정신 자원을 시험에 들게 하는 도전이라는 점을 전제한다. 개인에게 시련이 닥쳤을 때 이 도전을 이겨내지 못할 수도 있고 올바로 대응해서 승리를 거둘 수도 있다. 이 과정에서 무언가가 "창조"된다.[142] 사회도 마찬가지다. 사회는 생을 이어가는 동안 "모든 구성원이 최대한 스스로 해결해야 하는 문제들"을 상대하게 된다. 이 모든 문제는 도전이며 "이 일련의 시련을 통해 사회 구성원들은 점점 서로 분화되고" 일부는 실패하고 일부는 해법을 찾아낸다. 시련이 다른 시련으로 이어지는 과정에서 어떤 문명은 도중에 실패하고, 어떤 문명은 꾸준히 분투하지만, 또 어떤 문명은 지혜가 성장하고 위상이 높아진다. 새로운 힘과 제도를 만들어내고 이를 다시 새로운 도전을 통해 검증하는 과정을 거치기 때문이다. 거치적거리던 제도는 "새로운 힘과 신속히 평화롭게 조화를 이루거나" "혁명을 통해 마지못해 폭력적으로 제거"되며 아니면 적응과 제거를 모두 거부할 수도 있다. 이 경우에는 "이를 굴복시키는 데 실패한 새 힘이 다루기 힘든 제도에 부자연스러운 '충동'을 더하려다 사회적으로 심각한 사태가 빚어진다". 양차대전 사이에 확연히 드러났듯이, 도전과 응전이 한 번 순환할 때마다 빚어지는 "총체적 결과" 가운데 이 세 가지 결과가 재현되는 비율은 "사회의 운명을 알아내는 데 중요한 문제"[143]일 것이다.

폴라니는 토인비의 《역사의 연구》를 복잡한 심경으로 읽었다. 이 고매한 일반론 중에 일부는 억지스러워 보였다. 하지만 민주주의와 산업주의를 역사적으로 중요한 위기 국면에 동시에 진입한 한 쌍의 제도로 본 견해에는 전적으로 동의했고,[144] 도전과 응전 개념이 큰 영감을 준다고 생각했다. 실제로 이 개념은 나중에 폴라니가 설정한 "이중운동" 개념에 크게 기여했고 심지어 모델이 되기도 했다. 폴라니는 산업혁명이 "상업혁명이라는 도전에 대한 영국의 응전"을 상징한다고 독해했다. 상업혁명은 뒤이은 은의 유출 때문에 서유럽을 시험대에 올렸고, 결국 은의 유출에 대해 다양한 대응이 등장했다. 발견을 위한 항해, 민족국가의 건설, 해외 제국의 수립, 노예무역, 무엇보다 산업혁명 자체. 그러므로 산업주의는 응전이자, 그것의 모태가 된 "규제 시스템"에 대한 도전이기도 했다. 이 도전에 대한 응전으로 시장경제가 탄생했다. 그러자 시장경제는 "인간 사회에 도전"했고, 이에 대한 대응으로 "간섭주의"가 성장했다. 폴라니가 살던 시대의 특징은 간섭주의가 야기한 "시장경제의 붕괴"로 새로운 도전이 나타났다는 것이다.[145] 그렇다면 이제 어떤 응전이 등장할 것인가? 나중에 폴라니는 《거대한 전환》에서 이 문제를 다루며 도전과 응전의 변증법을 절묘하게 엮어냈다.[146] 그는 이 시기에 믿음을 바친 운동인 사회주의를 답으로 제시했고 핵심 이론은 그가 (토인비와 함께) 서구 기독교 영지의 한 갈래로 이해하는—소비에트 공산주의는 "기독교 이단"[147]으로 여겼다—이데올로기, 마르크스주의였다.

마르크스주의: 기독교 정신의 완성

폴라니가 세계관과 정치적 궤적에서 밸리얼 칼리지의 사회주의자들과 가깝긴 했지만, (아마 맥머리 정도를 제외하고는) 마르크스주의 전통을 이들보다 더 많이 받아들였다. 사실 이는 기독교와 마르크스주의에 대한 폴라니의 이해에서 중요한 점을 보여준다. 기독교에 대한 열정이 전례 없이 강했던 10년간은 마르크스주의에도 어느 때보다 긴밀하게 간여했기 때문이다. 3장에서 보았듯, 폴라니는 빈에 체류하는 동안 마르크스주의 이론을 재평가했고, 시장사회에 대한 마르크스의 사회학, 특히 상품 물신 이론에서 귀중한 영감을 얻었다. 1932년에 마르크스의 초기 저작들이 출간되고, 맥머리를 비롯한 기독교 좌파 동지들과 함께 열정을 불태우면서 마르크스에 대한 존경심은 1930년대에 더욱 깊어졌다.[148] 폴라니는 마르크스 철학이 기독교 전통과 그저 양립할 수 있을 정도가 아니라, "부지불식간에 기독교 전통에서 유래"되었고 기독교의 전통을 잘 구현하고 있다고 생각했다.[149] 자신의 전망은 마르크스주의 "진리"가 "기독교적인 내용"과 아주 밀접하다고 보는, "마르크스주의 분석에 대한 기독교식 이해를 바탕"으로 삼고 있다고 설명했다.[150] 그는 마르크스주의가 특히 융성한 공동체는 개인 융성의 전제조건이라는 통찰을 통해, "복잡한" 산업사회의 조건에 기독교의 가르침을 독특한 방식으로 적용할 수 있다고 주장했다. 요컨대 "주로 마르크스주의를, 부차적으로는 기독교의 가르침을 채택하는 입장"은 "그 반대만큼이나 비현실적"이라는 이유로 기독교와 마르크스주의를 일종의 동어반복이라고 생각했다.[151] 현대에는 이 두 신념이 서로를 의지한다. 하나는 사회변혁의 도덕적 기초를 제공하고, 다른 하나는 이를 실현하는 방법을 밝혀주기 때문이다.

루카치와 마찬가지로 폴라니는 마르크스주의를 "하나의 체계보다는 방법"[152]으로 인식했다. 사실 그는 1920년대와 1930년대에 읽고 또 읽은 루카치의 《역사와 계급의식》이 "이론과 시련의 변증법", 즉 역사 속에서 "물질"과 "관념"의 상호작용과 계급의식의 중심 역할을 이해하는 데 유용하다고 생각했다.[153] 하지만 폴라니는 오랜 친구와는 달리 마르크스의 방법론에 살을 붙이지는 않았다. 대신 마르크스의 예언자적 면모와 인도주의 특성을 강조했다. 여기서 말하는 인도주의 특성이란 인류와 그들의 상호관계에 초점을 맞추고, 사회주의 사회를 "인간의 독특한 동기가 우세한, 즉 관계가 매개를 거치지 않은 직접성을 띤 개인적인" 사회로 제시한 것을 말한다.[154] 이 점에서 마르크스는 "예수보다 더" 나아갔다.[155] 예수는 "인간의 진정한 본성"은 자유이고, 이를 실현하려면 "다른 인간들과의 교감"이 필요함을 보여주었지만,[156] 이런 통찰을 산업자본주의에 적용하기 어렵다는 점을 예견하지 못했고 그럴 수도 없었다. 대신 마르크스는 분업이 확대된 현대사회는 인간의 상호 의존을 심화하지만 이 과정에서 소외를 유발하여 "새롭고 비극적인 형태의 자기소외"가 나타나게 됨을 보여주었다.[157]

폴라니는 마르크스를 독해하면서 경제 관계가 즉각적이고 인격적인 모습을 띤 비시장사회와, 인간관계가 교환가치라는 비인격적인 외피를 통해 표출되기 때문에 상품 물신에 의해 "유령이 현실이 되는 유령 세상"을 만들어내는 시장사회의 대비를 강조했다.[158] 상품 물신화는 자본 물신화로 이어진다. 현실에서는 "인간과 자연의 상호작용의 결과물일 뿐"이지만, 현대에서 자본은 "독립된 존재의 모습을 하고, 인간과 자연 다음으로 셋째 생산요소인 체한다". 그리고 사실상 "인간과 자연의 효율성은 마치 이 자본의 존재 여부와 수량에 달려" 있는 것처럼 행세한다.[159] 게다가 시장사회는 인류를 여러 방법으로 분열시킨다.[160] 첫째, 개별 경제행위자는 동료들로부터 분리된다. 모든 경제 관계는 시장의 중개를 통해 맺어지기 때문이다. 그리고 각자의 운명이 가격에 의해 판가름 난다는 점은 "인류의 도덕적 발전"을 저해하여 우리가 행동을 통해 사회적 책임을 지는 능력을 약화하고, 하느님 앞에서 책임을 지고 자신의 인간성을 실현하지 못하게 가로막는다.[161] 비슷한 맥락에서, 둘째로 시장사회는 사회 영역을 제도적으로 분리하는 데 영향을 미친다.[162] 이는 "우리 시대의 주요 사안"이 되었다. 이는 "책임"이 통용되는 정치 영역을, 책임이 통용되지 않고 가격 메커니즘에 의해 조종되는 경제 영역에서 격리하기 때문이다.[163] 마지막으로 폴라니는 초기의 자유주의적 사회주의와는 역으로, 시장경제가 계급 구분을 단단히 굳힌다고 믿게 되었다. 계급선을 따라 분열된 상태에서는 진정한 정치 공동체를 구성할 수 없고, 이는 폴라니가 1930년대에 목격한 것처럼 "이 세상이 파멸을 향해 떠다니고 있는 궁극의 이유"였다. 국민 대부분이 생산수단의 소유권에서 배제되는 한, "오늘날 국제적인 공동체를 수립하는 데 필요한 대규모 경제 조정을 진척시킬 의지도 능력도 갖지 못할" 것이기 때문이다.[164]

폴라니는 "자본주의"가 사회를 분열시키고 사회관계를 불투명하게 만드는 경향이 있음을 감안하면 "인간의 진정한 본성"은 자본주의에 "반기를 들게 되며", 이 점에서도 마르크스는 뜻밖의 사실을 알려준다고 결론을 내린다.[165] 그는 한 가지 세부 주제에서는 마르크스와 의견이 달랐다. 그는 마르크스가 계급을 "궁극의 현실"로 인식한다고 생각했지만, 이 용어는 "전체 사회의 이익"에만 적용해야 하고, 계급은 "진화의 선봉장으로서" 전체 사회를 재현할 경우에만 유효하다고 느꼈다.[166] 하지만 누가 선봉장 역할을 하느냐를 두고는 마르크스주의자들과 생각을 같이했다. 마르크스는 현대 산업사회는 전체 사회의 재구성을 주도할 수 있는 계급인 프롤레타리아트라는 형태로, 사회의 자기소외를 "해소할 씨앗을 내장하고 있다"고 밝혔다.[167] 이들의 능력은 생산과정에서 자신들이 점하고 있는 지위 때문에 "인간과 자연이 생산에 필요한 유일한 요소임을" 인식할 수 있는 데서 비롯되었다. 노동자들은 사회적 생산에 없어서는 안 되기 때문에—사회는 "노동자"로 구성될 수는 있어도 "소유자들"로 구성되지는 못한다—프롤레타리아트는 "보통 인간의 대리인"이다.[168] 폴라니는 이 주장을 뒷받침하기 위해 "동정이 필요해서가 아니라 이들이 인류의 대리인이기 때문에 빈자들과 어울린" 예수를 언급한다.[169] 그리고 프롤레타리아트의 "역사적 사명"은 공동체가 생산수단을 통제하고 이로써 "직접적인, 다시 말해 인격적인" 인간관계를 맺을 수 있게 하는 변혁을 이끄는 것이라는 결론을 내린다. 이 상태에 도달하면 "인간 사회는 진짜가 될 것이다. 그것이 바로 인간적인, 인간들 간의 관계이기 때문이다".[170] "오늘날 세계 위기는 바로 이런 진리를 부정했기 때문에 일어났고" 이를 넘어설 수 있는 방법은 이론적으로는 마르크스주의가, 실천적으로는 "소련 사회주의"가 제시하고 있다.[171]

모스크바의 시련

대체로 칼 폴라니를 비롯한 기독교 좌파는 소련을 확고히 지지했다. 이들은 시위에 망치와 낫이 겹쳐진 십자가가 그려진 현수막을 당당하게 들고 나왔다.[172] 이는 독실한 신앙인들에게 두루 호감을 얻지는 못했다. 적절한 예로, 마이클 폴라니는 자기 형을 비롯해서 "현대 기독교인들 사이에서 마르크스주의와 성서주의의 결합이 점점 인정받고 있는 모습"에 격분했다.[173]

칼과 마이클을 아는 사람이라면 형제의 서로 다른 성격에 놀랐을 것이다. 형은 외향적이고, 활동적이고, 쾌활해 보인 반면 동생인 마이클은 차분하고 "영국인" 같은 면이 강했기 때문이다. 하지만 형제는 보기 드물게 친밀했다. 칼의 표현에 따르면 어린 시절 이들의 관계에는 "강렬하고 깊은 애정"이 담겨 있었고, 서로에 대한 애정 어린 관심과 존중은 평생 이어졌다. 20세기 첫 몇십 년 동안 이들은 아주 가까웠고, 둘 다 반유물론적인 철학과 기독교에 매력을 느꼈기 때문에 세계관에 공통점도 많았다. 이 시기는, 특히 사회주의 때문에 두드러지게 된 이데올로기 차이가 정신의 공유에서 피어난 따스함을 훼손시키지 않았던 이 형제의 "황금기"였다.[174] 칼은 1932년이 되어서야 누그러진 어조로 어머니에게 자신과 마이클은 두 사람을 오랫동안 갈라놓았지만 "이제는 상당히 일치하게 된 소련에 대한 관점"을 어느 정도 이해하게 되었다고 밝힐 수 있었다.[175]

하지만 이는 오래가지 않았다. 이들이 영국으로 이주하자 긴장과 약간의 괴로움이 뒤따랐다. 엔드레 너지는 이를 "애처로운 분열"이라고 묘사했다. 둘의 관계는 부자연스러워졌는데, 여기에는 개인적 원인과 정치적 원인이 있었다. 어떤 사람들은 마이클이 영국으로 이주하려는 형의 계획을 만류했고 형이 영국에 도착하자 냉담했다고 주장한 반면, 칼 폴라니는 자신의 "건강 염려증"과 소련에 대한 태도를 갈등 요소로 진단했다.[176] 칼이 느끼기에 형제간의 돌봄 의무가 균형을 잃은 것이 문제였다. 그는 1934년 마이클에게 "우리 사랑하는 아버지가 29년 전 너를 내 손에 맡기셨다"고 상기시켰다. "이제 너는 내가 더 이상 필요하지 않구나."[177] 마흔세 살 먹은 동생에게 이제는 자신의 아버지 역할이 더 이상 필요하지 않음을 상기시키면서도, 필요할 때는 언제든 자신이 책임을 떠맡았음을 성가시게 확인하려는 태도에서 가부장적인 느낌이 물씬 풍긴다. 종전 직후 심신이 쇠약했을 때, 그리고 영국에 도착한 이후 골치 아픈 시기에 칼 폴라니는 도움이 필요했지만, 동생의 보답은 그의 기대에 미치지 못했다. (너덜너덜해진 영혼의 회복을 돕는 일은 다른 사람들에게, "항상 다른 사람들에게" 맡겼다.[178])

1930년대 초에는 두 사람의 재정 형편이 서로 다른 점을 의식하면서 이 불만이 악화되었다. 형은 셋방에 살면서 임시직 일자리를 찾아 헤매는데, 동생은 우아한 응접실 세 개에 침실이 여섯 개, 심지어 하인 방이 두 개나 있는 맨체스터의 저택에서 살고 있었던 것이다. 마이클과 아내 마그다는 외국인 입주 가정부 한 명에 하인 셋을 두고 있었다.[179] 마그다는 또 다른 갈등의 원인이었다. 그녀는 시기심 때문에 남편의 형제들을 믿지 않았고, 칼이 남편에게 기생하면서 남편을 "수전노"라고 비하한다고 비난했으며, 일로나가 가담한 혁명운동에 대한 혐오감을 숨기지 않았다.[180] 칼 폴라니의 회상에 따르면 형제는 마그다의 적개심을 모른 척하려 했지만, 이는 무시할 수 없을 정도로 강했고 1934년경부터는 "영향력을 발휘하기" 시작했다.[181]

칼과 마이클의 정치적 시각 차이는 이제 경제계획과 마르크스주의, 특히 소련을 둘러싸고 만성적인 적대의 형태를 띠기 시작했다. 마이클은 러시아를 여러 번 방문했고, 《러시아 경제학》(1935)과 《자유의 멸시》(1940)에서 러시아를 분석했다. 마이클은 거의 최초로 스탈린주의 경제는 절대 중앙계획 체제가 아니라는 주장을 한 사람이었다. 그는 1921년 이래로 소련에서는 "계획경제 체제"가 한 번도 시도된 적이 없었다고 주장했다. 5개년 계획은 "계획경제 체제가 아니라, 계획생산 체제일 뿐이며, 계획의 조직적 본성을 크게 강조하지 않았다는 점에서 이마저도 과장"이었다.[182] 요컨대 소련 체제는 자본주의에 가까웠고, 중요한 차이는 "정부가 '소유자'(관리자)를 지명하기 때문에 '소유권'이 사적 합의로 양도될 수 없다는 점" 정도였다.[183]

칼 폴라니의 입장은 이와 정반대였다. 그가 보기에 소련 경제는 1930년대에 사회주의 체제가 들어서기 전까지만 자본주의 성격을 띠었다. 1930년대 중반 무렵 그는 러시아에서 "새로운 형태의 민주주의"가 나타나고 있음을 알아차렸고, [트로츠키주의자들과 당내 우파들을 대상으로 진행된] 모스크바의 재판들을 완강하게 지지했다. 이 재판들은 "음모의 위협"을 진압함으로써 "공산당 내에서 논쟁의 자유를 확대"하는 데 이바지했다는 것이다.[184] 형제는 이런 문제들을 놓고 언쟁을 벌였고, 때로는 날선 공박이 오가기도 했다. 마이클이 시드니 웨브와 비어트리스 웨브가 저술한 《소련공산주의》의 아부성 결론에 이의를 제기하는 〈진실과 선동〉이라는 글을 발표하자 칼은 마이클이 친소련파의 적들만큼이나 개탄스러운 편견을 갖고 있다며 비난했다. 같은 편지에서 칼은 과학 연구의 자율성을 사수하려는 마이클의 운동에는 "전폭적으로 동의"한다고 단언하면서도 소련이 보이는 수호자 같은 태도를 일방적으로 비판한다며 트집을 잡는다. 가령 대기업이 "너도 알듯이 교육과 연구 현장을 단단하게 틀어쥐고" 있는 미국 같은 나라도 마찬가지라는 점을 간과했다는 것이다.[185]

소련 체제가 이 형제의 조카인 에바에게 취한 조치로 인해 형제의 불화는 감정적인 양상을 띠게 되었다. 1932년 에바와 남편 알렉스 베이슈베르그는 러시아로 이주했다. 알렉스는 공산주의 프로젝트를 지지한 반면, 에바는 주로 "호기심"에 따라 움직였다. 그녀는 "산 뒤에" 무엇이 있는지 알고 싶어 했다.[186] 알렉스가 하르키우에서 물리학자로 일하는 동안 에바는 모스크바 인근의 도자기 공장에서 디자인 책임자 자리를 얻었다. 1936년 봄 그녀는 체포되어 투옥되었는데 터무니없이 날조된 혐의를 뒤집어썼다. 트로츠키와 음모를 꾸몄고 도자기 디자인에 나치의 갈고리십자 문양을 몰래 썼으며 스탈린 암살이라는 분명한 목적으로 리볼버 권총을 소지했다는 것이다.[187] 위대한 지도자가 직접 그녀의 사건에 개입했고, 에바는 많은 사람들이 독방에서 지내는 루뱐카 감옥에서 16개월을 보냈다.[188] 에바는 분별력을 유지하기 위해 마음속으로 체스를 두고 프랑스어로 대화 연습을 하고 시를 지었지만 결국 속임수에 넘어가서 날조된 자백서에 서명을 했다.[189] 감방으로 돌아온 그녀는 자신이 뒤통수를 맞은 데다 지인들까지 연루시켰다는 자책감에 손목 동맥을 끊으려 했다. 도구가 구두굽에 숨겨온 면도날이었다는 설도 있고 철사 조각이었다는 설도 있는데, 어쨌든 효과가 없어서 혹은 교도소장이 때맞춰 개입하는 바람에 목숨을 건졌다.[190] 오래 지나지 않아, 어느 정도는 어머니 러우러(마침 모스크바에 살고 있었다)의 로비 덕분에 에바는 석방되었다. 1938년 러시아에서 이는 상상하기 힘든 일이었다.[191]

에바의 삼촌들은 조카의 경험을 두고 적개심 담긴 말들을 주고받았다. "내게 명백한 사실을 전해주는 사람의 말을 강조하자면 에바는 가장 공정한 사법 질서의 처분을 받았다"는 칼의 말에 마이클은 충격을 받고 분노했다. 에바는 마이클에게 신문관들이 일반적인 재판을 받으려면 "아주 조금" 자백을 해야 한다는 인상을 주었다고 말했다. "그렇게 하지 않으면 재판도 하지 않고 총살한다고 했어요." 계속되는 압력에 그녀는 무너져 내렸고 "무고한 사람들을 연루시키는 거짓 고백"을 하고 말았다.[192] 이에 대해 칼 폴라니는 대충 얼버무렸다. 자신의 경험에 대한 에바의 설명이 "기분과 상황에 따라" 크게 달라진다고 투덜댔고, 그녀가 본인 입으로 소련의 검사는 "법을 꼼꼼하게 집행할 의무가 있다"고 강조했다고 주장했다.[193]

에바의 시련은 삼촌들의 싸움으로 번졌을 뿐만 아니라, 어린 시절 친구인 아서 케스틀러에게도 영향을 미쳤으니 그는 에바를 모델 삼아 강제수용소의 심리적 고문과 정치적 압제를 다룬 소설《한낮의 어둠》의 서사를 창조하고 등장인물을 만들었다.[194] 케스틀러는 자신이 쓴 글에 필요한 지식이 풍부했다. 공산주의자로서 1930년대 초에 러시아로 이주하여 한 판매원과 사랑에 빠졌지만 "사소한 문제 때문에" 반쯤은 의도적으로 그녀를 비밀경찰에 넘겼다. "그 후로 다시는 그녀의 소식을 들을 수 없었다."[195] 모스크바 재판이 진행되던 시기 케스틀러는 공산주의와 연을 끊었고 소련은 "국가자본주의적 전체주의 독재국가"라고 분석했다.[196] 절친한 친구였던 마이클 폴라니와 동일한 해석이었다. 케스틀러는 에세이《요가 수행자와 정치위원》을 마이클에게 헌정하기도 했다.

이 책의 핵심 글인 〈소련 신화와 현실〉은 소련의 법률 체제를 비판했다. 특히 "미성년자의 범행을 방지하는 조치에 대한" 1935년의 소비에트 법 규정이 (사형 구형이 가능한 범죄를 비롯해) 범죄에 대한 책임 연령을 열두 살로 낮췄다고 밝히면서 이를 러시아가 진보 정치의 모든 가식을 바닷속에 집어던진 증거라고 주장했다.[197] 칼 폴라니는 이에 격분해 케스틀러를 소련의 명성에 먹칠을 하려고 사실을 가장 지독하게 왜곡할 태세를 갖춘 "십자군"이라고 일컫는 편지를《뉴스테이츠먼 앤드 네이션》으로 바로 보냈다. 이 편지는 청소년 범죄에 대한 사법권이 교육당국에서 법원으로 이전되었음을 인정했지만, 이 변화를 정당하다고 평가했다. "경험"은 "지하의 범죄 세계"가 학교 체제 안에 있던 범법자 아이들을 착취해왔음을 보여주었다. 게다가 열두 살짜리가 사형을 구형받을 수도 있다는 케스틀러의 주장은 사실을 잘못 전달한 것이었다.[198]

마지막 주장은 폴라니가 맞았다. 1935년 법령은 열두 살 이상의 청소년에게 일부 범죄에 대해서만 책임을 물었고, 일반적으로 사형을 구형받을 수 있는 범죄에 대해서는 그렇지 않았다.[199] 하지만 케스틀러는 중요한 사안에서 분명히 올바른 판단을 했다. 1930년대에는 사형 선고 대상이 확대되었고 1935년의 법령은 야만적이었다. 케스틀러의 표현대로 "문명화된 나라"라면 절대 열두 살짜리를 형사법정에서 성인으로 취급하지 않을 것이다.[200] "레닌의 사망 이후 소련 입법의 역사는 삶의 모든 영역에서 개인의 자유를 점차 동결"시키는 특징을 드러냈다는 케스틀러의 주장 역시 옳았다.[201] 여기에는 낙태, 동성애 같은 잘 알려진 금지 목록뿐만 아니라, 아마 왕위 찬탈을 중심으로 플롯이 짜였다는 이유로, 혹은 폴라니와 비슷한 성격의 주인공에게 결단성, 낙천성, 불굴의 용기 같은 소련 국민의 영웅적 자질이 결여되었기 때문에 스탈린이 금지한 《햄릿》(폴라니가 가장 좋아하는 문학작품)의 공연까지 포함되었다.

미국의 해자 넓히기

헝가리를 제외하면 칼 폴라니가 좋아하는 나라는 언제나 큰 국가와 제국이었다. 이들이 역사 진보의 엔진이었기 때문이다. 어릴 때는 러시아, "잉글랜드", 독일에 주목했다. 1930년대와 이후에는 러시아가 가장 중요하게 자리매김되었고, 폴라니는 러시아가 "이후 수세기 동안" 세계를 선도하기를 바랐다.[202] 같은 기간 독일에 대한 애정은 식은 반면, 중국, 그리고 특히 미국에 대한 관심이 꽃을 피웠다.[203] 그는 워싱턴이 모스크바와 나란히 세계사를 주도하리라는 전망을 반겼다. 1939년 초에는 "미국에 대한 내 믿음은 러시아에 대한 믿음만큼이나 확고하다"고 선언했다. 두 나라는 여러 면에서 달랐지만, 두 가지 면에서 크게 유사했다. 먼저 정치적으로 현대사에서 "하나의 사회를 만들겠다는 의식적이고 계획적인 결정"을 통해 탄생한 단 둘뿐인 나라들이었고, 사회학적으로 공장 노동자들 사이에 교육이 확산되면서 육체노동의 성격이 "불가사의한 방식"으로 바뀌기 시작했고, 이 과정에서 산업노동과 지식노동이 "새로운 관계"를 형성하고 있는 나라들이었다.[204]

폴라니는 러시아에 애정을 바쳤지만, 미국과는 달리 러시아를 방문한 적은 한 번도 없었다. 미국 방문은 두 차례 순회강연 때문이었다.[205] 이 덕에 1934~35년에 상당한 수입을 얻었고, 덤으로 야시를 방문할 수 있었다. 그는 가르치는 일이 즐거웠고, 방문한 대학들의 행사를 조직한 사람들에게 감사의 말을 전했다.[206] "남부의 작은 대학에서는" 학생들이 "상당히 정감 있고 똑똑하지만 슬프게도 국제문제에는 전혀 관심이 없다"는 주의사항을 전해 들은 폴라니는 "뒷부분의 예측은 명백하게 잘못되었음이 입증되었다"고 기뻐했다. 국제 갈등이라는 주제에서는 "관념론적인 환상주의와 귀가 얇은 데서 비롯된 냉소주의"라는 유감스러운 양극화를 발견하긴 했지만 말이다.[207] 하지만 순회강연은 고생길이었다. 여행 일정은 가혹했다. 밤 열차나 그레이하운드 버스를 타고 클라크스빌에서부터 파크빌로, 콘웨이에서 러스턴으로, 뉴윌밍턴에서 터스키기로, 그리고 오네온타에서 새러토가스프링스에 있는 정착지로 이동해야 했다.[208] 한 번의 순회에서 "중서부 지방에서 체류하는 6주와 중남부와 동남부를 돌아다니는 8주, 그리고 동부에서 약 2주"가 소요되었고 서른 곳 정도의 대학을 방문하고 고등학교 인터뷰 등을 하는 이틀짜리 휴식이 포함돼 있었다.[209] 전형적인 예로, 아이오와 디모인에서는 로터리클럽과 여성협회에서 강연하고 통조림 공장, 모직 공장, 장애인 학교, 지역 신문사 몇 군데를 방문한 뒤 다시 이동하여 포트 다지("고립주의자들의 성지")에서 강연했다. 폴라니는 과로로 건강에 문제가 생겨 불만을 제기했다. 사실 강연 조직자들이 인정했듯 그는 지나치게 많은 일을 했고, 여정은 접근하기 힘든 외떨어진 소도시를 돌아다니는 식으로 짜여 있었다.[210] 게다가 혼자서 아이를 봐야 하는 아버지의 형편하고는 무관하게 돌아갔다. 캐리는 영국에 도착한 이후로 쭉 그랜트 부부와 살고 있었고, 폴라니가 순회강연을 하는 동안에도 이들과 지내면 되긴 했지만 말이다.

힘들긴 했지만 "엄청나게 재미난 경험"이었던 순회강연은 폴라니에게 미국의 정치와 사회를 집중해서 배울 수 있는 기회가 되었다.[211] 시스몽디의 시대 이후 좌파 경향의 유럽 지식인들은 기업의 이익이 미국 사회와 문화를 지배하는 현실에 공포를 드러냈지만, 이제는 뉴딜이 이런 이미지를 바꿔놓고 있었다.[212] 어떤 면에서 폴라니는 전통적이고 회의적인 계보를 따랐다. "파벌과 우민愚民의 지배"에 대한 강박이 있었던 미국의 건국자들은 "보수적인 자본주의 경향"을 헌법에 새겨 넣었다.[213] 사유재산 영역과 정치를 분리하고, 사유재산을 정치의 영향에서 "최대한 보호"하도록 설계한 것이다. 이리하여 "보편참정권이 시행되었음에도 불구하고 미국 유권자들은 자산가들 앞에서 무력"

했고 대기업은 "정치 조직의 권위를 침해하려고" 온갖 수단을 동원할 수 있었다.[214] 노동조건의 규율이든 복지형 보험이든 미국의 사회정책은 후진 상태에 머물렀다. 게다가 영국과는 달리 "총명한 기독교 대중이 없었다".[215]

그럼에도 불구하고 폴라니는 이 나라에 흥미를 느꼈다. 1936년 무렵 "이상하게 들릴 수도 있지만 거의 향수병에 걸린 것처럼" 다음번 여행을 생각하고 있었고, 1939년—드디어!—다음 여행을 계획하기 시작했다.[216] 캐나다 친구들이 미국에 갈 수 있는 방법들을 알려주었고, 이런저런 가능성을 타진하다 이민을 생각하기까지 했다.[217] 미국 사회를 좋아할 만한 이유가 아주 많아졌던 것이다. 역동성, 정부 체제의 여러 측면, 외교정책("두려움에서 자유로운 한 대륙의 관대한 메시지…… 해외 속국이 별로 없고 이를 포기하는 데 필요한 도덕적인 힘을 갖춘 듯하여 자신을 인류와 한 몸이라고 여기는 이 나라의 정신"), 특히 "조직된 집단의 지도자들을 능가하는" 것으로 알려진 "평범한 사람들".[218]

미국 민주주의에 대한 폴라니의 인식을 보여주는 글에는 모순이 있었다. 한때는 "전쟁이 진행되는 동안 영국에서 민주주의(자유, 관용, 자유로운 발언)가 놀라울 정도로 생생히 살아남았음"을 언급하기도 했다. "미국인들에게 이는 기적과 같았다. 그들에게는 평화 시기에도 발언의 자유와 양심의 자유가 거의 없기 때문이다."[219] 하지만 또 다른 경우, 그는 미국의 헌법은 결함이 있긴 하지만 최소한 "포퓰리즘적-민주적" 요소들이 정치 영역에 확고히 깃들게 했고,[220] 봉건주의 외피가 없기에 미국 민주주의는 "자유 개념을 잉글랜드보다는 훨씬 더 많이, 평등 개념은 유럽보다 훨씬 더 많이" 구현했다고 말했다.[221] 이런 이상들은 지독한 소득 불평등 때문에 무색해질 수도 있었지만, 그럼에도 불구하고 미국에서는 "부자들이 사회적 우월감을 느끼지 않고", "일반 시민들이 열등감을 느끼지 않는다"고 통명스럽게 반박했다.[222] 계급이라는 단단한 껍질에 둘러싸인 영국과는 달리 미국은 국민들이 "엄격히 분리된 인종들", "소득 계층에 관계없이 같은 말, 같은 행동, 같은 예절 기준, 같은 전망을 가진" 하나의 나라였다.[223] 그리하여 대중의 교육 수준은 "전례 없이 높았다".[224] 무엇보다 폴라니는 프랭클린 루스벨트("위대한 지도자")와 뉴딜에 완전히 마음을 빼앗겼다. 그는 "대공황이라는 수렁 속에서 미국의 거대한 전환이 꿈틀대고 있다"고 예언했다.[225]

폴라니가 루스벨트의 뉴딜에 첫눈에 반한 것은 아니었다. 처음에는 코민테른과 노동당 좌파들처럼 회의적인 반응을 보였다. 그는 1933년 세계통화회의를 무산시켜 대공황을 악화시킨 루스벨트를 날카롭게 비난했고[226] 루스벨트의 전문가 집단—최초의 뉴딜을 구체화한 컬럼비아 대학 학자들—을 "계획경제 파시즘"에 결부하여 논하기도 했다.[227] 하지만 작업장 노동자의 전투성이 점점 고조되는 상황에서 공공사업과 사회보험 프로그램을 이행한 두 번째 뉴딜(1935~36년)에 이르러서는 루스벨트 행정부를 좋아하게 되었다. 이들의 활동을 설명할 때 뉴딜에 대한 급진적 비판—국가 회계와 복지 분야의 보수성, 기업 내부 인사들이 정부를 지배하는 현실, 기업의 이익 옹호 등등—은 거의 눈에 띄지 않았다.[228] 한번은 순회강연 때문에 먼지가 풀풀 날리는 테네시강 유역 개발공사 현장을 찾았는데 국가가 농촌 전력 공급 사업에 투자하는 모습에 큰 인상을 받았다. 폴라니는《오스트리아 경제학자》에 전송한 글에서 뉴딜을, 국가가 공동 결정권을 가지고 산업을 대중의 관심사로 끌어올린 정책이자 제도라고 극찬했다.[229]《거대한 전환》에서도 뉴딜을 "노동과 토지 주위에 해자를 건설하는" 시도라고 압축해서 표현한다. 사실 이 해자는 유럽에 있는 것보다 넓었다.

폴라니는 또 "정당정치인이었던 루스벨트가 정치가로 변모"해가는 과정을 기록했다. 그는 루스벨트가 초기의 고립주의를 폐기하고 "편협해서 다루기 힘든 대중의 여론"을 이겨냈을 때 기쁨을 감추지 못했다. 위기 국면의 사회학을 잘 파악하는 루스벨트는, 1930년대 초 단호한 지도자로서 사회적 재난을 방지했고 1930년대 말에는 영리하게 "고립주의 성향의 대중들을 국제적 과제에" 대비시키고 있었다. 루스벨트가 뉴딜을 내팽개치고 복지 프로그램의 고삐를 더욱 조이는 대신 전쟁에 초점을 맞췄을 때도 폴라니는 여전히 그를 지지했다. "루스벨트가 영리한 전략과 지혜로운 판단으로 고립주의 성향의 대중들을 국제적 과제에" 대비시키면서 "나라를 정치적으로 통합한 속도" 덕분에 미국은 "히틀러가 몇 년에 걸쳐 이룬, 산업 잠재력을 전시 생산 체제로 전환하는 과업을 수개월 만에" 이뤄낼 수 있었다.[230] 이는 "경이로운 최고 상태의 민주주의"를 보여준 업적으로 미국이 국제사회를 주도할 거라는 폴라니의 생각이 사실임을 보여주었다.[231]

심장과 집

1936년 폴라니는 영국에서 학생을 가르치는 정규직 일자리를 찾아야 했기 때문에 아쉽지만 미국 순회강연을 포기해야 했다.[232] 하지만 영국에 체류해도 좋은 긍정적인 이유들이 있었다. 이탈리아의 피한지에서 몇 달을 지내던 일로나가 그해 4월 런던에 도착했던 것이다.[233] 당시 사랑하는 이들이 부르는 이름대로 하면 "디키"(뚱보)—캐리가 어릴 때, 탈장으로 불거진 폴라니의 배를 보고 지은 별명—는 한 소아정신과 의사가 운영하던 킬번의 학생용 하숙집에 살고 있었다. 마침 집주인은 요리사를 찾고 있었기에 일로나를 채용했다. 일로나는 집안일에 아주 능숙하진 않았지만 사람들에게 충분히 인정받을 정도로 노력했다. 덕분에 주인들은 폴라니 부부가 그곳에서 "영원히 손님으로" 지냈으면 좋겠다는 속내를 드러낼 정도였다.[234] 디키는 때로 주방 일을 도왔지만 스토브 위의 주전자를 관리하는 정도에 그쳤고 요리는 하지 않았다.[235] 돈 그랜트에 따르면 그는 "상당히 구식"이었다. 1930년대에는 "남자가 하지 않는 일이 몇 있었는데 그중 하나가 요리였다"는 것이다. 폴라니가 얼마나 요리에 문외한이었는지는 친구 케네스 뮤어가 집으로 찾아왔을 때 바로 드러났다. "두 남자는 앉아서 계속 이야기를 나누었다. 몇 시간 뒤 뮤어가 '이제 확실히 점심시간'이라고 말하자 디키가 '내가 해결할게' 하더니 곁방으로 사라졌다." 몇 분 뒤 디키는 돌아왔고 다시 대화가 이어졌다. 시간이 째깍째깍 흘렀다. "난데없이 요란한 폭발음이 들렸다. 그가 스토브 위에 따지도 않은 콩 통조림을 그냥 올려두었던 것이다!"[236]

일로나가 도착하던 해에는 캐리가 기숙학교로 떠나기도 했다. 1936년 초에 캐리가 들어간 엘리트 사립학교인 비데일스는 장학금을 받더라도 부대비용을 내야 했다. 캐리의 부모는 몇 달, 몇 년간 학비를 모으려고 애쓰면서 여러 친구와 친척들에게 일회성, 혹은 정기 기부금을 내달라고 간청했다.[237] 폴라니는 계급을 구분하는 영국의 학교체제를 비판했고 (애덤 스미스의 의견에 찬성하여) "유일하게 건전한 원칙은 모든 계급을 위한 국민교육"이라고 고집했음을 감안하면, 캐리의 엘리트 사립학교 진학에 대해 조금의 의혹을 품지도, 심지어 이 결정의 모순을 의식하지도 못한 듯하여 상당히 당혹스럽다.[238] 일로나 역시 마찬가지였다. 어린 시절 일로나는 "사촌 여섯 명 전원이 잉글랜드로 유학을 가서 새롭고 진보적인 기숙학교 비데일스에 다니는 모습을 지켜봐야 하는 씁쓸한 경험"을 했고, 자신의 딸은 자신이 누리지 못했던 특권을 누릴 수 있기를 간절히 원했다.[239]

폴라니와 일로나에게 1936년은 천우신조의 해였다. 오랫동안 떨어져 지냈던 두 사람의 관계는 (거의) 정상으로 돌아왔다. 하지만 물질적 환경은 아늑함과는 거리가 멀었다. 킬번은 "형편없는 동네"였고 이들의 방에는 바닥에 매트리스가 깔려 있을 뿐 변변한 가구 하나 없었다.[240] 일로나는 생활비가 적게 드는 시골로 이사해야 한다고 주장했다. 하지만 캐리가 보기에 진짜 이유는 다양한 동식물 속에서 성장한 일로나가 "정원 가꾸기를 사랑했기" 때문이었다.[241] 게다가 일로나는 기독교 좌파 무리에서 폴라니를 떼어내고 싶어 했던 것 같다. "기독교와 사회주의의 혼합"도, 사회적 역학관계도 좋아하지 않았기 때문이다.[242] 그랜트 부부와 맥머리 부부는 실험적인 "사회 주택"으로 공동의 집을 마련하는 방안을 고민하기도 했다. 구상 단계에 그치긴 했지만 말이다.[243] 그랜트 부부와 맥머리 부부를 비롯한 여러 무리와 나눈 우정은 동지애가 깃들었고, 강렬하고, 친밀했다. 당연히 [허물없는 친구 관계를 일컫는] 친밀함이지만 가끔은 [성적인 관계를 일컫는] 현대적 친밀함을 의미할 때도 있었다.[244] 아이린은 폴라니를 대단히 흠모했고, 이들의 우정은 정상 범주를 넘어섰을지도 모른다. 나중에 일로나는 폴라니가 아이린을 친밀하게 대하는 것은 받아들일 수 있었지만, 자신이 빈에 있는 동안 아이린이 캐리를 입양하려 했던 것은 참을 수 없었다고 딸에게 털어놓았다.[245] 정확히 어떤 상황이었든, 캐리와 아이린, 그리고 폴라니와 아이린의 관계에 대한 질투심 역시 런던을 떠나 초록 들판에 둘러싸여 살고 싶은 일로나의 바람에 불을 지핀 것이 분명했다.[246] 다행스럽게도 이 바람은 일 문제로 런던 밖으로 이사할 필요가 있었던 폴라니의 상황과도 맞아떨어졌다. 결국 폴라니의 기독교 운동은 벽에 부딪혔다. 여기에는 다른 사건들도 한몫했다. 보조자운동의 정신적 지도자 조이 페어필드가 사망했고, 폴라니와 맥머리의 우정이 식었으며, 폴라니가 소도시를 돌며 노동자를 교육하는 일을 맡게 된 데다 나중에는 미국으로 이주하게 되었고, 1944년 이후에는 이 집단에 활기를 불어넣었던 파시즘의 위협이 가라앉았던 것이다.[247]

1937년 7월, 일로나는 목가적인 장소를 찾아냈다. "완벽한 황야"에 자리 잡은 볕 잘 드는 작은 단층집이었다.[248] 이 집은 건조장이 점점이 흩어진 그림 같은 계곡이 내려다보이는 들판에 있었다. 켄트 지방에서 "추한 부분과 아름다운 부분"이 갈리는 지점이었는데, 다행히 아름다운 쪽을 바라보고 있었다.[249] 집에는 가스와 전기가 전혀 공급되지 않았고, 버러그린 역이나 가까운 메이드스톤으로 가는 버스가 출발하는 길까지 가려면 "상당한 거리"를 걸어야 했지만, 폴라니에게는 전화가 연결돼 있다는 자랑거리가 있었다.[250] 일로나는 즉시 정원 만들기에 돌입했지만 노스다운스의 점토는 호락호락하지 않았다. 땅을 부수려면 "곡괭이가 필요했다". 1년 뒤 이들은 다시 이사했는데 이번에는 겨우 몇 킬로미터 떨어진 쇼어햄이라는 예쁜 켄트풍 마을이었다. 일로나는 새 집인 홀리 플레이스를 "사랑"했다. 고풍스러운 벽에 바닥은 고르지 않았고, 주방에는 굵은 기둥들과 안락해 보이는 난로가 있었으며, 무엇보다 봄이면 자두나무가 꽃을 피우는 푸릇푸릇한 정원이 있었다.[251] 기독교 좌파들과 맺은 관계가 전 같지 않았지만 폴라니는 전반적으로 "학교에 다니는 소년처럼 행복"했다.[252] 그는 책상에 앉아 "태양이 숲을 품고, 녹색 풀밭이 금빛으로 물드는" 풍경을 즐길 수 있었다.[253] 무엇보다 노동자교육협회의 수업을 맡아 안정된 일자리를 얻게 되었다.

가르치는 일은 보수는 적고 품은 많이 들었다. 핵심 과목인 영국의 사회경제사는 전문 분야가 아니었기에 강의를 준비하는 데 시간이 많이 걸렸다. 게다가 다음 수업이 기다리고 있는 켄트와 서식스 지방의 작은 소도시로 기차나 그린라인 버스를 타고 가는 데 여러 시간이 걸리기도 했다.[254] 수업의 질이 별로 좋지 않을 때도 있었다. 탈장의 통증 때문에 "업무 부하를 육체적으로 감당"하기가 힘들거나, 때로는 "여행 가방과 반드시 필요한 타자기"조차 들기 힘들었기 때문이다. 사실 어떤 수업은 "실패작"이었고, 특히 몰리 칼리지에서 했던 수업들은 "위기에 처했었다". 그가 마이클에게 고백한 바에 따르면(반면 일로나에게는 알리지 않았다) 최소한 한 대학의 고용주들이 "정당한 이유로 불만을 품었고" 그는 "대학의 고충을 덜어주기" 위해 일을 그만둘까 고민하기도 했다. 하지만 전반적으로는 어두운 일보다는 밝은 일이 더 많았다. 학기 중에만 강의를 해서 부활절부터 9월 말까지는 자유롭게 연구할 수 있었고, 출퇴근길은 마음 편했다. (이 시기 마이클에게 쓴 편지에 "나는 일이 끝나고 지친 몸으로 집으로 가는 기차에 앉아서 창밖으로 잉글랜드 남부 전원 풍경을 내다볼 때가 가장 행복하다"고 적었다.[255]) 그리고 일시적인 문제가 있긴 했지만 학생을 가르치는 일은 큰 만족감을 안겨주었다. 폴라니는 자신이 "이 일을 위해 태어났다"고 생각했다. 그는 주로 실험실 기사, 사무원, 언론인, 유아원 보모 같은 화이트

칼라 노동자들을 대상으로 하는 강의를 마치 하버드에서 초대받은 청중에게 하는 강의처럼 준비했다.[256] 폴라니의 수업을 들었던 학생은 고인을 기리는 편지에서 풍부한 표현으로 그의 교육 스타일을 묘사했다. "그는 일방적인 강의는 거의 하지 않았습니다. 정말로 알찬 토론을 자극하는 능력이 대단했지요. 사람들에게 한 가지 생각을 던진 뒤 가능한 한 모든 각도에서 살펴볼 수 있도록 이끌었어요." 그는 "토론 기법을 효과적으로" 사용했고 사람들은 "폴라니가 공식 연설을 할 때보다 이런 수업을 준비하는 데 훨씬 더 많은 노력을 들였을" 거라고 느꼈다. 같은 글에서 제자는 폴라니가 "자신의 수업에 들어오는 학생을 그저 일주일에 한 번 만나는 무리로 여기는" 사람이 아니었다고 덧붙인다. 그는 학생들을 "개인적으로도" 알았고 사적인 독서와 문제를 해결하는 데 큰 도움을 주었다. 또 "뛰어난 유머 감각과 대단한 매력의 소유자"이기도 했다.[257]

폴라니는 이런 경험을 통해 정치적, 사회적 변화의 수단인 성인 교육에 더욱 헌신했다. 노동자교육협회는 이상적인 기관이었다. 협회의 대표는 동지인 토니였고 또 다른 동지인 콜은 강사협회의 대표였다. 노동자교육협회의 사명은 사회 환경 때문에 고등교육을 접하지 못한 노동자들에게 폭넓고 일반적인 교육을 제공하는 것이었다. 폴라니의 생각처럼 교육의 목표는 노동계급을 순응적인 습관에서 해방시키고, 계급성을 자극하며 역사적 사명 의식을 고양하는 것이었다. 이를 달성하기 위해 노동자계급의 역사를 소개하면서 "사회의 제도적 통합성"과 사회 변화의 가능성, 그리고 노동운동이 직면한 도전을 강조했다.[258] 이런 프로그램은 자본주의사회의 기저에 깔린 가정들, 즉 개인은 이득에 따라 행동해야 하고, 임금 체계는 필요 불가결하며, 경제활동은 "공적 생활 및 사회적 도덕성의 영역과 분리"되어야 하고, 급진적 변화는 "불가능하거나 비도덕적이고", "계획은 예속으로 가는 길"이라느니 "인민의 지배는 문화의 천적이다" 같은 가정들을 비판했다.[259] 노동자교육협회가 계급 중심의 편향된 교육과정을 제공한다고 비난하는 사람들에게, 폴라니는 당파성의 원칙은 비판적 교육의 중요한 요소이며 짓밟힌 대중들을 사회의 "책임 있는" 구성원으로 변화시킬 때 반드시 필요하다고 주장했다.[260] 노동자들이 "적법한 거짓"의 의미와 사회적 기능을 배우지 못하면 "전통적인 물신의 무력한 피해자로, 즉 책임 있는 시민이 아니라 훈련된 얼간이로" 전락하고 만다는 것이다.[261]

폴라니는 노동자교육협회의 좌익 비판자들이 협회의 박애주의 경향과 자유주의 경향을 트집 잡고, 노동자들의 급진화보다는 통합에 이르는 길을 제공한다는 이유로 질책했다고 밝혔다. 콜조차도 나중에 협회를 구성하는 데 있어서 "정말로 주도적인 역할을 한 사실상의 노동자들"은 거의 없었고, 협회가 "노동계급의 현실적인 교육운동"에 성공하지 못한 대신 "이런 운동을 하려는 노력과 성인교육을 폭넓게 제공하는 기관이라는 역할 사이에" 머물렀다며 아쉬움을 토로했다.[262] 폴라니 역시 이런 비판에 어느 정도 공감했다. 그는 노동자교육협회가 "노동계급의 사회주의 사명"을 고취하는 데 충분히 노력하지 않는다며 비판했다. 하지만 이런 사명을 더 급진적인 방식으로 해석하거나, 민주주의를 위협하는 "무책임한 논객"을 양산하는 대안 체제를 지향하는 마르크스주의자들과는 거리를 두었다.[263] 그는 성인교육의 수혜를 받는 노동자들은 더 나은 직장으로 옮겨 가는 일이 종종 있는 반면 이들의 동료들은 열악한 저임금 노동의 수렁에 남아 있다는 점을 인정하면서도, 최소한 협회는 노동자들이 권력을 쥘 수 있는 수단을 제공하고 교육에서 계급 격차를 줄이는 수단을 준다고 반박했다. 영국의 교육에서 계급 격차는 노동계급을 무력하고 열등한 상태에 머물게 하는 반면, 상류층은 지배를 위한 훈련을 받기 때문이다.[264] "기본적으로 봉건적인 이런 사회에서" 교육은 "특권 계급이 지도성과 책임성을 가지고 지배자 역할을 하기 위한 수단으로 기능하고" 나머지는 자신들의 종속적인 지위를 수용하라고 배운다고 폴라니는 한탄했다.[265]

폴라니가 보기에 교육 체제는 영국 사회가 개탄스럽게도 "두 개의 민족"으로 쪼개진 핵심 이유였다. 그는 어린 시절 영국 신사에 대해 품었던 자신의 인상을 잊어버린 채 상류층을 혹평했다. 이들은 우월감에 찌들어 있어 "도덕적 감수성"이 부족하고,[266] 유럽 대륙에 알려진 것보다도 "큰 우월 의식을 무한히 품고" 있다. (폴라니는 "우리도 이들처럼 우월감을 품으려고 노력하지만" 영국인들에 비하면 "아마추어"라고 농담을 하곤 했다.[267]) 하지만 이들은 "절대 타락하지는 않았다".[268] 사실 어디서든 나라를 위험에 빠뜨리는 것은 지배 계급의 타락보다는 평민들의 타락 쪽이고, 이런 점에서 영국은 도덕적인 위기에 빠져 있었다.[269] 사회가 교육받은 자와 그렇지 못한 자로 분열되긴 했지만 계급을 넘나들며 친밀하게 소통한 빈이나 부다페스트와는 달리 영국에서는 계급 구분이 심각했고, 노동자들에게는 자율성이 없었다. 이들은 "의사를 제대로 표현하지 못했고" 책임을 두려워했으며 "완전히 감상적"이고, "현실과는 동떨어져" 있었다.[270] 먼저 산업화 트라우마는 노동자들의 인간성을 말살하고 이들에게서 문화와 자신감을 박탈하여 이들을 망연자실한 순응 상태로 몰아넣었다. 이어 부유한 경제와 제국이 제공하는 전보다 높은 생활수준을 탐닉하게 했고, 이로 인해 노동자들은 부르주아 습관에 더 깊이 물들었지만 결국 냉혹한 1930년대의 수렁에 빠지게 되었다. 대량 실업과 총파업 실패의 후유증, 그리고 램지 맥도널드 정부 때문에 노동자들은 체념과 굴종의 분위기에 완전히 갇혀버렸다.[271] 정치 역시 한몫했다. 영국과 유럽 대륙은 정반대되는 민주화의 연대기를 써나가고 있었기 때문이다. 영국에서는 사회 평등이 폭넓게 확산되기 전에 상대적으로 일찍 민주주의가 들어섰다. 이 때문에 평민들은 민주주의 구성원에서 배제되고 말았고, 이 연장선에서 평등이 아니라 자유가 영국 민주주의의 장점으로 굳어졌다.[272] 이 유구한 역사 속에서는 보편선거권마저도 영국 노동자들을 해방시켜주지 못했다. 이들의 "내면에 족쇄가 채워져" 있었기 때문이다.[273] 반면 유럽 대륙의 많은 곳, 특히 동유럽에서는 노동자와 소작농의 소득과 지위가 아직도 훨씬 낮았지만, 이들 나로드narod는 민중이었다. 이들은 신의 양떼였다. 가령 톨스토이나 고골의 작품에 나오는 등장인물들을 영국 소설가들이 그린 인물들과 비교해보라. 러시아 소설들처럼 "빈민들을 진지하게 다루는 태도"를 느낄 수 있는 것은 토머스 하디의 작품뿐이다.[274]

"시장 체제에 대한 깊은 증오"

폴라니는 하디의 작품 외에도 영국과 아일랜드 소설, 특히 키플링, 버나드 쇼, D.H. 로런스, 그레이엄 그린의 작품을 탐독했다. 그는 여러 방식으로 영국 문화에 흠뻑 빠져들었다. 도널드 그랜트의 아들인 돈이 크리켓 시합에 참여해달라고 부탁했을 때 바로 수락했고, 꼬박 이

틀을 경기장에서 시간을 보냈다. 첫날 폴라니는 "상당히 중립적"이었다. 공을 받아칠 거냐고 묻자 그는 이렇게 대답했다. "그래, 하지만 일단 네가 규칙을 설명해줘야 해." 돈이 설명을 해주자 이튿날 폴라니는 이 게임의 복잡한 특징들과 상징에 완전히 사로잡혔다. "그는 스포츠형 인간은 아니었지만 온갖 행위와 관련된 의미에 관심을 기울였다. 인류의 모든 활동에 관심이 있었다. 하지만 다시는 크리켓 경기를 하지 않았을 것이다!"[275]

크리켓은 예외지만 폴라니는 여전히 영국을 사랑했다. 그는 영국이 이 세상의 문제를 해결하는 데 "독특한 기여, 어쩌면 결정적인 기여"를 하고 있고 "만일 내가 영국식 삶과 생각에 적응할 수 있으면 나만의 방식으로 기여할 수 있을지 모른다"는 믿음을 품고 영국에 도착했다.[276] 그는 관용과, "친구가 넘어졌을 때는 때리지 않는다"[277]는 태도 같은, 자신이 특히 영국식이라고 생각하는—터무니없이 과장된—속성들을 존중했고, 오래전부터 그랬듯이 영국의 정치 문화를 숭배하면서 몇 가지 과시적인 전통을 뒷받침한 기득권을 비판적으로 바라보지 못했다. 그는 영국의 헌법을 (미국의 헌법처럼) 자유의 상징으로 추켜세웠다. 그가 보기에 앵글로색슨 정치 문화의 민주적 전통들은 "보편적인 평화와 진보라는 공동의 축적물에 있어서 한없이 소중한 자산"이었다. 영국에서 이런 것들이 오랫동안 살아남으려면 정치제도 안에 "진정한 사회적 평등"을 도입해야 할 것이라고 경고하면서도 말이다.[278] 영국이 "정치사상계에 가장 중요하게 기여"한 것은 관용의 개념이었다. 폴라니는 이 개념이 저항과 소수 의견을 수용하고 자신의 정치제도를 다른 나라에 "강요"해서는 안 된다는 신념을 포함한다고 생각했다.[279]

하지만 한 가지 면에서 폴라니의 영국 사랑은 큰 시험에 들었다. 일로나의 회상에 따르면 "《거대한 전환》 이면에 타오르는 열정인 시장 체제에 대한 깊은 증오"는 자본주의 본고장과의 만남에서 비롯되었다. "전에는 그런 감정이 없었다가 마지막 순간까지 이어졌다."[280] 일로나의 논평은 남편이 어떤 과정을 거쳐 시장경제에 환멸을 품었는지를 들려주지는 않지만, 그럼에도 불구하고 교훈적인 데가 있다. 일로나와 처음 만났을 때 폴라니는 시장경제를 열렬히 지지했고, 이를 하나의 메커니즘으로, 즉 개인들이 각자 소유한 상품을 교환할 수 있는 방법으로 인식했다.[281] 1920년대에는 전체주의 정치와 결탁한 경제적 자유주의에서 발을 뺐다. 작동하는 계획경제의 가능성을 인정하고, 계획경제와 이 체제의 타자인 시장의 승산에 대해 이야기하게 되었다. 1930년대 초에는 세계시장이 붕괴하고 소련에서 계획이 등장하는 모습을 목격했다. 이러한 과정을 거치면서 시장 체제를 점점 더 깊이 비판하게 되었고 이는 영국으로 이주하면서 더 심화되었다. 이 나라의 경제와 사회를 직접 경험한 데다 영국 자본주의의 역사를 공부했기 때문이다.

영국은 "정상적인" 자본주의사회가 되었나? 영국의 역사에 대한 한 가지 질문을 두고 폴라니는 입장이 흔들리곤 했다. 어떤 때는 영국의 정치 문화를 "주로 귀족적이고 농촌적"[282]이거나 "봉건적"이라 했고, 사회적 응집력이 "다양한 전문 집단과 직업 집단의 입장에서 각자의 전유물과 특권에 대한 인정을 발판으로" 발휘되고 있으며 경제생활의 사회적 부대 장치들이 "모든 생산자에게 노동조건과 소득, 직업적 영예와 전통의 안정성을 최대한 보장하도록" 짜여 있다고 설명했다. 이런 규범들은 "원자적 개인주의"와 "무제한 경쟁"을 억제하는 경향이 있었다.[283] 하지만 폴라니는 영국이 도시적이고 시장이 주도하는 나라이며 정치 영역이 19세기 이래 금융과 산업의 이해관계에 휘둘리고 있다는 점을 크게 강조하기도 했다.[284]

이 입장은 산업혁명의 사회적 영향을 두고 진행된, 영국 경제사에 대한 중요한 논쟁에 개입하는 과정에서 전면에 드러났다. 한쪽 진영에서는 토인비 경, 윌리엄 커닝엄, 그리고 해먼즈가 산업주의가 빈민들에게 미친 영향을 비판했다. 다른 쪽에서는 존 클래펌을 위시한 수정주의 학파가 경제성장의 온갖 장점과 사회경제적 변화가 점진적으로 이루어진다는 점을 단호하게 강조했다.[285] 폴라니는 토인비 등과 같은 입장에서 "사회적인 것을, 민중들에게 닥친 재난의 경제적 본질과 대비되는 것으로" 보고 강조하면서도, 시장경제는 폭발적인 힘으로 중상주의 질서를 몰아낸 19세기의 산물이라고 이들보다 훨씬 강력하게 주장했다.[286] 이전의 체제는 재생산을 위해 공동체 의식에 의존했고, 경제는 분업, 분배 양식, 행위의 목적 같은 핵심 요소들이 비경제적 가치와 제도에 뗄 수 없을 정도로 얽혀 있으며, 시장은 전체 경제체제 안에서 종속성을 띠고 있다는 점에서 "눈에 띄지 않았다". 19세기 초 토지와 노동력이 상품화되면서 이런 유기적 통일성이 해체되었고, 사회구조에 내장돼 있던 경제생활이 떨어져 나오게 되었다.

폴라니는 이런 급격한 이탈을 설명하면서 두 가지 요인을 강조했다. 하나는 기술 발전이다(오언, 슈몰러, 서보처럼 폴라니도 이를 "기계"라고 지칭한다).[287] 산업혁명을 일으킬 때 자본주의적 사회관계의 역할을 특히 강조했던 사람들과는 반대로, 폴라니는 이 인과관계를 뒤집었다. 즉 자본주의는 정교한 기술이 상업사회에 도입된 결과 나타난 것이다. "기계"는 상품시장만으로는 충분하지 않았고 "모든 생산요소를 위한 시장이 필요했기" 때문이다.[288] 다른 하나는 토지와 노동력의 상품화를 이데올로기 차원에서 정당화한 것인데, 이는 산업혁명기 영국 정치경제를 지배한 지식인 집단이 수행했다.[289] 여기서 폴라니는 자연스럽게 시장 행위를 하는 경향이 있는 인간이라는 개념을 제시한 스미스, 노동의 상품화를 정당화하고 "산업의 법칙을 신의 법칙으로 인식한" 버크, 그리고 종속과 불평등을 "인간의 자연스러운 상태"로 합리화한 제러미 벤담을 언급하고 있지만, 그가 정말로 싫어한 인물은 리카도와 맬서스였다. 바로 이들이 [시설에 수용되지 않은 사람들을 위한] 원외 구호의 중단을 정당화한 인물들이었기 때문이다.[290] 이 조치는 굶주림에 대한 두려움을 효과적으로 이용하여, 1834년에 제대로 작동하는 노동시장을 만들어내는 발판을 마련했다.[291]

리카도와 맬서스의 주장에 담긴 도덕적 신념들은 "대단히 해로웠다. 가난은 자연의 저주로, 인도주의에 기반한 행위들은 인류의 이익에 반하는 범죄로 간주되었다. 왜냐하면 이는 필연적으로 인류의 고통을 늘릴 것이기 때문이다".[292] 리카도의 임금철칙과 맬서스의 인구법칙은 특별히 사악한 역할을 수행했다. 이런 가혹해 보이는 법칙들만이 빈민들에게 "자신들은 가난 속에서 고생할 수밖에 없는 운명이라는 인상을 확실하게" 심어줌으로써 이들이 "자신의 운명에 기꺼이 따르게" 만들 수 있기 때문이다.[293] 하지만 폴라니는 학생들에게 시장자유주의 기조에 따라 건설된, 토지와 노동이 시장 법칙에 따라 생산되고 재생산되는 단순한 상품으로 전락한 사회는 사상누각이나 마찬가지라고 조언하곤 했다. 경제적 자유주의가 사회의 물질적 영역을 완전히 장악할 경우 분명 사회를 파괴하고 말 것이다. 실제로 19세기 초 영국에서는 이처럼 자명한 운명에 대한 두려움 때문에 한 쌍의 반응이 촉발되었다. 주로 계몽된 보수주의자들과 자유주의적 급진주의자들이 일으킨 움직임인데, 인간과 자연이 상품으로 전락하는 사태에 저항하는, 미래의 운동을 위한 토양(특히 기독교 사회주의)을 마련한 것이다. 이런 고찰과 함께 폴라니는 곧 자신의 이름을 드날리게 해줄 논점에 도달했다. 즉 자유방임 자유주의의 도입은 보호주의라는 반동을 촉발한다. 이 도전과 응전에 대해 폴라니는 훗날 유명세를 타게 될 "이중운동"이라는 이름을 붙였다. 이제 《거대한 전환》의 초고에 이 용어가 들어갈 터였다.

5장

대재앙과 그 기원

1940년 초, "수상쩍은" 조짐이 전면전으로 확산되기 불과 몇 주 전에 칼 폴라니는 운 좋게 재앙에서 벗어날 수 있었다. 일로나의 집안이 조사이어 웨지우드 경과 연줄이 닿았던 덕에 폴라니 부부는 각각 3월과 4월에 귀화 서류를 받았다. 이 서류가 없었더라면 추축국 시민권을 가진 수만 명의 영국 거주자들—대부분이 유대인 혈통이었다—처럼 1940~41년에 적국의 국민이자 외국인으로서 맨섬에 억류되었을 가능성이 높다.[1] 영국 시민권의 획득—폴라니는 이후 죽을 때까지 영국 시민권을 유지했다—은 폴라니의 미국 도피를 부추겼을 것이다. 전시에는 영국 시민권이 없으면 귀국을 보장받지 못했기 때문이다.[2] 그의 건강을 감안했을 때 전시 영국은 이상적인 거주지가 아니었다. 런던 대학교 도서관 사용료에다 런던을 오가는 어려움 탓에 연구 활동도 지장을 받고 있었다.[3] (최소한 한 번은 전쟁 때문에 열차 운행이 완전히 중단되었다.[4]) 다행스럽게도 폴라니의 귀화 직후 미국 버몬트주 베닝턴에 있는 한 인문과학대학(베닝턴 칼리지)이 방문 체류 강사직을 제안했다. 폴라니는 흔쾌히 받아들였다.[5]

8월 초 리버풀에서 출항했을 때 폴라니는 잠시 체류할 생각이었다. 베닝턴도 썩 좋은 동네는 아닐 거라고 생각했지만, 막상 미국에 도착했을 때 유쾌한 충격을 받았다. 베닝턴은 곧바로 폴라니를 사로잡았다. 넉넉한 봉급에 "보기 드물 정도로 높은 수준의 인간관계와 공동체 분위기"를 풍겨 "마치 제2의 비데일스처럼 아주 깊은" 인상을 남겼다.[6] 그는 영국과 달리 미국에서는 "college와 university 사이에 큰 차이가 없고" 베닝턴 칼리지가 "미국 최초의 여자 대학 열 곳" 중 하나라는 사실을 알고는 마음을 놓았다. ("베닝턴 출신 여학생들을 종종" 인턴으로 채용하는) 라자스펠드는 그곳이 모교 격인 세라 로런스 칼리지보다 "훨씬 우수하다"는 말을 해주기도 했다. 세라 로런스는 "정신분석학에 감염되어 있고 확실히 고답적인" 반면, 베닝턴은 "당연히 아주 부유하고 사회적 지위가 대단히 높은 데다 지금까지는 더 진지한 대학"이었다.[7] 폴라니는 다른 대학들은 "너무 가난하거나 너무 위계적이고 보수적이어서 나 같은 사람을 원하지 않는다"고 덧붙였고, 자신이 적임자라는 사실을 조금도 의심하지 않았다.[8]

제안받은 자리는 정규 교수직에 포함되지 않는 임시직이자 명예직으로 업무 부담이 적어서[9] 폴라니는 (내키지는 않았지만) 전에 계약했던 순회강연을 12월에 진행할 수 있었다. 급여는 종신 재직권이 있는 동료들의 절반밖에 되지 않았지만, 몇 주가 지나자 계약이 꽉 찬 1년으로 연장될 수도 있다는 사실이 드러났고, 만일 추가 기금이 들어올 경우에는 한 해 더 연장될 수도 있었다. 계약 연장이 확정되기도 전에 폴라니는 쿠나드 기선의 귀국 티켓을 취소하는 게 좋겠다고 생각했다. 이어 미국에 체류한 지 불과 두 주 만에 자신의 계약이 연장되리라는 이야기를 듣고는 기쁨을 감추지 못했다. 미국에서 오래 체류하게 되면 러우러와 다시 연락하며 지낼 수 있고, 무엇보다 일로나의 표

현에 따르면 "연구와 저술 환경이 믿기 어려울 정도로 양호"해질 터였다.[10]

버몬트 시골 벽지의 푸른 언덕에 자리 잡은 베닝턴은 전쟁이 끝나기를 기다리며 지내기 좋은 고요한 장소였다. 폴라니는 몇 주 만에 "이곳을 집처럼" 여기게 되었다.[11] 그가 도착했을 때 캠퍼스는 들어선 지 채 10년이 안 된 상태였다. 건물은 완공되었지만 운동장은 아직 준비 중이었고, 나무들은 묘목 상태에서 조금 자란 정도였다. 베닝턴은 엘리트 학교였다. 기부금 없이 엄청나게 많은 수업료를 학생에게 요구했는데, 사실상 미국에서 수업료가 가장 비쌌다. 학교의 철학은 진보적이었고, 위스턴 오든, 벅민스터 풀러, 케네스 버크, 마사 그레이엄 같은 창의적인 혁신가들을 끌어들였다. 최초로 시각공연 예술을 교육과정에 포함한 대학이기도 했다(폴라니는 춤을 아주 좋아하진 않았지만 대학에서 열리는 댄스 축제에 참석했다).[12] 폴라니가 탐독한 책의 저자인 존 듀이가 평의원회에서 일했고, "행동에 의한 학습"이라는 듀이의 사상은 학교 윤리에 영향을 미쳤다. 베닝턴은 학생들이 자원봉사 활동과 인턴에 지원하도록 격려하는 등 시민정신을 함양하는 데 힘썼다. 전쟁이 진행되는 몇 년 동안 학생들은 순번을 정해 학교 소유의 경작지에서 매주 몇 차례 육체노동을 했다.

폴라니는 베닝턴의 윤리와 공동체 정신이 아주 마음에 들었고, 1대 5인 교수와 학생 비율, 근면한 분위기를 좋아했다. "이 여학생들은 공부도, 일도 정말 열심히 한다." 학생들은 폴라니의 수업을 존경하는 마음으로, 그리고 때로는 "치열한 관심"을 기울여 들었다.[13] 베닝턴은 드러커와 프롬을 비롯한 정치적 난민들을 환대했다. 드러커는 폴라니가 곧 정규 교수진으로 채용될 거라고 확신했다. "난민이라서

가 아니라 인격과 지위" 때문에.[14] 유럽 출신 난민들을 포용하는 대학의 정책은 정치적 분위기에 영향을 미쳤다. 한 졸업생의 회상에 따르면 "유럽 출신 난민이 다수인" 교수들의 영향으로 "더는 홀로코스트가 일어나지 않게 막는 일이 우리의 책임이라고 분명히 느꼈다".[15] 교수진은 대체로 진보적이었다. 폴라니의 추정에 따르면 이들 중 90퍼센트가 루스벨트를 찍었다.[16] 극좌 관점이 강하게 드러나지는 않았다. (드러커는 최근까지 "트로츠키주의자들은 화형을 당했지만" 이것이 우리의 주인공을 크게 흔들어놓지는 않았으리라는 수수께끼 같은 말을 했다.[17]) 폴라니가 추측하기로는 교직원들 역시 민주당 쪽이었다. 루스벨트가 1941년 취임 연설을 할 때, 폴라니와 일로나는 대서양 양쪽에서 "기쁨과 뿌듯함, 득의양양한" 기분으로 들었다. 폴라니는 대학의 모든 육체노동자들, "포장실, 가게, 창고, 공구실과 헛간에" 있는 노동자들 역시 이 연설을 듣고 있으리라고 확신했다. "대통령은 바로 이들을 향해 연설을 하는 것이었기 때문이다."[18]

폴라니의 베닝턴 임용에는 한 가지 부정적인 면이 있었다. 그해 초여름 일로나는 자신이 직면한 딜레마 때문에 "심한 신경쇠약"에 시달렸다. 마이클에게 털어놓은 바에 따르면 그녀의 "심장"은 미국에 있었지만 영국을 떠나면 "거의 죽은 목숨"일 터였다.[19] 그녀는 한때 영국의 매정한 면, 심지어는 "무자비함"을 한탄했다.[20] 또 "접촉의 빈곤"과 급진 정치의 결핍에 대해 불평했다. "필요한 것이 다 고갈된 상태, '가망 없는 나라에서 가망 없는 대의'를 위한 투쟁."[21] 하지만 외로움과 주기적인 실업, 진정으로 만족스러운 일을 찾기 힘들 거라는 전망에 시달리는 절망적인 순간에도 이 제2의 조국에서 자리를 잡고 만족했고, 이 나라에 대한 "사랑의 불꽃"을 품고 있었으며, [1939년 9월부터

1940년 5월까지 이어진] 전투 없는 전쟁 시기의 경험을 특별히 성가셔하지도 않았다.[22] 가끔 머리 위에서 벌어지는 전투의 소음이 거슬리긴 했지만 편지에는 전반적으로 위험은 멀리 떨어져 있다고 적어 남편을 안심시켰다. 한 편지에서는 "우리 마을은 늘 그렇듯이 평화로워. 우린 전쟁은 전혀 느끼지도 듣지도 못해"라고 말한다. "나는 폭탄 때문에 움푹 팬 곳은 못 봤고 피해를 입었다는 말도 듣지 못했어……. 아직 공중전도 못 봤어."[23] 전쟁이라는 상황 아래 쇼어햄 사람들은 엄청나게 친절해져서 그녀는 런던 역시 사랑하게 되었다고 덧붙였다.[24] 전쟁의 고난을 거치면서 런던은 상트페테르부르크와 빈처럼 그녀가 사랑하는, 고통받는 도시들과 유사한 "침착함"의 상태에 도달한 것이다.[25] 하지만 영국을 떠난다는 생각에 "아주 상심하긴" 했지만 그녀는 "폴라니와 합류하기 위해 노력해야 한다"고 굳게 마음먹었다.[26] 그녀는 베닝턴 생활을 계획하기 시작했고 가까운 곳에 비행 학교가 있어서 조종사 훈련을 받을 수 있으면 좋겠다고 생각했다.[27] 이 결정과 함께 기나긴 모험이 시작되었다. 멀리 떨어진 사랑하는 이를 그리며 대서양을 횡단하는 여행을 감행하고, (일로나의 경우) 여러 차례 비자 발급을 거부당하는 동안, 유럽의 영향력이 강하게 남아 있다 보니 늘 심경이 복잡할 수밖에 없었다.

폴라니는 한 주에 여러 번 "일코"(또는 "사랑하는 누이", "작은 새", "내 고양이" 등)에게 편지를 썼고, 마이클 역시 그녀와 정기적으로 연락을 주고받았다.[28] 폴라니는 종종 시를 동봉했고, 빚을 다 갚고 나서는 돈을 보내줄 수 있게 되었다. ("50파운드를 보내. 남는 돈은 은행에 넣어두지 말고 당신하고 캐리가 입을 진짜 옷을 만들고 나머지는 신발 사는 데 써!")[29] 증기선으로 보내는 편지는 20일이 걸렸지만 쾌속선은 10일 걸리는 대신 더 비쌌다. 그는 자신의 "아주 인색한" 성격을 언급하면서 보통은 증기선을 선택했지만 급한 일이 있으면 더 빠른 방법을 선택할 것이라고 말해 아내를 안심시켰다.[30] 그는 아내의 "연필선이 남아 있는…… 작은 조각 메모들"을 받는 것을 아주 좋아했다. 읽고 또 읽었으며 어떨 때는 아예 다 외운 뒤 혼자 암송했다.[31] 남편에게서 "훨씬 더" 자주 편지가 온다면 기뻤을 테지만 일로나는 칼이 《거대한 전환》을 열심히 집필하고 있음을 알고 있었다.[32]

몇몇 편지는 이 노동을 생생히 포착하고 있다. 어떤 편지는 "나는 몇 주 동안 하루 종일 연구하고 책을 읽고 있어"라는 말로 시작한다.[33] 다른 편지는 "셀리그먼 도서관의 살짝 먼지가 덮인 18세기 구빈법 자료집"과 "특별 이용 혜택을 누리는 컬럼비아 도서관의 어둡고 냉방이 되는 서고를 뒤지는 모습"을 담고 있다. 폴라니는 "컬럼비아 도서관에서 보낸 지난 3주만큼 풍요롭게 연구하고 성장한 시기를" 1920년 이후로 한 번도 경험하지 못했다. 3주 동안 운전 교습을 받느라 30분씩 휴식을 취했을 뿐이었다.[34] 또 다른 편지에서는 "목조주택 앞에 몇 피트 깊이로" 쌓인 눈에 대해 적고 있다. "내 책들은 바닥에 발목 깊이로 쌓여 있어. 지난밤에는 금본위제에 대한 최신 연구에서 통로를 발견했어. 이 연구는 대재앙의 본질에 대한 내 이론이 맞다는 사실을 분명히 보여주고 있어."[35] (일로나는 이렇게 답장을 보냈다. "당신 집 주위에 쌓인 눈과 바닥에 쌓인 책들, 금본위제와 대재앙에 대한 당신의 편지를 읽고 또 읽었어. 근데 그게 정확히 무슨 말인지 잘 모르겠어."[36])

전쟁과 이민 통제는 이들의 생활과 편지 왕래에 걸핏하면 끼어들어 사람을 우울하게 했고, 뭔가 불확실한 분위기가 더욱 짙어졌다. 편지는 자주 지연되었고 완전히 행방불명되는 경우도 적지 않았다. 3주가 넘도록 폴라니는 편지를 전혀 받지 못한 적도 있었다.[37] 일로나와 친척들에게 비자 문제는 더 고약한 상황임이 드러났다. 특히 꼬인 사람은 아돌프의 아들들이었다. 이들은 파시스트가 지배하는 이탈리아에서 도망친 뒤 쿠바에서 오도 가도 못 하는 상황이 되어 미국 입국 방법을 찾고 있었다. 안타까운 우연인데, 미국 국무부의 비자 정책이 "정확히 이 아이들의 도착에 맞춰서 상당히 엄격해져버렸다". 1941년 6월 영사관 직원들은 "독일, 이탈리아, 혹은 러시아가 통제하는 영토에 거주하는 부모, 자식, 남편, 아내, 형제, 자매를 둔 모든 지원자에게 비자를 내주지 말라"는 지침을 받았다. 이 때문에 아돌프의 아들들도 배제되었다. 가까운 친척들이 파시스트 치하의 이탈리아에 있었기 때문이다. 마이클은 이 새로운 정책이 굉장히 잔인하고 위선적이라며 화를 냈다. "히틀러의 영향력에서 자기 나라를 보호한다는 핑계로 반유대주의 정책"을 추구하는 꼴이었기 때문이다.[38]

폴라니가 조카의 일에 개입하자(혹은 하지 않자) 누나와 심각한 언쟁이 벌어졌다. 다툼의 뿌리에는 남매의 서로 다른 성향이 자리 잡고 있었다. 캐리의 말에 따르면 러우러는 "일반적인 중부유럽 유대인 부르주아 엄마"였다. "고모는 시스템을 훌륭히 조작할 줄 알았기에 가족을 위해서라면, 내 아버지는 절대 하지 않을 일을 하곤 했다." 폴라니는 "영국식 개신교 윤리를 많이 체득"했고, "법을 존중하는 일에 있어서 상당히 과도한 생각, 즉 법에 불복해서는 절대 안 된다는 생각"을 했다. 그래서 러우러가 "연줄을 이용해 상당히 올바르지 않은 방식으로 가족들을 돕는다"는 생각에 "항상 약간 못미더워"했다.[39] 아돌프의 아들 문제에서 폴라니는 이 윤리를 "약간 지나치게" 고집했다.[40] 러우러가 "분명한 허락"도 받지 않고 자신의 이름을 사용한 데 화가 난 그는 마이클의 도움을 받아서 러우러에게 "무슨 일이 있어도 나와 상의하지 않고 내 서명이 들어간 전보를 보내서는 안 된다"고 단단히 일렀다. "[만일 그렇게 하면] 다시는 보지 않을 거야." 그는 마이클이 "미국과 영국의 기준은 빈의 기준과는 다르다"는 점을, 또 "어떤 경우에도 미국의 기준을 따라야 한다"는 점을 충분히 알고 있으리라고 덧붙였다.[41] 결국 아돌프는 누이가 이 사건을 책임져야 한다고 고집했다. "칼에게 끝까지 밀고 갈 의지가 있는지" 혹은 "미시[마이클]에게 시간적인 여유가 있는지" 의심스러웠기 때문이다.[42] 결국 러우러가 최선을 다하고 미국 이민 정책이 바뀌어 아돌프의 아들들은 1943년에 비자를 받았다.[43]

폴라니는 조카들의 사건에는 소극적으로 개입했지만 일로나가 미국으로 들어오는 일에는 온 힘을 기울였다. 자신의 경우는 일단 방문자 비자로 미국에 들어와서—손가락 지문을 꼼꼼하게 찍은 뒤—외국인으로 등록하고, 이어 워싱턴으로 가서 비할당형으로 비자를 갱신해달라고 국무부에 신청했다. 비할당형 비자를 받으면 일로나와 캐리도 비할당 비자로 들어올 수 있었기 때문이다.[44] 베닝턴이 2년간 채용할 계획이라는 점은 비할당형 비자를 받는 데 보험 역할을 할 수도 있었지만, 공식적으로 대학은 한 학기 동안 그를 채용했을 뿐이기에 내부 규정상 이를 주선할 수가 없었고 약속을 취소해야만 했다.[45] 결국 폴라니는 베닝턴에 기대어 이민을 할 수는 없었고 할당 비자를 구해야만 했다.[46] 한편, 일로나는 1940년 9월에 출입국 비자 신청 절차를 시작했는데 더디게 진행되었다. 정확한 이유는 알 수 없지만 당시 영국 주재 미국 대사가 파시스트 동조자인 조 케네디였다는 점이 한몫했을지 모른다. 케네디는 이민 규정을 감독하던 워싱턴의 거물 브레

킨리지 롱의 친구였다. 롱 역시 골수 반동분자에 반유대주의자였다. (그는 히틀러가 쓴《나의 투쟁》이 "공산주의와 혼란을 퍼뜨리고 다니는 유대인들과 유대교도들에 대한 반대를 구변 좋게 풀어놓았다"며 갈채를 보냈다.[47]) 친구인 루스벨트는 롱의 "파시스트" 성향을 경고하면서도 그를 국무부 차관보로 임명했고 롱은 위험 인물들의 미국 입국을 방해하는 데 핵심 역할을 했다. 롱은 중부유럽 유대인들의 입국을 방해하는 일에 착수했다. 신청자 자신과 두 명의 미국인 신원보증인에 대한 시시콜콜한 정보를 요구하는 4피트 길이의 비자 신청서를 도입했고, 영사관에는 행정 장치를 통해 비자 발행을 연기하라고 지시했다.[48] 이런 방해 행위의 결과 (오스트리아 포함) 독일 이민자에게 할당된 수량의 90퍼센트가 채워지지 않았다.

롱이 국무부 차관보로 임명된 배경에는 "당국의 갑작스러운 태도 변화"가 영향을 미쳤을 가능성이 농후했다. 폴라니는 일로나에게 보내는 편지에서 이는 "당신의 옛 동지 중 누구도 난민 증기선을 타고 이 나라에 들어올 수 없음"을 의미한다고 걱정스럽게 말했다.[49] 일로나가 영국에 묶인 상태로 할당 비자를 확보하기가 불가능해지자 이들은 캐리만 베닝턴으로 보낼 수 있을지를 두고 고민했다. 그러나 폴라니가 "여자아이 혼자서 방탕하고 타락한 계층과 같은 배에 타야 하는 위험"을 걱정했기 때문에 바로 포기했다.[50] 이 시점에서 폴라니는 일로나를 일단 캐나다로 오게 하는 방안을 고민하기 시작했다. 일단 캐나다로 넘어오기만 하면 자신이 필요한 것들을 마련할 수 있으리라고 아내를 안심시켰다.[51]

1941년 초 폴라니는 롤러코스터처럼 불안정한 시기가 좀 더 즐겁고 예측 가능한 시기로 바뀌리라는 희망에 부풀어 있었다. 일단 "대

재앙의 근원: 정치, 경제적 탐구" 혹은 "19세기 해부: 대재앙의 정치, 경제적 근원"이라는 가제를 단 《거대한 전환》 집필이 순조롭게 진행되고 있었다. 오랜 친구 마르샤크가 책의 개요를 보고는 원고가 순항 중이라고 논평해주었다.[52] 다른 한편으로는 대서양 너머에 있는 일로나를 데려올 수 있는 가능성이 매우 높아지고 있었다. 그는 마이클에게 "이제는 내 지위가 전보다 훨씬 안락"해졌기 때문에 전 해에 사용한 "공들인 전략"은 아마 필요 없을 것이라고 전했다.[53] 그녀는 방문자 비자를 발급 받아서 2월에 대서양을 건널 수 있게 되었다. 폴라니는 베닝턴에서 열린 사교 행사에서 동료들에게 아내를 소개했다. 일로나가 공산주의자로 활동한 전력을 알고 있던 사람들은 그녀가 "최소한 '용감무쌍'하거나 '호전적'이거나 '감상적'이거나 '열정적'이거나 '재미'있거나 '인습적'이거나 혹은 '인습적이지 않'거나 중 하나"에 해당할 거라고 기대했다. 하지만 실제로는 이들이 두려워했던 괴물과는 정반대였다. 그녀는 "열정과 감정보다는 사실을 중시하는 유능한" 사람이었다. 동료들은 "그녀의 매력과 지성, 인물됨에 완전히 압도"되었다. 기쁨과 안도감에 젖은 남편은 넙죽넙죽 축하인사를 받았고 이 행사가 "어마어마하게 성공적"이었다고 기록해두었다.[54]

하지만 이런 순간에도 일로나가 할당 비자를 받을 가능성은 희미해지고 있었다. 부부는 동시에 두 가지 방법을 취했다. 1941년 1월에 독일에 대한 비자 할당이 발표되자 폴라니는 일로나와 캐리에게 각각 할당 비자를 신청하라고 제안했다. 폴라니 자신도 비자를 신청할 것이고 이러면 언젠가 (두 사람의 비자 발급이 보장될 수 있는) 비할당 비자를 받게 될지도 모른다는 것이었다.[55] 하지만 그는 미국이민청 관료들이 일로나를 부적격자로 간주할 가능성이 높다는 점을 알고 있었다. 지인이었던 컨들리프는 냉정하게 지적했다. "나는 그녀가 질문에 어떻게 대답할지 잘 모르겠어요. 나처럼 그녀의 배경을 알고 있는 사람이라면 신원보증인이나 추천인으로 나설 수 없을 겁니다." 폴라니는 어깨를 으쓱하면서 자기 생각에 그녀는 "당신의 할당 비자로" 들어올 수 있을 거라고 말했다.[56]

3월, 일로나는 출국 허가가 거부되자 상심했다. 괴로워하던 그녀는 난데없이 영국을 떠나지 않겠다는 결정을 내렸다. 비자가 여러 차례 거부되면서 좌절하기도 했지만, 정치투쟁의 일환이자 산 경험이었던 전쟁과도 연관이 있는 결정이었다. 그녀는 여가 시간에는 기체역학의 이론과 실제에 대한 글을 읽었고, 여성보조공군 지원서를 냈다. 일로나 자신의 말에 따르면 1940년에 영국을 떠나지 않기로 결정한 이유는 "전쟁에서 유용한 사람이 되고 싶었기 때문"이었다.[57] 그녀는 폴라니에게 이렇게 썼다. "이 전쟁이 여러 전쟁 중 하나가 아니라 중요한 의미가 있는 유일무이한 전쟁이라는 사실이 점점 분명해지면서 내가 여기 참여하는 것이 무엇보다 중요한 일이 되고 있어. 내가 맹목적인 애국주의나 그 비슷한 이념에 오염되었다고 생각하면 안 돼. 이건 이데올로기하고는 무관한 일이야. 난 그저 정말로 영국을 떠나면 내 안의 무언가가, 불멸의 가치를 지닌 무언가가, 그러니까 내 마음이 산산이 흩어지고 기질이 죽어버릴까 봐 두려울 뿐이야."[58] 물론 일로나의 고뇌에 찬 결정에는 캐리의 기호도 영향을 미쳤다. 미국을 "좋아하지 않았던" 새내기 공산주의자 캐리는 대서양을 건너간 아버지의 행보에 실망했다. 부부가 보기에 캐리의 "신념과 성향, 삶의 계획이 당시에는 영국 중심으로 형성되었기에" 그녀를 "끌고" 멀리 가버리면 "영혼이 무너지고 안에 있던 가장 좋은 자질들이 모두 파괴될 것"임이

분명했다.[59]

일로나는 자신과 캐리의 출국 신청을 철회하기로 했지만, 폴라니가 미국에 머무는 한 딜레마는 지속되었다. 마이클은 일로나의 마음을 이해했다. "칼에 대한 것만 빼면 당신의 의무, 왕성한 관심사가 모두 미국이 아닌 영국에 있다고 느끼겠지요." 일로나와 캐리가 영국에 대해 느끼는 애착을 감안하면 이민은 "타격이 될" 것이었다. 그럼에도 마이클은 "따로 떨어져 지내는 경험은 이런 내핍의 시기에 겪는 평균 수준의 고난을 넘어서지 않습니다. 이별은 예외가 아니라 규칙입니다. 필요한 결정을 내리는 길잡이입니다"라며 애원하듯 말했다. 칼이 "지난 몇 년간 했던 강의로는 계속 생계를 유지할 수 없다"는 사실은 이 결정을 "불가피한 원칙"으로 만들었다. 어떻게 폴라니가 "부당한 부담, 너무나 지나친 부담을 지지 않고도 자신을 부양할 수 있는 곳에서" 다시 영국으로 돌아올 수 있겠는가? 물론 그의 "행복은 대체로" 연구가 아닌 "다른 원천에서" 나오기는 했지만 "수년에 걸친 연구를 통해" 마련된, 책을 집필할 수 있는 기회는 포기할 수 없었다. 마이클은 일로나에게 호소했다.

> 가장 심오한, 그리고 내가 생각하기에는 상당히 부당한 희생을 하지 않는 이상 말입니다. 그런 기회는 변덕스러운 운명의 마지막 제안입니다……. 이면에 있는 종잡을 수 없는 구석과 병약함이 발목을 잡기는 하지만 쉰네 살이 된 칼은 일생의 사상을 갈무리하고 집대성하여 최종 결과물을 내놓는 데 매진해야 하는 사람입니다. 칼이 자신을 그리고 사회를 위해 할 수 있는 단 하나의 좋은 일이지요. 그는 여기서는 할 수 없지만 미국에서는 할 수 있습니다.[60]

칼 역시 일로나를 설득하는 일에 들어갔다. 일로나가 미국으로 올 수 있는 길이 전혀 보이지 않던 시절, 폴라니는 "어떤 일에 전념해도" 그녀가 없는 미국에서는 오래 지낼 수가 없다고 주장하면서 "여기서 일이 잘 풀리고 있지만" 돌아갈 뜻을 내비치기도 했다.[61] 하지만 이는 옛날 이야기였다. 그는 이제는 "당신이 내가 있는 곳으로 왔으면 좋겠다"고 회유했다. "일자리도 없고, 건강도 나쁘고, 나이도 많은" 일로나가 떠난다고 해서 영국의 전력에 문제가 생기지는 않으리라는 것이었다. 좀 더 진지하게 말해서 "나는 당신이 필요하고 당신 없이는 살 수가 없어". 일로나가 영국에 남겠다고 결정한다면 "나는 혼자서 행복한 죽음을 맞을 수 있다"고 감상적인 과장을 섞어 말했다.[62]

어느 정도는 남편의 설득 때문이기도 하지만 여성보조공군 지원이 거부당했기 때문에 일로나는 마음을 바꾸었다. 베닝턴 칼리지의 수학과 물리학 강사 자리에 지원해 6월에 승인 판정을 받고[63] 9월부터 강의를 시작할 수 있었지만, 두 가지 새로운 문제가 바로 등장했다. 하나는 폴라니가 캐나다를 통해 다시 미국으로 들어가서 혼자 비자를 받으려 했으나 실패한 것이고, 다른 하나는 워싱턴에서 통과된 새로운 이민 규정 때문에 그가 모든 절차를 다시 밟아야 하는 상황이 된 것이다.[64] 일로나의 경우는 출국 허가, 특히 입국 비자 문제가 해결되지 않은 채로 몇 달이 흘러가 버렸다. 기다리는 동안 그녀는 왕립과학연구소에서 일자리를 구했다. 폴라니는 토니 슈톨퍼에게 보내는 편지에서 "나는 국무부의 비자 문제를 해결하는 데 성공하기 전에 일로나가 영국에 눌러앉지 않기를 희망한다!"고 말하며 조바심을 냈다.[65] 마침내 1941년 12월 일로나가 도착했다.

일로나의 표현에 따르면 그녀는 "미국에 첫발을 내디딤으로써 받은 충격을 잘 견뎌냈고" 베닝턴이 "너무나 아름답고 우수한 도서관을 갖춘 상당히 이상적인 장소"임을 알게 되었다.[66] 부부의 수입도(요즘 물가로 5,500달러 혹은 8만 달러), 생활도 안정되었다.[67] 폴라니는 매일 아침 작은 시골집에서 대학까지 아내를 차에 태우고 갔다. 이들의 "사랑하는 친구", 널찍하고 낡은 뷰익 세단은 지붕으로 비가 새고 뒷좌석에 곰팡이가 피어 있어서 폴라니가 35달러에 헐값으로 산 중고차였다. ("하지만 당신이 밀면 차는 간다고.")[68] 그는 산으로 이어지는 탁 트인 풍경과, "서리 내린 숲 사이로 나타나는" 자줏빛과 군청빛을 띤 텅 빈 버몬트의 차도에서 운전하는 것을 좋아했다.[69]

일로나는 베닝턴에서 즐거운 시간을 보냈고 부지런히 일에 전념했다. 베닝턴의 총장 루이스 존스는 일로나가 "아주 뛰어난 여성이자 우수한 교사"라고 평가하면서 그녀를 무기한으로 (그녀의 남편보다 더 우선해서) 데리고 있으려 했다. 하지만 겨우 1년 만에 일로나는 50킬로미터 정도 떨어진 렌셀러 폴리테크닉 대학 항공학과의 더 실용적인 자리로 이직했다. 동시에 경비행기 조종사 자격증을 땄고, 1942년 12월에는 영국 송환을 자청함으로써 자신이 익힌 항공 기술로 전쟁을 수행 중인 영국에 기여하려 했다.[70] 그동안 폴라니는 펜에 초점을 맞추고 있었다. 1941년 봄에는 록펠러 연구비를 확보해서 베닝턴에서 2년간 강의 의무 없이 공식 상주강사로 일할 수 있게 되었다.[71] 이제 저서 출간에만 온 신경을 쏟을 수 있게 된 것이다. 집필 속도에 탄력이 붙었다.[72]

일생의 열정

《거대한 전환》의 씨앗이 뿌려진, 전쟁이 할퀴고 간 갈리시아의 폐허에서, 폴라니는 새로운 사회상이 나타나기 전에는 실효성 있는 윤리적 실천을 할 수 없을 거라고 예언했다. 빈에 머물 때, 독립된 영역이 아니라 사회 내의 "자연스러운 과정"으로 파악되는 경제, 그리고 자기의식을 가진 통일된 집합체로 파악되는 사회라는 "제도적 비전"을 떠올렸다. 그러나 현실은 이와 대비되는 나쁜 상이 지배하고 있었는데, 인간은 개인주의에 입각하여 이윤을 극대화하는 존재이고, 인간의 행동은 고유의 논리와 규정에 따라 자율적으로 작동하는, 독립된 실체로 보이는 시장경제를 지탱하는 힘으로 이해되었다.[73] 폴라니로 하여금 대작을 저술하도록 추동한 질문들이 하나로 모여든 것은 영국 시절이었다. 그는 당대의 쟁점들을 둘러싼 논쟁에 관심을 기울였고 자유주의 세계 질서의 몰락(드러커, 프롬, 슘페터, E.H. 카), 전체주의의 등장(콜나이, 보르케나우), 경제계획의 사회학(만하임), 대공황의 원인(라이어널 로빈스)을 연구하는 학자들에게 많이 배울 수 있었다. 대부분 친구 사이인 이들 중 몇 명에게는 아이디어를 빌렸고, 어떤 이들에게는 대안 이론 수립의 자극을 받기도 했다.

그는 골똘히 생각했다. 대공황의 근원은 무엇일까? 자유주의 문명과의 불화는 얼마나 대대적으로 빚어지고 있는 것일까? 자유주의 정치경제가 돌이킬 수 없는 쇠락의 길로 접어들고 있는 걸까? 경제적 자급자족, 코퍼러티즘, 계획경제로 전환하는 과정이 진행 중인 걸까? 그렇다면 가장 지독한 사례인 파시즘과 스탈린주의를 정반대 현상으로 이해해야 할까, 아니면 전체주의의 쌍생아로 이해해야 할까? 불황에 타격을 입은 유권자들이 히틀러 쪽으로 돌아선다는 진부한 견해 외에 위기와 파시즘의 관계를 어떻게 설명할 수 있을까? 이런 수수께끼를 붙들고 씨름하는 과정에서 《거대한 전환》이 형태를 갖추기 시작했다. 파시즘의 난입을 이해하려면 19세기 영국 시장 체제의 근원을 파고들어야 할 듯했는데, 이는 노동자교육협회의 강사로 일할 때 진행할 수 있었다. 나중에 그를 유명하게 만든 책의 중요한 논지들은 처음에는 경제사 강의용 원고 형태로 작성되었다.

1930년대 말 폴라니는 책의 초고를 작성하기 시작했는데, 주제를 "자본주의와 거대한 전환", 즉 시장 체제의 본성과 그와 관련된 사고방식, 양차대전 사이 자유주의의 몰락 이후 나타난 위기, 그리고 대안적 정치경제 질서의 등장이라고 요약했다.[74] 1930년대 말부터 짧게 적어놓은 메모에서는 핵심 논지를 되새겼다. 19세기에 영국의 "운명"은 시장의 존재를 당연시할 정도로 철저히 "시장 메커니즘에 좌우"되었다. 그러므로 "당대의 경제라는 종교는 스스로 평가하는 정도보다 더 충직했다". 하지만 시장경제의 지배는 지속 가능하지 않았고, 자유주의 세계 질서는 붕괴했다. 이는 다시 파시즘의 등장을 재촉했고 이 균열은 "우리 문명의 가장 명백한 실패"를 드러냈다. 파시즘은 "우리가 가장 소중히 여기는 것을 제물로 삼기" 때문이다. 이제 세계는 새로운 경제적 협치의 방법과 철학이 절실히 필요해졌는데, 폴라니는 이 새로운 철학을 "경제학에서의 자유"라고 불렀다.[75] 이미 확인했다시피 우리의 주인공은 이런 과정들을 초연하게 분석하기만 한 사람이 아니다. 어린 시절에는 19세기 자유주의를 경험했고 나중에는 전쟁과 파시즘을 지척에서 직접 겪었다. 1930년대에 그와 가족은 가장 혹독한 삶과 노동조건을 견뎌냈다. 분명 이 때문에 폴라니는 주위에 있는 수백만 명이 헤어나지 못하는 경제적 궁핍과 불안정에 예민해졌고, 해법을 찾아야 한다는 절박감이 더 강해졌다. 소련의 발전을 헌신적으로 추종했던 폴라니는 미국 뉴딜의 성쇠에도 몰입하여 추적했다. 이 모든 과정에서 자유주의적 자본주의의 심장부인 영국의 사회학과 역사학에도 익숙해졌다.

《거대한 전환》에 나와 있듯이 폴라니의 핵심 논지는 네 가지 주장에 요약돼 있다. 첫째는 인류학적 원칙이다. 시장경제는 경제 영역과 정치 영역을 분리함으로써 인간 사회에 원래 부여된 정상 조건을 교란한다. 폴라니는 마이클에게 보내는 편지에서 자신의 저서에서 "가장 중요한 것"은 시장의 "살인적인" 결과를 묘사한 거라고 밝혔다.[76] 토지와 인간의 노동을 마치 "오이"라도 되는 양 시장이 마음대로 처리할 수 있는 "허구적인 상품"으로 다루는 체제만큼 "전통적인 인간의 사회구조에 반하는" 것은 없다.[77] 이리하여 등장한 사회는 시장의 "자기 조정" 신화와 상품화된 토지와 노동이라는 "허구"를 중심으로 인공적으로 조직되었고, 그만큼 기독교-사회주의적인 가치들을 짓밟았으며 예상대로 저항을 촉발했다. 둘째는 역사철학에 대한 주장이다. 서구 문명은 인간의 자기 결정 욕구에 의해 존재하게 되었지만 이 힘이 사회를 경제 영역과 정치 영역으로 쪼개놓으면서 특히 자본주의와 민주주의 사이에 화해할 수 없는 모순이 조장되었다. 셋째는 둘째 주장의 응용으로, 보호주의에 대한 기독교 사회주의식 이해와, 보호주의와 시장 체제의 양립 불가능에 대한 오스트리아식 분석을 독특하게 결합하여 이를 조지 왕조 시대의 영국과 양차대전 사이의 유럽 복지 정책에 끼워 넣은 것이다. 조지 왕조 시대의 영국과 양차대전 사이의 유럽 사회에서는 정치와 경제의 상호 침투가 경제 침체와 정치 갈등으로 번진 바 있다. 넷째는 현대 역사에 대한 분석적인 조망이다. 여기서 폴라니는 앞의 세 주장을 양차대전 사이의 정치경제(코퍼러티즘, 파시즘, 공산주의, 금본위제의 종료, 세계시장의 분열)에 연관 지어 국가 수준과 국제 수준의 정치, 경제 과정과 어떤 관계가 있는지를 꼼꼼히 설명한다.

다음으로 이 책은 선언문을 통해 자유주의 사회의 대안이 되는 사회상을 제시하는 한편, 분석적인 방식으로 역사를 조망한다. 이는 경제학, 사회학, 정치학, 윤리학 문제에 대한 폴라니의 사상을 집대성한 것이다. 이중에서도 폴라니는 정치학 문제와 윤리학 문제를 강조하는 경향이 있었고, 자신의 책을 정치철학으로 분류했다. 이 책이 다루는 중요한 질문은 바로 이것이기 때문이다. "사회과학이 인간의 모든 태도의 중심이자 기초가 될 수 있을까? 모든 면에서 사회과학은 도덕적 상대주의, 정신분석학적 유아론唯我論, 지적 허무주의, 그리고 죽음에 이르는 병으로 귀결된다는 점이 드러나는 상황에서도?"[78] 1940년대 말 폴라니는 베닝턴의 강의에서 중요한 생각들을 검증해볼 수 있었다. 일로나에게 보내는 편지에 따르면 주요 목적은 "정치, 경제, 문화 영역에서, 그리고 사회구조의 바탕에 깔린 도덕적 가치"라는 측면에서 "전환의 시대"를 설명하는 것이었다.[79] "핵심 주장"은 다음과 같았다.

> 오늘날의 세계 위기는 궁극적으로 산업 문명의 첫 단계인 시장-경제 때문이다. 지난 25년은 시장경제를 발판으로 한 국제 경제체제가 파국을 맞은 결과였다. "경제적인" 사회는 유토피아다. 모든 인간 사회에서 경제는 전체 사회의 필요에 종속되어야 하기 때문이다. 경제체제의 개

혁은 사회 붕괴를 각오하고라도 이루어내야 한다. 민주적인 방식이냐 비민주적인 방식이냐라는 선택지가 놓여 있을 뿐이다. 유럽에서 민주적인 방식은 효과가 없는 것으로 드러났다. 결국 파시즘이 등장했다. 미국은 뉴딜의 처음 몇 년 때문에 예외가 될 수 있다. 하지만 이는 세계적인 과정이다. 국제적인 삶은 틀림없이 재통합될 것이다.[80]

몇 달 뒤 상세한 개요가 만들어졌다. 마이클에게 보내는 편지에 따르면 주요 주장은 "대재앙은 경제 질서의 문제다. 다시 말해 지난 150년이 뚜렷하게 경제가 결정하는 시대였기 때문에 재앙이 일어났다는 것"이다. 상황이 이렇게 된 이유는 경제와 정치가 제도로 분리되고, 이는 다시 국내와 국제 영역의 분리를 좌우하고 방해했기 때문이다. 이런 이유로 "각자 자기조정성이 있거나 최소한 상대적 자율성을 띠는 것으로 추정되는, 서로 의존하는 네 가지 제도 영역으로 구성된 체제가 형성"되었다. 하지만 이 엄청난 메커니즘은 "자율적이고 자기조정하는 경제 영역"이라는 기본 가정에 전적으로 의존했다. 이는 "유토피아"였다. 현실에 적용될 경우 "인간과 천연자원, 기업 같은 사회구조 자체를 파괴할 수 있는"—토지, 노동, 화폐를 "시장 메커니즘 하나만으로도 사실상 조정"할 수 있다는—생각에 의지하고 있었기 때문이다. "결국 사회의 자기보호 움직임이 나타났고 이는 아주 현실적인 의미에서 피할 수 없는 운명과 같았다."[81] 19세기 이후로 지금까지 이런 자기보호를 목적으로 한 "대항-운동"은 국가 개입을 요구했고, 이는 다시 "시장의 자기조정 능력"을 손상시켰다. "(1)시장경제 (2)민주정치 (3)금본위제 (4)권력균형 체제라는 네 가지 전형적인 제도 사이에서 심화된 전형적인 긴장과 스트레스"의 근원은 바로 이 속에 있다. "전형적인 긴장은 (1) 실업 (2) 교환에 대한 압력 (3) 계급 긴장 (4) 제국주의였다." 이들은 "서로 독립돼 있다고 추정되던 영역들의 불완전한 자기조정의" 결과로 나타났으며, "당대의 중요한 역사적 사건들이 일어난 이유이기도 하다".[82]

폴라니는 이 책에서 설명하는 내용들을 강조하기 위해 "자유주의적 유토피아: 대재앙의 기원" 혹은 "경제학으로부터의 자유"라는 제목을 구상했지만 이런 제목은 "판매에 도움이 안 된다"고 생각한 출판사의 압력에 "거대한 전환"에 마지못해 동의했다.[83] 일반적인 오해에도 불구하고 이 제목은 역사사회학이 아니라 폴라니의 예언을 암시하고 있다. 그는 전환에 이르는 길의 "객관적 요인들이 전적으로 우리의 통제 바깥에" 있다고 생각했다. "하지만 이런 통합은 민주적인 토대 위에서 성사되어야 했다." 가장 충실하게 "삶에 대한 기독교적 해석의 요건들을 표현"하는 것은 바로 평등, 자유로운 토론, 양심의 자유가 포함된 민주주의이기 때문이다.[84]

폴라니는 1942년을 글을 쓰면서 보냈다.[85] 그해 가을, 다람쥐가 낙엽 속에서 뛰어노는 어느 날 일로나와 함께 난롯가에 앉아서, 책을 쓰는 데 너무 몰입해 있어서 "저술과 무관한 일은 아무것도 와 닿지 않는다"고 마이클에게 적어 보냈다.[86] 집필은 1943년에도 지속되었지만, 이제 추축국이 궁지에 몰리자 폴라니는 영국으로 돌아가고 싶어서 어쩔 줄을 몰랐다. 그는 "공습 직전에" 영국을 떠났다. "이 공습은 현대인들이 견뎌야 했던 가장 끔찍한 시련이었다. 나는 내가 전쟁이 중대한 단계로 돌입할 때 돌아가지 않으면 나와 집 사이에 있는 무언가가 툭 부러지리라고 온몸으로 느낀다."[87] 급하게 여행을 준비해야 하는 데다 미국 대학에서 마지막 순회강연도 해야 했기 때문에 거의 완성된 원고를 세 친구의 손에 맡길 수밖에 없었다. 이들은 마지막 부분을 서로 짜맞췄다. 이해심 많은 저자였던 폴라니는 "한 명은 자유주의자, 한 명은 보수주의자, 나머지 한 명은 사회주의자로, 모두 완고한 성격이지만 내 원고가 아주 중요하다고 믿고 이를 출간하기 위해 힘을 모았다"고 밝혔다.[88] 서문을 쓴 사람은 폴라니의 말에 따르면 "활기차고, 발랄하고, 생기 있는 스코틀랜드인", 사회학자 로버트 매키버였다.[89] "그는 내가 굳이 말로 하지 않으려 했던 것, 즉 이 접근법이 인간 일반에게 어떤 의미가 있는지를 훌륭하게 정리했다."[90] 미국 출판사는 최종 원고를 받기 전부터 이미 "평민의 종합 계획"—아니면 "사실주의와 예언"이 섞여 있다는 이유로 폴라니가 좋아했던 제목인 "길들여진 제국"—이라는 가제를 단 얇은 책으로 속편을 내고 첫 책에는 감춰져 있었던 정책적 의미를 담자고 졸라댔다.[91] 그는 이 제안을 기쁜 마음으로 수락했다. 무엇보다 이런 속편이 나오면 《거대한 전환》이 "정치에서 자유로울" 수 있으리라고 생각했기 때문이다.[92]

폴라니는 자신의 원고를 마땅히 만족스러워했다. 많은 저자들이 경험하듯 자기를 의심하게 되는 순간에, 이 글이 "날 때부터 따분한 인간이 인류를 괴롭히려고 펼치는 심히 고집스러운 한결같은 주장들"이고 "바로 그래서 진정한 자화상이 아닌가 싶다"고 밝히긴 했지만 말이다.[93] 다른 사람들은 그의 자화상을 어떻게 생각했을까? 초고를 읽어본 친구들은 대체로 호평을 했다. 토니는 이 책이 "도발적인 생각들로 가득하다"고 평했다. 물론 그가 빨간 펜으로 워낙 많이 지적을 해놓는 바람에 폴라니는 이 노동당 유명인사가 "혹독한 비판가로 악명이 높다"는 점을 위안 삼아야 할 정도였다.[94] 콜은 "복잡한 심경으로" 원고를 읽었다.[95] 이 페이비언주의 현자는 "대기를 독특한 고요함으로 채우는 섬세하고 시적인 인격"으로, 폴라니와 일로나를 사로잡았던 밸리얼 칼리지에서 일관되고 평온한 대화를 나누면서 칼이 "제도주의로 돌아가고" 있음에 감격했으며 이 책의 전반적인 주장에 감탄했다고 전했다. 그는 이 책이 "대단히 흥미롭고, 상당히 정확하다"고 평했다.[96] 이렇게 칭찬했지만 많은 지점에서 폴라니가 "확실히 틀렸"거나 과장했다는 지적을 빠뜨리지 않았다. 특히 핵심 중 하나인 "1820년대의 풀리지 않은 문제들이 1920년대에 발생한 위기의 이유가 된다"는 주장이 그랬다.[97]

책이 세상에 나오기 직전에 가장 감동적인 감상평을 내놓은 사람은 두말할 것도 없이 마이클이었다. 그는 폴라니에게 보내는 편지에서 저자의 여정을 상기하며 이 책의 의미를 압축해서 설명했다. "형이 해야 할 모든 말을 충분히" 담고 있고 "일생의 생각과 열정"을 표현한 책, 지극히 사적이고 "아주 열정적이며 형 특유의 정서를 많이 드러내고 있기" 때문에 다른 사람이라면 쓸 수 없었을 책이라고. 이 다정한 (어쩌면 장난기 있는) 동생은 이 책이 "상대적으로 무명인 상태에서 악명을 떨칠 수 있는 상태로 진입하는 문을 늘그막에" 열어줌으로써 형에게 명성을 안길 것이라고 예언했다. 이로써 확실한 물질적 발판을 마련해줄 터였다.[98]

저자의 명성이 예상만큼 빠르게 높아지지는 않았지만, 마이클의 예언은 정확했다. 일부 독자들은 책의 "반복되고" "애매한" 표현 때문에, 혹은 야시가 "도저히 이해할 수 없는 어설픈 마르크스주의의 횡설수설"—이는 야시가 보기에는 폴라니 집안 사람들의 "느슨한 사고 경향"을 보여주는 사례였다—이라고 놀린 성향 때문에 흥미를 잃기도 했다.[99] 경제학 저널에 실린 평가는 미적지근했다. 《더 이코노믹 리뷰》

는 "모호한 일반화로 가득"하다고 일축했고《저널 오브 폴리티컬 이코노미》는 저자가 "용어를 제멋대로 사용하고 사건을 과장되게 해석한다"며 비판했다.[100] 역사학자들은 이 책이 "사실을 왜곡"했다며 콧방귀를 뀌었고 "역사학자보다는 제도사회학자의 방법"에 더 가깝다며 투덜거렸다.[101]

미국에서는 주류와 좌파 성향의 사회 분석에서 "주변적인" 자리만을 점했다면 영국에서는 "귀가 먹먹할 정도로 요란한 침묵이 반응으로" 돌아왔다.[102] 샐리 랜들스는《거대한 전환》이 사활을 걸었던 나라에서 청중을 확보하지 못한 이유 중 하나는 영국 학자들이 자신들의 제도와 연줄이 닿지 않고 "좋은 평가를 받는 대학에서 지위를 높이는 자격"을 확보하지 못한 저자의 연구 결과물에는 제대로 된 평가를 하지 않으려는 오만한 태도를 보이기 때문이라고 설득력 있는 추측을 내놓기도 했다.[103] 더 의미심장하게도, 경제사상과 정책을 둘러싼 영국의 논쟁은 상승세를 타고 있던 케인스주의자들과 소수의 자유방임 경제학자들 간의 지루한 논쟁이 지배했는데, 폴라니는 이 두 진영 어디에도 속하지 않았다.《거대한 전환》은 1980년대가 되어서야 많은 독자를 확보했지만 이 행운의 순간은 이 전기에서 다루는 범위 바깥에 있다.

책은 폴라니와 일로나가 영국으로 출항한 직후인 1944년 가을에 출간되었다.[104] 귀국 길은 즐거웠지만, 순회강연 직후인 데다가 미리 숙소가 정해지지 않아서 그리 편하지는 않았다. 런던에서 출발해서 다시 런던으로 돌아오는 순회강연의 숙소는 처음에는 작은 호텔(마운트뷰)이었는데 점점 더 열악해져서 9월에는 임대 아파트(하이게이트의 잭슨 레인에 있는)에서 묵어야 했다. 이 긴 여행은 폴라니에게 어린 시절 경탄을 금치 못했던 기차놀이 세트를 연상시켰다. 장난감 열차 하나하나는 더 작은 다음 열차가 위로 계속 올라갈 수 있는 방식으로 설계되어 있었다. "기차는 분리되면 너무 복잡해서 나는 아찔할 정도였다."[105] 결국 마지막으로 한 번 더 이동한 뒤에 순회는 막을 내렸고, 부부는 "거실 창 맞은편에 아름다운 포플러나무가 줄지어 늘어선, 인적 없는 조용한 구석, 혼지Hornsy의 감미롭고 기묘한 모퉁이에 자리를 잡게" 되었다.[106]

이들은 이곳에서 1947년 초까지 생활하고 일을 하게 된다. 폴라니는 종신 재직권이 보장되는 학계의 일자리를 얻으려고 노력했지만 허사였다.[107] (예를 들어 헐 대학교와 런던 정경대학에 지원했지만, 린지, 토니, 만하임—일부 학자의 경우 이들의 추천장을 받기 위해서라면 타자를 치는 자신의 손가락을 기꺼이 잘라낼 수 있을 정도로 훌륭한 추천인들이었다—의 추천을 받았음에도 자리를 얻지 못했다.[108]) 그는 등화관제를 하는 동안 이동하기 싫었기 때문에 옥스퍼드에서 하는 공개 강의 제안을 거절했고, 런던에서 노동자교육협회 강의를 하고 받은 급료에, 간간이 들어오는 부수입—가령 러스킨 대학 여름학교에서 노동조합원들을 대상으로 하는 강의의 급료—을 보태서 간신히 생계를 꾸려나갔다.[109] 풍족하지는 못해도 비참하지는 않았다. 폴라니는 야시에게 이렇게 털어놓았다. "우리는 어떤 식으로든 이 나라의 일부가 되었음이 틀림없습니다. 그렇지 않다면 우리 몸에 새겨진 듯한 이 깊은 행복감을 설명할 길이 없어요."[110]

살인의 메커니즘

폴라니가 런던에서 생활하던 마지막 단계에서는 추축국 세력이 패배하고 새로운 세계 질서가 설계되고 있었다. 이 과정은 폴라니가 자신의 신조—"산업주의"가 인간성을 말살하지 않는다면 틀림없이 "인간 본성의 필요조건에 종속될 것"이라는—를 요약해놓은《거대한 전환》의 마지막 장을 막 완성했을 때 시작되었다.[111] 마지막 장에 담긴 열정은 이 역사적인 국면에서 저자가 직접 겪은 경험에서 비롯된다. 인류는 낭떠러지 위의 교차로에 서 있었다. 사회주의를 향해 맹렬히 나아갈 수도 있고, 낭떠러지 아래로 추락할 수도 있다. 영국과 동유럽에서 폴라니는 사회주의 공화국의 가능성을 확인했기에 전쟁 이후 낙관주의가 급상승했다. 그가 고향이라고 부르는 두 나라에서 좌파 성향의 실험이 시작되고 있었기 때문이다. 하지만 이런 희망 한가운데서 형언할 수 없이 공포스러운 사건들이 일어났다. 야만은 전쟁과 홀로코스트라는 형태로, 너무 가까이 있었다.

나치에게 점령당한 유럽에서 찔끔찔끔 날아오는 소식은 전쟁 기간에 그럭저럭 만족스럽게 살고 있던 폴라니에게 슬픈 그림자를 드리웠다. 무엇보다 1944년 초여름 "헝가리 유대인들이 겪은 끔찍한 일"에 대한 소식이 충격적이었다.[112] 채 두 달이 안 되는 기간에 헝가리 유대 공동체의 절반 이상이 나치 점령군과 헝가리 당국에 체포되어 강제 이송된 후에 목숨을 잃었는데, 이는 집단학살 역사상 단일 사건으로는 가장 큰 규모였다. 소련이 부다페스트를 해방시키기 전까지 살해당한 유대인은 총 50만 명이 넘었다. 나중에 폴라니는 1947년 마이클에게 보내는 편지에서 지난 10년 동안 무고한 사람들이 당해야 했던 끔찍한 범죄들을 열거했다. 이는 모스크바의 재판들(이제는 이 사건이 "참혹한 경험"임을 인정했다)과 함께 시작된다.[113] 다음에는 게슈타포가 왔고, 이어 나치가 주민들을 학살한 체코 마을 리디체와, 아우슈비츠-비르케나우 수용소가 왔다. 이 소름 끼치는 목록은 히로시마와 나가사키 사람들을 대상으로 자행된 대량 살상으로 일단락되었다. 폴라니는 가까운 미래에 이와 비슷한 규모의 끔찍한 사건들이 훨씬 더 많이 일어날 것이라고 예언했다. 이 모든 사건들이 더 깊은 문제, 즉 "우리가 인간을 소중히 여기는 이유인 물질적, 도덕적 기질을 가진 인간"이 "자신이 만들어낸 기술 환경 속에서 미래에는 스스로를 유지하기가" 점점 어려워지고 있음을 알렸기 때문이다.[114]

폴라니 자신의 삶에서 1940년대에는 다양한 경로에서 공포가 급습했다. 런던에 살 때는 가까운 거리에서 현대전의 기술과 현상학을 공부할 수 있었다. 런던과 교외의 다른 거주자들처럼 폭명탄爆鳴彈의 "거칠고 짧게 내쉬는 호흡" 소리를 들었고, 창문에서 떨어져 있었으며, 폭탄이 떨어지는 곳에 있는 운 나쁜 사람들, 잠시 후면 완전히 사라질 불특정 시민들—"자기 집에 머물고 있는 가족들, 가게에서 배급품을 타는 주부들, 놀고 있는 아이들, 근무 중인 노동자들, 토론 중인 성직자들, 버스의 승객들"—을 생각했다.[115] 그는 기술 진보의 결과, 특히 "거주할 수 있는 지구 바깥의 우주"를 관통하며 음속으로 비명을 내지르는 V-2 탄도미사일의 배치는 민간인들이 이제 "보호받지 못하는" 삶과 "경고 없이 닥쳐오는" 죽음에 직면하게 됐음을 의미한다는 사실을 깊이 생각했다.[116] 1944년 후반기에는 폭탄, 비행폭탄, 미사일이 캐리가 일하고 있던 런던의 캠버웰에 장대비처럼 쏟아져 내려서 캐리는 숫자를 세다가 포기할 정도였다.[117] 캐리는 살아남았지만 다른 친구들과 가족들은 그렇게 운이 좋지 않았다. 점령된 파리에서 버려진 채 굶어죽은 안나 클라치코도 그런 이들 중 한 명이었다.[118] 폴라니의 조카사위 죄르지 엔겔 역시 마찬가지였다. 그는 전쟁 내내 발렌베리*가 제공한 헝가리의 주택에서 잘 버텼지만 1944년에 체포되어 "노동" 수용소에서 목숨을 잃었다.[119] 셋째 희생자는 일로나의 어머니였다. 1939년 중반 미국 쇼어햄을 방문한 그녀에게 폴라니는 제발 여기서 지내라고 애원했다. 하지만 장모는 전쟁을 피할 수 있으리라 확신하고 베를린에 있는 집으로 돌아갔고 1943년 연합군의 공습으로 최후를 맞았다.[120]

폴라니는 대화할 때는 당연히 홀로코스트라는 주제를 거의 언급하지 않았지만, 글로 적기는 했다.[121] 그는 죽음의 수용소에 관한 자료가 입수되었을 때 영국을 뒤흔든 "공포로 인한 경련"을 묘사했다. 이 고난에는 산업 수준으로 자행되는 집단학살의 동기와 기법을 파악하려는 사람이 느끼는 혼란이 더해졌다. 폴라니는 약물을 이용한 살상, 조직적인 기아, 피점령국 국민 수백만 명을 제거하기 위한 정교한 공장 건설을 포함해 이들이 자행한 "범죄의 규모를 측정할 어떤 척도도, 준거틀도 없었다"고 적었다. "살상은 미리 계획되었고, 체계적이었으며, 꼼꼼했고, 확실히 한 명당 가장 적은 돈이 들도록 수행되었다."[122]

폴라니의 직계가족 대부분은 전쟁이 발발하기 전 유럽에서 몸을 피했지만, 소피에의 운명은 심각한 근심거리였다. 폴라니의 표현에 따르면 "고통스러울 정도로 복잡한 상황"이었다.[123] 과거에도 체포와 기소를 당한 적이 있던 소피에의 남편 에곤은 "한 커피하우스 급습"에

* 외교관 신분을 이용해 많은 유대인을 구한 스웨덴인.

서 체포되어 "나치가 빈을 점령한 초반 며칠 동안 벌어진 테러의 애꿎은 희생자"가 되었다.[124] 그는 다하우에 있는 집단수용소에 구금되었지만, 그래도 석방 가능성은 있는 편이었다. 수정의 밤 사건* 이전인 1938년 여름에는 당국이 유효 비자를 소지한 사람들에게는, 심지어 체포되어 감옥이나 집단수용소에 있는 사람이라 해도 여권을 발급하고 있었다. 소피에와 에곤의 딸 마리아는 이미 미국에 도착해 있었다. 폴라니 집안 사람들은 소피에와 에곤을 도와 일단 영국 비자를 확보하는 데 성공했고 미국 비자는 1938년 9월에 연이어 나올 예정이었다. 이 무렵 폴라니는 가족들에게 소피에의 편지가 "어려운 상황에도 불구하고 내면의 영적 평온함으로 빛난다"고 전할 수 있었다.[125] 하지만 폴라니와 일로나가 아주 좋아했던 소피에의 다른 딸 에디트는 아직 빈에 남아 있었고, "양심 있는 좋은 어머니의 전형"이던 소피에는 "에디트를 데려올 수 없다면 떠나지 않으려 했다".[126] 결국 일로나의 도움으로 폴라니 집안 사람들은 에디트를 영국으로 데려오는 데 성공했고, 에디트가 바닷바람을 맞으며 결핵을 치유할 수 있도록 해안에서 거처를 찾는 일을 도왔다(하지만 실패했다).[127] 하지만 소피에와 에곤의 아들인 칼을 위해 똑같은 서류를 확보하는 일은 이보다 더 힘들었다. 정신 장애 때문에 똑같은 배려를 받을 수 없었던 것이다.[128] 1939년 초 게슈타포는 소피에를 소환해 여권을 몰수하고 "선택"을 요구했는데, 남편을 구하려면 아들을 포기하라는 것이었다. 경찰은 "아들의 비자를 구하거나 아들을 기관에 맡기지 않으면" 에곤을 석방하지 않거

* 1938년 11월 독일계 유대인 청년이 파리 주재 독일 대사관 서기관을 살해하자 독일 전역에서 유대인과 관련 시설을 대상으로 벌어진 보복 사건. 본격적인 유대인 탄압, 학살의 출발점이 되었다.

나 부부의 여권을 돌려주지 않겠다고 알렸다.[129] 아들을 포기하지 않을 경우 그녀는 나치 점령하의 오스트리아에서 자신의 운을 시험하거나, 영국이나 북미 대륙 이민 당국의 관대한 결정에 희망을 걸어야 하는 상황이었다.

재난이 코앞에 닥쳤는지는 누구도 알 수 없었지만, 에곤과 소피에는 확실히 심각한 곤경에 처했다. 5월 폴라니는 마이클에게 "소피에의 남편을 구할 수 있을지 의문"이고 "이 점을 에곤이나 소피에에게 알릴 수는 없는 일"이라고 털어놓았다.[130] 그동안 형제는 최선을 다해 이민 당국의 업무에 개입했다. 1939년 7월 소피에와 에곤의 영국 비자 만료 시한이 다가오자 폴라니는 갱신을 요청했다. 하지만 이들의 아들을 위해 멕시코 비자를 발급받으려던 시도는 물거품이 되었고, 런던과 빈에 있는 퀘이커교도들이 중재하면 될지도 모른다는 폴라니의 희망도 헛되었다.[131] 전쟁이 발발하기 직전인 9월 초, 폴라니는 마이클에게 보내는 편지에서 자신이 영국 시민권을 얻어 안도했다고 알리고, 러우러가 곧 미국 비자를 받으리라는 희망 섞인 관측을 내비쳤지만 소피에에 대해서는 아직 아무런 소식이 없다면서 조바심을 냈다.[132] 소피에가 남편을 포기하고 도망치기로 결심했을 때는 이미 늦었다. 1941년 3월 그녀와 어린 칼은 폴란드로 이송되었고 한 달 뒤 에곤은 다하우에서 처형되었다.[133]

서포르의 설명에 따르면 소피에가 특히 가시밭길을 걷게 된 이유는 "도망칠 기회가 있었지만 도덕적 의무감 혹은 망설임 때문에 기회를 이용하지 않기로 선택"했기 때문이다.[134] 아돌프는 에곤의 처형과 소피에의 이송 소식을 접하자마자 형제들 모두가 떠올렸을 법한 생각을 털어놓았다. "어떤 상황에서든 운명이 변하지 않을 운 나쁜 천치

아이만 없었더라면 에곤은 목숨을 건졌을 테고 소피에는 미국에서 새로운 삶을 살았을 것이다. 자식을 사랑한 소피에는 아무런 소득도 없이 가장 비극적인 피해자가 되고 말았다."[135] 그 후 2년간 폴라니 집안 사람들은 소피에와 연락을 취하고 돈을 보냈으며, 수용소에 있는 유대인들이 밝은 정신을 유지하고 있고 그녀 역시 "아주 행복하다"는 믿기 어려운 소식을 듣기도 했다.[136] 1942년 3월 가족들은 소피에의 아들이 사라졌다는 소식에 힘입어 그녀를 구하기 위해 마지막 노력을 다했다. "가족들은 동쪽으로 보내진 유대인의 운명을 어느 정도 간파했음이 틀림없다. 빈에는 소피에의 미국 비자가 나와 있었지만 소피에는 이미 연락이 닿지 않았다."[137] 1942년 중반 마지막으로 알려진 소피에의 위치는 키엘체 게토였다.[138] 폴라니는 "내 사랑하는 어린 누이가 미친놈들의 손에 살해당했다"며 슬퍼했다.[139]

신민주 헝가리 운동

폴라니는 1940~41년에 강의를 이용해 미국의 참전을 부르짖었지만, 미국에 체류하는 동안 정치에 참여할 기회는 제한돼 있었다. 그러다 런던으로 돌아가 헝가리 정치권과 연결된 기업가들을 만나 새로이 정치 참여 기회를 얻게 되었다. 런던에 있는 자유 헝가리 망명자 공동체는 최소한 세 가지 움직임을 지지했다. 하나는 공산주의자들이 운영하는 헝가리 클럽이고, 다른 하나는 헝가리 공사관의 친영 인사들이 시작한 운동인데 이들은 외무부의 비공식 지원을 받았다. 마지막 셋째는 카로이의 신민주 헝가리 운동이었다.[140] 1941년 봄 이 운동은 영국과 미국에 거주하는 반파시스트 헝가리인들의 운동으로 인식되었고, 같은 해 12월 헝가리가 이들 나라를 상대로 선전포고를 하자 갑자기 활기를 띠게 되었다.[141] 이 운동은 연합군에 힘을 보태고, 파시스트의 지배를 받는 헝가리의 해방 투쟁을 지원하며, 카로이를 잠정 대통령으로 세워 전쟁 이후 건설할 민주주의를 준비하기로 했다. 폴라니는 1918년 카로이와 안면이 있었고 그의 정부를 지지하기도 했지만, 1943년 10월에야 이 백작을 정말로 알게 되었다.[142] 폴라니 부부는 카로이와 아내 캐서린 언드라시와 만나자마자 끈끈한 유대를 쌓았다.[143] 폴라니는 야시에게 "나는 두 사람을 아주 좋아했다"고 털어놓으며, 극소수 영국 친구들을 제외하면 "커다란 고통을 받는 이 부부만큼 우리가 신뢰하고 공감하는 사람은 없다"고 덧붙였다.[144]

영국과 미국의 헝가리 망명자 공동체는 완전히 달랐다. 폭넓게 정의된 반파시스트 진영도 마찬가지였고, 이보다 더 작은 카로이의 운동 역시 다르지 않았다. 정치적인 차이(특히 소련 공산주의에 대한 태도의 문제에서), 계급 분열, "오래된" 이민자들과 근래에 온 사람들의 시각차도 있었고 클리블랜드, 시카고, 뉴욕 같은 대도시 주위에 몰려 있는 독립적인 집단들의 경우 지역별 경쟁도 일어났다.[145] 미국에서는 카로이의 "진정한 친구"인 야시 등, 미국에 근거지를 두고 있는 카로이의 초창기 지지자 몇 사람이 카로이의 집단인 미국민주헝가리인연합을 이끌었다.[146] 하지만 1943년 친공산주의 집단이 헝가리-미국민주의회를 만들어 탈퇴하면서 조직이 갈라졌다. 헝가리-미국민주의회의 정력적인 인물 중에는 전위 화가이자 디자이너인 라슬로 모호이너지, 할리우드 스타 벨라 "드라큘라" 루고시, 그리고 러우러의 아들인 죄르지 슈트리케르와 아내 버르버러가 있었는데, 이 두 사람은 빈에서 지하운동을 하던 시절 일로나와 동지였다.[147] 미국민주헝가리인 연합에 남은 사람들은 헝가리-미국민주의회를 빨간 독사들의 온상으로 보는 경향이 있었다.

야시는 확고부동한 반공주의자였고, 주위에 있는 반유대주의 성향의 상류층 회원들 역시 열렬한 반공주의자였다. 이들은 심지어 "공산당 비밀 당원"이자 유대인인 폴라니와 관계를 유지한다며 야시를 비난하기도 했다.[148] 야시와 카로이는 20여 년간 소비에트 러시아에 대한 입장이 분명하게 갈리긴 했지만[149] 야시는 카로이가 헝가리-미국민주의회의 명예회장직을 수락하자 배신감을 느꼈다.[150] 야시는 분노를 주체하지 못하면서 카로이에게 편지를 보내 그가 중대한 잘못을 저질렀음을 납득시키려고 했다. 그는 헝가리-미국민주의회가 위장 조직이라고 설명했다. "몇몇 공인과 무색무취한 진보 인사들"이 포함되어 있지만 막후에서 공산주의자들이 조종한다는 것이다. 카로이가—"우리의 동의도 없이"—여기에 가입했다는 사실은 야시에게 충격을 안겼고 큰 우려를 자아냈다. "만일 당신이 뉴욕 출신 공산주의자들에게 거의 저항하지 못하게 되었을 때 모스크바의 압력을 받는다면 무슨 일이 벌어지겠습니까?"

야시는 자유 헝가리 운동이 드골의 자유 프랑스 운동을 모델로 삼고 카로이는 전후 "결사의 자유와 자유주의적 사회주의 원리에 입각한 헝가리"의 잠정 지도자로서 운동을 주도해야 한다고 생각했다. 이를 위해서는 "볼셰비즘과 자본주의 사이의 절묘한 줄타기" 같은 세심한 행동이 필요했다. 드골식의 계획에 대한 주류 여론의 지지를 얻으려면 공산주의자들과 관계를 맺을 필요가 있었다. 하지만 여론의 "공감과 신뢰"를 얻을 정도로 진정성이 있으면서도 상당한 양보를 할 수 있어야 하고 어떤 희생을 치르더라도 주류의 "공격 무기"가 되지는 않아야 할 터였다. 그는 카로이에게 이들을 상대할 때는 "강한 모습을 보여주고", 한계를 정해야 하며, "더 이상은 안 된다!"고 분명히 선언해야 한다고 조언했다.[151]

한편 영국에서는 이 세 가지 자유 헝가리 운동이 결국 카로이를 수장으로 한 헝가리 의회라는 형태로 통합되었지만, 물밑에서는 미국과 유사한 균열이 만연했다.[152] 폴라니 부부는 헝가리 의회가 "공산주의자들의 전유물"이 되지 않도록 조심해야 한다고 주장했지만 대체로 공산주의에 동조했고, 헝가리 의회가 케스틀러 같은 반공주의자들(당시 케스틀러는 공산주의와 관계를 단호히 끊고, 자신의 고통스러운 영혼을 다음번 입찰자에게 내줄 준비를 하고 있었다)뿐만 아니라, 헝가리 유대인 집단학살에 책임이 있는 호르티 정부를 충격적일 정도로 재빨리 용서하려는 듯한 헝가리 민족주의자들을 환대하는 모습에 실망했다.[153] 게다가 공산주의 운동의 민족주의 경향은 헝가리 의회 내부 정치를 더 복잡하게 만들었다. 공산주의자들이 카로이의 프로젝트와, 특히 그의 사민주의 경향의 지지자들—이는 폴라니가 열렬히 사기를 북돋운 지지층이었다—을 심히 의심하는 보수적인 민족주의자들과 비공식 동맹을 결성했기 때문이다. 이는 "좌파의 협력을 불가능하게" 해 폴라니를 좌절에 빠뜨릴 수도 있었다.[154]

우리는 카로이가 전쟁 이후 헝가리에 대한 계획을 세우는 데 폴라니가 기여했다고 확신할 수 있다. 이 계획의 골자는 토지 재분배와 "짜임새 있는" 해외 경제정책, 노동권, 실업 감소, 생활수준 향상이지만 폴라니는 자신의 가장 건설적인 역할은 공산주의자와 사민주의자, 그리고 호르티를 적대하는 자유주의자의 관계를 회복시키기 위해 꾸준한 정치 분석을 제시하는 것이라고 생각했다.[155] 사민주의자와 자유주의자가 공산주의에 대해 품고 있는 의심은 풀기 어려운 난제라는 점에서 폴라니는 소비에트 러시아의 평판을 복구하는 데 중점을 두었다. 1943년 초 폴라니는 친구인 존 쿠벤호벤이 편집장으로 일하는 정기간행물《하퍼스 매거진》에 기고한 논문에서 자신의 주장을 간략하게 밝혔다. 논문은 1920년대 모스크바의 외교정책은 열강들에게 배세당할 것이 뻔해 보일 정도로 "솔직히 혁명적"이었다는 말로 시작한다.[156] 하지만 이 입장은 히틀러의 독일을 상대로 한 영국-프랑스-러시아의 외교 동맹에 걸림돌이 되었고, 이로 인해 외교 활동은 유화책에 기울었다.

그 후 러시아는 눈에 보일 정도로 "평화 정책 쪽으로 선회"했다. 이를 잘 보여주는 것이 스페인내전에서 코민테른이 취한 전략이었다. 공산당은 혁명적인 변화를 일으키기 위해 무장하여 좌파에 합류해야 한다는 강한 압력을 받았음에도 "마지막까지 오로지 법치주의와 적법성만을 따른다는 입장을 고수했다".[157] 이는 가령 바르셀로나에서 노동자가 집권할 경우 "유럽에서 전쟁이 벌어진다"는 점을 인식한 행위로, 그들은 인상적인 성숙함을 보여주었다.[158] 폭력적인 방식으로 좌익 이념을 고수하는 스페인공산당은 서유럽 정부들을 향해 모스크바의 "건설적인 정책"을 뒷받침하는 확실한 증거를 제공하고 있었고, 이 점은 분명 인정해야 했다. 만일 영국 정부가 공산주의 세력의 협력 의사를 받아들여 적절한 결론을 도출하고 베를린에 맞서기 위해 모스크바와 동맹을 결성했다면 몰로토프-리벤트로프 조약[독일-소련 불가침조약]은 체결되지 않았을 것이라고 폴라니는 주장했다. 대신 러시아는 "외무부에 떠밀려 히틀러와 손을 잡게 되었다".[159]

폴라니의 변론에 따르면 몰로토프-리벤트로프 조약은 고립 속에서 탄생한 자포자기식 방책으로 러시아가 새로운 현실주의 노선을 얼마나 진지하게 따르고 있는지를 보여주는 살아 있는 증거였다. "자연스러운 복수의 충동이 맹목적인 열정으로 달아오르도록 자극하고 농민들의 정당한 불만을 부채질해서 엄청나게 파괴적인 불길로" 만들려고 했던 지난날의 강경책과는 다른 이 새로운 대안은 이제 가장 강력한 적과 손잡는 동맹을 냉정하게 승인할 준비를 갖추었다는 것이다.[160] 그는 서유럽은 러시아의 행동을 더 세심하게 연구하고 건설적인 접근법을 취해야 한다고 조언했다. 여전히 모스크바가 "세계혁명 전략"을 채택할 능력을 가지고 있음을 인정했지만, 이는 서구 열강이 비건설적인 태도를 고수하여 모스크바를 자극했을 때에 한했다.[161] 모스크바는 1939년 핀란드에 대한 공격이 입증하듯 ("미친 듯이 날뛰면서") 제국주의적 팽창을 실행할 수 있는 능력이 있었지만 국경선을 확대하려는 욕구는 전혀 없었고 "팽창주의 정책을 확실히 싫어했"으며—미국처럼—"평화의 확대 외에는 무엇도" 요구하지 않았다.[162] 모스크바는 이웃 국가들과 군사동맹을 맺어 목표를 달성하려 했고 "이웃 국가의 내정은 알아서 하도록 내버려두는" 편이었다. 모스크바의 외교정책에는 "신국제주의" 기미도 있었는데, 중부유럽과 동유럽에 "평화와 안정을 가져온다"고 약속하고 있기 때문이다.[163]

폴라니는 스탈린의 외교정책을 역사적으로 보기 드문 사례로 평가하면서, 심중을 알 수 없고 애당초 호전적이며 팽창을 위해 짜인 전략이라고 주장하는 신예 냉전의 전사들을 혹평했다. 중부유럽과 동유럽에 대한 크렘린의 계획은 이에 대한 미사여구에도 불구하고—본질적으로는 완충지대를 만든다는—현실 정치의 논리에 따른 것이라는 폴라니의 지적은 정확했고, 이런 점에서 런던과 워싱턴의 영향력 있는 여론 주도 집단과 생각이 통했다.[164] [미, 영, 소로 구성된] 대동맹의 군대가 베를린, 로마, 도쿄로 진군해 들어갈 때, 모든 진영의 유력 인사들은 포괄적인 전후 합의를 통해 세력권에 대한 합의에 이를 수 있다고 믿었음을 상기할 필요가 있다. 모스크바는 합의로 도출한 분할 계획을 직시했고, 미국은 자신의 전통적인 영역을 유지하는 한편 약간 더 세계적인 역할을 맡게 된 반면, 영국은 유럽에서 우월한 해양 권력으로 자리 잡아 주로 육상 권력을 쥐고 있는 소련과 균형을 맞출 것이었다. 스탈린이 루마니아에 대한 재량권을 갖는 대신 처칠에게 그리스에 대한 재량권을 부여한다는 악명 높은 비율 합의는 여기에 깔린 논리와 원리가 무엇인지를 암시했다.[165] 크렘린이 국가주의적 부르주아지와 프티 부르주아지 등 "진보 세력"의 협력에 의존하여 동유럽의 비탈진 영토 안에서 "사회주의"를 구축하고 있다는 폴라니의 주장 역시 정확했다. 코민테른 이론가, 그중에서도 특히 버르거는 사회주의가 혼합경제와 "진보적인 민주주의"의 형태를 띨 수 있다고 주장했다. 전후 영국의 노동당 정부가 전형으로 제시되었다.[166]

하지만 폴라니는 소련 외교정책의 방어적 성격을 확실히 과장했다. 그리고 비슷한 맥락에서 "팽창"의 두 가지 사뭇 다른 의미—초기 소비에트 체제의 세계혁명 열망과, 1930년대 이후로 한번씩 타오른 대러시아 국수주의에 기반한 모험주의—를 혼동하는 경향이 있었다. 미사여구에 있어서 얼마간 공통점은 있었지만 이 두 현상은 성격이 정반대였다. 전자에서는 러시아가 해외 혁명을 지원해야 했고, 러시아의 영역 내에서 억압받는 민족들에게는 자결권이 주어졌다. 후자에서는 독립을 선포한 구제국의 민족들이 재병합되고, (스페인에서처럼)

해와 혁명은 제압해버렸으며, "사회주의"는 (유고슬라비아처럼) 자생적인 투쟁에 의해 쟁취하기보다는 (헝가리처럼) 무력에 의해 강제하는 것을 더 선호했다. 폴라니의 추정대로, 1920년대에 세계혁명을 밀쳐두었다고 해서 소련이 평화로운 제국으로 탈바꿈한 것은 아니었다. 세계혁명이라는 대의에서 물러나 러시아는 다시 열강의 반열에 올라섰을 뿐만 아니라 주기적으로 영토 확장에 몰두하는 경향을 보였는데, 1947년에 특히 그러했다.[167] 모스크바가 민주적인 의도로 어떤 지역을 해방시켰다는 폴라니의 분석은 훨씬 더 감상적이다. 그는 모스크바가 "소비에트화"하지는 않을 거라고 보았으며 "정당을 발판으로 한 대의정부"의 활성화는 허락하리라고 확신했다. 그는 "러시아혁명이" 서쪽으로 확대되면서 "프랑스혁명이 수행했던 사회 변화를 몰고 올 것"이라고 생각했고, 1946년에 쓴 편지에서는 《하퍼스 매거진》에 실린 자신의 논문이 모스크바의 "건설적인" 의도를 규명한 바 있다고 꾸준히 언급했다.[168] 그는 감출 수 없는 자부심을 담아 "러시아인들이 동유럽의 민주주의를 공고하게 하리라"고 주장했다는 점에서 "나는 단연 독보적이었다"고 카로이에게 상기시켰다.[169]

소련과, 소련이 유럽에 대해 세운 계획을 분석한 글로 인해 폴라니는 절친한 정치 토론 상대인 야시와 불편한 관계가 되었다. 폴라니는 미국에 있는 카로이의 동맹 집단 어느 쪽도 공개 지지하지 않았고 자신을 야시가 몸담은 조직의 협력자로 여겼으며, 심지어 이쪽의 내분에 휘말리기도 했다.[170] 하지만 첨예한 사안에서는 헝가리-미국민주의회의 입장에 더 가까웠기 때문에, 두 친구는 소비에트의 전략과 의도, 그리고 (비슷한 맥락에서) 카로이의 뻣뻣한 근성을 둘러싸고 충돌하다가 토라지곤 했다. 나이가 더 어린 폴라니는 카로이의 정치적 기질을 자신과 깊이 동일시하면서 존경했다. 그는 카로이가 귀족 타입의 포퓰리즘(러시아혁명에서 나타난)과 "마자르 혈통"에서 물려받은 냉철한 정치적 현실주의를 겸비하고 있다고 생각했다.[171] 그는 전쟁 이후 헝가리가 나아갈 길을 두고도 카로이와 생각을 같이했다. 즉 헝가리는 사회적(심지어 사회주의적인) 전환이 필요할 뿐만 아니라, 대외정책에서 독일을 숭배하는 전통을 단호히 끊어내고 대신 이 지역에서 모스크바가 선점한 특권을 두말없이 인정하고 소련과 동슬라브 쪽으로 돌아서야 한다는 것이었다. 아무리 모스크바가 주변 국가들과 "위대한 서구 민주국가들"과 우호 관계를 유지하더라도 말이다.[172] 하지만 야시는 카로이의 주장에 폴라니만큼 감명을 받지는 않았다. 러시아 포퓰리즘은 개인의 자유라는 서구의 이상에 의해 활기를 얻었음에도 "우리 친구는 마르크스의 도식과, 힘에 기반한 정치를 둘러싼 고민에 사로잡혀 있다"는 것이다.[173] 그는 서구의 미래는 "난폭한 전체주의에 대한 지도자들의 도덕적 저항"에 좌우될 거라고 주장했으며,[174] 카로이에게는 거기에 필요한 근성이 없다고 보아 조바심을 냈다. 설상가상으로 야시는 카로이보다 폴라니가 "공산주의 혹은 비밀 공산당원에 훨씬 더 많은 공감"을 품고 있는 듯하다고 주장했다. 이 비난은 폴라니의 화를 돋웠다. 자신이 러시아의 다뉴브 지역 개입을 소리 높여 지지하는 것은 모스크바의 의도를 냉정히 판단한 결과이며 이를 모스크바의 이데올로기나 정책에 대한 전면 지지로 해석해서는 절대 안 된다고 주장하면서 야시의 비난을 정력적으로 논박했다.[175]

아니나 다를까, 소비에트 문제는 카로이와 폴라니 부부 사이의 언쟁에서 한몫하게 되었고, 이들의 관계는 급속히 멀어졌다.[176] 이 배경에는 소련군이 헝가리에 진주하고, 소련이 점령한 동쪽 지역에 카로이 없이 임시정부를 구성한 사건이 있었다. 이런 모욕 때문에 소련에 대한 카로이의 태도는 냉랭해졌고, 헝가리 정치에서 적극적인 역할을 하겠다는 결심 역시 식어버렸다.[177] 폴라니는 햄스테드에 있는 카로이의 아파트에서 토론하다가, 추상적인 상황에서는 존경받을 만큼 "자신의 원칙에 열정적이고 충실하여" 위엄을 갖추고 있으면서 현실 세계에서는 실효성 있는 정치 개입을 방해하는 자제심과 우유부단함에 휘둘린다며 친구를 비난했다. 카로이는 헝가리 정치에서 손을 떼지도, 그렇다고 새 정권에 대한 지지를 "행동으로" 보여주지도 않았던 것이다. 둘 중 하나를 선택해야 했고 이제 결단의 순간이 왔다. 그가 소련에게 조종당하는 헝가리에 동질감을 느낄 수 없다고 "영혼 깊이 느낀다"면 정치적 야망을 완전히 접어야 했다. 하지만 폴라니는 다른 길을 따라야 한다고, "새로운 체제를 지지하겠다고 지금 결정해야 한다"고 친구에게 요구했다.

이를 위해서는 세 가지 일을 해야 하는데, 첫째는 "공개 지지 선언"이고, 둘째는 "진보적인 해외 언론을 통해 정통성을 인정"하는 것이며, 셋째는 "당장 헝가리로 돌아가는 것"이다. 만일 그가 이 기회를 잡는다면 두 가지 시나리오가 가능하다. 첫째, 러시아인들이 헝가리의 반역자를 대통령으로 지명할 것이다. 마음대로 통제할 수 있는 장군이나 폭넓은 정치 기반을 갖추지 못한 고위 관료로 말이다. 이 시나리오에서는 카로이는 두드러진 역할을 하지 못할 테고, 일시적이긴 해도 "동유럽의 민주화가 지체될" 것이다. 둘째 시나리오에서는 카로이에게 명목상의 대표 자리가 주어지겠지만 해외 정책에나 간여할 뿐 내정에는 개입할 수 없다. 러시아인들이 너그럽게 구경만 하고 있지는 않을 것이기 때문이다. 카로이는 균형을 맞춰야 할 것이다. 새로운 지배자들에게 무조건 복종을 맹세하지도 않으면서, "신뢰의 필요조건인" 이들의 지배력에 반기를 들 의사가 없음을 보여주어야 한다. 이런 전략을 취하면 전국농민당, "좌파 소농들", 그리고 사민당, 공산당과 협력하여 좌파가 주도하는 대중 정권을 꾸리는 데 도움이 되고, 뒤따를 급진적인 토지개혁의 보증인 역할을 하는 데도 유익할 것이다. 이를 위해 카로이는 자신이 새로운 헝가리를 건설하는 데 힘을 보태기 위해 곧 귀국할 거라는 강력한 신호를 추종자들에게 보내야 했다. 판돈이 큰 만큼 보상도 크다. 폴라니는 카로이만이 "동유럽이 현재 처한 상황을 바꿀" 수 있고, "헝가리 좌파 정권"은 동유럽에서 진보 정치를 공고히 하는 데 크게 기여하리라는 데 "의심의 여지가 없다"고 과장 섞어 예측했다.[178]

1945년 1월, 폴라니와 일로나는 행동에 들어갔다. 일로나는 "전진하거나 후퇴하거나" 곤경에 맞서야 한다고 호소하는 편지를 썼고 폴라니는 여기에 서명했다.[179] 카로이는 이 충고를 진지하게 받아들이지 않은 듯하다. 금세 언쟁이 일었기 때문이다. 얼마 가지 않아 일로나는 "깡패 같은 방법"을 쓰는 조언자들의 말에 귀를 기울인다며 카로이를 비난했다.[180] 카로이는 일로나에게 자신이 주도하는 운동의 이사회와 헝가리 의회에서 물러나라고 요구했다.[181] (가장 독단적인 민주주의자라고 볼 수밖에 없는 이 인물은 "좋든 싫든 운동과 의회의 정책은 주로 내가 만들었다"고 덧붙였다.) 그는 소련의 돌진에 힘입어 헝가리가 토지개혁, 보편선거권, 모스크바와 우호적인 관계 맺기가 특징인 진보적인 정세를 만들어냈다는 점에 대해서는 폴라니 부부와 생각이 같았지만, 자신은 "비이성적인 중재 없이도" 헝가리 공산주의자들과 화해할 방법을 찾을 수 있다고 덧붙였다.[182] 일로나는 사퇴를 거부했고 카로이에게 거센 질책을 받았다. 그는 자신의 운동이 "길동무의 집합소로" 혹은 더 심하게는 "공산당 소집단으로 비치는 것을" 절대 바라지 않는다고 말했다.[183] 심지어 운동의 구성원들이 자기 문하생이라고 생각했다. "나는 신민주 헝가리 운동의 대표일 뿐만 아니라 다수 헝가리 망명자들의 지도자이고, 따라서 이들을 책임진다." 이로써 카로이는 "어떤 사람이 어디에 적합한 사람인지를 선택할 권한"을 가졌는데, 폴라니의 경우, 일로나는 "파견단"의 일원으로 지명되기를 바랐지만 카로이의 반응은 부정적이었다. 일단 폴라니와 카로이는 이런 지명을 정당화할 수 있을 만한 공감대를 형성하지 못했다. 둘째로 일로나는 자신과 남편은 "입장이 아주 다르다"고 분명히 밝혔음에도 카로이는 "사실 당신들은 모든 사안에서 동일한 입장을 공유한다고 확신"하게 되었다. 그와 의견이 다를 뿐만 아니라 충분한 "충성심 혹은 신뢰"를 보여주는 데 실패한 일로나 같은 사람들은 일을 그만둘 수밖에 없었다.[184] 그로부터 불과 몇 달 뒤 일로나는 "카로이에 대한 우리의 사랑과 존경, 우정은 영원하고, 긴밀히 접촉하면서 수많은 수난과 장애물을 극복했다"는 편지를 써 보냈는데, 이는 일로나의 따뜻함과 균형감각을 보여주는 증거라 할 수 있다.[185]

1945년과 1946년 내내 폴라니는 쓰라린 실망감을 안고 옛 동지의 언행과 행보를 좇았다. 소련 군정과 공산당에 등을 돌리기에는 나쁜 시기임이 분명했다! 러시아인들은 헝가리 민족을 파시즘에서 해방시키고, "민족의 통일성을 구축하기 위한 탄력 있는 틀을 제시"하고, 헝가리에 "상당한" 정도의 자치를 허용하는 등 반드시 필요한 도움을 주고 있었다. 폴라니는 서유럽 사람들이 "마르크스주의의 건강한 사상을 이해하고 생산적으로 이용"하는 데 더딜 때 공산주의자들의 출판물이 "서구의 건강한 사상을 수용하는 데 더 큰 진전"을 보이고 있음을 발견하고 기뻐했다.[186] 폴라니는 이를 염두에 두고 가령 노동당 좌파의 한 주간지가 퍼뜨린 정권의 토지개혁은 "거짓"이라는 주장에 맞서, 또 "러시아인들이 좌파 슬로건으로 위장하고 헝가리에 바돌리오* 정권을 건설하고 있다"는 더 맹렬한 비난에 맞서 이 체제를 공개적으로 옹호해야 한다고 카로이를 설득하려 했다. 1930년대에는 스페인 공화주의자들을, 1940년대에는 그리스 국민해방전선을 충직하게 비호했던 노동당 좌파들이, 공산주의자들의 헝가리 개입을 의심의 눈초리로 바라보는 이유는 카로이의 주저와 침묵이 적지 않은 영향을 미쳤기 때문이라고 폴라니는 주장했다. 1946년 초 폴라니는 영국 노동당 정부가 부다페스트의 보수적인 소농 정당에 지지를 보낸 일은 "놀랍지 않다"며 카로이를 질책했다. 그는 이것이 급격한 우경화의 전주곡일 수 있다고 덧붙였다.[187]

카로이는 설득에 넘어가지 않았고, 오히려 폴라니의 주장을 폄하했다. 세상을 "영국의 눈으로" 보는 경향 때문에 관점이 왜곡되었다는 것이다.[188] 만일 우익 민족주의 바람이 일어나고 있다면 이에 대한 비난은 모스크바에 돌리는 것이 마땅했다. 카로이는 이미 격앙된 민족주의를 독려하는 공산주의자들을 호되게 질책했고([청홍백의 리본 장식인] 코케이드로 상징되는 "애국주의"는 카로이에게 일생의 적이었다), 이를 비호하는 러시아인들을 겁에 질려 바라보았다.[189] 공산주의자들이 정치 기반을 공고히 하려 들면 오히려 "더 거센 반발을 부르고 자신들

* Pietro Badoglio, 1871~1956. 이탈리아의 군인이자 정치가로, 무솔리니가 체포된 뒤 1943~44년 이탈리아 총리를 지냈다. 연합국과 휴전협정을 맺고 무조건 항복을 발표했다.

의 지위를 약화하는" 역효과를 초래할 수밖에 없었다.[190] 카로이는 폴라니 부부의 충고를 무시하고 방향을 정하지 못한 채 한 해를 흘려보낸 뒤에, 결국 이들의 조언과는 다른 방식이었지만, 분명한 결정을 내렸다. 1946년 4월, 카로이는 폴라니에게 다음 달에 헝가리로 돌아갈 것이라고 알렸다. 하지만 이는 국회 연설을 위해서였고 바로 런던으로 돌아올 예정이었다. 카로이는 자신은 "조국의 정치권에 들어갈 수 없을 것"이라며 한탄했다. "이런 욕지기나는 타협은 더 이상 내 몫이 아니라"는 것이다.[191] 헝가리는 소비에트화를 거치면서 환영 카펫을 치워버렸고 카로이는 프랑스 주재 헝가리 대사로 2년 근무한 뒤 정계에서 은퇴했다.

전쟁 이후의 계획

전쟁이 끝나면서 폴라니의 일상은 느긋해졌다. 정전으로 인한 짜증과 폭탄에 대한 공포는 기억 저편으로 멀어져갔다. 그는 평화를 잘못된 표현이라고 생각했고, 어떤 면에서는 전쟁보다 훨씬 "더 참아내기 힘들다"고 여겼다. 이 사회는 여전히 인간의 가치가 "재산권 체제의 요구에 종속된" 자본주의의 지배를 받고 있기 때문이다.[192] 그럼에도 희망이 고조되고 있었다. 1930년대에는 실업의 어두운 그림자에 대응하여, 전시에는 정부의 경제 개입이 효과를 발휘하면서 계획이라는 개념이 대중의 머릿속에서 위세를 떨치게 되었다. 영국과 미국의 대중들은 전쟁의 물질적, 정신적 짐을 질 뿐만 아니라, "통제, 배급제, 노동 관리, 징병제"에 따름으로써 계획의 필요에 기꺼이 적응하겠다는 의지를 드러냈다. 이 점에 관한 한, 대중은 자신의 지도자들을 "훨씬 앞서" 있었다.[193] 폴라니는 자유주의 성향의 영국에서는 "전면 계획경제"와 외환 관리의 도입이 정부와 산업의 구분을 지워버렸지만, "공적인 자유는 더할 나위 없이 확실히 자리 잡았다"고 지적했다.[194]

계획의 등장은 정상 상태에 끼어든 변칙이자 전시의 일탈일까? 또 여느 때처럼 질서가 금방 복원될까? 1945년 7월의 총선거는 더 중대한 무언가가 진행 중임을 시사했다. 폴라니는 [노동당 단독 내각을 구성한] 애틀리 수상 체제의 영국은 자본주의의 과거를 지우고 거대한 전환에 착수하리라고 믿어 의심치 않았다. 영국은 "시장사회에 길들여져" 있었고, 한 세기가 넘는 세월 동안 인간의 본성에 대한 청교도적인 비관론과, "조화로운 자유방임의 미덕이라는 측면에서는 유토피아적인 낙관론"이 지배한 문화는 "일반인들이 삶의 질 하락을 감수하더라도 산업자본주의의 급성장에 유리한 노동과 존재 양상을 묵인하도록" 만들었다. 이제 협력의 연합체인 사회주의는 이와 정반대되는 원칙을 구현해 "사람들이 자신의 산업 환경을 인간 존재의 요건에 다시 맞추게" 해줄 터였다.[195]

애틀리 정부는 "요람에서 무덤까지"라는 슬로건으로 유명한 베버리지의 복지국가 건설 제안을 이행함으로써 노동당 역사에서 영예로운 자리를 얻었다. 하지만 애틀리 정부가 "사회주의 연합체"를 건설하는 데 주력하리라는 폴라니의 믿음은 환상인 것 같았다. 평등주의에 기반한 약속들이 하나하나 폐기되었기 때문이다. 교육정책이 특히 그러했다. 노동당은 집권 전에는 1944년 교육법의 반평등주의 조항들에 반대했지만, 집권하자마자 이를 이행하는 데 착수했다. 1944년 교육법은 이름값을 못하는 공립학교들에 국가 체제 너머의 배타적인 지위를 보장해주고, 교회 학교들에는 체제 내에서 특권적인 지위를 보장해주었다. 이렇게 짜인 중등학교는 계급 구분이 명확한 영국 사회를 반영하는 거울과도 같았고, 개인의 지능 수준은 그의 사회적 지위와 자연스러운 상관관계가 있다는 우생학적 거짓말은 이런 상황을 더욱 부채질했다. 이로 인해 공립학교들은 상류층의 전유물로 남았고, 그래머스쿨은 전문직 종사자나 사업가의 운명을 타고난 학생들에게 학술 교육을 제공하도록 설계되었으며, "신중등학교secondary modern"는 맨 밑바닥에서 정신적 표준에 미달하는 서민들이 노동자로 살아가는 데 필요한 싸구려 지침서를 제공하도록 짜였다.[196]

폴라니는 학교 체제의 구조 변화에 대해서는 거의 논평하지 않았지만, 교육이 다가올 사회주의적 전환기에 수행할 중요한 역할에 대한 생각을 밝혔다. 첫째, 교육은 노동당의 정치조직들이 제대로 작동하는 데 대단히 중요한 역할을 할 것이다. 그는 노동당의 풀뿌리 당원들은 "정부의 대리인 혹은 정치위원으로 활동"할 수 있도록 훈련받아야 하고, "기존의 단순한 반자본주의적 태도"를 앵무새처럼 읊어대기보다는 가령 "잉글랜드 은행의 국유화" 같은 복잡한 현안에 의견을 제시할 수 있는 "건설적인 태도"를 갖추도록 지도를 받아야 한다고 주장했다. 둘째, 만일 노동계급이 영국의 미래를 사회주의 쪽으로 끌고 가려 한다면 자신들의 이해관계를 더 넓은 대중의 이해관계에 복속시켜야 한다. 이를 위해서는 "긴축"을 이행할 필요, "인플레이션의 위험"에 맞설 필요, 그리고 생산성을 저하시킬 위험이 있는 "무단결근과 비공식 파업"을 비롯한 노동 저항과 걸림돌이 되는 노동조합 활동을 자제할 필요 등 정치적으로 어려운 문제들을 정확히 이해할 필요가 있었다. 교육은 계급의 이해관계를 국가의 이해관계에 복속시키는 데 필수인 계몽된 계급의식과 책임감, 시민의 덕성 같은 고매한 감각을 고양하는 데 없어서는 안 된다. 셋째, 폴라니는 애틀리 정부의 사회주의 혈통은 산업 노동계급에 기반을 두고 있어서 보장된다고 믿었지만, 이 계급은 날것의 상태로 존재하기에 만일 사회주의의 모험에 나설 경우 적절한 교육을 거쳐야 성공 가능성이 높아진다고 믿었다. 폴라니는 노동당에 표를 던지는 많은 노동자들이 자신이 정부의 사회주의 프로그램을 지지하고 있다는 사실을 의식하지 못하고 있고, 교육은 이들의 이해관계에 대한 의식을 고양하는 데 필요 불가결하다고 냉철하게 말했다.[197] 민주적인 규범과 실천들이 정치를 완전히 장악하려면 교육이 없어서는 안 된다. 교육이 가장 절실한 부문은 외교정책인데, 이를 위해 폴라니는 노동자교육협회의 소책자 《시민과 외교정책》에 모든 시민은 국제 문제에 대한 공부를 꾸준히 해야 한다는 주장을 담았다.[198]

애틀리 정부가 한 일과 하지 않은 일에 대한 논평을 척도로 삼자면 특히 폴라니의 관심을 끈 것은 외교 문제였다. 노동당은 전후 합의가 온갖 책략을 통해 자리를 잡아가던 역사적 순간에 집권했다. 야당 시절에는 외교 문제에서 급진적인 사고로 새로운 방안을 내놓는 듯했지만, 집권하는 순간 어려워진 경제적 여건이 허락하는 한 전통적인 제국주의 의제를 재구축할 태세를 취했다.[199] 이 문제에서 폴라니는 전통주의자였다. 쇠약해져가는 영국의 위상을 고무적으로 보지 않았고 오히려 방지해야 할 위협으로 본다는 점에서 기득권층과 관점을 공유했다. 새로운 세계 질서에서는 영국, 미국, 소련이 국제법과 유엔이 뒷받침하는 전 지구적인 틀 안에서 권력의 삼각축이 되리라고 보았는데, 이는 영국이 서유럽과 영연방 블록을 이끄는 가운데 세 열강이 각자의 영향력을 유지해야 한다고 촉구하는 주류 의견 중 하나에 가까웠다. 그는 영국이 "자유 재량"(독자적인 외교정책)을 유지해야 하고, "유럽 대륙과 세계에서 영향력을 확대하기 위해 노력해야 한다"고 주장했다.[200] 영국은 전후 유럽의 "자연스러운 지도자"가 될 것이며, "이 주도권을 마음껏 휘둘러야 했다".[201]

이런 관점에서는 워싱턴과 모스크바가 얼마나 도와줄 것인가가 관건이었다. 폴라니에게—그는 여기서 소수의 입장을 대변했다—핵심은 러시아로 우정 어린 손길을 내밀어야 한다는 것이었다. 만일 그렇게 하지 않고 이데올로기에 붙들려 경직돼 있으면 영국이 사회주의 쪽으로 진화할 가능성은 치명상을 입을 터였다. "인류의 미래"는 역시 "영-러의 협력"에 좌우되고 이는 물론 유럽 대륙에 각별한 의미가 있을 터인데, 왜냐하면 유럽 대륙은 틀림없이 영국과 소련의 영역으로 갈라질 것이었기 때문이다.[202]

영국이 미국과 어떤 관계를 맺어야 하는가는 이만큼 분명하지 않았다. 1940년대 초에 폴라니는 미국이 펴는 세계 간섭 정책globalism을 고무하고 응원했다. 그는 많은 미국 지도자들, 무엇보다 루스벨트, 그리고 (이보다는 애매했지만) 전시 경제계획을 주관한 제임스 번스를 높이 평가했다. 미국에 있는 동안 폴라니는 자신이 이용할 수 있는 모든 무대에서 미국이 참전해야 한다고 부르짖었고 청중들에게 미국이 계속 현실을 회피하면 독일과 일본이 "두 대양을 지배"하고 심지어는 미국에 라틴아메리카에 대한 헤게모니를 포기하라는 압력을 넣을 수도 있다고 경고했다.[203] 전쟁이 끝난 후에는 영국이 "대양의 안보"에 대한 미국의 권리를 받아들이고—소련과의 협력을 저해하는 곳을 제외하고—"지구를 재건하기 위해 미국과" 협력하는 데 힘을 쏟아야 한다고 주장했다.[204] 그는 영국 정부가 두 팔을 걷어붙이고 "정치 세계의 무서운 진공 상태를 메우는 일에 썩 내켜하지 않는" 모습에 크게 충격을 받은 반면, "온 힘을 다해 평화를 위해 노력하고 있고"—특히 중국의 주권을 회복하는 일에서 크렘린과 협력함으로써—"아주 잘 해오고 있는" 번스와 미 국무부 직원들을 칭찬했다.[205]

폴라니는 1943년 런던의 청중들에게 협력과 경쟁이 뒤섞인 영국과 미국의 관계는 1918년 합스부르크제국 내부가 파열되기 전, 프로이센이 승리하여 합스부르크제국이 하급 동반자 역할을 했던 반세기로 이어진 프로이센-오스트리아의 "패권 다툼"과 닮은 데가 있다고 주장했다. (이 비교를 들은 한 청중은 기분 좋게 씩 웃었다. 미국 대사관에서 나온 재외 사절이었다.[206]) 하지만 3년 뒤 폴라니가 영미 관계를 그리는 데 사용하는 역사적 비유는 크게 바뀌어버렸다. 그는 케네스 뮤어의 《리즈 위클리 시티즌》에 발표한 논문에서 1946년에 영국의 1776년, 즉 오랜 세월 이어지던 억압이 막을 수 없는 저항으로 바뀌게 되는 시점이 재현될지도 모른다고 경고했다. 미국은 "폭압적인 식민 모국이 가하는 위협에서 자신을 보호할 수단을 박탈"당했었다고 폴라니는 상기시켰다. "하지만 18세기에 영국이 식민지에서 무역을 통해 부린 횡포는 20세기에 미국의 자유무역 제국주의가 이제 막 정신을 차린 영국에게 가한 위협보다 더 잔인하지는 않았다."[207]

어떤 일이 있었기에 이렇게 180도 달라진 걸까? 폴라니는 전쟁을 제국 간의 갈등이 아닌, 민주주의를 향한 세계사적 투쟁으로 바라보았다. 이런 해석의 연장선에서, 전시의 민주적 정신은 미국과 영국에서 계획된 사회적 전환을 수행하려는 뉴딜 정신으로 수렴될 테고, 전후의 합의가 자리를 잡게 됨에 따라 뉴딜 정신은 전 세계에 가지를 치리라고 예상했다. 이 예측에는 정당정치의 측면에서 해석된, 《거대한 전환》의 "자본주의 대 민주주의" 테제가 끼어들어 있었다. 즉 민주주의 편에 선 노동당과 뉴딜 정책 지지자들 대 월스트리트와 공화당 지지자, 그리고 토리당이라는 구도로 말이다.[208] 이런 개념 틀 속에서 폴라니의 역사적 비유가 바뀌었음을 이해해야 한다. 그는 세계 전역에서 좌선회라는 대전환이 일어나리라 보고 희망을 품었지만 워싱턴이 정반대 방향으로 판을 짜고 있음을 명확히 알고 있었다. 유럽에서는 민주적 사회주의가 영국에 새로이 활기를 불어넣었고 러시아는 새로운 형태의 사회조직을 개척하고 있었지만, 대서양 건너 미국은 구질서의 요새라는 입지를 굳히고 있었다. 뉴딜의 약속은 "준지역적 기반"에 구축된 새로운 세계 질서의 수립으로 나아가야 했음에도 "거대정부"가 무기 생산으로 다시 경제를 일으키자 루스벨트는 진로를 바꿔 미국과 전 세계를 "금본위제와 자유무역의 경제"로 몰아갔고, 폴라니의 장난기 어린 표현에 따르면 "원시적인 트로츠키적 형태의 자본주의"로 나아갔다.[209] 미국 입장에서 생각해보면 "1914년 이전 세계의 복원이라는 미국의 복고적 유토피아"는 "판타지"처럼 보이지 않는다고 폴라니는 말한다. 만일 영국의 힘을 "꺾거나 강제할 수 있다면 실현 가능한 계획이고⋯⋯ 소련은 굴복할 수밖에 없을 것이다".[210]

영국은 주로 무기 대여에 딸린 조건들과, 대규모 융자(영미 금융협약), 브레턴우즈 협정에 따른 의무 이행이라는 방식으로 압박을 받았다. 영국 재무부장관 휴 돌턴의 표현에 따르면 이 융자에 딸린 조건들은 영국 정부가 "파운드화를 태환 가능하게 만들고 미국 정부가 좋아하는 자유주의적인 상업 정책을 채택"하는 일을 도왔다.[211] 많은 시민들이 보기에 이는 부당한 처사였고, 유럽전승일에 고점을 찍었던 미국에 대한 지지는 1947년 저점을 찍으며 주저앉았다. (일로나는 폴라니에게 보내는 편지에서 영국을 휩쓸고 있던 "반미 물결"을 주목할 필요가 있다고 말했다. 무엇보다 "평범한 사람들, 켄싱턴 처치 스트리트에서 골동품 가게를 운영하는 나이 든 숙녀 같은 사람들이 어느 날 '미국인 손님 사절'이라고 적은 포스터를 붙여놓았다"는 것이다.[212])

워싱턴의 거대 전략에 대한 반대는 영국 하원에서 두 차례에 걸쳐 분명하게 드러났다. 1945년 12월에는 스물아홉 명의 노동당 하원의원과 일흔 명의 보수당 하원의원이 반대하는 가운데 브레턴우즈 협정이 날림으로 처리되었다.[213] 의회 반란을 주도한 보수당 평의원들은, 사실 워싱턴이 영국을 회유하여 (제국 내 무역은 무관세 지위를 누릴 수 있게 하는) 영연방 내 특혜 관세 체제를 폐기하게 만들었다는 사실에 분노했는데, 브레턴우즈 협정이 영국을 다시 금본위제로 돌아가도록 압력을 행사할 거라면서 목청 높여 저항했다.

1946년 11월에 일어난 두 번째 반란에서는 정부의 일반적인 외교정책 수행에 정부 측 평의원들이 불만을 품게 되었다. 이를 주도한 인물은 리처드 크로스먼이었다. 그는 1930년대에 노동당의 "인민전선"에 가담했고 당내에서는 1930년대 말 소련과의 동맹을 거부한 데서 비롯된 재난 같은 결과들을 거론하면서 대소 협력을 옹호하는 폭넓은 유권자들을 대변했다. 크로스먼은 동료 정부 각료들이 외교정책에 대한 "야당의 의견에 굴복했다"며 책망했고 정부에는 "세계의 자원에 대한 사회주의적 계획과 통제를 확보하려는 모든 민족 및 집단들을 최선을 다해 독려하고, 이들과 협력하는 방향으로 국제 문제를 처리해야 한다"고 조언했다. 그는 "민주적이고 건설적인 사회주의적" 외교정책을 수립하여, 영국이 두 초강대국을 중재하고 세계가 적대적인

블록으로 분열되는 사태를 예방할 수 있는 유럽 사민주의라는 제3세력을 중재할 수 있다고 강조했다.[214]

이는 폴라니의 관점이기도 했다. 그는 크로스먼이 사실상 "독자적인 영국 외교정책의 슬로건을 발표"했다며 갈채를 보냈다.[215] 영국은 앞장서서 "서유럽뿐만 아니라 영연방을 최대한 계획으로" 이끌어야 하고 여전히 엄청난 정치적, 외교적 영향력을 제3세력을 조직하는 데 행사해야 했다.[216] 전 세계적인 적색 바람 일으키기가 궁극의 목적이었는데, 미국이 서유럽 민족국가의 경제정책 결정에 갑자기 개입하면서 무산될 위기에 놓였다. 이를 위험에 빠뜨린 것은 무엇보다 브레턴우즈에서 구상된 금환본위제였다. 이는 "심지어 많은 좌파 인사들"의 허황된 믿음과 달리 "순수한 제도"가 절대 아니었고 사실상 "세계를 미국 달러의 지배 아래 놓기 위한 준비에 불과"했다.[217] 폴라니는 지역 신문에 기고한 기사에서 크로스먼의 반란을 브레턴우즈의 "위험"에 대한 "영국 평민들"의 적대감이 표출된 것이라고 묘사했다. 브레턴우즈 체제는, 미국의 융자 조건과 함께, 내심은 금본위제의 복원이 목표였다. 브레턴우즈는 "자유무역을 응원한다는 미명하에" "규제받는 대외경제"에 전쟁을 선포하는 것과 같았다. 이는 사회주의로 기울 가능성이 있는 영국에 대한 전쟁이기도 했다. 무역자유화는 국제적인 시장의 힘에 특정 산업의 성격을 결정할 재량권을 줄 테고, 이는 강력한 경제계획에는 부합하지 않기 때문이다. 폴라니는 영국은 "계속해서 자신의 통화를 마음껏 관리해야 하고, 해외무역을 마음껏 계획해야 한다"고 주장했다.[218]

폴라니는 영국을 사회주의 궤도에서 탈선시키려는 의도를 품고 있는 정치 세력과 행위자를 거론했다. 먼저 월스트리트와 "무자비한 공화당" 협력자들이 있었다. 브레턴우즈 곳곳에는 "공화당의 거대 비즈니스"의 이익에 봉사하겠다고 서약함으로써 "일생의 연구를 짓밟아"버린 케인스의 지문과 함께 이들의 지문이 여기저기 묻어 있었다.[219] 다음으로는 보수당 지도부를 꼽을 수 있는데, 특히 처칠은 영국을 미국에 밀착시켜 "앵글로색슨 자본주의의 세계 요새"를 구축하고 싶어 한다고 보았다. 반민주적인 본성을 고려했을 때 양국 정부는 공개 조사와 의회의 숙의 같은 적절한 절차를 밀쳐두고 은밀한 방법들을 동원할 터였다.[220] 마지막으로는 "미국, 혹은 좀 더 정확히는 공화당의 거대 비즈니스"에 헌신하는 노동당 정부 각료들이 있었다.[221] 소련에 대한 적대감 덕분에 외무부장관으로 지명된 어니스트 베빈은 이제는 단호한 반공주의로 기울어버린 번스와 국무부와 같은 기조를 유지했을 뿐만 아니라, 미국을 유럽 내에서 벌어지는 무력충돌에 끌어들이는 한편, 영국이 미국의 항공모함 노릇을 하도록 만들려 했다.[222] 그의 재임기에 영국 정부는 막대한 예산을 (핵무기 제조 프로그램을 비롯한) 무기 생산에 쏟아부었는데, 이것만 봐도 어째서 미국의 융자가 필요할 수밖에 없었는지 알 수 있다.

또한 영국 정부는 샤 치하의 이란에서 아파르트헤이트를 자행하는 남아프리카공화국에 이르기까지 숱한 우익 독재자들을 지원했고, 그리스의 민족해방전선 같은 민족해방 운동과 좌익 운동을 무너뜨리기 위해 거듭 군대를 동원했으며, 폴라니에게는 유감스럽게도 팔레스타인에서 유대인들이 식민 정치를 할 수 있는 여건을 조성하는 데 기여했다.[223] 이 모든 일에서 노동당은 보수적인 외교 방침을 채택했는데 이것이 불가피했을까? 폴라니는 그렇게 생각하지 않았다. 그는 평의원의 반란은 저항이 임박했음을 알리고 "영국노동당과 미국 뉴딜의 새로운 연대의 가능성"을 예고하는 경고 사격이라고 해석했다. 그는 뉴딜 지지자들에게 "공화당의 자유무역 제국주의를 막아달라"고 요청했다. 만일 이들이 성공할 경우 "영국인들은 자국에서 사회주의를 건설할 수 있을 뿐만 아니라, 영연방의 모든 거래에 사회주의 원칙을 적용할 수 있으리라"고 생각했던 것이다.[224]

노동당 좌파와 뉴딜 지지자들에 대한 희망이 사그라드는 데는 오래 걸리지 않았다. 영국에서는 평의원들의 반란이 수포로 돌아갔고, 1947년부터 정부는 평의원들의 방해에도 아랑곳하지 않고 범대서양주의 외교정책을 추구했다. 대서양 반대편에 있는 뉴딜 지지자들은 폴라니가 자신들을 위해 작성한 글을 들춰보지도 않은 듯했다. 워싱턴에서 전직 부통령 헨리 윌리스를 중심으로 결집한 인사들은 종전을 뉴딜의 약속이 결실을 맺을 수 있는 유일한 기회라고 생각했다. 소련과 협력하는 가운데 법과 자유, 경제발전의 멋진 신세계를 건설할 기회로 보았던 것이다.[225] 하지만 뉴딜 지지자들은 주류와 동일한 목표를 지향했다. 정치 엘리트들은 전후 지정학적 재조직화를 두고 두 축에 대해 합의를 이루었다. 첫째, 국제수지는 시장 메커니즘에 맡기기보다는 여러 나라가 참여하고 조정하며 관리해야 한다. 둘째, 번영은 국제무역을 확대하고 자본 통제를 줄임으로써 달성할 수 있으며 이와 정반대인 1930년대 접근법으로는 불가능하다.[226] 이에 대해 코델 헐 같은 보수주의자들과 윌리스 같은 뉴딜 지지자들의 입장은 동일했다.[227] 폴라니에게는 미안하지만 브레턴우즈는 "무자비한 공화당주의"가 아니라 무자비한 양당의 합의를 상징했다. 사실 초기 단계에서 핵심 인물이었던 헨리 모겐소와 해리 덱스터 화이트 둘 다 뉴딜 지지자였다. 화이트는 소련식 계획을 흠모했음에도 불구하고, 뉴딜은 미국이 안전하게 시장자본주의를 추진할 수 있는 방향으로 설계되었다. 또 브레턴우즈는 세계 규모에서 이런 꼼수를 재탕하고, 이 과정에서 달러를 세계 최고의 통화로 자리매김해 미국의 지배력을 용이하게 만들 터였다.[228] 모겐소의 표현에 따르면 이를 통해 국제 통화 운용을 정부가 조정하고, 투기 자본 흐름을 억제하며, 경제성장과 완전고용을 위해 힘쓰는 가운데 "신세계에 뉴딜"을 제공할 것이었다.[229] 트루먼이 대통령에 당선되자 모겐소는 재무부에서 밀려났고, 이 프로그램의 뉴딜적 성격은 사라졌지만 그래도 기본 윤곽은 남아 있었다.[230]

뉴딜 지지자들은 유럽 부흥 계획, 즉 마셜 플랜*을 설계하는 데도 두각을 나타냈다.[231] 유럽 부흥 계획은 미국 경제 위기가 서서히 모습을 드러내던 시기에 수출 증대를 기약했고, 더불어 서유럽의 경제 붕괴와 정치 불화를 막아주고 이 지역을 러시아에 대항하는 방어물로 통합할 것이었다. 여기서 미국이 대서양의 통합된 자유주의 블록에서 중심을 맡아 패배한 유럽을 상대로 헤게모니를 행사하리라는 전망이 길잡이 노릇을 했다.[232] 이 프로젝트는 미국의 법인자본주의와 유사한 노선을 따라 세계경제를 재편하고, 유럽인들의 경제 자립 본능을 무력화하며, 소비에트라는 적을 상대로 미국의 이익을 증진하려 했다.[233] 유럽 부흥 계획의 두 가지 중요 과제였던 반소련 정치 전선의 결집과 자유주의 토대에 유럽 경제를 재건하는 사업이 결합되면서 유럽 공동시장의 정초라는 셋째 과업을 이룰 수 있게 되었다.

* 2차대전 이후 미국의 원조로 이루어진 유럽의 경제 부흥 계획. 유럽 국가들의 경제 회복과 소련으로부터의 보호를 목적으로 했는데, 이 정책으로 유럽에 대한 미국의 영향력이 커졌다. 원래 명칭은 유럽 부흥 계획European Recovery Program(EPR)이며, 마셜 플랜은 최초 제안자인 조지 마셜 국무장관의 이름을 딴 별칭이다.

브레턴우즈 협정과 마찬가지로 마셜 플랜과 서유럽의 통합 등으로 인해 폴라니를 비롯한 국제 좌파들은 분열되었다. 전후 미국이 주도하는 자유주의적 세계경제에서 중추 역할을 하고 있는 이 계획을 거부해야 할까, 아니면 환영해야 할까? 폴라니의 아내는 마셜 플랜을 "트루먼 독트린*을 초래할 작은 발단"으로 여겼다.[234] 반면 폴라니의 친구 호르스트 멘데르스하우젠은 두 팔 벌려 환영한 사람들의 전형이었다. 그는 1930년대에는 독일에서 진행된 '다시 시작하다Neu Beginnen' 운동에서 리하르트 뢰벤탈과 빌리 브란트의 동지였다. 게슈타포에게 체포됐으나 멘데르스하우젠은 도망을 쳤고 베닝턴에서 일자리를 얻었다. 1945년 유럽으로 돌아오자마자 사회주의 전력과 뉴딜 지지 경력 덕분에 범대서양주의가 번성할 수 있는 정치경제적 기틀을 마련하는 데 중요한 역할을 했다. 그는 베를린에서 '다시 시작하다' 운동의 동지들과 다시 관계를 맺었고, 당시 서독의 사민당이 공산주의자들이 주도하는 이복동생 관계의 사회주의통일당과 긴밀하게 공조하지 못하게 막는 싸움에서 적극적으로 활동했다.[235] 그동안 멘데르스하우젠의 본업은 연합군이 통치하던 시기에 독일의 부총재였던 루셔스 클레이 장군의 경제자문관이었다. 클레이는 독일 경제를 자유시장 체제로 재건하는 것이 워싱턴의 이익에 더 부합한다고 주장하면서 모겐소-화이트의 독일 경제 해체 전략에 반대해왔다. 멘데르스하우젠은 클레이의 부관으로서 마셜 플랜의 토대를 잡는 데 도움을 주었고, 이후 연방준비이사회 연구원으로서 마셜 플랜의 집행과 국제통화기금 구성

* 1947년 미국의 트루먼 대통령이 그리스와 터키에 대한 군사 원조를 약속할 때 선언한 외교 정책의 새로운 원칙. 자유주의 진영에 대한 공산주의 세력의 위협에 힘으로 대항한다는 의사를 밝혀 냉전을 공식화했다.

에 대해 조언했는데 이는 폴라니의 원칙에 영향을 받은 것이었다.[236] 멘데르스하우젠은 또한 유럽 부흥 계획에서 비롯된 쉬망 플랜*을 알리는 활동을 했는데 이는 초기 유럽 통합 기구인 유럽석탄철강공동체를 확립하기 위한 것이었다. 그가 보기에 이는 미국의 권력과 뉴딜(혹은 사민주의) 이데올로기의 행복한 결합을 상징했다. 유럽이 "전쟁과 침략, 패배로 인해 유연해지고 미국의 건설적인 영향력이 유럽을 관통"하는 상황이 조성돼 가능해진 일이었다. 이런 구조는 "국제 수준에서 중앙계획과 시장경제의 정직한 혼합"을 이끌어냈다.[237] 멘데르스하우젠은 랜드연구소에서 자리를 얻는 데 도움이 된 논문에서 유럽석탄철강공동체는 마셜 플랜과 트루먼의 포인트포 계획**과 함께 "국제 수준에서 우리 문명의 생명력을 선명하게 드러냈다"고 평가했다.[238]

유럽 부흥 계획과 유럽 통합에 대한 폴라니의 관점은 브레턴우즈 협정에 대한 태도만큼 잘 기록되어 있지는 않다. 하지만 그가 정반대 관점을 취했다는 점은 분명하다. 그는 "조직된 유럽이라는 틀" 내에서 독일을 네 단계에 걸쳐 복원해야 한다고 주장하면서[239] 미국이 주도하는 자유주의적 자본주의를 재건하자는 주장과는 선을 그었다. 이는 위험하고 낡은 움직임이었다.[240] 그는 유럽 부흥 계획을 비판한 듯하고, 이에 반대한 사람으로 유명한, 친소련 성향의 헨리 월리스가 1948년 대통령 선거에 출마했을 때 소리 높여 응원했다.[241](월리스는 유럽 부

* 1950년 프랑스의 외무장관 쉬망이 제창한 프랑스와 서독의 석탄·철강 공동 운영 계획. 이 계획에 의하여 1951년 유럽석탄철강공동체(ECSC) 조약을 맺고 이듬해 정식 발족했다.

** 미국의 트루먼 대통령이 1949년 발표한 후진국 개발을 위한 원조 계획. 마셜 플랜을 저개발국들에 대한 기술지원과 경제원조로 확대한 정책이다.

흥 계획을 "마셜 플랜"이라고 불렀다.) 사실 폴라니는 자신이 대학에서 윌리스를 지지하는 진보주의자들의 "구심점" 역할을 하리라 예상했다.[242] 유럽 통합의 경우, 영국이 주도하는 유럽 사민주의 연합에 대한 폴라니의 꿈은 점점 멀어져가는 것 같았다. 서유럽 전역에 보수의 기류가 흐르고, 베빈 같은 노동당 각료들이 냉전의 전사 같은 사고방식을 가지고 있었기 때문이다. 아마도 폴라니가 쓴 것으로 추정되는 편지에 따르면 그는 쉬망 플랜에 대해 우려하고 있었다. 1950년 또는 51년에 작성된 이 편지는 프랑스, 이탈리아, 서독의 지도자들을 "미국과 잡은 손을 완전히 놓기로 결심한 반동분자 내지는 변절자"라고 일컫는다.[243] "베빈 같은 사람도 있고 마셜 달러를 받기도 했지만" 영국은 이들의 꽁무니를 따르지 않을 정도로 아직은 "충분히 사회주의적"이었다. 하지만 유럽 통합 세력은 영국도 여기에 참여해야 한다며 숨통을 조이고 있었다. 폴라니가 보기에 "말로 하지 않고 암시할 뿐이지만, 현실의 위협인" 쉬망 플랜은 "경제적(그러므로 사회적, 정치적) 소멸을 각오하고 영국이 자본주의 서유럽에 협조하도록 강제하는 것"이 목표이고, 핵심에는 유럽석탄철강공동체가 있었다. "유럽의 양대 기초 산업의 거대한 자본주의적 합병은 먼저 사회주의 경향을 띤 영국을 겨냥할 것"이고 "영국이 이를 어쩔 수 없이 묵인하면 러시아가 압박을 느낄 것이다". 요컨대 범대서양주의에 입각한 서구의 통합은 러시아, 동유럽, 중국에 대한 "맹공"의 신호가 될 터였다. 폴라니는 결론에서 이런 신의를 저버리는 행보가 아직 확정되진 않았다고 적고 있다. 쉬망의 계획은 "사회주의 성격의 조치로" 방향을 틀 수도 있고 아니면 "외교적으로 실패"할 수도 있다. 하지만 어느 쪽이든 실현되기를 바란다면 유일한 수단은 "하느님 우리를 도우소서—영국노동당"뿐이었다.[244]

6장

부정의와 비인간성

세계적으로 1945년 이후 시대의 특징이었던 불확실성과 유동성은 폴라니와 일로나의 삶에도 투영되었다. 이들은 1950년까지 주거가 분명치 않았다. 부다페스트는 항상 선택지 중 하나였는데, 친구들은 잊을 만하면 한번씩 전후 헝가리의 매력을 상기시켰다. 엔드레 허버시는 편지에 "이곳은 재미있어. 때로는 아름답기까지 하지"라고 적었다. "생활은 아주 역동적이야. 우리는 맑고 강인한 정신으로 민족을 위해 일하고 있어."[1] 1947년 헝가리를 방문해서—과거 갈릴레오 서클 회원이었고 이제는 공산당 지도자가 된 마차시 라코시와 보좌관인 에르뇌 게뢰를 비롯하여—"중요한 인물을 모두" 만나본 또 다른 동포는 이렇게 전했다. "나는 기대보다 더 좋은 인상을 받았네. 새 정권은 사람들이 상상하는 것보다 국민들 사이에 깊이 뿌리내리고 있어. 헝가리의 공기는 놀라울 정도로 신선하고, 나는 귀국에 관심을 기울이게 되었다고 인정해야겠네. 물론 뚱하고 다루기 힘든 사람들이 있지만 1~2년 노력하면, 무엇보다 생활수준이 꾸준히 상승하면 '이들을 설득'할 수 있으리라고 확신해."[2]

하지만 폴라니 부부의 가족과 친구들은 대부분 망명한 상태였고 세상을 떠난 이들도 있었다. 이들은 카로이와 옥신각신한 이후, 또 오랜 지인인 라코시로부터 두 사람 자신을 위해 폴라니는 귀국해선 안 된다는 말을 듣고는 "가볍지 않은 마음으로" 헝가리 생활에 더 이상 미련을 두지 않기로 했다.[3] 그렇다고 모국 방문까지 접은 것은 아니었다. 1946년 일로나는 아주 보람 있는 부다페스트 여행을 했고, 이어 토지개혁을 연구하기 위해 시골로 갔다.[4] 같은 해에 폴라니는 부다페스트에 있는 파즈마니 페테르 가톨릭대학교에서 "엄숙한 연설"을 해 달라는 요청을 받았다.[5] 밸리얼 칼리지 졸업생으로 노동당 국제부서 책임자이자 외무부 직통전화를 이용할 수 있는 데니스 힐리의 도움으로 폴라니는 여행에 필요한 절차를 해결하고 프라하행 비행기 좌석을 확보할 수 있었다. 이런, 그런데 헝가리 당국이 입국 허가를 하지 않았고(폴라니는 소통에 착오가 있었다고 믿었다) 여행을 연기할 수밖에 없었다.[6]

1948년 다시 귀국 문제가 대두되었다. 친구들과 친척들이 헝가리로 향하고 있었던 것이다. 가령 러우러의 아들인 죄르지가 공산주의 건설에 참여하겠다는 열망을 품고 부다페스트로 돌아갔고, 일로나 역시 여기서 많은 시간을 보냈다. 그녀는 헝가리에서 일어나는 사회정치적 전환을 설명하는 편지를 사랑하는 이들에게 규칙적으로 보냈다.[7] 1949년에 라코시는 그의 표현을 빌리면 "살라미 전술로"—한 번에 한 조각씩—경쟁관계에 있는 당들의 허를 찔렀다. 공산주의 경제가 구축되고 있었는데, 이는 중공업 부문의 비중이 균형을 해칠 정도로 높고, 행정부가 할당량을 결정하며, 생산성 증대에 정치적 인센티브를 과하게 사용하고, 자본축적이라는 목표에 온갖 자원을 동원하는, 상대적으로 자립이 가능한 경제를 뜻했다. 게뢰는 이 나라가 "철과 강철, 기계의 나라"로 전환할 거라는 선언으로 이 프로젝트를 압축 설명했다.[8] 헝가리에는 철광석이 전혀 매장돼 있지 않다는 점에서 이는 기이하다고까지는 할 수 없어도 대담한 야망이었다.

일로나는 헝가리의 소비에트화를 "위로부터의 혁명"이라며 반겼고, 공산당 지도부에 감탄했으며, 이 나라가 "현재 당면한 어려움"은 편협한 민족주의자들이 가증스럽게도 "미국의 침략에서 소련을 방어하는 공동의 이익"보다 "민족의 이익"을 더 우선시한 결과로 설명했다.[9] 그녀는 딸에게 보낸 편지에 "내 정치적 입장을 말한다면 나는 헝가리의 공산주의자"라고 적었고, 딸에게 헝가리를 "소련의 성벽이자 제1방어선"으로 구축하는 데 힘을 보태러 와야 한다고 일렀다.[10] 그녀의 남편은, 정치적 자유를 억압하고 자기가 보기에는 농업국가에 걸맞지 않은 맹렬한 산업화를 밀어붙이는 현실을 비판적으로 보았다.[11] 하지만 귀국을, 심지어 영구 귀국을 매력적이라고 생각했고, 1948년에는 부다페스트에서 연구직을 얻기 위해 컬럼비아 대학교의 일자리를 포기할까 생각하기도 했다. 부다페스트에서 "여생을 헝가리 연구에 보낼" 생각이었던 것이다.[12] 자신이 학자의 역량을 꽃피울 수 있으리라 보았고 일로나가 미국 입국을 거부당한 점을 환기했다.[13] 그는 자신이 "동방정교회 교리와 현대 학문 사이에 폭넓은 가교"를 놓을 수 있는 위치에 있다고 생각했다. 그래서 일로나에게 겸손한 자세로 털어놓았다. "지금 내가 가진 지식과 경험, 전망을 안고 귀국하는 것이야말로 이 새로운 헝가리에 무엇보다 도움이 되리라는 사실을 확신하고 있어."[14] 일로나가 기다리던 소식이었다. 그녀는 폴라니의 "솔직하고 조건 없는 귀국 신청"을 "우리 삶의 기쁨"이라고 말했고, 남편이 채울 빈자리를 열심히 찾아보았다.[15] 카로이는 다리를 놔주는 데 동의하고 종교교육부 장관에게 도움을 구했다.[16] 허버시 역시 폴라니를 "호의를 품고 있고, 정직하며, 총명하다"고 평하면서 장관에게 "관점이 마르크스주의에서 조금 떨어져 있긴 하지만 칼 폴라니는 소비에트에 우호적"이라고 장담하는 추천서를 써주었다.[17] 하지만 적당한 자리를 찾지 못했다.

헝가리가 아니라면 어디에 정착해야 할까? 이들은 영국을 사랑했고 스스로를 "영국인"이라고 생각했다.[18] 많은 절친들이 여기 살았고, 폴라니는 애틀리 정부가 열어젖힌 사회주의 전망에 흥분을 감추지 못했다. 1940년대 중반부터 후반까지 영국에 정착하고픈 바람을 여러 차례 표출했다. 뉴욕에서 샌디 린지에게 보낸 편지에는 "이곳에서 새 생활을 시작할" 수는 없으리라고 적었다. 그와 일로나는 "여러 사건들 때문에 영국의 토양에 너무 깊이 뿌리를 박게" 되었고, 《거대한 전환》은 "영국 노동자들이 어떻게 생각하든 간에, 이들에 대한" 맹세를 담고 있기 때문이다. 린지가 아는 범위에서 마땅한 자리가 있었을까? 적당한 자리가 나면 폴라니는 분명히 받아들였을 것이다.[19]

안타깝게도 가까운 시일 내에는 그런 자리가 나지 않았고 이 때문에 직업적 성취의 가능성이 더 높은 미국이 매력적으로 보였다. 특히 "명예롭게 제대한" 퇴역군인의 제3차 교육 비용을 지원하는 제대군인원호법 덕분에 미국 대학 체제는 힘차게 성장하는 중이었다. 미국에서 좌파들과 자유주의 성향 유권자들의 "지적, 정신적 파산이 이 세상 어디보다" 심각했음에도, 이런 상황은 장점으로 승화될 수 있었다. "유용한 일을 하는" 폴라니의 능력을 강화했기 때문이다.[20] 하지만 일로나와 캐리는 미국에 정착하는 데 단호히 반대했다.[21] 폴라니가 인정할 수밖에 없었듯이, 뉴딜이 진행되었음에도 불구하고 미국은 여전히 시장자본주의의 중심지였다. 어디에 영구 정착할지를 두고 폴라니와 일로나는 부딪쳤지만, 갈등은 이들의 내면에도 있었다. 예상하지 못한 숱한 곡절과 스트레스에 시달리는 망설임의 시기가 다가오고 있었다.

칼의 선택, 일로나의 시련

폴라니는 미국에서 《거대한 전환》을 저술했고 연구 프로그램을 진척시킬 수 있는 가능성이 있었기 때문에 이 나라에 마음이 끌렸다. 특히 적절해 보이는 곳은 컬럼비아 대학교였다. 양차대전 사이 몇 년간 컬럼비아 대학교는 사회과학 분야에서 하버드 대학교와 시카고 대학교와 겨룰 정도로 수준이 높아졌고 버르토크, 라자스펠드, 노이만 등 재능이 뛰어난 오스트리아-헝가리 망명자들과 난민들을 끌어들였다.[22] 컬럼비아의 경제학과는 웨슬리 미첼을 중심으로 오래전부터 제도주의 경제학자들이 자리를 잡아서 진보적이었고, 이들은 폴라니도 크게 존경하는 또 다른 좌파-자유주의 성향의 컬럼비아 교수인 존 듀이에게 철학적인 영감을 얻었다.[23] 컬럼비아에서 제도주의의 목소리는 점차 약해지는 중이라고 볼 수 있었지만, 경제학 박사과정을 밟는 학생 수로 볼 때는 여전히 미국에서 선두를 달리고 있었다.[24] 1944년 미첼이 은퇴한 뒤에는 존 모리스 클라크, 카터 굿리치, 래그나 넉스 같은 인물들이 불길을 유지하고 있었다.

1946년 가을 폴라니는 컬럼비아 대학교의 사회학자 매키버와 애머스트 대학교의 경제학자 월터 스튜어트에게 미국 대학에서 자리를 구할 수 있는지, 가능성을 타진하는 편지를 썼다.[25] 그는 매키버에게 컬럼비아 대학 경제학과에서 1~2년짜리 방문교수직을 얻을 수 있는지 망설이며 물어보았다.[26] 이 스코틀랜드인의 반응에 고무된 폴라니는 굿리치에게 공식 신청서를 서면으로 제출했다. 만일 승인이 되면 "국제 체제뿐만 아니라 원시사회의 경제, 시장경제의 제도적 측면" 등을 망라하는, "인간 사회에서 경제체제에 점유된 장소에 관한" 연구를 진행할 생각이었다. 국제관계학과나 정치학과가 이상적일 수 있지만 경제학과도 전혀 문제될 것이 없다고 덧붙였다.[27] 굿리치와 다른 제도주의자들이 인사위원회에 대거 포진해 있어서 다행이었고, 스튜어트도 신청서를 지지했다.[28] 일주일 만에 폴라니는 겨우 한 학기이긴 했지만 신청서가 승인되었다는 기쁜 소식을 접하게 되었다. 1947년 1월 그는 사우샘프턴에서 뉴욕행 배에 올랐다.[29]

몇 차례에 걸쳐 심한 병으로 고생했고—일반학부 경제학클럽을 제외하면—영감을 얻을 수 있는 토론도 없었지만 다른 사람들의 전언에 따르면 컬럼비아 대학에서 보낸 폴라니의 처음 몇 달은 "굉장히" 즐거웠다.[30] 그는 시간을 쪼개 "호텔, 도서관, 연구실"을 오가고 "아침부터 저녁까지" 분주하게 보냈다. (연구년을 보내던) 클라크의 말을 빌리면 연구실은 "거대"했다. 반대로 호텔방은 "너무 작아서 물건을 풀어놓을 수 없을 정도라 할 수 있는 것은 독서뿐"이었다.[31] 그는 동료들의 따뜻한 환대를 받았다. 제도주의 경제학자들 중에서 폴라니가 가장 끈끈한 관계를 맺은 사람은 굿리치였다. 굿리치는 폴라니의 사고방식에 독특한 통찰력을 더해주었다. 굿리치는 콜의 조언과 도움을 받아 1910년대 영국의 경영 특권에 노동자들이 미친 영향을 연구해 박사학위 논문을 썼는데, 이 돌발적인 생디칼리슴은 길드 사회주의를 태동시킨 바 있다. 책으로 출간된 굿리치의 박사학위 논문에는 토니의 서문이 실렸다.[32] 폴라니의 연구는 [역시 컬럼비아에서 근무하던] 줄리언 스튜어드 같은 인류학자들에게 큰 영향을 미쳤다. 사회학과의 경우 프랑크푸르트에서 망명해 온 사회과학연구소를 관리했으며 로버트 머튼, 라자스펠드, 시모어 마틴 립셋, 찰스 라이트 밀스 같은 좌파 성향 사회학자들의 존재를 자랑했다.[33] 머튼과 라자스펠드는 임용된 지 얼마 안 되긴 했지만 사회학과에서는 이미 존경을 받았다. 머튼은 권위 있는 이론가로 인정받았고, 방법론에 정통한 인물로 알려진 라자스펠드는 미국에서 "사회과학 방법론의 최고참"이라는 의기양양한 지위를 거의 획득한 상태였다.[34]

머튼과 라자스펠드는 탤컷 파슨스와 함께 피에르 부르디외가 말한 전후 미국 사회학의 "카피톨리움 3신神"[35] 칭호를 받았는데, 폴라니는 이 세 사람과 교류했다. 파슨스는 현대 사회학의 중요한 이론인 기능주의의 마법사였고, 《경제와 사회》의 공동 저자였다. 폴라니는 이 책을 《초기 제국에 있어서의 교역과 시장: 경제의 역사와 이론》(이하 《초기 제국》)에서 진정 오래 남을 중요한 저서이고 비판적으로 읽을 가치가 있다고 두 장에 걸쳐 칭찬하기도 했다.[36] 다른 두 명인 머튼과 라자스펠드는 1950년대 폴라니의 주요 연구 프로젝트를 적극 독려했다. 폴라니와 머튼은 따뜻하고 서로 존중하는 관계를 맺었다. 사실 매키버를 제외하면 컬럼비아에서 폴라니의 연구에 머튼보다 더 우호적이고 도움이 되는 사람은 없었다.[37] 두 사람은 자주 만났고, 계급투쟁이나 막스 베버의 사회 이론 같은 주제부터 고대 경제사와 마르크스의 초기 저작에 이르기까지 다양한 주제를 놓고 토론을 벌였다.[38] 폴라니는 라자스펠드도 알았고 그에게 연구 원고를 보여주었다.[39] 정확히 언제 만났는지는 알 수 없지만, 이들은 1920년대 빈에서 비슷한 분위기에 젖어 있었다. 당시 사민주의 선동가였던 라자스펠드는 청년들과 사민당 기관지를 만들다가 학계로 넘어갔다.[40] 라자스펠드는 마리엔탈의 사회학에 대한 획기적인 연구를 수행했는데 이는 학자의 경력에 중대한 의미가 있었다. 그는 심각한 실업으로 고통받는 이 작은 산업 도시를 마리 야호다와 어린 시절 친구인 한스 제이셀과 함께 연구했다. 제이셀은 폴라니의 조카사위이기도 했다. 라자스펠드는 이후 1930년대 뉴욕에서 사회과학연구소의 지원을 받았고, 폴라니의 친구인 프롬을 비롯한 연구소 회원들과 공동 연구를 진행했다.[41] 1940년 즈음에는 틀림없이 폴라니와 안면이 있었던 듯한데, 그해에 폴라니는 라자스펠드를 "놀라울 정도로 착하고, 유능하며, 똑똑한 친구"라고 평했다.[42]

폴라니는 두 학과 사이에 어중간하게 낀 모양이 되었다. 사회학자들은 그를 경제학자라고 생각했고, 경제학자들은 사회학자라고 생각했다.[43] 그의 연구는 경제학자 아서 번스에게 큰 인상을 남기긴 했지만, 대체로 사회학자들이 [경제학자들보다] 폴라니의 아이디어를 더 잘 받아들였고 초기에 폴라니가 가장 긴밀하게 접촉한 인물은 이 신출내기가 빠르게 편안히 자리 잡을 수 있게 해준 매키버였다. 그는 따뜻하고 허심탄회했고 지원을 아끼지 않았다.[44] 이 두 사람이 어째서 이렇게 두터운 유대를 형성했는지는 약간의 상상력만 발휘해도 충분히 이해할 수 있다. 매키버는 래스키 같은 영국 좌파들과 친밀했고 유럽 대륙, 특히 오스트리아를 잘 알았다. 그는 일생 동안 인간을 "공동의 삶 속에" 묶어두는 원칙인 **공동체**를 연구했다. 공동체는 매키버의 첫 저작 제목이고, 둘째 책인 《사회과학의 요소들》은 영국에서 노동자

교육협회 강의를 위해 작성한 것이었다.[45] 매키버는 이 새로운 동료의 연구를 대단히 존경해서 프린스턴 대학교가 마이클 폴라니에게 명예 학위를 수여했을 때, 명예가 "다른 폴라니"에게 수여되었다며 코웃음을 칠 정도였다.[46] 매키버는 새 친구에게 가령《아메리칸 이코노믹 리뷰》에 논문을 투고해보라고 하는 등 연구를 독려했다. (그는 경제학의 원칙을 글쓰기 과정에도 적용해야 한다고 말했다. "당신이 말해야 하는 것 중 아주 작은 부분을 취해 긴 논문을 써라."[47]) 폴라니는 매키버의 제안을 거절했는데, 아마 연구 방향을 아직 확신하지 못했기 때문으로 보인다. 대신 출판 계약에 따라 자신의 정치적 지향을 담아《거대한 전환》의 속편을 준비하는 데 전념했다. 폴라니의 지적 노력은 경제사를 훌쩍 넘어서 영향을 미치고 있었고, 그는 보편적인 경제사 교재를 쓴다고 생각하고 있었다.[48]

컬럼비아 대학에서 한 학기를 마친 폴라니는 짧은 여행을 했다. 친구와 친척들을 염두에 두고 계획한 이 여정에는 시카고와 베닝턴, 그리고 토론토도 포함돼 있었다.[49] 이 여행을 통해 미국에서 보낸 넉 달을 돌아볼 수 있었다. 미국 생활은 목가적이었고, 다른 변동 사항이 없다면 안정된 자리가 확보되지 않은 상태에서 6월에 런던으로 돌아가야 했지만, 다른 기관과 계약할 수 있을지를 알아보는 동시에 컬럼비아 대학에 계약 갱신 신청서를 제출했다.[50] 그의 눈길은 특히 시카고에 꽂혀 있었다. 마르샤크의 경고에 따르면 시카고 대학 경제학과는 자유방임주의가 워낙 우세한 곳이어서 성공 가능성이 높지 않았지만, 사회학과는 (컬럼비아 대학과 함께) 현대 산업사회의 문화적 토대를 비판적으로 탐색할 만한 발군의 장소였다.[51] 폴라니는 "업무 부담이 적은" 방문교수직을 얻을 수 있을지 문의하는 편지를 시카고 대학에

있는 정치학자와 인류학자에게 보냈다.[52]

폴라니가 이런 바람을 담은 편지를 보내자마자 굿리치가 일반경제사 담당 방문교수로 이번에는 1년간 재임용하기로 결정했다는 전보를 보내왔다.[53] 며칠이 지나자 사회학과 만장일치로 그를 정교수로 임명하는 안을 지지했으니 시카고로 오라는 데이비드 리스먼의 편지가 날아들었다.[54] 또 얼마 지나지 않아 이번에는 뉴욕 사회연구 뉴스쿨의 학장이 제안을 해왔다.[55] 갑자기 안정된 일자리를 제공하겠다는 제안이 우편함을 꽉 채우자 폴라니는 황홀감에 젖었다. 수년간 삶에 어두운 그림자를 드리웠던 불안정을 생각해보면 어쩌면 당연한 일인지 모른다. 어린 시절에 알았던 견고한 세상은 1905년 잔인한 충격에 휘말렸고, 이후 9년간 유럽의 정치적, 윤리적 구조는 무너져 내렸다. 안정된 일자리를 손에 넣자마자 파시즘의 광풍이 휘몰아쳤고, 영국 망명 기간에 얻었던 일자리는 불안정했다.《거대한 전환》이 일부 지역에서는 크게 인정받긴 했지만 이제는 연구자로서의 삶이 막바지에 이르던 중이었다. 영국에서 여러 차례 구직에 실패하고, 미국에서는 그보다 훨씬 더 많이 구직에 실패하면서 폴라니는 자신의 나이가 "방해요소"라고 생각했다.[56]

이런 이유로 마침내 안정과 인정을 얻고 미래의 연구를 계획할 수 있는 든든한 발판을 손에 넣자 한없는 기쁨에 젖어들었다. 그는 일로나에게 보내는 편지에 이렇게 적었다. "나는 전혀 몰랐던 걸 느끼기 시작했어. 내면 움직임의 놀라운 상태, 보글보글 기포가 올라오는 작고 따뜻한 샘, 한 번도 들어보지 못한 작은 새들의 노랫소리 같은 것들. 며칠 동안—이틀, 사흘!—'새들'과 '샘들'이 말을 했어." 그는 "내가 삶의 안정을 얻었다는 사실. 직업. 생활. 직장. 나만의 일. 내 앞에 시커면 공백이 없다는 점. 확실히 소멸하지 않는다는 점…… 내일이 지나면 모레는 텅 비어 있다는 긴장에서 놓여나는 해방감 같은 것들에서 비롯된" 평온함에 압도되었다. "한 번도 경험해보지 못한" 감정이었다.[57]

어느 제안을 받아들일 것인가? 이런 고민은 불쾌하지는 않았지만 그렇다고 결정하기 쉽지도 않았다. 컬럼비아 대학의 매력은 분명했다. 더 많은 봉급을 제안했고 수업 시간도 더 적었다.[58] 이 자리는 또 "최고의 대학원 교수진 중 한 명이라는 권위"를 제공했기 때문에 폴라니는 자신이 하던 수업을 계속 하면서 신세대 대학원생들에게 영향을 미칠 수 있었다. 또한 이 수업을 통해 준비하고 있던 "원시사회의 경제"에 대한 교재의 기초 자료를 마련할 수도 있었다.[59] 하지만 다른 두 대학이 방문교수로서 기간제 계약을 제시한 반면, 시카고 대학은 영구적인 자리를 준다는 "확실한 의사"를 서면으로 밝히고 있었다.[60] 게다가 폴라니는 시카고에서 한 주 동안 지내면서 강력한 깨달음을 얻었다. 시카고는 "내가 나이기 때문에 원하는" 반면, 컬럼비아는 "내가 이런 사람인데도" 데려갈 준비가 되어 있다는 깨달음이었다. 그는 마음을 정했다. 그는 일로나에게 이렇게 적어 보냈다. "나는 시카고로 결정해야 해. 기쁜 마음으로 그렇게 하기로 했어. 시카고 대학 전체가 나를 데려오기로 한 결정을 지지하고 있어. 그리고 이들은 나이 제한, 재정 상황, 교과목 등에 관련한 문제를 극복하기 위해 능력이 닿는 한 모든 일을 하고 있어." 시카고 대학은 부부가 묵을 임시 숙소를 9월 15일까지 준비할 참이었고, 폴라니는 2주 뒤에 수업을 시작할 예정이었다.[61]

만일 폴라니가 시카고로 옮겼더라면 그의 삶이 어떤 식으로 흘러

갔을지 궁금하지 않을 수 없다. 이 대학 동양연구원으로 내정되었던 빈 출신의 망명자 레오 오펜하임과 친밀한 사이이므로 아시리아학에 대한 관심이 더 깊어졌을까? 경제학자 프랭크 나이트와 밀턴 프리드먼과 티격태격했을까? 나이트가 폴라니의 친구이자 제도주의 경제학자인 카를 빌헬름 카프에게 했던 것처럼 폴라니 역시 1950년대에 "사회주의 선동"을 하고 다닌다며 공개적으로 빨갱이사냥을 했을까?[62] 이런 질문에 대한 답을 찾을 길은 없다. 왜냐하면 6월 말 뜻밖에도 컬럼비아 대학에서 더 나은 조건을 제시했기 때문이다. 1년짜리 방문교수긴 하지만 월급은 정규교수와 동일하고(7,500달러) 최소한의 수업만 하면 된다는 제안이 날아들었던 것이다.[63] 폴라니는 일로나에게 "이제야 나는 내 자리의 진정한 장점을 깨달았어. 나는 백지수표를 제안받은 거야"라고 적어 보냈다.[64] 폴라니는 한동안 고심했고 친구와 지인들에게 조언을 구했다. 박식하기로 유명한 도시비평가 루이스 멈퍼드는 컬럼비아 대학의 학생들을 가르치는 일이 더 보람 있으리라 보았고, 시카고 생활에 대한 비난을 덧붙였다. "불구대천의 원수라 해도 강요하고 싶지 않은 운명. 그러니까 대학 담장을 넘으면 지적인 황무지."[65] 그렇다면, 컬럼비아였다.

이 순간은 만족이라는 좌표를 완벽하게 찾아 들어가는 듯했다. 폴라니는 드디어 일로나를 곁에 두고 뉴욕에서 분주하고 활기 있는 1~2년을 보내리라 예상했다. 이들의 사랑은 아직 시들지 않았고, 편지만 본다면 신혼부부로 착각할 정도였다. 일로나가 보낸 어떤 편지는 "내 사랑 디키"라는 말로 시작한다. "행복감이 차오르는 심장을 안고 일터에서 집으로 돌아가는 길, 14번 버스에서 바라보는 홀러웨이 로드는 얼마나 사랑스럽고 인간적인 모습일지. 이 행복감은 학생들의 마음을 돌보고, 교육하고, 영향을 미치고, 자신의 길을 힘들게 개척하고 있을 당신을 생각하는 내 마음에도 차올라. 하지만 무엇보다 당신의 자신감, 그리고 우리가 하나라는 데서 오는 행복이야."[66]

폴라니는 답장에서 "우리가 함께하면서 25년간 기도하고 바랐던 일이 마침내 결실을 보게 되었다"고 기쁨을 털어놓았다. 그러면서 이 세상은 지난 몇십 년보다 "더 위험에 처하고 황량해지긴" 했지만 "많은 사람들"이 자신의 글과 지도를 간절히 바라고 있다고 덧붙였다. 그는 "낡은 세상의 중추를 부수어버릴" 수단을 찾아가고 있었던 것이다.[67] 컬럼비아 대학의 안정된 기지에 자리 잡으면 이런 메시지를 멀리, 널리 퍼뜨릴 수 있을 터였다. 새 희망을 품은 그는 일로나에게 당장 뉴욕으로 오라고 독촉했다.

하지만 비할 바 없는 행복은 잠시 반짝이다 두 차례의 타격에 이내 꺼져버렸다. 폴라니가 컬럼비아 대학에서 다시 생활한 지 겨우 며칠이 지난 1947년 7월 어느 날 일로나가 교통사고를 당했다. 일로나의 부상은 경미했지만 폴라니는 이 사건으로 심하게 동요했던 것으로 보인다. 평소에는 별로 관심을 두지 않았던 꿈에 대한 기록이 입증하듯 말이다. 가장 공포스러운 악몽은 8월 어느 밤에 찾아왔다. 음산한 풍경에서 그는 좁고 낮은 객실이 이어진 어둠침침한 구조물을 겨우 헤쳐 나가고 있었다. 마지막 객실은 만신창이였고 바닥에는 일로나가 누워 있었다. 더럽고 두꺼운 회색 먼지에 싸인 일로나는 바닥에서 굴러 먼지를 뒤집어쓴 벌레 같은 모습이었다. 실로 공포스러운 광경이었다. 아내가 의식도 없이, 숨만 쉬는 상태로, 엉망으로 부서진 좁은 공간, 도무지 알 수 없는 장소에 누워 있는 모습에 가슴이 찢어지는 것만 같았다. 그녀는 시체에 가까운 가련한 상태로 누워 있었다. 겨우 숨만 쉬는 자그맣고 생기라곤 없는 회색 물체. 폴라니는 끔찍한 현장과 아내의 상태를 보고 공포로 얼어붙었다.[68]

둘째 타격은 금속이 아니라 서류가 가했다. 이번 타격은 천천히 다가왔지만 비교할 수 없이 심각했다. 그것은 일로나의 몸이 아니라 이민 자격을 겨냥했다. 원래 일로나는 뉴욕 이주를 내켜하지 않았고, 컬럼비아 대학의 자리가 "확실히" 갱신되지 않으리라는 남편의 약속에 마음을 놓고 있었다.[69] 초여름 폴라니는 일로나에게 몇 달 내에 런던으로 돌아갈 거라고 장담했지만 이제는 갑작스럽게 운이 바뀌어 미국에서 1년 혹은 더 오래 남는 방법을 두고 골몰했고, 일로나에게 "우리의 정착 비용"을 대기 위해 "부지런히 저축"을 하고 있다고 전했다. 일로나는 혼란스러웠지만 당연히 받아들여질 거라고 생각하고 미국에 입국 신청을 했다. 무려 컬럼비아 대학 총장이 국무부에 로비를 했고, 굿리치는 국무부가 분명 일로나를 위해 런던 대사관의 일 처리에 개입하리라 보고 안심시켰다. 폴라니는 미국 내 영구 거주 외국인이라는 지위가 "반론의 여지도, 나무랄 데도 없다"고 장담했다.[70] 게다가 일로나는 미국에서 마지막으로 출국했을 때 "재입국 허가서를 소지한 채 귀국하는 전쟁 지원병" 신분이었다. 이 재입국 허가서는 "그녀의 신분을 보장하는" 어느 "영미계 신사의 동의서"가 첨부되어 출항 전에 전달되었다. 표면적으로는 이 재입국 허가서와 신사의 동의서가 유효하기만 하면 비자마저 필요하지 않았다.[71] 하지만 이들의 장담이 한 치의 오차도 없이 확실할까? 오랫동안 "피를 말리며" 시간을 질질 끌던 미국 대사관은 이들의 장담이 틀렸을지도 모른다는 신호를 보내기 시작했다. 8월 20일, 일로나는 인터뷰에 참석하라는 부영사의 안내장을 받았다.[72]

정치적으로 미국은 매카시즘을 향해 치닫고 있었다. 1938년 의회는 반미활동조사위원회를 만들었고, 공무원의 정치 활동을 엄격하게 제한하는 해치와 스미스 법을 통과시켰다. 1940년 부어히스 법은 정부에 급진주의자들을 배제할 폭넓은 권리를 부여했다. 1년 뒤 의회는 영사관 직원들에게 "공공의 안전"을 위협할 만한 이민 지원자의 비자를 거부할 수 있는 포괄적인 재량권을 부여했다. 전쟁이 진행되는 동안 스탈린 정권을 칭찬하던 미국 기득권층은 서둘러 태도를 백팔십도 바꿨다. 공산주의는 더 이상 든든한 우방이 아니고, 이민 통제 정책을 시행해서 막아야 할, 성병과 결핵만큼이나 해로운 집단이었다. 더 중대한 사건은 1947년 3월에 벌어졌다. 트루먼 대통령이 악명 높은 충성명령에 서명하는 바람에 연방정부에서 일하는 수백만 노동자들이 '애국심결핍증후군' 조사를 받아야 했다. 이 조사에서 마르크스와 레닌에 대한 존경심을 품고 있거나 부르주아 국가의 전복을 설파하고 다닌 것으로 의심되는 사람은 해직을 당했다. 같은 해 트루먼 행정부는 외교관을 제외한 모든 해외 공산주의자들이 입국하지 못하게 문을 닫아걸었다.[73]

9월 9일, 밝고 담담한 태도로 인터뷰를 하러 간 일로나에게 이런 먹구름은 전혀 포착되지 않았다. 하지만 진행 과정에서 냉담하고 암울한 면이 드러나기 시작하자 일로나의 자신감은 눈 녹듯 사라져버렸다. 비서들은 서류를 가져온다며 나갔다. 관리들이 낮은 목소리로 토론하기 시작했고, 여섯 시간 가까이 심사가 진행되는 동안 일로나는 여러 차례 방을 나가 있으라는 요구를 받았다. 시민의 자질과 재입국 허가에 대한 법적인 세부 사항을 확인하는 게 아니라 자신의 "배경"—신념과 과거의 정치적 관계—을 토론하고 있음을 알아차린 일로나는 이 인터뷰가 이미 평결이 정해진 "희극"임을 깨달았다. 그녀는 자신의 신념에 대한 질문에 "추상적인 개념에 대한 신념은 전혀 없"지만, 시민권이 있는 나라인 영국에 대한 신념, 즉 이 나라의 삶의 방식과 미래가 "러시아, 미국 두 나라"로부터 자립하리라는 믿음을 가지고 있다고 답했다. 당신은 사회주의자인가, 그리고 사회주의를 비폭력 수단으로 성취할 수 있는가라는 질문에 일로나는 모두 그렇다고 대답하고, 자신은 "정당이나 조직"에 속해 있지 않다고 덧붙였다. 하지만 이들은 과거에 "어떤 정당"에 속해 있었는지 물고 늘어졌다. 이 대목에서 일로나는 애매모호한 혹은 애국적인 답변을 포기하고 "개자식에게" 자신이 1920년대 초에 공산당에 몸담았노라고 말해버렸다.[74]

결국 일로나는 미국 입국을 "영구히" 거부당했다.[75] 이 결정은 미국 이민귀화국이 자행한 숱한 "얼빠진 짓 중 하나이자 정의롭지 않고 비인간적인 처사"였다. 이민귀화국은 저널리스트 제임스 웩슬러의 표현에 따르면 "조용하고 오래가는 정신적 고문"에 도가 튼 것 같았다.[76] 공식적으로 이 결정은 인종주의적(이고 반유대주의적인) 정신이 스며 있는 1924년 존슨-리드 법의 조항들에 따라 내려진 것이었다. 이 법의 근본 취지는 동유럽과 남유럽의 이민자들을 줄이자는 것이었다. 이를 위해 이주를 희망하는 이들의 국적은 현재의 시민권이 아니라 출생 국가를 기준으로 판단을 내렸다. 하지만 일로나의 비자 신청이 거부된 것은 존슨-리드 법의 일반 조항들이 아니라, 1941년의 법령이 제공한 재량권에서 비롯된 결정이었다. 요컨대 일로나는 합스부르크 태생이어서가 아니라 지난날 공산주의에 충성했기 때문에 배제된 것이었다.

아내의 비자 승인을 기정사실로 여기고 있었기에 폴라니에게 이 소식은 잔인한 일격이었다. "희극" 같았던 인터뷰에 분노했고, 대사관 직원들이 그녀의 진정성을 의심하고 영국왕립항공연구소에서 엔지니어로 일했던 사실도 묵살했다는 소식에 특히 화를 냈다.[77] 현실을 받아들일 수 없었기에 중요하지 않은 사실, 즉 인터뷰를 한 시점에 일로나가 자동차 사고 후유증에 시달리고 있었다는 점에 초점을 맞췄다. 그는 의학 지식도 없으면서 빼기는 듯한 태도로 뇌진탕 때문에 쇠약해져서 일로나가 "질문자의 의도를 완전히 이해했는지 의심스러운 상태"였음을 암시했다.[78] 그는 미국에 몰아닥친 반공주의의 광풍을 과소평가하고 미국은 정치적 자유를 상당히 존중하는 곳이라고 단언했으며, 이를 근거로 일로나의 입국 거부가 언젠가 풀리리라고 낙관했다. 그는 일로나가 항소하는 데 최선을 다해 도울 것이며, 만일 실패하면 1~2년 내에 영국으로 돌아가거나…… 아니면 캐나다가 대안이 될지 모른다 싶어 조심스럽게 말을 꺼냈다. 일로나가 어쩌면 1947~48년에는 토론토에서 체류할 수 있지 않을까? 그러면 공부를 계속하면서 거대한 헝가리 공동체 구성원 및 "진보적인" 활동가 집단과 교류하며 지낼 수 있을 것이다.[79] 나중에 캐나다 시민권을 얻게 되면 뉴욕 여행 허가를 받아서 그를 방문할 수 있을 것이다. 아니면 그 자신이 캐나다에서 일자리를 얻을 수도 있지 않을까?[80]

사실 일로나는 대사관 직원들의 의도를 완벽하게 이해했고, 그녀와 폴라니의 관계에는 갈수록 짜증이 섞여들었다. 아무래도 폴라니는 자신이 미국에 더 오래 체류하고 싶은 욕망이 얼마나 큰지를 숨기고 있었고 그녀가 유럽을 더 선호한다는 점에 별로 주의를 기울이지 않는 것 같았다. 이런 근본 모순이 작용하여 부부의 위기는 깊어졌다. 어디에 정착할지를 두고 의견이 갈렸고 미국에서 함께 살고 싶어 했던 이들의 바람을 좌절시킨 워싱턴의 결정 때문에 사태는 극도로 악화되었다. 이런 상황만 아니었다면 둘의 관계는 더없이 따뜻하고 조화로웠겠지만 극심한 불안정 속에 오해와 억울함이 쌓이면서 문제는 걷잡을 수 없이 커졌다. 일로나는 자신의 비자 거부를 악의적인 적대 행위로 받아들였다. 인터뷰를 하는 동안 "미국과 그것이 상징하는 바를 정확히 평가"했고, 대사관 직원들 역시 상대를 정확히 판단했다. 그들의 결정에는 "타당성"이 있었다. 그녀는 폴라니가 애원하는 것처럼 미국에 가기 위해 싸울 수 없었다. "내가 어떤 대가를 치르더라도 미국에 가겠다는 의지를 가진 외골수라면 지금쯤 거기 있었을 테지만, 나는 그런 사람이 아니야."[81] 또 인터뷰에서 했던 진술을 절대로 번복하지 않을 것이기 때문에 비자에 대한 결정은 뒤집히지 않을 테고, 가능성은 없지만 만일 그런 일이 일어난다면 자신이 "협박을 당하고 재갈이 물려졌기" 때문일 거라고 덧붙였다.[82] 그러므로 그녀가 "이슬람을 옹호하는" 태도를 취함으로써, 즉 헝가리로 돌아가서 "나라를 세우는 데 협력"함으로써 자신을 인터뷰한 사람들에게 작은 복수를 할 동안 폴라니는 컬럼비아 대학에 남아 있어야 할 것이었다.[83]

이 같은 상황에 대한 폴라니의 대응에는 다소 연극적인 면모가 나타난다. 한 편지는 두 사람의 소통을 괴롭히는 "거리와 일 처리 지연이라는 위험을 극복할" 조치를 하나하나 취해왔지만 "터무니없는 오해가 쌓이고 더 곤란해졌을 뿐"이라는 말로 시작한다.[84] 그는 자기 연민이 묻어나는 말투로 자신의 고통을 감안해달라고 애원했다. 몇 년 전 "양심에 반하는 행동을 해야 한다는 압력을 외견상 극복"하고 나서 "미치기 직전"의 상태가 된 적이 있는데, 암울했던 그때보다도 지금이 훨씬 더 위험한 상황이었다. "우리가 운이 다해서"(애절하던 어조가 갑자기 대재앙을 경고하는 어조로 바뀐다) "그래서 우리 둘 다 죽어야만 한다면—그러니까 아무것도 남기지 못하고 죽어야만 한다면—우리는 어떻게 할까? 나는 둘 다 홀로 죽게 내버려두는 편이 낫다고 생각해. 어쩌면 당신은 생존 가능성이 있고, 나는 없을지도 모르니까. 나는 당신이 당신의 길을 가는 데 동의할 수 있고, 내 의무를 다하려고 노력할 거야."[85] 폴라니는 냉담한 절망의 말로 향후 사태를 전망했으나 다시금 희망의 길을 찾아 나선다.

그는 아내의 비자가 거부당했다는 소식을 들은 순간, 헝가리로 가서 함께 지내겠다는 생각을 했다. 하지만 이는 두 사람이 정말로 북미에 정착하는 길이 막혔을 경우에만 타당한 방안인데, 아직 이 문제는 해결되지 않은 상태라고 전했다. 그는 아내가 [미국 입국 거부 사태에 대한] 불성실하고 부당한 논증을 이어가면서 자신과 결합할 의지가 없음을 보여주고 있다고 에둘러 주장했다. 그녀가 "미국과 개인적인 다툼"을 벌이느라 부부 관계가 악화되도록 방치한 것이 아닌가? 폴라니는 어째서 "부영사의 위협을 액면 그대로" 받아들이지 않고 맞서 싸웠느냐고 몰아붙였다. 미국 당국과 아내의 충돌이 강박으로 굳어져 이제는 둘이 함께하는 미래에 그림자를 드리운 "난데없는 자극"으로 비쳤던 것이다. 비자가 거부된 이유를 미국 당국의 앙심 탓으로 돌리는 것은 일로나가 불성실했음을 보여주는 명백한 증거였고, 그녀는 이를 인정해야 했다. 그는 감상적인 마지막 대목에서 밝히기를, 일로나가 자기의 길을 간다는 생각을 "감내할 수도 있지만", 그녀가 자신과 남편을 속이지 않았음을 확신할 수 있는 경우에 한해 그럴 수 있었다. "실제로는 하고 싶은 대로 해놓고 어쩔 수 없이 그렇게 되었다"고 자신을 설득하려 하지 말아야 한다는 얘기였다.[86]

이즈음 대립은 극심한 위기로 번졌고 부부는 더그 졸리에게 조언을 구했다.[87] 졸리와 폴라니의 우정은 그랜트-맥머리 부부와 어울리던 시절까지 거슬러 올라간다. 이후 졸리는 스페인으로 떠나 국제여단과 함께 최전선에서 의사로—일각의 표현에 따르면 그 작전에서 영국의 "가장 중요한 자원활동가"로—2년을 보낸 후 돌아와서 영국 육군의무부대에 들어갔고 여기서 노고를 인정받아 대영제국훈장을 받았다.[88] 그가 두 사람 모두와 가까웠음을 고려하면, 그리고 공감능력이 뛰어나고 관대하며 충실한 친구로 알려져 있었다는 점에서도 이상적인 상담 상대였던 것으로 보인다.[89] 폴라니와 일로나에게 이야기를 들은 졸리는 "친애하는 디커"에게 급히 독한 편지를 보냈다. 그는 폴라니가 눈꼴사납게도 아내보다는 자신의 필요와 욕구를 더 우선시하고 있다고 쏘아붙였다. 사람이라면 "당신이 지금 일로나를 이용하듯 다른 사람을 이용"해선 안 되고 "그녀의 인격으로는 할 수 없는 일을 하라고" 압박하는 행위를 당장 그만둬야 한다고. 물론 남편에 대한 사랑과 믿음 때문에 머지않아 일로나는 틀림없이 그의 요구에 따르게 될 터였다. 하지만 폴라니가 밀어붙일 경우, 계속해서 그녀에게 북미로 옮겨오라고 고집할 경우, 결혼의 뼈대는 지킬 수 있을지 몰라도 그녀의 영혼이 파괴될 위험이 있었다. "나는 일로나의 의지가 얼마나 강하든 간에 이 일을 해내는 것이 정말로 중요하다고 생각하지는 않네."[90] 졸리는 이렇게 결론을 내렸다.

폴라니는 친구의 조언을 무시했고 결국 자기 생각대로 일을 진행시켰다. 하지만 승리는 설득과 협상을 통해 차근차근 얻어내야 했다. 그는 세심하게도 일로나가 온타리오 호수에 발끝을 살짝 담가보도록 유도하기 시작했다. 그는 (토론토를 잘 아는) 매키버의 확인을 받아, 숱한 문화적 통념을 들먹이며 캐나다를 홍보했다. 캐나다인들은 자기 나라가 침략자 같은 이웃나라보다 더 사회적이고 덜 물질적이라고 여기면서 도덕적인 우위를 자신하는 편이고, 캐나다는 "잉글랜드의 나라"라며 영국을 모국으로 여기고 거기서 온 사람들이 "두 배로 내 집 같이" 느끼게 해준다. 게다가 캐나다는 지식인과 외국인들을 포용한다. 이는 지식인에게 "낙인"을 찍고 외국인은 "영구 이방인" 취급을 하는 영국과 비교해도 훨씬 우월한 미덕이다.[91] (일로나도 이 점은 잘 알았다. 전쟁 기간 동안 국적이 오스트리아라는 점 때문에 일자리를 찾으면서 숱한 난관에 부딪혔었다.[92]) 폴라니는 토론토에 있는 지인들이 일로나에게 숙소를 제공할 수 있을지 알아보기 시작했다. 이중 한 사람이 그녀가 집안일을 "약간 도와주는" 조건으로 손님으로 머물러도 좋다는 제안을 해왔다.[93]

타협도 했다. 폴라니는 북미에서 보낼 미래를 염두에 두는 행동을 몇 년 동안 삼갔고, 1948년 일리노이 대학교 교수직에 지원하긴 했지만, 몇 달 뒤 헝가리에 있는 자리를 알아보기도 했다. 같은 해 좀 더 시간이 지나서 컬럼비아 대학 사회과학연구자문위원회가 경제 제도의 기원에 대한 간학문 프로젝트의 책임자로 임명하고 7,000달러의 보수를 주었을 때 이 일에 헌신했지만, 불과 1년 뒤 재임용 제안을 거절하고 "영국으로 완전히 귀국하겠다"는 결심을 공표했다.[94] 1949년 후반기에는 일로나와 런던에서 안식년을 보낼 수 있게 되었다. 그곳에서 노동자교육협회의 수업을 몇 개 하고, 대영박물관의 서아프리카 다호메이 왕국 수집품을 살피면서 시간을 보냈다.[95] 1950년 초에 다시 컬럼비아 대학으로 돌아갔지만 역시 한 학기짜리 임시직을 맡았을 뿐이다.[96]

폴라니로서는 기쁘게도 일로나는 캐나다 정착을 고민하기 시작했다. 하지만 이 여정은 직선보다는 느린 나선형에 더 가까웠다. 그녀는 1947~48년 겨울과 1949년의 몇 달을 캐나다에서 보냈고 마침내 1950년 토론토 동부 지역의 교외인 피커링으로 영구 이주했다. 그곳에서 루지강이 온타리오 호수로 접어드는 지점, 가파른 제방 인근의 숲속에 자리 잡은 거미줄투성이의 작은 오두막을 샀다. 일로나는 이 집에 딸린 매력적인 정원에 양귀비와 여러 가지 꽃을 심었다.[97] 폴라니는 1953년 교수직에서 물러나 캐나다로 완전히 이주하기 전까지 방학마다 이 집에서 아내와 함께 시간을 보냈다. 그 후 수년간 컬럼비아 대학 외래교수로 남았고 소위 간학문 프로젝트(이 연구 결과물은 《초기 제국》으로 출간되었다)의 공동 책임자로 일했으며, 여름과 겨울 학기에는 거의 매달 기차나 비행기를 타고 뉴욕에 가서 경제사 세미나를 열었다.[98] 이런 상황에서도 일로나는 한번씩 심각한 외로움에 시달렸고, 부부는 피커링을 최종 은퇴 장소로 생각하지 않게 되었다.[99] 일로나가 1954년에 큰 수술을 받은 뒤 이들은 다시 영국으로 돌아갈 계획을 세워 실행에 옮기기 시작했다. 폴라니는 컬럼비아의 동료들에게는 아내의 병세 때문에 "분주한 은퇴 생활"이 예상되는 "영국으로 퇴각할 방법을 찾을 것"이라고 선언하고 맨체스터 대학교에 연구 회원 자격을 신청했다.[100] 하지만 이 신청은 받아들여지지 않았고 오래지 않아 폴라니 자신의 건강이 악화되어 긴 여행을 할 수가 없게 되었다.

함께하는 방랑: 공동 연구

일로나의 입장을 생각하면 북미에 정착하기로 한 결정이 옳았는지는 알 수 없지만, 그녀의 남편은 확실히 승승장구했다. 미국에 도착했을 때 처음 몇 달간은 좋지 못한 환경 때문에 연구에 지장을 받았다. 컬럼비아 대학이 아파트를 구해주겠다고 해놓고 약속을 지키려는 열성을 보이지 않아서 한동안은 "하숙집"에서 지내야 했다.[101] 하지만 얼마 지나지 않아 대학의 모닝사이드하이츠 캠퍼스 맞은편에서 아파트를 발견했고, 폴라니는 이 집을 헝가리 출신의 작가 니콜러시 헐러스와 함께 썼다. 어퍼웨스트사이드에 있는 아파트로 러우러를 비롯한 중부 유럽 이민자들이 많이 드나드는 동네였다. 러우러는 코앞에 살면서 그의 경제학 수업을 들었다.[102] 폴라니 집안의 주치의인 윱리우시 홀로 같은 지인들도 근처에 살았다.[103]

컬럼비아에 도착한 이후 폴라니는 4년간을 "마치 시계처럼 정확한 일과 강박에 걸린 사람처럼" 보냈다.[104] 아침 일찍 일어나 식사를 준비하면서 《뉴욕 타임스》가 문 앞에 떨어지는 소리에 귀를 기울였다.[105] 그날의 소식을 파악한 다음에는 일반경제사와 고대의 경제 제도(바빌로니아, 이스라엘, 그리스)에 대한 대학원 과정 수업과 세미나를 준비했다.[106] 연구는 책이 널려 있는 집이나 캠퍼스에 있는 연구실에서 했는데, 아테네의 광장을 모델로 한 컬럼비아 대학 캠퍼스는 각별히 적절한 장소로 느껴졌을 것이다. 하루 일과를 마치고 잠자리에 들기 전에는 방을 정돈했는데, "방 안이 워낙 어지러워서 한 시간 정도" 걸릴 때도 있었다.[107]

폴라니의 일반경제사 세미나는 1953년까지 지속되었다. 여기에는 대학원생들과 (굿리치와 번스를 비롯한[108]) 몇몇 경제학 교수진, 그리고 카프 같은 손님들이 참석했다. 연구에 필요한 중요한 자료들은 다양한 기관, 주로 포드 재단의 지원비를 받아서 학교를 통해 마련했다. 포드 재단은 폴라니가 은퇴할 때까지 급여를 지불했고 은퇴 후에는 여비와 경제 제도에 대한 세미나 시리즈(컬럼비아 간학문 프로젝트라고도 알려진)의 제반 비용을 댔는데, 여기에는 일로나의 월급도 포함되었다. 인류학자 콘래드 애런스버그가 가족을 고용하면 눈총을 받을 거라고 조언했음에도 일로나는 잠시 연구보조원으로 일했다.[109] 1958년 포드 재단이 지원금을 끊고 록펠러 재단이 지원금 신청을 거절하자 폴라니는 크게 실망했지만 다른 기관의 도움을 받아 세미나를 계속 진행할 수 있었다.[110]

수업은 매우 즐거웠고, 폴라니의 강의는 종종 긴 세미나로 연장되어 정통에 가까운 신념의 소유자들에게 잘못된 교육을 받은 학생들과 폴라니가 맞서는 장면이 연출되곤 했다.[111] 그는 자신의 수업을 듣는 학생들을 대학 휴게실로 불러 맥주 한두 잔을 마시며 정치와 현안에 대해 토론하곤 했다.[112] 폴라니는 40년 전 대학에서 축출되었을 때 이 경로에서 탈선하긴 했지만, 학자의 삶을 직업보다는 소명으로 받아들이기 시작했다.[113] 하지만 미국 대학 생활에 아무런 굴곡이 없었던 것은 아니다. 그의 지도를 받는 대학원생이었던 앤 채프먼의 회상에 따르면 "그는 학자가 아니라 아웃사이더"였고, 이 때문에—하버드에서 박사학위를 받은 애런스버그와 저명한 아시리아 학자 오펜하임 같은—동료들이 "그에게 매우 중요했다. 학계에서는 명단에 올라야 했고, 출입 자격을 얻어야 했다. 애런스버그와 오펜하임이 도와주었다".[114]

어떤 면에서 폴라니는 교수 같지 않은 모양새로 살았다. 그는 피커링으로 휴가를 떠날 때를 제외하면 항상 넥타이 아니면 나비넥타이를 맨 정장 차림이었다.[115] 그의 동거인의 아들인 로버트 헐러스는 "외모가 학자 같지는 않았다"고 회상한다. "트위드 재질 옷을 입은 상류층 같은 느낌이 전혀 없었다. 멜빵을 맸고 바지를 허리보다 훨씬 위로 끌어올려 입었다. 아주 묘한 모습이었다."[116] 또 어떤 면에서 폴라니는 교수의 전형을 보여주었다. 돈 그랜트의 회상에 따르면 그는 "인격이 분열된 학자는 아니었지만" 현실적인 유형도 아니었다. 가령 한 친구가 커튼레일 다는 일을 도와달라고 한다면 거절을 하고는 이를 정당화하기 위해 온갖 이유를 늘어놓을 사람이었다.[117] 로버트는 "내게 금본위제를 설명하려고 하다가 우유잔을 넘어뜨렸다"고 기억했고, 그의 아버지는 이른 아침에 전화벨 소리에 깨어난 적이 있다고 회상했다. "기차편으로 캐나다로 돌아간 폴라니가 여권을 두고 가는 바람에 국경에서 걸려온 전화였다."[118] 토론토 공항 도착과 관련해서도 비슷한 일화들이 있다. 공항 직원들은 종종 다른 곳에 흘린 장갑이나 스카프를 돌려주려고 이 건망증 심한 교수를 따라오곤 했다.[119]

사람들은 보통 이런 식으로 덜렁대는 교수의 전형 같은 모습을 나이 때문이 아니라 자신의 일에 몰입하기 때문이라고 생각하고 싶어한다. 실제로도 폴라니의 수업과 연구는 컬럼비아 대학에서 지내는 몇 년 동안 빠르게 진척되고 있었다. 채프먼은 이렇게 회상한다. "그저 강의에만 관심을 기울이는 게 아니라 대화를 즐겼다. 해당 주제를 더 깊이 파고들어 다른 사람들이 자기 생각을 더할 수 있는지 확인하려 했기 때문이다. 그는 아주 체계적이었고 개방적이었다. 다른 사람들의 생각에 관심이 있었고, 항상 더 많이 알고자 했다."[120]

폴라니는 지식에 관한 한 잡식성이었고 부단히 허기를 느껴 탐구심을 발휘했고, 일상적인 사물에서도 참신한 통찰을 찾아내는 데 도가 튼 사람이었다. 모지스 핀리가 보기에 "질문을 던지고 잘못 해석되거나 관심을 받지 못하던 텍스트에 주목하는 데 강점이 있었다"(심지어 "자신이 어리석거나 방어가 불가능한 대답을 내놓은" 때라 해도).[121] 이에 대한 좋은 예가 종손녀의 기억에 들어 있다. 종손녀 진 리처즈가 피커링을 방문했을 때 폴라니는 고대사회의 경제학을 연구하는 중이었다. "할아버지는 주기도문을 읽고 있었어요. 그러다 갑자기 펄쩍 뛰더라고요. '오, 하느님, 그들에게 배급제가 있었어! 오늘 우리에게 일용할 양식을 주시고라잖아!'"[122]

매년 폴라니의 세미나에는 새로운 대학원생들이 들어와 그와 긴밀히 공동 연구를 하게 된다. 처음 공동 연구자는 해리 피어슨과 월터 닐이었고, 1950년대 초에 핀리, 채프먼, 마셜 살린스, 에이브러햄 롯스타인, 테리 홉킨스가 뒤를 이었다.[123] 채프먼의 회상에 따르면 그는 자신의 세미나에서 "스승 역할"을 즐겼다. "자신의 연구가 사람들에게 알려지기를 원했고, 지식과 관심을 가진 청중들을 좋아했다."[124] 그는 경제 제도에 대한 새로운 "사회학적" 접근법을 만들어내서 뿌듯해했고, 자신의 방법론으로 "젊은 학자들"을 훈련시키는 데 열성을 쏟았으며, 이들이 프로젝트를 "이어나갈" 능력이 있다고 자신했다.[125] 하지만 이 사명에 관대하게 접근했다. 롯스타인에 따르면 "의도적으로 혹은 의식적으로" 학파를 만들려 하지는 않았고, 누군가의 접근법이 충분히 설득력이 있으면 "그가 없어도 계속 이어질 것"이라고 믿었다. "그는 '새로운 아이디어는 쿵쿵 내딛는 수많은 발자국에 의해 앞으로 나아간다'고 말했다. 그래서 학생들을 교육하고 자신의 관점을 다른 사람들과 공유하는 데 공을 들였다. 실제로 계획은 하지 않았지만, 사리에 맞는 분명한 생각이 제시되면 주류의 경제 관점이 바뀔 수 있다고는 생각했다."[126] 아이디어를 자유롭게 주고받을 수 있는 연구 공간(세미나)을 만드는 능력과, 이를 최종 산물(주로 《초기제국》)로 전환하는 추진력도 의심할 나위 없는 강점이었다. 그는 동료나 학생들과 함께 글쓰기를 하는 프로젝트에서는 약간 효율이 떨어지는 편이었다. 네 페이지만 놓고 가늠했을 때 폴라니가 공동 편집자인 애런스버그와 피어슨과 함께 쓴 《초기 제국》의 장은 예외에 속하지만 나머지 경우는 이 규칙이 적용된다.

1950년대 중반 폴라니와 가장 가까웠던 공동 연구자로는 애런스버그와 피어슨 외에 핀리와 채프먼이 있었다. 대다수 학생들과 달리 이들은 사회주의 운동을 아주 잘 알았고 폴라니의 개념적인 언어에 익숙했다.[127] 1940년대 말 채프먼은 "지적인 면에서 미국보다 훨씬 더 개방적인" 나라였던 멕시코의 사회주의 환경에 둘러싸여 있었다. 그녀는 "공식적으로는" 공산주의자나 사회주의자가 절대 아니었지만 "그런 배경이 있었기" 때문에 폴라니는 다른 학생들보다 그녀를 "편하게 느꼈다". 둘은 긴밀하게 공동 연구를 진행했고, 어떤 단계에서는 그녀가 세미나 구성을 돕기도 했다.[128] 채프먼보다 열 살이 더 많았던 핀리는 1930년대에 컬럼비아 대학에서 박사과정을 밟으면서 사회과학연구소 연구원들과 어울렸고 연구소 저널에 글을 쓰기도 했다.[129] 그가 폴라니를 만났을 때는 이미 박사학위를 받고 중요한 논문 몇 편을 발표한 상태였지만, 폴라니와 관계를 이어가면서 연구의 이론적인 측면이 훨씬 풍부해졌다. 1951년 《오디세우스의 세계》를 쓰기 위해 자료를 조사하던 핀리는 폴라니와 풍부하게 아이디어를 교환하기 시작했는데, 만약에 폴라니를 만나지 못했더라면 이 책은 세상에 나오지 못했을 것이다.[130] 둘은 서로 영향을 주고받았고, 〈아리스토텔레스, 경제를 발견하다〉를 비롯한 그리스에 대한 글 몇 편은 폴라니가 핀리와 나눈 대화에 크게 의지하고 있었다. 모하마드 나피시에 따르면 폴라니는 "핀리가 학자로서 구색을 갖춰가던 시기에 등장한 멘토"였다. 핀리는 멘토에게 결코 공손하지 않았고, 개인적인 논평에서는 비판적인 신중함이 묻어나긴 하지만 말이다. (어떤 편지에서는 폴라니의 경제 통합 이론을 "글러먹은 주장"이라고 비판한다.[131]) 이들의 친밀한 관계는 핀리가 간학문 프로젝트의 연구조교로 일해보지 않겠냐는 폴라니의 제안을 받아들인 1954년까지 지속되었다.[132] 하지만 (매커렌의 마녀사냥 위원회에 협력하기를 거부했다는 이유로) 럿거스 대학교의 교수직에서 해고된 핀리는 이제는 폴라니의 잡역부로 보수도 얼마 안 되는 자리에서 상대적으로 변변찮은 일들을 하게 되니 부아가 치밀었다.[133] 관계는 악화되었고, 핀리는《초기 제국》에 아리스토텔레스에 대한 장을 쓰기로 했던 약속을 철회했다.[134]

핀리 외에, 폴라니에게는 인류학자 폴 보해넌과 해리 피어슨—두 사람 모두 "대단한 장래성"이 있는 "걸출한 작가들"이었다—과 "영특한 젊은 사회학자" 테리 홉킨스 등 높은 평가를 받는 협력자들이 많았다.[135] 홉킨스가 폴라니에게 소개한 대학원생 한 명에게도 아마 똑같은 별칭을 붙일 수 있었을 텐데, 바로 이매뉴얼 월러스틴이다. 그는 폴라니를 "엄청나게 호감이 가고 똑똑하며 존경스러울 정도로 개방적인" 데다, "특히 상대적으로 보기 드문 기독교-사회주의 가치 체계를 가지고 있다는 점에서 아주 흥미로운" 사람이라고 회상한다.[136] 마셜 살린스도 폴라니 주변의 유명인사 중에서 빼놓을 수 없는 사람일 것이다. 그는 박사학위 논문을 쓰는 동안 폴라니와 가까운 관계를 유지했고, 폴리네시아 경제체제에 대한 연구에 통합의 경제적 패턴에 대한 자신의 분류 체계(호혜와 재분배)를 꾸준히 적용했다.[137] 하지만 호전적인 정도까지는 아니더라도 가장 열성적인 폴라니의 학생은 조지 돌턴이었다. 그는 1950년에 석사과정 수업을 들었지만, 지적인 대화—만일 이것이 맞는 표현이라면—는 1950년대 말 이후에야 나누었다.[138] 돌턴은 이 권위자에게 매서운 비판을 가장 자주 받은 신참이었다. 별로 이례적이지 않은 한 편지에서 폴라니는 예전 제자에게 잔인하고 모욕적인 말들을 날리고 있다. "재분배에 대한 자네의 방어는…… 교환학적일 뿐만 아니라, 벤담적인 변종 공리주의에 가까워."[139] 기분이 상한 신참자는 "어째서 참된 교회라는 교단에서 파문당했는지를 알려주는 교황 칙서를 받아든 이단 같은" 기분이 들었다는 답장을 보냈다.[140]

이 신도석에 뒤늦게 합류한 사람 중에는 1950년대 말에 비시장 제도에 대한 세미나에 참석했던 폴 메도가 있다. 그는 정치 문제에는 "아주 순진"했지만 "매우 창의적인 이론 능력"을 가졌고 (프라하에서 태어난) 러시아 나로드니크 망명자라는 장점이 추가되었다.[141] 폴라니는 동생에게 보낸 편지에 "지난 40년간 이 세계의 진짜 문제는 러시아인들이 떠나버렸다는 데 있다"고 적었다. "음, 폴도 그중 한 명이지."[142] 메도는 고령의 폴라니에겐 "고마운 존재"였다. 두 사람은 "1960년대의 거대한 전환"이라는 가제로 《거대한 전환》의 속편을 함께 준비할 생각이었다.[143] 이 젊은이가 럿거스 대학교에 임용돼서 개설한 경제학 박사과정 프로그램을 두고 폴라니는 신이 나서 "우리의 접근법을 발판으로" 삼고 있다고 전했다. 그런 점에서 이 프로그램은 미국 최초로

"경제성장과 발전 분야에서 분석적인 접근법을 제도적인 접근법에 종속시킨" 시도라 할 만했다. 폴라니는 이를 "돌파구"라고 보았으며, "당연히 인기를 얻을 것"이라며 기뻐했다.[144]

폴라니가 책 한 권 분량쯤 되는 공동 연구 프로젝트를 함께 하려고 했던 옛 학생 두 명을 언급하지 않으면 전기 작가로서 태만한 행위가 될 것이다. 이중 한 명인 인류학자 로즈메리 아널드를 폴라니는 1950년대 초에 간학문 프로젝트 사무국장에 임명했다. 기니 해안의 무역 조직에 대한 그녀의 연구는 화폐와 다호메이의 사회구조에 대한 폴라니의 연구를 자극하는 데 도움을 주었다.[145] 이들은 폴라니 사후에 (그의 이름으로) 출간된《다호메이 왕국과 노예무역: 어느 고대적 경제에 대한 분석》과 관련한 연구를 함께 진행했고, 아널드는《초기 제국》에서 다호메이와 무역항인 휘더Whydah(혹은 우이다Ouidah)에 대한 두 개 장을 썼다.[146] 이들의 연구는 독창적이었고, 맥스 글럭먼 같은 저명한 학자들의 감탄 어린 관심을 모았지만 분위기는 점차 악화되었다. 아널드가 자신의 노동에 대한 평가가 박하다고 느껴 분개했기 때문이다. 결국에는 험악한 다툼으로 막을 내렸다.[147]

또 다른 옛 학생인 에이브러햄 롯스타인과의 관계는 이보다는 더 지속적이었다. 1951년 무심결에 시작된 롯스타인과 폴라니의 관계는 몇 년 뒤 롯스타인이 "러시아의 무역 독점으로 인한 위협과 점점 조여오는 자유세계의 시장 지향성에 직면한" 국제무역 문제를 연구하기 위해 나토 연구비를 받았을 때 상당히 탄탄해졌다.[148] 이후 10년간 이들은 두 가지 원고 작업을 함께 했다. 하나는 이미 초고 상태로 있던《다호메이 왕국과 노예무역》이었다. 아널드가 손을 떼자 롯스타인이 낚여 들어간 것이다. 다른 하나는 오래 지연되고 있던《거대한 전환》

의 속편이었다. 원제목이 "경제학으로부터의 자유"인 이 속편은 1952년 구상에서는 "경제가 비경제적 제도에 '묻어 들어가' 있는 후기 시장사회에 이 세상을 적응시키는 방법을 이론화하는 것"이 목표였다.[149] 1950년대 중반에 이르러 제목은 "미국에서의 거대한 전환"으로 바뀌었다.[150] 이 책은 먼저 미국 내 시장사회의 발전 과정을 역사적으로 분석한 뒤 "비경제적 제도: 노동조합, 기업, 정부" 속으로 경제가 "다시 묻어 들어가는 현상"을 탐구하는 장, "기능적인 금융의 의미"를 탐구하는 장, 그리고 "자유와 평화: 경제학에서 정치학으로"라는 마지막 장이 이어지기로 되어 있었다. 마지막 장은 세계의 정치 질서와 경제 질서의 관계를 탐구한 《거대한 전환》의 내용을 최신판으로 갱신하려는 시도의 결과물이었다.[151]

하지만 1950년대 말에 주제가 다시 바뀌었다. 새로운 연구 제목은 "자유와 기술"이었고, "조지 버나드 쇼, 사르트르와 실존주의자들, 로버트 오언, [그리고 다른] 철학적이고 형이상학적인 주제들"을 비롯한 넓은 영역을 두루 건드릴 작정이었다.[152] 제목이, 그리고 이에 대한 설명이 여러 차례 바뀌었음에도 실제로는 작업이 거의 진척되지 못했다. 두 사람이 《다호메이 왕국과 노예무역》을 동시에 진행한 사정도 있고, 폴라니의 완벽주의 역시 한몫했다. 이는 폴라니 자신이 환자일 때는 잘 해결하지 못한 병이지만, 다른 사람에게 발병할 때는 폴라니가 거의 전문가 수준으로 치료할 수 있었다. 예컨대 홉킨스가 완벽주의 때문에 《초기 제국》에 쓰기로 한 글을 못 쓰고 있을 때 폴라니는 "지금 방에 들어가서 글을 다 끝낼 때까지 나오지 말라고 명령해 결국 원고를 얻어냈다".[153] 하지만 그는 똑같은 약을 자기 자신에게 처방하는 데는 열성이 부족했다. 대개 한 번 더 수정할 수 있겠다는 생각이

들면 어떤 원고도 다음 단계로 넘어가지 못했다. 롯스타인의 회상에 따르면 어떤 에세이는 "내가 세보니 초고가 마흔 개였다!"[154] 이러니 "자유와 기술"은 맨 아래 서랍에서 묵히게 되었다. 폴라니가 "《다호메이 왕국과 노예무역》을 놓아주지 않았"기 때문에 "우리는 《자유와 기술》을 제대로 시작해보지도 못했다".[155]

기계 속의 시장

널리 알려진 대로 영국에 머물 때와 미국에 머물 때 폴라니의 관심사는 약간 달랐다. 《거대한 전환》에서는 전자본주의사회에 대한 부분이 완성도가 가장 낮았지만 1948년경에는 전자본주의사회가 초점이 되었고, 이후에도 쭉 그랬다. 이를 어떻게 설명해야 할까? 정치적-경제적 실망감에서 벗어나고 싶어서 인류학과 고대사에 몰두했을까? 영국에 있을 때는 인민전선에서 애틀리 정부에 이르기까지 숱한 정치 프로젝트에 열성을 쏟았고, 기독교 좌파와 카로이의 자유 헝가리 운동 인사들과 관계를 맺었지만 미국에서는 이런 일에 냉담해졌다. 좌파-급진주의적 기독교는 1930년대에 구석진 곳에서 번성했고, 스코츠버러 보이스*를 옹호하기 위해 공산주의자들과 아프리카계 미국인 교회들이 연대했지만, 1940년대에는 이런 움직임이 동면 상태에 들어갔다. 이후 10년이 지날 때까지도 부활의 기미가 보이지 않았다.[156]

* 1931년 미국 앨라배마주 스코츠버러에서 백인 여성을 강간했다는 누명을 쓰고 기소된 십대 흑인 남성 아홉 명을 말한다. 이들의 재판을 둘러싸고 미국 시민권에 관한 논쟁이 전개되었다.

1930년대 전투적인 노동운동은 자본에 포섭당했고 1940년대 중반에 조금 남아 있던 기운은 진압당했다. 1930년대에 뉴욕의 인텔리겐치아들에게 생동감을 불어넣었던 급진적 움직임은 가라앉은 상태였다. 이를 보여주는 지표가 《코멘터리》의 변화였다. 폴라니가 글을 발표하기도 했던 이 정기간행물은 반스탈린주의 유대인 좌파의 회보로 출발했지만 점점 자유주의적인—갈수록 신보수주의적인—반공주의의 기수로 변질되고 말았다.[157]

영국에 있을 때 폴라니는 활동가들을 대상으로 정기 강연을 했으나, 미국에 있을 때는—사회주의기독교인협회를 대상으로 한 강연처럼—요청이 아주 없진 않았지만, 이런 활동을 거의 하지 않았다.[158] 마음에 차는 사회운동이 하강기에 있기도 했고 그가 선택한 많은 정치 프로젝트에서 차질이 빚어졌던 것이다. 폴라니는 동유럽이 러시아의 상냥한 손길 아래 다시 활기를 띠고, 뉴딜이 급진화되고, 영국에서는 노동당이 주도하는 가운데 사회주의 르네상스가 일어나리라 보아 희망을 품었다. 1940년대 말에 이르러 폴라니는 분명 뉴딜이 기업의 이익에 완전히 식민화되었고, 애틀리 정부가 한결같이 나토와 자본주의 체제를 고수하고 있으며, 모스크바의 지배 권력이 전혀 자애롭지 않음을 알았을 것이다. 분명 자신의 희망이 망상에 불과했다는 사실을 깨달았을 테고 이는 뼈아픈 일이었을 것이다.

샐리 험프리스는 이런 맥락을 염두에 두고 폴라니의 1940년대 궤적에는 균열이 보이며 이는 정치에 원인이 있다고 주장한다. 《거대한 전환》에서 자신의 사회주의적 전망과 "원시주의적" 전망을 결합하는 데 실패했고, 미국 이주가 "정치 세계에서 학계로" 이동하는 것이라는 사실을 감안했을 때 폴라니는 자신의 사상에서 이 두 부분을 분리함으로써 실패에서 벗어날 수 있으리라 생각했다는 것이다. 자본주의의 모순과 사회주의의 전망을 강조하던 입장은 방치되어 시들어버렸다. 그러므로 미국에 머무르던 폴라니는 이제 시장사회가 아닌 전자본주의사회 연구로 초점을 바꿨다. 이는 정치학에서 방향을 전환한 것인데, "그의 이론이 미국의 전후 문제에 어떤 의미가 있는지"를 설명하기를 별로 내켜하지 않았던 태도에서도 이를 알 수 있다. "사회주의 경제학의 여러 문제들에 대한" 관심은 수면 아래로 가라앉았다가 "말년에 평론지《공존》과 관계를 맺고, 헝가리와 이탈리아에서 강의를 하고, 경제계획의 인본주의 측면에 대한 메도의 연구에 영향을 미칠 때" 다시 등장했다.[159]

1940년대 말과 1950년대 초에 정치를 주제로 한 글이 점점 줄어들었다는 험프리스의 지적은 정확하며, 이는 폴라니가 좀 더 냉담한 정치 지형으로 이주한 것과 관련이 있다는 추측은 설득력이 있는 듯하다.[160] 하지만 "사회주의 경제학의 여러 문제들"이 폴라니의 연구에서 더 이상 핵심적인 지위를 차지하지 않게 되었다는 험프리스의 주장에는 오류가 있다. 나피시에 따르면 전자본주의사회에 대한 연구는 논리적인 진전을 의미했으니,《거대한 전환》에 나오는 개념을 더욱 정교하게 다듬은 것이다.[161] 뒤에서 보겠지만 여기에는 폴라니가 "사회주의 경제학"의 핵심 주제로 보았던 시장 체제의 쇠락, 시장 체제의 이데올로기적 유산, 경제를 사회에 재통합하는 방법, 다가오는 "기계 문명" 단계에서 과학과 기술을 민주적으로 통제하는 방법이 포함되어 있었다. 이런 과정을 거치면서 "기계" 개념을 중심으로, 산업사회와 상업사회의 관계를 이해하는 새로운 방식을 향해 조금씩 나아가고 있었다.

폴라니는 기계와 시장 체제가 서로를 구성한다고 오랫동안 생각해왔다. 1941년 베닝턴의 청중들에게 설명한 바에 따르면, 기술의 힘을 온전히 활용하기 위해 "우리는 인간 사회를 자기조정 시장으로 전환했고, 이런 독특한 혁신에 맞추어 사상과 가치를 적응"시켰지만 이 체제는 무너지고 말았다. 인류는 이제 더 이상 "자기조정 사회"를 믿을 수 없게 되었고 대신 "우리 사회를 직접 조정"하는 법을 배워야 했다. 이런 통찰을 거쳐 "인간의 새로운 이상"과, "과학과 권력"을 일반 서민들의 필요에 맞추는 새로운 인본주의가 태동할 것이며, 인류가 기꺼이, 종종 열정적으로 자신을 기계 생산의 필요에 종속시키던 기계 시대는 막을 내릴 것이다.[162] 《거대한 전환》에서는 이 논지를 더 깊이 파고들었다. 주요한 주장 중 하나는 규제받는 고립된 시장에서 자기조정 시장경제로 이행하게 된 이유는 "비정상적 증식으로 나아가는 시장의 내재적 경향" 때문이 아니라 상업사회에 도입된 "기계라는 인공 현상" 때문이라는 것이었다. 즉 공장 체제의 발전이 촉진되고 "상업보다 산업이 더 중요해진 결정적 변화"를 촉발한 것은 정교한 기계의 이용이라는 것이다.[163]

시장과 기계에 대한 폴라니의 설명은 모호한 데가 있었다. "기계"가 시장 체제를 낳았지만 동시에 상업사회가 산업사회로 이행하도록 방향키를 움직였다는 것이다. 만일 폴라니가 1930년대에 그랬던 것처럼 산업자본주의를 붕괴에 가까워지고 있는 완전한 사회구성체로 인식할 경우 이 뒤엉킨 주장을 조목조목 분석할 필요는 전혀 없다. 하지만 만일 산업주의(혹은 "시장 문명")는 건재한데 시장사회가 죽어가고 있다면, 이 둘의 관계에 주의를 기울일 필요가 있기에 폴라니는 전후 몇 년간 이 난제에 매달렸다. 이 과정에서 그의 주장은 베버와 비슷해졌지만, 베버가 "시장 체제의 우위를 확신"[164]했고 이를 갈수록 관료화되는 행정부의 가차 없는 기계장치에 종속돼가는 세상에서 개인의 자율성을 유지하는 일로 정의한 반면, 폴라니가 보기에 쇠우리*는 기계 자체에 의해 만들어진 것이다. 기계가 시장을 짓밟고, 이를 통해 사회 일반을 짓밟아 표준화와 자동화를 각인시킨다는 것이다.[165]

폴라니가 제시하는 개념의 변화에서 작은 중간 기착지는 런던 대학교에서 했던 강연에서 확인할 수 있다. 그는 최근 인간의 역사에서 유례없는 분열의 요소를 기계화로 규정했다. 윌리엄 블레이크, 존 러스킨, 모리스 같은 이름을 언급하면서 기계를 두려움의 대상으로 바라본 비판 사상의 전통에 합류했다. 인간성과 노동, 자연 사이의 "섬세한 균형"이 뒤틀린 것은 기계화된 산업 때문이고, 공장이라는 "인공 환경" 속에서 인간의 영혼이 파괴되는 현상과 강요된 도시화는 이를 잘 보여준다. 인간 발전의 이런 부조화가 자본주의라는 어떤 사회구성체 탓일 수는 없었다. "자본주의가 바로 기계 생산을 조직하기 위해 도입되었다"는 사실을 간과하기 때문이다. 그러므로 시장자본주의가 비록 눈에 띄게 약해지고 있다 하더라도, 기계를 다루는 방식에 따라 생존이 가능할 수도 있었다. 경제가 "사회에서 독립되고 구분되는 '영역'으로 존재하면서 시장 체제의 통제를 받는" 산업 문명의 단계는 끝났다. 이제 새로운 국면이 막 시작되려 하고 있었다.[166]

폴라니가 미국으로 떠나기 직전에 작성했던 두 편의 논문은 이

* 프로테스탄티즘의 윤리가 퇴색하고 자본주의 체제의 껍데기만이 활성화되어 굴러가는 상황을 은유적으로 표현한 베버의 개념. 베버는 자본주의사회의 관료제가 합리성의 증대를 가져왔으나 한편으로는 인간을 지배하는 '쇠우리'가 되었다고 통찰했다. 강철 외피라는 의미의 stahlhartes Gehäuse를 탤컷 파슨스가 쇠우리iron cage로 번역했다.

진화하는 연구 프로그램을 더 상세히 정의했다. 첫 논문인 〈우리의 한물간 시장 사고방식〉은 "기계 시대의 첫 세기가 두려움과 공포 속에서 막을 내리고 있다"는 우렁찬 선언으로 시작한다.[167] 둘째 논문 〈경제결정주의에 대한 신념에 관하여〉에서는 토인비의 도전과 응전 모티브를 채택해 "기계의 도전"에 대한 인간 "최초의 응전"을 상징하는 경쟁 자본주의가 지구 전역에서, 또 가장 명백하게는 유럽에서 "내리막길"에 접어들었다고 주장했다.[168] 자유주의적인 자본주의의 뼈대가 희미해짐에 따라 새로운 도전이 모습을 드러냈는데, 이는 "분업으로, 무력감을 유발하고 삶을 규격화하며 유기체보다는 기계장치를, 즉흥성보다는 체계성을 더 우선시하는 산업 문명의 전조"였다.[169] 산업혁명으로 탄생한 사회는 "인간의 존재 요소들을 흐트러뜨렸고 어쩌면 인간을 파괴할 수도" 있다. 왜냐하면 우리는 아직 "장기적으로 인간과 기계가 양립 가능한지 가늠할" 수 있는 위치에 있지 않기 때문이다.[170] 이런 산업 문명의 문제는 인류가 처한 진정한 도전 과제이지, 일각에서 주장하는 것처럼 "자본주의의 문제"가 아니었다.[171]

다음 단계 산업 문명의 도전에 대한 응전 이론을 발전시키면서 두 가지 선택지가 모습을 드러냈다. 하나는 기술관료적 선택지로, 인간이 어쩔 수 없이 산업의 요구 사항에 적응했던 지난 세기의 관성을 버리지 못했다. 하지만 민주적인 대안이라면 정반대 방향으로 나아갈 터였다. 둘째 선택지는 "산업의 문제"를 "생산자와 소비자의 계획적인 개입"을 통해 해소하고자 했다.[172] 이는 결코 쉽게 달성할 수 없고, 이데올로기 지형을 폭력적으로 장악하고 있는 시장사회의 유산 때문에 특히 해결하기 어려운 목표였다. 시장사회는 결정주의 논리와 "물질주의적 도덕성"에 의해 움직인다. 시장사회는 인간이 경제의 가락에 맞춰 춤을 추면서 굶주림과 이익의 공리주의적 계산에 의해 움직인다고 가정한다는 것이다.[173] 인간은 이미 이 논리를 내면화해버렸다. 기계의 노예 역할을 하는 데 익숙해져버린 것이다.

폴라니는 민주적인 계획이 성공하려면 시장사회에서 판을 치던 방식과는 다른 "인간과 사회에 대한 총체적 관점에 따른 규율"이 있어야 하고, 자신만이 제공할 수 있는 필수적인 무언가, 다시 말해 자유주의적 시장 이데올로기가 틀렸음을 체계적으로 밝히는 작업을 수행하기 위한 토대가 마련되어야 한다고 단언했다.[174] 바로 여기서 전자본주의 경제에 대한 연구의 진가가 드러난다. 우리가 지금의 사회를 비판적으로 성찰하고, 경제행위를 시장 지향적 개별 행위 같은 보편 모델로 삼을 수 있다는 가정이 틀렸음을 인식하려면, 기존 사회와 거리를 둘 필요가 있기 때문이다. 폴라니의 컬럼비아 대학 동료인 마거릿 미드는 말할 것도 없고 말리노프스키와 리하르트 투른발트 같은 인류학자들이 보고한 "원시경제" 현장 연구는 물물교환을 하려는 경향과 자기중심성이 문화적으로 보편적이라는 가정을 무너뜨렸고, "원시사회"가 어떤 면에서는 현대의 시장사회보다 더 인간적이고 "동시에 덜 경제적임"을 보여주었다.[175] 이들은 시장경제 밖에서, 일상적인 경제생활에 대한 태도가 "생산수단의 공리주의적 논리"가 아니라 사회문화적 논리에 의해 결정되는 경향이 있음을 보여주었다.[176]

근래에 드러난 문화기술적 증거 가운데 "원시적인" 사람들이 물질적인 이득에 크게 쏠리지 않는 이유는 이들이 속한 사회구조 때문이라는 점은 폴라니에게 전율을 안겨주었다. 이는 현대의 자본주의 규범과 근본적으로 다른, "경제"를 새로이 이해하는 방식을 보여주었다. 폴라니가 매년 여러 차례 강의에 할애했던 (그리고 "나의 《거대한 전환》이 보여주듯 나는 처음부터 당신의 연구에 많은 빚을 졌다"는 편지를 보낸) 투른발트는 "호혜성"이 "모든 원시적인 삶의 관계"에 널리 퍼져 있다는 사실을 밝혔다.[177] 레이먼드 퍼스와 말리노프스키가 연구했던 태평양의 섬에서는 순수한 경제 제도는 존재하지 않았다. "경제"가 독립된 고유의 영역으로 상정되지도 않았다. 그보다 경제조직(분업, 분배의 패턴 등)은 비경제적 가치와 제도들에 의해 중층 결정되었다. 공동체가 경제를 흡수했다. 즉 자유주의적 자본주의와 달리, 경제에 지배당하는 게 아니라 공동체가 경제의 방향을 결정하거나 경제에 공동체의 가치를 불어넣었다. 이런 면에서 "원시적인" 사회의 경제체제는 눈에 띄지 않았다. 사회관계의 총체에 깊이 숨어 있었다.

폴라니가 경제 제도와 사회질서의 관계를 묘사할 때 사용한 가장 유명한 단어는 "묻어들어 있음embeddedness"이다.[178] 우리는 폴라니가 어디서 영감을 받아서 이 어휘를 택하게 되었는지 알 수 없다. 1920년대부터 작성한 저널리즘 성격의 글에서 유사한 용어들이 발견된다. 가령 상호성을 띤 경제가 사회질서에 "맞춰 들어가게built into" 하는 방법을 묘사하는 글 말이다.[179] 어쩌면 미국 제도주의 경제학자 월턴 해밀턴이 1932년에 사용한 용어에 영향을 받았는지 모른다. 해밀턴에 따르면 제도는 "한 집단의 습관이나 어떤 민족의 관습에 묻어들어 있는, 어느 정도 퍼져 있거나 영구히 존속하는 사고 혹은 행동양식을 함축한다".[180] 폴라니는 투른발트가 단어를 사용하는 방식에 주목했을 가능성이 더 높다. 일각에서는 투른발트가 이 개념을 처음 창안했다고 생각한다. 옌스 베케르트는 퍼스를 인용하면서 투른발트가 《인간 사회》에서 "묻어들어 있는eingebettet"이라는 용어를 사용했다고 지적한다.[181] 하지만 퍼스와 베케르트는 투른발트가 용어를 사용하는 방식이 폴라니와는 다르다는 사실을 간과하고 있다. 이 독일의 인류학자에게 이 개념은 개인의 경제행위가 고립돼 있지 않고 폭넓은 공동체의 경제 회로에 끼워져 있다는 사실을 의미한다. 묻어들어 있음이라는 단어는 이렇게 사용했을 때는 경제적 협력 혹은 분업과 동의어가 된다. 1930년대 중반에는 폴라니도 이 용어를 비슷한 방식으로 사용했다. 그래서 미드의 《사모아의 청소년》을 읽다가 다음 구절 옆에 "묻어들어 있음"이라고 적어놓았다. "개인이 한 일이나 개인의 기술, 혹은 개인 어획량이나 수확량의 규모는 전혀 강조하지 않은 반면, 더 넓은 사회적 맥락에서 그것이 어떤 위치를 차지하는지를 항상 강조했다."[182] 하지만 이후 단어의 지시 대상은 개별 행위에서, 경제와 사회 같은 사회관계의 앙상블 간의 (말하자면 대수적인) 관계로 확장되었다. 폴라니가 동생에게 만족스럽게 밝힌 바에 따르면 컬럼비아 대학에서 그가 처음으로 학위 과정을 지도한 학생 중 한 명은 "묻어들어 있음"의 관점에서 "산업 질서"를 연구하고 있었다.[183]

폴라니는 "원시"사회에서 인간의 역사 전반으로 조리개를 더 넓게 열고 일반적으로 경제행위가 물질적인 상품을 추구하는 이기적 욕망이 아닌, 자부심, 위신, 공적인 인정, 사적인 평판 같은 동기에 지배되고 있는 현실을 관찰했다. 18세기까지도 서유럽의 경제는 아직 사회 속에 "가라앉아" 혹은 "묻어들어" 있었고, 물질적인 노동과 생계는 자율적인 자기조정 시장이 아니라 중첩되는 제도들의 체제에 지배되는 상태였다. 자기조정 시장이 독립 체제로 확실히 자리 잡은 시기는 19세기 이후였다. 이제 상황이 역전되었다. 사회가 "시장 속으로 묻어들어" 가서 모든 제도가 시장의 장단에 춤을 추게 된 것이다. 이제 인류에게 절박한 과제는 산업 문명을 인간 존재의 요구에 맞춰 조정하는 것이었다. 이를 위해서는 경제결정론이 양산한 편견과 경제주의적 오류에 맞서 투쟁해야 했다. 이런 미몽에서 벗어나면 인류는 인간의 동기가 대단히 이질적이라는 데 눈을 뜨고 사회를 의식적으로 "창조하고 빚어낼" 자유를 누릴 터였다.[184]

요컨대 거대한 전환은 분명히 실재하는 역사적 잠재력이었고, 꾸준히 폴라니의 연구 의제를 이끌어가는 중심축이었다. 어떤 의미에서 폴라니는 자신이 철학적인, 심지어는 영적인 과제를 감당하고 있다고 생각했다. "산업 문명에서 삶의 의미를 이해하는 새로운 토대"를 놓는다고 생각했던 것이다.[185] 그는 생의 마지막 순간까지 이 일에서 손을 떼지 않았지만, 10여 건의 강의와 몇 편의 미발표 원고를 제외하면 생산물은 적은 편이었다. 특히 앞서 개괄했듯 옛 학생들의 도움을 받아 《거대한 전환》을 최신판으로 개정하려는 시도는 잘 진전되지 않은 채 흐지부지되고 말았다. 하지만 경제학과 경제사 분야에서 진행한 두 과제는 컬럼비아 대학에서 맡은 새로운 지위와 잘 어울렸고, 숱한 강연과 저널 기고, 두 편의 논문과 한 권의 편저가 증명하듯 더 생산적이었다. 이중 한 가지 과제는 해체적 성격을 띠었다. 경제주의적 오류를 폭로하고 비슷한 맥락에서 시장경제의 독특한 성격을 설명하는 것이었다. 또 다른 과제는 건설적인 성격을 띠었다. 학자와 정책 입안자들이 혼합경제 체제에서 민주적 계획과 산업민주주의의 수단을 개발할 수 있도록 여러 개념을 정교하게 다듬는 일이었다.[186]

두 과제는 개념적인 토대를 정리할 필요가 있었지만 무엇보다 "원시"사회와 고대사회에 대한 경험적인 연구가 긴요했다. 폴라니는 고대사 연구의 현대적 의미를 과소평가해서는 안 된다고 주장했다. 사실 이것은 "일상생활의 문제를 명확히 개념화하기 위해 시급히 갖추어야 할 도구 상자 중 하나임이 드러날 수도" 있다.[187] 1947년 폴라니는 일반적인 비시장사회(그는 이를 "원시적인 봉건제도와 쇠락한 봉건제도"라고 표현했다[188])의 정치-경제적 동학에 초점을 맞추었지만 1940년대가 끝날 무렵에는 고대 아테네와 다호메이에 모든 관심을 집중시켰다. 이 두 정치체제는 2000년이라는 시간 격차에도 불구하고 "경제 계획과 시장의 요구 사항"을 효과적으로 화해시키는 방법을 찾아냈기 때문이다.[189]

폴라니는 자신이 추구하는 경제학적, 경제사학적 의제가 더 넓은 영적-정치적 사명에 기여하리라고 믿었다. "우리가 어떤 사회를 바람직하다고 여겨야 할지 결정하는 일은 경제학자가 아닌 도덕주의자와 철학자들이 할 일"이라고 말하기도 했다. 하지만 경제학자들은 경제를 "제도화된 절차"로 인식할 때 비로소 독단적이고 결정주의적인 성격의 주류 경제학이 이 세상을 위태로운 상황으로 몰아가는 주요 원인이자 사회 진보의 장애물, 미래를 만들어갈 역량에 대한 우리의 자신감에 치명타를 날리는 비관주의의 주요 원천임을 이해할 수 있을 것이다. 민주주의와 시민의 자유 같은 정치적 성취는 시장 체제 덕분에 우리에게 주어졌다. 정치적 자유를 희생해야 경제 정의를 이룰 수 있다는 신화나, 경제행위를 효용을 극대화하기 위해 행동하는 개인이 내린, 희소성에 따른 선택으로 바라보는 주류의 사고를 물리치는 일은 경제학자들의 몫이다. 비판적인 경제사학자들은 이런 식으로 철학자에 준하는 일을 할 수 있다. 즉 인간이 "정의로우면서 동시에 자유로울 수 있음"을, 만일 이를 위해 생산 능률을 약간 떨어뜨리거나 더 절약해야 한다면 가능하다는 사실을 보여줄 수 있다.[190] "개별 문명의 장엄한 도전"은 "우리의 산업 경제를 인간 사회의 구조로" 흡수하는 문제에 접근하는 데 필요한 제도적, 역사적 방법론 같은 "더 넓은 개념들"을 정교하게 다듬을 것을 요구했다.[191] 폴라니의 연구 의제에서 핵심 과제는 바로 이것이었다.

폴라니가 컬럼비아 대학에서 개발하여 "실질경제학"이라고 이름 붙인 경제 분석 접근법은 제도적인 분석 방법에 토대를 두고 있다.[192] 그는 자신이 시장 행위가 쇠락할 수밖에 없는 시대의 출현에 발맞춰 제도주의를 갱신하는 역할을 해야 한다고 생각했다. 롯스타인에게 보내는 편지에서는 다음과 같이 다소 아리송하게 말한다. "시장 제도의 지배력이 서서히 사그라들면서 이것의 실제 의미가 제도주의를 가장하여 다시 드러나게 된다. 이는 '수렴하는' 운동이다. 즉 시장 제도의 가장자리는 과거와, (어쩌면 정도는 덜할 수 있겠지만) 미래의 비시장 체제의 전체 직물에 나타난 것과 동일한 문양의 직물(미국 제도주의)로 단이 만들어져 덧대어진다."[193]

폴라니는 미국 제도주의와, 베버와 앙리 피렌이 예시하는 유럽의 역사적, 사회학적 제도주의 간의 수렴을 말하는 것이다. 그는 시장경제가 약화됨에 따라 "그것의 이론과 방법의 범위가 축소되고 제도주의가 저절로 표면화된다"고 믿었다. "베블런, 미첼, 혹은 클라크가 생각한 미국 제도주의와 베버식의 역사적 제도주의는 주요한 방법론이 제도 분석인, 경제 제도의 일반이론을 향해 수렴하고 있다."[194]

경제학자의 진자

폴라니는 나름의 역사적-제도주의적 경제학의 상을 그려나가는 한

편, 경제사상의 파노라마 속에서 자기가 그리고 있는 경제학의 위치를 정하고자 했다. 그는 펀리에게 이 작업의 "철학적 원천"은 아리스토텔레스라고 말했다.[195] 이 그리스 철학자는 인류가 "태생적으로 자급자족을 할 수 있다"고 이해했고 경제를 "자급을 보장하는 제도화된 과정으로" 인식했다.[196] 생산과 소비를 중재하는 기초 제도는 가정, 즉 오이코스oikos이고, 이는 소유물이 아니라 개인, 다시 말해 부모, 자손, 노예로 구성된다. 폴라니는 현대 유럽에서 정치경제가 과학으로 구성되기 시작했을 때는, 이를 실행하는 자들이 물질적인 생존의 조직과 제도적인 구조에 대하여 아리스토텔레스가 그랬던 것처럼 경제를 "실질적인"(혹은 "사회적인") 측면에서 다루었다고 설명했다. 몽테스키외는 경제 제도가 "전체 사회의 틀 속에서 담당하는 기능에 따라 구성된다"고 보았고, 중농주의자들과 애덤 스미스는 부의 개념을 실제적 방식으로 정교하게 다듬었다.[197]

1780년대가 되면 달라진다. 조지프 타운센드는 경제를 제도적으로 구별되는 영역으로 인식했고, 맬서스와 리카도는 이런 경향이 훨씬 더 심했다. 이들은 "개인 겸 계약자"라는 계몽주의 시대의 합리주의 원칙에 입각하여 "경제 동기가 지배하고, 형식적 합리성이라는 경제 원칙[즉 절약]에 종속되는 자율적인 경제체제라는 개념을 만들어냈다".[198] 이들의 연구에서 "실질 요소"는 "인구법칙(맬서스)과 토지의 수확체감(리카도) 속으로" 철수해버렸다.[199] 이 새로운 개념은 경제행위가 "인간의 무한한 욕구와 필요에, 혹은 요즘식으로 말하면 희소성이라는 사실에" 기인한다는 점과 관련이 있었다.[200] 이는 아리스토텔레스의 입장과는 정반대였다. 그는 "희소성이라는 가정을 명백히 거부"했다.[201]

폴라니의 시각에서 19세기는 경제이론이 진자운동을 하는 시기였다. 맬서스와 리카도의 형식주의적(혹은 "경제주의적") 접근법은 프리드리히 리스트, 케리, 마르크스의 사회적 접근법의 저항에 직면했고, 이는 다시 카를 멩거를 필두로 한 신고전경제학 형태의 형식주의의 반격을 받았다.[202] 폴라니의 도식에서 멩거는 복잡한 역할을 하고 있다. 폴라니는 세미나에서 멩거의 가치이론을 칭찬했고, "시장 과정"은 "가격이 인간 행위에서 비롯된다"는 점을 보여주기 때문에 "인간의 정신이 이룬 가장 위대한 공적 중 하나"라는 그의 주장을 높이 평가했다. 그런 이유로 가격은 상품 자체가 아니라 인간과 사회관계의 속성으로 볼 수 있다. 이는 폴라니가 골치를 앓은, 가치가 상품에 내장되어 있다는 생각과는 정반대였다.[203] 하지만 이 오스트리아 학자와 동료 사상가들은 합리적인 절약 행위를 경제활동과 등치시키고, 희소성을 자연 조건으로 이해하여 경제학의 주제를 무한한 인간의 욕구를 충족시키기 위해 희소한 자원을 할당하는 것이라고 상정하는 지독한 우를 범했다.[204]

멩거 이후, 진자는 다시 사회적 접근법을 향해 움직였다. 이를 분명히 보여주는 것이 초기 제도주의인데 이들은 고전경제학의 개인주의적이고 실증주의적인 방법론을 비판하고 나섰다. 독일 학파와 미국 학파의 제도주의자들은 사회경제적 변화를 강렬하게 의식했고 신고전경제학(특히 인간이 자연법칙의 지배를 받는다는 개인주의적 개념)을 맹렬히 비판했다. 이들은 당대의 생물학과 인류학 연구들, 또 문화 변이와 이로 인한 사회 진화에 대한 새로운 사상을 깊이 이해했다.[205] 폴라니는 독일과 미국 제도주의 연구에서 큰 영향을 받았다. 그는 "베블런의 비밀은 그가 사회주의자라는 점이고, 비밀 중의 비밀은 사회주의자가 아니라는 점"이라는 수수께끼 같은 평가를 내릴 정도로 베블런의 연구에 매우 친숙했다.[206] 폴라니는 베블런이 "자본주의와 시장법칙이 서로 관련돼 있음을 무시하는" 경향은 비판했지만, 동의하는 점도 많았고, 베블런을 "'형식적인 것'의 치세에 반대하는 '실질' 반란의 예언자"라며 칭송했다.[207]

독일 역사학파와 미국 제도주의자들은 한계주의적 경제 분석을 넘어서기 위해 노력했지만 "결정적인 개념 체계"를 개발하는 데는 실패했다.[208] 이 결정적이고 종합적인 이해 체계를 만들려고 했던 사람이 바로—멩거처럼 폴라니에게 좋은 평가와 나쁜 평가를 동시에 받는 사상가인—막스 베버였다. 베버는 한계주의적 경제이론을 수용하면서도, 자유시장이 안정된 사회질서의 기초를 마련했다는 생각은 비판했다. 베버가 보기에 경제 영역은 윤리적, 정치적 관심에 따라 결정되어야 했고, 이것이 작동하는 방식을 연구하려면 제도적인 구조 이론이 필요했다. 베버는 제도주의 경제학자 카를 크니스와 빌헬름 로셔 밑에서 공부했고, 이들과 마찬가지로 자본주의를 주로 자기 이익이 공동체와 의무에 종속되는 봉건사회의 가부장적 문화와 상반되는 "합리적인" 경향이라는 측면에서 논했으며 이를 윤리적 이상(혹은 "정신")으로 이해했다.[209] 그는 프로이센의 자본주의 발전을 연구하면서, 문화가 경제학으로 대체되는 과정에 대한 역사주의 성격을 띤 논문을 집필했다. 순수하게 경제적인 관점에서 보았을 때 프로이센의 농촌은 천천히 전환되었지만 이는 이 나라의 윤리적, 정치적 토대를 침식했다. 이는 자본주의사회의 불안정성에 대한 베버의 더 넓은 관심을 드러냈다. 시장만으로는 합리적인 사회질서의 토대를 제공할 수 없었다. 시장은 도덕성과 국가가 설정한 한계 안에서만 작동해야 했다. 여기서 국가는 민간의 질서와 진보를 보장하는 대체로 온건한 비인격적 독립체로 인식되었다.[210] 응집력 있는 자본주의의 사회적 전제조건이 시장 행위자들의 자기 이익 추구에서만 발견되는 것은 아니라는 점에서, 경제학 연구를 문화적 외피(혹은 정신)와 제도적 구조에 대한 이론으로 보완해야 했다.

컬럼비아 대학에 있는 동안 폴라니는 경제사에 대한 자신의 접근법을 베버의 프로젝트를 비판적으로 전용하고 개선한 것으로 인식했다. 뉴욕으로 떠난 직후 마이클에게 보낸 편지에서 "만일 1947년에 그것을 이해할 수 있는 수준으로 끌어올리려면 처음부터 작업을 다시 해야 한다고 생각하면서" 베버의 필생의 업적을 검토하고 있다고 밝혔다.[211] 베버의 장점은 "일반적인 경제사"의 공간을 자기 영역으로 확보하고 이를 "인간 사회에서 경제체제에 점유된 장소"를 이해하기 위한 개념적 수단들로 채웠다는 데 있었다.[212] 폴라니는 경제행위의 형식적인 합리성과 실질적인 합리성을 구분한 베버의 방식에서 영감을 얻었다. (경제행위의 형식적 합리성은 경제행위의 정량화와 계산을, 경제행위의 실질적 합리성은 경제행위가 "궁극적인 가치"에 복무하는 정도를 가리킨다.[213]) 하지만 폴라니가 베버의 방식을 아무 비판 없이 포용한 것은 아니었다. 이 독일 사회학자는 경제주의적 오류를 저질렀는데, 어쩌면 경제인류학이라는 신생 학문을 눈여겨보지 않았기 때문일지 모른다.[214] 그는 경제를 시장과 동일시했고, 인간은 교환과 물물교환이 필요하다는 신화를 지지함으로써 자신의 형식/실질 이분법을 적절하고 철저한 결론까지 밀고 나가지 못했다.[215] 이는 폴라니가 자신의 과제라고 생각했던 일이다.

베버의 핵심 오류는 "경제적"이라는 용어의 이중 의미에 관한 의

미론적 함정에 빠지고 말았다는 점이었다. 폴라니는 1871년에 멩거가 처음으로 표현하고 라이어널 로빈스가 대중화한 형식적인 의미의 경제학은 절약과 동일시되고, 희소성의 토대 위에서 여러 대안 가운데 합리적 선택을 하는 행위에 대한 연구로 규정되었다고 주장한다.[216] 하지만 질병만큼 해로운 이 형식적 의미의 창안자인 멩거는 이후 연구에서 대안 의미, 실제 의미를 규정함으로써 의도치 않게 치료법을 발명했다. 즉 경제학을 "물질적 욕구의 충족"에 대한 학문, "마음과 합리성이 아닌 육체와 인간의 필요에서" 단서를 얻는 과학이라고 본 것이다.[217] 이와 함께 멩거는 역사와 인류를 포괄하는, 또 모든 인간 사회에 일관되게 적용할 수 있는, 인간 경제의 일반론을 정초하는 데 필요한 개념을 만들었다. 이는 시장의 현상들만을 면밀히 관찰하고, "원시 공동체"를 이해하는 데는 아무런 도움이 안 되는 형식적인 경제학과는 정반대였다.[218]

경제적이라는 용어의 두 가지 의미를 구분하는 것이 중요하다고 보았을 때, 많은 사회과학자들이 이를 혼동한 것은 스캔들에 가까웠다. 시장 체제가 워낙 우월하다 보니 사실상 이 두 가지 의미가 동시에 발생했다는 점에서 이해하지 못할 일은 아니긴 하지만 말이다. 이런 의미들의 "이종교배"를 자극하는 데 있어서 베버는 앨프리드 마셜과 함께 "주적"이었고, 그의 이론에서 이 결함은 경제사에 대한 접근법에 나타난 초보적인 결함의 원인을 설명해주었다. 그는 희소성이라는 공리가 전자본주의사회에도 적용된다고 가정했던 것이다.[219] 베버는 자신의 결함 있는 도식을 근거로 현대의 합리성이 가치에서 해방되었다고 믿은 반면, 폴라니는 현대 경제가 사회에서 뿌리 뽑혀 나온 것이라고 보았다.[220]

이 경제사상의 역사적 개관을 통해 폴라니는 자신의 접근법의 위치를 설정했다. "아리스토텔레스의 호혜성과 재분배" 개념을 차용했다는 점에서 그의 접근법이 아리스토텔레스와 비슷하다고 보는 사람도 있다. 현대 인류학의 연구 덕에 더 풍부해지고, 기본적인 경제 상호작용 패턴을 모델화하기 위해 채택됐으며, 미국 제도주의와 베버의 "일반경제사"에서 추가 자극을 받았다고 보는 것이다(이 마지막 투입물의 단점은 멩거가 내린 실제적 정의의 도움을 받아 해소되었다고 볼 수 있다).[221] 폴라니가 이해하기에 실질 요소는 모든 경제의 공통성을 보여주는 반면, 제도의 측면은 차이에 이목을 집중시킨다.

폴라니의 실질주의 이론에서는 일종의 기능주의가 포착될 수도 있다. 뒤르켐, 그리고 말리노프스키와 앨프리드 래드클리프 브라운이 개발한 기능주의는 사회를 인간의 본성에 의해 발생한 통합되고 조정된 체제로 인식한다. 기능주의는 사회제도들이 특수한 사회적 필요를 충족하기 위해 존재하고, 주어진 사회관계들은 기능적으로 서로 보완한다는 점에서 통합된 완전체로 봐야 한다고 주장한다. 이는 폴라니의 생각이기도 하다. 그가 제시한 방법은 "경제와 사회에서 경제가 점하는 위치를 다루는 모든 사회과학"에 적용할 수 있어야 한다고 주장하고, 특히 "비시장경제의 '경제학'의" 기초를 마련하는 것을 목표로 한다.[222] 그는 실제 의미만이 여러 경제를 비교할 수 있는 보편적 요소라고 주장하면서, 전체 사회와 일반 목표의 관계 속에서 경제행위를 이해해야 한다고 역설했다.[223] 유사하게 그의 제도주의에는 기능주의 속성이 확실히 존재한다. 폴라니의 제도주의에서 경제는 "조직의 문제"이고, 여기서 조직은 "제도의 작동이 특징인 활동"이라는 측면에서 정의되며, 다시 제도는 기능, 즉 그것이 공동체에 제공하는 서비스에 따라서 표현된다.[224] 경제 제도들은 이질적인 경제 요소들이 통합되고 전체 사회에 묻어들어 가게 만들어서 안정성과 통합성을 보장하려는 노력에 대한 가치를 평가하고 자원을 사용하는 가운데 목표를 실현한다. 이는 경제학자의 핵심 과제를 결정한다. 즉 경제학자의 핵심 과제는 경제 과정의 다양한 요소들의 "통합 방법"을 찾는 것이다.[225] 이 과정은 "다양한 움직임들이 얼마나 서로 의존하는지, 즉 개별 움직임이 서로의 함수임을 어느 정도로 드러내는지에 긴밀히 연관돼" 있다.[226]

1950년경 폴라니의 연구 프로그램은 윤곽이 정해졌다. 그는 야시에게 작전 목표는 "초기 사회의 경제, 특히 상업, 화폐, 시장이라는 현상을 새로이 이해"하고, "비교경제사의 기초를 놓는 것"이라고 밝혔다.[227] 그는 광범위한 질문에 대한 과학적인 대답을 찾을 예정이었다. 가령 "원시경제"와 산업자본주의의 차이를 어떻게 밝혀낼 것인가?[228] 시장 체제가 부재할 때 경제는 어떻게 기능하는가? 그리고 시장 교환이 부재할 때 경제 통합은 어떤 영향을 받을까?[229] 1950년대 내내 폴라니의 연구를 지배한 것은 바로 이런 수수께끼들이었다. 이에 대한 연구 결과는 《초기 제국》에, 그리고 폴라니의 사후에 출간된 두 권의 책 《인간의 살림살이》와 《다호메이 왕국과 노예무역》에 발표되었다.[230]

언덕 위의 도시

폴라니의 생각에 따르면, 그의 연구는 "사실상 고전적인 경제사"에 속하지만 그렇다고 골동품 연구는 아니었다. 목표는 "우리가 현재에 관심을 기울이는 데 기여하고 폭을 넓히는 것"이었다. 인류가 직면한 중요한 문제는 "시장에 기반을 둔 체제와 과학적인 전체 계획에 기반을 둔 체제의 경쟁 구도와 통합 가능성"이기 때문이다.[231] 폴라니는 북미에 머무르는 동안 책을 세 권 준비했는데, 모두 전근대의 교환 제도를 연구한 저서이다. 그는 이 연구로 재분배, 호혜성, 제도적인 가격 책정을 통해 경제 통합이 가능함을 확인하려 했다.[232] 그는 시장을 "효과적인 중앙계획"에 성공적으로 결합한 과거의 경제에 특히 관심이 많았고, 이것이 현대의 경제 질서에서 어떤 의미가 있는지 파악하려 했다.[233] 특히 그리스 사회에 대한 연구는 현대 경제를 이해하는 데 도움이 되는 통찰력을 제공했다. 어떤 의미에서 시장과 계획 모두 그리스 문화에서 비롯되었기 때문이다. 전자는 "소규모 계획"이 소매식품 시장과 공존했던 고대 그리스의 아티카에서, 후자는 이집트 프톨레마이오스 왕조의 "대규모 관료형 계획"에 파라오식 방법을 접붙임으로써 태동했다.[234] 폴라니는 "천재성을 발휘해 우리의 정치학, 철학, 과학, 예술을 탄생시킨" 고대 그리스인들은 "모든 선진적인 인간 경제의 개시자들이기도 하다"고 말했다.[235]

폴라니는 고대 그리스인들이 "시장 거래와 정교한 계획경제"의 문을 열긴 했지만 경제학에는 완전히 무지했고 이런 역설 때문에 이 논지가 더더욱 중요하다고 핀리에게 털어놓았다.[236] 예를 들어 그리스 철학자들은 가격 이론을 개발할 필요성을 전혀 느끼지 않았다. 왜냐하면 이는 정치적 규제에 달려 있었기 때문이다. 그리고 이들은 정치권력과 경제권력을 엄밀히 구분하지도 못했다. 이들의 세계에서 경제 자원은 주로 개인 서비스 형태를 취했고, "친족, 종속-피종속 관계, 혹은 반봉건적 의존 같은 비거래 성격의 관계를 통해 조직되고 배치"되었다.[237] 이집트 프톨레마이오스 왕조의 계획경제는 오늘날의 의미에서는 "경제적"이 아니었고, 소매시장이든, 토지 임대든, 은광이든 고대 아테네의 시장들은 (이 경제사학자가 공교롭게도 여전히 '경제적'이라는 단어의 의미로 생각하는 시장법칙에 의해서가 아니라) "정치적, 도덕적 제재력을 가진 폴리스에 의해 규제"되었다.[238]

고대 아테네는 폴라니에게 언덕 위 도시였다. 아테네는 재분배, 호혜성, 시장 교환 같은 요소들이 효과적으로 "유기적인 전체"에 융합될 수 있음을 보여주었고, 자유와 권력 집중이 상충되는 원리라는 현대의 가정이 어리석다는 사실을 폭로했다.[239] 아테네의 민주적 폴리스는 경제와 사회, 개인 영역을 통제했지만, 이는 자유를 부정하는 행위와는 거리가 멀었다. 자유는 국정에 대한 참여로 구현되었고, 폴리스와 법률은 "정의와 도덕성을 제도로 구현한 것"으로 인식되었기 때문이다. 공직 순환제와 추첨을 통한 선발 체제를 갖춘 아테네의 민주주의는 최소한 시민들에게 적용되었을 때는 평등과 참여 원리의 승리를 상징했다. 이 과정에서 모든 시민은 "공공 행정의 복잡한 작동 방식과 친숙"해졌으며, 정의는 낯선 관료제가 거저 주는 선물이 아니라, 모든 시민이 내부 사정을 알고 있는 제도로 구현되는 것이었다.[240] 시민들은 각종 상거래에 참여하듯이 집회와 배심원 역할에, 축제 행진과 스포츠 행사와 연극 공연에 기꺼이 그리고 의무적으로 참여했다. 좋은 삶은 개별 욕구의 만족이 아니라, 공공 활동에 대한 참여에 집중하는 것이라고 이해했다. 이익을 지향하는 거래 자체를 목적으로 삼는 것은 해롭다고 보았지만, 그렇다고 시장 활동을 방해하진 않았다.[241] 사실 민주적 폴리스의 천재성은 "관료제 없이도 중요한 국가 계획을 완성하고 실효성 있게" 만들면서 군사, 정치 등의 직무에 종사하는 시민들에게 화폐 임금을 지불해야 했기 때문에 식품 시장의 발달을 자극했다는 데 있었다. 다시 말해서 아테네 민주주의의 실효성은 "화폐 지불을 통한 도시 내 재분배"를 요구했고, 그래서 지역 시장이 필요했다. 시민의 살림살이는 국가가 시장의 도움을 얻어서 제공했고, 관료제가 전혀 필요하지 않았을뿐더러, 시장의 힘이 사회적, 정치적 기본 구조의 경계를 파열시킬 위험도 없었다.[242] 폴라니에게 민주주의 아테네는 붉은 빈의 진정한 전신이었다.

고대 그리스에 대한 폴라니의 역사기록학이 《초기 제국》의 한 장으로 처음 등장했을 때, 무엇보다 옥스퍼드의 역사학자 제프리 디 스티 크로익스의 신랄한 비판을 받았다. 스티 크로익스는 1960년 이 책에 대한 리뷰에서 상대적으로 설득력이 떨어지는 장의 하나로 이를 지목했다. 이 장은 폴라니의 일반론에 "가위눌렸고", "그리스의 상거래에 대한 방대한 증거가 아테네 웅변가들의 사적인 연설과 희극시 안에 담겨 있다는 사실을 전혀 모르고 있음"을 드러냈다는 것이다. 또 솔론과 페리클레스 시대의 원시적이고 "순진무구한" 경제와 헬레니즘 시대의 원형적인 시장경제를 "너무나 부적절하게 구분"했고, 고대 그리스의 경제가 호혜와 재분배의 관계에 발판을 두고 있다는 가정도 전혀 설득력이 없다고 주장했다. 이 옥스퍼드의 고전 연구자는 이런 것들은 기원전 5세기 이후로 쭉 "전혀 눈에 띄지 않았다"고 반박했다.[243]

스티 크로익스의 비판은 뼈저렸지만, 폴라니는 이를 행복하게 받아들였다. 스티 크로익스는 《초기 제국》의 일부는 비판했지만, 전체적으로는 "관심 영역이 19세기와 20세기의 고도로 발달된 사회 밖에 있는 모든 인류학자와 경제사학자"의 관심을 촉발할 "혁신적인 연구"라고 논평했다.[244] 폴라니는 당장 자신의 감상을 이 검토자와 자신의 동료들에게 전달했다. 그는 피어슨에게 보내는 편지에서 스티 크로익스는 "고대 아테네에 대한 자신의 관점을 무자비하게 허물어뜨리긴" 했지만, 더 중요한 것은 "우리의 일반적인 접근법을 나무랄 데 없이 설명해서 보여주었고, 이 접근법이 아주 흥미롭다고 믿고 있다"는 점이라고 밝혔다.[245] 사실상 스티 크로익스는 "《초기 제국》의 중요성"을 인정하고 이를 중요한 경제사 저널에 발표하기도 한 "우리 집단 밖에 있는 최초의 학자"였다. 이는 폴라니가 오랫동안 염원해온 큰 발전을 상징하는 일이었다.[246]

《초기 제국》은 고대를 연구하는 역사학자들에게 자극이 되는 텍스트임이 증명되었을 뿐만 아니라, 무엇보다 경제인류학이라는 신생 하위 학문에 가장 큰 영향을 미쳤다. 사실 경제인류학은 형식주의자들(이들이 보기에 신고전경제학의 도구는 일반적으로 대체 가능하다)과 실질주의자들의 논쟁을 통해 등장했다. 《초기 제국》은 이 논쟁에 불을 붙임으로써 이 영역에 대한 관심을 증폭시켰다. 이 책이 출간되기 전에는 연간 약 열 편의 중요한 논문이나 책이 경제인류학계에서 등장했는데 이후 수십 편으로 폭증했다.[247] 하지만 전체 사회과학에서 이 책의 영향력은 폴라니의 기대에 미치지 못했다. 그의 기대가 너무 낙관적이었는지 모른다. 폴라니는 오랫동안 "시장"이 모든 산업화된 경제에서 지배적인 지위를 완전히 상실했다고 보았고 결국 자신과 같은 제도주의적 접근법이 "자연히 주목받고" 주류의 경제 분석은 기가 꺾이리라고 믿었다.[248] 사실 흐름은 정반대였다. 2차대전 이후로 미국은 펜타곤과 사회과학연구회를 통해 사회과학의 의세를 재규정하고, "가치중립적인" 전문 지식에 중점을 두었다.[249] 경제학 연구는 부분적으로 군사 계획에 통합되어, 외부에서 주어진 목표를 달성하기 위한 사회공학의 한 형태로 수행되었고, 신고전주의의 변종이 정설로 자리 잡게 되었다.[250] 학자들은 새로운 인센티브에 반응을 보이면서 소위 가치에서 해방된, 기술 자격증을 부각하는 경향을 보였다. 사회과학은 급진적인 관점을 벗어버리고 실증주의를 향해 요동치며 나아가고 있었다.[251]

7장 존재의 위태로움

1956년 칼 폴라니에게 정반대되는 영향을 미친 두 사건이 일어났다. 이중 하나인 헝가리 대중의 봉기*는 폴라니에게 활기를 불어넣었다. 러시아 포퓰리즘에 대한 십대 시절의 찬가에서 따온 듯한 표현으로 그는 이를 "세계사에서 가장 용기 있고 순수한 혁명 중 하나"라고 일컬었다.[1] 마이클에게 보내는 편지에서는 이 사건으로 자신이 헝가리에게 "재정복당했다"고 밝혔다. "그 이상이다. 이 사건은 내게 모국을 선사했고, 나는 아직도 모국을 사랑한다."[2] 잔혹한 진압에도 불구하고, 이는 미래의 헝가리에서 주역이 될 중심 세력, 즉 박해받는 정당개혁파와 포퓰리스트의 연대에 빛을 밝혔다.[3] 이 결합은 폴라니와 일로나가 긴밀하게 일체감을 느끼던 두 운동 사이에서 나타났다. 부부는 헝가리의 미래와 자신들의 관계를 축복하며[4] 영어로 번역된 헝가리 시선집 한 권을 공동 편집함으로써 처음으로 동일한 목적을 위해 일하는 감동을 맛보았다. 《쟁기와 펜》의 출간은 폴라니와 일로나가 함께

* 1956년 10월, 스탈린주의 관료 체제와 공포 정치에 저항해 일어난 대규모 봉기를 말한다. 일당제 폐지, 언론 자유, 소련군 철수 등 사회정치적 개혁 요구가 분출하며 성공하는 듯했으나, 결국 소련군에 의해 진압당하고 수많은 시민이 목숨을 잃었다.

보낸 마지막 몇 년간 일어난 가장 즐거운 사건 중 하나였다. 이들은 헝가리의 포퓰리즘을 존중하는 의미에서 이런 제목을 붙였다. "포퓰리스트들과 지금 박해받는 정당개혁파들의 연대가 미래의 헝가리를 낳을 씨앗이라는 것이 두 사람의 신념"이었기 때문이다.[5] 시는 아주 적절한 매개였다. 시인 샨도르 페퇴피는 19세기 헝가리 자유주의 혁명의 기수였고, 수십 년 전 폴라니는 학교 졸업식에서 큰 목소리로 페퇴피의 시를 낭송한 바 있었다. 그가 속한 "개혁 세대"에게는 어디가 비슷한 역할을 했다. 오든은 그 프로젝트에 "아주 큰 관심"이 있었고 서문을 써달라는 청탁을 받기도 했으며, 책은 세상을 떠난 이들의 동지이자 시인인 엔드레 허버시에게 헌정되었다.[6]

다른 사건은 폴라니의 기를 꺾어놓았다. 그는 일생 동안 수차례에 걸쳐 병마를 견뎌냈다. 마지막으로 병세가 나빠진 것은 1953년 여름이었다.[7] 하지만 1956년은 손쓸 수 없는 상황이었다. 방광의 상태가 급격히 나빠졌고, 이듬해 암으로 확인되었다.[8] 이후 몇 년간 토론토 병원에 자주 입원하여 엑스선 치료와 코발트-60 방사선 치료를 받았고 여러 차례 수술을 받았지만 암세포 전이를 막지 못했다.[9] 이 진단은 죽음을 피할 수 없으리라는 예감을 불러왔다.[10] 이미 1940년에 폴라니는 자신의 부동산을 일로나에게 남긴다는 유언장을 준비해놓았지만, 이제는 학문 유산을 관리하는 일에도 신경을 쓰기 시작했다.[11] 이 몇 년간 주고받은 편지들에는 자신의 삶의 궤적과 의미, 다른 사람들과 맺은 관계 그리고 자신의 인격을 성찰하는 폴라니의 모습이 담겨 있다. 사실 그에게는 아직 이루지 못한 프로젝트가 있었고 누군가와 화해를 해야 했다. 가령 헝가리로 귀국하는 일과 마이클과 관계를 회복하는 일 같은 것 말이다.

병원을 오가는 동안 때로 폴라니는 충만한 삶을 영위할 수 있었다. 1962년 남편이 병원에서 2주를 보낸 뒤 일로나는 "우리는 아주 바쁘고 행복하다"고 외쳤다. "그는 기분이 좋은 상태이고…… 아주 활동적이다."[12] 1년 뒤 한 번 더 병원에 입원한 폴라니는 머튼에게 다음과 같은 편지를 보냈어. "그들이 단연 즐거운 결론 한 가지를 알려주며 나를 내보냈어. 이제 다시 일을 할 수 있다네."[13] 그리고 암 진단은 예기치 못한 반가운 부작용을 불러오기도 했다. 건강 염려증이 치료된 것이다.[14] 그럼에도 불구하고 병원에서 보낸 시기는 불편하고 지루했다. 최악의 상황은 1963년 말이었다. 출혈이 너무 심해서 병원에서 꽉 찬 두 달을 보내야 했다.[15] 그의 친구 월터 닐은 "지옥 같은 가을"이라고 표현했다.[16]

지적인 활동이라는 측면에서 병원 생활은 폴라니의 작업을 과도하게 방해하지는 않았다. 육체 능력의 제약이 공적인 활동에 참을 수 없을 정도로 지장을 주지는 않았던 것이다. 과거에는 자신이 세미나를 하려고 뉴욕을 방문했지만 이제는 친구들과 옛 학생들에게 피커링으로 오라고 독려했다. 과거에는 선뜻 강연 초대에 응했다면 이제는 신중했다. 때로는 거절하거나 취소했으며 방송 장비가 약해진 목소리를 키워줄 수 있는지 확인하기도 했다.[17] 암투병 중에도 자신의 지적 결과물이 이제야 절정에 이르렀다고 믿었고, 마이클에게 보내는 편지에서 자신이 "다시 성취한 것"에 크게 기뻐하면서 "이제야" 인정을 받게 되었다고 덧붙였다.[18] 폴라니는 이를 중년에 겪었던 빈혈 수준의 생산성과 대비시켰다("잃어버린" 30년은 "고도를 기다리고" 있었다). 그가 생각하기에 중년에 그렇게까지 생산성이 낮았던 이유는 아버지의 죽음 이후 경험한 "압박감" 때문에 "내적 마비가 활성화됐기" 때문이었다.[19] 이 잃어버린 몇십 년이라는 생각은 오해였다. 사실 그의 뮤즈는 정확히 이 몇십 년 동안 올린 값진 성과에 영감을 제시한 뒤 은퇴 길목에 접어들었고, 1956년 이후 폴라니는 중요한 성과물을 전혀 내놓지 못했다. 하지만 마음은 여전히 생기가 넘쳤고, 탤컷 파슨스의 사회학, 자유와 기술, 식민지 이전의 서아프리카 등 인상적인 주제에 대한 글을 꾸준히 작성했다. 1961년 그는 흥분을 감추지 못하고 피어슨에게 이렇게 말했다. "나는 다호메이에 흠뻑 빠졌다네. 그게 너무 좋아!"[20]

늙은 죄인

"늙은 죄인"이라는 제목의 미발표 원고에서 폴라니는 파슨스라는 수수께끼 같은 인물과 맞붙었다. 폴라니는 그를 "우리의 친구이자 적"으로 간주했다.[21] 한편으로 파슨스의 세계관은 황홀할 정도로 친숙해 보였다. 그는 폴라니가 대단히 잘 아는 분위기에서 성장한 인물이었다. 그의 아버지는 기독교화된 사회주의(기독교가 스승이고 사회주의가 제자인 관계이긴 했지만)의 복음을 전파했다.[22] 젊은 파슨스는 윤리에 경도된 경제학을 발전시키려 했고, 사회를 원자화하고 사회적 가치를 경제적 가치에 종속시키는 엔진인 시장 체제와 공리주의적 개인주의를 비판하는 작업의 개요를 잡았다.[23] 그는 하이델베르크에서는 레더러와 만하임과 공동 작업을 했고 런던에서는 인류학자 에드워드 에번스 프리처드, 퍼스와 어울리는 한편, 토니와 말리노프스키의 글들과 영국 관념론 철학에 빠져들었다. 파슨스식의 기능주의적 사회학은 폴라니의 시각과 비슷한 데가 있었다. 가령 통합 개념을 사회가 내적 요소의 조정을 확실히 보장하는 수단이라고 언급하면서 중시한다는 점이 그렇다. 다른 한편으로 파슨스의 사상은 상당히 생경했고 심지어 위협적으로 보였다. 파슨스는 개별 행위를 모든 상호 의존성 이전에 존재하는 것으로 간주하며 사회 행위를 원자론적으로 이해했고, 경제에 대해 형식주의적 관점을 보여 고전경제학과 통하는 데가 있었다.[24] 또 인간 사회가 존재론적으로 통일됐다고 보아 차별화 과정이 사회통합을 위협하지 못하리라고 보았다.[25] 파슨스는 1940년대에 뉴딜 정책을 지지했지만, 그 후 시민권 투쟁을 지지하면서도 단호하고 큰 목소리로 반공주의를 외치는 냉전형 자유주의자로 변신했다.[26]

파슨스의 매력과 혐오스러운 면들은 미국 자유주의 인텔리겐치아 중에서도 특히 우편향 인사들의 이정표가 된《미국의 뉴라이트》에 쓴 글에서 터무니없을 정도로 분명하게 드러났다.[27] 그의 글은 공공연히 자유주의 성향을 띠면서도, 본질에서는 보수적인 매카시즘의 설명들을 조합해놓고 있었다. 하지만 흥미롭게도 파슨스의 에세이의 중심에는 폴라니의 "이중운동"을 뒤집어놓은 내용이 있었다. 이 글에 따르면 산업화는 미국의 경제생활에서 국가의 역할을 부풀려놓았지만, 시민들은 여전히 자유기업 이데올로기에서 헤어나지 못한 상태였다. "매카시즘이 표출하는 긴장의 초점"은 바로 이런 모순에 있었다.[28] 이런 긴장들은 정치체제를 불안정하게 만들었고, 국제 수준에서 지금의 "위험하고 위협적인 상황"은 이를 중층 결정하고 있었다. 따라서 "우리 인구의 이질적인 요소들"에 불을 붙여 국익을 위해 들고일어날 수 있도록 사회를 "동원"해야 했다. 아니나 다를까 이런 주장은 "사익에 우호적인" 미국의 가정과 충돌했고, 매카시즘 같은 테스테리* 속에서 활활 불이 붙은 정신병리적 증상들과 긴장을 자아냈다.[29]

《미국의 뉴라이트》는 폴라니에게 도전과도 같았다. 이 책은 컬럼비아 대학에서 진행된 한 세미나에서 출발했고, 그에게 소중한 정치, 사회 이론의 흐름인 기능주의와 전전戰前의 다원주의를 활용하고 있었다.[30] 하지만 이 책은 기능주의와 다원주의를 이용해서 폴라니가 완강히 반대하는 반민주, 반공주의에 기반을 둔 보수주의에 입각한 대의를 옹호했다. 폴라니의 급진주의적 입장이 1950년대에 다소 누그러졌다 해도, 그리고 자유와 기술 같은 "새로운" 문제에 비해 협소하게 정의된 사회주의 의제를 부적절하다고 보았다 해도, 시장사회에 대한 "성스러운 증오"는 고스란히 유지되었다. 일로나에 따르면 폴라니가 미국에서 지내는 동안 이런 성향은 "더 강해졌다".[31] 《미국의 뉴라이트》에 전면 공격을 감행하지는 않았지만, 파슨스의 구체적인 도전에는 반응을 했다.

폴라니가 파슨스를—더 정확하게는 파슨스가 공동 집필한 《경제와 사회》를—눈여겨보았다는 첫 신호는 피어슨과 홉킨스가 자신들의 멘토와 긴밀히 작업한 《초기 제국》에 나타난다. 《경제와 사회》에 대한 이들의 비평에 양념을 더한 것은 이 두 권의 책이 동일한 지형을 놓고 경쟁했다는 점이다. 리샤르드 스베드베리에 따르면, 미국 사회학은 공장 생활, 사회 이동성, 전문직의 형성 같은 기타 사항을 제외하면 대부분의 경제행위에 대한 연구를 경제학자들에게 맡기는 경향이 있었다. 이 기타 사항에서는 경제에 대한 단편적이고 뒤틀린 관점밖에 쌓아 올리지 못했다. 이 "기타 사항"이라는 관점이 제거된 시기는

* 보통 여성의 신경질을 비하할 때 많이 쓰이는 히스테리라는 단어에 대응하여 여성주의자들이 만든 조어. 남성호르몬인 테스토스테론과 히스테리의 결합으로, 마초의 성격이 강한 히스테리를 의미한다.

1950년대 중반이었고, 이는 《경제와 사회》 그리고 《초기 제국》에 공을 돌려야 한다.[32] 피어슨과 홉킨스는 《경제와 사회》를 존경하는 마음을 굳이 숨기지 않고 "일반론을 향해 나아가는 걸작"이라고 평했다.[33] 이들은 폴라니와 파슨스의 접근법 사이의 숱한 공통점을 지적했다. 두 관점 모두 사회를 "이 사회가 번성하려면 충족해야 하는 기능적 요건들이라는 측면"에서 바라보고, 제도들이 "이런 기능적인 전제조건을 충족하는 데 필연적으로 기여"하리라고 이해한다는 점에서 "기능적"이다.[34] 두 접근법 모두 일반적인 수준에서 고려된, 사회와 경제의 관계에 대한 유사한 관점을 채택한다. 그러므로 경제 과정을 욕구를 충족시키는 물질적 수단의 꾸준한 공급으로 보는 실질주의적인 개념은 파슨스의 기능주의와 양립할 수 있다.[35] 두 과정 모두 경제활동의 삼중 범주화를 개발했고, 폴라니의 "통합의 패턴들"(재분배, 호환, 시장 교환)은 파슨스의 ("권위 있는 기관", "회원제", "개별 경쟁"에 의한) "자원 할당 결정"에 해당한다.[36]

홉킨스가 파슨스를 만났을 때, 이들은 자신들의 차이가 지나치게 과장되어 있고, 자신들 사이에는 특히 묻어들어 있음이라는 개념을 중심으로 공통점이 있다는 데 뜻을 같이했다.[37] 하지만 차이 역시 간과할 수 없었다. 폴라니, 피어슨, 홉킨스의 관점에서 파슨스가 명백하게 틀린 부분은—그보다 앞선 베버와 뒤르켐처럼—경제적이라는 말의 형식 의미와 실질 의미의 차이를 이해하지 못한 탓에 시장을 경제제도의 원형으로 받아들였다는 점이다.[38] 이런 이유로 그는 "현대사회에서 시장경제의 자리"를 이론화하지 못했고, 자신이 사회적 행동의 유형들을 범주화한 하위 체제—경제, 정치제도, 종교—자체가 현대 시장사회의 독특한 사회관계의 산물임을 파악할 수 없었다.[39]

1950년대, 남은 생애 동안 폴라니는 파슨스의 기능주의를 비판적으로 평가하는 작업에 끈질기게 매달렸다. 피어슨에게 보내는 편지에서는 "보편적 사회학"에 대한 열망이라는 면에서 "완전한 실패작"이지만, 파슨스의 "사고 세계는 그의 인성 구조-역할 결합을 통해, 점점 엷어지는 원자론적-개인주의적 그림의 빈자리를 메웠다는 점에서 큰 성과가 있다"고 평했다.[40] 이는 개인의 욕구가 사회적 기대와 조화를 이룰 때 완전한 통합이 가능하다고 보는, 파슨스의 사회적 행위 이론의 통합 개념을 가리킨다. 파슨스가 《사회 체계》에서 밝혔듯 사회의 "기대 체계"가 교란된 경우, 사회 통합이 교란되고 "재평형 과정"이 일어나 "새로운 가치 패턴"이 내면화된 조정된 평형 상태가 빚어진다.[41] 이 아이디어는 파슨스가 머튼과 함께 20세기 중반 몇십 년간 발달시킨 "사회적 긴장" 이론의 핵심이다. 이들은 사회적 긴장이 빚어낸 흥분 상태에 대한 개인의 반응에 초점을 맞췄다.

반면 폴라니는 거시 수준에 관심이 있었다. 1930년대와 1940년대에 쓴 글에는 "긴장"이라는 단어가 곳곳에 등장하는데, 이는 파슨스의 연구에 이 단어가 등장하는 시기와 일치한다. 폴라니는 19세기에 산업을 규제하려 했던 유럽 정부들의 시도가 "긴장"을 양산한 것은 정치와 경제 영역의 "그릇된 통합" 탓이라고 썼다.[42] 또 다른 곳에서는 경직돼가는 민족국가의 기구들이 탈영토화된 자유세계 시장들과 양립할 수 없음이 판명난 19세기에 "경제적 긴장"이 발생했고, 이 긴장이 세계 전쟁으로 이어졌다고 논한다.[43] 《거대한 전환》에 실린 "체제 붕괴의 긴장들"이라는 장에서도 이와 동일한 국면을 분석하고 있다. 이후 파슨스의 사회학에 대한 관심이 깊어지면서 그는 기능주의의 렌즈로 초기 생각들을 짚어보고, 《거대한 전환》에 스며 있는 "스트레스와 긴장의 법칙"을 강조했다. 그리고 몇 년 동안 "제도 변화에서의 긴장의 역할"(친구들에게는 "늙은 죄인")이라는 원고에 매달렸는데, 이 글은 파슨스와의 유사성을 강조하면서 사회적 긴장이라는 어휘에 대한 자신의 전반적인 조망을 재구성하고 있다.[44]

이 글에서 폴라니는 시장 체제가 "두 가지 원천에서 강점을 얻는다"고 주장한다. 제도 측면에서는 "고용, 자원의 이용, 생활수준을 달성할 수 있게 되는 안정성과 완벽함의 정도"에서, 동기 측면에서는 "실제 결정 인자인 굶주림과 이익이 '소득을 얻으려는 노력'으로 귀결되게 하는, 긴장의 상대적인 부재에서". 시장 체제는 "제도 측면 혹은 동기 측면에서 긴장 상태"에 놓일 수 있다. 그는 불충분한 제도의 사례로서 "대량 실업, 사용하지 않은 자원, 안정된 거주권의 부재, 독점의 확대 등"을 언급하고, 동기의 부적절함은 굶주림과 이익이라는 동기가 "필요한 행위를 끌어낼 수 있는 실효성"을 상실할 때 나타난다고 말한다. 후자의 경우는 실업수당 제도 때문에 노동의 동기가 감소하고, 비싼 세금 때문에 "이윤의 유혹"이 감소하는 상황에서 명백하게 드러나는, 당대의 지배적인 흐름이었다.

새로운 기대의 패턴이 양산한 "긴장"은 "조정"의 필요로 귀결되었는데, 동기 측면에 부담이 지워지는 경향이 있다. 굶주림이란 채찍이 완화됨에 따라 노동자들은 다른 노동의 동기를 찾게 되고, 이윤 동기가 흐려지자 고용주들은 비금전 인센티브, 즉 명망, 권력, 지위, 혹은 공적인 의무를 강조하게 된다.[45] 이런 식으로 새로운 평형 상태에 도달한다. 하지만 폴라니는 진정 진보적으로 "조정"되려면 제도 변화가 필수이고, 이를 위해서는 "사회 내에서 경제에 점유된 장소가 이동 중"이라는 점이 인정돼야 한다고 주장했다. 즉 독특한 제도와 동기 체계가 있는 시장 체제는 노년기에 접어들었고, 완전고용과 국가 개입이 새로운 규범이 되었음을 인정해야 한다는 것이다.[46] 노동조합과 경영 조직의 패턴이 바뀌기 시작했는데, 협소한 경제주의 시야가 더 넓은 "사회적이고 정치적인 시야"로 바뀌고 있는 현상이 이를 분명히 보여준다.[47]

파슨스의 개념적 문법에 매혹된 폴라니는 이를 제도 개혁을 옹호하는 자신의 주장에 맞게 조정할 방법을 모색했다. 하지만 개혁의 내용이라는 측면에서는 당대의 다른 사상가들에게서 더 많은 영감을 얻었는데, 가장 큰 영감을 준 사람은 파슨스의 동료인 존 케네스 갤브레이스였다. 하버드 대학교 경제학자인 갤브레이스의 《풍요한 사회》가 1958년 출간되었을 때, 폴라니는 그가 자신과 마음이 맞는 사람임을 알아보았다. 이 책은 "케인스의 《고용, 이자, 화폐의 일반 이론》 이후 경제학에서 수행된 어떤 연구보다 더 깊이 마음을 파고들었다. 케인스가 자기 학문 분과의 테두리 안에 머물러 있었다면, 갤브레이스는 이를 의식적으로 넘어서고" 있으며, 그의 책은 "미국 자본주의 앞에 놓인 문제들"을 근본적으로 "재해석"한다고 폴라니는 생각했다.[48]

갤브레이스의 책은 자본주의의 형태학과 현상학 내에서 진행 중인 급진적 변화를 아주 알기 쉽게 규명했다. 폴라니는 산업혁명 이래로 시장경제의 중요한 명분은 물질적 빈곤이 존재하고 생필품이 부족하다는 데 있었던 반면, 자본주의가 스스로 불평등, 착취, 불안을 야기한다는 점이 아킬레스건이었다고 주장했다. 하지만 "전면 규제, 제도 개혁"을 통해 불평등은 완화되었고 빈곤은 감소했으며 불안은 크게 해소되었다.[49] 산업화 과정이 워낙 성공적이어서 유럽과 미국 같은 사회들은 완전고용과 넘치는 물질적 복지를 자랑하게 되었다.[50] 갤브레이스는 이런 이행의 정치적-문화적 영향을 알아냈다. 전반적인 임금 인상은 "소득 재분배의 대체제"로 기능하여 "소득 불평등과 관련된 사회적 긴장"을 해소했다.[51] 소득이 넉넉하고 일자리가 어디에나 널려 있게 되자 노동자 보호 담론은 더 이상 임금과 일자리에 기댈 수 없게 되었다. 대신 이제는 "무엇이 생산되고 있는지에 관계없이" 생산의 지속과 확장에만 의지하게 되었다. 하지만 이는 다시 새로운 범주의 사회문화적 곤경을 유발했고, 이는 "경제 과정이 제도화되어 있는 지금의 방식에는 동화될 수 없는" 유형이었다. 갤브레이스는 이를 효율과 공정의 양극화라고 지적했는데 폴라니의 "향상과 거주"와 유사한 개념이다.[52] 폴라니는 기술을 합리적으로 이용하여 "가장 효율적인 방법으로" 풍족한 물질적 복지에 도달할 수 있다는 사실을 인정하면서도, 산업의 근대성 내에서 생산 자체가 목적으로 여겨졌고, 인간적인 가치들은 모두 여기에 종속되었으며, 생산성, 효율, 번영이 성스러운 삼위일체로 자리 잡게 되었다며 항변했다.[53] 이 점은 자본주의사회나 "사회주의"사회나 다를 바가 없었다. 어떤 사회도 "개인 삶"의 문제들이 물질적인 소유물의 축적보다 낮은 지위로 전락하고 개인들은 "금전-동기라는 쳇바퀴"의 노예가 된 상황에 정면으로 맞설 준비가 되어 있지 않았다.[54]

기술 진보를 향해 뻗어 있는 고속도로의 끝이 보이지 않는 상황에서, "사회 윤리의 결정권자"로 등극하게 된 "효율"의 전망은 디스토피아에 가까웠고 자유는 장기 하락세에 접어들었다.[55] 하지만 이 국면에는 유토피아의 가능성도 있었다. 바로 "효율이 점하고 있는 으뜸 지위"를 약화하고, "기계"에 저항하여 "진정한 결실"인 인간 해방의 전망을 널리 퍼뜨릴 가능성이었다.[56] 이런 일이 실제로 일어나려면 "회피할 수 있는 삶의 사건들"에 저항하고 "고용주에 대한 모멸적인 의존 상태"에서 벗어나야 하며, "새 차, 더 비싼 정장, 혹은 사야 한다고 압박하는 가짜 상품들"이 아니라 교육과 과학, 탐구를 통한 자기 계발, 자연, 미술과 시 같은 창조 활동에 대한 참여를 중시하는 문화혁명이 필요했다.[57] 이 프로그램을 진행하려면 무엇보다 노동자들을 기업 권력의 학대에서 보호하고, "노동자 개인에게 산업 노동자의 궁극의 자유를 귀속시킴으로써" 조직된 노동자의 권리를 합법화할 수 있는 입법 개혁, 사회에서 시장의 영향에서 자유로운 구역을 공고히 하고 이 경계를 정부, 기업, 노동조합 안에 있는 기존 토대 바깥으로 밀어붙이는 개혁이 요구될 것이다.[58] 폴라니는 생애 마지막 몇 년간《다호메이 왕국과 노예무역》과 "늙은 죄인"뿐만 아니라 바로 이런 질문들, 기술의 가능성과 위험에 집중했다.

자유와 기술

1950년대 중반 폴라니는 "복잡한 사회에서의 자유"라는 문제에 다시 관심을 기울였고, 자유와 기술의 관계를 다루는 책을 계획하기 시작했다. 여기에는 청년 헤겔과 청년 마르크스에 대한 장들과 후기실존주의 철학에 대한 장이 들어갈 예정이었다. 그는 라인하트 출판사의 편집자에게 보낸 편지에 책의 논지를 이렇게 설명했다. "우리의 복잡한 기술 문명에는 법적 정치적 자유가 아니라, 일상생활 형이상학의 뿌리에 맞닿아 있는, 운영과 관련된 자유가 상실돼 있습니다. 과학과 기술, 막강한 경제조직 앞에서 우리를 무력하게 하는 도덕적 방향 상실의 근원이 바로 여기에 있어요."[59]

이 책은 고삐 풀린 기술이 사회구조를 엮어가고 전에는 상상할 수 없었던 방식으로 사회를 위험에 빠뜨리고 있는 문명에서 "존재의 위태로움"을 강조하고,[60] 진정한 자유를 쟁취하고 "정신적 삶"을 영위하기 위해서는 "사회 현실"을 받아들여야 한다고 촉구할 터였다.[61] 폴라니가 말하는 사회 현실이란 개인이 사회관계를 통해 목표한 바를 성취함에 있어 규범, 법, 제도들이 도덕적 승인을 요구하는 방식으로 이들의 행동에 제약을 가하고 있음을 인정하는 것이었다.[62] 사회의식은 "기계"가 생겨 복잡한 분업이 가능해지고 이에 맞춰 사회의 상호의존도가 높아졌을 때 등장한다. 이와 함께 우리는 자유의 실행을 가로막는 사회적 제약과 우리가 권력관계와 경제 가치에 휘말릴 수밖에 없는 필연성을 고통스럽게 인식하게 된다. "복잡한 사회"에서 우리가 "사회 참여와 무관하게 개인의 구원으로서 자유를 추구"할 수도 있다는 상상은 망상이었다. 여기에는 아나키즘, 폴라니 자신이 젊은 시절 매료되었던 개인주의와 자유주의 성향의 사회주의, 그리고 (사르트르의 실존주의처럼) 당시 이에 상응하는 사조들의 그릇된 유혹이 영향을 미쳤다.[63] 이 책에서는 인류의 도전 과제는 "기계 문명 속에서 의미와, 생명으로 통합"을 복원하는 것이라고 주장할 생각이었다.[64] 이를 위해서는 자유를 시장의 자유("동료들을 착취하는 행위, 혹은 공동체에 충분한 서비스도 제공하지 않고 과도한 이윤을 짜내는 행위")와 분리하고, 제도적인 삶을 집단 차원에서 구축하는 것으로 새롭게 이해해야 했다. 여기서 시민의 자유를 통해 안정성이 확보된 제도적인 삶을 집단 차원에서 구축할 경우 개인들은 재세례파와 퀘이커교도들이 말하는 "내면의 빛"을 추구할 수 있을 것이다.[65]

생산과 파괴의 수단을 두고 진행 중인 혁명은 이런 연구에 얼마간 맥락을 제공했다. 양차대전 사이에 국가들은 자유주의, 파시즘, 공산주의 할 것 없이 기술혁신과 생산 과정의 과학적 합리화를 옹호했다. 그리고 국가 경쟁력을 높이고, 경제 위기를 그에 걸맞은 위치, 즉 비합리적인 과거에 처박아두겠노라고 천명했다. 전쟁을 수행하는 동안 기술 발전은 더욱 가속화되었고 5장에서 언급했듯이 폴라니는 섬뜩함에 사로잡히게 되었다. 전후 몇 년간 자동차 산업의 생산라인은 자동기기를 통해 기계화되었고—이를 두고 "자동화"라는 용어가 만들어졌다—1951년에는 계수형 컴퓨터 '유니박 1'이 기술혁명을 더욱 심화했다.[66] 철의 장막 이편과 저편에서 기술은 경제 효율을 높이고 일상생활에서 기적을 일으키는 마법 지팡이로 인식되었다. 이런 정신을 잘 담고 있는 슬로건이 "화학을 통한 더 나은 삶"(듀퐁의 광고)과, 이에 상응하는 동유럽의 구호 "화학은 빵과 아름다움, 번영을 가져다준다!"였다.[67]

맹렬한 기세로 진행되는 기술 진보와, 후기 식민 세계로 밀려드는 산업의 행렬은 사회과학자들에게 여러 질문을 던졌다. 원인이 무엇이고 어떤 의미가 있을까? 산업혁명을 유발한 18세기의 기원을 연구한 경제사학자들—특히 폴라니의 세미나에 참석했던 젊은 손님 데이비드 랜디스—은 기업가의 활동과 기술혁신 쪽에 설명의 무게를 둔 반면, 클라크 커와 랄프 다렌도르프 같은 사회학자들은 "산업사회" 개념을 털어버리고 근본적으로 이를 다시 서술했다. 1960년 커는 이렇게 선언했다. "이 세상은 새로운 시대로, 총체적인 산업화 시대로 진입하고 있다…… 어디서든 속도의 차이는 있지만 사람들은 산업주의를 향해 진군하고 있다."[68] 전통적인 농업에 기반한 후진성이 과학-

산업에 기반한 근대성으로 전환되는 흐름이 번영과 자유민주주의의 의기양양한 행진을 이끈다고들 했고 상황은 낙관적이었다. 커와 갤브레이스 그리고 파슨스식의 기능주의자들은 산업화가 공통 요건을 부여하므로 모든 사회는 유사한 조직 패턴으로 수렴하는 경향을 보인다는 주장을 정교하게 제시했다. 초기 산업화 국면의 무질서와 비효율은 극복되는 중이었고(이런 주장을 펼친 가장 유명한 사람은 폴라니의 컬럼비아 동료인 대니얼 벨과 시모어 마틴 립셋이다) 남아 있는 정치와 사회 문제들은 단지 기법상의 문제로 치부된 상황이었다. 이 "이데올로기의 종언"이라는 명제는 탈정치의 시대를 예고했다.[69]

1950년대에 산업사회 개념이 패기만만한 자유주의의 용어로 뼈대를 갖추긴 했지만, 낭만주의나 마르크스주의에 기반한 비판 역시 멀리 있지 않았다. 산업주의에 대한 초기 비판들은 낭만주의적이었다. 이들은 문화를 문명과, 다시 말해 직접적인 사회관계로 구성된 낡고 유기적인 게마인샤프트를 새로 등장한 게젤샤프트와 대비시켰다. 게젤샤프트는 가차 없는 산업 발전에 돌입한 영혼 없는 공리주의 사회, 가격과 이윤의 냉혹한 계산과 생명 자체의 정량화를 의미했다. 러스킨과 모리스 같은 비판자들이 보기에 기술과 분업은 새로운 노예제를 양산했고, 이로 인해 인간은 "톱니바퀴"로 다시 주조되었다.[70] 낭만주의의 심장을 뛰게 만든 사람들은 블레이크에서부터 콜리지, (폴라니가 산업사회에서 "인간의 자유의 의미"를 밝혀주었다고 믿은) 월트 휘트먼 같은 시인들과 (기술 문명을 가장 통렬하게 비판한) 톨스토이, 그리고 (기계시대에 인간의 감정 빈곤을 꿰뚫어보았다며 폴라니가 존경한) D.H. 로런스였다.[71] 루소, 시스몽디, 퇴니스처럼 폴라니가 숭배한 사회과학자들 역시 산업사회에 대한 낭만주의적 비판에 기여했다. 또 마르크스는 낭만주의와는 거리가 멀었지만 부르주아식으로 합리화된 세계관을 사나울 정도로 비판했고, 인간을 기계적인 목적에 종속시키고 노동자의 활동을 "기계의 움직임"과 과학으로 조종하는 산업자본주의를 혹평했다.[72] 폴라니가 좋아했던 인류학자 투른발트와 말리노프스키 역시 언급할 만하다. 투른발트는 인간을 위한 도구를 발명한 "원시사회"를, 기계가 인간을 의존 상태로 몰아넣는 근대성과 대비시켰고, 말리노프스키는 "근대 기계화의 목적 없는 충동"을 강하게 비판하고 과학을 "오늘날 최악의 골칫거리이자 최대의 재난"이라고 폄하했다.[73]

폴라니가 북미에서 보낸 몇 년간 산업사회와 기술물신주의에 대한 낭만주의적 비판은 정점에 달하지는 않았지만 아주 생기가 넘쳤다. 선두에는 빌헬름 뢰프케 같은 자유주의자, 아르놀트 겔렌 같은 보수주의자, 그리고 테오도어 아도르노, 막스 호르크하이머, 허버트 마르쿠제 같은 마르크스주의자들이 있었다.[74] 예상대로 폴라니 자신의 관점은 비마르크스주의 좌파에 더 가까웠다. 그런 사람 중 하나가 폴라니의 친구였던 루이스 멈퍼드다. 폴라니는 1951년 컬럼비아 대학에서 진행된 멈퍼드의 연속 강의 '예술과 기술'을 틀림없이 들었을 것이다. 이 강연에서 멈퍼드는 기술 숭배를 조목조목 비판했다. "기계문명"에서 현대인은 "정량적이고, 측정 가능하고, 외면적인 것"을 지나치게 높이 평가하게 되었고, "스스로 기계를 모방"하게 되어 기계적인 통일성과 반복되는 질서 같은 속성이나, 지루한 틀과 반복에 예속되고 말았다는 것이다. 목청 좋은 낭만주의자였던 멈퍼드는 "인간 정신의 자율성"을 위해 "기계에 저항하는 반란"을 요청했다.[75] 멈퍼드의 강의에 자극을 받은 폴라니가 기계 시대의 인류라는 주제에 관심을 쏟았을지도 모른다. 폴라니의 몇몇 개념에는 확실히 멈퍼드 같은 분위기가 있다. 시장에는 기계의 "효율, 자동성, 조절" 같은 속성들이 인장처럼 찍혀 있고 사회가 "기계를 중심으로" 재설계되었다거나, 외면세계는 "인간에게 공허함과 좌절, 자기소외"를 안겨줄 정도로 기계화된 반면 내면세계는 과거에 자양분을 제공하던 "개인의 자유라는 희망을 잃었기 때문에 소멸될 지경"에 도달했다는 식의 주장들이 그렇다.[76] 하지만 이런 유사성만으로 폴라니가 멈퍼드의 사상을 차용했다고 볼 수는 없으며, 기술 문명에 대한 폴라니의 전반적인 태도는 멈퍼드와 친분을 쌓기 훨씬 전에 이미 형성돼 있었다.

폴라니가 멈퍼드만큼이나 열렬하게 과학과 산업을 비판하긴 했지만, 그렇다고 공공연히 낭만주의적 입장을 취한 것은 아니었다. 그는 분명 "과학적인 세계관"을 인문학과 사회과학에 도입하는 데 반대했고, "과학적 야만"으로 똘똘 뭉친 "과학의 시대"를 개탄했으며, "기술관료주의, 관리통제주의, 신-기술관료주의, 산업화로 이어지는 일련의 반동적인 흐름"이 "과학적인 절정"에 도달했음을 보여주는 W.W. 로스토 같은 거짓된 예언자들에게 특히 반감을 품었다.[77] 그는 신기술은 노동자들이 더 노력하게 만들고, 소비자들이 기계가 만들어낸 장치들에 의존하게 만들어서 독립된 정신 능력의 발전을 저해했으며, 소비자들이 대중매체의 손에 놀아나게 만들었고, 이들에게 복잡한 기술 체계를 감독할 능력이 있다고 주장하는 전문가들에게 권력을 넘겨주라고 독려했다고 주장했다.[78] 하지만 폴라니는 과학과 기술 자체가 아니라 웰스와 린지처럼 과학이 도덕적 진보를 앞질러 나가버린 속도에 반대했다. 그는 오언 같은 사회주의자들이 주장하는 "목적 있는 사회"를 창조하려면 과학의 "인간화"가 반드시 필요하다고 보고 이를 요구했고, "기계의 축복과 저주"를 즐겨 언급했다. "사회에서 인간이 하는 역할을 기계에게 빼앗겨 우리 인간의 존재가 사라질지 모른다"는 두려움도 있지만 "인간화된 산업사회에서 우리 내면의 자유를 구할 수도 있다"는 희망도 있다고 본 것이다.[79]

이런 맥락에서 오언은 특별히 언급할 가치가 있다. 폴라니는 그가 현대사회에서 유일하게 도스토옙스키와 필적할 만한 예언 능력을 갖추고 있다며 존경을 표했다.[80] 오늘날 그가 살아 있었다면 "기계와 사회에 대한 자신의 시나리오가 시급히 해결할 문제가 되어버린 세상에서 살아가는 법에 대한 진정한 안내자가 되었을 것"이라고도 했다.[81] 폴라니에게 그는 "서구인의 의식"이 출현하게 된 역사적 통찰의 삼위일체 중에 셋째 요건의 배후에 있는 정신의 상징과도 같았다.[82] 구약을 통해 전승된 첫째는 죽음에 대한 지식이고, 신약에 표현된 둘째는 자유에 대한 지식이다. 예수가 상정한 "개인의 자유, 그리고 사회에서 벗어난 자유의 절대성"이 "기술이 빚어낸 복잡한 사회"에서는 부적절함을 인식한 사람은 다름 아닌 오언이었고, 이런 점에서 "사회에 대한 지식"을 조명한 공은 누구보다 오언에게 돌아가야 했다[83]

오언은 물론 낭만주의적인 재료들로 조명하지 않았다. 폴라니는 그가 "절대 기계의 적이 아니었다"고 상기시킨다. 그의 이름을 딴 운동인 "오언주의는 노동자계급을 통해 전파되는 제조업계의 종교"였다.[84] 유토피아를 지향하는 이 웨일스 출신의 기업가에 따르면 노동계급의 빈곤은 낭만주의 서사와 마르크스주의자들의 주장과 달리 산업화 때문도, 또 다른 계급의 체계적인 권력 행사 때문도 아니었다. 기계화와 시장화라는 독특하고도 역사적으로 우발적인 결합 때문이었다.[85] 제조업체들이 경쟁 때문에 비용을 줄여야 하는 것은 불행한 일이었지만, 오언은 이를 자본주의적인 생산양식 혹은 산업화에 내재한 특성이라고 보지 않았다. 대신 인류의 천재성 때문에 활개를 치게 된 생산력을 합리적으로 통제하지 못하는 인류의 일시적 무능력에서 기인하는 것이라고 이해했다. 폴라니에 따르면 오언의 천재성은 "기계"가 새로운 사회 환경을 낳았고, 기계 자체가 사회에 포함되려면 인간 의식의 광범위한 혁명을 통해 보강된, 새로운 협력과 사회적 연대를 발전시킬 필요가 있다는 점을 이해했다는 데 있다.[86]

폴라니는 "자유와 기술"에 대한 책의 초고를 준비하는 단계에서 쓴 미발표 에세이들과 강연에서 오언과 낭만주의라는 실로 기술의 역설에 대한 주장을 엮어가려 했다. 한편으로 기술은 실제 의미에서 "자유의 구현"이다. 기술 덕분에 더욱더 "인간적인" 사회가 될 수 있다. 즉 인간은 자신의 필요에 대비하고 공포의 원인을 제거하려고 기술을 이용한다. 기술은 사람들을 "무지와 무기력 밖"으로 끌어내 문명의 빛 속으로 인도한다.[87] 다른 한편으로 기술은 사회를 훨씬 더 기계적인 형태로 밀어 넣는다. 이 걱정스러운 경향은 20세기에 특히 두드러졌다. 대중매체가 발전하면서 도덕적 자아를 예속하는 균일한 이데올로기 그물망을 구축할 수 있게 되고, 핵무기가 발명되어 인류를 "그 1억 명에 의해 증발돼버릴 수 있는 단순한 물질 덩어리로" 전락시켰기 때문이다.[88] 요컨대 기술은 인류의 진보를 용이하게 하는 경향이 있지만, 현대 "이행"의 시대에는 기술의 "위험한 영향"이 위력을 인정받아 인류를 "공포의 좁은 길을 통과"하도록 강요하고 있다. 절멸의 공포, 전체주의의 공포 속으로 말이다. 대중매체의 산업화는 전체주의로 이어지는 문을 열어, 기술이 독재를 낳으리라는 낭만주의자들의 경고가 사실임을 입증했고, 핵폭탄 같은 기술들은 복잡한 사회가 "파괴될 수 있고" 사회의 존립 자체가 "위태로운" 지경에 있음을 보여주었다.[89] 자기도 모르게 원자력에너지가 살상 기술로 이용되는 데 기여한 실라르드와 아는 사이였고, 초기 원자력 연구를 컬럼비아 대학이 후원했다는 사실은 폴라니에게 더욱더 통렬한 공포를 안겨주었다.

자유와 기술에 대한 폴라니의 에세이와 강연들은 설명의 성격이 강했기 때문에 그의 사유를 명료하게 대변하지는 못했다. 특히 자유와 기술의 변증법을 묻어들어 있는 경제와 뿌리 뽑힌 경제에 대한 오래된 연구 프로그램에 설득력 있게 연결하지 못했다. 인류가 거대한 전환에 휘말려 있다(심지어 미국에서마저 사람들은 "남북전쟁 때만큼이나 깊고 파멸적인 위기 상태에 놓여 있다. 이들은 아직은 상상할 수 없지만 확실히 존재의 새로운 상태를 향해 나아가고 있다")는 확신은 어느 때보다 확고한 상태였다.[90] 하지만 임박한 전환이 《거대한 전환》에서 예견된 윤곽을 어느 정도나 따를까? 기술 사회에서 누리는 자유에 대한 사상이 이중운동 개념을 바꿔놓았을까? 유명한 시장사회 이론가인 폴라니가 전후 몇십 년간 사회 진화를 분석하면서 모호함과 양가성을 드러냈다는 것은 주목할 만하다. 대체로 그는 현대의 서구를 "시장사회"로 간주했지만, 가끔은 달리 표현하기도 했다. 가령 "자본주의가 계획경제와 복지국가의 상을 그리며 어느 정도 이에 걸맞은 권력 구조를 빚어내고 있다"는 식으로 말이다.[91] 한 논문에서 폴라니는 기술 진보(혹은 "향상")와 인간 존재의 요구("거주")의 모순이 시장 체제에서 해소될 수 있는가, 라는 문제를 건드렸다. 만일 가능하다 해도, 여기에는 "길고 고통스러운 위기들"과 숱한 부조리가 동반될 것이다. "조종사가 계기 비행 장치에 의지하기 전에 자신의 시력을 없애버리는 것"과 아주 비슷하게 말이다. 이는 기술과 인간 존재가 형성하는 균형의 밑바닥에 있는 경험과 결정들이 보이지 않는 손의 결과물이 아니라, "인간 사회에서 왕성하게 작용하는 형성의 힘formative power, 우리의 욕구와 필요를 결정하고, 물질과 도덕의 필요 사이에서 조화를 찾아주며, 일과 여가, 자유와 한계의 균형을 잡아주는 힘"의 결과물이기 때문이다.[92]

폴라니는 기술 문제의 해법을 시장사회에서 찾아낼 수 있을지 자신하지 못했다. 뿐만 아니라 소비에트의 계획이 대안이 되리라는 믿음도 1950년대에는 바닥으로 가라앉았다. 러시아가 산업화에 적응하기라는, 서구와 동일한 도전 과제에 직면해 있다는 확신은 점점 강해졌다.[93] 소비에트에서든 시장사회에서든 "임금, 주거, 복지, 사회보험, 계급 특권에 있어서 더욱 진전된 평준화" 같은 물질적 문제들이 생존과 전체주의에 연관된 탈물질주의적 문제들—산업 자동화, "생산 영역에 침투한 노동자 민주주의", "핵무기 공포", "유색인종의 반란" 같은 "도덕적이고 정치적인" 대의들—에 의해 묻혀버리고 있었던 것이다.[94] 1956년 폴라니는 평화와 자유가 "미래의 지배적인 관심사"가 되리라고 밝힌 뒤 "서구적(미국적-러시아적) 물질주의의 종말이 머지않았다. 이 세상은 소위 '경제'의 축에서 '도덕과 정치'의 축으로 다시 돌아갈 것"이라고 희망을 섞어 덧붙였다.[95]

1958년의 에세이 〈새로운 서구를 위하여〉에서 폴라니는 서구 문명이 감당해야 할 과제를 새롭게 진단했다. 그가 말하는 "서구"는 서로 뒤얽힌 세 가지 현상이었다. 첫째는 장기지속 층위에서 고대에서 지금까지 지속되고 있는 사회의 역사지리적 집합체로, 유대-기독교 가치들과 동일시할 수 있다. 둘째는 근대성 속에서 자본주의와 사회주의의 외피를 쓴 산업 문명이다. 셋째는 오늘날의 국면에서 소비에트 동맹군과 함께 나치 독일에 대적했던 열강들의 연합체이다.[96] 서구에서 가장 소중한 유산은 보편주의, 민주주의, 개인의 책임 윤리 같은 가치들이었지만, "시장경제 이외의 다른 경제조직에 대한 빅토리아시대의 편견 때문에 유럽과 미국을 본거지라고 선언하고, 지리적인 동쪽을 분리해버리면서" 이 모든 가치와 맺은 관계를 부인하는 꼴이 되고 말았다.[97] "히틀러주의를 상대로 한 오랜 투쟁"을 거치는 동안 다시 부활한 서구의 "영적인 우위"는 미국이 주도하는 시장자본주의라는 형태로, "쇠락해가는 과거를 가망도 없이 지원하는 데 탕진"되고 있다. 전후 시대의 본질적인 의미를 규정하는 민족해방운동을 통해 탈식민 세계가 만들어지고, 이어진 산업화로 "유럽이 1683년 빈을 포위한 오스만투르크를 물리친 이후로 구가하던 패권"이 흔들리면서 서구의 쇠락에는 가속이 붙고 있었다.[98]

이런 사건들이 결합되면 서구 문명 전체에 조종이 울리게 될까? 겉으로는 이런 질문 자체가 우스꽝스러워 보였다. 미국은 여전히 세계 최강이었고, "오히려 서구 문명은 어느 때보다도 더 빠르게 확산되고" 있었던 것이다.[99] 하지만 "영적인" 면에서는 반대로 보였다. 분명 동양은 "현재 세계가 직면한 문제에 창의성 있는 발상을 제시하지" 못했지만 이는 서구도 마찬가지였다.[100] 자본주의와 사회주의가 탄생하던 서구의 전성기는 오래전에 지나버렸고, 이제는 명백하게 "할 말이 없는 상태"다. 사실 지금 서구는 "피고석"에 앉아 있다. 멋대로 이 세상을 심히 불안정한 "산업, 과학, 경제 지상주의의 길"로 몰아갔다는 점에서 자업자득이라 할 만하다.[101]

폴라니는 마이클에게 보내는 편지에서 "새로운 서구"의 창조에 대한 생각을 대략 그려 보였다. 이 새로운 문명은 서구 문화의 장점들만 취하는 한편, 자신을 서구 권력 집단에서 해방시킬 터였다.[102] 이 새로운 문명은 "미국중심주의"에 회의를 품고, 산업화 과정에 한계를 설정할 것이며 정치인들은 바라건대 [스탈린주의를 비판한] 흐루쇼프의 책을 귀감으로 삼아 서구의 범죄를 맹비난할 터였다.[103] 적당한 고난을 거쳐 깨달음을 얻으면 서구 국가들은 아시아와 제3세계 여러 곳에서 새롭게 등장하는 국가들의 현명한 조언자로 적극 나설 수 있을 것이었다. "자본주의와 사회주의라는 변형태"를 모두 포함해서 기술문명을 탄생시킨 서구만이 "오늘날 아시아에서 진행되고 있는 토론에 유용하게 기여"할 수 있기 때문이다. "그런 뒤에는 아시아 국가들이 제멋대로 독을 삼키기 위해서가 아니라 절실히 필요한 경고를 얻기 위해, 서구의 충고를 바로 실천하기 위해서가 아니라(이들은 나름의 실천 동기가 있고, 이에 따라 행동해야 한다) 자신들에게 도움이 되는 것들을 자유롭게 따르기 위해 서구에서 배우려 할 터이기에 이 새로운 서구는 경청의 대상이 될 것이다."[104] 이런 주장들은 마이클을 납득시키지는 못했다. 사실 마이클은 새로운 서구에 대한 폴라니의 명상록을 정독하던 순간에도 정반대되는 프로젝트의 중심에 서 있었다. 바로 단 하나의 초강대국 지위를 손에 넣으려는 미국의 작전에 서구 문화를 밀어 넣고 있었던 것이다.

형제의 데탕트

4장에서 설명한 대로 칼과 마이클 형제는 1930년대에 사이가 좋지 않았다. 1930년대 말에 주고받은 이들의 편지를 보면 상대의 입장을 일부러 곡해하는 느낌이 든다(히틀러-스탈린 조약을 둘러싼 격렬한 논쟁이 간간이 끼어들었다). 칼 폴라니는 1940년 미국으로 떠나면서 마이클의 "냉랭하고 형식적인" 작별인사에 쓰라린 실망감을 내비쳤다. 그럼에도 불구하고 형제애를 되찾았고 1940년 최악의 시기 이후 이들은 관계를 회복하려고 애쓰는 듯했다. 격한 논쟁이 이어지긴 했지만 두 사람은 의견 차이를 인정하고 서로에 대한 애정을 다시 확인하곤 했다.[105] 마이클의 표현에 따르면 《거대한 전환》의 출간은 이들의 관계에 거의 "희극적인" 방식으로 해결의 빛을 던져주었다. 왜냐하면 형제애에 필적할 만큼 깊은 간극은 이들의 사회철학 사이에 난 커다란 골뿐이었기 때문이다. 마이클은 《거대한 전환》이 출간되기 한두 주쯤 전에 형에게 보낸 편지에 이렇게 적었다. "이곳에서 나는 우리 형제가 서로 인식하는 정도보다 훨씬 더 긴밀한 유대에 의해 형에게 연결되어 있어. 하지만 나는 형이 이토록 극적으로 수행한 각별하고 독특한 역할에 동의하지 않을 운명을 [나보다] 더 철저히 타고난 사람, 이런 체질을 [나보다] 더 확실히 가진 사람이 있기는 한지 의심스러워."[106] 하지만 오래지 않아 형제의 관계는 한 번 더 바닥을 쳤고 연락은 한동안 두절되었다.[107]

칼이 《거대한 전환》을 집필하며 베닝턴에 체류하는 동안 마이클은 일로나와 성실하게 연락을 주고받았다. 마이클은 자신과 일로나의 정치철학상 차이를 가볍게 여기고는 일로나에게 "서로의 거리가 좁혀지고 있다는 분명한 신호"가 나타나고 있고 "분명 멀지 않은 어딘가에서 접점을 찾게 되리라"고 장담했다.[108] 이 표현을 칼과 마이클의 경제관에도 적용할 수 있을까? 1930년대 말 마이클은 나중에 "신고전주의적 종합"으로 알려진 독특한 방식으로 케인스의 이론을 정통 경제학에 녹여냈다. 마이클이 1944년에 출간한 《완전고용과 자유무역》에 대해 칼은 "내가 지금껏 읽어본 책 중에서 시장경제에 대한 가장 비판적인 고발장(노동과 토지의 경쟁시장을 포함하는 나의 특수한 정의에서)" 이라며 경의를 표했다. 칼의 입장에서는 이보다 더 지극한 찬사가 있을 수 없었지만, 같은 시기에 "국가 규제의 완전한 부재와 양립할 수 있는" 케인스적 프로그램을 지지했다는 이유로 마이클을 비판적인 눈으로 바라보았다.[109] 칼은 분명 동생의 몇 가지 입장에 모순이 있음을 알았고, 어쩌면 필립 미로스키의 말처럼 마이클은 "정말로 희귀한 새"였기 때문에, 그러니까 "케인스주의 거시경제학의 강력한 지지자로서 상대적으로 고립된" 상태에서 "모든 종류의 계획 담론을 단호히 거부했기" 때문에 그런 모순에 처했다고 이해했을 것이다.[110] 마이클 자신의 표현을 따르자면 그는 "(어쩌다 보니) '계획'과 가장 관련이 없는, 가장 '급진적인' 케인스주의적 태도"를 채택하게 되었다.[111] 그는 몽펠르랭협회에서 하이에크와 어울렸고, 그의 연구는 보수주의자들에게 받아들여졌지만, "자유무역의 온갖 사악한 결과"를 보존하려 드는 독단에 빠진 자유주의적 보수주의를 질책할 능력은 충분했고, "모든 국영기업에 원칙적으로" 반대했다.[112] 심지어 하이에크와는 반대로, 가령 국회는 단순히 국가의 조세와 지출에 대한 표결만 할 게 아니라 "국가 소득의 전체적인 분배를 연례 의사결정의 주요 의제로 고려해야 한다"고 주장할 태세를 갖추었다.[113]

같은 시기에 칼 폴라니의 경제철학은 케인스주의에 입각한 동생의 자유주의보다는 확실히 왼편에 있었다. 그는 자본주의국가는 계획을 더 확대해야 한다고 철석같이 믿었고 더불어 기업이 노동자들을 고용하도록 강제할 수 있다는 자신감을 가져야 한다고 주장하기도 했다.[114] 하지만 이런 급진적인 제안들은 옆으로 비켜나 별로 존재감이 크지 않았고, 국제 수준에서 "무해한 형태의 자유무역"에 대한 옹호나, 국내 수준에서 시장과 이윤 동기가 지배하는 혼합경제, 다시 말해 "자유방임과 완전한 계획경제 사이의" 중간 과정에 대한 주장과 다르지 않은 취급을 받았다.[115] 1940년대에는 형제의 관점 차이가 살짝 좁혀졌고, 칼이 소비에트 지배 계급의 "난해한 이데올로기"와 "새로운 러시아식 이슬람"을 비판하려 하자 형제의 긴장은 그만큼 완화되었다.[116] 그리고 어쩌면 놀랍게도 형제는 둘 다 미국의 반공 입법 때문에 고난에 처하게 되었다. 칼의 경우는 아내의 비자 신청이, 마이클의 경우는 자신의 비자 신청이 거부당했던 것이다.

마이클이 비자를 신청한 시기는 1950년대 초에 절정에 달한 빨갱이 사냥의 물결이 매캐런과 매카시 상원의원의 행태에 올라탄 시점과 일치했다. 1950년 의회는 매캐런보안법을 통과시켰다. 이 법에 따라 모든 공산당원들과 관련 조직 지지자들을 당국에 신고해야 했고, "불순분자들"은 정부에 고용될 권리를 박탈당했다. 대통령은 "잠재 불순분자들"을 수용소에 억류할 비상통치권을 얻었고, 국무부는 비자를 신청하는 방문객의 관점과 배경을 조사하여 입국 거부나 강제 추방을 당할 만한 "불순분자"를 색출하는 의무를 부여받았다.[117] 매캐런 법안이 얼마나 광적이었는지는 이 법안이 뿌리 깊은 반공주의자인 마이클을 포획했다는 점이 확실히 입증한다. 한마디로 블랙코미디였다. 마이클은 10년 전에 자유독일과학학습연구소를 대상으로 런던에서 한 차례 강연을 했다는 이유만으로 비자를 거부당했다(그래서 어쩔 수 없이 시카고 대학교에서 제안한 교수직을 포기할 수밖에 없었다). 그는 알지 못했지만 당시 연구소가 공산주의에 경도된 조직이었다는 것이다.[118] 영사관 직원들은 18개월이라는 기간 동안, 마이클이 일생에 걸쳐 품어온 공산주의에 대한 적개심을 증명하는 비굴한 선언서 형태로 애원하든, 아니면 혐의 자체에 대한 상세한 반박 형태로(본질적으로 당시 그의 강의에는 소련에서 수행되는 과학 행위의 정치적 왜곡에 반대하는 격렬한 비난이 포함되어 있었다며) 애원하든 꿈쩍도 하지 않았다.[119] 마이클의 전기 작가들에 따르면, 케스틀러의 격정적인 반공주의 베스트셀러 《요가 수행자와 정치위원》이 마이클에게 헌정되었다는 사실도 아무런 의미가 없었다. "미국 관료 중에는 그런 책을 아는 사람이 한 명도 없었기 때문"이다.[120] 마이클은 마지막 수단으로 이민 비자에서 방문 비자로 신청서를 변경했지만, 굳게 닫힌 문은 열리지 않았다.[121]

그 후 형제는, 칼이 생애 마지막 몇 년을 보내는 동안, 현명하면서도 체념 어린 화해를 경험한 듯하다.[122] 1940년대에는 경제철학에서 보이는 차이가 약간 더 좁혀진 듯했고(최소한 마이클이 몽펠르랭협회에서 활동한 사실은 제쳐둔다면), 1950년대 초에는 두 사람 모두 비자 거부 때문에 쓰라린 경험을 했다. 마지막 20여 년 동안, 특히 칼이 암에 걸려 죽음을 생각하게 되었을 때는 이들의 편지에 상냥함이 많이 묻어난다. 칼은 병원 침대에 누워 있을 때 "내 소중한 미시에 대한 사랑"으로 기분이 들떴다.[123] 그보다 앞서, 처음 암 진단을 받은 지 며칠 되지 않았을 때 칼은 마이클에게 아버지와 일로나를 빼면 자신은 마이클만큼 "누군가를 사랑해본 적이 없다"고 재차 확인해주었다. 그는 마이클의 후견인을 자처하며 "우리 사랑하는 아버지의 갑작스러운 죽음이라는 운명의 습격에서" 동생을 지켜내던 힘든 시절을 회상했다.[124] 또 1930년대에 둘 사이에 벌어진 분란과 "소원함" 때문에 자신의 존재가 "어두워졌던" 일을 서러움을 담아 돌아보았고, 마이클이 다정했던 숱한 순간들을 다시 떠올렸다. 그중 최고는 마이클이 "가장 어두운 시간"을 보내고 있던 형과 함께 있으려고 먼 길을 와서 그를 "정신이

상의 상태에서" 구원해준 시절이었다.[125] 하지만 애정을 드러내 화해를 시도할 때마다 매번 정치와 이데올로기로 인해 충돌하곤 했다. 실제로 이런 충돌의 뿌리에는 냉전에 대한 상충되는 평가가 있었다. 칼은 "냉전이 미시를 전보다 훨씬 더 광적으로 바꾸고 있다"고 믿었고, 특히 프랜시스 스토너 손더스가 말한 "문화 냉전"의 작전참모들을 모아 놓은 조직인 문화자유의회에서 마이클이 두드러진 역할을 맡은 데 분개했다.[126]

1950년 서베를린에서 열린 제1차 회의의 배후에서 활기를 북돋운 인물은 케스틀러였다. 그는 공산주의와 절연한 이후 크로스먼과 함께 《실패한 신》의 출간을 준비했다. 예전 공산주의자들과 동조자들의 환멸과 개종을 폭로하는 책이었다. 이 책이 성공한 이후 케스틀러는 집필에 참여했던 사람들과, 보르케나우와 시드니 훅 같은 과거의 공산주의자들을 소집하여 문화자유의회라는 상설 조직을 결성하려 했다. 이를 통해 예술과 과학 분야에서 공산주의의 영향력을 막아내고, 미국의 문화 성취를 알리며, 워싱턴의 외교정책 목표를 홍보하고, 미국식 민주주의의 해석을 옹호하는 지식인들을 후원하려 했다.[127]

케스틀러는 코민테른 지도자 빌리 뮌젠베르크의 조수로 일하던 시절에 선동술을 익혔고, 특히 서구 민족의 정치적 시대정신에 영향을 미칠 수 있는 문화 분야의 위장 조직을 만드는 기법을 배웠다. 이 전략을 이제는 CIA가 고스란히 따라 하고 있었다. 사실상 미국의 "문화부" 역할을 하면서 포드, 록펠러, 카네기 같은 "악덕 자본가" 재단을 통해 돈을 지출하던 CIA는 반공주의 예술가들과 학자들의 네트워크에 돈을 댔으며 여러 조직들로 구성된 기관을 세심히 운용했다.[128] CIA는 문화자유의회 내부에 이미 자기네 목적에 부응하는 수단이 있음을 알아보았고, 여기에 돈을 대기로 뜻을 모았으며 책임을 맡았다.

CIA가 케스틀러보다는 좀 더 은밀하게 반공주의를 육성하려 했던 점은 조금 놀랄 만한 일이다. 케스틀러의 거칠고 호전적인 발언은 "민주적 좌파"의 분파들을 소외시킬 정도였다(이 때문에 "케스틀러화하다"라는 표현은 공산주의 동조자들을 모욕적으로 공격한다는 의미를 갖게 되었다).[129] CIA의 목표는 유럽의 좌파 성향 지식인들을 냉전 자유주의자들과 연결하는 "통합 전선"을 구축하고, 이들로 하여금 범대서양주의에 동의하게 만들어 인텔리겐치아들 사이에서 공산주의의 영향을 저지하는 방어벽을 구축하는 것이었다.[130] 그러므로 문화자유의회는 우익 지식인들에게 관심을 보였고, 심지어 히틀러와 무솔리니의 비위를 맞추던 아첨꾼들과 과거 파시스트들의 평판을 회복시키고 싶어 한 사실이 드러나긴 했지만, 핵심 구성원은 중도적 사회민주주의자들과 "민주적 사회주의자들"이었다.[131]

문화자유의회에서 발행하는 간행물들은 갤브레이스 같은 좌파 성향의 민주주의자들이나 (칼 폴라니가 알고 지냈던) 데니스 힐리와 휴 게이츠컬 같은 페이비언주의자들, 그리고 1930년대에 파시즘에 저항함으로써 자신들의 세계관을 형성한 오든과 스티븐 스펜더 같은 시인과 작가들의 글을 좋아했다.[132] 문화자유의회가 후원한 간행물 《과학과 자유》는 이 전략의 전형을 보여준다. 이 잡지는 시민의 자유를 표방했고, "대부분의 사람들이 그 단어의 의미를 알기 훨씬 전에" 데탕트라는 단어를 알아보았으며, 소비에트 진영과 지식을 교류하고 서구의 냉전주의적 입장을 완화하기를 권장했다.[133]

뮌젠베르크 옆에서 배운 위장술을 적용할 능력 혹은 의지가 없었던 케스틀러는 핵심 역할에서 밀려났지만 꾸준히 문화자유의회에 영향력을 미쳤고 두 동포를 설득하여 여기에 지원하도록 했다. 그중 한 명이 가장 가까운 헝가리 친구인 마이클 폴라니였다.[134] 마이클은 문화자유의회에 가입했을 뿐만 아니라 세간의 이목을 끄는 이 조직의 몇몇 국제회의를 이끌었으며 1953년에 나온 《과학과 자유》의 편집을 맡았다.[135] 또 다른 한 명은 팔 이그노투시였다.[136] 한때 도시주의 문학 동향을 다루는 매체의 편집자로 일했던 이그노투시는 런던으로 이주한 뒤 카로이의 자유 헝가리 운동의 망명자들과—조심스럽게 그리고 양가적인 감정을 품은 채로—어울리며 동질감을 느꼈다.[137] 1949년 한 차례 헝가리를 방문했다가 체포되어 구금되었는데 1956년이 되어서야 석방되었다.[138] 그해 혁명이 실패하자 그는 두 번째 망명을 감행했고, 문화자유의회의 헝가리 척후병이라는 지위를 빠르게 확립했으며, 헝가리작가조합(해외)의 대표를 맡아 망명자 공동체 내에서 유명 인사가 되었다.[139] 1957년 그는 칼 폴라니에게 가입을 권유하자고 작가조합에 제안했다. 당시 두 남자는 친구 같은 관계였고, 칼은 이를 단번에 수락했다. 의혹이 아주 없는 것은 아니었지만.[140]

일로나에 따르면 "칼 폴라니 생애 마지막 몇 년 동안 칼과 마이클 사이에 쓰라린 감정을 불러일으킨" 것은 이그노투시가 쓴 "유독한" 에세이였다.[141] 이 에세이를 읽어보면 이런 비난이 부당해 보일 수 있다. 무례함을 찾아보기 힘든 글이기 때문이다. 이 글에서 가장 상처를 줄 법한 말은 젊은 시절 칼 폴라니가 "시대에 뒤떨어질지 모른다는 공포, 어느 날 사람을 극단으로 몰고 가서 다음 날이면 낡아 보이게 만들 수 있다는 공포에 지배당했을지 모른다"는 표현이다. 이그노투시는 이것이 갈릴레오 서클 회원들에게서 전형적으로 나타나는 모습이라고 덧붙였다. "사리분별력을 바탕으로 한 판단"은 이들의 강점이 아니었다는 것이다.[142] 풍자를 위한 가시였다 해도 그다지 신랄하지는 않은 수준이었다. 폴라니의 과열된 반응을 이해하려면 숨은 의미와 맥락에 주목할 필요가 있다. 이그노투시는 CIA의 지원을 받아 《헝가리 문학 관보》라는 잡지를 만들었고, 이는 폴라니에게 고통과 분노를 안겨주었다. 그리고 이그노투시의 에세이가 실린 권호의 편집자였던 에드워드 실스 역시 문화자유의회를 지지했으며, 사실 이 권호는 마이클 폴라니에게는 일종의 기념논문집이었다.[143] 그러므로 자신을 부드럽게 비웃는 표현들이 칼 폴라니에게는 훨씬 사악해 보였다. 동생을 비롯한 헝가리 망명자 공동체 전체를 자신들의 촉수로 감싸느라 여념이 없는 CIA가 조종한 일로 보였던 것이다.

칼 폴라니의 관점에 본질적인—보기에 따라 내면을 꿰뚫는—진실이 없었다면 이런 반응은 자만심 강한 늙은이의 편집증 섞인 망상으로 치부될 것이다. 1950년대 말 마이클이 피커링으로 찾아갔을 때 칼은 "냉전의 기생충들"과 인연을 끊으라고 강력한 어조로 조언했다. 그리고 CIA의 돈을 받는 《인카운터》나 《파리 리뷰》 같은 잡지 간행에 개입하는 행위는 정치적 간섭에 구애받지 않고 지식을 탐구해 자유시장에 헌신하던 그간의 노력과 명백히 모순된다고 지적했다. 지식 탐구에서는 개인의 재능이 중요하지 권력과 이데올로기는 중요하지 않기 때문이다.[144] CIA는 문화자유의회에 돈을 대면서 냉전의 적과 똑같은 짓을 하고 있었다. 즉 돈과 권력을 이용해서 자유의 개념에 영향력을 행사하고 표현의 자유를 억압했던 것이다. 칼은 분노를 감추지 않고 미국 달러가 "미래의 씨앗"을 매수하는 데 이용되는 꼴을 지켜보다가 "피가 얼어붙어버렸다"고 말했다.[145]

CIA가 문화자유의회에 돈을 대고 이를 통제했다는 것은 칼 폴라니가 여기저기에 "내가 그렇게 말했잖아!"라고 소리치지 않게 된 후에야 공공연한 사실이 되었다. 1950년대에는 특히 영국과 프랑스에서 의혹이 제기되었고 《선데이 타임스》는 문화자유의회의 주력 잡지인 《인카운터》에 "미국에 점령당한 국가들의 경찰 보고서"라는 꼬리표를 붙였다.[146] 하지만 CIA와 연계돼 있음을 정말로 알고 있던 사람은 극소수뿐이었다. 실스, 벨, 케스틀러 같은 문화자유의회의 권위자들은 조직의 자금이 [CIA 소재지] 랭글리에서 들어온다는 사실을 알고 있었지만 이를 믿지 않으려는 사람들도 있었다.[147] 마이클은 후자에 속했던 것으로 보인다. 그는 전후 몇 년간 CIA의 존재를 전혀 의식하지 않았다고 주장했다. 아는 바가 있었다면 "즐거운 마음으로" CIA에 도움을 주었을 것이라고 덧붙이긴 했지만 말이다.[148] 동생이 워싱턴의 냉전 운동에 적극 동조하고 참여함으로써 이익을 챙기고 있다는 칼의 주장은 정확했다. 개인적으로 운이 나빴던 데다, 자연과학자들이 상대적으로 더 부유해질 수 있는 상황이다 보니 칼이 동생보다 가난했던 문제와, 마이클이 꼴사나운 대의를 적극 지지한 덕에 평판을 높이고 경력에 활력을 불어넣었다고 보는 것은 별개 문제였다.

워싱턴의 술책과 거기에 놀아난 헝가리 앞잡이들을 감지한 칼 폴라니의 후각은 《헝가리 문학 관보》의 경우에도 예리하게 작용했다. 그는 이 잡지를 두고 이그노투시를 중심으로 한 헝가리 망명자 공동체라는 "곪아터진 상처"의 "재정 조직 담당 참모"라고 날카롭게 지적했다. 이그노투시와 작가협회 지도부가 이 협회가 적자에 허덕이지 않게 해주는 조직이 문화자유의회임을 알았고, 문화자유의회가 포드 재단의 돈을 받고 있다고 (부분적으로는 정확하게) 믿었으며, 포드 재단은 미국의 연성 권력을 투사하는 엔진으로 알려져 있었기 때문에, 이들이 철저한 계산에 따라 보조금의 출처를 숨기는 중개 기구로 《헝가리 문학 관보》를 만들었다는, 이제는 공공연히 알려진 사실을 폴라니 자신은 아직 알지도 못하는 상태였는데도 말이다.[149] 하지만 이그노투시가 문화자유의회의 완고한 지지자였다면, 다른 망명 지식인들은 순진해서 혹은 절박한 심정으로 여기에 끌렸다. 대표적인 예가 소작농당의 지지자이자, 1950년대 말에 칼과 마이클의 논문을 실어준 유수의 망명자 저널 《지평선》 편집자였던 줄러 보르반디였다. 이 궁핍한 저널의 편집자들은 문화자유의회의 재정 지원을 받고 싶어 했지만, 대중추수 성향의 문화자유의회의는 이를 거절했다.[150] 보르반디는 야시에게 접근하여 추천장을 얻어냈고, 칼 폴라니에게도 도움을 얻으려 했다. 이 편집자는 폴라니에게 《지평선》이 문화자유의회의 거대한 젖통에서 적당한 자리를 얻도록 도와줄 수 있는지, 동생이 자신들을 위해 중재하도록 설득할 수 없는지 물으며 졸라댔다. 마이클의 말은 "문화자유의회 내에서 크게 중요하니" 말이다.[151]

이런 일로 폴라니는 진이 빠졌다. 1956년 봉기 이후 도망친 지식인들이 헝가리 망명자 공동체에 유입되면 비판 진영이 다시 활기를 띠리라고 보아 희망을 품었지만 실망하게 된 것이다. 헝가리의 국외 저널들이 "미국 조직"임을 자인하며 "미국의 이익과 목적을 위해서만" 행동했다면, 망명한 인텔리겐치아들은 일반적으로 "혐오스럽고" "비도덕적"이었으며 "마자르-유대의 부패의 결합물" 같은 사람들이었다.[152] 폴라니는 《쟁기와 펜》 그리고 《공존》(이에 대해서는 뒤에서 더 자세히 설명할 것이다)에 에너지를 쏟아부어 긍정적인 저항을 하고, 헝가리작가조합(해외)에서 탈퇴하여 부정적인 저항을 하기도 했다.[153]

이그노투시의 조롱이 마이클의 기념논문집에 실린 때는 칼 폴라니가 작가조합에서 탈퇴한 직후였다. 칼이 항의하자 마이클은 이그노투시의 에세이에는 악의가 없다고 강변했다. 거듭된 주장에 마이클은 설득당했지만, 이 불완전한 휴전이 채 가라앉기도 전에 문화 냉전 국면에서 형제는 다시 전쟁을 벌였다. 칼은 마이클이 《인카운터》처럼 CIA가 돈을 대는 선동 잡지에 참여하는 것을 두고 거친 표현("가당찮은", "부패한")으로 비난했고, 동생은 문화자유의회를 위해 일하는 게 자랑스럽다고 밝히고 (서독의 사민당 지도자 빌리 브란트를 언급하면서) 칼과 세계관이 크게 다르지 않은 사민주의자들을 포함한 것은 다름 아닌 통일전선이었다는 사실을 상기시켜 이에 응수했다.[154] 1년 뒤에도 형제의 관계는 여전히 위태로웠다. 이제는 병세가 위중한 칼이 런던에서 마이클을 만났을 때 그칠 줄 모르고 서로 옥신각신하는 바람에 아이린 그랜트가 마이클을 한쪽으로 데려가서 그만하라고 애원했을 정도였다. 그렇게 했는데도 "10분도 안 돼 두 사람이 있던 방에서 시끄러운 말소리가 다시 들려왔다. 아이린은 안으로 들어가서 마이클을 끌고 나와야 했다".[155]

앞에서 언급한 논쟁은 전후에 형제가 빚은 갈등이 칼 폴라니가 정치적으로 해롭고 정신적으로 공허하다고 매도했던 헝가리 망명자 진영의 인사들과 벌였던 투쟁과 불가분하게 엮여 있음을 보여준다. 이는 모국에 대한 폴라니의 관점과 뚜렷하게 대비된다. 1956년 헝가리가 경험한 정치혁명은 폴라니에게 도전 과제를 제기했지만 큰 기쁨을 안기기도 했다. 헝가리에서는 정치적 희망의 샘이 다시 넘쳐흘렀다.

사회주의의 "정신적 재탄생"

1956년 2월 소련공산당 서기장 흐루쇼프는 전임자 스탈린의 공포정치를 맹비난함으로써 청중들을 충격에 빠뜨렸다. 폴라니는 이 사건에 굉장한 도덕적 의미가 있다고 생각했다.[156] 그는 흐루쇼프를 떠받들지는 않았지만 흐루쇼프 안에서 "한 인간이 (셀로판 포장 없이) 모습을 드러냈다"고 믿었다.[157] 흐루쇼프의 연설은 분명 "거대한 전환"에 영감을 제공하여 "한 장을 더 쓰게 만들 텐데, 그렇게 늘어난 장에서는 희망을 엿볼" 수 있을 터였다.[158] 이 사건은 공산주의 운동에 충격을 안기고 망연자실하게 했는데 그해 여름과 초가을에 충격은 더욱 커졌다. 폴란드의 포즈난에서 봉기가 일어나 정치 위기를 야기하자 브와디스와프 고무우카가 석방된 지 2년 만에 재집권할 발판이 마련되었고, 이는 다시 헝가리에서 반란을 촉발했다.

헝가리혁명으로 폴라니는 다시 정치에 관심을 기울였다. 이 사건은 "수십 년간" 골몰해 있던 "학문, 강의, 이론이라는 내향적인 세계"에서 그를 끄집어냈다.[159] 그는 혁명의 과정—동원 과정, 관련 행위자, 그들의 목표—은 물론이고 특히 원인과 결과에 큰 관심을 쏟았다. 그는 혁명의 기원을 설명할 때 결정적이지만 감춰진 요소를 강조했다. 이는 바로 사회주의 국가들 사이에는 한 나라가 다른 나라를 상대로 "은폐된" 지배력을 행사하는, 위태로우면서 도덕적으로 정당화할 수 없는 성질이 있다는 것이었다.[160] 헝가리가 결코 식민지는 아니었지만 이 정부는 국내 유권자들이 아닌 "다른 나라의 권력"에 의지했다. 이런 종류의 봉건적 관계가 자본주의 정치체제 사이에서 실행될 때도 충분히 해롭지만 소비에트 진영에서는 특히나 비정상적일 정도로 해로운 성격을 띠었다. 자본주의 세계에서는 "간접 통치"가 "자질구레한 일상생활" 속으로 침투할 필요가 없기 때문에 상대적으로 부드럽게 작동할 수 있다. 하지만 "중앙집권적 정부와 기능이 중요한 요소이자 추진력"인 사회주의 경제체제에서는 그렇지가 않다.[161] 이런 제도적 배열은 "기술 진보"를 낳지만 사회주의 경제에 특유의 불안정을 불러오기도 한다. "중앙에서 내보이는 단순한 깜박거림"이 체제 전반을 관통하면서 파문을 일으켜 "어떤 정책 변화가 매장, 가정, 개인에게 도착할 때쯤이면 대단히 파괴적인 한 방으로 성장할 것"이기 때문이다.

모스크바의 최근 기분에 맞춰 어떤 정책이 도입되었을 때 이는 "나라의 사회적, 경제적 조직들을 무턱대고 파괴하는 변덕스럽고 임의적인 명령으로" 나타나게 된다.[162] 헝가리라는 정치적 통일체에서 나타난 터무니없는 실정失政과 "유기적이고 기능적인 왜곡"은 이 나라 경제가 세세하고 "엄격한 강요가 동반된 해외 통치"에 종속되어 있다는 사실에서 비롯되었다.[163] 이런 결과는 일반적인 해외 통치나 그것의 은폐가 아닌, 은폐된 해외 통치라는 상황에서 나타났다.[164] 주권국가 시대에, 자신의 권위가 의지하고 있는 관계의 진정한 본질을 인정할 수 없었던 헝가리 정부는, 그런 행동이 시민에게 봉사하기 위한 것이라고 차마 말할 수가 없었다. 처음부터 사실을 부정하고 나니 거짓으로 구성된 조직이 자라나게 되었다. 헝가리 정부는 체제에 반대하는 군중을 상대하면서 "이미 잘 알려진 사실을 숨기거나 왜곡하거나" 심지어 "공포"에 의지해야 한다고 느껴 점점 "가혹하고 포악해"졌으며, "당과 인민 사이의 좁은 틈"이 여지없이 벌어지고 말았다.[165]

결국 헝가리와 러시아의 잘못된 관계에서 긴장이 생겼고 이로 인해 일어난 반란을 분석한 폴라니는 공산주의 개혁 요구가 제반 과정을 지배하고 있다고 해석했다. 그래서 공산주의자들이 시작했지만 본질적으로는 1848년의 깃발 아래 치러진 전투로 해석하며 자유주의와 민족주의 성격을 띤 봉기로 보는 마이클 같은 사람들과 논쟁을 벌였다.[166] 이런 분석들은 운동의 중심에 반스탈린주의에 기반한 공산주의의 수정주의와 헝가리 포퓰리즘의 동맹, 심지어는 융합이 있다는 점을 놓쳤다. 폴라니는 헝가리의 포퓰리즘을 "주역들이 '민중 속으로 들어가지' 않고 나왔다는 점을 제외하면" 러시아 포퓰리즘narodnitchestvo과 얼마간 유사한 운동으로 이해했다.[167] 포퓰리즘의 전통적 전위인 소작농의 "천 가지 불만"이 당 지도부에 대한 적개심으로 바뀌긴 했지만, 이것이 "혁명의 요인으로 귀착되지는 않았다".[168] 혁명의 요인은 노동계급의 "폭발적인 힘"이 제공했다. 대규모 파업과 시가전, 바리케이드 설치 같은 "영웅적인" 개입과 노동자평의회의 구성이 봉기의 핵심이었다. 이 봉기는 민족주의, 자유주의 성격을 띠었다기보다는 "사회주의 원칙에 대한 충성심"을 분명히 보여주었다.[169]

폴라니는 봉기의 결과들을 근거로 이를 중대한 사건으로 간주했다. 이 봉기에는 소비에트 진영에서 전환 과정을 촉발할 힘이 있을 뿐만 아니라, 제3세계 사회주의 운동에 값진 교훈을 제공하며, 서구 급진주의의 재편성을 고무하고 다시 활력을 불어넣을 잠재력이 있었다. 나는 이 세 가지 활동 무대를 하나씩 살펴볼 것이다.

봉기는 무엇보다 러시아 공산주의가 "진정한" 해방운동이긴 하지만 "위성국가들에 독자 정부를 허용하지 않음으로써" 이들의 기대를 심각하게 저버렸음을 보여주었다.[170] 위성국가 경제에서 "일정한 시장 요소의 도입"과 민주화뿐만 아니라 모스크바에서 독립해야 한다는 측면에서 개혁이 시급하게 요구되었다.[171] 봉기가 진압당한 이후 1956

년의 사건에서 이런 교훈을 얻을 수 있으리라는 폴라니의 희망은 잦아들었지만, 1961년 7월 소련공산당이 새 프로그램을 발표하자 지난 교훈들이 극적으로 환기되었다. 폴라니의 친구 프롬은 이는 순전히 겉치레뿐인 일이라며 주의를 주었다. 프로그램이 "마르크스주의의 용어"로 장식되어 있지만 "의무, 가족, 애국심, 노동 같은 보수 가치들"로 채워져 있다는 것이다.[172] 폴라니는 프롬을 엄청나게 존경했고 그의 인본주의적인 세계관이 마르크스주의(그리고 "서구" 자체에!)에 "생명을 살리는 요소들"을 집어넣었다며 높이 평가했지만, 이 문제에서는 모스크바의 말을 믿어주었다.[173]

1961년 프로그램의 몇몇 용어들, 그중에서도 서구의 경제가 "국가독점자본주의"[174]라는 표현이 짜증을 불러일으켰지만 폴라니는 (거의 한 주를 꼬박 할애해서) 문건을 찬찬히 읽으면서 경외심을 불러일으킬 만한 내용이 담겨 있음을 확인했다.[175] 그것이 "1919년 공산당 창립 이래로 근대 사회주의 운동의 역사에서 가장 중요한 사건"임은 의심의 여지가 없었다.[176] 사회주의는 더 이상 단순한 재산 관계의 전환이 아니었다. 이제는 삶의 질과 경제가 사회관계 속으로 "묻어들어 가는 것"이 강조될 것이다.[177] 이 프로그램은 헝가리 내에서 노동조합주의의 부활, 농촌 문화의 복원("오언의 화합의 마을들"을 연상시키는 "농촌 소도시에 경제조직을 다시 묻어들어 가게" 함으로써), 민주주의 요구에 대한 양보("의회의 가능성"이 그럴듯하다고 유포함으로써)를 약속했다.[178] 국제 전선에서 이 프로그램은 평화로운 공존과 비폭력 혁명을 강조했다.[179] 이론 수준에서는 정통 마르크스주의의 경직성을 뒤흔들었고 개념들을 완화했으며, "경제 과학"을 주빈의 테이블에 올리는 한편, 노동가치론을 부엌데기로 전락시켰다. "경제적 보상 원칙을 농촌 사회의 구조와 기능을 지배하는 개별 동기로" 수용했으며 "정신적인 가치"의 중요성을 인정했다.[180] 폴라니는 달턴에게 이 프로그램이 "위대한 창조적 힘"에 의지하고 있다고 표현했다.[181] 최소한 "미래의 문을 활짝 열어젖힐" 테고 "엄청난 진보, 인류의 역사에서 주춤거리던 위대한 한 걸음"이 시작됐음을 알릴 수 있으리라고 생각했다.[182] 아이린 그랜트에게는 이 프로그램이 다른 어떤 사건보다 더 강력한 힘으로 자신을 사회주의로 다시 개종시켰다고 전했다.[183]

"다시 개종했다"는 표현은 과장이었다. 폴라니는 한 번도 신념을 버린 적이 없기 때문이다. 소련에 대한 존경심은 부다페스트에서 벌어진 대학살로 만신창이가 되었지만, 이 상처는 1961년 프로그램과 어딘가에서 진행되고 있다고 알려진 사회주의적 전환이라는 형태로 보상을 받았다. 그는 중국 공산주의를 두고 "자체의 핵심과 본질을 간직한, 지난 두 세기를 통틀어 비서구 세계에서 처음 일어난 일대 사건"이라며 환호했다.[184] 공산주의는 10년 만에 중국을 탈바꿈시켰고, 아프리카는 훨씬 짧은 기간에 유사한 과업을 달성할 예정이었다.[185] 이런 과정은 유럽과 북미의 발달 단계를 단순히 반복하는 것이라는 의견을 피력하는 회의주의자들에게, 폴라니는 이런 식으로 응수했다. "서구에서는 사회의 자기보호가…… 기계의 영향보다 크게 뒤처져 있었다면…… 산업화가 확산되는 오늘날에는 그런 질서가 뒤집혔다. 아시아인, 라틴아메리카인, 아프리카인이 교훈을 배웠다. 새로운 경제조직은 사회 안전을 최대치의 기술 효율성이라는 요구보다 더 위에 둔다. 강조점이 이제 기계에서 인간으로 옮겨 간 것이다."[186]

수입 대체 산업화와 국유화로 속도가 빨라진 "산업주의의 도로 확장"은 당대의 사회주의를 상징했다.[187] 거대한 전환은 또 하나의 활기 넘치는 새로운 장(세계 권력이 남반구로 이전되는 상황을 다룬 장과 함께)을 쓰고 있었다. 세계의 경제적 압력 때문에 "모든 국가가 어쩔 수 없이 대외경제를 사회주의화"하고 있고 이를 "전혀 실행할 수 없는" 시장경제와 달리 통일된 방식으로 실행되고 있었기 때문이다. 영국과 미국 같은 나라들은 이제 "대부분의 나라들이 그렇듯이 현대적인 대외 경제조직을 갖춘 가장 작고 가난한 국가들보다 더 적은 권력"을 갖게 되었다. 이들은 "시장경제가 완전히 망가져버린 사슬 속으로 들어가 연결점을 만들" 수 있기 때문이다.[188] 폴라니는 쿠바가 이를 입증하고 있다고 믿었다. 쿠바는 해외무역을 독점한 덕에 플로리다 해협을 가로질러 휘몰아치는 위협을 견뎌낼 수 있었다.[189]

쿠바의 사례가 보여주듯 경제 혁명은 정치적 각성에 동반되는 경향이 있었고, 이는 전 세계에서 확인할 수 있었다. 아프리카, 아시아, 라틴아메리카 전역에서 최소한 1960년을 전후한 시기에 탈식민화로 나아가는 역사적 운동은 중립 구역을 확대하고 초강대국들을 북쪽에 있는 은신처로 다시 밀어 넣겠다고 약속했다. 폴라니는 튀니스에서 열린 전아프리카인민회의에서 결의안으로 명시된, 아프리카에서 식민 권력과 초강대국들을 몰아내겠다는 결의에 특히 큰 감명을 받았다. 그는 마이클에게 "온 세상이 어제의 철칙들이 영원히 사라져버렸음을 깨닫고 있다. 다시 희망이 있다"고 적어 보냈다.[190]

이런 전 지구적인 과정들을 바라보면서 폴라니는 헝가리 혁명이 영감의 원천이자 경고로 우뚝 서 있다고 믿었다. 두 측면에서 헝가리의 운명은 "전 지구적인 중요성을" 띠고 있었다.[191] 한편으로 헝가리혁명은 근대 "최초의 포퓰리즘-사회주의 색채를 띤 영웅적 저항"이었다. 다시 말해 사회주의가 "정신적으로 재탄생"했고 마르크스주의가 원기를 회복했음을 입증했다. 전 세계 농업 사회에서 진행되는 포퓰리즘, 사회주의적 성격의 전환과도 놀랄 만한 관련이 있었다.[192] 다른 한편으로 이 운동의 시작과 끝은 사회주의 프로젝트의 병리학, 특히 권위적 체제가 "민중들과 정신적 접촉을 하지 못하고 있음"을 드러냈다. 폴라니는 이 결점이 전체 개발도상국에서 반복될 위험이 있다며 우려했다.[193]

헝가리의 봉기는 제2, 제3 세계 사회주의에 눈에 띄게 영향을 미쳤고, 서구 세계에도 결코 적지 않은 영향을 미쳤다. 서구 세계에서 헝가리 봉기는 구식 공산주의 풍토를 없애고 소위 신좌파가 등장하는 데 기여했다. 소비에트 제국주의의 행위는 전 세계 공산주의자들의 양심을 흔들어놓았다. 물론 이번이 처음은 아니었다. 히틀러-스탈린 조약이 체결되었을 때, 그리고 동독에서 일어난 봉기를 진압했을 때도 마찬가지였다. 하지만 크리스 하먼에 따르면 이런 경우 "'실패한 신'에 반기를 든" 대다수가 사민주의나 자유주의로 전향했다. "이는 1940년대 말과 1950년대 초에 미 제국주의가 '자유'와 '민주주의'를 상징한다는 주장을 받아들인다는 뜻이었다. 영국에서는 1935년에 공산주의자들이 경영하던《레프트 리뷰》에 글을 썼던 많은 소설가와 비평가들이 1955년경에는 CIA가 돈을 대는《인카운터》에 글을 쓰고 있었다."[194]

1956년, 지형이 바뀌었다. 과거에는 나치 독일에 맞서 자유주의 국가들이 벌인 전쟁을 해방을 위한 성전이라고 광고했으나, 1950년대 중반에 이르자 나팔수들이 떠들어대던 민주적 목표들이 시민권 획득과 탈식민화의 지연, 제국주의적 모험주의로 나아가는 고삐 풀린 충동과 불편한 동거를 하게 된 것이다. 이 시기에 일어난 몽고메리 버스 보이콧 사건, 알제리 전투, 영국-프랑스-이스라엘의 이집트 침략 등이 대서특필되었다.[195] 1956년 젊은 공산주의자이자 노동자교육협회 강사였던 에드워드 파머 톰슨은 새로운 분위기를 이렇게 표현했다.

> 스탈린주의는 바람의 씨를 뿌렸고 이제 헝가리는 손을 쓸 수 없는 회오리바람의 중심이 되었다. 내가 이 글을 쓰는 지금도 부다페스트 하늘 위로 연기가 피어오르고 있다…… 이 원통한 땅에 달러화도 뿌려졌다. 하지만 올라오고 있는 작물은 [미국 국무부장관] 덜레스가 기대하던 것이 아님이 분명히 드러나리라…… 역사의 성난 급진전에 따라, 작물은 학생평의회, 노동자평의회, 군인평의회에서 "반소련" 소비에트로 움틀 것으로 보인다.[196]

씨앗은 서구에서도 뿌려지고 있었다. 톰슨은 영국에서 반체제 공산주의자들—1930년대 인민전선과 전시 레지스탕스 운동, "소련과 우정을 나누자"는 캠페인, 노동당의 1945년 총선 압승을 이끈 붉은 물결 등을 경험하면서 형성된 집단—의 목소리를 담아내는 간행물 《뉴리즈너》를 만들어 편집을 맡았다.[197] 그는 정통 공산주의와 관계를 끊고 소련 체제를 비판적으로 분석했다. 초보적이고 모호하긴 했지만, 스탈린주의의 범죄에 대한 도덕적 비난과 스탈린주의 이데올로기에 대한 비평은 실로 매혹적이고 정곡을 찔렀으며 대중을 즉각 사로잡았다.[198] 《뉴리즈너》 첫 호에 발표한 "사회주의적 인본주의"를 위한 선언문은 스탈린주의의 폭정과 반지성주의, 엘리트주의, 결정론을 비판했다.[199] 톰슨은 마르크스와 엥겔스의 관점에서 인류는 역사를 만들고, 사상은 "인간이 세상을 이해하고, 논리적으로 추론하고, 주장하고,

논쟁하고, 선택하는 매개체로" 이해된 반면, 스탈린주의의 관점에서 인류는 사물들 간의 관계로 축소된 역사적 경험, 사회관계, 객관적 환경에 의해 기계화되고, 사상은 "불쾌하거나 건전한 냄새가 제국주의와 프롤레타리아트의 요리에서 피어오르듯" 사회구조에 의해 결정된다고 표현했다.[200] 그 결과는 도덕적 허무주의다. 톰슨은 이에 반대하면서 "도덕적 원칙을 지키기 위한 투쟁이 모든 '정치적' 결정에 포함되어야 한다"고 역설했다.[201]

폴라니에 대한 문헌에서 톰슨은 보통 그의 영적, 지적 형제로 언급된다.[202] 그럼에도 1958년에 폴라니가 자신의 세계관은 "《뉴리즈너》 창간호에 실린 E.P. 톰슨의 세계관과 유사하다"고 말했다는 사실은 덜 알려져 있다.[203] 두 사상가는 사회주의적 인본주의자였고, 산업혁명의 극히 해로운 영향을 강조했다(톰슨은 이로 인한 "위대한 정신적 이점", 즉 노동계급의 의식이 형성됐음을 규명하긴 했지만 말이다).[204] 두 사람 모두 경제주의 마르크스주의를 경멸했고, 전후 자본주의를 도덕적으로 비판했으며, 모리스(톰슨의 경우)와 콜(폴라니의 경우)로 대표되는 낭만주의적 영국 사회주의 사상의 전통을 대단히 좋아했다. 콜은 그동안 초기 신좌파 학생 집단의 멘토 같은 존재가 되었다. 《대학과 레프트 리뷰》의 편집자들은 밸리얼 칼리지에서 진행된 세미나의 고정 참석자였다. 여기서 신좌파 성장에 가장 중요한 인맥 중 일부가 처음 형성되었다.[205] 콜처럼 이들은 급진 사회주의적 전환에 대한 장기 관점과, 이들의 세계관을 "의회의 노동당식 개혁주의의 관점과 조화를 이루게" 해주는 단기적인 전략 목표를 동시에 고려하는 "이중 초점의" 정치 비전을 개발했다.[206]

신좌파가 폴라니에게 자연스러운 서식지를 제공했다고 볼 수도 있을 것이다. 폴라니는 톰슨을 비롯한 신좌파 사상가들이 사용하는 언어가 낯설지 않았다. 이들이 낭만적 유토피아주의와 마키아벨리식 현실 정치 사이에서 오락가락할 때도 그랬고, 제3세계 투쟁에는 자코뱅의 입장을 취하면서 모국에 가까워질 때는 페이비언의 규범을 선호할 때도 그랬다.[207] 이들과 폴라니 모두 소비주의가 성장하면서 이제 더 이상 프롤레타리아트를 혁명 세력으로 볼 수 없을 정도로 계급 구조가 해체되었다고 생각했으면서도 현실의 노동자 운동(특히 1956년의 헝가리)에서 영감을 얻었다.[208] 폴라니는 레이먼드 윌리엄스 같은 신좌파 이론가들이 내놓은, 근대성 속의 인간 사회에 일어난 균열이라는 진단을 대체로 공유했다. 다시 말해 이는 마르크스주의 대본의 내용과는 달리 계급 갈등이 아니라 주로 "도덕적 인식이…… 차단된 상태"에서 기인한다고 보았다.[209] 폴라니는 좌익이 부활하려면 물질주의에서 벗어난 관심사를 특히 중시하는 "새로운 사회주의 개념"이 반드시 필요하고, 이를 위해서는 "원대하고 패기만만하며 다면적인 지적 프로젝트"가 필요하다는 이들의 주장을 환영했다.[210] 그는 콜을 필두로 유럽 정치에서 제3의 길을 모색하던 유럽 신좌파들과 생각이 같았다. 스탈린주의와 제도화된 사민주의를 비판했고, 제3세계의 비동맹 권력에 "대단히 우호적인" 태도를 보였으며, 나토와 바르샤바조약기구 모두에 반대했고, 냉전 분할선을 넘어 서로 관계를 맺고 교류하기를 열망했다.[211]

폴라니는 신좌파가 출현한 1950년대 중반부터 이들이 침체되기 시작한 1960년대 초까지 이들의 성쇠를 바짝 따라다녔다. 하지만 신좌파의 분위기에 어느 정도 젖어 있었을 뿐 완전히 속해 있지는 않았다. 왜 그랬을까? 몇 가지 이유가 있다. 첫째, 그의 연구가 거의 알려져 있지 않았다.[212] 그는 특히 월러스틴 같은 신좌파 사상가 한두 명에게 멘토 역할을 하긴 했지만 신좌파 집단 전체에 대한 영향력은 가령 친구인 프롬과 콜, 혹은 컬럼비아 대학 동료였던 마르쿠제와 밀스보다 상당히 약했다. 둘째 이유는 그의 생애와 머무른 장소와 관련이 있다. 폴라니가 살았던 캐나다에서 주목할 만한 신좌파 조직은 그의 사후에야 등장했다. (가령 1964년에 설립된 평화행동학생연합. 미국이 멀지는 않았지만 노동당에서 파생된 영국의 신좌파에 비해 미국의 신좌파는 비트족과 보헤미안에 더 가까웠는데, 이는 폴라니의 취향이 아니었다.) 셋째, 그의 유토피아 개념은 "경제에서 자유롭기"라는 구호로 무리 없이 요약할 수 있고, 이로써 신좌파의 결과 맞아떨어지지만, 최첨단 학문이 철학, 심리학, 문화 연구이던 시대에 그는 경제사학자로 인식되었다.[213] 당시의 뜨거운 화제는 스피넘랜드나 고대 우르 왕조가 아니라 대중매체와 쾌락원칙이었다. 넷째 요인은 폴라니의 정치적 기질이 구좌파의 영향을 크게 받았다는 점이다. 그는 국가를 사회 진보의 축으로 보았고 소비에트 체제에 대한 열정을—몇 차례 경고를 받았고 숱한 굴곡이 있었지만—완강하게 유지했다. 그는 서구 사회와 소비에트 사회가 수렴하고 있다는, 밀스와 마르쿠제가 널리 퍼뜨린 생각에 어느 정도 공감하면서도 이를 받아들이지는 않았고, 전쟁의 위협이라는 중요한 문제 앞에서는 모스크바의 입장을 숭배했다.[214] 그는 1963년 프롬에게 소련은 "진정으로 인류의 미래와 평화를 방어하고" 있고, 신좌파들이 중요하게 생각하는 문화와 "삶의 질" 문제에서 위대한 진전을 보이고 있다며 열변을 토했다.[215] 폴라니가 마지막 몇 년간 동서의 지식 교류에 이바지하는 저널을 만드는 데 에너지를 쏟아부은 이유는 소비에트 진영의 필요를 가장 중시했기 때문이다. 그는 이 저널의 제목이

"공존"이어야 한다고 보았다.[216]

공존, 《공존》

폴라니의 마지막 과업은 당시 국내외 정치를 지배하던 서로 연결된 두 가지 문제에 대한 대응으로 출발했다. 하나는 서구에서 일어난 반공주의와, 반공주의의 이름을 달고 끝이 안 보이는 사회적, 정치적 반동이 밀어닥치는 상황이었다. 미국에서 매카시 상원의원은 진압됐다고 볼 수도 있었지만 다른 수단을 통해 복수가 지속되고 있었다. 서유럽의 경우 폴라니는 1959년과 1960년에 몇 차례 방문한 뒤 "지식 세계의 전반적인 분위기"가 [미국보다] 절대 낫지 않다며 한탄했다. "냉전의 영향력이 모든 수위로 침투"함에 따라 진보적인 사상과 실천이 변질되거나 쓸모없어지고 있었던 것이다.[217] 이를 치유할 해독제가 《공존》이었다. 최소한 이 말의 의미가 "단순한 소-미 타협"에 머물지 않고 전 세계를 위한 "평화로운 존재의 틀"을 확보하는 것으로 폭넓게 인식될 수 있다면 말이다.[218] 폴라니에게 이 말은 자유주의-사회주의 신념(상호 존중, 협력)과, 서로 다를 수밖에 없는 현실을 인정하는 것을 함축했다. 거의 형이상학적인 측면에서 이는 불신과 적개심이라는 냉전의 폐해에 맞서는 투쟁에서 "삶의 의지"를 상징했다.[219] 그가 제안한 저널의 세 가지 핵심 목표 중 첫째는 냉전의 종식이었다.[220] 다른 두 목표는 중립적, 사회주의적 가치를 엄호하고, "미국의 지원을 받아 영어권 나라와 유럽 대륙에서 학문의 탈을 쓰고 냉전의 선동을 이어가고 있는 숱한 기관들에 맞서는 것"이었다.[221] 이 셋째 측면에서 《공존》에는 폴라니 개인의 강한 열망도 포함되어 있었는데, 이유는 굳이 설명할 필요가 없을 것이다.

다른 문제는 흐루쇼프 행정부의 지리적-이데올로기적 방침이었다. 전 세계 미디어에게 "공존을 통한 평화"는 이를 효과적으로 요약한 한마디였다.[222] 이 구호는 양대 초강대국 중에서 더 약자인 소비에트 러시아가 1940년대처럼 영역을 확장하고는 싶지만, 핵 멸절의 위험이 도사리고 있는 시대에 군사적 수단을 통한 확장 가능성은 희박하기에 기존 국경의 유지와 안정을 강조해야 한다는 점을 의식하고 있음을 보여주었다. 폴라니는 크렘린의 공존 작전에 선전 성격이 있음을 깨닫고 있었고, 러시아의 "위대한 권력우월주의"와 "위성국가들"의 무력함을 알았다.[223] 그럼에도 불구하고 모스크바의 새로운 목소리에 진정성이 담겨 있다고 확신했다. 공존에는 완벽하게 합리적인 주장, 즉 사회주의 국가들은 "이들 나라에서 집착하는 시장필멸론이라는 만병통치약을 암암리에 수용하지 않고도 자유 경제와 '공존'할 수 있다"는 주장이 담겨 있는 듯했다.[224] 폴라니는 "소비에트는 자신들이 공존에 기여할 수 있게 할 지적, 제도적 장치의 필요성을 강하게 의식하는" 듯하다고 덧붙였다. 이에 같은 이름의 저널을 만들어서 "이들이 공존에 대비하는 행동의 부산물인, 소비에트 이론과 전망을 개선하는데" 이바지하고자 했다.[225]

게다가 폴라니에게 공존이라는 문제는 전자본주의사회에 대한 역사적 연구와 매끄럽게 연결되고 여기에 정당성을 부여하는 듯했다. 1956년 마이클에게 보낸 편지에 따르면 그와 동료들이 《초기 제국》에서 제시한 방법론의 "진정으로 역사적인 화제성"은 "러시아인들이 공존을 발의"한 데서 비롯된다. 왜냐하면 이로써 《초기 제국》에서 개념적으로 상술한 "교역과 시장의 특성"이 "서구를 위해 반드시 필요해질" 뿐만 아니라, "내일의 평화로운 공존을 위한 열쇠"가 되기도 했기 때문이다.[226] 그가 컬럼비아 대학에서 연구했던 고대의 비시장경제에서 "교역항"(상인들이 모이는 정치적 중립 지역)이 연결의 중심점으로 기능하는 가운데 서로 왕성하게 거래할 수 있었던 것처럼, 다가올 규제받는 국제경제에서도 새로운 기법으로 비시장경제 간의 거래가 가능해질 터였다. "국가의 교역 기관들은 평형 자금, 대외 원조 부서, 투자위원회 등을 서로 주고받는다." 이런 대외교역 제도들이 발달하면 "평화로운 공존을 위한 투쟁"에서 중요한 역할을 수행할 터였다.[227] 그러므로《공존》의 셋째 목표는 냉전 분계선을 넘나드는 정치적 대화와 지식 협력의 장을 마련해《초기 제국》에서 설명한 사항들이 새롭게 빛을 발하게 하여 더 많은 대중에게 정보와 기쁨을 제공하며, 정책 영역에서 활용되게 하는 것이었다. 폴라니는 정부 조직이 국제무역을 조정하는 데 자신이 제안한 방식을 채택할 테고, 이로써 "세계의 공존"이라는 목표를 향해 나아갈 수 있을 것이라고 자신했다.[228]

폴라니 부부는 이 저널을 만들기로 하고 친구와 지인들에게 연락을 취하기 시작했다.[229] 폴라니와 함께 편집위원회의 핵심으로 물망에 오른 사람은 조앤 로빈슨, 토머스 호지킨, 루돌프 슐레진저였다.[230] 폴라니는 1930년대에 이미 로빈슨의 연구를 흠모했다.[231] 그녀는 마르크스주의에 열렬히 관심을 기울여 이를 페이비언 사회주의와 버무린 노동당 좌파였고 소련을 방문한 적이 있었다. 또 중국을 자주 방문했으며 마오쩌둥의 혁명에서 큰 감명을 받았다. 그녀에게 마오의 혁명은 "계획경제의 평화로운 이행"을 보여주는 모범사례였다.[232] 1961년경 로빈슨은 이미 폴라니를 여러 차례 만난 바 있었고(피커링에서 어느

날 오후 길고 풍부한 토론을 하기도 했다) 새 저널에서 가장 적극적인 편집자 중 한 명이 되었다.[233]

호지킨은 옥스퍼드 공개학부 담당 비서관으로 일하던 시절부터 폴라니를 알았는데 두 사람의 세계는 아주 친밀했다. 퀘이커교도 집안에서 자랐고 밸리얼 칼리지에서 교육받았으며 공산주의자였던 것이다.[234] (크리스토퍼 힐은 추도식에서 밸리얼 칼리지와 공산당은 호지킨이 사랑했던 두 기관이었다고 회상했다.) 그는 1949년 공산당에서 물러난 뒤에도 콰메 은크루마, 프란츠 파농, 체 게바라 같은 급진주의자들과 어울리며 왕성한 정치 활동을 이어갔다.[235]

슐레진저도 공산당원이었다. 빈에서 태어나 베를린에서 버르거와 함께 활동했고, 한동안 공산주의 지하조직에 몸담았다가 모스크바로 망명하여 국제농업협회의 독일 부문을 맡았는데, 당시 스탈린의 아내 나데즈다 알릴루예바가 그의 개인 비서였다.[236] 그는 왕실 가문과 24캐럿 순도의 관계를 맺고 있었음에도 "노선 일탈"을 의심받았고, 다행히도 모스크바 재판 직전에 이 죄목으로 유죄 판결을 받았다. 러시아에서 쫓겨난 그는 체코슬로바키아와 폴란드를 경유하여 스코틀랜드로 건너간 뒤 글래스고 대학교에서 학생들을 가르치는 일자리를 얻었다. 슐레진저는 일로나와는 가까웠지만 폴라니와는 그렇지 않았다. (아마 그의 정치적인 기질이 거칠고 정통에 가까운 편이라 폴라니가 편안해하지 못했던 것 같다. 글래스고 대학에서 일했던 동료는 슐레진저를 "고전적인 스탈린주의자"라고 말한다. "아주 묵직한 독일식 억양으로 말하는 덩치 크고 느릿느릿한 이 남자"를 학생들은 "엄격하고 완고하다"고 생각했고 아이들은 "아주 퉁명스럽고 쌀쌀한 남자"라는 인상을 받았다.[237]) 슐레진저가 편집장 자리에 지명된 것은 주로 일로나 때문이었다.[238]

편집팀의 첫 과제는 이 저널에 대한 지지를 끌어 모으는 것이었다. 폴라니가 생각한 5개년 계획은 "용기 있는 고위 지도자들이 냉전 전선의 허를 찌를 수 있는 (기득권 밖에 있는) 고위급 의견 형성의 전략적 지점들"에 영향을 미치는 것이었다.[239] 따라서 "명사들"의 지지를 얻는 것이 중요했다.[240] 목록 맨 위에는 사르트르가 있었고 버트런드 러셀이 뒤를 이었다(러셀의 경우는 어쩌다 보니 지난날 문화자유의회에 연계된 바 있었다).[241] 초기 단계에 구애의 대상이었던 또 다른 비마르크스주의 성향의 거물은 폴라니가 높이 평가한 《소비에트 러시아사》를 저술한 E.H. 카였다.[242] 그래서 카가 이 프로젝트에 찬물을 끼얹었다는 사실을 알게 된 편집자들은 실망을 감추지 못했다. 카는 슐레진저와 로빈슨이 키를 잡고 있는 한 《공존》은 사회주의 잡지로 비칠 테고, 거기에 실린 토론은 어쩔 수 없이 가족행사 비슷한 것이 되고 말 거라고 충고했다.[243] 이 간과할 수 없는 경고에 편집자들은 부제에서 "사회주의"라는 단어를 뺐다. 그래서 부제가 밋밋하게 '변화하는 세계 속 경제학, 사회학, 정치학 비교 연구 저널'이 되었으며, 사회주의자가 아닌 기고자들을 더 열심히 찾아 나서게 되었다.[244] 하지만 쉽지 않았다. 갤브레이스는 적임자였으나 미국 정부와 가까웠기 때문에 배제되었다.[245] 대신 폴라니는 화학자이자 소설가인 C.P. 스노와 접촉했지만 성공하지 못했고 캐나다의 문학비평가 노스럽 프라이와 접촉하여 "도덕적이고 지적인 지지"를 받게 되었다.[246]

명사들에 대한 도박에 가까운 접근은 별 소득이 없었지만 편집자들이 속한 집단에서는 확실히 관심을 보이는 이들이 있었다. 보해넌, 홉킨스, 닐, 월러스틴 등 폴라니의 친구와 제자들이 모두 기고에 동의했다(하지만 월러스틴의 에세이가 편집자에게 거부당하는 바람에 폴라니는 격하게 화를 냈다).[247] 존 맥머리도 거론되었지만 1940년 폴라니가 미국으로 떠난 후 한 시절 흉금을 터놓던 친구 사이에는 침묵이 흘렀고, 사실 원고를 청탁했다 해도 성사되지 않았을 것이다.[248] 매키버와 머튼은 기고에 동의했지만 약속을 지키지는 못했다. 하지만 머튼은 케네스 볼딩(퀘이커교도이자 경제학자로 케네디 대통령의 환경자문관으로 지명되었다)과 파슨스의 의향을 타진하는 식으로 도움을 주었다. 파슨스는 "이 프로젝트 일반에 공감"을 표했고 구체적인 마감 시한을 설정하지 않는다면 기고자 목록에 자신의 이름을 올려도 좋다고 말했다.[249] 폴라니는 옛 동료였던 네이선 글레이저와 리스먼도 접촉했다. 리스먼은 이 저널의 제목이 소비에트를 연상시킨다는 비판적인 논평과 함께 거부 의사를 밝혔지만 행운을 빌어주었고 막연하지만 도움을 주겠다는 따스한 의사를 밝혔다.[250] 그는 최근에 긴장 완화를 위한 선언문인《평화로 향하는 힘겨운 길》을 발표한 컬럼비아 대학의 신예 사회학자 아미타이 에치오니와 접촉해보라고 편집자들에게 권했다.[251] 하지만 이는 폴라니가 원했던 종류의 도움이 아니었다. 그는 에치오니를 상대하고 싶어 하지 않았다. 로스토와 아서 슐레진저 같은 기성 냉전 이데올로그 옆에 선 "적진의 주동자" 중 한 명으로 비쳤기 때문이다.[252]

1963년 폴라니는 "반공주의자들"이 자신이 "냉전 히스테리에 참여하지 않는 것"을 절대 용서하지 않고 자신과 동료 편집자들을 "모스크바의 책략에 놀아나는 무리"로 본다며 투덜댔다.[253] (실스의 표현은 "소비에트 애호증"이었다.[254]) 하지만 "공산주의자들" 역시 그를 용서하지 않기는 마찬가지라고 폴라니는 덧붙였다.[255] 편집자의 관점에서 보았을 때 이는 더 큰 문제였다. 초반에 기고할 제1세계와 제3세계 필자들의 글은 확보되고 있었지만 동유럽 기고자를 끌어들이기는 힘들었던 것이다. 우호적인 반응을 보인 루카치와 오스카르 랑게를 제외하면 다른 이들은 거절하거나 아예 대답을 하지 않았다. 후자에 속한 인물로는 폴란드의 철학자 아담 샤프와 경제학자 미샤우 칼레츠키가 있었다. (폴라니는 칼레츠키가 컬럼비아 대학교 대학원 클럽에서 연설하는 모습을 보자마자 "위대한 칼레츠키"라고 일컬었다.[256]) 결국 헝가리인 몇 명과 유고슬라비아인 한 명을 제외하면 《공존》 1~3호에는 공산주의 세계에서 기고된 글이 하나도 없었다.[257]

1962년에는 예정 원고 목록이 작성되었고, 이듬해 초에는 로버트 맥스웰의 페르가몬 출판사 그리고 오슬로 대학교 출판부와 출판 협약을 체결했다.[258] 나치 정권을 피해 영국으로 이주한 유대계 루테니아인 맥스웰을 선택한 사람은 편집자였는데, 폴라니와 일로나는 썩 내켜하지 않았다. 맥스웰이 돈벌이에 관심이 있다고 의심했기 때문이다. 일로나는 맥스웰이 "고급 잡지"를 원한다고 불평했는데, 이는 많은 잠재 독자들을 소외시킬 터였다. "그는 이 저널을 누가 읽기는 할지에는 관심이 없는 것 같다."[259] 일로나는 호당 100파운드(오늘날 2,600달러에 해당하는 금액)를 받기로 한 슐레진저의 결정을 심히 못마땅해했다. 이는 《공존》의 파멸을 의미했다. "이 저널에 엄두도 못 낼 가격이 책정되고 편집자가 보수를 받으면 자발적인 노동의 모든 근간이 사라질 것"이기 때문이다. 이것이 "누구의 통제도 받지 않으려는 슐레진저의 고의적인 조치"임이 명백했다.[260] 한때의 혁명가가 "맥스웰 같은 불량배에게" 100파운드를 받는다니 이건 "일종의 변절"이었다.[261]

이런 차이와 불화에도 불구하고 《공존》의 첫 호는 1964년 5월에 때맞춰 출간되었고, 11월에 둘째 호가 나왔다. 편집자들은 당연히 기대치를 높게 설정했지만 이를 온전히 달성하지는 못했다. A급 목록이 있었는지는 몰라도 그만한 유명인사 중에서 첫 호를 장식한 사람은 거의 없었고 B급 목록에 오른 필자들 역시 빠져 있었다.[262] 하지만 초반의 호들에 실린 원고들은 꽤 훌륭한 수준을 자랑했다. 각 호에는 인도에서 중앙계획경제를 진행 중이던 다섯 명의 경제학자, 헝가리인 삼인방, 세 사람의 네덜란드 경제학자를 비롯한 초대 손님들의 논문이 실렸고, 케인스주의 경제학자 린 터전과 조지 컴퍼, 중국학자 마르테 엥겔보르그 베르텔스, 소련학자 존 소머빌, 그리고 (어쩌면 놀랍게도) 보수주의 역사학자 에른스트 놀테의 원고뿐만 아니라 유고슬라비아와 서인도제도에서 온 글도 실렸으며, 여기에 편집자(로빈슨, 슐레진저)와 폴라니의 제자와 친구(뮤어, 프롬, 요제프 보그나르) 등 이 저널과 개인적으로 관련이 있는 필자들의 글까지 들어갔다. 폴라니는 기독교 사회주의 성향의 두 에세이, 특히 교황 요한 23세의《지상의 평화》를 다루는 에세이가 포함돼 있어서 기쁨을 감추지 못했다. 1963년에 발표된 이 회칙은 폴라니의 독해 방식에 따르면 "자본주의적 세계 공동체의 백일몽"을 뒤쫓지 말라고 대중들에게 경고하기 때문이다.[263]

폴라니는《공존》의 첫 호를 집어 드는 기분을 만끽하지 못했다. 이 저널의 영향력을 평가할 수도 없었다. 편집자들은 논문의 질에 대한 만족감, 낮은 정치적 인지도, 저조한 판매 부수로 인한 실망감 사이를 오락가락했다. 당대의 상황에 기반한 짧은 관점에서든, 양질의 저널로 입지를 굳히고 오늘날까지 사회과학서 서가를 장식하게 되는 긴 관점에서든…….[264] 첫 호는 폴라니가 세상을 떠나기 불과 몇 주 전에 세상에 나왔다. 그는 오랫동안 소중히 여기던 프로젝트가 결실을 맺었다는 사실을 알고 만족했으리라. 이는 만족스러운 결말이었다. 그렇다면 폴라니의 인생은 어떨까?

부다페스트의 땅거미

1959년 폴라니는 마이클에게 보낸 편지에서 자신이 "완벽한 삶"을 살았기에 "엄청난 행복"을 경험했다고 털어놓았다.[265] 마지막 몇 년간 이런 충만함은 커지기만 했다. 마이클하고는 어느 정도 화해를 했고, 고질적인 긴장이 남아 있긴 했지만, 오히려 이 긴장은《공존》과《쟁기와 펜》같은 자신의 대안 세계관을 표출할 수 있는 프로젝트에 박차를 가할 힘이 되었다. 부부 관계는 정말 좋았다. 피커링에 혼자 살 때는 큰 슬픔과 고통에 시달리던 일로나가 다시 미소를 지었고, 당시 부부가 주고받던 편지는 다정함과 애정이 넘쳐났다.[266] 이들의 정치적 관점은 세상 곳곳에서 확인되고 있는(흐루쇼프의 연설과 헝가리의 봉기, "중국의 변화"와 "아프리카의 동요") 사회주의의 "정신적 재탄생"에 의해 차이가 좁혀지고 있었다.[267] 헝가리 혁명가들의 영웅적인 행위 역시 헝가리에 대한 폴라니의 유대감에 활기를 불어넣었다. 만일 폴라니의 삶이 막바지를 향할 때 완벽에 도달했다는 느낌을 받았다면 이는 그가 살고 사랑했던 유럽 도시들뿐만 아니라 어린 시절을 보낸 도시를 방문한 덕이 결코 적지 않았다.

1959년 가을 폴라니와 일로나는 유럽에서 3주를 보냈다. "인생의 규모만큼 크고 인생의 시간만큼 긴 3주"였다. 런던에서는 도널드 그랜트의 집에서 지냈고 토니 같은 오랜 친구들과 시간을 보냈으며(폴라니가 젊었을 때 함께 "춤을 추었던") 베 더바르트와도 꼬박 이틀을 같이 보냈다.[268] 케임브리지에서 로빈슨 같은, 근래에 사귄 지인들과 역사학자 마이클 포스턴을 만난 후에는 파리로 향했다가, 빈을 거쳐 부다페스트로 넘어갔다.[269] 1956년의 희망이 짓밟힌 지 얼마 안 된 시점이라 특히 감정이 격동했다. 일로나에 따르면 분위기가 "마치 귀신이라도 나올" 것 같았다. "'믿을 수 없는 이야기'가 워낙 흔해서 친구들을 떠올리면서 바로 따라 할 수 있을 정도다…… 나는 오랜 친구들을 만났다. 비극은 마치 큰 바다와도 같다…… 도시와 거리는 슬픔으로 뒤덮여 있었다."[270]

이들은 유럽의 다른 곳에 있을 때도 모종의 통렬한 느낌을 받았다. 미국이 서유럽에게서 세계 패권의 중심이라는 자리를 빼앗은 역사적인 순간에 미국으로 이주한 폴라니에게 구대륙은 이제 "명백히 지방색"을 띠고 있었다.[271] 분명 서유럽은 "미국만큼 문화 분열에 의해 위협을 받지도 않았"지만 여기서도 냉전은 공존 개념으로 표현되는 상호 존중과 관용이라는 규범을 침식하고 있었다.[272] 폴라니는 유럽의 사회주의 운동마저 열정과 활기를 많이 잃었다고 낙심했지만, 그가 방문한 나라들은 대체로 "건강하고 생기 있어" 보였다.[273] 빈은 특히 돋보였다. "쾌활하고, 강렬한 애국심이 전해졌으며, 도덕성의 수준이 아주 높았다."[274] 젊은 시절 알고 지낸 사람들과 장소와 다시 관계를 맺으며 큰 기쁨을 만끽한 폴라니 부부는 이런 여행을 한 번 더 할 계획을 세웠고, 1960년 가을 의사는 긍정적인 신호를 보냈다.[275] 11월에 두 사람은 런던에서 로빈슨과 카와 함께 《공존》에 대해 의논하면서 "엄청나게 활기 넘치는 한 주"를 보내고 합스부르크의 수도들로 발걸음을 옮겼다.[276] 이번에는 지난번보다 좀 더 길게 한 주 가까이 헝가리에 체류할 수 있었는데, 일로나는 12년간, 폴라니는 40년간 만나지 못했던 루카치와 "환상적인 재회"를 함으로써 여행은 절정에 이르렀다.[277] 폴라니의 표현에 따르면 이 여행은 "5주에 걸친 압축된 '실습 기간', …… 감상적인 여행이자, 52년 전 내가 더 나은 세상을 만들기 위해 떠나온, 이제 큰 변화를 거친 세상에서, 다행히도 변치 않고 다시 만나게 된 내 젊은 날의 친구들과 장소들에게 작별을 고하는 시간"이었다.[278]

1963년 가을, 견딜 만한 상태에서 보낸 삶의 마지막 단계에서 폴라니는 유럽에 최후의 작별을 고했다. 일로나와 함께 런던과 빈, 파리(채프먼을 만나기 위해)를 방문했지만, 이 여행의 절정은 헝가리(친구들을 만나러 잠시 벌러톤 호수에 다녀왔고 주로 부다페스트)에서 보낸 3주였다.[279] 폴라니로서는 놀랍고 감개무량하게도 이제는 외트뵈시 로란드 대학교로 이름이 바뀐 부다페스트 대학교에서 강연을 해달라는 요청을 다시 한 번 받았다.[280] 그는 한 주 꼬박 시간을 들여 충실하게 원고를 준비했고, 100여 명의 청중들 앞에서 강연을 했다. 일로나의 회상에 따르면 강연장에 들어서서 청중 속에서 옛 친구들과 "옛 사람들"을 발견한 순간 "아, 우리가 그들을, 또 그들이 우리를 얼마나 좋아했는지 형용하기가 힘들었다". 원고 자체는 "이해하기 어려운 파슨스 사회학 이야기"였고, 헝가리어로 되어 있었다. "행사가 끝났을 때 우리 둘 다 꽤 진이 빠진 상태였다…… 하지만 일이 아주 잘 풀렸고, 디키는 족히 두 시간 동안이나 상당히 자유자재로 연설을 했다."[281] (이보다는 건조한 폴라니의 설명에 따르면 그는 전자본주의 경제에 대한 자신의 연구에서 중요한 발견과 "파슨스의 시스템에 대한 비판적인 평가"를 제기했다.[282]) 두 사람이 금방이라도 쓰러질 것 같고 "엄청나게 사랑스러우며 향기로운", 머르게레트섬에 있는 천장이 높은 호텔로 돌아올 무렵에는 땅거미가 내리고 있었다. 도시는 "10월의 엷은 안개 속에서 아주 감동적인" 장면을 연출하고 있었다.[283]

이 순간, 그리고 부다페스트를 방문하는 내내 폴라니는 충족감과 함께 이게 마지막이라는 기분을 지울 수 없었다. 그는 고국에 돌아와서 "아주 감개무량"했다.[284] 원을 몇 바퀴 돌았던 것이다. 60여 년 전 그를 퇴출시켰고, 1919년 초에는 연단에 서서 새롭게 고개를 쳐드는 공산주의 물결을 규탄했던 외트뵈시 로란드 대학교의 특별 손님으로서 "위엄 있는 편안함"을 누렸다. 마지막 작품인 강연 원고에서 그는 자신의 이름을 알린 연구의 결과물들을 개괄했고, 이를 공산주의 이론을 풍부하게 만들고 부르주아 적들의 허를 더 잘 찌를 수 있는 근원으로 제시했다. 그는 일생의 연인이자 동반자이자 동지인 이와 함께 버르토크의 공연에 참석하고, 작가와 시인들을 만나고, 《공존》의 지지자를 물색하며 문화 활동과 정치 활동에 전념했다.[285] 죄르지 슈트리케르 같은 친척들, 그리고 갈릴레오 서클 시절부터 함께해온 사람들, 특히 경제학자 아르파드 허아스와 담소를 나누었다. 허아스와 친구들과 저녁식사를 하면서는 자신의 정치적, 지적 삶의 붉은 실을 자아낸 사회주의 원칙과 전략 문제를 토론했다. 사회주의 체제를 혁명 없이 이룰 수 있을까? 헝가리 사민주의가 1919년 공산주의자들과 손을 잡은 것은 잘한 일이었을까? 그리고 공산주의자들이 2차대전 이후 권력을 잡은 것은 명예로운 행동이었을까?[286] 논쟁은 격렬하게, 하지만 애정이 담긴 채로 깊은 밤까지 이어졌다.

에필로그

사회주의라는 잃어버린 세계

칼 폴라니는 무엇보다 고전적인 자유주의 정치경제에 대한 비판으로 유명세를 얻었다. 그는 이 오류가 "절대 되풀이돼서는 안 된다"는 믿음을 품고 이 세상을 떠났다.[1] 실제로 고전적 자유주의 프로그램은 결코 되풀이될 수 없겠지만, 이와 관련해 지속적인 노력이 있었다. 이른바 영광의 30년 동안에는 하이에크, 마이클 폴라니 등이 주도한 몽펠르랭협회의 설교에 주목하는 사람이 거의 없었지만, 1970년대에 전 세계 자본주의가 구조적 위기로 진입하자 긴 호황기 동안 많은 이윤을 낳은 정책과 제도들이 더 이상 작동하지 않는 듯했다. 세계경제가 지구화되면서 산업 및 금융 기업들은 감세를 요구했고 경쟁이 심해진 국제시장에서 이윤을 얻는 데 필수라고 생각하는 규제 완화에 총력을 기울였다.[2] 정책 입안자들은 경제적, 이데올로기적 혼란에 빠져 신자유주의 사상을 공유하는 집단의 북소리에 귀를 기울이기 시작했다.[3] 이 새 패러다임은 고전적 자유주의와 똑같지 않았다. 과거에는 국가의 역할을 "자연스러운" 시장 질서를 교정 혹은 보장하는 것이라고 생각했지만, 신자유주의의 관점에서 국가의 과제는 시장 경쟁의 조건을 만들고 꾸준히 지원하는 것이었다. 하지만 자유주의 경제 유토피아의 "신新"(그리고 "질서ordo") 개혁자들에게는 시장이 사회 구석 구석을 식민화해야 하고 경제 거래에 대한 통제를 풀면 모두에게 이로울 거라는 열정적인 신념이 있었다.

그 결과 신자유주의 세상이 열렸다. 세계가 통합되고, 사유화 물결이 밀려오고, 무역 장벽이 사라지고, 금융화가 진전되고, 사회 분리가 일어난 신자유주의.[4] 개인의 선택이라는 미사여구, 우리 자신이 삶을 변화시킬 거라는 생각은 사회적 이동성이 감소한 상황에서도 점차 받아들여지게 되었다. 종종 언급했듯 폴라니였다면 이런 세상을 바로 간파했을 것이다. 2010년 (피커링에 있는 그의 집에서 온타리오 호수를 가로지르면 나타나는) 뉴욕 북부에서 파업에 돌입한 노동자들은 공장 관리인에게 노동자는 "대두와 석유 같은 상품"이고, "상품의 가격은 오르락내리락하기" 때문에 아무리 과하지 않은 임금 인상 요구라 해도 들어줄 수 없다는 통보를 받았다. 이럴 때 폴라니가 한 말이 떠오른다. "인간의 노동력을 마치 오이처럼 사고파는 상품으로" 다루는 체제는 "상식의 기괴한 도착"을 드러낸다는 말이.[5] 마찬가지로 정부 각료들이, 노동당 의원 디그비 존스가 얼마 전에 그랬듯 실업자들에게 "다시 일할 수 있기를 학수고대하라"고 요구할 때 폴라니는 복지에 대한 맬서스의 전쟁, "가난한 사람이 자신의 비참한 처지를 체념하고 받아들이기만 하면" 어떻게든 생존할 수 있다는 가정에 의해 생명력을 얻은 성전이 다시 일어나고 있음을 바로 알아차렸으리라.[6]

폴라니의 연구가 현대적인 느낌이 들고 꾸준히 호소력을 갖는 이유는 노동력과 자연의 시장화가 사람을 타락시켰다는 진단 때문이다. 하지만 그가 제시한 처방은 21세기를 살아가는 사람들의 귀에는 고루하고, 심지어는 생경하게 들린다. 폴라니는 영국노동당과 오스트리아 마르크스주의 사회민주노동자당 같은 조직들이 19세기 말과 20세기 초에 착수했던 사회주의 프로젝트라는 잃어버린 세계에 속한 사람이다. 이들 조직은 자본주의사회의 성가신 가시들을 잘라내려고 하는 "사회개혁 정당"이 아니라 자본주의의 뿌리를 공격하는 "개혁적 사회주의 정당"이었다.[7] 이들에게 자본주의는 비난의 대상이었다. 이들은 자본주의의 기본적인 재산 관계를 뿌리 뽑고, 의회를 통해 기존 제도를 점진적으로 개조하여 시민들을 사회주의적으로 훈련시키려 했다. 이들의 실천은 여느 사회개혁 정당만큼이나 온건했지만, 이들이 높이 치켜든 깃발은 선홍색이었고, 이들에게는 항상 다급한 어조로 자본주의의 파멸이 다가오고 있으며 사회주의 연방을 향해 진군하자고 외치는 왼쪽 날개가 있었다.

폴라니의 생애를 곱씹어보는 것은 어떤 의미가 있을까? 이로써 우리는 개혁적 사회주의의 경험을 곱씹어볼 수 있고, 지금은 주변으로 밀려난, 심지어는 사라진 것처럼 보이지만 불과 두세 세대 전만 해도 정치 문화 지형을 넘나들며 깊고 독특한 자취를 아로새겼던 세상을 탐구할 수 있다. 성인이 된 이후 사민당의 열성 당원인 적은 없었지만 폴라니는 흔들림 없이 개혁-사회주의 프로젝트를 지지했고, 오스트리아 사회민주노동자당과 영국노동당의 고위 인사들과 비슷한 세계관을 유지했다. 이중 바우어와 아들러, 토니와 콜 같은 이들과는 친구로 지냈다. 심지어 폴라니가 이들보다 더 전형적인 개혁적 사회주의자였다고 과감하게 주장할 수도 있다. 최소한 루카치의 문학이론에서 "전형적인 인물"에 부여하는 의미에서 말이다. 폴라니는 주인공이었지만 하나의 사회계급이나 역사적 운동의 흔한 대변자도 우화적인 아바타도 아니었고, 그저 대중에게 익숙한 면들이 독특하고 고유한 인생 이야기에 버무려지고 종합된 인간이었던 것이다.[8] 전형적인 인물은 역사적인 순간을 압축하고 이들의 개별성은 한 운동 혹은 시대의 결정적인 요소들을 응축하고 있는 듯하다. 어떤 필자(혹은 전기작가)가 루카치가 말했던 전형적인 주인공을 택한다면, 어떤 역사적 순간 혹은 운동의 세부 사항들은 주요 인물을 선택하여 묘사하려고 할 경우에는 불가능한 방식으로 그려질 수 있다.

폴라니는 특히 콜과 비슷하게 "볼셰비키의 영혼"과 "페이비언의 입"을 겸비했다는 점에서 당대의 개혁적 사회주의의 전형이었다. 때로 인간의 자유를 급진적으로 확대해야 한다고 열정적으로 주장했고, 이를 위해서는 토지와 노동의 상품화라는 바탕 위에 세워진 사회가 강요하는 족쇄를 부숴야 한다고 말했다. 하지만 때로는 시장경제에 지금보다 더 따뜻하고 응집력 있는 사회적 외피를 제공하는 데 시야가 제한돼 있는 것처럼 보였다. (또 다르게 비유해도 괜찮다면) 그는 정치 전략을 "이중 초점" 렌즈로 보는 경향이 있었다. 사회민주주의의 전통적인 최소강령과 최대강령—당면한 고통의 개선과 사회의 혁명적 전환—이 유기적으로 결합하지 못하고, "현실주의적" 노력과 "유토피아적" 노력이 전략적 가교로 연결되지 않은 채 무심하게 서로 경합하는 것이다. 만하임의 정의에 따르면 어떤 운동 혹은 정신이 기존의 틀에서 사회제도를 억지로 뜯어낸 뒤 새로운 규칙과 규범을 중심으로 재구성하려 들 때 이를 유토피아적이라고 한다.[9] 이렇게 이해했을 때 폴라니의 유토피아주의는 "자본주의를 어떻게 할 것인가"라는 질문 속에, 현대 경제는 시장 체제가 필요하지 않고 시장 체제를 통해 조직될 필요도 없다는 주장 속에, 시장 체제가 자연스럽다는 주장에 대한 질타 속에 자리 잡고 있었다. 고대사회의 비시장 제도라는 역사적 근거와, 가격을 형성하는 시장이 부재하고 개별 이윤 추구가 경멸당하며 상호부조 행위를 선호하는 소규모 사회에 관한 인류학적 자료에서 발판을 마련한 폴라니는 오늘날 비시장 수단으로 경제조직을 급격히 확대해야 한다고 주장했다.

전통적인 사민주의의 경우 최소의 개혁 강령은 노동계급의 의회 진출 확대를 통해 국가의 접수로 귀결되고, 이로써 사회주의 전환이라는 최대강령을 향한 문을 열고자 할 것이다. 이는 국가의 사회학적 중립성에 대한 믿음을 전제로 한 계획이었다. 폴라니 역시 국가를 "'사회'의 수단이자 수호자"로 인식했고, 사회주의 이행에 대한 신념은 사적 소유권을 공적 소유권 혹은 협동조합식의 소유권으로 대체하고, 국가가 사회복지를 책임진다는 개념이 중심에 있었다.[10] 그는 이러한 사회주의 이행 전략은 자신의 낭만적 세계관의 현실주의적 측면이라고 생각했지만, 사실은 우리가 보통 일상생활에서 사용하는 의미의 유토피아적 신념이었다. 즉 이때의 유토피아는 신기루, 매력적이지만 절대 도달할 수 없는 장소라는 뜻이다. 그는 정치조직, 구체적으로는 영국이라는 국가가 특히 자유주의 경제에 유리한 조건을 만들어내기 위해 수행한 중요한 역할에 주목했다는 점에서 찬사를 받았지만, 국가 자체가 자본축적이라는 지상 과제와 이윤에 체계적으로 적응해가는 과정에는 그다지 관심을 기울이지 않았다. 국가는 계약을 이행하고 위반 사항이 있으면 처벌하며, 소유권 독점의 장벽을 관리하고 상품 교환의 수단을 통일한다. 또 노동력의 재생, 안전, 순환을 규율하고, 노동력의 속성을 사업의 필요에 맞춰 조정하며, 자본주의 재생산에 도움이 되는 가치와 신념을 주입할 뿐만 아니라 사회적, 물리적 하부구조에 투자한다.[11] 하지만 폴라니의 연구를 아무리 뒤져봐도 자본주의사회의 정치 문제를 주무르는 기구들은 어떤 의미로 보건 자본주의국가라거나, 혹은 "일반이익"은 환상일 수 있다는 주장은 확인할 수 없다.[12] 그의 가장 충성스러운 제자들마저 인정하듯 폴라니가 제시한 틀은 "권력 동학"을 탐구하는 데는 썩 어울리지 않았고, "국가를 이중운동을 위한 공정한 장으로 다루는" 경향이 있었다.[13] 그가 제기했던 법과 규정들은 공공재 마련에 관련된 것이든 "시장의 실패"를 교정하는 일에 관련된 것이든 19세기 말 이후로 쭉 시장 체제를 약화하긴 했지만 이 기능을 심각하게 혹은 근본적으로 손상시키지는 않았다. 크리스 한과 키스 하트의 주장처럼 폴라니는 국가 개입과 기업의 등장을 현대 자본주의에 꼭 필요한 사건으로 이론화하기를 꺼리다가 전후 몇십 년을 연구할 때 분석의 촉수가 무뎌지고 말았다.[14] 그는 상품화된 노동력을 발판으로 한 체제는 비상품화된 제도들의 지원 체계가 필요하고, 자본주의는 노동조합주의, 복지 수단, 국가 개입, 공적 소유권을 수용할 수 있다는 점을 꼼꼼히 살펴보지 못했다.

국가는 사회적으로 중립이고 민주주의라는 게임이 정치적으로 공정하다는 폴라니의 페이비언적 신념은 영국노동당 각료들이 취임했을 때 신중한 선택을 통해 사회주의적 전환으로 귀결될 정책을 수행할 거라는 (자신이 1945년에 열렬히 품었던) 환상을 강화했다. 하지만 현실에서 노동당 각료들은 영국 자본주의를 새로이 개혁해 안정화했다.[15] 폴라니는 (그가 빈을 방문하기 직전인) 1963년 오스트리아 대선에서 사민당이 무려 55퍼센트를 얻어 승리하자 박수갈채를 보냈다. 전후 내내 오스트리아 사민당은 보수적인 민중당과 연정하여 집권했지만, 1963년 선거에서 새로이 정점에 올랐고 1970년대에 브루노 크라이스키(폴라니의 질녀 마리아가 이 사람과 함께 경제자문관으로 일했다)의 사민주의 행정부가 50퍼센트 이상을 득표하기도 하면서 10년 이상 단독 집권했을 때 무한히 밝은 앞날이 약속된 듯했다.[16] 개혁-사회주의라는 오랜 꿈은 이미 실현되었다. 유권자의 절반 이상이 사회주의 당에 표를 던지다니. 하지만 사회민주주의자들은 사회주의가 아닌 코퍼러티즘에 가까운 제도를 구축하는 데 착수했고, 나중에 이 제도들을 신자유주의 경향에 맞춰 재설계했다. 폴라니가 이를 알았다면 경악을 금치 못했으리라. 그의 이분법에 따르면 자유주의적 정치경제는 사민주의가 주도하는 대항 운동과 절대 화해할 수 없다. 그는 시장자유주의와 사회적인 대항 운동이 충돌하면 시장 체제의 작동이 현저히 약화되고 이는 위대한 전환의 전조가 될 거라고 믿었다. 하지만 부르크하르트 루츠가 말한 대로 사민주의는 전후 몇십 년간 시장이 거대한 생활 영역들을 내부 식민화로 몰고 가고, 점점 더 많은 노동자들을 불안정 고용 상태로 만들어 상당한 확장을 달성한 시장 체제를 다시 안정화하는 데 도움을 주었다. 전에는 집에서 하던 활동과 서비스에 비용을 지불하고, 가족, 이웃, "비시장" 거주지의 경제적 연계가 약화되었으며, 대중들이 상품화된 소비 활동에 참여하게 된 것이다.[17]

당대의 권력관계에 대한 폴라니의 분석은 여러 차례 빗나갔고, 그는 사민주의가 자본주의 기계에 편승한 정도를 심각하게 과소평가했다. 폴라니는 자본이 인기 있는 사민주의 프로젝트를 탄압하는 사건이 어떤 의미가 있는지를 파악하려고 하기도 했다. (이런 현상은 오늘날에도 자주 벌어지는데, 이 글을 쓰고 있는 2015년 초, 베를린, 브뤼셀, 국제통화기금이 집행자 역할을 하는 그리스의 미래가 눈에 보이는 듯하다.) 하지만 폴라니는 비즈니스와 국가권력의 유기적이고 내적인 관계도, 민주주의의 제도들 자체가 자본주의적 관계에 의해 빚어졌다는 점도 간과했다.[18] 그는 사민주의가 최대강령을 등한시한 점을 직시하지 못했고, 그래서 《거대한 전환》은 반자본주의 선언서 내지는 사민주의의자들이 잠잘 때 듣는 동화 같은 이야기로 독해될 수밖에 없었다. 온건한 이상주의자들이 아침에 일어나 시장 기계의 톱니를 다듬고 수리하는 사명으로 다소 구슬프게 재해석된 대항 운동에 꾸준히 참여하게 해주는 달콤한 꿈을 심어주는 이야기로 말이다.[19]

그럼에도 불구하고, 시장 체제에 대한 폴라니의 비판에는 녹슬지 않는 힘이 있다. 세상이 바뀌고, 신자유주의의 얼굴이 폴라니가 주제로 삼았던 "시장근본주의"와 점점 닮아감에 따라, 토니와 콜 혹은 바우어와 아들러 같은 친구와 동지들에 비해 그가 더 많은 조명을 받게 되었다. 20세기 중반에 선도적인 사민주의 지식인들은 폴라니가 아닌 그의 친구와 동지들이었다. 그런데 오늘날 폴라니의 명성은 그들보다 더 환하게 빛난다. 왜 이렇게 운이 뒤바뀌었을까?

막 언급했지만 한 가지 이유는 그의 사상이 앞서 존재하던 국가주의적 자본주의를 분석할 때보다는 덜하지만, 신자유주의 국면을 분석하는 데 특히 적당하기 때문이다. 또 다른 이유는 토니와 다른 동료들은 모범적인 사민주의자라는 의미에서 전형적이었지만 폴라니는 루카치적인 의미에서 전형적이기 때문이다. 토니를 비롯한 동료들은 사민당의 주요한 지식인들이었고, 이들의 연구는 20세기 전반기에 해당 조직의 구체적인 경험과 필요에 적합했다. 반대로 폴라니는 사민주의와 초연하면서도 조건이 달린 관계를 맺었다. 이는 단순히 그가 사민주의의 중심에 있는 자유주의와 사회주의의 갈등으로 늘상 힘들어했다거나, 종종 사민주의의 주류를 향해 가시 돋친 말을 했다거나, 생디칼리슴과 페이비어니즘 사이에서 오락가락했기 때문이 아니다.

이는 토니나 콜도 별로 다르지 않았다.[20] 이들에 비해 폴라니가 경쟁 관계에 있는 정치 프로젝트—부르주아 급진주의, 아나키즘, 스탈린주의—에 힘을 실어줄 의향이 더 많았기 때문인지 모른다. 이는 그의 연구가 사민주의자—《거대한 전환》을 자본주의의 "독일 모델"에 대한 찬가라고 재해석한 노동당 의원 모리스 글래스먼 같은—뿐만 아니라 사회주의자, 아나키스트, 녹색주의자 등 다양한 청중들에게 호소력을 갖는 이유를 분명히 설명해준다. 심지어 전직 IMF 총재이자 프랑스 사회당 지도자였던 도미니크 스트로스칸 같은 우발성 신자유주의자까지《거대한 전환》을 좋아했다. 이는 젊은 시절 품었던 급진주의에 대한 아련한 향수 때문일까, 성가신 양심을 달래는 데 유용하기 때문일까?[21]

폴라니의 이름이 특정한 전통에 확고히 고정되지 않는다는 점은 참여와 당파성을 의혹의 눈으로 바라보는 시대에는 매력을 더할 뿐이다. 토니와 다른 동료들과는 달리 폴라니는 조직된 정치 프로젝트나 기성의 질서와 타협할 수밖에 없는 정당에 안주하기를 싫어했다. 이런 정서는 폴라니가 "'이 세상을 바로 세우기'를 거절"하는 주인공에 공감하는, 햄릿을 주제로 한 에세이에 암시적으로, 또 한편으로는 웅변처럼 드러난다. 그는 햄릿의 우유부단함은 "어느 때보다 더 비통하게, 싫어하는 세상의 일원이 되기를 두려워하는 마음에 기인한다"고 강조한다.[22] 타락한 왕을 향해 무기를 빼들어 똑같이 타락하는 것과, 신랄한 공격을 꾹 참고 견뎌내면서 무엇 하나 이루지 못하는 것 중에서 어느 쪽이 더 고귀할까?

《햄릿》은 신약성서와 함께 인간의 고통이라는 경험을 다루는 고전 중 하나이며, 폴라니가 이 두 텍스트에 자석처럼 끌린 때는 전쟁에 참전하여 황폐해져 있던 시기였다. 몇 년 뒤 고통에 대한 강조는 시장 체제에 대한 이론에도 들어간다. 마이클 버로이는 폴라니의 이론과 고전적 마르크스주의의 차이를 다루면서 이 점을 강조한 바 있다. 고전적 마르크스주의에서 진보적인 변화의 열쇠를 쥐고 있는 이들은 부정의와 억압의 경험을 지배 세력을 멈춰 세울 집단의 힘과 결합한 피억압 계급이다. 버로이의 해석에 따르면 폴라니에게 이 열쇠는 고난의 영역에 자리 잡았고, 이 고난의 보편성은 공통의 원천인 시장 체제에서 유래한다. 노동자들은 실업, 가난, 저임금 노동환경 때문에, 소작농들은 토지 수탈과 프롤레타리아트화 때문에, 땅이 많은 귀족들은 영지의 질 저하와 값싼 식량의 수입 때문에, 자본가들은 "시장의 무정부 상태"와 갈수록 격해지는 전 지구적 경쟁 때문에 고통받고, 고삐 풀린 시장은 인류에게 환경 재난과 "자유 시간의 식민화"를 초래한다.[23]

여기서 폴라니의 이론에 귀를 기울이는 청중이 점점 늘고 있는 이유에 대한 또 다른 단서를 발견할 수 있을까? 신자유주의 시대에, 시장화에 수반되는 도덕의 타락과 사회 혼란에 대한 혐오가 넘치지만 시장 체제를 해체할 프로젝트들은 패기가 없고, 사민당들은 오래전에 붉은 깃발을 내다 버렸다. 이런 국면에서는 발터 벤야민이 말한 "좌파 멜랑콜리"의 포자들이 멀리 넓게 퍼질 수 있고, "무언의 거부" 분위기는 힘 있는 자들을 꾸짖기는 하지만, 억압받는 자들 사이에서 반란의 정신을 북돋지는 못하고 대신 이견異見의 에너지를 냉소와 자기 연민 혹은 숙명론에 가까운 방식으로 흩어버린다.[24] 폴라니 자신은 냉소주의에 흔들리지 않았지만 최소한 당시 사민주의자들 사이에서 흔히 발견되는 숙명론에 빠지는 경향이 있었다. 민주주의의 여명기에 노동계급이 증가하면 인류의 문명은 사회주의를 향해 가차 없이 나아가리라 생각했던 것이다.[25] 이 명제는 일상에서 우리가 아는 의미의 유토피아적 생각임이 입증되었다. 하지만 만하임이 말한 유토피아는 숙명론과 좌익 멜랑콜리에 대한 해독제 중 하나를 제시한다. 이 유토피아는 집단행동에 영감을 줌으로써 사회 현실을 바꿀 수 있는, 미래 예측과 변화의 힘이 담긴 길잡이 사상이다. 칼 폴라니의 유산은 바로 비시장 유토피아를 옹호하는 행동 속에 살아 있다.

감사의 말

칼 폴라니의 생애와 사상을 추적하면서 나는 호의 넘치는 사람들, 특히 폴라니의 가족과 친구, 제자들에게 큰 도움을 받았다. 특히 몬트리올에서(2006년과 2008년에 다섯 차례), 그리고 전화로(2007~09년에 일곱 차례) 여러 차례 인터뷰에 응했고, 이후 추가 확인을 위해 숱하게 주고받은 이메일과 전화에 기꺼이 답해준 캐리 폴라니-레빗에게 감사의 말을 전한다. 이외에 인터뷰를 통해 내 질문에 친절하게 대답해준 사람들로는 돈 그랜트(2009년 5월 15일 런던에서 인터뷰를 한 뒤 2013년과 2015년에 추가로 자료를 제공했다), 이매뉴얼 월러스틴(2009년 9월 12일 모스크바에 있는 이스트-웨스트라는 상호도 적절한 호텔에서), 이슈트반 메사로시(2010년 12월 12일 런던에서), 에이브러햄 롯스타인(2009년 5월 16일 전화로), 로버트 헐러스(2011년 9월 28일 이메일로), 진 리처즈(2011년 8월 17일 전화로), 미하이 시머이(2008년 12월 11일 몬트리올에서), 그레고리 바움(2009년 1월 11일 전화로), 앤 채프먼(2009년 7월 19일 전화로)이 있다. 내가 이 책을 쓰려고 조사를 하면서 알게 된 사람들 중에서 가장 따뜻하고 매력적인 사람이었던 앤이 2010년에 유명을 달리했다는 소식을 접하고 슬픔을 금치 못했다.

나는 공개되지 않은 방대한 문헌—폴라니 자신과 아내 일로나 두친스카, 그리고 폴라니의 학생과 친구, 지인들이 남긴 회고록, 서신, 에세이의 일부, 책의 주석, 목격담—을 소장한 여러 기록보관소에도 운 좋게 접근할 수 있었다. 참고한 자료 중 상당수가 원래는 독일어와 헝가리어였다. 독일어 자료는 대부분 내가 직접 번역했다. 헝가리어 자료는 애덤 패브리가 거의 전부 번역, 요약해주었고, 일부는 킹가 사타가 해주었다. 폴라니가 워낙 글씨를 휘갈겨 쓴다는 점을 감안하면 이는 결코 쉬운 일이 아니었다. 폴라니를 진료했던 의사마저 그에게 글씨를 좀 알아볼 수 있게 쓰라고 애원했을 정도였다. 애덤과 나는 돋보기를 옆에 놓고 단어가 지렁이처럼 기어다니는 그의 편지들을 두고 끝날 것 같지 않은 고심을 거듭했다.[1] 특히 애덤과 사타 박사에게, 그리고 이들의 노고에 재정 지원을 해준 누필드 재단과 아미엘-멜번 신탁에 무한한 감사의 마음을 전한다. 몬트리올에서 내 호스트였던 마티외와 프레데리크 데니스, 2006년, 2008년, 2010년에 내가 몬트리올에서 체류할 때 비용을 댄 브루넬 대학교의 경영대학, 사회과학대학, 그리고 리프먼-밀리반드 신탁에도 감사의 말을 전한다. 2014년에는 브리티시 아카데미, 빈 대학교, 맥길 대학교, 몬트리올 대학교, 그리고 부다페스트에서 열린 "헝가리평의회공화국: 90주년" 학술대회에서 재정을 지원한 다른 일을 보러 갔다가 운 좋게 몬트리올과 뉴욕을 방문하고, 시카고, 부다페스트, 빈에서 연구를 할 수 있었다.

이 책을 쓰는 동안 나는 많은 사람들의 도움을 받았다. 중부유럽의 유대교도와 공산주의자들, 그리고 영국의 퀘이커 사회주의자들과 다양한 사회민주주의자들 같은, 이 책에서 탐구하는 주요 서사와 주변 환경 등을 소개하여 도움을 준 내 부모님께 감사드린다. 좀 더 직접적으로는 이 책의 초고와 발췌문을 읽어준 친구와 지인들에게 고마움을 전한다. 이들의 논평과 비판 덕분에 책의 정확도와 논지의 일관성이 상당히 개선되었다. 가장 많은 신세를 진 사람들은 원고 전체를 구석구석 다듬어준 캐리 폴라니-레빗, 크리스한, 존 홀이다. 한 챕터씩 논평을 해준 돈 그랜트, 토머스 우에벨, 존 오닐, 샌더 길먼, 세세한 사항에 도움을 준 루스 대넌, 댄 톰킨스, 마티 몰레스키, 스티븐 화이트, 페리 앤더슨, 티보 프랭크, 유디트 서포르, 매슈 그럼리에게도 고마움을 전한다.

내가 이용한 기록물들은 칼 폴라니 아카이브Karl Polanyi Archive/Concordia University, Montreal, 마이클 폴라니 페이퍼스Michael Polanyi Papers/Regenstein Library, University of Chicago, 폴라니 패밀리 페이퍼스Polanyi Family Papers/Orszagos Szechenyi Konyvtar, Budapest, 과학학습보호협회Society for the Protection of Science and Learning/Bodleian Library, Oxford University의 기록물들과, 컬럼비아 대학교 버틀러 도서관Butler Library of Columbia University이 소장하고 있는 칼 폴라니, 오스카르 야시, 로버트 머튼에 대한 세 묶음의 논문들이다. 주석에서 출처와 참고문헌을 밝힐 때 기록보관소의 이름은 머릿글자로 나타내고 여기에 보관함과 폴더를 나타내는 숫자를 덧붙인다. 가령 KPA-23-9는 칼 폴라니 아카이브의 23번 보관함 9번 폴더를 뜻한다. 다른 기록보관소들은 차례대로 MPP, PFP, SPSL, KPP, OJP, RMP로 축약했다. 내게 도움을 준 다섯 곳의 기록 보관 담당자, 그중에서도 특히 칼 폴라니 협회Karl Polanyi Institute의 애나 고메즈Ana Gomez에게 감사의 말을 전한다. 풍부한 원자료라는 큰 혜택을 받았지만, 이걸로 믿을 만한 그림을 엮으려다 보면 어쩔 수 없이 선택, 단편적 증거, 목격자와 해석의 주관성이라는 문제에 맞닥뜨리게 된다. 또한 썼다 지운 흔적이 역력한 문서들을 추적하고, 특정한 진술과 구절을 강조하다 보면 이것이 원저자의 의도보다 더 크게 부각될 위험 역시 피하기 힘들다. 폴라니의 생애와 사상에 대한 관심이 오늘날에도 꺼지지 않고 살아 있음을 감안할 때, 참고문헌에 관한 모든 오류가 하루 빨리 해소되고 해석 방식의 차이를 두고 논쟁이 벌어지기를 기대할 수 있을 것이다.

마지막으로 외래어 맞춤법을 언급해둘 필요가 있다. 영어권에서 인지도가 있는 헝가리인들의 이름은 영어식으로 표기했고, 그외 모든 이름은 헝가리식으로 표기했다.*

* 본 번역서에서는 확인이 가능한 한 원 국적을 밝혀 적는 것을 원칙으로 했다. 단 칼 폴라니와 마이클 폴라니 형제나 카를 만하임처럼 망명 후 활동한 나라에서 사용한 이름이 굳어진 경우에는 그것을 따랐다.

주

* 기록보관소 약어

KPA : Karl Polanyi Archive

MPP : Michael Polanyi Papers

PFP : Polanyi Family Papers

SPSL : Society for the Protection of Science and Learning

KPP : Karl Polanyi Papers

OJP : Oszkár Jászi Papers

RMP : Robert Merton Papers

* 약어를 사용한 문헌 표기는 기록보관소-보관함-폴더 순으로 적었다. 가령 KPA-23-9는 칼 폴라니 아카이브Karl Polanyi Archive의 23번 보관함 9번 폴더를 뜻한다.

서론

1 Ferenc Körmendi, *The Happy Generation*(London: Nicholson & Watson, 1945), 18.

2 Norman Stone, *Europe Transformed, 1878–1919*(London: Fontana Paperbacks, 1983), 303.

3 Karl Mannheim and Ernest Gellner, discussed in Stephen Quilley and Steven Loyal, "Wittgenstein, Gellner, and Elias: From the Philosophy of Language Games to a Figurational Sociology of Knowledge," *Human Figurations* 2, no. 2(2013): 2-9.

4 Mary Gluck, *Georg Lukacs and His Generation, 1900–1918*(Cambridge, Mass.: Harvard University Press, 1985), 73.

5 한번은 영국에서 소득 신고서를 준비하던 폴라니가 내국세 세무청이 자신에게 유리한 쪽으로 계산을 잘못 했다는 결론을 내리고는 "자신이 내야 한다고 생각한 얼마 안 되는 추가 금액"을 돌려주겠다고 고집한 일이 있었다(Kari Polanyi-Levitt, interview, December 2008). 폴라니가 늘 일관성이 있었던 것은 아니지만, 이는 그의 기질로 보아 있을 법한 일이다. 가령 1954년 미국사회보장국은 폴라니에게 약 1,000달러를 더 많이 지급했다고 주장했다. 그는 거의 1년에 걸쳐 수십 통의 편지와 진술서를 보내면서 집요하게 싸웠고, 로펌까지 끌어들였다. 포드 재단의 돈으로 지급된 컬럼비아 대학교의 봉급은 엄밀히 말해서 봉급이라고 볼 수 없고, 따라서 과세소득이 아니라는 것이었다. 하지만 그는 재판에 졌다(KPA-49-5, Polanyi's correspondence from 1956; KPA-30-12, D. J. Plitz, 1963, to Karl Polanyi[n.d.]). 헨리 포드가 상속세를 내지 않으려고 이 재단을 만들었다는 점을 고려하면 참 아이러니한 일이다.

6 Otto Bauer, *Werkausgabe*, vol. 2(Vienna: Europa Verlag, 1976), 329.

7 가령 Ross Terrill, *R.H. Tawney and His Times: Socialism as Fellowship*(Cambridge, Mass.: Harvard University Press, 1973), 128.

8 Georg Lukacs, "The Standpoint of the Proletariat," in *History and Class Consciousness*(London: Merlin, 1967[1919-1923]), 63-95. 다음도 보라. Jan Rehmann, Theories of Ideology: The Powers of Alienation and Subjection (Leiden: Brill, 2013), 80.

9 Karl Mannheim, *Man and Society in an Age of Reconstruction*(London: Routledge, 1940), 157.

10 Michael Polanyi, *Personal Knowledge: Towards a Post-Critical Phil-*

osophy(London: Routledge & Kegan Paul, 1958).

11 Jefferson Pooley, "An Accident of Memory: Edward Shils, Paul Lazarsfeld and the History of American Mass Communication Research"(D.Phil., Columbia University, 2006), 130.

12 Michael Polanyi, *The Tacit Dimension*(Garden City, N.Y.: Doubleday, 1966), 86.

13 Karl Polanyi, *The Great Transformation: The Political and Economic Origins of Our Time*(Boston: Beacon, 2001), 102.

14 KPA-17-24, Karl Polanyi, "Rise and Decline of the Profit Motive," London Cooperative Society Weekend School.

15 Blaise Bachofen, "Why Rousseau Mistrusts Revolutions: Rousseau's Paradoxical Conservatism," in *Rousseau and Revolution*, ed. Holger Ross Lauritsen and Mikkel Thorup(London: Continuum, 2011), 35-61.

16 최근에는 정치철학자 루스 그랜트가 자신의 저작에서 이 통찰력을 진전시켰다. Ruth Grant, *Strings Attached: Untangling the Ethics of Incentives*(Princeton, N.J.: Princeton University Press, 2011).

17 Ernest Gellner, *Nations and Nationalism*(Ithaca, N.Y.: Cornell University Press, 1983). '거대한 도랑' 이론에 대한 비판은 다음을 보라. Bruno Latour, *We Have Never Been Modern*(Cambridge, Mass.: Harvard University Press, 1993).

18 KPA-51-2, Karl Polanyi to George, August 6, 1960.

19 MPP-17-12, Karl Polanyi to Misi(Michael), January 21, 1957.

20 2013년 9월, 도널드 그랜트가 타자기로 작성한 회고록을 저자에게 보여주었다.

21 William Scott and Martin Moleski, *Michael Polanyi: Scientist and Philosopher*(Oxford: Oxford University Press, 2005), 9.

22 Peter Drucker, *Adventures of a Bystander*(New York: John Wiley, 1994[1978]), 134.

23 Collini, cited in Denys Leighton, *The Greenian Moment: T.H. Green, Religion and Political Argument in Victorian Britain*(Exeter: Imprint Academic, 2004), 28. 다음도 보라. Peter Thomas, *The Gramscian Moment*(Leiden: Brill, 2009), 128.

24 Godesberg Programme of the SPD, November 1959, http://germanhistorydocs.ghi-dc.org/docpage.cfm?docpage_id=3341.

25 KPA-30-2, Karl Polanyi to Bé de Waard, January 6, 1958.

1장 동서 살롱에서

1 SPSL-536-1, Karl Polanyi to Walter Adams, March 31, 1934.

2 가령 PFP-212-28에 있는 편지지 상단의 인쇄 문자를 보라. "폴러체크 가문은 18세기에 왕실의 재산을 빌려 사업을 했던 부유한 지방 사람들이었다." Jean Richards, e-mail to the author, May 28, 2013.

3 Kari Polanyi-Levitt, telephone interview, November 2008.

4 Péter Hanák, *The Garden and the Workshop: Essays on the Cultural History of Vienna and Budapest*(Princeton, N.J.: Princeton University Press, 1998), 12-17.

5 Gábor Gyáni, "Bürgerliches Heim und Interieur in Budapest," in *Bürgerliche Wohnkultur des Fin de Siècle in Ungarn*, ed. Péter Hanák(Vienna: Böhlau, 1994), 45-89.

6 Arthur Koestler, *Arrow in the Blue*(London: Hutchinson, 1983[1952]); Georg Lukacs, *Record of a Life: An Autobiographical Sketch*(London: Verso, 1983).

7 KPA-30-1, Karl Polanyi, "Biographical Information," 1940-1984.

8 KPA-56-1, Mihály to Cecile, May 27, 1898. 다음도 보라. PFP-212-55, Mihály to Cecile, July 12, 2003.

9 János Gyurgyák, ed., *Karl Polanyi, 1886–1964*(Budapest: Fövárosi Szabó Ervin Könyvtár, 1986).

10 Tibor Frank, "The Social Construction of Hungarian Genius(1867-1930)," background paper for "Budapest: The Golden Years: Early Twentieth Century Mathematics Education in Budapest and Lessons for Today," von Neumann Memorial Lectures, Princeton University, 2007, www.franktibor.hu/index.html?hu_uj_kozl.html, 42.

11 Theodore von Kármán, Frank, "Hungarian Genius," 44에서 인용.

12 PFP-212-324, Polanyi to Mama(n.d.).

13 PFP-212-34, Cecile to Lieber Papa(n.d.); Kari Polanyi-Levitt, interviews, Montreal, December 2008.

14 PFP-212-34, Cecile to Lieber Papa(n.d.).

15 1905년 가족들은 베치우트처에 있는 좀 더 중심지에 가까운 곳으로 이사했다. KPA-30-1, Karl Polanyi, "Biographical Information," 1940-1984.

16 KPA-59-2, Karl Polanyi to Kari and Joe, January 25, 1962.

17 MPP-17-12, Karl Polanyi to Michael, January 11, 1952.

18 KPA-59-2, Karl Polanyi to Kari, January 9, 1961.

19 KPA-59-8, Karl Polanyi to Misi, July 11, 1947.

20 KPA-59-2, Karl Polanyi to Kari, January 8, 1960.

21 Kari Polanyi-Levitt, telephone interview, March 2009.

22 Ilona Duczynska, "'I first met Karl Polanyi in 1920,'" in *Karl Polanyi in Vienna: The Contemporary Significance of the Great Transformation*, ed. Kari Polanyi-Levitt and Kenneth McRobbie(Montreal: Black Rose, 2000), 303.

23 Georgi Derluguian, "The Lessons of Communism," in Immanuel Wallerstein, Randall Collins, Michael Mann, Georgi Derluguian, and Craig Calhoun, *Does Capitalism Have a Future?*(Oxford: Oxford University Press, 2013), 99-130.

24 KPA-47-15, Karl Polanyi to E. D. Simon, June 12, 1945.

25 KPA-48-5, Karl Polanyi to Oscar Jaszi, October 27, 1950. 여러 면에서 웨브와 폴라니의 성장 환경은 상당히 달랐다. 다음을 보라. John Hall, "The Roles and Influence of Political Intellectuals: Tawney vs Sidney Webb," *British Journal of Sociology* 28, no. 3(1977): 351-362.

26 MPP-17-12, Karl to Michael, January 11, 1952.

27 Eva Zeisel, William Scott and Martin Moleski, *Michael Polanyi: Scientist and Philosopher*(New York: Oxford University Press, 2005), 7에서 인용.

28 PFP-212-28, 다양한 편지지 상단 인쇄 문자들. 헝가리의 "위대한 세대"에 속하는 또 다른 인물인 졸탄 코다이 역시 관련 음악 교수법에서 확인할 수 있듯 달크로즈의 영향을 받았고, 달크로즈의 유리드믹스는 체칠레의 큰 딸 러우러가 운영했던 유치원의 교육과정에 있었다. Scott and Moleski, *Polanyi*, 29.

29 Tibor Frank, *Double Exile: Migrations of Jewish-Hungarian Professionals through Germany to the United States, 1919–1945*(Oxford: Peter Lang, 2008).

30 PFP-212-324, Karl Polanyi to Mama(n.d.).

31 Arpad Kadarkay, *Georg Lukacs: Life, Thought and Politics*(Oxford: Blackwell, 1991), 89에서 인용.

32 Tibor Frank, "'All Modern People Are Persecuted': Intellectual Exodus and the Hungarian Trauma, 1918-1920," in *The numerus clausus in Hungary: Studies on the First Anti-Jewish Law and Academic Anti-Semitism in Modern Central Europe*, ed. Victor Karady and Peter Tibor Nagy(Budapest: Pasts Inc. Centre for Historical Research, History Department of the Central European University,

2012).

33 PFP-212-68, Correspondence.

34 PFP-212-28, Cecile to Laura(n.d.); PFP-212-14, Cecile to Lieber Freund(n.d.).

35 PFP-212-14, Cecile to Lieber Freund(n.d.).

36 Judith Szapor, *The Hungarian Pocahontas: The Life and Times of Laura Polanyi Stricker, 1882–1959*(Boulder, Colo.: East European Monographs, 2005), 52.

37 PFP-212-68, Cecile Polanyi, "Kunst und Psychoanalise[sic]"(n.d.); Szapor, *Pocahontas*, 52.

38 Francis Dunlop, *The Life and Thought of Aurel Kolnai*(Aldershot, U.K.: Ashgate, 2002), 56. 다음도 보라. MPP-17-11, Karl Polanyi to Michael, June 14, 1944.

39 Kari Polanyi-Levitt, interview, Montreal, December 2008.

40 KPA-56-1, Mihály to Cecile, May 27, 1898.

41 KPA-48-5, Polanyi to Jaszi, October 27, 1950.

42 Karl Polanyi to Lukacs, in Georg Lukacs, *Selected Correspondence*(New York: Columbia University Press, 1986), 194.

43 KPA-17-20, Karl Polanyi, "British Characteristics," Canterbury(1939).

44 Karl Polanyi, "'Free trade!'"["Szabadkereskedelmet!"], *Bécsi Magyar Újság*, November 2, 1922.

45 MPP-17-12, Karl to Michael, January 11, 1952.

46 KPA-48-5, Polanyi to Jaszi, October 27, 1950.

47 KPA-50-4, Karl Polanyi to George, April 23, 1959.

48 KPA-29-9, Felix Schafer, "Memoirs"(1944-1966), 40. 나는 폴라니를 따라 Schaffer가 아니라 Schafer라고 쓸 것이다.

49 KPA-21-18, Karl Polanyi, "Wealth"(n.d.). 시장사회와 "원시사회"의 대립으로 제시된, 부의 사회적 구성에 대한 그의 고찰을 좀 더 자세히 풀어 설명해보자. 시장사회에서 부는 개인들이 가지고 있는 "유용한 재화들"로 구성된다. 단, "이 재화들은 희소하고 교환 가능"해야 한다. 이때 부를 존중하는 이유는 무엇보다 소유자가 다른 사람들에 비해 금전 혹은 다른 권력을 갖고 있을 가능성이 크기 때문이다. 이 사실로 인해 재화는 "경쟁과 차별화라는 의미"가 담기고 "만일 내일 모든 재화가 너무 많아지면 모든 사람이 재화를 가질 수 있어서 교환관계가 더 이상 성립하지 않게 되기에 이는 더 이상 부가 아니게 될 것이다". 반대로 "원시사회에서 부는 사회 구성원이 될 역량을 갖춘 개인들

이 이런저런 종류의 감정들을" 자극하는 생계와 관계없는 무용한 사치품들을 "과시하거나, 의식에 따라 조작하거나, 사람들에게 돌리는 행동" 속에 있다. 이런 사회에서 부를 존중하는 이유는 주로 부가 사회의 응집력에 기여하기 때문이다. 모든 재화가 아무리 남아돈다 해도, 공동체의 관점에서 그것은 여전히 부로서 의미가 있을 것이다.

50 Paul Ignotus, "The Hungary of Michael Polanyi," in *The Logic of Personal Knowledge*, ed. Paul Ignotus et al.(London: Routledge, 1961), 3–12.

51 KPA-47–4, Karl Polanyi to Werte Genosse, 1927; Karl Polanyi, "Die neue Internationale," in *Chronik der großen Transformation*, vol. 1, ed. Michele Cangiani and Claus Thomasberger(Marburg: Metropolis, 1925).

52 KPA-55–6, Kari Polanyi-Levitt to Louis Dumont, December 14, 1983. 여기서 그의 태도는 칼 포퍼와 유사했다. 칼 포퍼는 "나 자신을 '동화된 유대인'으로 여기지 않았다…… '퓌러'[나치 독일의 총통]라면 나를 그렇게 생각했겠지만 말이다." Malachi Hacohen, "Dilemmas of Cosmopolitanism: Karl Popper, Jewish Identity, and 'Central European Culture,' "*Journal of Modern History* 71, no. 1(1999): 147.

53 [역사학자] 야노시 주르자크János Gyurgyák는, 칼 폴라니가 1904년에 개명 신청을 해서 받아들여졌지만, 미하이의 사망 신고서(1905)에는 모든 자녀들의 이름에 아직 폴러체크라는 성이 남아 있고, 러우러는 1912년까지 이를 바꾸지 않았다고 주장한다. 1907년에 칼이 처음으로 발표한 논문에 찍힌 성이 폴라니였다. 딸 캐리의 세례 증명서(1923, KPA-47-11)에 폴라니는 "개혁 종교"의 지지자라고 적혀 있다.

54 Frank, "Hungarian Genius," 29.

55 KPA-55–6, Kari Polanyi-Levitt to Louis Dumont, December 14, 1983.

56 Thomas Bender and Carl Schorske, "Introduction: Budapest and New York Compared," in *Budapest and New York: Studies in Metropolitan Transformation, 1870–1930*, ed. Thomas Bender and Carl Schorske(New York: Russell Sage Foundation, 1994), 17; Hanák, *Garden and Workshop*, 52.

57 PFP-212–326, Karl Polanyi to Misi, October 21, 1959.

58 PFP-212–326, Karl(1959) to Misi, October 21, 1959. 사실 헝가리인과 아시케나지 유대인[원래는 독일을 중심으로 거주하다가 이후 동유럽 등 비독일 지역으로 이주하여 정착하게 된 유대인들]은 하자르족 영역에서 거의 동일한 뿌리를 공유했다. 다음을 보라. Shlomo Sand, *The Invention of the Jewish People*(London: Verso, 2009), 214, 225, and Arthur Koestler, cited in Sand, *Invention of the Jewish People*, 239.

59 Oskar Jaszi, *Der Zusammenbruch des Dualismus und die Zukunft der Donaustaaten*(Vienna: Manzsche Verlags-und Universitäts-Buchhandlung, 1918), 18.

60 Robert Bideleux, "In Lieu of a Conclusion: East Meets West?," in *European Integration and Disintegration: East and West*, ed. Robert Bideleux and Richard Taylor(London: Routledge, 1996), 287.

61 George Mosse, paraphrased in Steven Aschheim, *Brothers and Strangers: The East European Jew in German and German Jewish Consciousness, 1800–1923*(Madison: University of Wisconsin Press, 1982), 7.

62 Abram Leon, *The Jewish Question: A Marxist Interpretation*, 1946, www.marxists.de/religion/leon/.

63 Aschheim, *Brothers and Strangers*, 5.

64 Aschheim, *Brothers and Strangers*, 11.

65 Michael Meyer, "German Jewry's Path to Normality and Assimilation: Complexities, Ironies, Paradoxes," in *Towards Normality? Acculturation and Modern German Jewry*, ed. Rainer Liedtke and David Rechter(Tübingen: Mohr Siebeck, 2003), 18.

66 Aschheim, *Brothers and Strangers*, 6.

67 19세기 말에 헝가리에서 전체 유대인의 비율은 인구의 5퍼센트였지만 사업가의 54퍼센트, 은행가와 대부업자의 43퍼센트, 변호사의 45퍼센트가 유대인이었다. Mary Gluck, *Georg Lukacs and His Generation, 1900–1918*(Cambridge, Mass.: Harvard University Press, 1985), 58.

68 Frank, *Double Exile*, 43에서 인용.

69 Peter Pulzer, *The Rise of Political Anti-Semitism in Germany and Austria*(London: Peter Halban, 1988), 132.

70 Karl Polanyi, "Count Michael Károlyi," *Slavonic and East European Review* 24, no. 63(1946): 93.

71 György Enyedi and Viktória Szirmai, *Budapest: A Central European Capital*(London: Belhaven Press, 1992), 67.

72 Pulzer, *Political Anti-Semitism*, 132.

73 하지만 이중 일부(가령 마이클)는 나중에 자신을 헝가리인으로 여기지 않게 된다. Stefania R. Jha, *Reconsidering Michael Polanyi's Philosophy*(Pittsburgh: University of Pittsburgh Press, 2002), 263.

74 Polanyi, "Count Michael Károlyi," 94.

75 Hanák, *Garden and Workshop*, 58.

76 Hanák, *Garden and Workshop*, 48.

77 Kati Vöros, "The 'Jewish Question,' Hungarian Sociology and the Normalization of Antisemitism," *Patterns of Prejudice*, 44, no. 2(2010): 137 – 160.

78 Vöros, "Jewish Question."

79 Eleonore Kofman, "Figures of the Cosmopolitan," *Innovation: The European Journal of Social Science Research* 18, no. 1(2005): 85 – 99.

80 Vöros, "Jewish Question."

81 Enzo Traverso, *Understanding the Nazi Genocide: Marxism after Auschwitz* (London: Pluto, 1999), 1.

82 Slavoj Zizek, *The Parallax View*(Cambridge, Mass.: MIT Press, 2006), 254.

83 Aschheim, *Brothers and Strangers*, 79.

84 Aschheim, *Brothers and Strangers*, 36.

85 예를 들어 1917년에 한 친구에게 밝힌 로자 룩셈부르크의 생각을 살펴보자. "너는 어째서 유대인이라는 너의 특수함에서 오는 슬픔에서 벗어나지 못하는 거니? 나는 푸투마요 고무 플랜테이션의 비참한 피해자들이나, 유럽인들이 그 신체를 가지고 캐치볼을 하는 아프리카 니그로들에게도 똑같이 친밀함을 느껴. 게토라고 해서 내 심장에 별도의 공간이 있지는 않아. 나는 구름과 새들과 인간의 눈물이 있는 곳이기만 하면 이 세상 어디서든 편안함을 느껴." Natan Sznaider, "Hannah Arendt's Jewish Cosmopolitanism: Between the Universal and the Particular," *European Journal of Social Theory* 10, no. 1(2007): 116에서 인용.

86 Aschheim, *Brothers and Strangers*, 20.

87 Sander Gilman, *Jewish Self-Hatred: Anti-Semitism and the Hidden Language of the Jews*(Baltimore: Johns Hopkins University Press, 1986).

88 Oscar Jaszi, *Revolution and Counter-Revolution in Hungary*(London: P. S. King, 1924), 123.

89 Vöros, "Jewish Question," 157.

90 폴라니는 이렇게 덧붙인다. "오늘날의 니그로들처럼, 아주 오래전 유대인들은 자신들의 해방을 점진적으로 의식하게 되었다." "The legacy of the Galilei Circle"[A Galilei Kör hagyatéka], in *Fasizmus, demokrácia, ipari társadalom*(Budapest: Gondolat Kiadó, 1986), 193 – 214.

91 Karl Polanyi, The *Legacy of the Galilei Circle*(Fasizmus, demokrácia, ipari társadalom(Budapest: Gondolat Kiadó, 1986), 193 – 214.

92 폴라니가 1914년에는 무신론자였다는 사실은 《자유 사상*Szabadgondolat*》에 실린 당시의 다양한 글에서 엿볼 수 있다.

93 KPA-1-10, Karl Polanyi, "Credo and Credulity,"[Hit és hiszékenység], *Szabadgondolat* 1, no. 5(1911): 159-162.

94 Kari Polanyi-Levitt, telephone interviews, November 2007 and December 2008.

95 Kari Polanyi-Levitt, telephone interview, November 2007.

96 Jonathan Parry, "The Gift, the Indian Gift, and the 'Indian Gift,'" *Man* 21, no. 3(1986): 469.

97 Parry, "Indian Gift," 458.

98 Parry, "Indian Gift," 466.

99 Marcel Mauss, *The Gift: The Form and Reason for Exchange in Archaic Societies* (London: Routledge, 1990[1924]).

100 말년에 폴라니는 스미스를 "공동체의 성장은 개인의 자기이익에서 출발한다고 보는 사악한 역설"을 초래한 "치명적인 오류"를 공동으로 범했지만, 이 점을 빼면 "마음이 고결한 사람"이라고 생각했다. "이 주장은 이 세상을 무한한 물질적 풍요 속에 빠뜨리는 한편, 서구인들에게 자동적인 부도덕의 메커니즘을 풀어놓았다." Polanyi, "Legacy of the Galilei Circle"; KPA-15-8, Karl Polanyi, Lecture notes, "Government and Industry," University of London(1943-1944); KPA-31-15, Karl Polanyi, Research Proposal no. 1, Columbia University.

101 Michael Löwy, *Redemption and Utopia: Jewish Libertarian Thought in Central Europe*(London: Athlone Press, 1992), 33.

102 KPA-37-8, Karl Polanyi, "The Galilei Circle Fifty Years On"[A Galilei Kör otven év távlatából], 1958.

103 Löwy, *Redemption*, 37.

104 Löwy, *Redemption*, 37에서 인용.

105 Löwy, *Redemption*, 32.

106 아인슈타인은 "영구적인 주변성의 상태에서 살았던 전형적인 주변인"으로 묘사되었고, 카프카는 여러 가지 의미에서 이방인이었다. 체코인들 사이에서 독일어로 말하는 사람이었고, 독일인들 사이에서는 유대인이었으며, 노동자들 사이에서는 부르주아였고, 유대인들 사이에서는 무관심한 인간이었다. Hanák, *Garden and Workshop*, 160.

107 Veblen, Hanák, *Garden and Workshop*, 176에서 인용.

108 Gluck, *Georg Lukacs*, 8.

109 Isaac Deutscher, *The Non-Jewish Jew and Other Essays*(Oxford: Oxford University Press, 1968).

110 John Lukacs, *Budapest 1900: A Historical Portrait of a City and Its Culture*

(London: Weidenfeld, 1993), 183.

111 Zoltán Horváth, *Die Jahrhundertwende in Ungarn: Geschichte der zweiten Reformgeneration(1896–1914)*(Budapest: Corvina Verlag, 1966), 141.

112 KPA-37-8, Polanyi, "The Galilei Circle Fifty Years On."

113 Lukacs, *Selected Correspondence*, 39.

114 Polanyi, cited in Kadarkay, *Georg Lukacs*, 62.

115 Hanák, *Garden and Workshop*, 80에서 인용.

116 Hanák, *Garden and Workshop*, 84에서 인용.

117 Andrew Janos, *The Politics of Backwardness in Hungary, 1825–1945* (Princeton, N.J.: Princeton University Press, 1982), 172.

118 Horváth, *Die Jahrhundertwende*, 238에서 인용.

119 KPA-56-4, Karl Polanyi to Ady, February 2, 1909.

120 KPA-56-4, Polanyi to Ady, February 2, 1909; Gyurgyák, *Karl Polanyi*.

121 Ignotus, "Hungary of Michael Polanyi," 10.

122 폴라니가 처음으로 발표한 논문의 주제는 블룸즈버리 그룹과 페이비언협회에 모두 속했던 몇 안 되는 지식인인 조지 버나드 쇼였다.

123 Ferenc Múcsi, "The Start of Karl Polanyi's Career," in *The Life and Work of Karl Polanyi*, ed. Kari Polanyi-Levitt(Montreal: Black Rose, 1990), 27.

124 Jaszi, *Revolution and Counter-Revolution*, 25.

125 David Kettler, Volker Meja, and Nico Stehr, *Karl Mannheim*(London: Ellis Horwood and Tavistock Publications, 1984), 22-24.

126 Rudolf Tökés, *Béla Kun and the Hungarian Soviet Republic: The Origins and Role of the Communist Party of Hungary in the Revolutions of 1918–1919* (New York: Praeger, 1967), 19.

127 Ignotus, "Hungary of Michael Polanyi," 6.

128 Eduard Bernstein, *Evolutionary Socialism*(1899), chap. 3, www.marxists.org/reference/archive/bernstein/works/.

129 Janos, *Politics of Backwardness*, 187.

130 György Litván, "A Moralist Revolutionary's Dilemma: In Memory of Ervin Szabó," *Radical History Review* 24(Fall 1980): 77-90.

131 Ervin Szabó, *Socialism and Social Science*, ed. György Litván and János Bak(London: Routledge, 1982).

132 Szabó, *Socialism*, 136.

133 Tökés, *Béla Kun*, 10.

134 Szabó, *Socialism*, 183.

135 KPA-1-50, Karl Polanyi, Untitled text, September 21, 1918; Litván, "Revolutionary's Dilemma"; Janos, *Politics of Backwardness*, 187.

136 KPA-1-6, Karl Polanyi, "The Crisis of Our Ideologies"[Nézeteink válsága], *Huszadik Század* 11, no. 1-2(1910): 125-127.

137 Karl Polanyi, "Der geistesgeschichtliche Hintergrund des Moskauer Prozesses," in *Chronik der großen Transformation*, vol. 3, ed. Michele Cangiani, Kari-Polanyi Levitt, and Claus Thomasberger(Marburg: Metropolis, 2005), 67.

138 KPA-1-11, Karl Polanyi "On the Destructive Turn"[A destruktiv irányról], *Szabadgondolat*, 1, no. 6(1911): 195-197.

139 Lukacs, Michael Löwy, *Georg Lukacs: From Romanticism to Bolshevism* (London: Verso, 1979), 85에서 인용.

140 Lukacs, *Budapest 1900*, 197.

141 György Litván, *A Twentieth-Century Prophet: Oscár Jászi, 1875-1957* (Budapest: Central European Press, 2006), 16.

142 George Monbiot, "Millionaires and Corporations Are Using Tax Breaks to Help Sway Public Opinion"(2011), www.guardian.co.uk/commentisfree/2011/oct/17/millionaires-corporations-tax-breaks-sway-opinion.

143 Herbert Spencer, *The Man versus the State*(Harmondsworth, U.K.: Penguin, 1969[1884/1892]). 말년에 폴라니는 스펜서를 "빈 학파에서 열매를 맺은 사상의 선구자"라고 일컫곤 했다. KPA-8-12, Karl Polanyi, "Notes on readings"(1934-1946).

144 Spencer, *Man versus State*.

145 Kettler et al., Karl Mannheim, 20; Horváth, *Die Jahrhundertwende*, 135.

146 Gluck, *Georg Lukacs*, 88.

147 Gluck, *Georg Lukacs*, 104.

148 Janos, *Politics of Backwardness*, 185.

149 Homi Bhaba, *The Location of Culture*(London: Routledge, 2012), 192에서 인용.

150 Jha, *Polanyi's Philosophy*, 6.

151 PFP-212-324, Karl to Cecile and his siblings(n.d.).

152 KPA-30-1, Karl Polanyi, "Biographical Information," 1940-1984; Scott and Moleski, *Polanyi*, 8.

153 KPA-59-2, Karl to Kari, January 9, 1961.

154 KPA-29-9, Schafer, Felix "Memoirs," 8, 1944-1966.

155 Kari Polanyi-Levitt, interview, December 2008.

156 KPA-18-35, Karl Polanyi, "Nationalism and Internationalism"(n.d.).

157 David Harvey, "Cosmopolitanism and the Banality of Geographical Evils," Public Culture 12, no. 2(2000): 535.

158 Cf. Hacohen, "Dilemmas of Cosmopolitanism."

159 KPA-1-50, Karl Polanyi, "The Resurrection of Jesus"[Jézus feltámadása], *Bécsi Magyar Újság*, April 5, 1923.

160 Karl Polanyi, "The Essence of Fascism," in Christianity and the Social Revolution, ed. John Lewis, Karl Polanyi, and Donald Kitchin(London: Gollancz, 1935), section IV.

161 KPA-1-50, Polanyi, "Resurrection of Jesus." 여기서 폴라니는 종교적 신념의 역할을 과장한다. 가령 고대 그리스 철학 같은 비종교 전통들에도 인류의 도덕적인 통합에 대한 생각이 담겨 있었다.

162 KPA-1-50, Polanyi, "Resurrection of Jesus."

163 KPA-45-6, Rotstein, "Weekend Notes," 1957.

164 KPA-21-2, Karl Polanyi(1936), "Xtianity and the New Social Order."

165 KPA-1-50, Polanyi, "Resurrection of Jesus."

166 KPA-21-2, Polanyi, "Xtianity and the New Social Order."

167 Abe Rotstein, telephone interview, May 16, 2009.

2장 전쟁의 십자가를 지고

1 János Gyurgyák, ed., *Karl Polanyi, 1886–1964*(Budapest: Fövárosi Szabó Ervin Könyvtár, 1986).

2 KPA-29-10, Felix Schafer, "Karl Polanyi's Life in Vienna," 1973-1974, 34.

3 Paul Ignotus, "The Hungary of Michael Polanyi," in *The Logic of Personal Knowledge*, ed. Paul Ignotus et al.(London: Routledge, 1961), 3-12.

4 KPA-23-6, Karl Polanyi, "Answers to Random Questions"[Válasz elszórt kérdésekre]; KPA-29-9, Felix Schafer, "Memoirs," 1944-1966, 42.

5 이 자격시험은 오늘날의 석사학위 과정과 비슷하다. 다음을 보라. KPA-56-7, Böske Révész, Excerpt from a letter to Lukacs, July 2, 1909. (크리스 한을 통해) 상세하게

설명해준 미하이 샤르카니Mihály Sárkány에게 감사의 말을 전한다.

6 Gyurgyák, *Karl Polanyi*.

7 MPP-17-1, Karl Polanyi to Misi, February 7, 1914.

8 SPSL-536-1, Polanyi to Adams, March 31, 1934.

9 William Scott and Martin Moleski, *Michael Polanyi: Scientist and Philosopher* (Oxford: Oxford University Press, 2005), 20.

10 Scott and Moleski, *Polanyi*, 20.

11 KPA-56-7, excerpts from letters from Édit Hajós to Lukacs(December 26, 1909), Pal Ligeti to Lukacs(April 29, 1910), and Édit Hajós to Lukacs(February 11, 1910).

12 KPA-56-7, Böske Révész, excerpt from a letter to Lukacs, January 3, 1910.

13 KPA-56-7, Henrik Herz, excerpt from a letter to Lukacs, June 7, 1910.

14 셰이들레르는 벨러 벌라스와의 짧은 연애가 끝나고, 곧이어 루카치와의 로맨틱한 우정에 금이 간 후에 목숨을 끊었다. 다음을 보라. KPA-56-6, Karl Polanyi to Georg Lukacs, January 31, 1912; Agnes Heller and Etti de Laczay, "Georg Lukacs and Irma Seidler," *New German Critique* 18(autumn 1979): 74-106. 1900년대 말에 막냇동생 파울을 잃은 일도 폴라니를 고통스럽게 했다. 심각한 장애를 안고 태어난 파울은 아주 어릴 때 기관에 수용되었다. 가족 내에서는 파울의 운명에 대해서는 절대 입에 올리지 않았다. Scott and Moleski, *Polanyi*, 12.

15 KPA-56-6, Karl Polanyi to Lukacs, March 20, 1914.

16 KPA-56-7, Édit Hajós, excerpt from a letter to Lukacs, February 11, 1910.

17 KPA-30-1, Karl Polanyi, "Biographical Information," 1940-1984.

18 MPP-17-1, Bé to Karl, July 11, 1913(?).

19 MPP-17-1, Karl to Misi, February 7, 1914.

20 KPA-56-7, Excerpts from letters from Édit Hajós to Lukacs, December 26, 1909 and February 11, 1910.

21 Scott and Moleski, *Polanyi*, 14.

22 KPA-56-6, Cecile to Lukacs(n.d.).

23 Scott and Moleski, *Polanyi*, 15.

24 Judit Szapor, conversation with the author, Montreal, October 2010.

25 PFP-212-326, Karl to Misi, October 21, 1959; PFP-212-326, Karl Polanyi to Misi, March 4, 1961. 하지만 마이클이 자식의 역할을 받아들였다는 증거는 거의 없다.

26 MPP-17-12, Karl Polanyi to Misi, March 4, 1961.

27 Endre Nagy, "After Brotherhood's Golden Age: Karl and Michael Polanyi," in *Humanity, Society and Commitment: On Karl Polanyi, ed. Kenneth McRobbie* (Montreal: Black Rose, 1994), 81－112.

28 PFP-212－326, Karl to Misi, October 21, 1959.

29 KPA-1－39, Karl Polanyi, "The Galilei Circle: A Balance Sheet"[A Galilei Kör mérlege], *Korunk*, June 1929, 1－4.

30 Karl Polanyi, "The Legacy of the Galilei Circle"[A Galilei Kör hagyatéka], in *Fasizmus, demokrácia, ipari társadalom*(Budapest: Gondolat Kiadó, 1986), 193－214.

31 KPA-30－1, Karl Polanyi, "Curriculum Vitae"(n.d.); KPA-37－8, Karl Polanyi, "The Galilei Circle Fifty Years On"[A Galilei Kör otven év távlatából], 1958.

32 Ferenc Múcsi, "The Start of Karl Polanyi's Career," in *The Life and Work of Karl Polanyi*, ed. Kari Polanyi-Levitt(Montreal: Black Rose, 1990), 27.

33 SPSL-536－1, Polanyi to Adams, March 31, 1934.

34 Oscar Jaszi, *Revolution and Counter-Revolution in Hungary*(London: P. S. King, 1924), 25.

35 KPA-1－39, Polanyi, "The Galilei Circle: A Balance Sheet."

36 KPA-48－5, Polanyi to Jaszi, October 27, 1950.

37 KPA-30－1, Polanyi, "Biographical Information."

38 Ignotus, "Hungary of Michael Polanyi," 11.

39 SPSL-536－1, Karl Polanyi to Zoe Fairfield, March 24, 1934.

40 KPA-1－3, Karl Polanyi, "Culture—Pseudo-Culture"[Kultura—álkultura], *Szocializmus Szemle* no. 5(1909－1910): 238－240.

41 폴라니는 "자신의 위치를 일원론 쪽에 두는" 독일 지식인—그는 프란츠 오펜하이머를 언급한다—의 수에도 큰 감명을 받았다. 이는 "엄밀한 비판에 가장 유순한" 시스템이다. 그러므로 "우리 자유 사상가들은" 그것을 최고의 시스템으로 간주한다. KPA-1－22, Karl Polanyi, "Books"[Könyvek], *Szabadgondolat* 4, no. 1(1914).

42 Wilhelm Ostwald, *Gegen den Monismus*(Leipzig: Verlag Unesma, 1913), esp. 54.

43 Friedrich Adler, *Ernst Machs Ueberwindung des mechanischen Materialismus* (Vienna: Wiener Buchhandlung, 1918), 24.

44 Ernst Mach, *Die Analyse der Empfi ndungen und das Verhältnis des Physischen zum Psychischen, Neunte Auflage*(Jena: Gustav Fischer, 1922[1897]), 13－14.

45 KPA-23-6, Polanyi, "Answers to Random Questions."

46 KPA-1-3, Polanyi, "Culture—Pseudo-Culture."

47 KPA-1-51, Karl Polanyi, "The Discovery of the Three Holy Scripts"[A három Szentirás felfedezése]; KPA-1-5, Karl Polanyi, "The Importance of Orthodoxy" [Az orthodoxia fontosságáról], Renaissance 8, no. 25(1910): 707-712; G. K. Chesterton, *Heretics*(Peabody, Mass.: Hendrickson, 2007[1905]), chapter 1.

48 KPA-1-10, Karl Polanyi, "Credo and Credulity,"[Hit és hiszékenység], *Szabadgondolat* 1, no. 5(1911).

49 KPA-1-6, Karl Polanyi, "The Crisis of Our Ideologies"[Nézeteink válsága], *Huszadik Század* 11, no. 1-2(1910): 125-127.

50 M. Constantinescu et al., "Zur nationalen Frage in Österreich-Ungarn(1900-1918)," in *Die nationale Frage in der Österreichisch-U ngarischen Monarchie 1900–1918*, ed. Péter Hanák(Budapest: Akadémiai Kiadó, 1966), 39-147.

51 KPA-20-2, Karl Polanyi, "Introduction to 'Tame Empires,'" 1938-1939.

52 SPSL-536-1, Karl to Zoe Fairfield, March 24, 1934.

53 KPA-20-2, Polanyi, "Introduction to 'Tame Empires.'"

54 SPSL-536-1, Polanyi to Adams, March 31, 1934.

55 KPA-2-9, Karl Polanyi(1919) "The Crucial Issue Today: A Response"[Worauf esheute ankommt. Eine Erwiderung]. Cf. Jaszi, *Revolution and Counter-Revolution*, 113; and György Litván, *A Twentieth-Century Prophet: Oscar Jaszi, 1875–1957*(Budapest: Central European University Press, 2006), 72. 1911년 야시는 베를린에서 여러 달 체류하면서 에두아르트 베른슈타인, 페르디난트 퇴니스, 오펜하이머와 친분을 쌓았다.

56 MPP-17-2, Karl Polanyi to Misi, early 1920s.

57 MPP-17-2, Karl to Misi, early 1920s.

58 KPA-4-9, Karl Polanyi(early 1920s) "Early Christianity and Communism." 자유주의적 사회주의의 비판에 대해 마르크스주의 입장에서 응수하는 글을 쓴 사람은 부하린이었다. 다음을 보라. Nikolai Bukharin, "Toward a Theory of the Imperialist State," 1915, www.marxists.org/archive/bukharin/works/1915/state.htm.

59 KPA-2-9, Polanyi, "The Crucial Issue Today," 2.

60 Albert Hirschman, *The Rhetoric of Reaction: Perversity, Futility, Jeopardy* (Cambridge, Mass.: Belknap Press of Harvard University Press, 1991), 96.

61 KPA-1-48, Karl Polanyi, "Radical Party and Bourgeois Party"[Radikális párt

és polgári part], Szabadgondolat 8, no. 9(1918): 198–204. 다음도 보라. Roger Fletcher, "The Life and Work of Eduard Bernstein," in *Bernstein to Brandt: A Short History of German Social Democracy*, ed. Roger Fletcher(London: Edward Arnold, 1987), 49.

62 KPA-2–9, Polanyi, "The Crucial Issue Today," 2.

63 1934년에 쓴 편지에서 폴라니는 "사회적 책임의 영역에서 경제법칙의 핵심적인 중요성을 인정해야 한다는 점"을 강조했다. "첫째, 경제법칙은 모든 종류의 사회에 적용되고, 이로써 사회개혁이 설정할 수 있는 목표들을 제한하기 때문이다. 둘째, 경제학은 최후의 상황에 선택의 법칙들을 적용하는 행위이고, 따라서 선택에 수반된 도덕적 책임은 사회적 경제학에서 분리할 수 없기 때문이다." SPSL-536–1, Polanyi to Adams, March 31, 1934. 강조는 저자.

64 György Litván, "Karl Polanyi in Hungarian Politics," in *The Life and Work of Karl Polanyi*, 31–32에서 인용.

65 KPA-1–48, Polanyi, "Radical Party and Bourgeois Party."

66 Conversation with Judit Szapor, Montreal, October 2010.

67 Janos Hauszmann, *Bürgerlicher Radikalismus und demokratisches Denken im Ungarn des 20. Jahrhunderts: Der Jaszi-Kreis um Huszadik Század*(Oxford: Peter Lang, 1988), 152.

68 Jaszi, *Revolution and Counter-Revolution*, 23.

69 KPA-1–25, Karl Polanyi, "The Programme and Goals of Radicalism"[A Radikalizmus Programmja és Célja], 1918.

70 KPA-1–20, Karl Polanyi, "Radical Bourgeois Politics"[Radikális polgári politika], *Szabadgondolat* 3, no. 11(1913): 347–348.

71 KPA-1–23, Karl Polanyi, "Bourgeois Radicals, Socialists and the Established Opposition"[Polgári radikálisok, szocialisták és törtenelmi ellenzék], *Szabadgondolat* 4, no. 5(1914).

72 David Kettler, Volker Meja, and Nico Stehr, *Karl Mannheim*(London: Ellis Horwood and Tavistock Publications, 1984), 20–21.

73 KPA-1–20, Polanyi, "Radical Bourgeois Politics"; KPA-1–25, Polanyi, "The Programme and Goals of Radicalism."

74 KPA-1–48, Polanyi, "Radical Party and Bourgeois Party"; KPA-1–30, Karl Polanyi, "Manual and Intellectual Labour 2"[Fizikai és szellemi munka II], *Szabadgondolat* 9, no. 2(1919).

75 KPA-1-30, Karl Polanyi, "Manual and Intellectual Labour"[Fizikai és szellemi munka], *Szabadgondolat* 9, nos. 1-2(1919).

76 KPA-1-25, Polanyi, "The Programme and Goals of Radicalism."

77 KPA-1-23, Polanyi, "Bourgeois Radicals, Socialists and the Established Opposition."

78 KPA-1-20, Polanyi, "Radical Bourgeois Politics."

79 Karl Polanyi, "Count Michael Károlyi," *Slavonic and East European Review* 24, no. 63(1946): 94.

80 KPA-1-24, Karl Polanyi, "Magyar Hegemony and the Nationalities"[A magyar hegemonia és a nemzetiségek], *Szabadgondolat* 4, no. 3(1914): 69-71.

81 Isaac Deutscher, *The Prophet Armed: Trotsky 1879–1921*(London: Verso, 2003[1954]), 174.

82 헝가리의 유대인들은 전시에 군대에서 상대적으로 수가 적었고, 병역의무 면제를 요청한 사람들은 평균보다 더 많았다. 하지만 이는 인종보다는 계급과 함수관계가 있는 일로 보인다. Istvan Deak, *Beyond Nationalism: A Social and Political History of the Habsburg Officer Corps, 1848–1918*(Oxford: Oxford University Press, 1990), 195.

83 유대인 출신이라는 이유로 군 복무 "부적합" 판정을 받은 사람들도 있었다. Kati Marton, *Enemies of the People: My Family's Journey to America*(New York: Simon & Schuster, 2009), 9; Kati Vöros, "The 'Jewish Question,' Hungarian Sociology and the Normalization of Antisemitism," *Patterns of Prejudice* 44, no. 2(2010): 149.

84 Karl Polanyi, "The Calling of Our Generation"[A mai nemzedék hivatása], in *Fasizmus, demokrácia, ipari társadalom: Társadalomfilozófiai írások* (Budapest: Gondolat, 1986[1918]).

85 Otto Bauer, Werkausgabe, vol. 9(Vienna: Europa Verlag, 1980), 1033-1037. Julius Braunthal, "Otto Bauer, Ein Lebensbild," in *Eine Auswahl aus seinem Lebenswerk*, ed. Otto Bauer(Vienna: Verlag der Wiener Volksbuchhandlung, 1961), 24; Friedrich Heer, "Vorwort," in Ilona Duczynska, *Der demokratische Bolschewik: Zur Theorie und Praxis der Gewalt*(Munich: List Verlag, 1975), 17; Österreichisches Staatsarchiv, "100 Jahre erster Weltkrieg 'Militarisierung der Politik' Otto Bauer," 2014, http://wk1.staatsarchiv.at/militarisierung-der-politik/otto-bauer/.

86 Michael Károlyi, *Fighting the World: The Strug gle for Peace*(London: Kegan Paul, 1924), 128.

87 Michael Károlyi, *Memoirs of Károlyi, Michael: Faith without Illusion*(London: Jonathan Cape, 1956), 61.

88 Robert Fine, "Cosmopolitanism and Viol ence: Difficulties of Judgment," *British Journal of Sociology* 57, no. 1(2006): 49 – 67.

89 Zoltán Horváth, *Die Jahrhundertwende in Ungarn: Geschichte der zweiten Reform-generation*(1896 – 1914)(Budapest: Corvina Verlag, 1966), 501. 전쟁이 끝난 뒤 폴라니는 야시와 급진주의자들이 "처음부터 전쟁에 반대했다"고 주장했다. 하지만 나는 이 주장을 뒷받침할 만한 근거를 전혀 찾지 못했다. KPA-1 – 45, Karl Polanyi, "Parties and the Peace"[Pártjaink és a béke], *Szabadgondolat* 8, no. 8(1918): 146 – 152.

90 Hauszmann, *Bürgerlicher Radikalismus*, 180.

91 Nándor Dreisziger, "Oscar Jaszi and Peaceful Co-Existence among Nationalities and Nations," Paper presented at the Ninth International Karl Polanyi Conference, Concordia University, November 2003.

92 Károlyi, *Fighting the World*, 262, 140.

93 Constantinescu, "Zur nationalen Frage," 64.

94 Kari Polanyi-Levitt, interviews, October 2007 and December 2008.

95 MPP-17 – 1, Karl Polanyi to Misi, 1914 or 1915.

96 Kari Polanyi-Levitt, telephone interview, October 2007.

97 KPA-18 – 13, Karl Polanyi, "Extramural Lectures. Report no. 1," IIE, 1935.

98 KPA-1 – 30, Polanyi, "Manual and Intellectual Labour."

99 MPP-17 – 1, Karl Polanyi to Misi, January 25, 1915.

100 MPP-17 – 1, Correspondence; Gyurgyák, *Karl Polanyi*; Judith Szapor, *The Hungarian Pocahontas: The Life and Times of Laura Polanyi Stricker, 1882–1959*(Boulder: East European Monographs, 2005), 59; Scott and Moleski, Polanyi, 33.

101 SPSL-536 – 1, Polanyi to Adams, March 31, 1934.

102 PFP-212 – 324, Polanyi to Mama, November 19, 1915.

103 PFP-212 – 324, Polanyi to Mama(n.d.).

104 Holger Herwig, *The First World War: Germany and Austria-Hungary, 1914–1918*(London: Arnold, 1997), 230.

105 PFP-212-324, Polanyi to Cecile(n.d.).

106 MPP-17-1, Karl Polanyi to Misi, February 13, 1915.

107 MPP-17-1, Karl Polanyi to Misi, August 15, 1915. 같은 편지에서 겨울이 코앞에 다가왔다며 "털로 만들어진 뭐라도 즉각" 보내달라고 부탁하고 있다. 2년 뒤에도 그는 다시 이 문제를 언급했다. "우리의 겨울은 러시아만큼은 혹독하지 않다. 아무리 따뜻한 옷을 입고 있어도 우리는 겨울 작전을 하면서 얼어 죽을 것이다." 그는 "속옷, 털, 가죽" 옷을 겹겹이 껴입고 있다고 덧붙였다. MPP-17-1, Karl Polanyi to Misi, September 3, 1917.

108 MPP-17-1, Karl Polanyi to Adolf, October 31, 1915.

109 PFP-212-324, Karl Polanyi to Mama, November 19, 1915.

110 PFP-212-324, Karl Polanyi to Cecile(n.d.). 폴라니가 프셰미실 근처에 주둔했다는 믿을 만한 추정을 해준 크리스 한에게 감사의 말을 전한다.

111 Kari Polanyi-Levitt, interview, December 2008. 폴라니가 음악을 "소음"으로 간주하는 경향이 있었다는 점에서 이 설명도 타당성이 있지만, 그의 성격을 감안했을 때 그냥 다른 데 정신이 팔려 있었을 가능성도 있다.

112 PFP-212-324, Karl Polanyi to Mama(n.d.) and May 6, 1916; Mary Jo Nye, *Michael Polanyi and His Generation: Origins of the Social Construction of Science*(Chicago: University of Chicago Press, 2011), 10.

113 MPP-17-1, Karl Polanyi to Misi, September 24, 1916.

114 MPP-17-1, Karl Polanyi to Misi, October 15, 1915.

115 PFP-212-324, Karl Polanyi to Mama(n.d.).

116 PFP-212-324, Karl to Mama(n.d.) and May 6, 1916.

117 MPP-17-1, Karl to Misi, August 15, 1915.

118 KPA-47-5, Karl Polanyi to Oberleutenant(n.d.).

119 PFP-212-324, Karl Polanyi to Cecile(n.d.).

120 Nye, *Michael Polanyi*, 10.

121 Polanyi, "Calling of Our Generation."

122 Nye, *Michael Polanyi*, 10.

123 PFP-212-324, Karl to Cecile(n.d.); Szapor, Pocahontas, 60.

124 Karl Polanyi, "Hamlet," *Yale Review* 43, no. 3(1954): 336-350.

125 Karl Polanyi, "Hamlet," *Yale Review* 43, no. 3(1954): 336-350.

126 Karl Polanyi, "Letter to a Friend, 1925," in *Karl Polanyi in Vienna: The Contemporary Significance of the Great Transformation*, ed. Kari Polanyi-Levitt and

Kenneth McRobbie(Montreal: Black Rose, 2000), 315－318.

127 PFP-212－324, Karl to Mama(n.d.).

128 SPSL-536－1, Polanyi to Adams, March 31, 1934.

129 SPSL-536－1, Karl to Zoe Fairfield, March 24, 1934.

130 Anon.,"In Memoriam." Document from Columbia University's Butler Library. 댄 톰킨스Dan Tompkins는 친절하게도 저자에게 사본을 제공했다.

131 Stefan Collini, *Public Moralists: Political Thought and Intellectual Life in Britain*(Oxford: Oxford University Press, 1991), 73.

132 KPA-45－18, Rotstein, "Weekend Notes," 62, 1958.

133 KPA-48－5, Polanyi to Jaszi, October 27, 1950.

134 KPA-1－50, Karl Polanyi, "The Resurrection of Jesus"[Jézus feltámadása], *Bécsi Magyar Újság*, April 5, 1923.

135 가령 Slavoj Zizek, *The Fragile Absolute, Or Why Is the Christian Legacy Worth Fighting For?*(London: Verso, 2000), 115, 120.

136 KPA-56－9, Karl Polanyi to Toni Stolper, Christmas 1931.

137 Kari Polanyi-Levitt, e-mail to the author, May 30, 2013.

138 Gregory Baum, telephone interview.

139 Kari Polanyi-Levitt, interview, July 2006.

140 KPA-20－20, Karl Polanyi, "Church and State in the Light of Central European Experience," 1934.

141 Rudolf Tökés, *Béla Kun and the Hungarian Soviet Republic: The Origins and Role of the Communist Party of Hungary in the Revolutions of 1918–1919*(New York: Praeger, 1967), 227.

142 SPSL-536－1, Polanyi, "Curriculum Vitae."

143 Károlyi, *Fighting the World*, 443. 놀스와 오언에게는 미안하지만 이는 "공산주의 혁명"과는 무관했다. Rob Knowles and John Owen, "Karl Polanyi for Historians: An Alternative Economic Narrative," *European Legacy* 13, no. 2(2008): 175－191.

144 Polanyi, "Count Michael Károlyi," 92.

145 Polanyi, "Count Michael Károlyi," 95.

146 Gábor Vermes, "Hungary in Revolution, 1918－19," in *Hungary in Revolution, 1918–19*, ed. Iván Völgyes(Lincoln: University of Nebraska Press, 1971), 41.

147 Jaszi, *Revolution and Counter-Revolution*, 77.

148 Jaszi, *Revolution and Counter-Revolution*, 88.

149 Jaszi, *Revolution and Counter-Revolution*, 38–41, 80.

150 Polanyi, "Count Michael Károlyi," 92–97.

151 Károlyi, *Memoirs*, 150–151.

152 Holger Fischer, *Oszkár Jaszi und Mihály Károlyi: Ein Beitrag zur Nationalitätenpolitik der bürgerlich-demokratischen Opposition in Ungarn von 1900 bis 1918 und ihre Verwirklichung in der bürgerlich-demokratischen Regierung von 1918 bis 1919*(Munich: Rudolf Trofenik, 1978), chapter 4. 폴라니도 야시와 같은 관점이었다. KPA1–45, Polanyi, "Parties and the Peace."

153 Jaszi, *Revolution and Counter-Revolution*, 22, 37–40, 62.

154 PFP-212–587, Karl Polanyi to Mutter und Misi(n.d.) 참조. "나는 《세계*Világ*》가 곧 팔리게 될 거라는 말을 들었다. 그건 유대인들에게는 지나치게 급진적이다."

155 KPA-1–39, Polanyi, "The Galilei Circle: A Balance Sheet."

156 KPA-30–1, Polanyi, "Biographical Information."

157 PFP-212–587, Ilona Duczynska to Michael Löwy, January 1, 1974. 일로나가 1970년대에 이자벨라 아케를Isabella Ackerl과의 인터뷰에서 이야기한 내용 참조. "세미나가 너무 많아서 정말 우울했어요. 행동을 하는 게 아니라 사회학 같은 것만 배우고 앉아 있었거든요." 나는 〈부다페스트의 칼 폴라니〉(*Archives Européennes de Sociologie* 50, no. 1[2009]:122)에서 이 인용구를 의도치 않게 그녀의 남편이 한 말로 여겼다.

158 Jaszi, *Revolution and Counter-Revolution*, 29.

159 PFP-212–587, Ilona Duczynska to Michael Löwy, January 31, 1974.

160 SPSL-536–1, Polanyi to Adams, March 31, 1934.

161 KPA-1–39, Polanyi, "The Galilei Circle: A Balance Sheet."

162 폴라니는 프롬에게 보낸 편지에서 루카치의 움직임을 프롬을 비롯한 많은 혁명가들이 당면한 딜레마를 반영하는 것으로 회상한다. 이들은 "혁명가를 이상적인 유형으로" 생각하지만 "그 집단적 구현체인 공산당"을 질색한다. 루카치의 경우 "1918년 12월 헝가리공산당 입당을 거부해놓고 겨우 한 달 뒤에 입당했다." KPP-1–4, Karl Polanyi to Erich Fromm, January 14, 1961.

163 전쟁에 대한 피상적 설명에 대한 폴라니의 불만은 작은 씨앗이 되어 나중에 《거대한 전환》으로 무럭무럭 성장한다. Polanyi, "Calling of Our Generation."

164 폴라니는 "자유주의적 사회주의"를 이야기할 때 자유주의적 사회주의와 아나키즘 전통을 포함하는 경향이 있다. 가령, KPA-2–9, Polanyi, "The Crucial Issue Today."

165 KPA-1–29, Karl Polanyi, "Civil War"[Polgárháború], *Szabadgondolat* 9, no.

6(1919).

166 Polanyi, "Calling of Our Generation."

167 KPA-1-31, Karl Polanyi, "Oration to the Youth of the Galilei Circle"[Szózat a Galilei Kör ifj úságához], 1 919.

168 KPA-1-25, Polanyi, "The Programme and Goals of Radicalism."

169 KPA-1-31, Polanyi, "Oration to the Youth of the Galilei Circle."

170 Karl Polanyi, "Wissenschaft und Sittlichkeit," in *Chronik der großen Transformation*, vol. 3, ed. Michele Cangiani, Kari Polanyi-Levitt, and Claus Thomasberger(Marburg: Metropolis, 2005[1920-1922]), 195.

171 더 자세한 설명은 다음을 보라. Gareth Dale, "Karl Polanyi in Vienna: Guild Socialism, Austro-Marxism, and Duczynska's Alternative," *Historical Materialism* 22, no. 1(2014): 34-66.

172 KPA-1-45, Polanyi, "Parties and the Peace"; Litván, "Karl Polanyi," 33.

173 Lee Congdon, *Exile and Social Thought: Hungarian Intellectuals in Germany and Austria, 1919–1933*(Princeton, N.J.: Princeton University Press, 1991), 218.

174 KPA-1-25, Polanyi, "The Programme and Goals of Radicalism."

175 KPA-30-1, Polanyi, "Biographical Information."

176 Lloyd George, quoted in David McNally, Eddie Yuen, and Sasha Lilley, *Catastrophism: The Apocalyptic Politics of Collapse and Rebirth*(Seattle: PM Press, 2012), 60.

177 Congdon, Exile and Social Thought, 33.

178 Eduard Bernstein, "Geleitwort," in *Magyariens Schuld, Ungarns Sühne: Revolution und Gegenrevolution in Ungarn*, Oskar Jaszi(Munich: Verlag für Kulturpolitik, 1923), xi.

179 KPA-1-29, Polanyi, "Civil War."

180 Vermes, "Hungary in Revolution," 57.

181 Jaszi, *Revolution and Counter-Revolution*, 88.

182 Jaszi, *Revolution and Counter-Revolution*, 94.

183 Peter Kenez, "Coalition Politics in the Hungarian Soviet Republic," in *Revolution in Perspective: Essays on the Hungarian Soviet Republic of 1919*, ed. Andrew Janos and William Slottman(Berkeley: University of California Press, 1971).

184 KPA-1-43, Karl Polanyi, "The Autonomy of Science and the Autonomy of the University"[A tudomány autonomiája és az egyetem autonomiája],

Szabadgondolat 9, no. 4(1919): 87–89. 폴라니가 코뮨의 첫째 칙령 중 하나인 금주에 찬성했으리라고 생각할 수도 있다.

185 Congdon, *Exile and Social Thought*, 218; Anonymous interviewee. 다음도 보라. Karl Polanyi, "Die neue Internationale," in *Chronik der großen Transformation*, vol. 1, ed. Michele Cangiani and Claus Thomasberger(Marburg: Metropolis, 1925).

186 Jaszi, *Revolution and Counter-Revolution*, 116, 144, 151.

187 Jaszi, *Revolution and Counter-Revolution*, 151.

188 Frank Eckelt, "The Internal Policies of the Hungarian Soviet Republic," in *Hungary in Revolution*, ed. Iván Völgyes(Lincoln: University of Nebraska Press, 1971), 53–70.

189 Thomas Bender and Carl Schorske(1994), "Introduction: Budapest and New York Compared," in *Budapest and New York: Studies in Metropolitan Transformation, 1870–1930*, ed. Thomas Bender and Carl Schorske(New York: Russell Sage Foundation), 16.

190 루카치는 몰수를 정당화하면서 그림은 "법적 소유주가 아니라 그것을 즐기고 감상하는 사람에게 속한다"고 주장했다. Georg Lukacs, *Record of a Life: An Autobiographical Sketch*(London: Verso, 1983), 60; Arpad Kadarkay, *Georg Lukacs: Life, Thought and Politics*(Oxford: Blackwell, 1991), 221.

191 Eckelt, "Internal Policies."

192 Arthur Koestler, *Arrow in the Blue*(London: Hutchinson, 1983[1952]), 88.

193 Koestler, *Arrow in the Blue*, 90.

194 Jaszi, *Revolution and Counter-Revolution*.

195 KPA-2–9, Polanyi, "The Crucial Issue Today," 7.

196 Andrew Janos, *The Politics of Backwardness in Hungary, 1825–1945* (Princeton, N.J.: Princeton University Press, 1982), 201.

197 KPA-29–12, Ilona Duczynska, "Karl Polanyi—A Family Chronicle and a Short Account of His Life,"(n.d.).

198 아버지의 역사에 대한 캐리 폴라니-레빗의 회상에 따르면 "아버지는 당신의 몸이 허락하는 한 조국과 혁명을 방어하기 위해 일어설 것"이라는 메시지를 루카치에게 보냈다. 저자에게 보낸 편지, 2015년 1월. 다음을 참고할 것. KPA-29–12, Duczynska, "Karl Polanyi"; KPA-29–8, Ilona Duczynska and Zoltán Horváth, "Karl Polanyi and the Galilei Circle."

199 SPSL-536-1, Polanyi to Adams, March 31, 1934. 야시는 5월 1일에 이미 헝가리를 떠난 상태였다.

200 Alfred Low, "Hungary in Revolution, 1918-19," in *Hungary in Revolution*, ed. Iván Völgyes(Lincoln: University of Nebraska Press, 1971), 152.

201 Polanyi, "Count Michael Károlyi," 92-97.

202 Koestler, *Arrow in the Blue*, 91.

3장 붉은 빈의 승리와 비극

1 William Scott and Martin Moleski, *Michael Polanyi: Scientist and Philosopher* (Oxford: Oxford University Press, 2005), 51.

2 하지만 그의 의사 홀러는 이중에서 심각한 것은 탈장뿐이라고 장담했다. MPP-17-7, Karl Polanyi to Misi, November 10, 1938.

3 MPP-17-2, Karl Polanyi to Cecile, April 24, 1920.

4 실제로 어찌나 돈이 많이 들었는지 그는 체칠레의 지원에 의지해야 했고 몇 년 뒤에야 갚을 수 있었다. MPP-17-2, Karl Polanyi to Cecile, November 18, 1922.

5 MPP-17-2, Karl to Cecile, April 24, 1920.

6 MPP-17-2, Karl to Cecile, April 24, 1920.

7 갤버그는 청년기에 헨리크 그로스만과 함께 우크라이나의 리비우에서 사회주의 간행물을 만들었던 우크라이나계 유대인이었다. Rick Kuhn, *Henryk Grossman and the Recovery of Marxism*(Champaign: University of Illinois Press, 2007), 14.

8 Polanyi, Tibor Frank, "Between Red and White: The Mood and Mind of Hungary's Radicals, 1919-1920," *Hungarian Studies Review* 9, nos. 1-2(1994): 105-126에서 인용.

9 MPP-17-2, Karl to Cecile, April 24, 1920.

10 Polanyi, quoted in Frank, "Between Red and White," 99.

11 MPP-17-2, Karl Polanyi to Cecile, November 8, 1920.

12 MPP-17-2, Karl Polanyi to Misi, September 1921.

13 MPP-17-2, Karl Polanyi to Misi, November 5, 1921.

14 MPP-17-2, Karl Polanyi to Misi, January 19, 1920.

15 MPP-17-2, Karl Polanyi to Misi, May 20, 1920.

16 MPP-17-2, Karl Polanyi to Misi, March 17 and July 2, 1920.

17 MPP-17-2, Karl to Cecile, November 8, 1920.

18 MPP-17-2, Karl Polanyi to Misi(n.d.).

19 MPP-17-2, Karl Polanyi to Magda, October 20, 1920.

20 MPP-1-18, Adolf Smekal to Misi, October 14, 1922.

21 OJP-34, Jaszi diaries, entry of February 26, 1925; János Gyurgyák, "Karl Polanyi and Oscar Jaszi at the *Bécsi Magyar Újság*," in *Karl Polanyi in Vienna: The Contemporary Significance of the Great Transformation*, ed. Kari Polanyi-Levitt and Kenneth McRobbie(Montreal: Black Rose, 2000), 320.

22 Arpad Kadarkay, *Georg Lukacs: Life, Thought and Politics*(Oxford: Blackwell, 1991), 240.

23 Front-page headline, *Bécsi Magyar Újság*, September 16, 1922.

24 John Neubauer, "Exile: Home of the Twentieth Century," in *The Exile and Return of Writers from East-Central Europe: A Compendium*, ed. John Neubauer and Borbála Zsuzsanna Török(New York: Walter de Gruyter, 2009), 54.

25 야시는 편지와 일기에 카로이의 급진적 선회에 대한 실망감을 기록해놓았다. 카로이는 제2인터내셔널 사회주의 정당들에 매섭게 날을 세웠다. 이들이 사회주의적인 전환을 이루려 하기보다는 자본주의를 공고히 하려고 노력했기 때문이다. 그리고 마찬가지 이유로 영국노동당도 비판했다. 영국노동당이 "사회주의의 이상"을 눈곱만큼도 앞으로 밀어붙이지 못했다는 이유에서였다. 야시는 카로이가 "세계혁명이라는 신화에 물들었다"고 지적했다. "이는 우리의 모든 노력을 수포로 돌릴 위험이 있는 발작적인 태도이고 나는 우리가 공동 사업을 이어갈 수 있을지 의문스럽다." 두 사람은 1940년대 중반까지 다시는 긴밀히 협력하지 않았다. 다음을 보라. OJP-37, Mihály Károlyi to Jaszi, November 12, 1929; OJP-37, Jaszi diaries, entry of December 18, 1923.

26 János Gyurgyák, ed., *Karl Polanyi, 1886–1964*(Budapest: Fövárosi Szabó Ervin Könyvtár, 1986).

27 MPP-19-2, Mausi to Cecile, July 3, 1921.

28 KPA-48-5, Polanyi to Jaszi, October 27, 1950.

29 PFP-212-587, Ilona to Michael Löwy, January 31, 1974.

30 이르머가 1910년대에 마이클에게 말하기를, 그가 "단박에" 사랑에 빠질까봐 일로나를 그의 눈에 띄지 않게 수를 써왔다는 것이다. KPA-57-4, Michael to Ilona, November 12, 1943.

31 Aurel Kolnai, *Political Memoirs*(Oxford: Lexington, 1999), 46.

32 PFP-212-587, Ilona to Michael Löwy, January 31, 1974.

33 KPA-46-6, Duczynska, interview with Isabella Ackerl, late 1970s; Kenneth McRobbie, "Under the Sign of the Pendulum: Childhood Experience as Determining Revolutionary Consciousness. Ilona Duczynska Polanyi," *Canadian Journal of History* 41, no. 2(2006): 263-298.

34 KPA-46-6, Duczynska, interview with Isabella Ackerl, late 1970s.

35 McRobbie, "Under the Sign."

36 Kenneth McRobbie, "Education and the Revolutionary Personality: The Case of Ilona Duczynska(1897-1976)," *Canadian Slavonic Papers* 51, no.4(2009): 469-494; McRobbie, "Under the Sign."

37 PFP-212-587, Ilona to Michael Löwy, March 16, 1974.

38 일로나에게는 다행스럽게도, 그녀가 암살을 시도하기 직전에 처를레시 왕이 티서를 면직해버렸다. 나중에 티서는 암살당했지만 그녀가 저지른 일은 아니었다. Kenneth McRobbie, "Ilona Duczynska Meets Ervin Szabo: The Making of a Revolutionary Personality—From Theory to Terrorism, April-May 1917," *Hungarian Studies Review*, 33, no. 1-2(2006): 39-92.

39 KPA-46-6, Duczynska, interview with Isabella Ackerl, late 1970s.

40 KPA-46-2, Ilona Duczynska, "Zum Zerfall der K.P.U.," *Unser Weg*, March 1, 1922, 97-105; PFP-212-587, Ilona to Michael Löwy, January 1, 1974; KPA-46-6, Duczynska, interview with Isabella Ackerl, late 1970s.

41 폴라니의 1937년 이력서에 따르면 그는 1925년에 사회민주노동자당에 가입했지만 "정치에 적극적으로 참여하지는 않았다". SPSL-438-4, Karl Polanyi, "Curriculum Vitae." 또 1919년부터 쭉 "어떤 정치정당이나 집단에도 속하지 않았고, 어떤 집단의 지도에도 따르지 않았다. [오스트리아에서] 나는 정치와는 거리를 두었지만 사민당 후보를 찍었다"는 글을 남기기도 했다. KPA-30-1, Karl Polanyi, "Biographical Information," 1940-1984.

42 KPA-46-6, Duczynska, interview with Isabella Ackerl, late 1970s.

43 KPA-59-7, Karl Polanyi to Ilona, August 25, 1940.

44 KPA-58-1, Karl Polanyi to Kari, January 30, 1959.

45 그는 일로나와 체칠레의 공통점을 적어놓기도 했다. 두 사람 모두 "러시아인"이라는 것이다. 그래서 아버지가 살아 계셨다면 자신이 고른 신부를 환영했을 거라고 말했다. KPA-57-8, Karl Polanyi to Kari, January 1963.

46 MPP-17-2, Karl Polanyi to Misi and Magda, November 12, 1922.

47 PFP-212-324, Karl Polanyi to Mama and Geschwister, May 19, 1923; MPP-

17 - 2, Karl Polanyi to Cecile, April 19, 1923.

48 MPP-17 - 2, Karl to Cecile, April 19, 1923.

49 MPP-17 - 2, Karl Polanyi to Cecile, April 10, 1923.

50 MPP-17 - 2, Karl to Cecile, April 10 and 19, 1923. Mary Jo Nye, *Michael Polanyi and His Generation: Origins of the Social Construction of Science*(Chicago: University of Chicago Press, 2011)에서 시사하듯 이 아파트는 일로나 집안의 소유가 아니었다. 하지만 이 집을 발견한 사람은 일로나였다.

51 PFP-212 - 324, Karl to Cecile, June 7, 1923.

52 Kari Polanyi-Levitt, interview, December 2008.

53 게다가 산후열창에 시달리던 일로나는 응급 수술을 받아야 했다. MPP-17 - 2, Karl Polanyi to Magda, October 24, 1926.

54 KPA-29 - 9, Felix Schafer, "Memoirs," 1944 - 1966, 17; KPA-29 - 10, Schafer, "Polanyi's Life in Vienna," 61, and cf. various letters from Karl to Michael in 1922(MPP-17 - 2). 1925년 2월 야시의 일기에는 그의 친구가 "한탄할 만한 건강 상태"로 힘들어한다고 적혀 있다.

55 MPP-17 - 3, Karl Polanyi to Cecile, November 10, 1926, and Karl to Misi, July 29, 1925.

56 KPA-29 - 10, Schafer, "Polanyi's Life in Vienna," 14 - 34.

57 Kari Polanyi-Levitt, interview, December 2008.

58 KPA-29 - 10, Schafer, "Polanyi's Life in Vienna," 34.

59 KPA-29 - 10, Schafer, "Polanyi's Life in Vienna," 33.

60 Kari Polanyi-Levitt, interview, December 2008.

61 KPA-29 - 10, Schafer, "Polanyi's Life in Vienna," 3.

62 MPP-17 - 2, Karl Polanyi to Misi, November 5, 1925.

63 Kari Polanyi-Levitt, e-mail to the author, May 30, 2013.

64 MPP-17 - 2, Karl Polanyi to Misi, May 10, 1924.

65 MPP-17 - 3, Karl to Cecile, November 10, 1926.

66 Kari Polanyi-Levitt, interview, December 2008.

67 Don Grant, interview.

68 Kari Polanyi-Levitt, interview, December 2008.

69 KPA-59 - 4, Karl Polanyi to Joe Levitt, October 5, 1947.

70 Kari Polanyi-Levitt, interview, December 2008.

71 이들은 보통 에틀라헤르호프 호텔에 묵곤 했다. Scott and Moleski, Polanyi, 142.

72 MPP-17-4, Karl Polanyi to Misi, August 18, 1932; also Ilona to Misi, October 11, 1932.

73 Kari Polanyi-Levitt, interview, December 2008.

74 Kari Polanyi-Levitt, interviews, December 2008 and March 2009.

75 MPP-17-2, Karl to Misi and Magda, November 12, 1922.

76 MPP-17-2, Karl Polanyi to Misi, May 1924.

77 MPP-17-2, Karl Polanyi to Misi, October 7, 1925.

78 MPP-17-2, Karl to Misi, May 10, 1924.

79 한번은 폴라니도 슈톨퍼를 따라 베를린에 갈까 생각했으나 개인적인 의견 차이와, 슈톨퍼가 만든 간행물에 대한 폴라니의 거만한 태도 때문에 무산되었다. MPP-17-3, Karl to Misi, October 7 and 25, 1925; Scott and Moleski, Polanyi.

80 Felix Schafer, "Vorgartenstrasse 203: Excerpts from a Memoir," in *Karl Polanyi in Vienna: The Contemporary Significance of the Great Transformation*, ed. Kari Polanyi-Levitt and Kenneth McRobbie(Montreal: Black Rose, 2000), 332.

81 KPA-29-10, Schafer, "Polanyi's Life in Vienna."

82 돈 그랜트가 타자기로 쓴 회고록, 2013년 9월 저자와 공유함.

83 Kari Polanyi-Levitt, interview, December 2008. KPA-29-10, Schafer, "Polanyi's Life in Vienna," 11.

84 KPA-29-10, Schafer, "Polanyi's Life in Vienna," 78.

85 KPA-2-20, Karl Polanyi, "Einführung in die Volkswirtschaftslehre," 1930-1931.

86 Karl Popper, *Unended Quest*(Glasgow: William Collins, 1976), 20; Malachi Hacohen, *Karl Popper: The Formative Years, 1902–1945*(Cambridge: Cambridge University Press, 2000), 117-120, 468.

87 KPA-29-10, Schafer, "Polanyi's Life in Vienna," 6.

88 KPA-29-10, Schafer, "Polanyi's Life in Vienna," 12.

89 KPA-2-6, Karl Polanyi, Draft manuscript, 1920-1922.

90 Fritz Ringer, *The Decline of the German Mandarins: The German Academic Community, 1890–1933*(Cambridge, Mass.: Harvard University Press, 1969).

91 Ilona Duczynska, "'I first met Karl Polanyi in 1920,'" in *Karl Polanyi in Vienna: The Contemporary Significance of the Great Transformation*, 310.

92 KPA-1-51, Karl Polanyi, "H. G. Wells on Salvaging Civilisation"[H. G. Wells a civilizáció megmentéséröl], *Bécsi Magyar Újság*, October 21, 1923. 다음도 보라.

KPA1 – 52, Karl Polanyi, "The New Machiavelli, Kipps and Tono-Bungay"[Az Uj Machiavelli, Kipps es Tono-Bungay], *Bécsi Magyar Újság*(n.d.).

93 H. G. Wells, The *Salvaging of Civilization*(London: Cassell, 1921), 45 – 46.

94 Wells, *Salvaging*, 102.

95 KPA-1 – 51, Polanyi, "H. G. Wells on Salvaging Civilisation."

96 KPA-1 – 50, Karl Polanyi, "Titanic Journalism"[Titáni publicisztika], *Bécsi Magyar Újság*, September 23, 1922.

97 Karl Mannheim, *Man and Society in an Age of Reconstruction*(London: Routledge, 1980[1935/1940]).

98 Harry Liebersohn, *Fate and Utopia in German Sociology, 1870–1923*(Cambridge, Mass.: MIT Press, 1988), 6.

99 퇴니스는 자신의 게마인샤프트/게젤샤프트 쌍을 헨리 메인의 지위와 계약의 구분에 비유했다. 폴라니는 영국식 명칭을 사용하는 경향이 있다. 가령 다음을 보라. Karl Polanyi, "Aristotle Discovers the Economy," in *Trade and Market in the Early Empires: Economies in History and Theory*, ed. Karl Polanyi, Conrad Arensberg, and Harry Pearson(New York: Free Press, 1957), 84. 하지만 폴라니의 책에 적힌 메모를 보면 퇴니스가 메인보다 훨씬 직접적인 영감을 제공했음이 분명히 드러난다.

100 KPA-18 – 11, Karl Polanyi, "Rudolf Steiner's Economics," *New Britain* 3, no. 63(1934): 311 – 312.

101 KPA-18 – 10, Karl Polanyi, "What Three-Fold State?," *New Britain* 2, no. 43 (1934): 503 – 504.

102 Gyurgyák, "Polanyi and Jaszi," 319. Cf. Oscar Jaszi, *Revolution and Counter-Revolution in Hungary*(London: P. S. King, 1924), 114.

103 KPA-1 – 52, Karl Polanyi, "Guild Socialism"[A gildszocializmus], *Bécsi Magyar Újság*, June 18, 1922.

104 길드 사회주의는 영국의 숱한 노조에서, 그리고 웨일스민족당에 일정한 영향력을 행사했다. 다음을 보라. Laura McAllister, "The Perils of Community as a Construct for the Political Ideology of Welsh Nationalism," *Government & Opposition* 33, no. 4(1998): 505. 다음도 보라. Hywel Davies, *The Welsh Nationalist Party, 1925–1945: A Call to Nationhood*(Houndmills: Palgrave, 1983), 101.

105 Niles Carpenter, *Guild Socialism: An Historical and Critical Analysis*(New York: Appleton, 1922), 116.

106 Otto Bauer, *Werkausgabe*, vol. 2(Vienna: Europa Verlag, 1980), 325, 712.

107 Bauer, *Werkausgabe*, vol. 2, 329.

108 Julius Braunthal, "Otto Bauer, Ein Lebensbild," in Otto Bauer, *Eine Auswahl aus seinem Lebenswerk*(Vienna: Verlag der Wiener Volksbuchhandlung, 1961), 45에서 인용. 강조는 원저자의 것.

109 MPP-17-2, Karl Polanyi to Misi(n.d.).

110 KPA-30-3, Irene Grant, conversations with Kari Levitt, 1984-1986.

111 Luther Carpenter, *G.D.H. Cole: An Intellectual Biography*(Cambridge: Cambridge University Press, 1973), 12.

112 G.D.H. Cole, *Robert Owen*(London: Ernest Benn, 1925), 14.

113 Tom Villis, *Reaction and the Avant-Garde; The Revolt against Liberal Democracy in Early Twentieth-Century Britain*(London: Tauris, 2006), 44-55.

114 Margaret Cole, *The Life of G.D.H. Cole*(London: Macmillan, 1971), 79.

115 G.D.H. Cole, *Fabian Socialism*(London: George Allen & Unwin, 1943); Christopher Lasch, *The True and Only Heaven: Progress and Its Critics*(New York: Norton, 1991), 327.

116 KPA-9-4, Karl Polanyi, "Notes on GDH Cole," 1934.

117 KPA-1-52, Karl Polanyi, "Guild and State"[Gild és állam], *Bécsi Magyar Újság*, March 29, 1923.

118 KPA-2-1, Karl Polanyi, Draft manuscript, 1920-1922.

119 Carpenter, *Guild Socialism*, 147-148. 강조는 원저자.

120 KPA-1-52, Polanyi, "Guild and State."

121 KPA-56-13, Polanyi to Irene, March 15, 1963. 강조는 원저자.

122 KPA-2-1, Polanyi, Draft manuscript.

123 Perry Anderson, "After the Event," *New Left Review* 73(2012): 57.

124 Jill Lewis, *Fascism and the Working Class in Austria, 1918–1934: The Failure of Labour in the First Republic*(Oxford: Berg, 1991), 74.

125 KPA-29-10, Schafer, "Polanyi's Life in Vienna," 4.

126 KPA-29-9, Schafer, "Memoirs."

127 폴라니의 모델은 산업이 국가(공동체를 대표하는), 노동조합(노동자를 대표하는), 그리고 소비자를 대표하는 제3의 기구 사이의 협력에 의해 관리되는 상을 제시한 바우어의 모델과 거의 구별되지 않는다. KPA-2-1, Polanyi, Draft manuscript; Bauer, *Werkausgabe*, vol. II, 712.

128 KPA-2-16, Karl Polanyi, Draft of "Über die Freiheit," 1927.

129 KPA-2-15, Karl Polanyi, "Die funktionelle Theorie der Gesellschaft und das Problem der sozialistischen Rechnungslegung," *Archiv für Sozialwissenschaft und Sozialpolitik* 52(1924): 218-228.

130 Paul Neurath, "Otto Neurath(1882-1945): Life and Work," in *Encyclopedia and Utopia: The Life and Work of Otto Neurath(1882–1945)*, ed. Elisabeth Nemeth and Friederich Stadler(Dordrecht: Kluwer, 1996), 20.

131 David Kettler and Volker Meja, *Karl Mannheim and the Crisis of Liberalism* (New Brunswick, N.J.: Transaction, 1995), 91.

132 Karl Polanyi, "Sozialistische Rechnungslegung," in *Chronik der großen Transformation*, vol. 3, ed. Michele Cangiani, Kari Polanyi-Levitt, and Claus Thomasberger(Marburg: Metropolis, 2005), 76.

133 Otto Neurath, *Durch die Kriegswirtschaft zur Naturalwirtschaft*(Munich: Georg Callwey, 1919), 161.

134 Otto Neurath, "The Conceptual Structure of Economic Theory and Its Foundations," in *Otto Neurath, Economic Writings: Selections 1904–1945*, ed. Thomas Uebel and Robert Cohen(Dordrecht: Kluwer, 2004[1917]), 321.

135 Thomas Uebel, "Neurath's Economics in Critical Context," in *Otto Neurath, Economic Writings: Selections 1904–1945*, 10.

136 Otto Neurath, "Economic Plan and Calculation in Kind," in *Otto Neurath, Economic Writings: Selections 1904–1945*, 419.

137 Uebel, "Neurath's Economics," 11.

138 Neurath, *Kriegswirtschaft*, 150, 209.

139 Neurath, *Kriegswirtschaft*, 161, 212.

140 John O'Neill, "Who Won the Socialist Calculation Debate?," *History of Political Thought* 17, no. 3(Autumn 1996): 431-442.

141 Neurath, *Kriegswirtschaft*, 189.

142 Ludwig von Mises, "Economic Calculation in the Socialist Commonwealth," first published as "Die Wirtschaftsrechnung im sozialistischen Gemeinwesen," *Archiv für Sozialwissenschaft und Sozialpolitik* 47(1920): 86-121, http://mises.org/pdf/econcalc.pdf.

143 O'Neill, "Who Won?"

144 Lee Congdon, *Exile and Social Thought: Hungarian Intellectuals in Germany and Austria, 1919–1933*(Princeton, N.J.: Princeton University Press, 1991), 229.

콘돈은 하이에크가 폴라니의 에세이들을 사회주의 진영의 가장 중요한 문건으로 평가했다고 주장하지만, 별 근거는 없다. 리처드 헐은 폴라니의 주장이 "폰 미제스, 그리고 특히 하이에크를 심각하게 도발했고, 그래서 하이에크가 나중에 폴라니의 주장에 대한 대응이자 해법으로서 '하이에크 지식 문제'를 소개했다"고 주장하지만 나는 이를 뒷받침할 만한 근거를 전혀 찾지 못했다. 다음을 보라. Richard Hull, "The Emergence of 'Knowledge' as a Unit of Analysis in the Social Sciences, 1900–1970," 2002, http://is2.lse.ac.uk/events/esrcseminars/Hull/LSE_Seminar_files/frame.htm. 다음도 보라. Richard Hull, "ICTs and the Knowledge Economy: An Historical and Ethnographic study"(Ph.D. thesis, Manchester School of Management, University of Manchester Institute of Science & Technology, 2001); Friedrich von Hayek, *Individualism and Economic Order*(Auburn, Ala.: Ludwig von Mises Institute, 2009[1936]), 50.

145 Hayek, *Individualism*, 80.

146 사실 이런 무시무시한 확신을 피할 수 없었기 때문에 어느 심술궂은 비판가는 하이에크의 모든 연구를 공포 실화소설(이중 고전은 메리 셸리의 《프랑켄슈타인》이었다)에 비유하기도 했다. "미친 과학자와 괴물, 그리고 실패할 가능성이 큰 '구성주의적' 프로젝트가 있다. 실패 가능성이 높은 이유는 천사가 다니기 두려워하는 곳을 침범할 경우 일어날 원치 않는 재앙을 누구도 완벽하게 피해 갈 수는 없기 때문이다. 이 모든 일이 동유럽의 어떤 성을 무대로 펼쳐진다. 주인공은 영국인이지만 말이다. 이 이야기의 교훈은 본질적으로 금지된 과일 같은 지식이 있다는 것이다. 즉 모르는 편이 더 나은 것들이 있다." Philip Mirowski, "Economics, Science, and Knowledge: Polanyi vs. Hayek"(n.d.), www.missouriwestern.edu/orgs/polanyi /tad%20web%20archive/tad25-1/tad25-1-fnl-pg29-43-pdf.pdf.

147 Emil Lederer, *Grundzüge der Oekonomischen Theorie*(Tübingen: Mohr, 1922), 143ff.

148 KPA-2-15, Polanyi, "Die funktionelle Theorie der Gesellschaft." 다른 한 편의 길드 사회주의의 대응을 집필한 사람은 제이코브 마르샤크였다. Jacob Marschak, "Wirtschaftsrechnung und Gemeinwirtschaft, Zur Misesschen These von der Unmöglichkeit sozialistischer Gemeinwirtschaft," *Archiv für Sozialwissenschaft und Sozialpolitik* 51, no. 2(1924). 마르샤크는 나중에—슘페터, 미제스, 하이에크, 그리고 마이클 폴라니와 친구 요한 폰 노이만과 함께—20세기 중반에 신고전경제학을 재발명한 합스부르크 망명자 집단의 한 사람으로 이름을 날리게 된다. 그는 게임이론 비판, 경제 분석에 대한 정보이론 도입 같은 기여를 했다.

149 Karl Polanyi, "Neue Erwägungen zu unserer Theorie und Praxis," *Der Kampf*, January 1925, 18–24.

150 폴라니는 논쟁이 진행되던 도중에는 미제스를 신자유주의자로 지칭하지 않았지만 같은 시기 다른 때에는 신자유주의자라고 불렀다. 가령, KPA-3–4, Karl Polanyi, "Faschismus," 1920–1933.

151 KPA-56–13, Karl Polanyi to Irene Grant, March 15, 1963.

152 KPA-47–4, Karl Polanyi to unknown recipient, 1927.

153 폴라니는 노이라트를 카우츠키, 트로츠키와 함께 화폐 없는 경제의 독단적 지지자로 분류한다. 이 세 사람의 경우 모두 오해다. 트로츠키에 대해서는 *In Defence of Marxism* (www.marxists.org/archive/trotsky/1932 /10/sovecon.htm)을 보라. 여기에는 "성공적인 사회주의의 구축은…… 안정된 통화 단위 없이는 생각할 수 없다"는 주장이 나온다. 카우츠키에 대해서는 다음을 보라. Karl Kautsky, *Proletarische Revolution und ihr Programm*(Stuttgart: Dietz, 1922). 노이라트에 대해서는 다음을 보라. Günther Sandner, *Otto Neurath: Eine politische Biographie*(Vienna: Zsolnay-Verlag, 2014), 121, 150, 291, 297–300.

154 국민국가의 군국주의에 반발하던 노이라트는 계획의 "기능적" 단위들을 중첩시킬 생각을 했다. 가령 배가 다닐 수 있는 하천 인근 지역들이 건설, 수송, 생산을 위한 행정 단위를 맡고, 교육과 관련된 행정은 언어권에 따라 배정하는 방식의 초민족적 사회주의사회 형태로 말이다. 하지만 두 가지 의미에서 노이라트는 길드 사회주의 모델을 거부했다. 첫째, 그는 경제계획에서 노동자 결사가 역할을 하리라 예상했지만, 이 계획은 두세 곳의 동등한 결사 간 협상을 통해서가 아니라 중앙계획협의회에 의해 수립되고 실행될 터였다. 둘째, 길드 사회주의는 시장이 중요한 역할을 한다고 보았는데 노이라트는 이를 지지하지 않았다. 그는 협동조합 소유의 기업들이 경쟁하는 화폐경제와 시장은 그저 "개인들의 자본주의를 집단들의 자본주의"로 대체할 뿐이라고 주장했다. Neurath(1925) quoted in John O'Neill, "Socialism, Associations and the Market," *Economy and Society* 32 no. 2(2003):193–194. 다음도 보라. Otto Neurath, "Total Socialisation," and "Economic Plan and Calculation in Kind," in *Otto Neurath, Economic Writings: Selections 1904–1945*, 401–406.

155 KPA-2–22, Karl Polanyi, "Pure Economic Theory," 1924–1927.

156 KPA-19–19, Karl Polanyi, "Individualism and Socialism"(n.d.).

157 SPSL-536–1, Polanyi to Adams, March 31, 1934.

158 KPA-2–22, Polanyi, "Pure Economic Theory."

159 Hayek, *Individualism*, 20.

160 Polanyi, "Sozialistische Rechnungslegung," 79.

161 Polanyi(1922–1923), quoted in Endre Nagy, "After Brotherhood's Golden Age: Karl and Michael Polanyi," in *Humanity, Society and Commitment: On Karl Polanyi*, ed. Kenneth McRobbie(Montreal: Black Rose, 1994), 92.

162 KPA-3–7, Karl Polanyi, "Auszug aus einem Referat zur Sozialisierungsfrage," 1919–1933.

163 가령 피에르 로장발롱은 경제관리의 전형적인 예를, 시장의 작동을 "눈에 더 잘 보이게" 만들고 계약을 통한 거래에서 판매자와 구매자 간의 신뢰를 강화하는 데 도움을 주는 등급평가기관의 일이라고 생각한다. Pierre Rosanvallon and Arthur Goldhammer, *Counter-Democracy: Politics in an Age of Distrust*(Cambridge: Cambridge University Press, 2008), 279. 다음도 보라. Garry Rodan, "Neoliberalism and Transparency: Political versus Economic Liberalism," Murdoch University Working Paper 112, 2004, http://www.arc.murdoch .edu.au/publications/wp/wp112.pdf.

164 Karl Polanyi, "Über die Freiheit," in *Chronik der großen Transformation*, vol. 3, 137–170.

165 Karl Polanyi, "Wirtschaft und Demokratie," in *Chronik der großen Transformation*, vol. 1, ed. Michele Cangiani and Claus Thomasberger(Marburg: Metropolis, 2002), 154.

166 KPA-2–22, Polanyi, "Pure Economic Theory."

167 KPA-3–1, Karl Polanyi, "Das Übersichtsproblem," 1920s.

168 KPA-2–22, Polanyi, "Pure Economic Theory"; Polanyi, "Neue Erwägungen zu unserer Theorie und Praxis," 21–23.

169 Polanyi, "Neue Erwägungen zu unserer Theorie und Praxis," 19.

170 Polanyi, "Neue Erwägungen zu unserer Theorie und Praxis," 23.

171 KPA-29–9, Schafer, "Memoirs," 75. 같은 구절이 노이라트에게도 깊은 인상을 남겼다. 다음을 보라. Neurath, "Economic Plan," 422.

172 마르크스는 "생산물이 상품으로 전환되고 그리하여 인간이 상품 생산자로 전환되는 것"이 경제활동의 주변 요소인 "고대의 사회 유기체들"을 설명하면서 "투명성 Durchsichtigkeit"이라는 단어를 사용했다. KPA-29–9, Schafer, "Memoirs"; Karl Marx, Capital, vol. 1(Harmondsworth, U.K.: Penguin, 1976).

173 KPA-29–9, Schafer, "Memoirs," 7.

174 Polanyi, "Über die Freiheit," 139.

175 KPA-29-9, Schafer, "Memoirs." 다음도 보라. KPA-21-22, Karl Polanyi, "Community and Society: The Christian Criticism of Our Social Order," 1937.

176 KPA-2-16, Polanyi, Draft of "Über die Freiheit"; Karl Polanyi, "The Essence of Fascism," in *Christianity and the Social Revolution*, ed. John Lewis, Karl Polanyi, and Donald Kitchin(London: Gollancz, 1935), section VI.

177 훨씬 나중에 이 용어를 쇄신한 사람은 에인 랜드Ayn Rand였다. 그녀는 자신이 더 좋아하던 단어 "실존주의"를 거부한 뒤 이 단어를 채택했다고 알려졌다. "객관주의"에 대해서는 똑같이 말할 수 없지만 실존주의의 의미는 이미 다른 사람이 점유했다고 보았기 때문이다.

178 KPA-2-3, Karl Polanyi, "Wissenschaftlich Politik ohne Skepsis und die Privilegien der Soziologie," 1920-1922; KPA-2-1, Polanyi, Draft manuscript.

179 SPSL-536-1, Polanyi to Adams, March 31, 1934.

180 KPA-46-6, Duczynska, interview with Isabella Ackerl, late 1970s.

181 SPSL-536-1, Karl to Zoe Fairfield, March 24, 1934.

182 Kari Polanyi-Levitt, telephone interview, June 2008.

183 KPA-9-2, Karl Polanyi, "Labour Movement's Post-War Failure," 1934-1946.

184 KPA-12-3, Karl Polanyi, "The Youth Movement in Europe," 1935.

185 KPA-18-18, Karl Polanyi, "Education and Social Reality. Austrian Experience," (n.d.).

186 Cited in Marguerite Mendell, "Karl Polanyi and Socialist Education," in *Humanity, Society and Commitment: On Karl Polanyi*, ed. Kenneth McRobbie (Montreal: Black Rose, 1994), 25-42.

187 Kari Polanyi-Levitt, "Karl Polanyi as Socialist," in *Humanity, Society and Commitment: On Karl Polanyi*, 115.

188 KPA-18-18, Polanyi, "Education and Social Reality."

189 KPA-18-18, Polanyi, "Education and Social Reality." 하지만 폴라니가 규명한 전망들은 이행되지 못했다. 가령 다음을 보라. Eric Hobsbawm, *Interesting Times: A Twentieth-Century Life*(London: Allen Lane, 2002), 20; Helmut Gruber, *Red Vienna: Experiment in Working-Class Culture, 1919–1934*(Oxford: Oxford University Press, 1991).

190 KPA-21-3, Karl Polanyi, "Social Values in the Post-War World," 1936.

191 KPA-18-21, Karl Polanyi, *Europe To-Day*(London: Workers' Educational Trade Union Committee, 1937), 55.

192 Kari Polanyi-Levitt, telephone interview, June 2008; Lewis, *Fascism and Working Class*, 82.

193 György Litván, "Karl Polanyi in Hungarian Politics," in *The Life and Work of Karl Polanyi*, ed. Kari Polanyi-Levitt(Montreal: Black Rose, 1990), 35.

194 샤퍼의 주장에 대한 철학적 근거는 1920년대 중반에 쓴 폴라니의 철학적인 글에 있다(KPA-2-16, Polanyi, "Über die Freiheit"). 이 글의 어조는 때로 눈에 띄게 아들러와 유사하다. 가령 이 사회주의자는 "인간 삶의 다양한 측면에 녹아든 상대성, 다시 말해 사회화"를 인정하면서 "가장 내밀한 자아는 다른 자아들에 빚이 있고, 거기서 파생, 차용되었으며, 거기에 의지하는 듯하다"고 생각한다. 그렇긴 해도 폴라니는 마르크스와 칸트를 화해시키려는 아들러의 시도를 비웃었다. 그리고 엥겔스에 대한 아들러의 책이 사회주의 윤리를 옹호하는 저자와 엥겔스 사이의 모순에 침묵했음을 알고 크게 화를 냈다. 폴라니의 해석에 따르면, 엥겔스는 그것이 생산에 대한 노동자들의 입장에서 나온다고 보았다. KPA-29-9, Schafer, "Memoirs"; KPA-47-4, Karl Polanyi to Werte Genosse, 1927.

195 폴라니는 1920년대에 발표하지 않은 일련의 에세이에서 이와 유사한 생각을 제시했다. 다음을 보라. Schafer, "Vorgartenstrasse 203," 331; Polanyi, "Über die Freiheit."

196 Gruber, *Red Vienna*, 6, 34.

197 MPP-17-4, Karl Polanyi to Irene, Donald, John, and Betty, December 1933.

198 법학자(이자 칼 폴라니의 신원보증인 중 한 명인) 한스 켈젠Hans Kelsen이 이 점에 관심을 기울였을 때, 이단이라는 비난을 몹시도 피하고 싶었던 바우어는 권위 있는 전거를 지목했다. 마르크스의 《프랑스에서의 계급투쟁》에서 부르주아와 프롤레타리아트는 1848년 2월 공화국에서 국가권력을 공유하는 집단으로 묘사된다고 주장했다(다음을 보라. Bauer, Werkausgabe, vol. 9, 55). 이는 《프랑스에서의 계급투쟁》을 천박하게 오독한 것이었다. 여기서 마르크스는 "2월 공화국은 부르주아 공화국도 아니었고 다른 무엇이 될 수도 없었다"고 명료하게 밝히고 있다. 또한 임시정부가 "프롤레타리아트의 압력에 의해" 어쩔 수 없이 "사회제도를 갖춘 공화국이라고 선포할 수밖에 없었지만", 그것은 "부르주아지를 위해 행동했다"고, 다시 말해 그것의 "전 생애가 프롤레타리아트의 요구를 상대로 한 투쟁으로 점철되었다"고 분명히 이야기한다.

199 Bauer, *Werkausgabe*, vol. 2, 346. Lewis, Fascism and Working Class, 57 참고.

200 Gerald Mozetič, *Die Gesellschaftstheorie des Austromarxismus: Geistesgeschichtliche Voraussetzungen, Methodologie und soziologisches Programm*(Darmstadt: Wissenschaftliche Buchgesellschaft, 1987).

201 Tom Bottomore and Patrick Goode, eds., *Austro-Marxism*(Oxford: Clarendon

Press, 1978), 38; Andrew Arato, "Austromarxism and the Theory of Democracy" in *The Austrian Socialist Experiment: Social Democracy and Austromarxism, 1918–1934*, ed. Anson Rabinbach(Boulder, Colo.: Westview, 1985), 137 – 138.

202 Ewa Czerwínska-Schupp, *Otto Bauer. Studien zur sozial-politischen Philosophie*(Oxford: Peter Lang, 2005), 442.

203 Bauer, *Werkausgabe*, vol. 2, 732.

204 Bauer, *Werkausgabe*, vol. 2, 729 – 742. 후자의 과제에는 "외국인", 특히 유대인을 상대로 한 야비한 편견에 호소하는 것이 포함되어 있었다. 다음을 보라 Kuhn, *Henryk Grossman*, 91; Gruber, *Red Vienna*, 25 – 29.

205 KPA-3 – 12, Karl Polanyi, "Liberale Wirtschaftsreformen in England," 1928.

206 MPP-17 – 4, Karl Polanyi to Misi, November 21, 1932.

207 Hans-Hermann Hoppe, "The Meaning of the Mises Papers," *Free Market* 15, no.4(1997); Ludwig von Mises, *Liberalismus*(Jena: G. Fischer, 1927), 45.

208 KPA-1 – 50, Karl Polanyi, "The Rebirth of Democracy"[A demokrácia feltámadása], *Bécsi Magyar Újság*, November 26, 1922.

209 Bauer, *Werkausgabe*, vol. 9, 305.

210 Bauer, *Werkausgabe*, vol. 9, 62.

211 Lewis, *Fascism and Working Class*, 83.

212 Gruber, *Red Vienna*, 7.

213 KPA-1 – 51, Karl Polanyi, "The Labour Government and Protectionism"[A kormány védövámokat munkáspárt], early 1920s.

214 Otto Bauer, *Werkausgabe*, vol. 4(Vienna: Europa Verlag, 1976), 200.

215 Braunthal, "Otto Bauer," 93.

216 MPP-17 – 4, Karl Polanyi to Misi, November 21, 1932.

217 Karl Polanyi, Lee Congdon, *Seeing Red: Hungarian Intellectuals in Exile and the Challenge of Communism*(DeKalb: Northern Illinois University Press, 2001), 82에서 인용.

218 Karl Polanyi, "Wirtschaft und Demokratie," in *Chronik der großen Transformation*, vol. 1, 149.

219 KPA-2 – 21, Karl Polanyi, "Die Wirtschaft ist für den Faschismus," 1933.

220 KPA-2 – 21, Polanyi, "Die Wirtschaft ist für den Faschismus."

221 KPA-3 – 4, Polanyi, "Faschismus"; KPA-17 – 1, Karl Polanyi, WEA lectures, Canterbury, XI, 1938 – 1939.

222 MPP-17-4, Karl to Misi, November 21, 1932.

223 MPP-17-4, Karl to Misi, November 21, 1932; KPA-2-21, Polanyi, "Die Wirtschaft ist für den Faschismus."

224 Kari Polanyi-Levitt, interview, December 2008.

225 Ilona Duczynska, *Workers in Arms: The Austrian Schutzbund and the Civil War of 1934*(New York: Monthly Review Press, 1978[1975]), 132.

226 보국단은 전후 시기에 주로 소작농, 전직 군인, 학생을 바탕으로 한 느슨한 민병대 연합으로 출발했다. 이들은 가톨릭 신앙과 반사회주의 신념을 제외하면 공통점이 거의 없었다. 1920년대 말 이들은 파시즘으로 방향을 선회했다. Duczynska, *Workers in Arms*, 66.

227 Lewis, *Fascism and Working Class*, 124.

228 Wilfrid Crook, *The General Strike: A Study of L abor's Tragic Weapon in Theory and Practice*(Chapel Hill: University of North Carolina Press, 1931), 588-593.

229 덧붙여 말하자면 이 시위는 "군중과 권력"에 대한 엘리아스 카네티의 관심에 불을 붙인 사건이었다. Crook, *General Strike*, 588-593.

230 KPA-29-10, Schafer, "Polanyi's Life in Vienna," 67; Alfred Pfabigan, "Ilona Duczynska and Austro-Marxism," in *Karl Polanyi in Vienna: The Contemporary Significance of the Great Transformation*, 266.

231 Alfred Pfabigan, "Ilona Duczynska and Austro-Marxism," in Kari Polanyi-Levitt and Kenneth McRobbie.

232 Douglas Alder, "Decision-Making amid Public Violence; The Vienna Riots, July 15, 1927," *Austrian History Yearbook* 19, no. 1(1983): 239-260.

233 Hacohen, *Karl Popper*, 118; Pfabigan, "Duczynska and Austro-Marxism," 266.

234 Duczynska, *Workers in Arms*, 143.

235 MPP-19-8, Eva to Tante Cecile, May 12, 1929.

236 MPP-17-2, Karl to Misi, May 20, 1920.

237 MPP-17-2, Karl Polanyi to Misi, January 19, 1920.

238 SPSL-438-4, Karl Polanyi, "Curriculum Vitae," 1937.

239 SPSL-536-1, Karl to Zoe Fairfield, March 24, 1934; Friedrich Stadler, *Vom Positivismus zur "wissenschaftlichen Weltauff assung"*(Vienna: Löcker, 1982).

240 Bruce Pauley, "From Splinter Party to Mass Movement: The Austrian Nazi Breakthrough," *German Studies Review* 2, no. 1(1979): 7-29.

241 폴라니가 야호다를 빈에서 만났는지, 런던이나 뉴욕에서 만났는지는 알려지지 않았다.

하지만 개연성은 있다. 오스트리아 마르스크주의자였던 그녀는 바우어와 제이셀의 좋은 친구였고, 폴라니의 친구 에스터 심슨 역시 알았다. 1930년대에 야호다는 '다시 시작하다Neu Beginnen' 운동의 오스트리아 지부 푼케Funke에 가입했고 반파시스트 지하운동에 적극 가담했다. 그녀는 1930년대에 영국으로 이주했다가(리처드 크로스먼과 함께 일했고, 케스틀러를 알았으며 몇몇 퀘이커교도와 가깝게 지냈다) 다시 뉴욕으로 이주하여 로버트 머튼과 좋은 친구가 되었고 마거릿 미드와 같은 아파트를 썼으며, 사회과학연구소를 위해 일했다. 지금 저자가 브루넬 대학교에서 쓰고 있는 연구실은 야호다의 이름을 딴 부지 안에 있다. 좋은 인연인 듯하다.

242 KPA-18-2, Karl Polanyi, "Austria and Germany," *International Affairs* 12, no. 5(1933): 578-579.

243 Kari Polanyi-Levitt, interview, December 2008.

244 MPP-17-4, Karl Polanyi to Misi, December 1932.

245 일로나는 열여덟 살에 취리히에서 수학을 공부했지만 질병과 혁명 때문에 학업을 길게 지속하지는 못했다. 그녀는 1930년에야 학업을 다시 시작했다. SPSL536-1, Ilona Duczynska, Personal statement; MPP-17-4, Karl Polanyi to Misi, 1933.

246 MPP-17-4, Polanyi to Misi, December 1932.

247 Aurel Kolnai, Francis Dunlop, *The Life and Thought of Aurel Kolnai* (Aldershot, U.K.: Ashgate, 2002), 112에서 인용.

248 KPA-12-4, Karl Polanyi, "Great Britain's Foreign Policy To-Day," 1936.

249 MPP-17-4, Karl Polanyi to Misi, April 11, 1933.

250 MPP-17-4, Karl Polanyi to Michael, June 5, 1933.

251 SPSL-536-1, Karl to Zoe Fairfield, March 24, 1934; MPP-17-4, Ilona Duczynska to Misi, July 1, 1933.

252 MPP-17-4, Karl to Misi(?), September 30, 1933.

253 Schafer, "Vorgartenstrasse 203," 332, 343.

254 MPP-17-4, Karl Polanyi to Misi, October 13, 1933.

255 MPP-17-4, Karl Polanyi to the Grants and Macmurrays, December 1933.

256 MPP-17-4, Karl Polanyi to Misi, 10 December 10, 1933.

257 1933년 4월 마이클 폴라니는 반유대주의 입법에 저항하는 의미에서 베를린에 있는 빌헬름 카이저 연구소에서 맡고 있던 지위에서 물러났다. 그리고 그해 가을 맨체스터로 떠났다. SPSL-221-3, Michael Polanyi, "Curriculum Vitae"; MPP-17-4, Karl to Misi, December 10, 1933.

4장 도전과 응전

1 William Scott and Martin Moleski, *Michael Polanyi: Scientist and Philosopher* (New York: Oxford University Press, 2005).

2 KPA-59-8, Karl Polanyi to Ilona, 1947(?).

3 John Costello, *John Macmurray: A Biography*(Edinburgh: Floris Books, 2002), 200.

4 Steve Bruce, "The Student Christian Movement and the Inter-Varsity Fellowship : A Sociological Study of Two Student Movements"(Ph.D. thesis, University of Stirling, 1980).

5 MPP-17-5, Karl Polanyi to Misi, October 31, 1934.

6 Don Grant, interview.

7 Costello, *Macmurray*, 201.

8 Costello, *Macmurray*, 205.

9 John Macmurray, *The Philosophy of Communism*(London: Faber & Faber, 1933), 91-92.

10 KPA-30-3, Irene Grant, conversation with Kari Polanyi-Levitt, mid-1980s.

11 분명 이들은 도움을 주려 했다. 가령 맥머리는 폴라니를 위해 밸리얼 칼리지의 스승인 린지A.D. Lindsay에게 편지를 썼다. SPSL-536-1, Karl John Macmurray to Walter Adams, June 4, 1934.

12 MPP-17-5, Karl to Misi, October 31, 1934.

13 가령 1934년 12월 18일, 그는 S.S. 아퀴타니아호에서 삼등실 침대를 이용했다. KPA-47-6, Karl Polanyi, Correspondence, 1934.

14 SPSL-536-1, Hector Hetherington to Karl Polanyi, December 5, 1933.

15 SPSL-536-1, Bertram Benas, chairman of the Central British Fund for German Jewry, to Karl Polanyi, December 1, 1933; MPP-17-4, Karl Polanyi to Misi, December 9, 1933.

16 Leo Szilard, "Reminiscences," in *The Intellectual Migration: Europe and America, 1930–1960*, ed. Donald Fleming and Bernard Bailyn(Cambridge, Mass.: Belknap Press, 1969), 98; Laura Fermi, *Illustrious Immigrants: The Intellectual Migration from Europe, 1930–41*(Chicago: University of Chicago Press, 1968), 64; Jeremy Seabrook, *The Refuge and the Fortress: Britain and the Flight from Tyranny*(Houndmills, U.K.: Palgrave, 2008); R.M. Cooper, ed., *Refugee Scholars:*

Conversations with Tess Simpson(Leeds, U.K.: Moorland Books, 1992), 32; Tibor Frank, *Double Exile: Migrations of Jewish-Hungarian Professionals through Germany to the United States, 1919–1945*(Oxford: Peter Lang, 2008), 257–260. 실라르드는 마이클 폴라니의 친구였다.

17 SPSL-536-1, Zoe Fairfield to Walter Adams, March 30, 1934; SPSL-536-1, H.W. Fox to Zoe Fairfield, May 26, 1934.

18 애덤스는 "나는 물론 스완지가 칼 폴라니 박사에게 딱 적절한 자리는 아니라고 생각하지만, 최소한 공식적인 대학 세계로 들어가는 입구가 될 것"이라고 논평했다. SPSL-536-1, Walter Adams to Zoe Fairfield, May 31, 1934.

19 베버리지는 폴라니가 "전문적인" 기구의 도움을 받는 편이 나을 것이라고 덧붙였다. SPSL-536-1, William Beveridge to Walter Adams, July 5, 1934.

20 SPSL-536-1, Walter Adams to H. W. Fox(n.d.).

21 A.M. Sperber, *Murrow: His Life and Times*(London: Michael Joseph, 1986).

22 Sperber, *Murrow*, 45

23 MPP-17-5, Karl to Misi, October 31, 1934.

24 앞서 폴라니는 또 다른 옥스퍼드 칼리지인 퀸스가 난민 신세인 외국 학자들에게 자리를 주려고 고민 중이라는 소식을 접했다. 그는 경이로운 이타심을 발휘하여 "오스트리아에 관한 한 하인리히 곰페르츠가 나보다 먼저여야 한다고 믿는다"라고 밝혔다. SPSL-536-1, Zoe Fairfield to Walter Adams, March 11, 1935; SPSL-536-1, Karl Polanyi to Walter Adams, October 2, 1934.

25 SPSL-536-1, Walter Adams to H. W. Fox(n.d.).

26 SPSL-536-1, Walter Adams to Zoe Fairfield, June 21, 1935.

27 SPSL-438-4, Karl Polanyi, "Curriculum Vitae," 1937.

28 MPP-17-5, Karl Polanyi to Misi, December 7, 1934.

29 MPP-17-4, Karl Polanyi to the Grants and Macmurrays, December 1933.

30 KP-18-6, Karl Polanyi, "Fascism and Marxian Terminology," 1934, 128.

31 John Warren, "'Weisse Strümpfe oder neue Kutten': Cultural Decline in Vienna in the 1930s," in *Interwar Vienna: Culture between Tradition and Modernity*, ed. Deborah Holmes and Lisa Silverman(Rochester, N.Y.: Camden House, 2009), 35.

32 Alfred Pfabigan, "Ilona Duczynska and Austro-Marxism," in *Karl Polanyi in Vienna: The Contemporary Significance of the Great Transformation*, ed. Kari Polanyi-Levitt and Kenneth McRobbie(Montreal: Black Rose, 2000), 266.

33 Kari Polanyi-Levitt, interview, December 2008. 폭력 사태에 대한 보도는 폴라니에게도 전해졌다. 그는 장모와 통화해서 전투가 벌어지고 있다는 사실을 전해 들었고, 일로나와 캐리가 다치지 않았다는 소식에 크게 안도했다. MPP17 – 5, Karl Polanyi to Misi, February 16, 1934.

34 MPP-17 – 5, Karl Polanyi to Misi, February 14, 1934.

35 MPP-17 – 4, Karl to Misi, December 10, 1933.

36 MPP-17 – 5, Karl Polanyi to Misi, February 24, 1934.

37 Kari Polanyi-Levitt, interview, December 2008.

38 1936년 일로나는 논문을 마치지 못하고 오스트리아를 떠났다. SPSL-536 – 1, Duczynska, personal statement; Barbara Striker, "'This Is the Voice of Radio Schutzbund!,'" in *Karl Polanyi in Vienna: The Contemporary Significance of the Great Transformation*, 272 – 274.

39 MPP-17 – 5, Karl Polanyi to Magda, 1934.

40 SPSL-438 – 4, Karl Polanyi to Walter Adams, March 18, 1938; Karl Polanyi to the under secretary of state, Aliens' Department, Home Office, March 18, 1938.

41 Scott and Moleski, *Polanyi*.

42 Szilard, "Reminiscences," 95.

43 Tibor Frank, "Situation Berlin. Ungarische Wissenschaftler und Künstler in Deutschland, 1919 – 1933," *IMIS Beiträge* 10(1999): 7 – 38.

44 Judith Szapor, "From Budapest to New York: The Odyssey of the Polanyis," *Hungarian Studies Review* 30, no. 1 – 2(2003): 36.

45 Erzsébet Vezér, "The Polanyi Family," in *The Life and Work of Karl Polanyi*, ed. Kari Polanyi-Levitt(Montreal: Black Rose, 2000), 17 – 29.

46 Szapor, "Odyssey of the Polanyis," 32 – 38.

47 MPP-17 – 7, Karl Polanyi to Misi, August 19 and 24, 1938.

48 Szapor, "Odyssey of the Polanyis," 35.

49 Szapor, "Odyssey of the Polanyis," 36.

50 Karl Polanyi to Laura, January 24, 1939. 유디트 서포르는 친절하게도 이 편지의 사본을 저자에게 나눠주었다.

51 마이클에게 보내는 편지(MPP-17 – 8, April 14, 1939)에서 폴라니는 아돌프가 오래 체류할 것이라 생각해 "그 나라 언어를 할 수 없는 경우 영국에서 무언가를 이루기가 얼마나 어려운지를" 고려하면서 우려를 표했다. Szapor, "Odyssey of the Polanyis," 36 참고.

52 KPA-20-21, Karl Polanyi, "The State and the Individual in Fascism," 1934; KPA-20-25, Karl Polanyi, "Fascism and Christianity," 1936.

53 KPA-12-2, Karl Polanyi, "Fascism: National Planning and International Anarchy," 1935.

54 KPA-21-4, Karl Polanyi, Lecture notes, 1936; KPA-21-4, Karl Polanyi, "On the Philosophy and Economics of Fascism," 1936.

55 KPA-15-8, Karl Polanyi, Lecture 19, "Government and Industry," 1943-1944.

56 Costello, *Macmurray*, 234.

57 KPA-7-7, Karl Polanyi, Notes taken by Ilona Duczynska, March 26, 1933.

58 Francis Carsten, *Fascist Movements in Austria: From Schönerer to Hitler* (London: Sage, 1977).

59 KPA-8-3, Karl Polanyi, Notes and outlines, 1933.

60 Lukáš Novotný, "Kameradschaftsbund. Contribution to the History of Czech-German Relationship," Part 1(n.d.), http://usd.ff.cuni.cz/?q=system/files/novotny%20kamerad.pdf.

61 Polanyi, "Essence of Fascism."

62 KPA-9-2, Polanyi, "Labour Movement's Post-War Failure," 1934-1946.

63 Polanyi, "Essence of Fascism," section I.

64 Odon Pór, *Guilds and Co-operatives in Italy*(London: Labour Publishing, 1923). 무솔리니의 법인형 국가에 대한 콜의 공감에 대해서는 다음을 보라. Geoffrey Foote, *The Labour Party's Political Thought: A History*(Houndmills, U.K.: Palgrave Macmillan, 1997), 123.

65 Odon Pór, *Fascism*(London: Labour Publishing, 1923), 159-160, 221.

66 KPA-18-4, Karl Polanyi, "Othmar Spann, the Philosopher of Fascism," *New Britain* 3, no. 53(1934): 7.

67 KPA-18-5, Karl Polanyi, "Spann's Fascist Utopia," *New Britain* 3, no. 55(1934): 74-75.

68 Karl Polanyi, "Korporatives Österreich," in *Chronik der großen Transformation*, vol. 1, ed. Michele Cangiani and Claus Thomasberger(Marburg: Metropolis, 1934), 212.

69 Hüseyin Özel, "Reclaiming Humanity: The Social Theory of Karl Polanyi"(Ph.D. dissertation, University of Utah, 1997), 78.

70 KPA-12-2, Polanyi, "Fascism"; KPA-20-16, Karl Polanyi, Christian Left bulletin,

"Coercion and Defence," 1939; Karl Polanyi, "Die geistigen Voraussetzungen des Faschismus," in *Chronik der großen Transformation*, vol. 3, ed. Michele Cangiani, Kari-Polanyi Levitt, and Claus Thomasberger(Marburg: Metropolis, 2005), 219.

71 KPA-20-4, Karl Polanyi, book plan, "Common Man's Masterplan," 1939-1940.

72 KPA-20-8, Karl Polanyi, book synopsis, "The Fascist Transformation," 1934-1935; KPA-21-4, Karl Polanyi, "On the Philosophy and Economics of Fascism," 1936.

73 KPA-18-8, Karl Polanyi, "The Fascist Virus"(n.d.).

74 KPA-18-8, Polanyi, "The Fascist Virus."

75 KPA-18-8, Polanyi, "The Fascist Virus."

76 KPA-18-8, Polanyi, "The Fascist Virus."

77 KPA-18-8, Polanyi, "The Fascist Virus."

78 Karl Polanyi, "Faschismus und Marxistische Terminologie," in *Chronik der großen Transformation*, vol. 3, 235.

79 KPA-18-8, Polanyi, "The Fascist Virus"; KPA-51-5, Karl Polanyi, annotations to a letter from Paul Medow, 1961.

80 KPP-1-4, Polanyi to Fromm, January 14, 1961; Polanyi, "Die geistigen Voraussetzungen," 218. 81. KPA-18-9, Karl Polanyi, "Marxism Re-Stated," *New Britain* 3, nos. 58-59(1934): 187-188.

82 KPA-15-4, Karl Polanyi, Lecture XXIV, "Contemporary Problems and Social and Political Theory," University of London, 1936-1940.

83 폴라니의 추론에 따르면 반사회주의는 필연적으로 반민주적이었다. "왜냐하면 민주주의는 사회주의 노동자계급 운동의 영향력을 증대시키는 경향이 있기 때문이다." KPA-21-9, Karl Polanyi, Lecture notes on political/religious topics, 1937; KPA-18-21, Karl Polanyi, "Europe To-Day"(London: Workers' Educational Trade Union Committee, 1937).

84 KPA-20-22, Karl Polanyi, "The Auxiliary and Politics," 1934.

85 Tim Rogan, "Karl Polanyi at the Margins of English Socialism, 1934-1947," *Modern Intellectual History* 10, no. 2(2013): 317-346.

86 Rogan, "Karl Polanyi at the Margins."

87 Don Grant, interview. 다음도 보라. Costello, *Macmurray*, 256.

88 KPA-59-7, Karl Polanyi to Ilona, January 20, 1941.

89 회보가 배포되긴 했지만 로건은 "이 집단의 작업이 어떤 식으로든 크게 주목을 받았다는 근거는 거의 없다"고 전한다. "영국 사회주의는 초기에 청년 마르크스의 철학을 받아들였지만 이내 빠르게 망각했다. 찰스 테일러가 1957년 파리에서 가져온《경제학-철학 수고》의 프랑스어판을 사람들은 대단히 신기한 물건으로 여겼다." Rogan, "Karl Polanyi at the Margins," 333.

90 KPA-21-21, Karl Polanyi et al., Christian Left Group, memoranda and draft articles, 1936.

91 MPP-17-5, Karl Polanyi to Misi, Thursday(no date), 1934.

92 MPP-17-5, Karl Polanyi to Misi, November 31(no year).

93 MPP-17-5, Karl to Misi, October 31, 1934.

94 Costello, *Macmurray*, 227.

95 골란츠의 정치 궤적은 폴라니와 대단히 유사했다. 젊은 시절 골란츠는 자유당과 길드 사회주의에 관여했고, 1930년대에는 공산주의에 가까이 다가갔다가, 그 후 기독교 사회주의와 공동 행보를 했다.

96 MPP-17-5, Karl to Misi, February 24, 1934.

97 KPA-56-11, Karl Polanyi to Joseph Needham, October 31, 1934.

98 Rogan, "Karl Polanyi at the Margins."

99 KPA-12-3, Karl Polanyi, Lecture, "On Fascism and Christian Ideals," 1935; KPA8-8, Karl Polanyi, "Munich and Moskow," 1939-1946.

100 KPA-15-2, Karl Polanyi, Lecture I, "Conflicting Philosophies in Modern Society," University of London, 1937.

101 KPA-21-27, Karl Polanyi et al. to the editor of *Radical Religion*, June 10, 1939.

102 KPA-21-2, Polanyi, "Xtianity and the New Social Order," 1936.

103 KPA-37-3, Karl Polanyi, "Freedom in a Complex Society," 1957.

104 KPA-18-36, Karl Polanyi, Notes on a pamphlet by V. Gollancz(n.d.).

105 KPA-56-13, Karl Polanyi to Don Grant, December 7, 1929.

106 KPA-20-12, Karl Polanyi et al., "Notes of a Week's Study on the Early Writings of Karl Marx," 1938. 폴라니는 이 글의 주 저자였다(단독 저자일 가능성도 있다).

107 KPA-56-13, Polanyi to Irene, March 15, 1963. 다음도 보라. Matěj Vančura, "Polanyi's Great Transformation and the Concept of the Embedded Economy," IES Occasional Paper 2(Prague: Charles University, 2011).

108 KPA-56-13, Polanyi to Irene, March 15, 1963.

109 KPA-12-3, Polanyi, Lecture, "Fascism and Christian Ideals."

110 이 구분은 존 맥머리의 인간 행동의 두 가지 동기인 사랑과 굶주림과 중첩된다. 전자는 이타적이고, 후자는 자기중심적이다. KPA-12-3, Polanyi, Lecture, "Fascism and Christian Ideals"; Costello, *Macmurray*, 229.

111 KPA-20-10, Karl Polanyi et al., "The Basis of the Christian Left," 1938.

112 KPA-21-10, Karl Polanyi, "Community and Society" and "The Christian Approach to Social Reconstruction," 1937.

113 KPA-18-33, Karl Polanyi, various draft articles, 1945-1946.

114 MPP-17-11, Karl Polanyi to Misi, May 6, 1945.

115 MPP-17-4, Polanyi to Misi, October 13, 1933.

116 MPP-17-5, Karl Polanyi to Misi, March 7, 1934.

117 해럴드 래스키와 관련하여 랠프 밀리밴드는 이렇게 지적한다. "노동당이 그가 원했던 사회주의 당이었다면 영국의 정치 현장이 사실상 탈바꿈했을 것이다. 하지만 당시 노동당은 그렇지 않았고, 그런 당이 되어가는 과정에 있지도 않았다." 이는 그의 주장이 "비현실적이라는 인상"을 주었다. 이는 폴라니에게도 똑같이 적용된다. 다음을 보라. Ralph Miliband, Capitalist Democracy in Britain(Oxford: Oxford University Press, 1982), 16.

118 Denys Leighton, *The Greenian Moment: T.H. Green, Religion and Political Argument in Victorian Britain*(Exeter: Imprint Academic, 2004).

119 KPA-9-3, Karl Polanyi, Notes on T.H. Green, 1934-1946.

120 Jeanne Morefield, "'A Liberal in a Muddle': Alfred Zimmern on Nationalism, Internationalism and Commonwealth," in *Imperialism and Internationalism in the Discipline of International Relations*, ed. David Long and Brian Schmidt (Albany: State University of New York Press, 2005), 97.

121 Toynbee, quoted in Matt Carter, *T.H. Green and the Development of Ethical Socialism*(Exeter, U.K.: Imprint Academic, 2003), 64.

122 KPA-9-1, Karl Polanyi, Notes on Toynbee, 1934-1946.

123 Carter, *T.H. Green*, 136, 164.

124 KPA-30-3, Irene Grant, conversation with Kari Levitt, mid-1980s.

125 KPA-47-14, Karl Polanyi to Cole, May 22, 1944.

126 Kari Polanyi-Levitt, telephone interview, October 2007.

127 Matthew Grimley, *Citizenship, Community, and the Church of England: Liberal Anglican Theories of the State between the Wars*(Oxford: Clarendon Press, 2004), 5.

128 Stefan Collini, *Absent Minds: Intellectuals in Britain*(Oxford: Oxford University Press, 2006), 464.

129 A.D. Lindsay, *Christianity and Economics*(London: Macmillan, 1933).

130 래스키는 린지의 사회주의 개념이 개인의 물욕과 재산 관계에 대한 무관심을 끝장내기 위한 "윤리적" 헌신을 최우선 순위에 둔다며 비판했다. 하지만 데니스 힐리의 지적처럼 린지는 "사회주의자라고 밝힌 인물 가운데 처음으로 옥스퍼드의 한 칼리지에서 수장"이 되었는데 동료들에게 "위험한 혁명분자"라는 시선을 받았다. Healey, quoted in "A.D. Lindsay," http://spartacus-educational.com/PRlindsayAS.htm; Mark Bevir and David O'Brien, *From Idealism to Communitarianism: The Inheritance and Legacy of John Macmurray*, University of California Berkeley Postprints, 2003, http://escholarship.org/uc/item/95m6q13r#page-1. 다음도 보라. Graham Maddox, "The Christian Democracy of A.D. Lindsay," *Political Studies* 34, no. 3(1986): 441-455; Julia Stapleton, *Political Intellectuals and Public Identities in Britain since 1850*(Manchester: Manchester University Press, 2001).

131 Harry Holloway, "A.D. Lindsay and the Problems of Mass Democracy," *Western Political Quarterly* 16, no. 4(1963): 798-813.

132 John Street, "Fabian Socialism, Democracy and the State," in *Democracy and the Capitalist State*, ed. Graeme Duncan(Cambridge: Cambridge University Press, 1989), 169; Carter, *T.H.Green*.

133 Ross Terrill, *R.H. Tawney and His Times; Socialism as Fellowship*(Cambridge Mass.: Harvard University Press, 1973), 211.

134 R.H. Tawney, *The Acquisitive Society*(London: G. Bell & Sons, 1930[1921]), 96.

135 KPA, Polanyi's personal library.

136 Tawney, *Acquisitive Society*, 9.

137 R.H. Tawney, *Religion and the Rise of Capitalism*(Harmondsworth, U.K.: Penguin, 1938[1922]), 40, 43.

138 Terrill, *Tawney*, 228.

139 Tawney, *Acquisitive Society*, 182.

140 Richard Overy, *The Morbid Age: Britain between the Wars*(London: Allen Lane, 2009), 36-40.

141 Arnold Toynbee, *A Study of History*, vol. 3, 2nd ed.(Oxford: Oxford University Press, 1935), 365ff.

142 Overy, *Morbid Age*, 37.

143 Toynbee, *A Study of History*, vol. 1, 22–23.

144 Toynbee, *A Study of History*, vol. 3, 378; KPA-11–1, Karl Polanyi, "Toynbee's Theory of Challenge and Response Applied to the Industrial Revolution in England," 1935–1946.

145 KPA-11–1, Polanyi, "Toynbee's Challenge and Response."

146 다음을 보라. Karl Polanyi, *The Great Transformation: The Political and Economic Origins of Our Time*(Boston: Beacon, 2001), 69, 160, 162, 178, 188, 228.

147 MPP-17–9, Karl Polanyi to Misi, August 22, 1941; MPP-17–11, Karl Polanyi to Michael, March 10, 1944.

148 Costello, *Macmurray*, 225.

149 SPSL-536–1, Karl to Zoe Fairfield, March 24, 1934.

150 KPA-21–19, Karl Polanyi, "A Christian View of Marxism" and "Marxism and Christianity"(n.d.).

151 최근 이와 동일한 주장을 펼친 사람은 리처드 로티다. "'기독교 사회주의'는 불필요한 동어반복이다. 오늘날 민주 정부가 시장은 절대 하지 않을 방식으로 화폐와 기회를 재분배할 것이라는 기대도 하지 않고서 복음이 형제애를 설파하리라 기대할 수는 없다. 이런 재분배의 필요성을 진지하게 여기지 않고서는, 신약성서를 예언이 아닌 도덕적인 명령으로 진지하게 여길 방법이 없다." KPA-21–27, Polanyi et al. to the editor of *Radical Religion*; Richard Rorty, *Philosophy and Social Hope*(Harmondsworth, U.K.: Penguin, 1999).

152 KPA-15–1, Karl Polanyi, "Marxian Philosophy," 1934–1935, 2.

153 KPA-7–3, Karl Polanyi, Notes on readings, 1934–1946; Rogan, "Karl Polanyi at the Margins," 335–336.

154 KPA-15–1, Polanyi, "Marxian Philosophy," 2; KPA-21–22, Polanyi, "Community and Society"; KPA-20–11, Karl Polanyi, "Marx on Self-Estrangement," 1936–1938; Karl Polanyi, "Christentum und wirtschaftliches Leben," in *Chronik der großen Transformation*, vol. 3, 257.

155 KPA-20–12, Polanyi et al., "Notes of a Week's Study."

156 KPA-8–8, Polanyi, "Munich and Moskow"; KPA-20–10, Polanyi et al., "The Basis of the Christian Left"; KPA-21–27, Polanyi et al., to the editor of *Radical Religion*.

157 KPA-20–12, Polanyi et al., "Notes of a Week's Study."

158 Polanyi, "Essence of Fascism," 375–376.

159 KPA-21-22, Polanyi, "Community and Society."

160 KPA-2-17, Karl Polanyi, "Wer ist die Linke?," 1926-1927.

161 KPA-2-17, Polanyi, "Wer ist die Linke?"; KPA-21-2, Karl Polanyi, "The New Social Order from the Point of View of Christian Principles," 1936.

162 KPA-15-4, Karl Polanyi, Lecture I, "Contemporary Problems and Social and Political Theory," University of London, 1936-1940.

163 KPA-9-4, Polanyi, "Notes on GDH Cole"; KPA-56-13, Karl Polanyi to Don Grant, December 7, 1929.

164 KPA-21-22, Polanyi, "Community and Society."

165 Polanyi, "Essence of Fascism," 375-376.

166 KPA-21-22, Polanyi, "Community and Society."

167 KPA-20-11, Polanyi, "Marx on Self-Estrangement"; KPA-20-12, Polanyi et al., "Notes of a Week's Study."

168 KPA-21-12, Karl Polanyi, "The Economic Order," 1937. 강조는 원저자.

169 KPA-20-25, Polanyi, "Fascism and Christianity."

170 KPA-21-33, Karl Polanyi, "Christian Left Study Circle"(n.d.); Polanyi, "Essence of Fascism"; KPA-18-21, Polanyi, "Europe To-Day," 55.

171 KPA-20-12, Polanyi et al., "Notes of a Week's Study."

172 KPA-29-12, Duczynska, "Karl Polanyi"; Costello, *Macmurray*, 275. 이는 오스트리아에 있는 신앙이 있는 사회주의자 동맹의 상징이기도 했다. 다음을 보라. Aurel Kolnai, *Political Memoirs*(Oxford: Lexington, 1999), 151.

173 Michael Polanyi, quoted in Paul Knepper, "Michael Polanyi and Jewish Identity," *Philosophy of the Social Sciences* 35, no. 3(2005): 284.

174 Endre Nagy, "After Brotherhood's Golden Age: Karl and Michael Polanyi," in *Humanity, Society and Commitment: On Karl Polanyi*, ed. Kenneth McRobbie (Montreal: Black Rose, 1994).

175 Tibor Frank, "Cohorting, Networking, Bonding: Michael Polanyi in Exile," *Polanyiana* 10, no. 1-2(2001): 115.

176 MPP-17-12, Karl Polanyi to Michael, January 21, 1957; Rogan, "Karl Polanyi at the Margins," 323.

177 MPP-17-12, Polanyi to Michael, January 21, 1957.

178 KPA-59-8, Karl Polanyi to Ilona, August 28, 1947.

179 Mary Jo Nye, *Michael Polanyi and His Generation: Origins of the Social Con-*

struction of Science(Chicago: University of Chicago Press, 2011), 184.

180 마그다는 질녀를 돌봐달라는 부탁을 받았을 때도 발끈했다. MPP17-5, Karl Polanyi to Magda, November 2, 1934; KPA-17-5, Karl Polanyi to Misi, September 18, 1934; KPA-59-8, Karl to Ilona, August 28, 1947; Nagy, "Brotherhood's Golden Age." Cf. Kari Polanyi-Levitt, telephone interview, December 2008. 캐리에 따르면, 마그다는 "마이클이 그것을 보지 못하도록, 내 아버지가 보낸 엽서를 가로채기도" 했다.

181 KPA-59-8, Karl to Ilona, August 28, 1947.

182 Michael Polanyi, *The Contempt of Freedom: The Russian Experiment and After* (London: Watts, 1940), 80; also Michael Polanyi, "The Foolishness of History," *Encounter*, November 1957, 33-37.

183 Polanyi, *Contempt of Freedom*, 84.

184 Karl Polanyi, "Russia and the Crisis"[Oroszország és a válság], in *Polanyi, Fasizmus, demokrácia, ipari társadalom*(Budapest: Gondolat Kiadó, 1986 [1939]), 142; KPA-15-2, Karl Polanyi, "Conflicting Philosophies in Modern Society," 1937.

185 MPP-17-10, Karl Polanyi to Misi, September 29, 1943.

186 Eva Zeisel, "Prison Memoir," A Public Space, 2011, www.apublicspace.org/back_issues/issue_14/eva_zeisels_prison_memoir.html.

187 Scott and Moleski, Polanyi, 163; Walter Gulick "Letters about Polanyi, Koestler, and Eva Zeisel," *Tradition and Discovery* 2(2003-2004): 6-10.

188 Jean Richards, telephone interview; Zeisel, "Prison Memoir."

189 Michael Scammell, *Koestler: The Literary and Political Odyssey of a Twentieth-Century Skeptic*(New York: Random House, 2009), 158; Gulick, "Letters about Polanyi."

190 Nye, *Michael Polanyi*, 199; Gulick, "Letters about Polanyi."

191 베이슈베르그는 그만큼 운이 좋지 못했다. 1937년에 체포되어 부하린, 트로츠키, 히틀러와 공모하여 스탈린을 암살하고 소비에트 산업에서 사보타주 행위를 저지르려는 음모를 꾸몄다는 죄목으로 기소되었다. 1940년 비밀경찰 GPU는 베이슈베르그를 게슈타포에 넘겼다. 신문관들은 그가 체포되기 전에 에바를 대신해 중재 요청을 했다는 점을 이용했다. "인민의 적으로 체포된 아내를 위해 끼어들었다고? 그러니까 당신도 인민의 적을 지원하고 있는 거로군?" 베이슈베르그가 아내의 결백을 확신한다고 주장하자 신문관은 비장의 무기를 들고 나왔다. "그러니까 지금 당신은 우리가 무고한 사람을 체

포했다고 말하는 건가!" Alex Weissberg, *Conspiracy of Silence*(London: Hamish Hamilton, 1952), 17; Judit Szapor, "Laura Polanyi 1882–1957: Narratives of a Life," *Polanyiana* 6, no. 2(1997), www.kfki.hu/chemonet/polanyi/9702/szapor.html.

192 MPP-17-11, Michael Polanyi to Karl, June 16, 1944.

193 MPP-17-11, Karl Polanyi to Misi, July 11, 1944.

194 나중에 케스틀러가 코민테른 요원에서 반공 선전원으로 변신하자 이를 걱정스러울 정도로 돌발적인 일로 여긴 에바와 사이가 틀어지게 된다. Conversation with Judit Szapor, October 2010.

195 Frances Stonor Saunders, *Who Paid the Piper? The CIA and the Cultural Cold War*(London: Granta, 1999), 61; Scammell, Koestler, 92.

196 Arthur Koestler, *The Yogi and the Commissar, and Other Essays*(London: Jonathan Cape, 1945), 188, 201.

197 KPA-18-27, Karl Polanyi to the *New Statesman and Nation*, July 21, 1945; Koestler, *Yogi and Commissar*, 171.

198 KPA-18-27, Karl Polanyi to the *New Statesman and Nation*, July 21, 1945.

199 Ger van den Berg, "The Soviet Union and the Death Penalty," *Soviet Studies* 35, no. 2(1983): 158.

200 Koestler, *Yogi and Commissar*, 172. 범죄의 책임 연령이 10세로 낮춰진 오늘날의 잉글랜드를 생각하면 아이러니하다.

201 Koestler, *Yogi and Commissar*, 177.

202 KPA-47-9, Karl Polanyi to HG, May 1, 1939.

203 폴라니는 1930년대 말에 "우리는 중국을 모델로 삼아야 한다. 중국은 과거에도, 현재에도 다른 민족들의 삶의 방식에 관용을 베풀었기 때문"이라고 피력했다. KPA-20-4, Polanyi, "Common Man's Masterplan." 중국에 대한 폴라니의 열정을 부추긴 것은 유명한 중국통인 토니와 조지프 니덤과 나눈 우정으로 볼 수 있다.

204 KPA-19-26, Karl Polanyi, "Experiences in Vienna and America"(n.d.); KPA18-19, Karl Polanyi, "The Educated Workman: What He Is Contributing to Industry," *Technology Review* 39, no. 5(1937).

205 날짜는 1934년 12월부터 1935년 4월까지, 그리고 1936년 10월부터 11월까지였다.

206 국제교육협회의 부책임자에 따르면 "칼 폴라니는 완전히 1등급짜리 일을 해냈고 그가 연설했던 기관에서 받은 보고서는 모두 칭찬 일색이었다." SPSL-536-1, Edward Murrow to Walter Adams, May 27, 1935.

207 SPSL-536-1, Karl Polanyi, "Reflections on a Visit to Southern Colleges," in Institute of International Education, Extramural Lectures, Report no. 1, 1935, 5, 8-9.

208 MPP-17-5, Karl Polanyi to Misi, December 7, 1934; KPA-47-7, Karl Polanyi to Jack, March 22, 1935.

209 KPA-19-26, Polanyi, "Experiences in Vienna and America."

210 KPA-47-7, Correspondence between Karl Polanyi and the IIE, 1935.

211 KPA-47-7, Karl to Jack, March 22, 1935.

212 가령 Simonde de Sismondi, *New Principles of Political Economy*(New Brunswick, N.J.: Transaction, 1991[1818]), 339; Michael Newman, *Harold Laski: A Political Biography*(London: Macmillan, 1993), 290-91.

213 KPA-11-9, Karl Polanyi to Mr. Mummery(n.d.).

214 KPA-21-11, Karl Polanyi, "The Nature of the Present World Crisis," Fellowship of Wives, 1937; Polanyi, *The Great Transformation*, 225-226.

215 만일 폴라니가 사회복음Social Gospel 운동을 접했다면 의견을 수정했을 것이다. 이 운동의 기독교성에는 반자본주의적 평등주의의 열망이 스며 있었다. KPA-54-4, Karl Polanyi to Irene Grant, 1941; KPA-30-1, Karl Polanyi, "Biographical Information," 1940-1984; KPA-30-2, Karl Polanyi, unpublished fragments, 1958-1960; Karl Polanyi, "Amerika im Schmelztiegel," in *Chronik der großen Transformation*, vol. 1, ed. Michele Cangiani and Claus Thomasberger (Marburg: Metropolis, 2002[1935]), 275.

216 KPA-47-8, Karl Polanyi to Toni and Gustav Stolper, May 19, 1936; MPP-17-8, Karl Polanyi to Misi, November 12, 1939.

217 MPP-17-7, Karl to Misi, November 10, 1938.

218 SPSL-536-1, Polanyi, "Reflections on a Visit to Southern Colleges," 5; KPA-47-14, Karl Polanyi to E. H. Carr, November 27, 1944; KPA-54-6, Karl Polanyi, fragment; Polanyi, "Amerika im Schmelztiegel," 275.

219 MPP-17-9, Karl Polanyi to Misi, January 13, 1941.

220 KPA-11-9, Karl Polanyi to Mr. Mummery(n.d.).

221 KPA-16-12, Karl Polanyi, Lecture 11, "Europe Today and Tomorrow," Morley College, 1945-1946.

222 KPA-19-26, Polanyi, "Experiences in Vienna and America."

223 KPA-18-6, Karl Polanyi, "Education for Politics—in England and the United

States," *School and Society* 45, no. 1161(1937): 448.

224 KPA-19-26, Polanyi, "Experiences in Vienna and America."

225 KPA-8-3, Karl Polanyi, "Political and Economic Experiments in Our Time. U.S.A. and New Deal," 1934-1946; MPP-17-6, Karl Polanyi to Misi, January 15, 1936.

226 Karl Polanyi, "Roosevelt zerschlägt die Konferenz," in *Chronik der großen Transformation*, vol. 1, ed. Michele Cangiani and Claus Thomasberger(Marburg: Metropolis, 1933), 178-183.

227 Polanyi, "Roosevelt zerschlägt die Konferenz," 182.

228 Steve Fraser, "The 'Labor Question,'" in *The Rise and Fall of the New Deal, 1930–1980*, ed. Steve Fraser and Gary Gerstle(Princeton, N.J.: Princeton University Press, 1989), 68-69; William Domhoff and Michael Webber, *Class and Power in the New Deal: Corporate Moderates, Southern Democrats, and the Liberal-Labour Coalition*(Stanford, Calif.: Stanford University Press, 2011); John Newsinger, "1937: The Year of the Sitdown," *International Socialism* 127(Summer 2010): 81-110; Mike Davis, *Prisoners of the American Dream: Politics and Economy in the History of the U.S. Working Class*(London: Verso, 1986); Thomas Ferguson, "Industrial Conflict and the Coming of the New Deal: The Triumph of Multinational Liberalism in America," in *The Rise and Fall of the New Deal, 1930–1980*, 3-31; William Appleman Williams, *The Tragedy of American Diplomacy*(New York: W. W. Norton, 2009), 200.

229 Karl Polanyi, "TVA—Ein amerikanisches Wirtschaftsexperiment," in *Chronik der großen Transformation*, vol. 1, ed. Michele Cangiani and Claus Thomasberger (Marburg: Metropolis, 1936), 281-289; Karl Polanyi, "Arbeitsrecht in den USA," in *Chronik der großen Transformation*, vol. 1, ed. Michele Cangiani and Claus Thomasberger(Marburg: Metropolis, 1937), 290.

230 KPA-36-4, Karl Polanyi, "Public Opinion and Statemanship," 1951.

231 KPA-18-25, Karl Polanyi, "Friends of Democratic Hungary: America 1943" (n.d.); 다음도 보라. KPA-30-1, Karl Polanyi interview: "진주만 침공 이후의 미국에서 나는 최상급 민주주의를 알아보는 법을 배웠다."

232 KPA-47-8, Ilona Duczynska to Toni Stolper, December 4, 1937; KPA-47-8, Karl Polanyi to Toni and Gustav Stolper, May 19, 1936.

233 조이 페어필드에 따르면 일로나는 2년 앞선 1934년 5월에 런던에 도착했지만, 문헌의 근거(가령, KPA-47-8, Polanyi to Toni and Gustav Stolper, May 19, 1936)는 이

를 지지한다. 이에 대해서는 다음을 보라. SPSL-536-1, Fairfield to Walter Adams, May 15, 1934; and David Simon, "To and through the UK: Holocaust Refugee Ethnographies of Escape, Education, Internment and Careers in Development," *Contemporary Social Science: Journal of the Academy of Social Sciences* 7, no. 1(2012):27.

234 KPA-47-8, Polanyi to Toni and Gustav Stolper, May 19, 1936. 킬번 주소는 72 West End Lane이었다.

235 György Dalós, "The Fidelity of Equals: Ilona Duczynska and Karl Polanyi," in *The Life and Work of Karl Polanyi*, ed. Kari Polanyi-Levitt(Montreal: Black Rose Books, 1990), 40.

236 돈 그랜트, 인터뷰. 요리를 할 줄 몰라서 구운 콩 폭발 사건을 일으킨 헝가리 이민자는 폴라니만이 아니었다. 케스틀러의 자서전에도 비슷한 이야기가 나온다. "갑자기 커다란 폭발음이 들렸고 단단한 물체가 뒤통수를 때려서 나는 의식을 잃고 쓰러졌다. 라디에이터 뚜껑 위에 올려두었던 커다란 통조림 콩이 폭발했던 것이다." Arthur Koestler, *Arrow in the Blue*(London: Hutchinson, 1983[1952]), 51.

237 KPA-47-8, Polanyi to Toni and Gustav Stolper, May 19, 1936; Scott and Moleski, *Polanyi*.

238 KPA-47-12, Karl Polanyi to Toni Stolper, February 17, 1942; Karl Polanyi in 1945, quoted in Marguerite Mendell, "Karl Polanyi and Socialist Education," in *Humanity, Society and Commitment: On Karl Polanyi*, ed. Kenneth McRobbie(Montreal: Black Rose, 1994), 27; Kari Polanyi-Levitt, interview, December 2008.

239 Kenneth McRobbie, "Under the Sign of the Pendulum: Childhood Experience as Determining Revolutionary Consciousness. Ilona Duczynska Polanyi," *Canadian Journal of History* 41, no. 2(2006): 263-298.

240 Kari Polanyi-Levitt, interview, December 2008.

241 KPA-47-8, Ilona to Toni Stolper, December 4, 1937; Kari Polanyi-Levitt, interview, December 2008.

242 Kari Polanyi-Levitt, telephone interview, November 2007.

243 Costello, *Macmurray*, 202.

244 가령 존 맥머리와 아이린 그랜트의 관계는 일반적인 우정의 경계를 넘어섰을 수도 있다. 어쩌면 아이린과 역시 보조자운동의 회원인 더그 졸리의 우정이나, 시기는 다르지만 도널드 그랜트, 존과 베티 맥머리, 케네스 뮤어의 부인인 메리를 둘러싼 우정도 이와

유사했다. Don Grant, interview; Costello, *Macmurray*, 260.

245 폴라니가 런던에 있었을 때도 캐리는 그랜트 부부 집에서 살았다. MPP-17-5, Karl to Misi, October 31, 1934.

246 Kari Polanyi-Levitt, interviews, December 2008 and February 2015.

247 하지만 이는 폴라니가《거대한 전환》을 집필하는 동안 기독교 신앙이 희미해졌다는 엔드레 너지의 주장을 뒷받침하지는 못한다. 가령 1938년 말 폴라니는 자신이 "어느 때보다 종교적인 토대를", 그리고 "마르크스주의에 기반을 둔, 기독교 의식의 개혁을 확고히 고수하고 있다"고 밝혔다. 3년 뒤에는 자신의 "총체적 세계관이 과거 그대로"라고 주장한 뒤 기독교는 지금 파시즘의 위협을 받고 있는 서구 문명의 이상을 떠받치고 있다고 덧붙였다. 이는《거대한 전환》마지막 장의 핵심 주장이고, 책이 출간된 해에 폴라니는 "인간의 본성에 대한 어떤 영적인 접근도 터무니없고", 자신은 여전히 "기독교식 존재 해석을 믿는다"는 신념을 거듭 밝혔다. 다음을 보라. KPA-47-8, Ilona to Toni Stolper, December 4, 1937; KPA-47-6, Karl Polanyi to Otto Bauer, September 19, 1938; MPP-17-9, Karl to Misi, August 22, 1941; KPA-17-11, Karl Polanyi to Misi, May 6, 1944.

248 KPA-47-8, Ilona to Toni Stolper, December 4, 1937, sent from Kingsdown. 킹스다운은 이후 웨스트킹스다운으로 이름이 바뀌었다. 내 짐작을 확인해준 앤 클레먼츠에게 감사의 말을 전한다.

249 KPA-47-8, Ilona to Toni Stolper, December 4, 1937.

250 MPP-17-6, Karl Polanyi to Magda(n.d.).

251 Kari Polanyi-Levitt, interview, December 2008.

252 KPA-47-8, Ilona to Toni Stolper, December 4, 1937.

253 MPP-17-7, Karl to Misi, November 10, 1938.

254 Kari Polanyi-Levitt, interview, December 2008.

255 MPP-17-7, Karl to Misi, November 10, 1938.

256 KPA-48-5, Polanyi to Jaszi, October 27, 1950; KPA-16-2, Karl Polanyi, "Europe Today and Tomorrow," Morley College, 1945-1946.

257 KPA-53-4, [Name indecipherable] to Irene Grant, July 20, 1964.

258 KPA-20-11, Polanyi, "Marx on Self-Estrangement"; KPA-21-33, Polanyi, "Christian Left Study Circle"; KPA-8-2, Karl Polanyi, "Russia and the British Working Class," 1934-1946; KPA-18-32, Karl Polanyi, "Adult Education and the Working Class Outlook," *Tutors' Bulletin of Adult Education*, November 1946, 8-11; KPA18-33, Polanyi, various draft articles, 1945-1946.

259 KPA-18-31, Karl Polanyi, "What Kind of Adult Education," *Leeds Weekly Citizen*, September 21, 1945.

260 KPA-17-6, Karl Polanyi(n.d.) "Impartiality," Workers' Educational Association.

261 KPA-47-8, Karl Polanyi, to Bassett, July 6, 1938.

262 Cole, in Mendell, "Polanyi and Education," 32. 263. KPA-18-31, Polanyi, "What Kind of Adult Education"; KPA-18-33, Polanyi, various draft articles, 1945-1946.

264 KPA-18-19, Polanyi, "The Educated Workman"; KPA-21-24, Karl Polanyi, John McMurray, and Irene Grant, Notes, 1939; KPA-18-33, Polanyi, various draft articles, 1945-1946.

265 KPA-18-16, Polanyi, "Education for Politics."

266 KPA-18-18, Polanyi, "Education and Social Reality"; KPA-1-25, Polanyi, "The Programme and Goals of Radicalism."

267 KPA-17-20, Polanyi, "British Characteristics."

268 KPA-54-6, Karl Polanyi to Toni Stolper, early 1940s.

269 KPA-47-12, Karl to Toni Stolper, February 17, 1942.

270 KPA-18-18, Polanyi, "Education and Social Reality"; KPA-54-6, Karl to Toni Stolper, early 1940s; KPA-18-16, Polanyi, "Education for Politics," 450.

271 KPA-8-2, Polanyi, "Russia and the British Working Class"; KPA-47-12, Karl to Toni Stolper, February 17, 1942. Cf. Miliband, *Capitalist Democracy*, 151.

272 KPA-17-20, Polanyi, "British Characteristics."

273 KPA-18-33, Polanyi, various draft articles, 1945-1946.

274 KPA-21-25, Karl Polanyi, "The Cultural Background of the British Working Class"(n.d.).

275 Don Grant, interview. 276. SPSL-536-1, Karl Polanyi to Zoe Fairfield, March 24, 1934.

277 KPA-18-21, Polanyi, "Europe To-Day," 20.

278 KPA-18-15, Karl Polanyi, "Is It Old England Still? An Outsider's View," 1936; KPA-12-4, Karl Polanyi, "Great Britain's Foreign Policy To-Day," 1936; KPA-17-1, Karl Polanyi, WEA Lectures, Canterbury, 1938-1939.

279 KPA-19-8, Karl Polanyi, "The Meaning of Parliamentary Democracy"(n.d.); "우리의 관용은 영국을 영국으로 만드는 것 중의 하나다. 그러므로 이에 순응하거나, 아니면 여기에 오지 말라"라고 말한 토니 블레어와 비교해보라. Quoted in Terry

Eagleton, *Reason, Faith, and Revolution: Reflections on the God Debate*(New Haven, Conn.: Yale University Press, 2009), 127.

280 KPA-55-2, Ilona Duczynska to George Dalton, June 23, ca. 1970.

281 KPA-2-10, Karl Polanyi and Felix Schafer, "Hans Mayer's Lösung des Zurechnungsproblems," 1920s.

282 KPA-17-1, Karl Polanyi, WEA Lectures, Canterbury IV, 1938-1939.

283 KPA-18-16, Polanyi, "Education for Politics," 449.

284 KPA-10-8, Karl Polanyi, "Notes on Malinowski," 1934-1946; KPA-20-13, Karl Polanyi et al., "Critique of Pacifism," 1938; KPA-20-14, Karl Polanyi, "Russia in the World," 1939.

285 KPA-47-14, Karl Polanyi to Sandy Lindsay, July 15, 1944.

286 MPP-17-10, Karl Polanyi to Misi, July 8, 1943.

287 Ervin Szabó, *Socialism and Social Science*, ed. György Litván and János Bak (London: Routledge, 1982), 37.

288 KPA-11-1, Karl Polanyi, "The Theory of Fascism," 1934-1946.

289 KPA-15-4, Karl Polanyi, "Economic Improvement; Social Security," in "Contemporary Problems and Social and Political Theory" lecture series, Morley College, 1936-1940.

290 KPA-38-8, Karl Polanyi, Concluding note to draft manuscript of "Trade and Market in the Early Empires," 1956; KPA-18-8, Polanyi, "The Fascist Virus." 버크에게 있어서 "노동은 다른 모든 것들과 동일한 상품"이고, "정부가 시장에 등장하는 순간, 시장의 모든 원칙이 뒤집힐" 것이다. Edmund Burke, *Thoughts and Details on Scarcity*(London: F. and C. Rivington, 1800[1795]), 6, 29 and passim; KPA-18-8, Polanyi, "The Fascist Virus."

291 KPA-18-8, Polanyi, "The Fascist Virus."

292 KPA-15-4, Polanyi, "Contemporary Problems and Social and Political Theory," Morley College, 1936-1940.

293 KPA-18-8, Polanyi, "The Fascist Virus."

5장 대재앙과 그 기원

1 조사이어 웨지우드는 1910년대 초부터 일로나의 어머니 쪽 가족을 알고 지냈다. 그

의 딸 로저먼드가 일로나의 사촌 야노시 베카시와 결혼한 사이였다. 폴라니도 오랫동안 웨지우드 집안 사람들을 알았다. SPSL-536-1, Duczynska, Personal statement; SPSL-438-4, Karl Polanyi, "Curriculum Vitae," 1937; Kari Polanyi-Levitt, interview, December 2008.

2 폴라니가 1940년부터 1965년까지 사용한 세 여권은 영국에서 발급된 것이다. KPA-30-13을 보라.

3 PFP-212-326, Karl Polanyi to Misi, April 11, 1940.

4 Kari Polanyi-Levitt, telephone interview, March 2009. 5. KPA-59-7, Karl Polanyi to Ilona, September

5 1940; KPA-59-7, Karl Polanyi to Ilona and Kari, September 6, 1940.

6 KPA-59-7, Karl Polanyi to Ilona, mid-1940.

7 KPA-59-7, Karl to Ilona and Kari, September 6, 1940.

8 KPA-59-7, Karl to Ilona and Kari, September 17, 1940; KPA-59-7, Karl to Ilona, August 25, 1940.

9 KPA-59-7, Karl Polanyi to Ilona, mid-1940.

10 KPA-59-7, Ilona Duczynska to Karl, September 5, 1940; Judith Szapor, "From Budapest to New York: The Odyssey of the Polanyis," *Hungarian Studies Review* 30, no. 1-2(2003): 29-60.

11 KPA-59-7, Karl Polanyi to Ilona, November 21, 1940.

12 KPA-59-7, Karl Polanyi to Ilona, July 26, 1941.

13 KPA-59-7, Karl Polanyi to Ilona, September 6, 1940; KPA-59-7, Karl Polanyi to Ilona, November 15, 1940.

14 KPA-59-7, Karl to Ilona, August 25, 1940.

15 Bennington College Alumni Profiles, "The Activist"(n.d.), www.bennington.edu/AfterBennington/AlumniProfiles/TheActivist.aspx.

16 KPA-59-7, Karl Polanyi to Ilona, November 15 and 21, 1940.

17 KPA-59-7, Karl to Ilona, August 25, 1940. 이 말이 무슨 의미이건 간에, 듀이는 어떻게 이해했을지 궁금하다. 머지않아 듀이는 모스크바 재판에서 트로츠키를 고발한 사건의 조사위원회 의장직을 맡았다.

18 KPA-59-7, Karl to Ilona, January 20, 1941.

19 MPP-17-9, Karl Polanyi to Misi, June 7, 1940; MPP-17-15, Ilona Duczynska to Misi, November 8(no year).

20 KPA-59-8, Ilona Duczynska to Karl, March 5(1940?).

21 KPA-59-9, Ilona Duczynska to Karl(n.d.).

22 1940년 4월부터 1941년 1월까지 일로나는 C.V. 블룸필드라는 엔지니어링 회사에서 수학 보조원으로 일했다. SPSL-536-1, Duczynska, Personal statement; KPA-59-5, Ilona Duczynska to Karl, November 29, 1940; KPA-59-9, Ilona to Karl(n.d.).

23 KPA-59-7, Ilona Duczynska to Karl, August 10, 18, and September 13, 1940.

24 KPA-59-7, Ilona Duczynska to Karl, November 13, 1940.

25 KPA-59-7, Ilona Duczynska to Karl, October 1, 1940.

26 MPP-17-9, Ilona Duczynska to Misi, September 13, 1940.

27 KPA-59-7, Ilona Duczynska to Karl, November 22, 1940.

28 일로나는 "마이클이 한 주에 두 번 정도 내게 편지를 써. 나는 그와 아주 가깝다고 느껴"라며 칼을 안심시켰다. "그의 따스함과 우정은 내게 꾸준히 아주 큰, 정말 아주 큰 의미가 있어." KPA-59-7, Ilona Duczynska to Karl, August 20 and October 8, 1940.

29 KPA-59-7, Karl Polanyi to Ilona, December 21, 1940.

30 KPA-59-7, Karl to Ilona, August 25, 1940.

31 KPA-59-7, Karl to Ilona, August 25, 1940; KPA-59-7, Karl to Ilona and Kari, September 17, 1940; KPA-59-7, correspondence.

32 KPA-59-7, Ilona Duczynska to Karl, October 16, 1940.

33 KPA-59-7, Karl Polanyi to Ilona(1940?).

34 KPA-59-7, Karl to Ilona, July 26, 1941.

35 KPA-59-5 Karl Polanyi to Ilona and Kari Polanyi, March 4, 1941.

36 KPA-File 19, temporary folder, Ilona Duczynska to Karl Polanyi, March 31.

37 KPA-59-7, Karl Polanyi to Ilona, December 3, 1940.

38 Szapor, "Odyssey of the Polanyis," 42-43.

39 Kari Polanyi-Levitt, telephone interview, March 2009; Conversation with Judit Szapor, October 2010.

40 Kari Polanyi-Levitt, telephone interview, March 2009.

41 PFP-212-326, Karl Polanyi to Misi, August 13, 1941.

42 Szapor, "Odyssey of the Polanyis," 44.

43 Thomas Polanyi, "Letter to Eva Gabor," Polanyiana 8, no. 1-2(1999), http://chemonet.hu/polanyi/9912/polanyi.html.

44 KPA-59-7, Karl to Ilona, September 5, 1940.

45 베닝턴 칼리지는 폴라니의 급료를 강의당 125달러로 올림으로써 보상하려고 했다. 폴라니는 이런 보상이 반갑긴 했지만 부질없다는 생각을 지울 수 없었다. MPP-

17 – 15, Ilona to Misi, October 10, 1940; KPA-59 – 7, Karl to Ilona and Kari, September 17, 1940.

46 KPA-59 – 7, Karl to Ilona and Kari, September 17, 1940.

47 Carl Stein house, *Barred: The Shameful Refusal of FDR's State Department to Save Tens of Thousands of Europe's Jews from Extermination*(Bloomington, Ind.: AuthorHouse, 2007), 93.

48 Peter Gay, cited in Judit Szapor, "To the Editors," *Polanyiana* 8, no. 1 – 2(1999), http://chemonet.hu/polanyi/9912/szapor.html.

49 KPA-59 – 7, Karl to Ilona, August 25, 1940.

50 KPA-59 – 7, Karl to Ilona, December 21, 1940.

51 KPA-59 – 7, Karl to Ilona, December 3 and 21, 1940.

52 MPP-17 – 9, Karl Polanyi to Misi, August 22, 1941; MPP-17 – 9, Ilona Duczynska to Misi, October 10, 1940; MPP-17 – 9, Karl to Misi, January 13, 1941.

53 MPP-17 – 9, Karl to Misi, January 13, 1941.

54 KPA-59 – 2, Karl Polanyi to Kari, February 23, 1941.

55 MPP-17 – 9, Karl to Misi, January 13, 1941.

56 KPA-47 – 11, J.B. Condliff e to Karl, January 20, 1941.

57 SPSL-536 – 1, Duczynska, Personal statement.

58 Ilona's letter to Karl, quoted in KPA-47 – 11, Karl Polanyi to Mar Leigh, April 26, 1941.

59 MPP-17 – 15, Ilona Duczynska to Misi, November 8(no year).

60 KPA-57 – 4, Michael Polanyi to Ilona, March 12, 1941.

61 KPA-59 – 7, Karl to Ilona December 21, 1940.

62 KPA-59 – 5, Karl Polanyi to Ilona, May 14, 1941.

63 SPSL-536 – 1, Duczynska, Personal statement.

64 KPA-59 – 5, Karl Polanyi to Ilona and Kari, June 26, 1941.

65 KPA-47 – 11, Karl Polanyi to Toni Stolper, August 24, 1941.

66 MPP-17 – 10, Ilona Duczynska to Misi, January 27, 1942; MPP-17 – 15, Ilona Duczynska to Misi, October 10(no year).

67 SPSL-536 – 1, Duczynska, Personal statement.

68 KPA-59 – 5, Karl Polanyi to Ilona(?), late June, 1941; KPA-59 – 2, Karl to Kari, February 23, 1941.

69 KPA-59 – 2, Karl Polanyi, "Biographical notes"(n.d.).

70 이 신청은 소득이 없었던 듯하다. SPSL-536-1, Duczynska, Personal statement; MPP-17-10, Ilona Duczynska to Misi, May 11, 1942; Kenneth McRobbie, "Under the Sign of the Pendulum: Childhood Experience as Determining Revolutionary Consciousness. Ilona Duczynska Polanyi," *Canadian Journal of History* 41, no. 2(2006): 263-298; Letter from Lewis Jones to Tracy Kittredge, Rocke fel ler Archive; document kindly shared with the author by Hannes Lacher.

71 MPP-17-9, Karl Polanyi to Misi, January 13, 1941; MPP-17-6, Ilona Duczynska to Misi, July 31, 1941; KPA-59-7, Karl Polanyi cable to Ilona, April 29, 1941; KPA59-7, Karl to Ilona, December 21, 1 940.

72 MPP-17-10, Ilona to Misi, January 27, 1942.

73 KPA-56-13, Polanyi to Irene, March 15, 1963.

74 KPA-59-5, Karl Polanyi to Ilona, February 25, 1941.

75 KPA-10-5, Karl Polanyi, Notes on projected book, 1930s. Emphasis in original.

76 KPA-57-8, Karl Polanyi to Misi, October 13, 1943.

77 KPA-21-5, Karl Polanyi, "The Religious Nature of the Crisis," 1936; KPA-21-22, Karl Polanyi, "Community and Society," 1937; KPA-18-8, Karl Polanyi, "The Fascist Virus"(n.d.).

78 MPP-17-13, Karl Polanyi to Misi(1943?); MPP-17-11, Karl Polanyi to Misi, July 21, 1944.

79 KPA-59-7, Karl Polanyi to Ilona, mid-1940.

80 KPA-59-7, Karl to Ilona, November 21, 1940.

81 폴라니는 여기에 이 책은 "내가 이 나라에 왔을 때의 상황을 아주 많이 반영한다"는 단서를 달았다. MPP-17-9, Karl Polanyi to Misi, August 22, 1941.

82 MPP-17-9, Karl Polanyi to Misi, August 22, 1941.

83 영국판은 《우리 시대의 기원: 거대한 전환*Origins of Our Time: The Great Transformation*》으로 나왔는데, 폴라니와 발행인 빅터 골란츠 모두 이 제목을 더 좋아했다. KPA-30-3, Irene Grant, conversation with Kari Levitt; KPA-47-13, J. King Gordon to Polanyi, May 10, 1943. KPA-47-14, Curtis Brown to Polanyi, November 21, 1944.

84 MPP-17-9, Karl Polanyi to Misi, August 22, 1941.

85 폴라니가 동생의 조언을 받아들였는지는 알 수 없다. "형은 책을 빨리 끝내야 해. 방법은 다음 책을 구상하는 수밖에 없어. 남아 있는 것은 모두 향후 계획으로 밀쳐두고 남은

걸 책으로 출간해."(마이클이 칼에게 1942년 1월 26일에 보낸 편지에서. 이 인용구를 제공해준 마티 몰레스키에게 감사의 말을 전한다.)

86 KPA-17-10, Karl Polanyi to Misi, October 26, 1942.

87 KPA-47-13, Karl Polanyi to Miss Lisowski of the IIE, April 10, 1943.

88 사회주의자는 호르스트 멘데르스하우젠이었고, 나머지 두 명은 베닝턴 칼리지 문학 교수였던 존 쿠벤호벤과 피터 드러커였다. MPP-17-11, Karl Polanyi to Misi, January 3, 1944.

89 KPA-59-8, Karl to Ilona, February 13, 1947.

90 MPP-17-10, Karl Polanyi to Misi, September 21, 1943.

91 KPA-47-13, Karl Polanyi to J. King Gordon, May 7, 1943.

92 MPP-17-10, Karl to Misi, July 8, 1943.

93 MPP-17-10, Karl to Misi, July 8, 1943.

94 토니는 시장사회의 도래에 대한 폴라니의 기술결정론적 설명에 특히 비판적인 입장을 보였다. KPA-47-12, Richard Tawney to Karl Polanyi, September 16, 1942; KPA-47-12 Karl Polanyi to John, September 12, 1942.

95 KPA-47-13, G.D.H. Cole to Polanyi, November 5, 1943.

96 KPA-57-8, Karl Polanyi to Michael, October 25, 1943; KPA-47-13, Cole to Polanyi, November 5, 1943.

97 KPA-19-6, G.D.H. Cole, "Notes on *The Great Transformation*,"1943; KPA-47-13, Cole to Polanyi, November 5, 1943; KPA-57-8, Karl to Michael, October 25, 1943.

98 KPA-57-5, Michael Polanyi to Karl, March 20, 1944.

99 OJP-37, Jaszi diaries, entry of December 12, 1943; György Litván, *A Twentieth-Century Prophet: Oscar Jaszi, 1875–1957*(Budapest: Central European University Press, 2006), 508; John Holmwood, "Three Pillars of Welfare State Theory: T. H. Marshall, Karl Polanyi and Alva Myrdal in Defence of the National Welfare State," *European Journal of Social Theory* 3, no. 1(2000): 23-50.

100 Cited in Ira Katznelson, *Desolation and Enlightenment: Political Knowledge after Total War, Totalitarianism and the Holocaust*(New York: Columbia University Press, 2003), 51.

101 In Katznelson, *Desolation and Enlightenment*, 51.

102 팀 로건은 영국에서 칼 폴라니가 영향력이 없었던 이유를 설명하면서 그의 자아에 대한 철학적인 개념을 강조한다. Tim Rogan, "Karl Polanyi at the Margins of English

Socialism, 1934–1947," *Modern Intellectual History* 10, no. 2(2013): 317–346. 하지만 나는 이보다는 몇 가지 물질적, 정치적 요인을 강조하고 싶다. 길드 사회주의의 몰락, 폴라니의 아웃사이더 지위와 영국노동당 내 기반 부재, 정치/운동 관련 저작물의 부족, 미흡한 실천력 등이 여기에 해당한다. Kari Polanyi-Levitt, "Introduction," in *The Life and Work of Karl Polanyi: A Celebration*, ed. Kari Polanyi-Levitt(Montreal: Black Rose, 1990), 6.

103 Sally Randles, "Issues for a Neo-Polanyian Research Agenda in Economic Sociology," in *Karl Polanyi: New Perspectives on the Place of the Economy in Society*, ed. Mark Harvey, Ronnie Ramlogan, and Sally Randles(Manchester: Manchester University Press, 2007), 137.

104 MPP-17–10, Karl to Misi, July 8, 1943.

105 KPA-47–14, Karl Polanyi to Ernest, mid-1940s.

106 MPP-17–10, Karl Polanyi to Misi, November 9, 1943.

107 KPA-54–6, Karl Polanyi to Tawney(n.d.).

108 KPA-48–1, Karl Polanyi to Dr. Duggan, October 11, 1946.

109 MPP-17–10, Karl to Misi, September 21, 1943; KPA-48–1, Karl Polanyi, Correspondence, 1946.

110 KPA-47–13, Karl Polanyi to Jaszi, December 23, 1943.

111 Karl Polanyi, *The Great Transformation: The Political and Economic Origins of Our Time*(Boston: Beacon, 2001), 257.

112 KPA-47–14, Karl Polanyi to Taylor, August 14, 1944.

113 MPP-17–11, Karl Polanyi to Michael, June 11, 1947.

114 KPA-37–4, Karl Polanyi, "Economics and Freedom to Shape Our Social Destiny"(1957?).

115 KPA-19–15, Karl Polanyi, "In the Hands of the Vanquished"(n.d.). Cf. Marie Jahoda, *"Ich habe die Welt nicht verändert": Lebenserinnerungen einer Pionierin der Sozialforschung*(Frankfurt am Main: Campus, 1997), 79.

116 KPA-19–15, Polanyi, "In the Hands of the Vanquished."

117 MPP-17–11, Karl Polanyi to Misi, July 21, 1944; MPP-17–11, Ilona Duczynska to Misi, September 5, 1944.

118 Szapor, "Odyssey of the Polanyis."

119 그의 아내이자 폴라니의 조카딸인 에스테르 엥겔Eszter Engel은 살아남았다. E-mail from Ruth Danon, May 2013; Judit Szapor, "Laura Polanyi 1882–1957: Narratives of a Life," *Polanyiana* 6, no. 2(1997), www.kfki.hu/chemonet/polanyi/9702/szapor.html.

120 Kari Polanyi-Levitt, interview, December 2008.

121 Kari Polanyi-Levitt, interview, December 2008.

122 KPA-19-15, Polanyi, "In the Hands of the Vanquished."

123 MPP-17-8, Karl Polanyi to Michael, May 15, 1939.

124 MPP-17-5, Karl Polanyi to Misi, July 20, 1935; Szapor, "Odyssey of the Polanyis," 33.

125 MPP-17-7, Karl Polanyi to Misi, October 24, 1938.

126 MPP-17-8, Karl Polanyi to Magda, May 4, 1939.

127 에디트는 "[잉글랜드 중부에 있는] 러그비에서 상류층 숙녀들을 돕는" 일을 찾아냈다. 만성 기침에 시달리게 되자 해고되었으며, 얼마 안 가 사망했다. 캐리는 사인을 결핵으로 기억하지만 서포르는 자살로 의심한다. MPP-17-7, Karl Polanyi to Misi, March 21, 1938, and April 14, 1939; Kari Polanyi-Levitt, telephone interview, November 2007, and interview, December 2008; Szapor, "Odyssey of the Polanyis," 40.

128 Szapor, "Odyssey of the Polanyis," 33.

129 MPP-17-8, Karl Polanyi to Miss Ross, June 26, 1939; Szapor, "Odyssey of the Polanyis."

130 MPP-17-8, Karl to Magda, May 4, 1939.

131 MPP-17-8, Karl to Michael, May 15, 1939.

132 MPP-17-8, Karl Polanyi to Misko, September 2, 1939.

133 Szapor, "Odyssey of the Polanyis."

134 Szapor, "Odyssey of the Polanyis," 41.

135 Adolf, quoted in Szapor, "Odyssey of the Polanyis," 41.

136 KPA-59-5, Karl to Ilona, February 25, 1941; Scott and Moleski, *Polanyi*, 189.

137 Szapor, "Odyssey of the Polanyis," 41.

138 Scott and Moleski, Polanyi, 189. 폴라니는 1940년대 말에 《소피의 선택》의 작가 윌리엄 스타이런William Styron과 채 1~2킬로미터도 떨어지지 않은 거리에서 살았다. 그러나 스타이런의 홀로코스트 소설의 주인공 이름이 소피인 것은 우연으로 볼 수 있다.

139 Karl Polanyi, "The Legacy of the Galilei Circle"[A Galilei Kör hagyatéka], in *Fasizmus, demokrácia, ipari társadalom*(Budapest: Gondolat Kiadó, 1986), 193-214.

140 Paul Ignotus, "Exile in London," *Encounter*, August 1959, 53.

141 Nandor Dreisziger, "Émigré Artists and War time Politics: 1939–45," *Hungarian Studies Review* 21, nos. 1–2(1994): 43–75.

142 폴라니의 개입 수준을 가늠하기는 쉽지 않다. 한 편지에서 그는 자신을 "개인적으로 가담하게 된 헝가리 의회 회원"이라고 소개하고(KPA-47-14, to Mihály Károlyi, December 6, 1944) 많은 시간과 "남는 에너지의 거의 전부를 오늘날의 다뉴브 정치에서 이루어지고 있는 건설적인 노력"에 쏟아붓고 있다고 진술한다(KPA-47-13, to Oscar, September 21, 1944). 반대로 다른 편지에서는 일로나와 달리 자신은 적극적이지 않고(KPA-48-1, to Oscar, May 15, 1946), 자기 이름은 헝가리 의회의 일상 활동에 대한 기록에서 별로 눈에 띄지 않는다고 진술한다(KPA-14-1, Documents from the Hungarian Council in Great Britain). KPA-47-13, Polanyi to Jaszi, December 23, 1943; KPA-47-15, Karl Polanyi to Mihály Károlyi, January 20, 1945.

143 이들은 런던에서 처음 만났는데 아마 국화혁명 25주년 기념식 자리였을 것이다. 이 자리에서 일로나는 감옥에서 풀려난 일을 되새겼다. 일로나는 카로이 부부 사이에 있는 연단에 자리를 잡았고, 짧은 연설로 "청중을 깊이 감동시켰다". MPP17-10, Karl to Misi, November 9, 1943.

144 KPA-47-13, Polanyi to Jaszi, December 23, 1943.

145 Nándor Dreisziger, "Oscar Jaszi and the 'Hungarian Problem': Activities and Writings during World War II," *Hungarian Studies Review* 18, no. 1–2(1991): 62.

146 Catherine Károlyi, *A Life Together: The Memoirs of Catherine Károlyi*(London: Allen & Unwin, 1966), 203.

147 Oliver Botar, "Interview with Zita Schwarcz," in "Documents on Laszlo Moholy-Nagy," *Hungarian Studies Review* 15, no. 1(1988): 79–81; Oliver Botar, "Laszlo Moholy-Nagy and Hungarian-American Politics II," *Hungarian Studies Review* 21, nos. 1–2(1994): 91–95.

148 야시는 미국 생활 초창기부터 보수적인 헝가리계 반유대주의자들로부터 칼 폴라니를 멀리하라는 압력을 받았다. 야시의 누이인 얼리체의 약삭빠른 변론에 따르면 이런 언사는 "물론" 칼 한 사람이 아니라 "그의 수행단을 구성하는 마음이 혼란스럽고 무례한 유대인들"을 겨냥한 것이었다. 그녀의 남편이자 우생학자인 요제프 머저르는 "(나 자신을 포함해서) 우리 사이에는 비유대인이 단 한 명도" 없다고 덧붙였다. 그는 어떤 식으로든 "폴라니 집안 사람 누구와도" 기꺼이 협력하겠다는 의지를 밝혔다. Tibor Frank,

Double Exile: Migrations of Jewish-Hungarian Professionals through Germany to the United States, 1919–1945(Oxford: Peter Lang, 2008), 96.

149 카로이의 회고록에서 야시의 이름이 1920년대 이후에는 등장하지 않는다는 점은 시사하는 바가 크다. Michael Károlyi, *Memoirs of Károlyi, Michael: Faith without Illusion*(London: Jonathan Cape, 1956), esp. 208.

150 헝가리-미국민주의회에 헌신하던 카로이는 미국에 있는 추종자들을 다시 결속시켜야 한다는 의무감을 느꼈다. 비록 성공하지는 못했지만 말이다. Dreisziger, "Émigré Artists."

151 KPA-47-13, Jaszi to Károlyi, August 6, 1943.

152 Paul Ignotus, *Political Prisoner*(New York: Collier Books, 1964), 30.

153 일로나는 케스틀러의 해로운 영향력에 저항하기 위해 소련 대사관에서 연사를 초청하라고 촉구하는 간절한 편지를 카로이에게 보낸 바 있다. KPA48-1, Karl to Oscar, May 15, 1946; KPA-47-14, Polanyi to Taylor, August 14, 1944; George Mikes, *Arthur Koestler: The Story of a Friendship*(London: Andre Deutsch, 1983); Michael Scammell, *Koestler: The Literary and Political Odyssey of a Twentieth-Century Skeptic*(New York: Random House, 2009), 235. 배경 지식으로는 다음을 보라. Mária Palasik, *Chess Game for Democracy: Hungary between East and West, 1944–47*(Montreal: McGill-Queen's University Press, 2011).

154 KPA-48-1, Karl to Oscar, May 15, 1946.

155 KPA-13-10, Karl Polanyi, "The Economic Objectives of the Council"[A Tanács gazdaságpolitikai celkitüzesei].

156 KPA-18-23, Karl Polanyi, "Why Make Russia Run Amok?," *Harper's Magazine*, March 1943, 404-410.

157 KPA-18-23, Polanyi, "Why Make Russia Run Amok?," 407-408.

158 KPA-7-3, Karl Polanyi, Notes on readings, 1934-1946.

159 KPA-18-23, Polanyi, "Why Make Russia Run Amok?," 408.

160 KPA-18-23, Polanyi, "Why Make Russia Run Amok?," 409. 다음도 보라. KPA-9-6(Karl Polanyi, Notes on "International Crisis," 1944-1946). 여기서 폴라니는 외교정책과 경제정책에서 스탈린주의 체제와 파시즘 체제의 협력 가능성을 개괄한다.

161 KPA-18-23, Polanyi, "Why Make Russia Run Amok?," 410.

162 KPA-18-23, Polanyi, "Why Make Russia Run Amok?," 409; KPA-15-4, Karl Polanyi, Lecture XXIII, "Contemporary Problems and Social and Political Theory," Morley College, 1936-1940; KPA-20-3, Karl Polanyi, book plan,

1938-1939.

163 KPA-20-3, Polanyi, book plan.

164 Carolyn Eisenberg, *Drawing the Line: The American Decision to Divide Germany, 1944–49*(Cambridge: Cambridge University Press, 1996), 82; Palasik, *Chess Game*.

165 돌이켜 생각해보면 처칠은 일시적인 분할을 제안했다고 주장했지만 이 회담의 회의록은 정반대의 가능성을 시사한다. 다음을 보라. Daniel Yergin, *Shattered Peace; The Origins of the Cold War*(Harmondsworth, U.K.: Penguin, 1990).

166 Richard Day, *Cold War Capitalism*(Armonk, N.Y.: M. E. Sharpe, 1995).

167 Jack Snyder, *Myths of Empire: Domestic Politics and International Ambition* (Ithaca, N.Y.: Cornell University Press, 1991).

168 KPA-47-13, Polanyi to Jaszi, December 23, 1943; KPA-48-1, Karl Polanyi to Michael Károlyi, April 15, 1946; KPA-19-8, Polanyi, "Meaning of Parliamentary Democracy."

169 KPA-48-1, Polanyi to Károlyi, April 15, 1946.

170 KPA-47-14, Polanyi to Károlyi, December 6, 1944.

171 KPA-47-13, Polanyi to Jaszi, December 23, 1943.

172 KPA-47-13, Polanyi to Jaszi, December 23, 1943; Karl Polanyi, "Count Michael Károlyi," *Slavonic and East European Review* 24, no. 63(1946): 92, 97.

173 KPA-47-14, Oscar Jaszi to Polanyi, February 15, 1944.

174 KPA-47-14, Jaszi to Polanyi, February 15, 1944.

175 KPA-47-13, Karl to Oscar, September 21, 1944.

176 KPA-48-1, Karl to Oscar, May 15, 1946.

177 KPA-48-1, Karl to Oscar, May 15, 1946. See also Károlyi, Memoirs, 307, and Károlyi, *A Life Together*, 316.

178 KPA-48-1, Polanyi to Károlyi, April 15, 1946.

179 KPA-48-1, Karl to Oscar, May 15, 1946.

180 KPA-47-15, Mihály Károlyi to Duczynska, January 18, 1945.

181 1944년 봄에 설립된 런던 헝가리 의회는 공산주의, 자유주의, 보수주의 헝가리 이민자들과 함께 손잡은 카로이의 집단을 통해 꾸려졌다. KPA-47-15, Mihály Károlyi to Duczynska, January 18, 1945.

182 KPA-47-15, Mihály Károlyi to Duczynska, January 18, 1945.

183 KPA-47-15, Ilona Duczynska to Károlyi, January 21, 1945.

184 KPA-47-15, Mihály Károlyi to Duczynska, January 25, 1945.

185 PFP-212-497, Ilona Duczynska to Mausi, April 29, 1945.

186 KPA-47-15, Karl Polanyi to Sir, January 16, 1945; KPA-54-6, Karl Polanyi, Fragment; KPA-48-1, Karl Polanyi to Endre Havas, October 25, 1945.

187 KPA-48-1, Polanyi to Károlyi, April 15, 1946.

188 KPA-48-1, Polanyi to Károlyi, April 15, 1946.

189 20세기 초 헝가리에서는 단춧구멍에 국기를 코케이드 식으로 치장하는 것이 국경일의 관습이었다. KPA-48-1, Mihály Károlyi to Polanyi, April 1, 1946.

190 KPA-48-1, Károlyi to Polanyi, April 1, 1946.

191 KPA-48-1, Károlyi to Polanyi, April 1, 1946. Cf. KPA-13-10, Hungarian Council of Great Britain: Draft articles and sundry ephemera.

192 KPA-48-1, Karl Polanyi to John Kouwenhouven, 1946; KPA-18-33, Polanyi, Various draft articles, 1945-1946.

193 Karl Polanyi, *The Citizen and Foreign Policy*(London: Workers' Educational Association, 1947), 26.

194 Karl Polanyi, "Our Obsolete Market Mentality," in *Primitive, Archaic and Modern Economies: Essays of Karl Polanyi*, ed. George Dalton(Boston: Beacon Press, 1968[1947]), 76.

195 KPA-18-33, Polanyi, Draft articles, 1945-1946.

196 Melissa Benn, *School Wars: The Battle for Britain's Education*(London: Verso, 2011); Denis Lawton, *Education and Labour Party Ideologies: 1900–2001 and Beyond*(London: Routledge, 2005), 52.

197 KPA-18-33, Polanyi, Draft articles, 1945-1946.

198 Polanyi, *The Citizen and Foreign Policy*.

199 Peter Burnham, *The Political Economy of Postwar Reconstruction*(London: Macmillan, 1990), 14.

200 MPP-17-10, Karl to Misi, November 9, 1943.

201 KPA-17-32, Karl Polanyi, "United Nations Organization," 1946.

202 KPA-19-9, Karl Polanyi, "Britain and Poland"(n.d.); KPA-18-25, Polanyi, "Friends of Democratic Hungary"; MPP-17-10, Karl to Misi, November 9, 1943.

203 KPA-59-7, Karl Polanyi to Ilona, November 15, 1940.

204 KPA-48-1, Polanyi(1946) to Kouwenhouven; KPA-19-2, Karl Polanyi, "Britain's Foreign Policy"(n.d.); MPP-17-10, Karl to Misi, November 9, 1943; KPA-

18 – 25, Polanyi, "Friends of Democratic Hungary."

205 KPA-48 – 1, Polanyi to Kouwenhouven, 1946.

206 MPP-17 – 10, Karl to Misi, November 9, 1943.

207 Karl Polanyi, "British Labour and American New Dealers," *Leeds Weekly Citizen*, January 10, 1947. Muir edited the Leeds Weekly Citizen from 1944 to 1949.

208 이를 하원 의석에 대한 완강한 당파적 입장이 개입된 것으로 봐서는 안 된다. 폴라니는 처칠의 정치철학을 비웃었지만 전쟁 지도자로서 보인 모습은 존경했다. 가령 다음을 보라. KPA-18 – 23, Polanyi, "Why Make Russia Run Amok?," 408.

209 KPA-48 – 1, Polanyi to Kouwenhouven, 1946; KPA-20 – 2, Karl Polanyi, "Introduction to 'Tame Empires,'" 1938 – 1939.

210 KPA-18 – 25, Polanyi, "Friends of Democratic Hungary."

211 Hugh Dalton, quoted in Richard Toye, "Churchill and Britain's 'Financial Dunkirk'"(n.d.), https://eric.exeter.ac.uk/repository/.

212 KPA-59 – 8, Ilona Duczynska to Polanyi, August 26, 1940s.

213. Robert Skidelsky, *John Maynard Keynes, Volume Three: Fighting for Britain, 1937–1946*(London: Macmillan, 2000), 444.

214 Hansard, Debate November 18, 1946, vol. 430 cc525 – 94, http://hansard.millbanksystems. com/commons/1946/nov/18/foreign – policy.

215 KPA-19 – 24, Karl Polanyi, "The Emergence of the Crossman Opposition"[A Crossman ellenzék felvonulása](n.d.).

216 KPA-48 – 1, Polanyi to Kouwenhouven, 1946.

217 KPA-19 – 24, Polanyi, "The Crossman Opposition."

218 Polanyi, "British Labour and American New Dealers," 5.

219 Polanyi, "British Labour and American New Dealers." 5.

220 케인스 역시 지리경제학적 거래에 대한 공개 조사를 경계했고, 의회의 방해를 피하기 위해 미국, 영국, 프랑스 재무부 간의 직접 협력을 제안했다. Benn Steil, *The Battle of Bretton Woods: John Maynard Keynes, Harry Dexter White, and the Making of a New World Order*(Princeton, N.J.: Princeton University Press, 2013), 32; Polanyi, "British Labour and American New Dealers."

221 Polanyi, "British Labour and American New Dealers," 5.

222 Roger Eatwell, *The 1945–1951 Labour Governments*(London: Batsford Academic, 1979), 46.

223 영국의 역할에 대해서는 다음을 보라. Avi Schlaim, "Britain and the Arab-Israeli

War of 1948," *Journal of Palestine Studies* 16, no. 4(1987): 50 – 76. 팔레스타인으로 유대인을 무제한 이주시키는 조치에 폴라니는 반대했는데 이는 KPA-47 – 14, Karl Polanyi to Taylor, August 14, 1944에 기록되어 있다. 이스라엘 국가 창립에도 반대했는데 이 역시 캐리 폴라니-레빗이 확인해주었다(2006년 6월 인터뷰). 본성상 칼 폴라니의 반시온주의는 동생 마이클의 입장과 유사했다. 다음을 보라. Paul Knepper, "Michael Polanyi and Jewish Identity," *Philosophy of the Social Sciences* 35, no. 3(2005).

224 Polanyi, "British Labour and American New Dealers," 5.

225 John Gillingham, "From Morgenthau Plan to Schuman Plan: America and the Organization of Europe," in *American Policy and the Reconstruction of West Germany, 1945–1955*, ed. Jeffrey Diefendorf, Axel Frohn, and Hermann-Josef Rupieper(Cambridge: Cambridge University Press, 1993).

226 Peter Acsay, "Planning for Postwar Economic Cooperation: U.S. Trea sury, the Soviet Union and Bretton Woods 1933 – 1946"(Ph.D. thesis, Graduate School of Saint Louis University, 2000).

227 Acsay, "Postwar Economic Cooperation."

228 Steil, *Bretton Woods*, 6.

229 Acsay, "Postwar Economic Cooperation."

230 Burnham, *Postwar Reconstruction*.

231 Yanis Varoufakis, *The Global Minotaur: America, the True Origins of the Financial Crisis and the Future of the World Economy*(London: Zed, 2011), chapter 3.

232 Kees Van der Pijl, *The Making of an Atlantic Ruling Class*(London: Verso, 1984), 28; David Calleo and Benjamin Rowland, *America and the World Political Economy: Atlantic Dreams and National Realities*(Bloomington: Indiana University Press, 1973).

233 Michael Hogan, *The Marshall Plan; America, Britain, and the Reconstruction of Western Europe, 1947–1952*(Cambridge: Cambridge University Press, 1987), 53.

234 KPA-59 – 9, Ilona Duczynska to Karl, January 27(1948?).

235 일각에서는 멘데르스하우젠과 '다시 시작하다' 운동 동지들인 쿠르트 슈미트, 테오 틸레, 쿠르트 마티크가 통합을 좌절시켰다고 보기도 한다. 다음을 보라. Jean Eisner-Steinberg, interviewed in Gerhard Bry, *Resistance: Recollections from the Nazi*

Years(West Orange, N.J.: Self-published, 1979), 233.

236 KPA-59-9, Karl Polanyi to Ilona, February 17, 1949.

237 Horst Mendershausen, "First Tests of the Schuman Plan," *Review of Economics and Statistics* 35, no. 4(1953): 269-288.

238 Mendershausen, "First Tests," 287. 포인트포 계획Point Four Program에 대해서는 다음을 보라. www.trumanlibrary.org/whistlestop/study_collections/pointfourprogram/index.php.

239 KPA-19-2, Polanyi, "Britain's Foreign Policy."

240 KPA-19-8, Polanyi, "Meaning of Parliamentary Democracy."

241 Scammell, *Koestler*, 315-316.

242 KPA-59-9, Karl Polanyi to Ilona, January 29, 1948.

243 KPA-54-5, Karl Polanyi to unknown addressee(probable date,1950-1951). 글쓴이는 확실하진 않지만 칼 폴라니일 것이다. 이 편지는 "편지, K. 폴라니"라는 파일에 들어 있었고, 가장자리에는 판독하기 힘든 폴라니의 손글씨가 있다.

244 KPA-54-5, Polanyi to unknown addressee(1950-1951?).

6장 부정의와 비인간성

1 KPA-48-1, Endre Havas to Karl Polanyi, October 9, 1946; KPA-48-2, Endre Havas to Ilona, June 13, 1947.

2 KPA-48-2, Tibor to the Polanyis, September 2, 1947.

3 PFP-212-497, Ilona Duczynska to Laura, April 29, 1945; KPA-37-8, Karl Polanyi, "The Galilei Circle Fifty Years On"[A Galilei Kör otven év távlatából], 1958; Kari Polanyi-Levitt, interview, July 2006.

4 KPA-57-8, Kari Polanyi-Levitt to Karl(n.d.).

5 KPA-48-1, Karl Polanyi to Denis Healey, September 26, 1946.

6 KPA-48-1, Polanyi to Healey, September 26, 1946; KPA-48-1, Karl Polanyi to Havas, October 25, 1946, and to Karl Mannheim, November 26, 1946; KPA-30-1, Karl Polanyi, "Biographical Information," 1940-1984.

7 Judith Szapor, "From Budapest to New York: The Odyssey of the Polanyis," *Hungarian Studies Review* 30, no. 1-2(2003): 29-60.

8 Ernö Gerö, quoted in Adam Fabry, "The International Political Economy of

Neoliberal Transformation in Hungary: From the 'Transition' of the 1980s to the Current Crisis"(Ph.D. thesis, School of Social Sciences, Brunel University, 2014), chapter 3.

9 KPA-59-9, Ilona Duczynska to Karl, October 9, 1948; KPA-59-9, Ilona Duczynska to Karl(1948?); KPA-59-3, Ilona Duczynska to Kari, June 21(ca. 1948).

10 KPA-59-3, Ilona to Kari, June 21(ca. 1948).

11 KPA-51-5, Karl Polanyi to Meszaros, April 24, 1961.

12 폴라니는 자신이 마르크스주의자가 아니라는 이유를 들어 소비에트 헝가리에서 학생을 가르치는 일은 내키지 않는다고 밝혔다. 다음을 보라. KPA-48 3, Mihály Károlyi to Gyula Ortutay, Hungarian minister of religious and educational affairs, June 23, 1948; KPA-48-3, Mihály Károlyi, Letter, no name, 1948; KPA-59-9, correspondence Karl Polanyi and Ilona.

13 KPA-48-3, Károlyi to Ortutay, June 23, 1948.

14 KPA-59-9, Karl Polanyi to Ilona, May 10, 1948.

15 KPA-59-3, Ilona to Kari, June 21(ca. 1948); KPA-59-9, Ilona to Karl, October 9, 1948.

16 KPA-48-3, Károlyi to Ortutay, June 23, 1948.

17 KPA-48-3, Endre Havas to Gyula Ortutay, June 23, 1948.

18 PFP-212-497, Ilona Duczynska to Laura, April 29, 1945; Kari Polanyi-Levitt, interview, December 2008.

19 KPA-48-2, Karl Polanyi to Sandy Lindsay(n.d.).

20 KPA-59-7, Karl to Ilona, January 20, 1941.

21 Kari Polanyi-Levitt, interview, December 2008.

22 Nandor Dreisziger, "Émigré Artists and War time Politics: 1939-45," *Hungarian Studies Review* 21, nos. 1-2(1994): 43-75.

23 젊은 시절 듀이는 종교사상과 그리스 관념론에 깊이 빠졌다. 나중에 이런 성향은 세속화되었고 영적 공동체에 대한 관념론적 세계관은 "인간 사회의 민주적 협력으로 순화"되었다. 폴라니가 컬럼비아 대학에 도착했을 때 듀이는 이미 은퇴한 상태였지만 명예교수직에 앉아 영향력을 발휘하고 있었다. 그는 《거대한 전환》에 대한 긍정적인 논평을 발표하고 "한물간 시장 사고방식"에 대한 폴라니의 에세이에 감탄했다고 전하는 등 폴라니의 사회생활을 조심스럽게 응원했다. MPP-17-11, Karl to Michael, June 14, 1944; KPA-48-2, John Dewey to Mr. Cohen(ca. 1947); Randall Collins, *The*

Sociology of Philosophies: A Global Theory of Intellectual Change(Cambridge, Mass.: Belknap Press of Harvard University Press, 1998), 681.

24 Malcolm Rutherford, "Institutional Economics at Columbia University," *History of Political Economy* 36, no. 1(Spring 2004): 31 – 78.

25 Rutherford, "Columbia University," 50.

26 KPA-48 – 1, Karl Polanyi to MacIver, October 12, 1946.

27 KPA-48 – 1, Karl Polanyi to Goodrich, November 20, 1946.

28 굿리치는 애머스트 대학교에서 스튜어트에게 배웠다. 스튜어트는 컬럼비아 대학에서 듀이와 함께 공부했다. Rutherford, "Columbia University," 66.

29 KPA-48 – 1, Karl Polanyi, Tele gram, sent November 30, 1946.

30 KPA-49 – 2, Karl Polanyi to Rosemary Arnold, August 14, 1953; KPA-48 – 2, Margery Palmer to Karl Polanyi, May 27, 1947; KPA-59 – 9, Karl Polanyi to Ilona, autumn 1947.

31 KPA-59 – 8, Karl Polanyi to Misi, July 1, 1947; KPA-59 – 8, Karl Polanyi to unknown addressee, January 1947.

32 Carter Goodrich, *The Frontier of Control: A Study in British Workshop Politics* (New York: Harcourt, Brace, 1921).

33 KPA-59 – 9, Karl to Ilona, February 17, 1949.

34 Immanuel Wallerstein, *The Uncertainties of Knowledge*(Philadelphia: Temple University Press, 2004), 84; Alvin Gouldner, *For Sociology: Renewal and Critique in Sociology Today*(London: Pelican, 1973), 164. 다음도 보라. Allen Barton, "Paul Lazarsfeld as Methodologist," *Journal of Classical Sociology* 12, no. 1(2012): 159 – 166.

35 고대 로마의 세 신에 대해서는 다음을 보라. Pierre Bourdieu, *Science of Science and Reflexivity*(Cambridge: Polity, 2004), 18.

36 Karl Polanyi and Conrad Arensberg, "Preface," in *Trade and Market in the Early Empires: Economies in History and Theory*, ed. Karl Polanyi, Conrad Arensberg, and Harry Pearson(New York: Free Press, 1957), x – xi.

37 "당신은 그동안 매키버를 제외하면 누구와도 비교할 수 없을 정도로 내 연구에 우호적이었고 도움을 주었습니다." RMP-68 – 7, Karl Polanyi to Robert Merton, November 15, 1955.

38 KPA-48 – 3, Karl Polanyi to Robert Merton, December 4, 1948. 다음도 보라. Merton's reply, of December 7, contained in Columbia University's Butler

Library. (친절하게도 댄 톰킨스가 저자에게 사본을 전해주었다.)

39 KPA-59-8, Karl Polanyi to Joszka, November 22, 1947.

40 Marie Jahoda, *"Ich habe die Welt nicht verändert": Lebenserinnerungen einer Pionierin der Sozialforschung*(Frankfurt am Main: Campus, 1997), 38.

41 빈에서 라자스펠드는 좋은 성과를 냈다. 운동가와 학자의 재능이 결합된 결과였다. 그는 현대적인 조사 연구의 아버지로 잘 알려져 있는데 오랫동안 이 영역에서 도제살이를 한 데는 세 가지 요소가 관련돼 있다. 하나는 "공장 생활의 비참함"을 세밀하게 이해하고자 하는 욕망이고, 둘째는 선거 지형에 대한 사회민주노동자당의 집착에 뿌리를 두고 있는 선거학에 대한 강한 관심이며, 셋째는 비누 판매에 대한 미국 기업의 시장 연구를 우연히 접한 일이었다. 오스트리아에서는 "비누 판매를 조사하고 사회주의 청년 캠프를 운영할 수 있었지만" 미국에서는 그렇게 할 수 없었다. 미국에서는 사회주의 신념이 라자스펠드가 그렇게 갈망하는 학계 생활의 걸림돌이었기 때문이다. 그의 사회주의적 신념이 옅어지면서 오스트리아에서 보낸 청년기의 시대정신으로 남아 있는 것은 신즉물주의뿐이었다. 이는 "사실"의 힘을 강조하는, 실용적이고 냉철하며, 침착하고 초연한 세계관이었다. 다음을 보라. George Steinmetz, "American Sociology before and after World War Two: The(Temporary) Settling of a Disciplinary Field," in *Sociology in America. The ASA Centennial History*, ed. Craig Calhoun(Chicago: University of Chicago Press, 2007), 314-366; Robert Merton, James Coleman, and Peter Rossi, eds., *Qualitative and Quantitative Social Research: Papers in Honor of Paul Lazarsfeld*(New York: Free Press, 1979); Paul Lazarsfeld, "A Memoir," in The *Intellectual Migration: Europe and America, 1930–1960*, ed. Donald Fleming and Bernard Bailyn(Cambridge, Mass.: Belknap Press, 1969), 279, 284; Jefferson Pooley, "An Accident of Memory: Edward Shils, Paul Lazarsfeld and the History of American Mass Communication Research"(D. Phil., Columbia University, 2006), 199; Martin Jay, *Permanent Exiles: Essays on the Intellectual Migration from Germany to America*(New York: Columbia University Press, 1985), 60.

42 KPA-59-7, Karl to Ilona, September 6, 1940.

43 반면 정치학과 교수진은 "별로 재미없거나 그와 정반대"였다. KPA-59-8, Karl Polanyi to Ilona, June 29, 1949; Abe Rotstein, telephone interview.

44 하지만 그의 대학원생 중 한 명은 미국 사회학자들이 폴라니를 자신들과 같은 무리로 보지 않았다고 주장한다. 그의 "주업"은 복잡한 사회학적 방법론을 고려하지 않은 채 "역사적인 사건들의 특수한 집합을 해석하는 일"이었기 때문이다. Tim Rogan, "Karl

Polanyi at the Margins of English Socialism, 1934-1947," *Modern Intellectual History* 10, no. 2(2013): 344; KPA59-9, Karl Polanyi to Ilona, April 25, 1949; KPA-59-9, Karl to Ilona, February 17, 1949.

45 Robert MacIver, *A Tale That Is Told: The Autobiography of R. M. MacIver* (Chicago: University of Chicago Press, 1968), 87, 88, 130, 161.

46 11년 뒤 프린스턴 대학교는 폴라니에게 연구원직을 제의했지만 그는 거절했다. PFP-212-326, Karl Polanyi to Misi, January 5, 1958; KPA-59-8, Karl Polanyi to Ilona, February 13, 1947.

47 KPA-59-8, Karl to Ilona, February 13, 1947.

48 KPA-59-8, Karl Polanyi to Ilona, April 23, 1947.

49 MPP-17-11, Karl Polanyi to Misi, June 11, 1947.

50 KPA-59-8 Karl Polanyi to Ilona, June 29, 1949.

51 KPA-59-8, Jacob Marschak to Polanyi, 1947; C. L. R. James, American Civilization(Oxford: Blackwell, 1993[1950]), 185-186.

52 KPA-48-2, Karl Polanyi to Milton Singer, May 28, 1947; KPA-48-2, Karl Polanyi to Quincy Wright, March 10, 1947.

53 KPA-48-2, Carter Goodrich, Telegram to Karl Polanyi, May 28, 1947.

54 KPA-48-2, David Riesman to Karl Polanyi, June 2, 1947.

55 뉴스쿨의 이사였던 매키버가 여기에 개입했는지는 알려진 바가 없다. KPA-59-8, Karl Polanyi to Ilona, September 16, 1947.

56 KPA-59-8, Karl to Ilona, June 29, 1949.

57 KPA-59-8, Karl Polanyi to Ilona, August 9, 1947.

58 KPA-48-2, Karl Polanyi to Ilona(ca. 1947).

59 KPA-59-8, Karl Polanyi to Ilona, early June, 1947; KPA-48-2 Polanyi to Sandy Lindsay(n.d.); KPA-59-8, Karl to Ilona, June 29, 1949; KPA-59-8, Karl to Ilona, early June, 1947.

60 KPA-59-8, Karl to Ilona, June 29, 1949.

61 KPA-59-8, Karl to Ilona, early June, 1947.

62 Bernard Girard, "How Karl-William Kapp was received by economists." Paper presented at European Society for Ecological Economics conference, Lille, June 2013.

63 KPA-59-8 Karl to Ilona, June 29, 1949; KPA-48-2, Karl to Ilona(ca. 1947).

64 KPA-59-8 Karl to Ilona, June 29, 1949.

65 KPA-48-2, Lewis Mumford to Karl, July 12, 1947.

66 KPA-59-8, Ilona Duczynska to Karl Polanyi, spring(1947?).

67 KPA-59-8, Karl(1947) to Ilona, early June; KPA-59-9, Karl to Ilona, January 29, 1948.

68 KPA-59-8, Karl Polanyi to Ilona, August 15, 1947.

69 KPA-59-8, Karl to Ilona, June 29, 1949.

70 KPA-59-8, Karl Polanyi to Ilona, August(?)(1947?).

71 KPA-48-2, Karl Polanyi to Peter Drucker, September 14, 1947.

72 KPA-59-8, Ilona Duczynska to Karl, September 9, 1947; KPA-48-2, Polanyi to Drucker, September 14, 1947.

73 David Caute, *The Great Fear: The Anti-Communist Purge under Truman and Eisenhower*(New York: Simon & Schuster, 1978), 251.

74 KPA-59-8, Ilona to Karl, September 9, 1947; sent from c/o Doug Jolly.

75 KPA-59-8, Ilona to Karl, September 9, 1947.

76 Wechsler, editor of the *New York Post*, quoted in Caute, *Great Fear*, 231.

77 KPA-59-8, Karl Polanyi to Ilona Duczynska, September 16, 1947.

78 KPA-48-2, Polanyi to Drucker, September 14, 1947.

79 게다가 토론토와 몬트리올은 학생기독교운동Student Christian Movement에서 "정말로 좋은 사람들"의 고향이었다. 물론 이는 일로나에게 익숙한 분위기는 아니었다. KPA-59-8, Ilona to Karl, September 9, 1947; KPA-54-4, Karl Polanyi to Irene Grant, 1941.

80 KPA-59-8, Karl Polanyi to Kari, September 13, 1947; KPA-59-8, Karl Polanyi to Ilona, September 16, 1947; KPA-59-8, Karl Polanyi to Ilona, September 20, 1947.

81 KPA-59-8, Ilona Duczynska to Karl, September 17, 1947.

82 KPA-59-8, Ilona Duczynska to Karl, September 15, 1947.

83 KPA-59-9, Ilona Duczynska to Karl Polanyi, January 27(1948?); KPA-59-8, Ilona to Karl, September 17, 1947.

84 KPA-59-8, Karl Polanyi to Ilona Duczynska, mid-September 1947.

85 KPA-59-8, Karl to Ilona, mid-September 1947.

86 KPA-59-8, Karl to Ilona, mid-September, 1947.

87 KPA-30-3, Irene Grant, conversation with Kari Levitt, mid-1980s.

88 Linda Palfreeman, *¡Salud!: British Volunteers in the Republican Medical Service*

During the Spanish Civil War, 1936–39(Brighton, U.K.: Sussex Academic Press, 2012).

89 Palfreeman, *¡Salud!*, 185.

90 KPA-48-2, Doug Jolly to Karl Polanyi, September 28, 1947.

91 KPA-59-8, Karl to Ilona, early June, 1947; MacIver, *Autobiography*, 78; KPA59-9, Karl Polanyi to Ilona Duczynska, November 22, 1948.

92 SPSL-536-1, Letters from unknown correspondent to Professor Blacket, November 15, 1943, and to Dr. Orowan, December 2, 1943.

93 KPA-8-2, Unknown correspondent to Ilona, 1947.

94 이 프로젝트는 나중에 "제도 성장의 경제적 측면에 대한 간학문 프로젝트Interdisciplinary Project on Economic Aspects of Institutional Growth"로 바뀌었다. KPA-33-15, Karl Polanyi, Funding application submitted to Wenner-Gren Foundation for Anthropological Research, 1958-1959; KPA-48-3, correspondence of July 1948; KPA-49-3, Karl Polanyi to William Lane, November 12, 1954; KPA-48-4, Karl Polanyi to Sandy Lindsay, June 10, 1949.

95 In 1948-49, Ilona resided in Edith Grove, Chelsea.

96 KPA-48-4, Polanyi to Lindsay, June 10, 1949.

97 KPA-59-3, Ilona Duczynska to Kari, October 10, 1963; Kari Polanyi-Levitt, interview, December 2008; Abraham Rotstein, "The Real ity of Society," Address to the Karl Polanyi Conference, Montreal, November, 2014; Kenneth McRobbie, "Under the Sign of the Pendulum: Childhood Experience as Determining Revolutionary Consciousness. Ilona Duczynska Polanyi," *Canadian Journal of History* 41, no. 2(2006): 263-298.

98 이 세미나는 보통 뉴욕에 있는 칼 폴라니의 아파트에서 열렸다. MPP-17-12, Karl Polanyi to Misi, March 6, 1953; KPA-54-4, Karl Polanyi to Walter Scheuer, July 1, 1958; Robert Halasz, e-mail interview.

99 KPA-58-1, Karl to Kari, January 30, 1959.

100 RMP-68-7, Karl Polanyi to Robert Merton, February 17, 1955.

101 William Scott and Martin Moleski, *Michael Polanyi: Scientist and Philosopher* (New York: Oxford University Press, 2005), 201.

102 KPA-48-2, Karl Polanyi, Correspondence, 1947.

103 Szapor, "Odyssey of the Polanyis," 38.

104 KPA-48-5, Polanyi to Jaszi, October 27, 1950.

105 Robert Halasz, e-mail interview.

106 KPA-33-15, Polanyi, Funding application to Wenner-Gren Foundation.

107 KPA-59-9, Karl to Ilona, January 29, 1948; KPA-59-9, Karl Polanyi to Ilona, November 5, 1948.

108 Rutherford, "Columbia University," 31-78.

109 KPA-49-3, Conrad Arensberg to Karl Polanyi, November 8, 1954.

110 여기에는 사회과학연구회Social Science Research Council, 미국철학회American Philosophical Society, 베네-그렌 인류학연구재단Wenner-Gren Foundation for Anthropological Research이 포함되었다. 폴라니는 연구자금 신청서를 준비할 때 경제사학자 데이비드 랜니스가 드러낸 좌절감에 공감했을 것이다. "내가 보기에 학자들은 신청서에 점점 많은 시간을 쓰고 있는 것 같다. 나는 올해 신청서를 숱하게 작성했고 이제는 신물이 나기 시작한다. 그럼에도 불구하고 돈이 큰 도움이 된다는 것은 부인할 수 없는 사실이다. 그래서 이런 일이 다 그만한 가치가 있다고 생각한다." RMP-68-7, Karl Polanyi to Robert Merton, October 20, 1958; KPA-30-2, Landes to Polanyi, February 19, 1959; KPA-50-2, Norman Buchanan to Karl Polanyi, February 26, 1958; KPA-54-4, Polanyi to Scheuer, July 1, 1958, corroborated by Kari Polanyi-Levitt, telephone interview, March 2009.

111 KPA-59-8, Karl Polanyi to Ilona Duczynska, March 15, 1947.

112 KPA-59-8, Karl Polanyi to Ilona, April 23, 1947.

113 KPA-59-8, Karl to Ilona(1947?).

114 Anne Chapman, telephone interview.

115 Kari Polanyi-Levitt, telephone interview, March 2009. 캐리는 여름휴가 기간에 해변의 집에서 지내던 폴라니의 옷차림에 대해 덧붙였다. "요즘에는 파자마라고 생각할 만하지만 당시에는 꽤 유행하던 옷을 입고 있었어요. 상당히 화려한 옷이었지요. 유행을 따르진 않았지만 아버지는 항상 세심하게 신경 써서 옷을 입었어요."

116 Robert Halasz, e-mail interview.

117 Don Grant, interview.

118 Robert Halasz, e-mail interview.

119 Kari Polanyi-Levitt, interview, December 2008.

120 Anne Chapman, telephone interview.

121 Moses Finley to Geoffrey de Ste Croix, November 27, 1969.

122 Jean Richards, telephone interview.

123 Rutherford, "Columbia University," 31-78.

124 Anne Chapman, telephone interview.

125 RMP-68-7, Karl Polanyi to Robert Merton, November 15, 1955.

126 롯스타인은 1951년에 폴라니의 일반경제사 수업을 들었다. 그는 "칼 폴라니가 누구인지 전혀 몰랐고, 그저 그의 수업이 다른 수업의 두 배라서 들었다. 즉 학점이 두 배였고 그래서 수업 시간도 두 배였겠지만, 실제로는 두 배를 다 채우진 않았다. 나는 경제학자였기 때문에 타당하다고 생각했다." Abe Rotstein, telephone interview; KPA-51-2, Abe Rotstein, correspondence.

127 "아버지의 사회주의 가치를 이해한 학생은 앤 채프먼이었어요. 그녀는 마르크스주의자였습니다." Kari Polanyi-Levitt, interview, December 2008.

128 Anne Chapman, telephone interview.

129 Daniel Tompkins, "The World of Moses Finkelstein: The Year 1939 in M. I. Finley's Development as a Historian," in *Classical Antiquity and the Politics of America: From George Washington to George W. Bush*, ed. Michael Meckler (Waco, Tex.: Baylor University Press, 2006), 95-125.

130 KPA-49-3, Correspondence with Finley. 다음도 보라. Daniel Tompkins, "Weber, Polanyi, and Finley," *History and Theory* 47, no. 1(2008): 123-136.

131 Mohammad Nafissi, *Ancient Athens and Modern Ideology; Value, Theory and Evidence in Historical Sciences*(London: Institute of Classical Studies, 2005), 212; Tompkins, "Weber, Polanyi, Finley."

132 Tompkins, "Weber, Polanyi, Finley," 1 26.

133 KPA-54-4, Karl Polanyi to Finley(n.d.).

134 핀리는 폴라니의 유고 에세이집 《원시경제, 고대경제, 현대경제*Primitive, Archaic and Modern Economies*》에 서문을 써달라는 부탁 역시 거절했다(조지 돌턴은 "[핀리]와 자네의 아버지 사이에 내가 전혀 모르는 일이 분명히 있었다"고 논평했다). 《초기제국》에 글을 써달라는 부탁을 거절한 사람 중에는 폴라니가 서문을 써달라고 부탁했던 로버트 머튼과, 편집자들이 처음에 "유럽 봉건제에서의 호혜성"에 대한 장을 써달라고 부탁하려 했던 경제사학자 랜디스도 있었다. KPA-49-3, Karl Polanyi to Landes, July 26, 1955; RMP-68-7, Karl Polanyi to Robert Merton, November 15, 1955; KPA-55-4, George Dalton to Kari, February 11, 1966; Tompkins, "Weber, Polanyi, Finley."

135 KPA-52-1, Karl Polanyi to Carroll Bowen, June 26, 1961; KPA-52-1, Karl Polanyi to Ted, May 26, 1961. '테드'는 카를 빌헬름 카프Karl-Wilhelm Kapp임이 거의 확실하다.

136 Immanuel Wallerstein, interview.

137 KPA-54-5, Karl Polanyi to Marshall Sahlins(n.d.). 다음도 보라. S. C. Humphreys, "History, Economics, and Anthropology: The Work of Karl Polanyi," *History and Theory* 8, no. 2(1969): 177.

138 KPA-50-2, George Dalton to Polanyi, February 19, 1958.

139 KPA-52-1, Karl Polanyi to George, May 28, 1961. Emphasis added.

140 KPA-52-1, George Dalton to Polanyi, June 2, 1961.

141 KPA-52-2, Karl Polanyi to Rudolf Schlesinger, November 8, 1961; KPA-52-1, Polanyi to Ted, May 26, 1961.

142 MPP-17-12, Karl Polanyi to Misi, March 5, 1958.

143 메도는 "(영국이 아닌) 미국의 풍경에 적용하고" "새롭게 출현하는 삶의 형태를 종교적인 관점에서 조명할" 생각이긴 했지만 어쨌든 폴라니의 도움을 받아서 《거대한 전환》을 재집필하고 싶어 했다. 폴라니는 동생에게 보내는 편지에 폴이 "나를 더 깊이 숨 쉬게 한다"고 적었다.

144 MPP-17-12, Karl Polanyi to Misi, October 10, 1960.

145 Rhoda Halperin, *Cultural Economies: Past and Present*(Austin: University of Texas Press, 1994), chapter four. 폴라니와 아널드의 연구 관계에 대해서는 아렌스버그에게 보낸 폴라니의 편지(KPA-49-4, 1955년 7월 21일), 아널드에게 보낸 폴라니의 편지(KPA-49-2, 1953년 8월 14일), 그리고 8월 18일 아널드의 답장을 보라.

146 Abe Rotstein, telephone interview.

147 가령 구할 수 있는 편지에 따르면, 아널드는 컬럼비아 대학교가 자신이 폴라니의 팀과 함께 수행한 연구의 결과를 박사논문에 넣는 것을 허락하지 않았다는 사실에 분개했다. 폴라니가 그녀와 자신이 주고받은 일부 편지를 없애버렸고, 아렌스버그에게도 그렇게 하라고 했던 점을 보면 여러 가지 요인이 작용한 듯하다. 다음을 보라. KPA-50-2, Karl Polanyi to Conrad Arensberg, January 30, 1958, and KPA-50-2, Arensberg to Polanyi, January 30, 1958; KPA-49-4, Karl Polanyi to Max Gluckman(ca. 1955).

148 Abe Rotstein, telephone interview; KPA-49-5, Rotstein to Harry Pearson, December 27, 1956.

149 KPA-48-7, Karl Polanyi to Abe Rotstein, January 10, 1952.

150 Abe Rotstein, telephone interview.

151 KPA-38-12, Karl Polanyi, Draft outline for a revision of *The Great Transformation*, 1954.

152 KPA-54-4, Polanyi to Scheuer, July 1, 1958; Abe Rotstein, e-mail to the author, February 2015.

153 Immanuel Wallerstein, interview.

154 Abe Rotstein, telephone interview.

155 롯스타인에 대한 폴라니의 평가가 바뀐 것이 또 다른 이유였을 수도 있다. 1950년대 중반에 쓴 편지를 보면 그는 롯스타인을 누구보다 참된 제자로 여겼지만 다호메이 원고 작업을 함께 한 다음에는 이 젊은이의 학식에 대한 신뢰가 빠르게 식었다. KPA-54-4, Anonymous to Paul Bohannan; Abe Rotstein, telephone interview.

156 폴라니는 급진적인 아프리카계 미국인들의 기독교와는 거의 관계가 없었지만, 1930년대에 순회강연을 하면서 최대한 "많은 흑인 지식인들과 접촉하려고" 애쓴 적은 있었다. KPA-47-7, Council Trenholm to John Dillingham, March 12, 1935.

157 Alan Wald, *The New York Intellectuals*(Chapel Hill: University of North Carolina Press, 1987).158. KPA-48-2, Correspondence, 1947.

159 Humphreys, "History, Economics, Anthropology," 174-175.

160 나는 전후의 합의가 냉전을 향해 요동치는 동안 그가 정치 상황에 실망했음을 강조하곤 한다.

161 Nafissi, *Ancient Athens*, 174.

162 KPA-12-6, Karl Polanyi, "Notes on the Humanism Series," 1941.

163 Karl Polanyi, *The Great Transformation: The Political and Economic Origins of Our Time*(Boston: Beacon, 2001).

164 Karl Polanyi, Conrad Arensberg, and Harry Pearson, "The Place of Economies in Societies," *Primitive, Archaic and Modern Economies: Essays of Karl Polanyi*, ed. George Dalton(Boston: Beacon Press, 1968[1957]), 136.

165 KPA-37-3, Karl Polanyi, "Freedom in a Complex Society."

166 KPA-16-2, Karl Polanyi, "Europe Today and Tomorrow."

167 Polanyi, "Obsolete Market Mentality," 59-60.

168 Karl Polanyi, "On Belief in Economic Determinism," *Sociological Review* 39, no. 1(1947): 96-112.

169 Polanyi, "Obsolete Market Mentality," 59-60, 76.

170 Polanyi, "On Belief in Economic Determinism," 96-112.

171 Polanyi, "Obsolete Market Mentality," 59-60, 76.

172 Polanyi, "Obsolete Market Mentality," 59-60, 76.

173 Polanyi, "On Belief in Economic Determinism," 96.

174 Polanyi, "Obsolete Market Mentality," 59–60, 77.

175 Polanyi, "On Belief in Economic Determinism," 99.

176 KPA-35–10, Karl Polanyi, "Economic History and the Problem of Freedom," 1949.

177 KPA-49–2, Karl Polanyi to Richard Thurnwald, December 4, 1953; George Dalton, "Karl Polanyi's Analysis of Long-Distance Trade and His Wider Paradigm," in *Ancient Civilization and Trade,* ed. Jeremy Sabloff and Carl Lamberg-Karlovsky(Albuquerque: University of New Mexico Press, 1975), 116; Thurnwald cited in Gouldner, For Sociology, 226.

178 일각에서 주장하듯 폴라니가 "묻이들이 있음"이라는 표현을 무심결에 사용한 것은 아니었다. 다음을 보라. Greta Krippner, "The Elusive Market: Embeddedness and the Paradigm of Economic Sociology," *Theory and Society* 30(2001): 779, and Benjamin Barber, "All Economies Are Embedded: The Career of a Concept, and Beyond," *Social Research*, 62, no. 2(1995). 《거대한 전환》에서 묻어들어 있음이 드물게 출현하긴 하지만, 전후 출간된 여러 책과 논문에서 이 용어는 반복해서 튀어나오고, 미발표 메모와 원고에서는 훨씬 자주 나온다.

179 Polanyi, Karl "Liberale Sozialreformer in England," in *Chronik der großen Transformation*, vol. 1, ed. Michele Cangiani and Claus Thomasberger (Marburg: Metropolis, 2002[1928]), 96.

180 Walter Hamilton quoted in Walter Neale, "Institutions," *Journal of Economic Issues* 21(1987): 1178.

181 Jens Beckert, "The Great Transformation of Embeddedness: Karl Polanyi and the New Economic Sociology," in *Market and Society: The Great Transformation Today*, ed. Chris Hann and Keith Hart(Cambridge: Cambridge University Press, 2009), 40; Raymond Firth, "Methodological Issues in Economic Anthropology," Man 7, no. 3(1972): 473.

182 KPA-7–9, Karl Polanyi, "Origins of Institutions," 1934–1946.

183 KPA-59–8, Karl Polanyi to Misi, April 28, 1947.

184 Polanyi, "On Belief in Economic Determinism," 96–112.

185 KPA-59–8, Karl Polanyi to Ilona Duczynska, late November, 1947.

186 Polanyi, "Obsolete Market Mentality," 59–60.

187 KPA-42–14, Karl Polanyi, "Market Elements and Economic Planning in Antiquity"(n.d.).

188 KPA-59-8, Karl Polanyi to Ilona Duczynska, September 24, 1947.

189 KPA-35-11, Karl Polanyi, Draft manuscript, "Livelihood of Man," 1950-1955.

190 KPA-37-4, Polanyi, "Economics and Freedom to Shape Our Social Destiny."

191 MPP-17-12, Karl to Michael, January 11, 1952; KPA-22-3, Karl Polanyi, "Notes-Economic Anthropology," 1947-1957; MPP-17-12, Karl to Michael, January 11, 1 952.

192 KPA-31-1, Karl Polanyi, "The tool box of institutional economics," 1947-1953.

193 KPA-48-7, Polanyi to Rotstein, April 19, 1952.

194 KPA-31-1, Karl Polanyi, "Report on term paper no. 2," 1947-1953.

195 KPA-49-2, Karl Polanyi to Moses Finley, October 18, 1953. 폴라니는 초기 저작에서 가령 인간의 활동은 "잔혹한 축재의 동기"에 의해 결정된다는 가정을 비판하는데 여기에서 아리스토텔레스의 영향이 느껴진다. Karl Polanyi "Wissenschaft und Sittlichkeit," in *Chronik der großen Transformation*, vol. 3, ed. Michele Cangiani, Kari Polanyi-Levitt and Claus Thomasberger(Marburg: Metropolis, 2005[1920-1922]), 172-199.

196 Polanyi, "Aristotle Discovers the Economy."

197 KPA-48-7, Polanyi to Rotstein, April 19, 1959; Polanyi, Arensberg, and Pearson, "Place of Economies in Societies," 125.

198 KPA-51-1, Karl Polanyi, "University seminar on the institutionalization of the economic process," 1959; Polanyi, Arensberg and Pearson, "Place of Economies in Societies," 1 32.

199 KPA-48-7, Polanyi to Rotstein, April 19, 1952.

200 Polanyi, "Aristotle Discovers the Economy."

201 KPA-49-2, Polanyi to Finley, October 18, 1953.

202 Polanyi, Arensberg, and Pearson, "Place of Economies in Societies," 123.

203 KPA-42-9, Anonymous, "Karl Polanyi's remarks on Menger, Brunner & the history of thought about the substantive economy," 1958. 다음도 보라. Polanyi, Arensberg, and Pearson, "Place of Economies in Societies," 135.

204 폴라니는 멩거의 가치이론이 그의 "형식주의적" 경제학의 심복임을 알아차리지 못했다. 멩거는 경제학을 노동과 자원의 문제에서 효용 극대화 문제로 전환시키는 데 앞장섰다. 그래서 멩거의 가치이론—교환관계의 근원적 기초에 대한—이 폴라니가 말한 노동이나 자연현상 같은 실질적인 성향들이 아니라 "자기 소유물의 전부 혹은 일부보다는 다른 사람이 가진 무언가를 가지려 한다는 의미에서, 희소성과 개인 재산의 맥

락에서" 개인이 하는 주관적인 계산이라는 측면에서 표현되고 있다. Nicholas Xenos, *Scarcity and Modernity*(London: Routledge, 1989), 73; KPA-48-7, Polanyi to Rotstein, April 19, 1952.

205 독일 역사학파가 미국의 동료들에게 미친 영향은 분명하다. 그들의 강점은 논란의 여지가 있긴 하지만 말이다. 19세기 마지막 30여 년 동안 미국의 여러 사회학자가 독일에서 연구 과정을 밟으며 제도주의 정치경제학을 접했다. 앤 메이휴의 설명에 따르면 미국 제도주의를 정초한 사람들은 자신들의 지적인 활동 첫 단계에서—국가와 교회는 경제문제에 해법을 제시하는 중심에 있어야 한다는 개념을 비롯하여—제도주의 정치경제학 사상을 흡수했다. Anne Mayhew, "The Beginnings of Institutionalism," *Journal of Economic Issues* 21, no. 3(1987): 981.

206 KPA-45-14, Abraham Rotstein, "Weekend Notes," 1957, 34.

207 KPA-48-6, Karl Polanyi to Abe Rotstein, August 25, 1957. 베블런은 1898년 논문 〈과정 연구로서의 경제학〉 한 단락에서 "경제적 제도라는 항목에서 엄격하게 구분할 수 있는, 깔끔하게 분리할 수 있는 문화 현상은 존재하지 않는다"고 주장하는데 폴라니는 이에 강력한 지지를 표했다. KPA27-8, Polanyi, "Annotations on Veblen," 19-23; Thorstein Veblen, "Why Is Economics Not an Evolutionary Science?," *Quarterly Journal of Economics* 12(July 1898). 폴라니의 주석에 대해서는 KPA-27-8, Karl Polanyi, "Annotations on an article by Veblen"(n.d.), 19-23을 보라. 폴라니는 커먼스John Commons의 제도경제학과 베버의 연구의 유사성(베버는 "정신"을 강조한 반면 커먼스는 "시스템"을 강조했다는 중요한 차이점 역시)에 주목하면서 커먼스의 저작도 읽었다. 다음을 참고할 것. KPA-24-6, Abraham Rotstein, Drafts, 1951-1960; KPA-48-6, Polanyi to Rotstein, August 25, 1957; KPA-9-7, Karl Polanyi, Notes on Readings, 1936-1946.

208 KPA-33-15, Polanyi, Funding application to Wenner-Gren Foundation.

209 Simon Clarke, *Marx, Marginalism and Modern Sociology: From Adam Smith to Max Weber*(London: Macmillan, 1982), 201.

210 Clarke, Modern Sociology, 194-195, 216, 230.

211 MPP-17-11, Karl Polanyi to Michael, January 6, 1947.

212 KPA-33-15, Polanyi, Funding application to Wenner-Gren Foundation; KPA-23-6, Karl Polanyi, "Fragments," 1947-1960; KPA-31-15, Polanyi, Research Proposal No.1. 다음을 보라. KPA-37-2, Karl Polanyi, "Methodological Problems Connected with the Question of Capitalism in Antiquity"(n.d.); KPA-42-9, Karl Polanyi, "Fragments on Menger," late 1950s.

213 Max Weber, *The Theory of Social and Economic Organization*(New York: Free Press, 1947[1964]), 184ff.

214 KPA-33-15, Polanyi, "Funding application to Wenner-Gren Foundation."

215 KPA-7-9, Polanyi, "Origins of Institutions."

216 Karl Polanyi, "The Two Meanings of Economic"(n.d.), Columbia University archives. 이 자료를 제공해준 댄 톰킨스에게 감사의 말을 전한다.

217 Karl Polanyi, "The Institutional Approach to Non-Market Economies"(n.d.), Columbia University archives. 자료를 제공해준 댄 톰킨스에게 감사의 말을 전한다.

218 KPA-42-9, Karl Polanyi, "On the Translation of Menger's 'Grundsätze'"(n.d.); KPA-42-9, Anonymous, "Karl Polanyi's Remarks on Menger"; Polanyi, "Institutional Approach to Non-Market Economies."

219 KPA-48-7, Karl Polanyi to Abe Rotstein, April 26(1952?). Cf. KPA-23-2, Karl Polanyi(1953) Notes on readings; KPA-42-9, Polanyi, "On the Translation of Menger's 'Grundsätze.'"

220 Francesco Boldizzoni, *The Poverty of Clio: Resurrecting Economic History* (Princeton, N.J.: Princeton University Press, 2011), 98.

221 KPA-30-2, Karl Polanyi to Harry Pearson, September 27, 1959.

222 KPA-22-11, Karl Polanyi, Notes and drafts on economy and society, 1953-1957; KPA-30-2, Polanyi to Pearson, September 27, 1959.

223 Cf. Boldizzoni, *Poverty of Clio*.

224 Polanyi, quoted in S. C. Humphreys, *Anthropology and the Greeks*(London: Routledge, 1978), 36. Emphasis added.

225 KPA-37-2, Karl Polanyi, "Methodological Problems Connected with the Question of Capitalism in Antiquity"(n.d.); KPA-45-3, Abraham Rotstein, "Weekend Notes," 1956, 6.

226 KPA-22-3, Polanyi, "Notes-Economic Anthropology."

227 KPA-48-5, Polanyi to Jaszi, October 27, 1950.

228 KPA-26-7, George Dalton, "Karl Polanyi's Analysis of Long-Distance Trade and His Wider Paradigm"(n.d.).

229 KPA-33-15, Polanyi, Funding application to Wenner-Gren Foundation.

230 폴라니는《인간의 살림살이》의 많은 부분을 1940년대 말과 1950년대 초에 집필했다. 이 책으로 라인하트 출판사와 맺은 계약인《거대한 전환》의 속편을 대신하려고 했다. 라인하트는《인간의 살림살이》는 약속했던 타이틀과는 전혀 유사점이 없다면서 회의

적인 반응을 보였지만, 그럼에도 불구하고 폴라니에게 원고를 보내라고 독려했다. 폴라니는 1955년 원고의 3분의 2를 전달했고, 나머지를 완성하려고 했지만 결국 다 이루지 못했다. 폴라니가 세상을 떠난 후, 원고에 실망한 핀리가 이 책의 출판을 막으려 했지만(핀리는 "나는 미발표 원고 수백 쪽을 가지고 있는데, 대부분은 내가 출간을 막은 것들이다"라고 제프리 디 스티 크로익스에게 털어놓기도 했다[1969년, 11월 27일]), 해리 피어슨의 노력 덕분에 결국 출간되었다. MPP17-12, Karl Polanyi to Michael, July 19, 1955; KPA-49-4, Correspondence; KPA54-4, Polanyi to Scheuer, July 1, 1958; David Tandy and Walter Neale, "Karl Polanyi's Distinctive Approach to Social Analysis and the Case of Ancient Greece," in *From Political Economy to Anthropology; Situating Economic Life in Past Societies*, ed. Colin Duncan and David Tandy(Montreal: Black Rose, 1994), 10.

231 KPA-39-1, Karl Polanyi, "Greece," 1954; János Gyurgyák, ed., *Karl Polanyi, 1886–1964*(Budapest: Fövárosi Szabó Ervin Könyvtár, 1986).

232 KPA-31-15, Polanyi, Research Proposal No. 1.

233 KPA-33-15, Polanyi, Funding application to Wenner-Gren Foundation.

234 KPA-40-2, Karl Polanyi, "The Economy of the Classical Polis," 1954; KPA-48-3, Karl Polanyi to Moses Finley, November 17, 1951.

235 KPA-39-1, Polanyi, "Greece," 1954. 다음도 보라. KPA-51-2, Karl Polanyi to Geoffrey de Ste Croix, August 6, 1960.

236 KPA-48-3, Polanyi to Finley, November 17, 1951.

237 KPA-33-3, Karl Polanyi, Interdisciplinary Project, "Economic Aspects of Institutional Growth," 1953-1955, 28; Polanyi, "Aristotle Discovers the Economy."

238 KPA-48-3, Polanyi to Finley, November 17, 1951; KPA-40-2, Polanyi, "Economy of the Classical Polis."

239 이 같은 단언을 근거로 드러커(KPA-49-3, to Polanyi, October 2, 1955)는 폴라니가 "초기에 제시한 재분배-호혜성과 시장의 근원적 갈등이라는 기조를 대체로 폐기했다"고 주장했다. 하지만 여기에는 오해가 있다. 폴라니는 호혜성, 재분배, 그리고 시장 요소의 앙상블을 제외한 무엇도 경제 모델로 제안한 바가 없다. 드러커가 말한 달라진 관점은 폴라니의 연구 초점이 시장이라는 요소가 우세했던 19세기 영국에서 시장 이전의 사회로 옮겨진 데서 기인했다. 드러커의 관찰에서 일말의 진실은 폴라니가 시장 체제 내에서 경제와 정치가 분리됨으로써 사회 통합성이 파괴되었다는 초기 주장을 말년에는 별로 중시하지 않았다는 점이다. 폴라니는 기업, 노조, 정부에 자리 잡은 "시장에서 자유로운 영역"의 성장을 점점 강조했다. KPA-40-2, Polanyi, "Economy of the

Classical Polis"; KPA-45-2, Abraham Rotstein, "Weekend Notes," 1956, 11.

240 KPA-40-2, Polanyi, "Economy of the Classical Polis."

241 KPA-37-11, Karl Polanyi, "Aristotle and Galbraith."

242 KPA-40-2, Polanyi, "Economy of the Classical Polis."

243 스티 크로익스는 개인적으로는 이보다 더 비판적이었다. 핀리에게 보낸 편지(1969년 11월 12일)에서 폴라니의 기본 논리 구조 때문에 "당신은 착취와 계급투쟁 같은 끔찍한 것들을 완전히 무시하고—가정에 따르면 경제가 여전히 '묻어들어 있어야' 하는 호혜성/재분배 상황에서도, 사실상 '경제'를 스스로 '통합될' 수 있는 무언가로 고립시킴으로써—사회경제적 발전을 정치투쟁에서 동떨어진 현상으로 설명할 수" 있게 되었다고 밝혔다. G.E.M. De Ste Croix, "Review of 'Trade and Market in the Early Empires'," *Economic History Review* 12, no. 3(1960): 510-511.

244 Ste Croix, "Review of "Trade and Market,'" 510-511.

245 KPA-51-2, Karl Polanyi to Harry, July 31, 1960.

246 KPA-51-2, Karl Polanyi to George, 6 August 6, 1960.

247 H. T. van der Pas(1973), cited in Matthijs Krul, "Markets, Economics Imperialism, and Social Theory: A Theoretical and Historical Analysis of the Market in Modern Political Economy"(Ph.D. thesis, Department of Politics, Brunel University, 2015).

248 KPA-31-1, Polanyi, "Report on term paper no. 2," 4.

249 Roger Back house and Philippe Fontaine, "Toward a History of the Social Sciences," in *The History of the Social Sciences since 1945*, ed. Roger Back house and Philippe Fontaine(Cambridge: Cambridge University Press, 2010), 184-232.

250 Philip Mirowski, *Machine Dreams: Economics Becomes a Cyborg Science* (Cambridge: Cambridge University Press, 2002); Back house and Fontaine, " Toward a History of the Social Sciences."

251 Don Howard, "Better Red than Dead—Putting an End to the Social Irrelevance of Postwar Philosophy of Science," *Science & Education* 18(2007): 199-220; Roger Back house and Philippe Fontaine, "Introduction: Contexts of Postwar Social Science," in *The History of the Social Sciences since 1945*, ed. Roger Backhouse and Philippe Fontaine(Cambridge: Cambridge University Press, 2010), 199.

1 KPA-51-5, Karl Polanyi to Meszaros, April 24, 1961.

2 PFP-212-326, Karl to Misi, October 21, 1959.

3 KPA-51-1, Ilona and Karl Polanyi to Harry Campbell, October 29, 1959.

4 PFP-212-326, Karl to Misi, October 21, 1959; KPA-51-1, Ilona and Karl to Campbell, October 29, 1959.

5 Ilona Duczynska, and Karl Polanyi, eds., *The Plough and the Pen*(London: Peter Owen, 1963).

6 폴라니 부부는 런던에 있을 때 카로이의 비서로 일하던 허버시를 알고 지냈다. 그는 공산주의 체제가 들어선 헝가리로 돌아간 뒤 고문을 받다가 감옥에서 죽음을 맞았다. E. P. 톰슨은 "헝가리 반란군들을 환멸에 빠진 자들의 모임으로 두 팔 벌려 맞는 데" 적합한 인물이라는 이유로 오든에게 청탁하는 것을 반대했다. KPA-56-8, Karl Polanyi to Laura, November 27, 1959; KPA-51-2, Kenneth Muir to Ilona, April 17, 1960; Lee Congdon, "Ilona and Karl: A Review Essay," *Hungarian Studies Review* 29, nos. 1-2(2002): 111-118.

7 KPA-49-2, Charles Silberman to Karl Polanyi, August 20, 1953.

8 MPP-17-12, Karl Polanyi to Misi, January 24 and May 2, 1957.

9 KPA-54-4, Polanyi to Scheuer, July 1, 1958.

10 Kari Polanyi-Levitt, interview, July 2006.

11 일로나와 캐리는 전체를 관리하는 일을 맡았다. 친구들과 제자들에게는 인류학 텍스트들과 다호메이 책(보해넌), "늙은 죄인" 원고(홉킨스), 철학 텍스트(프롬)를 도와달라고 맡겼고, 메도, 뮤어, 피어슨, 롯스타인에게는 전반적으로 조언하는 역할을 맡겼다. 일로나는 메사로시의 부추김 때문에 폴라니의 출간 원고와 미출간 원고를 한 권으로 엮기 시작했다. KPA-30-12, Karl Polanyi, Personal papers, 1943-1967; KPA-51-4, Karl Polanyi to Bohannan, November 24, 1960; Karl to Kari, September 23, 1960; KPA-52-4, Ilona Duczynska to Harry, August 18, 1962.

12 KPA-52-4, Ilona to Harry, August 18, 1962.

13 Karl Polanyi to Robert Merton, April 26, 1963. 댄 톰킨스는 친절하게도 컬럼비아 대학교 버틀러 도서관에서 이 편지의 사본을 저자에게 전해주었다.

14 캐리는 이렇게 회상한다. "아버지는 건강 염려증 환자였어요. 항상 몸 어딘가가 잘못되었다고 생각했지요. 암에 걸린 뒤에야 극복했어요." Kari Polanyi-Levitt, interview, December 2008.

15 KPA-53-2, Karl Polanyi to unknown addressee, 1963.

16 KPA-53-3, Walter Neale to Karl Polanyi, early 1964.

17 KPA-52-3, Karl Polanyi to David Bordua, April 8, 1962.

18 PFP-212-326, Karl to Misi, October 21, 1959; Polanyi, quoted in Kari Polanyi-Levitt, "Tracing Polanyi's Institutional Political Economy to Its Central European Source," in *Karl Polanyi in Vienna: The Contemporary Significance of the Great Transformation*, ed. Kari Polanyi-Levitt and Kenneth McRobbie (Montreal: Black Rose, 2000), 379.

19 PFP-212-326, Karl to Misi, March 4, 1961; Polanyi-Levitt, "Polanyi's Institutional Political Economy," 379.

20 KPA-51-5, Karl Polanyi to Harry, January 10, 1961.

21 Karl Polanyi, letter to Carter Goodrich, quoted in Malcolm Rutherford, "Walton Hamilton, Amherst, and the Brookings Gradu ate School: Institutional Economics and Education," 2001, web.uvic.ca/econ/research/papers/ddp0104.pdf.

22 Bruce Wearne, *The Theory and Scholarship of Talcott Parsons to 1951: A Critical Commentary*(Cambridge University Press, 1989), 12-13.

23 Howard Brick, *Transcending Capitalism: Visions of a New Society in Modern American Thought*(Ithaca, N.Y.: Cornell University Press, 2006); Wearne, *Theory and Scholarship*, 21.

24 가령 다음을 보라. Norbert Elias, The Established and the Outsiders(London: Sage, 1994), 171; Norbert Elias, The Civilising Process(Oxford: Blackwell, 1994), 188; Stephen Mennell,"Parsons and Elias," Sociologie et société 21, no. 1(1989): 69-86; Greta Krippner, "The Elusive Market: Embeddedness and the Paradigm of Economic Sociology," *Theory and Society* 30(2001): 775-810.

25 Talcott Parsons, "Sociological Elements in Economic Thought II: The Analytical Factor View," *Quarterly Journal of Economics* 49, no. 4(1935): 646-667.

26 매카시 공세가 절정에 달했을 때 그의 반공주의는 맹렬하긴 했지만 FBI가 관련 수사를 단념할 수 있을 정도로 충분히 공격적이지는 않았다. Mike Keen, "No One above Suspicion: Talcott Parsons under Surveillance," *American Sociologist* 24, no. 3/4(1993): 37-54.

27 Arthur Lipow, *Political Parties & Democracy: Explorations in History and Theory*(London: Pluto, 1996), 25.

28 "마르크스주의자들의 주장처럼 경제 구조 속에 있는 것이 아니"라고 파슨스는 통명스럽게 덧붙인다. 그는 폴라니를 비롯한 학계의 비판자들과 비슷한 방식으로 마르크스주의를 바라보았다. 즉 기계론적, 진화적, 유물론적 결정론으로 바라본 것이다. 다음을 참고하라. Alvin Gouldner, *For Sociology: Renewal and Critique in Sociology Today*(London: Pelican, 1973), 164.

29 Talcott Parsons, "Social Strains in America," in *The Radical Right: The New American Right*, ed. Daniel Bell(New York: Doubleday, 1964[1955]).

30 리처드 워커는 계급이론을 전혀 개발하지 않았다는 점에서 폴라니가 암암리에 이해한 정치가 전후 자유주의적 다원주의와 유사하다고 주장한다. 자유주의적 다원주의에서는 정치를 여러 사상과 이해관계 간의 경쟁으로 이해한다. Richard Walker, "The Two Karls, or Reflections on Karl Polanyi's *The Great Transformation*," *Environment and Planning* A, 45(2013): 1662–1670.

31 Ilona Duczynska, "Karl Polanyi: Notes on His Life," in Karl Polanyi, *The Livelihood of Man*(New York: Academic Press, 1977), xvi.

32 Richard Swedberg, "The 'Economy and Society' Perspective in US Sociology," *Current Sociology* 35, no. 1(1987): 53–62.

33 Harry Pearson, "Parsons and Smelser on the Economy," in *Trade and Market in the Early Empires: Economies in History and Theory*, ed. Karl Polanyi, Conrad Arensberg, and Harry Pearson(New York: Free Press, 1957), 307.

34 Pearson, "Parsons and Smelser," 308.

35 Pearson, "Parsons and Smelser," 308; Terence Hopkins, "Sociology and the Substantive View of the Economy," in *Trade and Market in the Early Empires: Economies in History and Theory*, 273.

36 Hopkins, "Sociology and Substantive View," 302; Talcott Parsons and Edward Shils, *Toward a General Theory of Action*(Cambridge, Mass.: Harvard University Press, 1951), 207. 폴라니의 경우 통합의 "형태"와 "패턴"이라는 말은 서로 바꾸어 쓸 수 있는 용어였다.

37 KPA-50–2, Terry Hopkins to Karl Polanyi, 1958.

38 Karl Polanyi, "The Economy as Instituted Process," in *Trade and Market in the Early Empires: Economies in History and Theory*, 244; Pearson, "Parsons and Smelser," 313.

39 Hopkins, "Sociology and Substantive View," 274; Pearson, "Parsons and Smelser," 314.

40 KPA-51 - 1, Karl Polanyi to Harry Pearson, October 25, 1959.

41 Talcott Parsons, *The Social System*(London: Routledge & Kegan Paul, 1951), 330.

42 KPA-19 - 5, Karl Polanyi, "Origins of the Cataclysm—A Political and Economic Inquiry," 1943.

43 칼 폴라니는 다른 곳에서 정부 개입으로 "사회체제의 긴장이 높아졌다"고 썼다. KPA-15 - 4, Karl Polanyi, Lecture XIX, "Contemporary Problems and Social and Political Theory," University of London, 1936 - 1940; KPA-31 - 10, Karl Polanyi, "The Trend towards an Integrated Society," 1947 - 1953.

44 KPA-51 - 5, Karl Polanyi to Harry, January 5, 1961; KPA-51 - 1, Polanyi to Pearson, October 25, 1959; KPA-41 - 7, Karl Polanyi, "The Role of Strain in Institutional Change," 1963.

45 KPA-41 - 7, Polanyi, "Role of Strain in Institutional Change."

46 KPA-49 - 3, Karl Polanyi to Carter, February 17, 1954; KPA-35 - 11, Karl Polanyi, Draft manuscript, "Livelihood of Man," 1950 - 1955.

47 KPA-41 - 7, Polanyi, "Role of Strain in Institutional Change."

48 KPA-50 - 3, Karl Polanyi, "Memo on Galbraith," December 10, 1958; KPA-54 - 5, Karl Polanyi, to "Friends," 1958 - 1963.

49 KPA-54 - 5, Polanyi, to "Friends."

50 KPA-37 - 4, Polanyi, "Economics and Freedom to Shape Our Social Destiny."

51 KPA-37 - 11, Karl Polanyi, "Galbraith's Farewell to Poverty," 1959.

52 KPA-54 - 5, Polanyi, to "Friends"; KPA-50 - 3, Polanyi, "Memo on Galbraith."

53 KPA-23 - 6, Polanyi, "Fragments," 1947 - 1960; KPA-50 - 3, Polanyi, "Memo on Galbraith"; KPA-37 - 11, Polanyi, "Galbraith's Farewell to Poverty."

54 KPA-37 - 11, Polanyi, "Galbraith's Farewell to Poverty."

55 KPA-37 - 11, Polanyi, "Galbraith's Farewell to Poverty."

56 KPA-50 - 3, Polanyi, "Memo on Galbraith"; KPA-37 - 11, Polanyi, "Galbraith's Farewell to Poverty."

57 KPA-37 - 11, Polanyi, "Galbraith's Farewell to Poverty."

58 KPA-37 - 11, Polanyi, "Aristotle and Galbraith."

59 KPA-50 - 4, Karl Polanyi to Thomas Bledsoe, January 3, 1959.

60 KPA-42 - 2, Karl Polanyi to Professor Bidnes(n.d.); KPA-45 - 7, Abraham Rotstein, "Weekend Notes," 1957; KPA-45 - 18, Abraham Rotstein , "Weekend

Notes," 1958, 39.

61 KPA-50-4, Polanyi to Bledsoe, January 3, 1959.

62 중요한 텍스트는 다음과 같다. Karl Polanyi, "Notizen von Trainings-Wochenenden der christlichen Linken," in *Chronik der großen Transformation*, vol. 3, ed. Michele Cangiani, Kari-Polanyi Levitt, and Claus Thomasberger(Marburg: Metropolis, 2005[1938]), 274-275.

63 KPA-37-3, Polanyi, "Freedom in a Complex Society."

64 KPA-37-4, Polanyi, "Economics and Freedom to Shape Our Social Destiny."

65 KPA-35-10, Polanyi, "Economic History and the Problem of Freedom."

66 Robert Hill, "Literary Executor's Afterword," in C. L. R. James, *American Civilization*(Oxford: Blackwell, 1993), 337.

67 Eric Schlosser, *Fast Food Nation; What the All-American Meal Is Doing to the World*(London: Allen Lane, 2001), 6; Anonymous, *Sept années historiques* (Berlin: Gesellschaft für kulturelle Verbindungen mit dem Ausland[n.d.]).

68 Clark Kerr, cited in Richard Badham, "The Sociology of Industrial Societies," *Current Sociology* 32, no. 1(1984): 26.

69 Badham, "Sociology of Industrial Societies," 26.

70 Michael Löwy, "The Romantic and the Marxist Critique of Modern Civilization," *Theory and Society* 16, no. 6(1987): 891-904.

71 KPA-16-3, Karl Polanyi, "The Changing Structure of Society," University of London, 1946; KPA-36-9, Karl Polanyi, "Freedom and Technology," 1955; KPA-45-4, Rotstein, "Weekend Notes," 1956, 48.

72 Karl Marx, *Grundrisse*(Harmondsworth, U.K.: Penguin, 1973), 693; Löwy, "Romantic and Marxist," 897.

73 Richard Thurnwald, *Die menschliche Gesellschaft, vol. 3: Werden, Wandel und Gestaltung der Wirtschaft*(Berlin: Walter de Gruyter, 1932), 202; Malinowski, quoted in Michael Adas, *Machines as the Measure of Men: Science, Technology, and Ideologies of Western Dominance*(Ithaca, N.Y.: Cornell University Press, 1991), 392.

74 Wilhelm Röpke, quoted in Arnold Gehlen, *Man in the Age of Technology*(New York: Columbia University Press, 1980[1949]), 56-57; Gehlen, *Age of Technology*, 100; Theodor Adorno and Max Horkheimer, *Dialectic of Enlightenment* (London: Verso, 1997[1944]).

75 Lewis Mumford, *Art and Technics*(New York: Columbia University Press, 2000).

76 KPA-37-3, Polanyi, "Freedom in a Complex Society."

77 MPP-17-13, Karl Polanyi to Misi(1943?); Polanyi, "Obsolete Market Mentality," 60, 76; KPA-30-1, Karl Polanyi, unpublished interview, 1963.

78 KPA-45-18, Rotstein, "Weekend Notes," 1957, 8; KPA-45-5, Rotstein, "Weekend Notes," 1956, 11.

79 KPA-52-1, Karl Polanyi to Peter Drucker, August 31, 1961; KPA-51-3, Karl Polanyi to Heltai, May 21, 1960.

80 KPA-37-3, Polanyi, "Freedom in a Complex Society."

81 KPP-1-5, Karl Polanyi to Donald Grant(n.d.).

82 Polanyi, *Great Transformation*, 267-268.

83 KPA-37-3, Polanyi, "Freedom in a Complex Society"; Polanyi, *Great Transformation*, 268.

84 Polanyi, *Great Transformation*, 176.

85 Noel Thompson, *The People's Science: The Popu lar Political Economy of Exploitation and Crisis, 1816–34*(Cambridge: Cambridge University Press, 2002), 79.

86 KPA-37-3, Polanyi, "Freedom in a Complex Society."

87 KPA-36-9, Polanyi, "Freedom and Technology."

88 KPA-37-3, Polanyi, "Freedom in a Complex Society."

89 KPA-36-9, Polanyi, "Freedom and Technology."

90 KPA-52-2, Karl Polanyi to John, May 1, 1962.

91 KPA-37-4, Polanyi, "Economics and Freedom to Shape Our Social Destiny"; KPA-30-1, Karl Polanyi, unpublished interview, 1963.

92 KPA-33-8, Karl Polanyi, "Economic Aspects of Institutional Growth," resume of session no. 3, 1958.

93 KPA-45-2, Rotstein, "Weekend Notes," 1956.

94 PFP-212-326 Karl to Misi, February 23, 1956; KPA-30-1, Karl Polanyi, unpublished notes, 1963; KPA-51-3, Karl Polanyi, "Proposal for a Survey of Socialist Thought and Policies in Our Time"(ca. 1960); KPA-45-18, Rotstein, "Weekend Notes," 1956, 23.

95 PFP-212-326, Karl Polanyi to Misi, February 23, 1956.

96 KPA-37-12, Karl Polanyi, "For a New West," 1958. Cf. KPA-45-19, Rotstein, "Weekend Notes," 1958, 4.

97 KPA-42-2, Karl Polanyi, "Dahomey," 1961.

98 KPA-37-12, Polanyi, "For a New West."

99 KPA-37-12, Polanyi, "For a New West."

100 KPA-51-5, Karl Polanyi to Gunnar Myrdal, January 31, 1961. Cf. KPA-45-20, Rotstein, "Weekend Notes," 1958, 22.

101 KPA-37-12, Polanyi, "For a New West."

102 KPA-45-20, Rotstein, "Weekend Notes," 1958, 21.

103 PFP-212-326, Karl Polanyi to Misi, January 5, 1958; KPA-37-12, Polanyi, "For a New West."

104 MPP-17-12, Karl to Misi, March 5, 1958.

105 KPA-57-5, Michael to Karl, June 15, 1945; KPA-59-8, Karl to Ilona, August 28, 1947.

106 KPA-57-5, Michael to Karl, March 20, 1944.

107 MPP-4-13, Michael Polanyi to Laura, September 22, 1945(마티 몰레스키가 저자에게 제공한 편지 사본).

108 KPA-57-4, Michael Polanyi to Ilona, November 12, 1943.

109 마이클은 칼의 인정을 받아서 "특히 기뻤다"고 적었다. "왜냐하면 내 관점을 미처 설명하기도 전에 그가 내 의견에 강하게 반대하곤 했기 때문이다." William Scott and Martin Moleski, *Michael Polanyi: Scientist and Philosopher*(New York: Oxford University Press, 2005), 196; and MPP-4-13, Michael Polanyi to Toni Stolper, December 20, 194(몰레스키가 저자에게 제공한 편지 사본); KPA-9-3, Karl Polanyi, Notes on Lippmann The Good Society, 1937-1946.

110 Philip Mirowski, *The Effortless Economy of Science?*(Durham, N.C.: Duke University Press, 2004), 77.

111 Michael Polanyi, quoted in Phil Mullins and Struan Jacobs, "Michael Polanyi and Karl Mannheim," *Tradition and Discovery* 32, no. 1(2005): 20-43.

112 Michael Polanyi, *The Contempt of Freedom: The Russian Experiment and After*(London: Watts & Co., 1940), 57; Mark Mitchell, Michael Polanyi: The Art of Knowing(Wilmington: ISI Books, 2006), 138.

113 Michael Polanyi, *Full Employment and Free Trade*(London: Cambridge University Press, 1945), 150.

114 Polanyi, quoted in György Litván, "Karl Polanyi in Hungarian Politics," in *The Life and Work of Karl Polanyi*, ed. Kari Polanyi-Levitt(Montreal: Black Rose Books, 1990), 259–260; Duczynska, "Notes on His Life," xix.

115 KPA-17-10, Karl Polanyi to Misi, October 26, 1942; KPA-45-18, Rotstein, "Weekend Notes," 1958, 38-9.

116 MPP-17-11, Karl to Michael, March 10, 1944; KPP-48-5, Karl Polanyi to Jaszi, November 7, 1952.

117 Mike Marqusee, "Patriot Acts," *The Nation*, 2004, www.mikemarqusee.com/?p=114.

118 게다가 소련에 방문한 적이 있고 형제들이 급진주의자라는 점 역시 불리하게 작용했을지 모른다. 다음을 보라. Stefania Jha, *Reconsidering Michael Polanyi's Philosophy* (Pittsburgh: University of Pittsburgh Press, 2002), 27; Peter Coleman, *The Liberal Conspiracy: The Congress for Cultural Freedom and the Struggle for the Mind of Postwar Europe*(New York: Free Press, 1989), 106.

119 KPA-48-3, Michael Polanyi to U.S. immigration authorities, 1951.

120 Scott and Moleski, *Polanyi*, 223.

121 David Caute, *The Great Fear: The Anti-Communist Purge under Truman and Eisenhower*(New York: Simon & Schuster, 1978). 마이클은 결국 1953년 6월에 방문 비자를 받았다.

122 Endre Nagy, "After Brotherhood's Golden Age: Karl and Michael Polanyi," *Polanyiana* 5, no. 1(1996), www.kfki.hu/chemonet/polanyi//9601/after1.html.

123 폴라니는 아돌프가 그랬듯 러우러가 "항상 그와 함께, 그의 생각 속에" 있다고 덧붙였다. "아돌프는 어쩌면 편지를 쓰지 않기 때문에 혹은 편지를 쓰지 않음에도 불구하고 나는 한 번도 그를 잊은 적이 없다." KPA-56-8, Karl to Laura, February 4(no year).

124 MPP-17-12, Karl to Michael, January 21, 1957; MPP-17-12, Karl to Misi, March 4, 1961.

125 편지는 "나를 어둠 속에 내버려두지 마", "내게 잘해줘"라는 말로 끝난다. MPP-17-12, Karl to Michael, January 21, 1957. Cf. MPP-17-12, Karl Polanyi to Michael, January 24, 1957(몰레스키가 저자에게 제공한 편지 사본).

126 KPA-53-2, Karl Polanyi to Otto, November 13, 1963; Frances Stonor Saunders, *Who Paid the Piper? The CIA and the Cultural Cold War*(London: Granta, 1999).

127 Saunders, *Who Paid the Piper?*, 99.

128 Peter Linebaugh, Stop, *Thief! The Commons, Enclosures, and Resistance* (Seattle: PM Press, 2014), 116.

129 Coleman, *Liberal Conspiracy*, 33.

130 Peter Coleman, "Arthur Koestler and the Congress for Cultural Freedom," *Polanyiana*, no. 1-2(2005): 184-202.

131 Saunders, *Who Paid the Piper?*

132 폴라니는 밸리얼에서 맥머리에게 배운 적이 있고 콜과 가까웠던 게이츠컬과 친해졌다. 게이츠컬을 흠모했던 콜이 그를 폴라니에게 소개했다. Cole, who adored Gaitskell, introduced him to Polanyi. John Costello, *John Macmurray: A Biography* (Edinburgh: Floris Books, 2002), 120; Ilona Duczynska, "Appendix," in *Der demokratische Bolschewik: Zur Theorie und Praxis der Gewalt*(Munich: List Verlag, 1975), appendix; Margaret Cole, *The Life of G.D.H. Cole*(London: Macmillan, 1971), 169.

133 1950년대 문화자유의회의 모든 간행물 중에서 《과학과 자유》는 "시민적 자유 저널"에 가장 가까이 다가갔다. Saunders, *Who Paid the Piper?*, 214; Coleman, *Liberal Conspiracy*, 98.

134 Lee Congdon, "Koestler's Hungarian Identity"(n.d.), www.c3.hu/~prophil/profi053/lee.html.

135 Coleman, "Arthur Koestler". 알렉스 베이슈베르그도 폴라니에게 문화자유의회에 참여할 것을 권했다. 다음을 참고하라. Mary Jo Nye, *Michael Polanyi and His Generation: Origins of the Social Construction of Science*(Chicago: University of Chicago Press, 2011), 211.

136 Congdon, "Koestler's Identity."

137 George Schöpfl in, "Paul Ignotus," *Austrian History Yearbook* 14(1978); Paul Ignotus, "Exile in London," *Encounter*, August. 1959, 53.

138 Paul Ignotus, *Political Prisoner*(New York: Collier Books, 1964), 55.

139 Congdon, "Koestler's Identity."

140 KPA-50-1, Letter from Zoltán Szabó to Polanyi, August 2, 1957.

141 KPA-55-2, Ilona Duczynska to George Dalton(n.d.).

142 Ignotus, "Hungary of Michael Polanyi," 11.

143 Kari Polanyi-Levitt, telephone interview, April 2009.

144 폴라니는 《파리 리뷰》가 CIA에게 돈을 받는다고 확신했고 지금 돌이켜보면 그렇게 볼 만한 충분한 이유가 있다. PFP-212-326, Karl to Misi, October 21, 1959; KPA-

55 – 1, Karl Polanyi to Erich Fromm, September 21, 1960; Patrick Iber, "Literary Magazines for Socialists Funded by the CIA," *The Awl*, August 24, 2015, http://www.theawl.com/2015/08/literary-magazines-for-socialists-funded-by-the-cia-ranked.

145 PFP-212 – 326, Karl to Misi, October 21, 1959.

146 Saunders, *Who Paid the Piper?*, 188.

147 Saunders, *Who Paid the Piper?*, 395.

148 문화자유의회의 임원 마이클 조셀슨이 CIA 요원으로 밝혀졌을 때 마이클 폴라니는 그를 축출해서는 안 된다고 주장했다. 마이클은 결국 문화자유의회에서 사임했는데, CIA 배후설이 확인되었기 때문이 아니라 문화자유의회가 "오랫동안 헌신한 회원을 젊은 시절 공산주의 조직과 관계했다는 이유로" 쫓아냈기 때문이다. Coleman, *Liberal Conspiracy*, 219; Jha, *Polanyi's Philosophy*, 38; Scott and Moleski, *Polanyi*, 267.

149 PFP-212 – 326, Karl to Misi, October 21, 1959; John Neubauer, "Irodalmi Újság in Exile: 1957 – 1989," in *The Exile and Return of Writers from East-Central Europe: A Compendium*, ed. John Neubauer and Borbála Zsuzsanna Török(New York: Walter de Gruyter, 2009), 204 – 229.

150 Neubauer, "Irodalmi Újság."

151 KPA-51 – 4, Gyula Borbándi to Karl Polanyi, October 17, 1960.

152 KPA-51 – 5, Karl Polanyi to the editors of Új Látóhatár, "Jóska" and Gyula Borbándi, April 24, 1961; PFP-212 – 326, Karl to Misi, October 21, 1959.

153 보르반디를 비롯한 다른 사람들은 더 앞서 물러났다. KPA-51 – 4, Karl Polanyi to the Hungarian Writers Union(Abroad), November 21, 1960; KPA-51 – 4, Jóska to Karl Polanyi, November 15, 1960. Cf. Gyurgyák, *Karl Polanyi*.

154 마이클 폴라니는 베를린에서 열린 문화자유의회의 행사에서 브란트를 알게 되었다. KPA-57 – 7, Michael Polanyi to Karl, September 22, 1962; Karl Polanyi, quoted by Michael Polanyi, in KPA-57 – 7, Michael Polanyi to Karl Polanyi , December 3, 1962; Scott and Moleski, *Polanyi*, 244.

155 Anonymous interviewee.

156 KPA-49 – 3, Karl Polanyi to Abe Rotstein(ca. 1955).

157 KPA-51 – 1, Karl Polanyi to Paul Medow, September 30, 1959.

158 KPA-49 – 5, Karl Polanyi to Abe Rotstein, April 10, 1956.

159 KPA-52 – 4, Karl Polanyi to "honourable Mr. Doctor," September 29, 1962.

160 KPA-50 – 1, Karl Polanyi to Carter Goodrich, February 12, 1957; KPA-37 – 1,

Karl Polanyi, "A Hungarian Lesson," 1957.

161 KPA-36-11, Karl Polanyi, "Concealed Foreign Rule and Socialist Economics" [Leplezett küluralom és szocialista külgazdaság], 1956.

162 KPA-37-1, Polanyi, "Hungarian Lesson."

163 KPA-50-1, Karl Polanyi to Carter Goodrich, February 12, 1957.

164 KPA-36-11, Polanyi(1956) "Concealed foreign rule."

165 KPA-37-1, Polanyi, "Hungarian Lesson"; KPA-36-11, Polanyi, "Concealed foreign rule," 1956.

166 Michael Polanyi, "The Message of the Hungarian Revolution," in *Knowing and Being: Essays by Michael Polanyi*(London: Routledge & Kegan Paul, 1969). 헝가리 반란자들 사이에서 나타난 자유주의자들과 공산주의자들의 사상 수렴에 대한 마이클 폴라니의 관점은 다음에서 확인할 수 있다. Michael Polanyi, *The Tacit Dimension*(Chicago: University of Chicago Press, 2009) and in Coleman, *Liberal Conspiracy*, 123.

167 KPA-52-4, Karl Polanyi to John, November 5, 1962.

168 KPA-37-1, Polanyi, "Hungarian Lesson."

169 KPA-51-5, Karl Polanyi to Meszaros, April 24, 1961; KPA-37-1, Polanyi, "Hungarian Lesson."

170 KPA-56-13, Polanyi to Irene, March 15, 1963.

171 Karl Polanyi, quoted in Duczynska, "Notes on His Life," xix. 폴라니가 이 말을 하고 나서 3년 뒤 헝가리 계획가들은 신경제 메커니즘 작업에 들어갔다. 이 메커니즘은 사회의 "모든 수준에서 경제적 태도를 강화하려고" 시도하면서 시장 요소를 도입했다. (Agitation and Propaganda Committee of the MSZMP Central Committee, 1966, quoted in Adam Fabry, "The International Political Economy of Neoliberal Transformation in Hungary: From the 'Transition' of the 1980s to the Current Crisis"(PhD thesis, School of Social Sciences, Brunel University, 2014).

172 KPA-55-1, Erich Fromm to Karl Polanyi, 1961.

173 그것은 상호 신뢰의 관계였다. 가령 프롬의 《자기를 위한 인간》에는 《거대한 전환》의 영향이 분명히 눈에 띈다. 다음도 보라. KPA-55-1, Karl Polanyi to Fromm, June 25, 1961; KPA-48-6, John Collier to Louis Adamic, May 20, 1951.

174 "트로츠키주의자들"의 "국가사회주의" 분석을 연상시키는 이 용어는 "루스벨트와 그의 뉴딜에는 불공정"했고 "'복지국가'와는 무관"했다. KPA-38-1, Karl Polanyi, "Notes on the Draft Program of the CPSU," 1 961.

175 KPA-42-2, Karl Polanyi to George, August 16, 1961.

176 KPA-38-2, Karl Polanyi, "Soviet Thought in Transition," 1961-1962.

177 KPA-38-2, Polanyi, "Soviet Thought in Transition."

178 KPA-38-1, Karl Polanyi, "Notes on the Draft Program of the CPSU," 1961; KPA-42-2, Karl Polanyi, Notes overwritten with "CPSU," 1961.

179 KPA-42-2, Polanyi, Notes overwritten with "CPSU."

180 KPA-38-1, Karl Polanyi, "Notes on the Draft Program of the CPSU," 1961.

181 KPA-42-2, Karl Polanyi to George, August 16, 1961.

182 KPA-38-1, Karl Polanyi, "Notes on the Draft Program of the CPSU," 1961.

183 KPA-56-13, Karl Polanyi to Irene, October 22, 1962.

184 마오쩌둥이 "평화로운 공존"을 싫어했다는 점을 폴라니가 어떻게 받아들였는지는 알려진 바가 없다. KPA-55-1, Karl Polanyi to Fromm, June 25, 1961.

185 KPA-52-2, Polanyi to John, May 1, 1962.

186 Polanyi, *Livelihood of Man*, li.

187 KPA-56-13, Karl Polanyi to Irene Grant, December 12, 1958.

188 KPA-56-13, Karl Polanyi to Irene, September 22, 1960.

189 폴라니는 쿠바의 방어를 강화하려면 추가 요인, 즉 "정치적 동기에 의해 또 다른 권력을 언제든 개입할 수 있는 상태"가 필요하다고 주장했다. KPA-51-4, Karl Polanyi to Mr. Stevenson, November 10, 1960.

190 폴라니는 정치적 각성이 꾸준히 높아질 것이고 중립주의 혹은 소련이 수혜자가 될 것이라고 확신했다(가령 KPA-57-8, Karl to Michael Polanyi, January 2, 1960). 하지만 콩고 대통령 파트리스 루뭄바Patrice Lumumba가 축출되었을 때 차질이 생겼음을 인정했다. 그는 "벨기에인들이 대탈출하는 대신 UN이 변절해버렸고 미국을 위한 요새는 유지되고 소련과의 화해는 유보될 것이다. 그래서 식민주의자들은 완전한 승리를 얻었고 새로운 민족들은 분열과 망연자실, 일시적인 마비 상태에 처하게 되었다"고 주장했다. MPP-17-12, Karl to Misi, October 10, 1960; KPA-51-5, Karl Polanyi to Rudolf, February 9, 1961.

191. KPA-52-4, Polanyi to "honourable Mr. Doctor," September 29, 1962.

192 KPA-56-13, Polanyi to Irene, March 15, 1963; KPA-52-4, Polanyi to John, November 5, 1962; KPA-51-5, Karl Polanyi to Meszaros, April 24, 1961.

193 KPA-56-13, Polanyi to Irene, March 15, 1963.

194 Chris Harman, "1956 and the Rebirth of Socialism from Below," *International Socialism* 112(2006): 77-162.

195 폴라니는 수에즈 운하 사태에 대한 생각을 거의 드러내지 않았다. 롯스타인이 기록해 둔 폴라니와의 대화에 따르면(KPA-45-6, Rotstein, "Weekend Notes," 1957, 26) 영국의 이집트 철수는 침공보다 더 큰 재앙을 초래할 거라고 주장했다는 점에서 급진주의보다는 제국주의적 현실론 쪽에 기울어 있었긴 하지만 말이다.

196 Edward Thompson, "Through the Smoke of Budapest," in *The Left in Britain, 1956–68*, ed. David Widgery(Harmondsworth: Penguin, 1976[1956]), 66.

197 Stuart Hall, "Life and Times of the First New Left," *New Left Review* 61(2010): 177-196.

198 David McNally, "E.P. Thompson: Class Strug gle and Historical Materialism," *International Socialism* 61(1993): 75-89.

199 Edward Thompson, "Socialist Humanism," *New Reasoner* 1, no. 1(1957): 105-143.

200 Thompson, "Socialist Humanism," 112.

201 Thompson, "Socialist Humanism," 125.

202 가령 다음을 보라. Christopher Lind, "How Karl Polanyi's Moral Economy Can Help Religious and Other Social Critics," in *Humanity, Society and Commitment: On Karl Polanyi*, ed. Kenneth McRobbie(Montreal: Black Rose, 1994), 149; Tim Rogan, "Karl Polanyi at the Margins of English Socialism, 1934-1947," *Modern Intellectual History* 10, no. 2(2013): 344.

203 PFP-212-326, Karl Polanyi to Michael, January 5, 1958.

204 E. P. Thompson, *The Making of the Eng lish Working Class*(Harmondsworth, U.K.: Penguin, 1968), 913.

205 Hall, "Life and Times."

206 Peter Sedgwick, "A Return to First Things," Balliol College Annual Record, 1980, www. marxists.org/archive/sedgwick/1980/xx/gdhcole.htm.

207 Peter Sedgwick, "The New Left," in *The Left in Britain 1956–1968*, ed. David Widgery (Harmondsworth, U.K.: Penguin, 1976[1964]).

208 이 점에서 영국의 신좌파 사상가들은 미국의 동료들, 즉 리스먼, 갤브레이스, 밀스의 연구에 크게 의지했다. Hall, "Live and Times"를 보라.

209 Sedgwick, "New Left." 137.

210 Hall, "Life and Times."185.

211 Hall, "Life and Times"; Sedgwick, "New Left."

212 어째서 폴라니가 《뉴 레프트 리뷰》에 제출한 논문이 출간되지 않았는지 묻자 페리 앤

더슨은 1962년 초 편집팀의 "혼돈"이 일정한 역할을 했으리라고 밝혔다. 앤더슨이 《뉴레프트 리뷰》 11/12를 편집한 사인방에게 업무 인계를 받았을 때 공백기가 있었던 것이다. 그가 키를 잡았을 때는 "유령선에 오른 기분"이 들었다. 파일도, 방문객도 거의 없었고 전화 한 통 걸려오지 않았다. Anderson, e-mail correspondence with the author, August and September 2013. 다음을 참고하라. KPA52-3, Kenneth Muir to Karl Polanyi, January 7, 1962.

213 가령 마르쿠제 입장에서 사회주의는 "경제에서의 자유, 존재를 위한 일상 투쟁에서의 자유"를 약속했다. Herbert Marcuse, *One-Dimensional Man*(Boston: Beacon Press, 1991[1964]). 5~7장에서 다루는 폴라니의 "경제학에서의 자유"와 비교해보라.

214 "자유와 기술"에 대한 폴라니의 원고에는 소비에트 역사에 대한 몇몇 글이 그렇듯 수렴 이론의 요소가 담겨 있다. 가령 KPA-42-17(Karl Polanyi, "Pland for Work"[n.d.])에서 "국제적인 조건"은 농업 집단화와 정신없이 빠른 산업화를 택한 소련의 결정에 "상당한 영향을 미쳤다"고 주장했다. "이것이 사실이라면 러시아 역시 서구 문명에서 제도 변화를 결정하는 동일한 정치적, 경제적 요인의 영향을 받는다고 봐야 할 것이다." 하지만 이는 잠정적인 주장이었고, 동서 세계가 억압적인 관료체제에 수렴하고 있다는 밀스-마르쿠제의 주장이나 클라크 커의 "다원주의적-산업주의적" 수렴 이론과 어우러질 수 없었다.

215 KPA-55-1, Karl Polanyi to Fromm(n.d.).

216 KPA-51-5, Ilona Duczynska to Doreen, February 18, 1961.

217 KPA-52-1, Karl Polanyi and Ilona Duczynska to Professor Infeld, May 18, 1961.

218 KPA-51-5, Karl Polanyi to Rudolf Schlesinger, January 31, 1961.

219. KPA-52-1, Polanyi and Duczynska to Infeld, May 18, 1961.

220 KPA-52-4, From Karl or Ilona to Kenneth, October 18, 1962; KPA-53-1, Karl Polanyi to Paul Medow, January 4, 1963.

221 KPA-52-3, Karl Polanyi and Rudolf Schlesinger to Professor Arzumanyan, June 1962; KPA-53-3, Karl Polanyi to Cyrus Eaton(ca. 1964).

222 "공존"이라는 표현은 과거 소비에트 외교정책을 수립하는 과정에서 튀어나왔다. 이는 브레스트-리토프스크 조약에 나선 트로츠키의 좌우명이었다. 하지만 트로츠키의 경우 상당히 다른 의미가 있었다. 즉 러시아 사회주의 혁명의 생존이 다른 지역에서 진행될 모방 혁명에 좌우되는 동안 적과 협상한다는 의미였다. Isaac Deutscher, *The Prophet Armed: Trotsky 1879–1921*(London: Verso, 2003), chapter 11.

223 KPA-30-2, Karl Polanyi, "Polanyi on Polanyi," 1958-1960.

224 KPA-50-1, Karl Polanyi to Carter Goodrich, February 12, 1957.

225 KPA-30-2, Polanyi, "Polanyi on Polanyi."

226 PFP-212-326, Karl to Misi, February 23, 1956.

227 KPA-51-3, Polanyi, "Proposal for a Survey of Socialist Thought."

228 PFP-212-326, Karl to Misi, February 23, 1956.

229 KPA-53-3, Polanyi to Eaton(ca. 1964).

230 KPA-52-4, Ilona Duczynska to Esther Simpson, August 21, 1962.

231 MPP-17-13, Karl Polanyi to Michael(n.d.).

232 Geoffrey Harcourt, and Prue Kerr, *Joan Robinson*(London: Macmillan, 2009).

233 KPA-51-5, Karl Polanyi to Istvan Meszaros, April 24, 1961; Letter from Karl Polanyi and Ilona Duczynska to Istvan Meszaros, March 30, 1961, reproduced in Gareth Dale, ed., *Karl Polanyi: The Hungarian Writings*(Manchester: Manchester University Press, 2016).

234 Michael Wolfers, *Thomas Hodgkin: Wandering Scholar—A Biography*(Brighton, U.K.: Merlin Press, 2007), chapter 3.

235 Wolfers, *Hodgkin*, 136, 157, 189.

236 R. Beerman, "Rudolf Schlesinger: An Appreciation," *Soviet Studies* 21, no. 4 (1970). 409-410.

237 Recollection of Stephen White, personal communication, September 11, 2013; Beerman, "Rudolf Schlesinger"; Zsuzsi Meszaros, personal communication. 그녀는 슐레진저의 아내가 마음이 맞는 사람이었다면서 슐레진저의 집에 방문했을 때의 일을 덧붙였다. "문이 열려 있었던 것으로 기억한다. 그녀는 탱크처럼 자리를 잡고서 '내가 왔다'고 선언했다. 식사하는 동안 우리는 그녀의 입에서 뿜어져 나오는 음식을 피하기 위해 몸을 움츠려야 했다."

238 Kari Polanyi-Levitt, interview, December 2008.

239 KPA-53-1, Karl Polanyi to Rudolf Schlesinger, 1963.

240 KPA-52-4, Duczynska to Simpson, August 21, 1962.

241 러셀과 문화자유의회의 관계는 뒤숭숭했다. 그는 명예의장직을 세 번 사임했고 1956년 최종적으로 물러났다. KPA-52-4, Polanyi or Duczynska to Kenneth, October 18, 1962; KPA-52-4, Duczynska to Simpson, August 21, 1962; Coleman, *Liberal Conspiracy*, 165.

242 KPP-1-4, Polanyi to Fromm, January 14, 1961.

243 E.H. 카의 입장은 빠르게 "우호적인 기대"로 전환되었다. KPA-51-5, Duczynska to

Doreen, February 18, 1961; KPA-51-5, Carr to Polanyi, January 17, 1961.

244 KPA-51-4, Karl Polanyi to Rudolf Schlesinger, February 18, 1961.

245 KPA-58-1, Karl Polanyi to Hans Zeisel, February 17, 1961.

246 프라이는 폴라니나 일로나의 친한 친구는 아니었지만《쟁기와 펜》을 알았고 존경했다. KPA-53-2, Northrop Frye to Polanyi, July 25, 1963; KPA-53-2, Karl Polanyi to C. P. Snow, November 1963.

247 "슐레진저가 그 주장에 동의하지 못했고 출간을 거부했다. 폴라니는 충격을 받았다. 그는 편집자의 판단은 내용에 대한 동의 여부에 따라서는 안 되고, 내용에 동의하지 못할 경우 지면에서 의견을 밝힐 수 있다고 말했다." Immanuel Wallerstein, interview.

248 KPA-52-4, Polanyi or Duczynska to Kenneth, October 18, 1962; Costello, *Macmurray*, 347.

249 KPA-53-3, Karl Polanyi to Parsons, February 16, 1964; KPA-53-3, Talcott Parsons to Polanyi, March 13 and April 6, 1964; Karl Polanyi to Robert Merton, September 16, 1963. 댄 톰킨스는 컬럼비아 대학교 버틀러 도서관에 있던 이 편지의 사본을 친절하게도 저자에게 전해주었다.

250 KPA-52-4, Karl Polanyi to Nathan Glazer, October 5, 1962; KPA-53-1, Ilona Duczynska to Schlesinger, April 15, 1963; KPA-52-4, David Riesman, Correspondence(n.d.).

251 KPA-53-1, David Riesman to Polanyi, April 3, 1963.

252 KPA-53-1, Polanyi to Medow, January 4, 1963.

253 KPA-53-2, Karl Polanyi to Terry Hopkins, December 15, 1963; KPA-53-1, Polanyi to Medow, January 4, 1963.

254 KPA-52-4, Edward Shils to Esther Simpson, September 28, 1962.

255 KPA-53-2, Polanyi to Hopkins, December 15, 1963.

256 KPA-59-8, Karl Polanyi to Misi, April 28, 1947; Karl Polanyi to Robert Merton, September 16, 1963(댄 톰킨스 제공); KPA-52-4, Duczynska to Simpson, August 21, 1962; KPA-51-5, Duczynska to Doreen, February 18, 1961.

257 폴라니는 소련으로부터 "수준 높은 기고문"을 꼭 확보하고 싶어 했다. 폴 메도의 도움을 받아서 모스크바에 있는 세계경제학국제관계연구소의 소장인 아르주마냔 Arzumanyan 교수 등 많은 인사와 접촉했지만 성공하지 못했다. 하지만 4호와 5호에는 폴란드 학자인 오스카르 랑게, 블로지미에시 브루스, 지그문트 바우만의 기고문이 실리면서 소비에트 진영의 대표성이 확대되었다. KPA-52-2, Karl Polanyi to Paul Medow, September 17, 1961; KPA-52-3, Karl Polanyi to Arzumanyan, June

1962.

258 KPA-53-1, Rudolf Schlesinger to Robert Maxwell, January 5, 1963. 다음을 참고하라. McRobbie, "Memories of Childhood."

259 KPA-59-3, Ilona Duczynska to Kari, September 10, 1965. 맥스웰은 나중에 페르가몬 출판사를 수상쩍은 목적에 이용했다. 이는 그가 저지른 숱한 사기 중 하나였다.

260 KPA-59-3, Ilona Duczynska to Kari, September 10, 1965.

261 Kari Polanyi-Levitt, telephone interview, April 2009.

262 이 목록에는 군나르 뮈르달(KPA-51-5, Polanyi to Myrdal, January 31, 1961; KPA-52-4, Karl Polanyi to Rudolf Schlesinger, August 18, 1962); A.J. 테일러와 아이작 도이처(KPA-53-1, Karl Polanyi and Ilona Duczynska to Esther Simpson, March 26, 1963); C. B. 맥퍼슨(Karl to Robert Merton, September 16, 1963, 댄 톰킨스 제공); 배질 데이비드슨Basil Davidson(KPA-51-5, Duczynska to Doreen, February 18, 1961), 조지프 니덤Joseph Needham(KPA-53-1, Polanyi and Duczynska to Simpson, March 26, 1963)이 있었다.

263 KPA-38-7, Karl Polanyi, "Reflection on the article titled 'Text of Pope John's Encyclical "Pacem in Terris," Calling for a World Community,'" 1963.

264 《공존》 첫 호는 451부가 팔렸는데 영국에서는 22부가 팔렸고 주로 북미에서 팔렸다. 저널의 이름은 1984년에 'Coexistence'로, 1996년에는 '국제정치International Politics'로 바뀌었다. KPA-54-1, Rudolf Schlesinger to Robert Maxwell, January 3, 1965

265 PFP-212-326, Karl to Misi, October 21, 1959.

266 KPA-58-1, Karl to Kari January 30, 1959.

267 KPA-56-13, Karl to Irene, December 12, 1958; KPA-29-12, Duczynska, "Karl Polanyi."

268 KPA-56-8, Karl to Laura, November 27, 1959; KPA-51-5, Karl to Harry, January 5, 1961.

269 폴라니는 그의 아내 아일린 파워나 토니를 통해 포스턴을 알게 되었을 가능성이 크다. KPA-51-1, Ilona and Karl Polanyi to Esther Simpson, November 24, 1959. 다음을 참고하라. MPP-17-12, Karl Polanyi to Misi, May 15, 1957; KPA-51-1, Karl Polanyi to Harry, October 29, 1959.

270 KPA-51-2, Ilona Duczynska to Valiani, April 11, 1960.

271 MPP-17-12, Karl Polanyi to Misi, December 16, 1959.

272 PFP-212-326, Karl to Misi, October 21, 1959; KPA-52-1, Polanyi and Duczynska to Infeld, May 18, 1961.

273 KPA-51 - 1, Karl Polanyi to Norman Thomas, November 30, 1959.

274 MPP-17 - 12, Karl to Misi, December 16, 1959.

275 KPA-51 - 3, Leo Valiani to Ilona Duczynska, 1960.

276 KPA-51 - 4, Karl Polanyi to Toni Stolper, December 6, 1960.

277 이들은 "그를 난처하게 하지 않으려고" 편지로 연락을 주고받지 않았다. KPA-53 - 1, Ilona Duczynska to Professor Vogt, 1963.

278 KPP-1 - 4, Polanyi to Fromm, January 14, 1961.

279 Anne Chapman, telephone interview.

280 이번에는 비자 문제로 강연을 취소해야 하는 사태가 벌어지지 않았다. KPA-53 - 2, Karl Polanyi to Paul Bohannan, September 20, 1963.

281 KPA-59 - 3, Ilona to Kari, October 10, 1963.

282 KPA-53 - 2, Karl Polanyi to Harry Pearson, September 25, 1963.

283 KPA-59 - 3, Ilona to Kari, October 10, 1963.

284 Mihály Simai, interview.

285 KPA-59 - 3, Ilona to Kari, October 10, 1963.

286 Mihály Simai, interview, 2010, and e-mail to the author, August 2013.

에필로그

1 Jamie Peck, *Constructions of Neoliberal Reason*(Oxford: Oxford University Press, 2010), 27.

2 Neil Davidson, "Introduction: What Was Neoliberalism?," in *Neoliberal Scotland: Class and Society in a Stateless Nation*, ed. Neil Davidson, Patricia McCafferty, and David Miller(Newcastle: Cambridge Scholars Press, 2010).

3 Philip Mirowski and Dieter Plehwe, eds., *The Road from Mont Pèlerin: The Making of the Neoliberal Thought Collective*(Cambridge, Mass.: Harvard University Press, 2009); Philip Mirowski, *Never Let a Serious Crisis Go to Waste: How Neoliberalism Survived the Financial Meltdown*(London: Verso, 2013).

4 Jamie Peck, Nik Theodore, and Neil Brenner, "Postneoliberalism and Its Malcontents," *Antipode* 41, no. 1(2010): 94 - 116; Gareth Dale and Nadine El-Enany(2014) "The Limits of Social Europe: EU Law and the Ordo-Liberal Agenda," *German Law Journal* 14, no. 5(2014): 613 - 650.

5 KPA-21-22, Karl Polanyi, "Community and Society," 1937; Steven Greenhouse, "In Mott's Strike, More Than Pay at Stake," *New York Times*, August 17, 2010, www.nytimes.com/2010/08/18/business/18motts.html.

6 KPA-18-8, Karl Polanyi, "The Fascist Virus"(n.d.); Gerri Peev, "'Starve the Workshy into Taking a Job': Labour Peer Says Cut Dole for Young," *Daily Mail*, April 26, 2010, www.dailymail.co.uk/news/article-1268744/Labour-peer-Digby-Jones-says-cut-benefits-young-people.html#ixzz0mHUPM7pf.

7 John Saville, "Hugh Gaitskell(1906-1963): An Assessment," *Socialist Register* (1980): 148-169.

8 George Lukacs, *The Historical Novel*(Lincoln: University of Nebraska Press, 1983).

9 Karl Mannheim, *Ideology and Utopia*(London: Routledge, 1991).

10 Karl Polanyi, paraphrased by Michael Burawoy, "For a Sociological Marxism: The Complementary Convergence of Antonio Gramsci and Karl Polanyi," *Politics & Society* 31, no. 2(2003): 258.

11 Gareth Dale, "Capitalism and Migrant Labour," in *The European Union and Migrant Labour*, ed. Gareth Dale and Mike Cole(Oxford: Berg, 1999) 281-314; Mike Kidron, *The Presence of the Future*, unpublished book manuscript(n.d.).

12 Burawoy, "Sociological Marxism," 258.

13 Timothy David Clark, "Reclaiming Karl Polanyi, Socialist Intellectual," *Studies in Political Economy* 94(2014): 76.

14 Chris Hann and Keith Hart, "Introduction: Learning from Polanyi," in *Market and Society: The Great Transformation Today*, ed. Chris Hann and Keith Hart(Cambridge: Cambridge University Press, 2011), 8; Keith Hart, "Money in the Making of World Society," in *Market and Society: The Great Transformation Today*, 103; Phillipe Steiner, "The Critique of the Economic Point of View: Karl Polanyi and the Durkheimians," in *Market and Society: The Great Transformation Today*, 59-60.

15 Cf. Alasdair Macintyre, *Against the Self-Images of the Age: Essays on Ideology and Philosophy*(London: Duckworth, 1971), 40; Claus Offe, *Contradictions of the Welfare State*(London: Hutchinson, 1984), 263.

16 소피에의 딸 마리아 세치는 미국으로 이주했다가 전쟁 이후 오스트리아로 돌아갔다. 그녀는 헝가리 봉기 직후까지 공산주의를 지지하다가 이후 사회민주주의로 기울었다.

Erzsébet Vezér, "The Polanyi Family," in *The Life and Work of Karl Polanyi*, ed. Kari Polanyi-Levitt(Montreal: Black Rose, 2000), 25.

17 Cited in Max Koch, *Capitalism and Climate Change: Theoretical Discussion, Historical Development and Policy Responses*(Houndmills, U.K.: Palgrave, 2011), 69–70.

18 가령 다음을 보라. Brian Roper, *The History of Democracy: A Marxist Interpretation*(London: Pluto, 2012).

19 나는 이 주장을 다음 글에서 펼치고 있다. Gareth Dale, "Social Democracy, Embeddedness, and Decommodification," *New Political Economy* 15, no. 3 (2010): 369–393; and Gareth Dale, "Polanyian Perspectives on the Neoliberal Age," *Current Sociology* 60, no. 1(2012): 3–27.

20 가령 다음을 보라. Richard Tawney, *The Choice before the Labour Party*(London: Socialist League, 1933).

21 Jean-Michel Servet, e-mail to the author, May 2011; Maurice Glasman, "Debt and Democracy: National Economic Institutions in a Global Order," paper presented to the New Political Economy Network, London, May 2012.

22 Karl Polanyi, "Hamlet," *Yale Review* 43, no. 3(1954): 336–350.

23 Burawoy, "For a Sociological Marxism," 258; and as discussed in Gareth Dale, *Karl Polanyi: The Limits of the Market*(London: Polity, 2010).

24 Walter Benjamin, "Left-Wing Melancholy," *Screen* 15, no. 2(1974): 28–32.

25 이에 대한 설명은 다음을 보라. Gareth Dale, "Karl Polanyi in Vienna: Guild Socialism, Austro-Marxism, and Duczynska's Alternative," *Historical Materialism* 22, no. 1(2014): 34–66; and Gareth Dale, "The Iron Law of Democratic Socialism: British and Austrian Influences on the Young Karl Polanyi," *Economy & Society* 43, no. 4(2014): 650–667.

감사의 말

1 KPA-54-3, Julius Holló to Polanyi(날짜 미상).

'통합적' 경제학과 '총체'로서의 인간

홍기빈_칼폴라니사회경제연구소 소장

역사상 인물들이 갖는 의미를 제대로 음미하기 위해서는 어떤 시간 지평에 놓고 볼 것이냐는 문제가 중요하다. 신채호 선생은 묘청의 의미를 고려에서 조선에 이르는 1천 년의 지평에서 보았으며, 야스퍼스는 예수나 부처와 같은 이들을 '차축 시대'를 전후한 5천 년 정도의 시간 지평에 놓고 보았다. 칼 폴라니라는 인물과 그의 사상을 이해하는 데도 마찬가지로 그 시간 지평의 선택에 신중해야 한다. 밀턴 프리드먼과 애덤 스미스를 이해하는 데 있어 시간 지평이 달라야 하는 것과 마찬가지다. 나는 예얀 게프저Jean Gebser가 말하는, '정신적mental' 형태에서 '통합적integral' 형태로 인류의 의식이 변화하는 거대한 흐름의 시간 지평 속에 폴라니를 놓아야만 그가 경제사상사와 인류 지성사에서 차지하는 위치를 제대로 이해할 수 있다고 생각한다.

폴라니보다 약간 아래 세대로 스위스에서 활동한 독일 출신 사상가 게프저는 인류가 '정신적' 형태의 의식을 얻게 된 것은 17세기의 과학혁명과 18세기의 계몽주의 시대를 통과하면서 일어난 일이었다고 말한다. 이를 통해 인류는 그 이전의 마술적, 신화적 의식의 형태를 벗어던지고 이 세계를 3차원의 공간과 일직선의 시간 속에서 전개되는 것으로 파악할 수 있게 되었다는 것이다. 하지만 이러한 '정신적' 의식이 '합리적' 형태에 매몰될 때 문제가 벌어진다는 것이 게프저의 통찰이다. 단선적인 논리로 구성된 시스템을 설정해놓고 그것으로 모든 것을 설명하려는 '합리적' 형태의 의식은 그 시스템에 (당연하게도) 포괄되지 않는 다른 세상 그리고 다른 시스템에 대해 알려고 하지 않으며 심할 경우에는 아예 그 존재마저 부정한다. 이러한 지경에 이르면 인류의 의식은 병적 징후를 보이며, 현실에서도 이루 말로 다할 수 없는 여러 가지 부조리가 "합리성의 이름으로" 터져 나오고 또 정당화된다. 이때 인류의 의식은 '통합적' 형태로 변화할 수밖에 없는 상황에 몰리게 된다. 이 '통합적' 형태의 의식은 '정신적' 형태의 특징이라 할 합리성의 성격을 절대로 부정하지 않으며 그것을 오롯이 받아 안는 가운데 그것 이외의 다른 여러 존재들과 시스템을 인지하고 그것들 모두를 끊임없이 통합하려고 노력한다. 이렇게 일견 모순적으로 보이는 두 가지 방향의 태도가 어떻게 결합될 수 있을까? 게프저는 그것이 '우리'라는 자각을 통해서 가능하다고 본다. 고립된 개인으로서의 '나'는 더 이상 의식의 주체가 아니다. 오로지 '우리'를 의식의 주체로 놓을 때에만 이러한 '통합적' 형태로 인류의 의식이 바뀌는 일이 가능해진다는 것이다.

이러한 게프저의 철학은 경제사상사의 전개 과정에 대해 그리고 그 귀결로서 우리가 지금 처해 있는 황당할 정도의 곤경에 대해 놀라운 설명력을 갖는다. 18세기 이전까지 인류가 부에 대해 또 경제에 대해 가졌던 의식은 마술적, 신화적 방식에 지배되었으며 이는 금은 등의 귀금속에 대한 맹신에서 잘 드러났다. 그러다가 18세기 중반 중농주의자들과 애덤 스미스에 의해 처음으로 경제와 부라는 문제에 자연 법칙이 내재해 있을 것이라는 생각이 도입되었고, 이는 19세기 고전파 및 신고전파 경제학을 거치면서 더욱 강화되었다. '희소성'이라는 것은 자연에 내재한 본원적 원리이며, 무한한 욕망과 계산 능력을 함께 가진 경제적 인간의 선택과 행동은 그래서 뉴턴 물리학에서 입자들이 갖는 것과 똑같은 합리성으로 설명되는 것으로 간주되었다. 그리고 인간 사회의 경제라는 것은 이러한 원자들이 밀치고 당기며 빚어내는 '일반균형' 그리고 자본축적에 의한 생산성 향상으로 추동되는 '성장 엔진'으로 여겨졌다. 윤리학의 일부였던 가정경제oikonomia와 나라 살림political economy이라는 말은 이제 물리학과 마찬가지로 이러한 경제적 합리성의 법칙을 연구하는 순수 학문인 경제학economics으로 대체되었다.

그리고 20세기 특히 그 마지막 몇십 년의 시기에 이르면, 이 경제적 합리성의 시스템은 인간 사회 전체를 지배하는 유일의 합리적 시스템의 자리를 굳히게 된다. 애덤 스미스는 말할 것도 없고, 고전파 경제학과 신고전파 경제학을 각각 대표하는 이들이라고 할 존 스튜어트 밀도 카를 멩거도 감히 자신들이 전개한 경제적 합리성의 시스템이 세상에 존재하는 유일한 시스템이라고 우길 생각은 하지 않았다. 밀은 자신이 말하는 정치경제학의 논리라는 것이 정치, 사회, 문화, 종교 등 인간 생활의 다른 측면을 모두 일부러 사상해버린 사유 실험에 불과하므로 이것만으로 세상이 구성되는 게 아니라는 점을 누누이 강조했다. 멩거 또한 자신의 이론은 '순수 경제학'일 뿐 실제의 경제적 현실을 이해하고 정책을 수립하려면 역사적, 경험적 현실에 대한 이해가 당연히 필수적이라고 보았다. 하지만 1970년대 이후의 경제학자들은 그렇지 않았다. 이들은 경제학 교과서에 나오는 경제 논리만이 이 세상을 지배하는 유일한 '합리성'이며, 인간 세상의 모든 정책과 제도 나아가 개인들의 생활윤리까지 그것의 지배 아래 재구성되어야 한다고 주장했다. 인간은 이제 모든 정보를 가지고 최고의 경제적 합리성을 이용하여 경제의 미래를 모두 예측하여 현명하게 행동하는 합리적 존재이며, 그 극점에 있는 금융 시장은 '결코 자산가격의 거품을 만들어내는 법이 없는' 최고의 합리적 제도라고 이들은 강변했다. 그리하여 기업을 위시한 좁은 의미의 경제 영역뿐만 아니라 학교, 병원, 행정 기관, 급기야 종교 기관까지도 이러한 경제적 합리성의 시스템에 맞추어 재구성되어야 한다고 주장했고 또 이를 현실에 관철시켰다. 이른바 신자유주의의 시대가 되었다.

그 알량한 경제적 합리성 바깥에 있는 인간의 삶은? 그 무수히 다양한 측면들과 그 측면들 하나하나가 빚어내는 전혀 다른 논리의 시스템들 그리고 그 시스템들끼리 다시 만나고 부딪치면서 만들어내는 이 사회라는 놀라운 기적의 존재는? 그리고 그 안과 바깥에서 그것을 지탱할 뿐만 아니라 그것에 의해 새롭게 바뀌고 또 그것을 새롭게 바꾸는 지구 생태라는 거대한 시스템의 존재는? 그리고 이 두 시스템의 만남과 어우러짐 속에서 의미를 발견하면서 자기의 또 집단의 삶을 꾸리고 채워나가려 땀 흘리는 수많은 개개인들의 존재는? 신자유주의 시대에는 이 모든 것이 깡그리 무시되거나 아예 없는 것으로 간주되며, 때로는 심지어 부조리로 여겨져 척결 대상이 되기도 한다. 수익성과 경제성장이라는 지고의 목표에 기여하지 않는 일체의 것들은 아예 존재 자체가 부정당하게 된 것이다. 21세기의 우리는 그 결과가 어떤 것인지 뼈저리게 느끼며 살고 있다. 신자유주의가 전 세계를 지배한 지 채 반세기도 되지 않아 인간 세상은 지구 어디라 할 것 없이 심각한 불평등과 사회의 파괴에 시달리고 있으며, 지구의 생태계는 언제라도 무너질 수 있는 위기에 빠져 인간뿐만 아니라 모든 생물을 아우르는 생명권 자체가 붕괴할 수 있는 상태에 처하게 되었다.

게프저가 옳다. 이러한 병적인 '합리성'의 의식 형태에서 벗어나기 위해서는 그 알량한 경제적 합리성의 시스템 바깥의 존재를 온곧게 인정하고 그 독자적 논리와 여러 다른 시스템의 작동을 통합적으로 바라보는 '통합성'의 의식 형태로 나아가야 한다. 그리고 그러한 의식 형태에 근거하여 자본축적과 경제성장이라는 목적telos에 맞추어 구성된 내러티브인 현재 경제학을 넘어서서 인간과 모든 생명과 자연이 함께 스스로의 모습을 발현할 수 있는 '좋은 삶'을 달성하는 것을 목적으로 삼는 새로운 경제학을 수립해야만 한다. 하지만 이는 결코 쉽지 않으며, 특히 경제사상사에 있어서는 거의 극복 불가능한 과제이다. 그 이유는 무엇일까? 다시 한 번 게프저가 옳다. '나'와 '너'가 아닌 '우리'라는 의식의 관점을 회복하는 것이 어렵기 때문이다. 특히 경제학은 이를 정면으로 거부한다. 오로지 의미 있는 합리성의 주체는 원자화되어 계산기를 한없이 눌러대는 개인일 뿐, '전체'니 '사회'니 하는 것들은 모두 허구요 거짓이라고 선언한다. '우리'의 관점에 서지 않는다면 경제적 합리성에 포괄되지 않는 다른 존재와 다른 시스템을 인지하고 이해하는 것은 불가능하며, 그것들을 통합적으로 바라보는 것은 더더욱 불가능하다.

이제 칼 폴라니와 그의 사상이 경제사상사 나아가 인류의 의식 발전의 역사에서 갖는 중요성을 이야기할 수 있다. 물론 그가 처음은 아니다. 이러한 '합리적' 의식 형태의 위험성 특히 그것이 경제학에서 나타난 위험을 감지하고 경종을 울렸을 뿐만 아니라 '통합적' 의식의 형태로 경제학을 재구성하려고 노력했던 이들은 여럿 있었다. 진화론과 프래그머티즘에 큰 영향을 받은 미국의 소스타인 베블런, 존 러스킨의 인간관에 영향을 받아 현실의 종합적 정치경제학을 시도했던 영국의 존 A. 홉슨, 문화와 정신의 영역까지 포함하여 인류 역사를 종합적으로 재구성하려고 했던 독일의 베르너 좀바르트와 막스 베버, 가치와 과학을 철저하게 분리하면서 수리 모델의 미몽에서 빠져나와 포괄적 사회과학으로 경제학을 재구성했던 스웨덴의 군나르 뮈르달. 그 밖에도 크고 작은 이름들을 여럿 나열할 수 있다. 이들은 오늘날 모두 '이단적' 경제사상가라는 범주로 분류되고 있으니 폴라니 또한 그중 한 사람으로 들어가는 것이 분명하다. 하지만 내가 알고 있는 한 이 경제사상가들 중에서도 '합리적' 의식에서 '통합적' 의식으로 이행하기 위해 필요한 세 가지 요소를 폴라니만큼 풍부하게 담고 있는 이는 없다. 또 당연히 충돌할 수밖에 없는 세 요소의 모순을 폴라니만큼 적나라하게 보여주는 이도 없으며, 그 모순의 결과물로서 폴라니만큼 분명한 성과물을 내온 이도 없다.

'통합적' 의식으로의 이행을 위한 세 가지 요소란 합리성에 대한 인식, 합리성을 넘어선 것들에 대한 인식, '우리'에 대한 인식이다. 폴라니는 현대의 인류를 빠져들게 한 경제적 합리성이라는 함정의 논리를 철저하게 이해하는 동시에 그것이 나타난 역사적, 사회적 배경과 그 인간적 함의까지 날카롭게 의식한다. 또한 그는 그것 너머에 있는 인간 세상의 온갖 복잡한 사연들과 논리들을 국제정치학에서 인류학을 거쳐 정치철학과 정신철학에 이르기까지 다양한 영역에 걸쳐 섭렵했을 뿐만 아니라 스스로 선수가 되어 뛰기도 했다. 그리고 그는 무엇보다도 일생에 걸친 '사회주의자'*로서 한 개인의 관점을 넘어 땀 흘려 일하는 근로 대중의 입장에서, 나아가 평화와 공존을 바라는 전 세계 모든 인류의 입장에서 사유와 판단을 내리는 태도를 견지했다. 이 세 가지 점 모두에서 단연코 두각을 나타냈다는 점에서 폴라니를 넘어서는 경제사상가는 찾아볼 수 없다.

어떻게 이런 일이 가능했을까? 어떻게 이런 인물이 나올 수 있었을까? 고도의 지성을 갖추었을 뿐만 아니라 '인간의 그 어떤 것도 나와 무관하지 않다'는 격언을 그야말로 삶에 체화했으며 그 속에서 철저하게 자기가 아닌 '우리' 즉 근로 대중의 입장에 서는 사람이 어떻게 생겨날 수 있었을까? 여기에 번역해 내놓는 폴라니 전기는 이 질문에 충실한 답을 줄 것이라고 믿는다. 개러스 데일은 독일사를 연구한 역사가로서 오랜 기간에 걸친 아카이브 연구와 폴라니의 가족, 동료, 제자들을 망라하는 인터뷰로 믿을 수 있고 또 대단히 풍부한 내용을 마련했을 뿐만 아니라 어느 누구도 따라잡기 힘든 폴라니의 넓디넓은 지적 관심의 범위를 숨 가쁘게 추적하여 그의 사상에 대해 대단히 깊은 이해를 보여주고 있다.** 역사가다운 균형 있는 정밀함과 열성적 연구자로서의 탁월한 이론적 능력을 결합해 직조해낸 이 전기는 폴라니라는 인물의 실로 파란만장하고 복잡하기 짝이 없는 지적, 도덕적 인격의 형성사를 생생하고도 박진감 넘치게 보여주고 있다.

* 이 말에 따옴표를 친 이유는 그가 이 사회주의라는 말로 흔히들 이해되는 어떤 의미와도 정확하게 맞아떨어지는 사람이 아니었기 때문이다. 마르크스주의자가 아니었음은 물론, 사회민주주의, 아나키즘, 시장 사회주의, 기독교 사회주의, 길드 사회주의, 뉴딜 등 여러 다양한 조류에 모두 친화적이기도 했고 또 길드 사회주의를 제외하면 모두 거부하기도 했던 게 그의 사상이었다. 하지만 그는 스스로를 굳건한 '사회주의자'라고 믿어 의심치 않았다.

20세기 가장 유명한 작가의 한 사람인 아서 케스틀러는 폴라니와 같은 헝가리 출신 유대인으로서, 폴라니의 어머니가 만든 유치원에서 어린 시절을 보냈을 뿐만 아니라 사상적으로나 인생사에 있어서나 폴라니와 비슷한 여정을 걸었던 인물이다. 그는 여러 권의 자서전을 펴냈는데, 집필 이유를 "어느 동유럽 출신 부르주아 유대인"이 고민하고 살아온 여정은 하나의 과학적 실험 기록으로서 의미가 있기 때문이라고 말한 바 있다. 그의 말은 빈말이 아니다. 이 책에서 펼쳐지는바, 헝가리인으로 귀화한 부다페스트의 유대인 지식인이 갖는 특징, 1차대전과 볼셰비즘의 경험, 곧 이어진 역사적인 "붉은 빈Red Wien"의 경험, 파시즘의 탄압과 망명, 영국에서 겪은 대공황과 2차대전, 전후 미국에서 겪은 매카시즘과 냉전에 이르도록, 보통 사람이라면 인생에 한 번 겪기도 힘든 독특한 사건과 환경을 숨 돌릴 틈 없이 맞이하면서 그 모든 것들에 온몸으로 맞서고 뛰어들었던 폴라니의 이야기는 비록 사회주의자에서 반공주의자로 돌아선 아서 케스틀러처럼 드라마틱한 반전은 없다고 해도 근본적인 면에서는 더욱더 희귀하고 드문 인생이었다고 볼 수 있다. 이 책은 그러한 여정을 역사적으로 또 지성사적으로 풍부한 시각을 통해 입체적으로 보여주고 있다.

그 결과 폴라니는 20세기의 그 누구도 필적하기 힘든 사상의 깊이와 시야를 가지게 되었을 뿐만 아니라 인류의 경제생활과 경제학이 나아가야 할 방향에 대해서도 명확한 비전을 제시하게 된다. '실체로

** Gareth Dale, *Karl Polanyi: Limits of the Market* (London: Polity, 2010) 참고. 또 데일의 이 폴라니 전기를 일본어로 번역한 와카모리 미도리 교수가 데일의 폴라니 연구를 평가한 논문도 참고하라. 若森みどり, "カ__ル·ポランニ__研究の新地平と課題—Gareth Dale の 3 冊の書籍を読んで", 經濟史學會誌(2018), 60(1).

서의 경제'가 바로 그것이었으니, 이를 통해 폴라니는 경제적 합리성이라는 앙상한 논리의 시스템에 불과한 현대 경제학을 분명히 넘어서서 '통합적' 의식 형태의 경제학으로 나아가는 길을 닦게 된다. 희소성 논리에 입각한 경제적 인간의 선택이라는 경제학에서의 '경제'란 '형식적 논리'의 시스템에 불과하며, 그것을 넘어서서 인간들이 '스스로의 좋은 삶을 위해 필요한 것들을 조달'하는 삶의 활동으로서의 '실체적 의미'의 경제를 보아야 한다고 강조한 것이다. 그가 새로이 발견한 이 '통합적' 의미에서의 경제란 바로 2천 년 훨씬 이전에 아테네에 살았던 아리스토텔레스가 발견한 바로 그러한 의미에서의 경제였다. 자본축적과 경제성장이 아니라 나와 우리의 '좋은 삶'을 최고의 목적으로 볼 것이며, 좁은 의미의 돈 계산, 이익 계산뿐만이 아니라 이 '좋은 삶'을 달성하기 위해 인간이 개인적으로, 집단적으로 벌이는 모든 활동을 하나의 전체로서 파악할 것이며, 인간과 자연이 정신적, 물질적으로 교호하는 과정인 실체적 경제를 그 속에서 '제도화된 과정'으로 파악해야만 인간의 경제가 온전하게 이해될 수 있다는 것이었다.

이러한 방법론에 근거하여 폴라니는 원시시대부터 현대에 이르는, 아프리카 오지와 사막에서 뉴욕과 런던에 이르는 광활한 시간적, 공간적 범위에서 인류가 펼쳐온 끝없이 다양한 경제생활의 형태를 통합적으로 파악할 수 있는 틀인 '실체적 경제학'을 제시했다. 이렇게 원숙한 '통합적' 의식의 경제사상에 도달한 만년의 폴라니는 그래서 17세기 아프리카 다호메이 왕국의 경제 시스템을 분석할 뿐만 아니라, 그것으로부터 20세기 후반의 미국과 소련 같은 고도의 산업사회에서의 경제 시스템을 어떻게 설계할 것인지의 질문에 대해 중요한 영감과 방향을 얻어오기도 한다.

나는 감히 이렇게 말하고자 한다. 인류의 의식은 지금 '통합적' 형태로 이행해야 할 중차대한 시기이며 그중에서도 그러한 이행이 가장 시급한 영역이 바로 경제학이라고. 그래서 경제적 합리성이 지배하는 '합리적' 경제학이 아니라 그러한 합리성을 '지양'하여 인간 생활의 총체성을 땀 흘려 일하는 '우리들'의 관점에서 통합적으로 포괄할 수 있는 '통합적' 의식의 경제학이 필요하다고. 신자유주의가 지배한 지난 40년 동안 전 세계의 인간 사회가 어떤 위기에 봉착하게 되었는지를 돌아보라. 절대진리를 체득한 신관마냥 기고만장한 경제학자들의 앵무새 같은 이야기에 따라 인간 세상과 자연의 질서를 만들었다가 지금 어떤 재앙에 처하게 되었는지를 보라. 그리고 2008년의 대위기를 겪고도, 또 오늘날의 기후 위기를 보면서도 고장 난 녹음기처럼 똑같은 이야기를 줄곧 반복하고 있는 현대 경제학의 처참한 상태를 보라. 그리고 아직도 그 주문에서 빠져나오지 못하고 경제성장을 맹신하며 똑같은 정책과 제도의 오류를 반복하면서 사람들을 한없는 고통으로 몰아가고 있는 정치가들과 관료들과 지식인들을 보라.

경제는 본래 '좋은 삶'에 필요한 것을 조달하는 활동이며 이는 인간과 사회와 자연의 공존과 화해와 기쁨을 최고의 가치로 삼는 것이라는 너무나 당연한 깨달음을 전면적으로 받아들이는 경제학이 필요하다. 인간을 알량한 경제적 이익 계산자로서가 아니라 웃고 울고 땀 흘리고 사랑하며 삶을 삶으로 즐길 줄 아는 온전한 생명체로 바라보는 경제학이 필요하다. 이러한 '통합적' 경제학이라는 생각의 홀씨가 어떻게 하여 인류의 의식이라는 지평에 내려앉게 되었는지를 알고 싶다면 그 가장 두드러진 도착점이었던 칼 폴라니라는 인물의 삶을 보아야 한다. 단지 그의 사상의 역사만이 아니다. 폴라니 또한 그야말로

'총체로서의 인간'이라는 말에 부합하는 사람이었고 그의 경제사상은 그 일부분이었을 뿐이기 때문이다. 이 책을 통해 그의 사상과 삶과 절망과 희망을 함께 나누고 호흡했으면 한다. 그리고 그를 통해 21세기의 인류가 얻어내야 할 '통합적' 의식과 새로운 경제사상의 영감을 찾아냈으면 한다.

찾아보기

* 괄호 안의 숫자는 주 번호를 가리킨다.

ㄱ

ㄴ

ㄷ

ㄹ

ㅁ

ㅂ

ㅅ

ㅇ

ㅈ

ㅊ

ㅋ

ㅌ

ㅍ

ㅎ

칼 폴라니 – 왼편의 삶 Karl Polanyi - A Life on the Left

1판 1쇄 2019년 11월 10일
1판 3쇄 2021년 2월 10일

지은이 개러스 데일
옮긴이 황성원
감수, 해제 홍기빈
펴낸이 김미정
편집 박기효, 김미정
디자인 민진기디자인

펴낸곳 마농지
등록 2019년 3월 5일 제2019-000024호
주소 (02724) 서울시 성북구 길음로 74, 510동 1301호
전화 070-8223-0109
팩스 0504-036-4309
이메일 shbird2@empas.com

ISBN 979-11-968301-1-3 03300

* 이 도서의 국립중앙도서관 출판예정도서목록(CIP)은 서지정보유통지원시스템 홈페이지(http://seoji.nl.go.kr)와 국가자료종합목록 구축시스템(http://kolis-net.nl.go.kr)에서 이용하실 수 있습니다. (CIP제어번호: CIP2019041582)

* 잘못된 책은 바꾸어드립니다.